Jürgen Boeckh · Ernst-Ulrich Huster · Benjamin Benz

Sozialpolitik in Deutschland

Jürgen Boeckh
Ernst-Ulrich Huster
Benjamin Benz

Sozialpolitik in Deutschland

Eine systematische Einführung

3., grundlegend überarbeitete und erweiterte Auflage

VS VERLAG

Bibliografische Information der Deutschen Nationalbibliothek
Die Deutsche Nationalbibliothek verzeichnet diese Publikation in der Deutschen Nationalbibliografie; detaillierte bibliografische Daten sind im Internet über <http://dnb.d-nb.de> abrufbar.

1. Auflage 2004
2. Auflage 2006
3. Auflage 2011

Lektorat: Frank Schindler

VS Verlag für Sozialwissenschaften ist eine Marke von Springer Fachmedien.
Springer Fachmedien ist Teil der Fachverlagsgruppe Springer Science+Business Media.
www.vs-verlag.de

Umschlaggestaltung: KünkelLopka Medienentwicklung, Heidelberg
Druck und buchbinderische Verarbeitung: Ten Brink, Meppel
Gedruckt auf säurefreiem und chlorfrei gebleichtem Papier
Printed in the Netherlands

ISBN 978-3-531-16669-8

Inhaltsübersicht

Inhalt

Vorwort

Nach der ‚Reform' ist vor der ‚Reform'. Kaum ist eine Strukturreform der Arbeitsmarkt- oder der Sozialpolitik beschlossen, wird diese wieder in Frage gestellt: Hartz IV – ja oder nein? Gesundheitsfonds, Nachhhaltigkeitsfaktor und Anhebung der Altersgrenze in der Rentenversicherung etc.. Kommt dann noch eine Grundsatzentscheidung des Bundesverfassungsgerichts etwa zur Mindestsicherung wie im Februar 2010 hinzu, dann steht plötzlich in der zugespitzten politischen Kontroverse wieder einmal *der* Sozialstaat insgesamt in Frage. Die sozialpolitische Diskussion unterliegt immer mehr einer Halbwertszeit von – pointiert formuliert – im Regelfall nicht mal der Zeitspanne zwischen der Morgen- und der Abendausgabe einer Zeitung, zwischen zwei Fernseh- bzw. Rundfunknachrichtensendungen. Das Internet macht es möglich: Permanent online kann man Meinung und Gegenmeinung, Position und Negation, Erklärung und Dementi verfolgen.

Die aktuellen sozialpolitischen Kontroversen machen also Orientierung notwendig. Begriffe wie *Sozialstaat*, *Reform*, *Rückführen auf das Machbare*, *Generationengerechtigkeit* etc. scheinen in Frage zu stellen, was sich im Laufe der Jahrzehnte als soziale Gewissheit herausgebildet hatte. Stehen wirklich Grundstrukturen des sozialen Zusammenhalts in Frage? Was sind aktuelle sozialstaatliche (Verteilungs-)Kompromisse und wie entwickeln sich dabei die sozioökonomischen Verteilungsergebnisse? Und: Haben nicht immer wieder Anpassungen im System der sozialen Sicherung, in der Zielsetzung von Sozialpolitik, im Politik- und Verwaltungshandeln stattgefunden?

Dieser Band – nunmehr in dritter Auflage – will einen Beitrag dazu leisten, aktuelle Entwicklungen in größere theoretische, geschichtliche und empirische Zusammenhänge einzuordnen. Sozialpolitik in Deutschland: Die Akteure handeln auf unterschiedlichen Ebenen, doch sind diese, verstärkt seit dem II. Weltkrieg, immer mehr gleichsam nach außen ‚geöffnet', weisen also über den Nationalstaat Deutschland und dessen föderale Strukturen hinaus. Deutschland ist mehr denn je Teil eines europäischen Sozialraums, der soziale Belange innerhalb der Europäischen Union und damit auch in deren Mitgliedsstaaten in mehr oder weniger ausgeprägter Eingreiftiefe mit gestaltet. Mit der Osterweiterung der EU, der engeren Verzahnung mit anderen Ländern Ost- und Südosteuropas, dem am 1. Dezember 2009 in Kraft getretenen Vertrag der Europäischen Union von Lissabon sowie mit der Globalisierung von Wirtschaftsinteressen vorrangig innerhalb der Triade (bestehend aus Westeuropa, Nordamerika und Südostasien), aber auch darüber hinaus, werden soziale Problemlagen und sozialpolitische Handlungsformen in Deutschland immer stärker supranational mitbestimmt. Dieser Band bietet hier ebenfalls systematische Zuordnungen und Perspektiven.

Eine Einführung in die Sozialpolitik kann und wird nicht in Konkurrenz treten wollen zur aktuellen journalistischen Berichterstattung oder einer von konkreten sozialen Interessen geleiteten politischen Meinungsbildung. Es geht um eine Einführung, die geschichtliche Entwicklung, den Stellenwert und die Perspektiven sozialpolitischen Handelns, darum, deren Prämissen, deren mutmaßliche Folgen systematisch darzustellen und analytisch aufzubereiten. Ergänzend werden der Leser und die Leserin auf Detailinformationen an anderer Stelle zurückgreifen müssen. Der Band enthält systematische Hinweise auf jeweils aktuelle Quellen, will aber seinerseits Grundlagenkompetenzen vermitteln, die Voraussetzung für eine Selektion der Unübersichtlichkeit an Informationen und Meinungen sind.

Bochum, Freiburg, Gießen Juli 2010

Jürgen Boeckh
Ernst-Ulrich Huster
Benjamin Benz

1 Einleitung: Legitimation und Delegitimation des Sozialstaats in der aktuellen politischen Kontroverse

Das Projekt *Moderne* zielt mit Herausbildung der *bürgerlichen Gesellschaft* auf eine Trennung zwischen dem privaten Bereich der (wirtschafts-bürgerlichen) Gesellschaft und einem öffentlichen Bereich des Staates. Diese in den unterschiedlichen Vertragstheorien des 17. und 18. Jahrhunderts von *Johann Althusius* (um 1563-1638) bis *Immanuel Kant* (1724-1804) ausgestaltete Vorstellung setzte eine Komplementarität zwischen bürgerlicher Freiheit und staatlich gestalteter Ordnung voraus, die erst zusammengenommen beides garantierte bzw. beider Entwicklung zulassen würde. Dass der Mensch dem Menschen ein Wolf sei, wie es der englische Theoretiker *Thomas Hobbes* (1588-1679) in einer eher negativen Anthropologie unterstellte, oder dass der Mensch zwar von Natur aus gut ist, doch in der Vergesellschaftung sehr wohl zu Eigennutz tendiere, der sich gegen andere richten könne (*John Locke*, 1632-1704), war denn Anlass, in unterschiedlicher Weise einen *Primat der Politik* gegenüber dem Privaten zu formulieren, nicht als Selbstzweck, sondern letztlich zu dessen Schutz und Nutzen. Politik wurde darauf beschränkt, in die Bürgergesellschaft nur dann zu intervenieren, wenn ihre Fundamente, ihr Zusammenspiel nicht mehr garantiert sei. Der Primat der Politik stand über der Ökonomie, er hat ihr zu dienen, aber sie auch zu korrigieren, und wenn es sein musste, auch zu zügeln.

Die Vorstellung, die Gesellschaftsglieder schließen unter sich einen Vertrag, in dem sie ihre Beziehungen untereinander und gegenüber einem Dritten, dem Staat, ordnen, wird seit einigen Jahren verwandt, um im Rekurs auf das frühbürgerliche Denken Antworten auf eine unbestreitbar komplexer gewordene soziale Lage zu finden. Denn zum einen ist die Ökonomie in vielerlei Hinsicht stärker denn je politisch geworden, insofern sie im Wechselverhältnis zwischen wenigen, aber mächtigen globalen Akteuren klassische Aufgaben der Politik entweder selbst übernimmt, zumindest aber in einem bislang nicht da gewesenen Ausmaße mitbestimmt. Auf der anderen Seite werden die Lebensgrundlagen und Lebensbedingungen breiter Bevölkerungskreise in einem solchen Ausmaß von wirtschaftlichen und sozialen Veränderungen innerhalb eines sich stark ausweitenden *Sozialraums* mitbestimmt, dass sich diese immer stärker dem Zugriff lokaler, regionaler und/oder nationaler Politik entziehen. Der *Gesellschaftsvertrag* der frühbürgerlichen Theorie fand praktisch keine Konkretisierung – sieht man von jener eher historischen Fußnote des *Mayflower Compacts* von 1620 ab[1] –, doch er wurde bestimmend für die Legitimation bürgerli-

1 Ein Gruppe der sog. Pilgrim-Fathers, in England wegen ihres Glaubens bedrängt, suchte in der Neuen Welt nach einer Heimstatt, wo sie ihren Glauben bekennen und leben würden. Sie überquerten mit dem

cher Herrschaft, wie umgekehrt zum Kriterium für deren Infragestellung. Der ‚neue' Gesellschaftsvertrag stellt sicher einen Versuch dar, dem wachsenden politischen Gewicht der Ökonomie in einer Welt der Europäisierung und Globalisierung mit dem Konstrukt der Bürgergesellschaft wieder ein Gegengewicht entgegenzustellen, um die Lebensbedingungen stärker dezentral zu gestalten, zugleich ist er Manifestation des Bürgerinteresses an einem Staat, der ihre Lebensbedingungen mitgestaltet, der ihr Staat ist und bleibt.

Politik soll Ordnung gestalten, die in sich *Freiheit* zur Entfaltung bringt. Dieses verstand sich zunächst und vor allem als eine ausgrenzende Politik, klassisch von dem liberalen Reformer *Wilhelm von Humboldt* (1767-1835) in der Forderung zusammengefasst: Der „Staat enthalte sich aller Sorgfalt für den positiven Wohlstand der Bürger und gehe keinen Schritt weiter, als zu ihrer Sicherstellung gegen sich selbst und gegen auswärtige Feinde notwendig ist; zu keinem andren Endzwecke beschränke er ihre Freiheit."[2] Humboldt beteiligte sich aktiv an der Aufhebung des feudalen *Zunftwesens* und an der Durchsetzung der Gewerbefreiheit in Preußen. Diese Freisetzung bürgerlichen wirtschaftlichen Handelns sollte Wohlstand für die Bürger bringen. Mit dieser *Gewerbefreiheit* aber entstand in der Gesellschaft eine neue soziale Klasse, der es *alleine* aus ihrer Arbeit heraus nicht möglich war, den zum Leben notwendigen Wohlstand zu erreichen und Risiken, die nicht einzeln bewältigbar, weil sozial verursacht, abzusichern. Damit wurde in Deutschland zu Beginn des 19. Jahrhunderts parallel zur Durchsetzung der Gewerbefreiheit eine Diskussion angestoßen, die nach den sozialen Folgen der sich nun langsam in den Vordergrund schiebenden privatkapitalistischen Wirtschaftsweise fragte, zugleich danach, welche Auswirkungen staatliche Politik auf die Entfaltung privatwirtschaftlichen Wirkens und Marktprozesse hat. Der *Staat* übernahm zugleich eine immer aktivere Rolle für die wirtschaftlichen Prozesse und Strukturen, damit der Gefahr ausgesetzt, von den einen als zu schwach, von den anderen als zu stark qualifiziert zu werden. Politik wurde gefordert, skeptisch beurteilt, kritisiert und bekämpft, die sozial in dem Sinne sein sollte, als sie aktiv materielle Lebensbedingungen mit gestaltet: *kompensierend, konstituierend und verteilend.* Seit Einführung des *Regulativ zur Kinderarbeit* von 1839 haben sich die Argumente kaum verändert. Eine Geschichte der Sozialpolitik ist die des Zuviel oder des Zuwenig staatlicher Intervention, je nach sozialer und politischer Interessenslage. Gleichwohl wurde Sozialpolitik eine zunehmend wichtiger werdende Form staatlichen Handelns.

Der Staat aber bleibt zunächst und vor allem Staat, der mit seinen klassischen Instrumenten – Gesetz, Recht, Steuern und Abgaben – ordnet. Er bleibt Staat, der sich in unterschiedlicher Weise legitimieren lässt, sei es über traditionale Legitimation in der Monarchie, sei es über das Volk etwa in der Republik von Weimar und in der Bundesrepublik. Er verliert nicht die klassischen Aufgaben des Staates, den Schutz

---

Schiff Mayflower den Atlantik. Bevor sie von Schiff und an Land gingen, schlossen sie 1620 einen Vertrag, in dem sie ihre weltlichen und geistlichen Dinge zu regeln suchten.

2 Wilhelm von Humboldt: Ideen zu einem Versuch, die Grenzen der Wirksamkeit des Staates zu bestimmen, Stuttgart 1967, S. 52

seiner Bürgerinnen und Bürger nach innen und nach außen durch das Gewaltmonopol, durch Rechtspflege, durch Garantie der Menschen- und der Freiheitsrechte etc. Aber es kommen neue hinzu, von der Subventionierung der Dampfschifffahrt im Deutschen Kaiserreich bis hin zu aktuellen Vereinbarungen im Rahmen der Weltwirtschaftsordnung, von der Bismarckschen Sozialversicherung bis hin zum Aufbau weiterführender sozialer Institutionen und Infrastruktureinrichtungen. Sozialpolitik ist folglich ein gestaltendes Instrument, durch das der Staat in Teilbereichen *Sozialstaat* wird, wobei allerdings ein Sozialbudget von ca. einem Drittel des Bruttoinlandsprodukts dieser Facette von Staatlichkeit heute ein besonderes Gewicht zukommen lässt, dem zumindest von der ökonomischen Bedeutung her kein anderer Teilbereich staatlicher Politik gleichwertig ist.

Doch dieser Staat bedarf nicht nur der *Legitimation* durch die Gesellschaft, in der Demokratie etwa durch Wahlen und andere Formen der innergesellschaftlichen Konsensbildung gewährleistet. Er ist auch Quelle für Legitimation: Schon *Thomas Hobbes* band die Existenz des Staates daran, dass er das tut, wofür er da ist, nämlich die Unversehrtheit des Lebens seiner Bürger zu garantieren. Ein Recht auf Widerstand gegen den Staat explizit ausschließend, verlor der Staat jedoch in dem Maße das Recht auf Gehorsam, als er nicht mehr in der Lage war, das Leben und den friedlichen Kommerz seiner Untertanen zu garantieren. Diese liberale Grenzscheide *Leben und ökonomische Sicherheit* stellt sich heute sehr viel differenzierter dar. Ein Mehr oder ein Weniger Rentenanpassung entscheidet alleine für sich genommen sicher nicht über Leben bzw. Überleben-Können. Doch steht keinesfalls nur vermeintlich frustriertes *Anspruchsdenken* hinter Widerstand etwa gegen Einschnitte bei den Sozialleistungen, sondern sehr viel mehr der Verlust originärer, subsistenzwirtschaftlicher Versorgungsmöglichkeiten sowie die zunehmend unübersichtlicher und weniger beeinflussbarer werdenden bzw. erscheinenden wirtschaftlichen und politischen Entwicklungen. Die Umsetzung von Forderungen der Bürgerinnen und Bürger im politischen Prozess bestimmt *Legitimation* staatlicher Herrschaft, die Infragestellung von Lebensbedingungen durch staatliche Politik leitet *Delegitimation*sprozesse ein, die letztlich über Wahlen, außerparlamentarischen Protest und darüber hinausgehende Widerstandsformen ihren Niederschlag findet.

„Der Staatsbürgerstatus" – so *Jürgen Habermas* – „muss einen Gebrauchswert haben und sich in einer Münze sozialer, ökologischer und kultureller Rechte auszahlen. Insofern hat die sozialstaatliche Politik eine nicht unerhebliche Legitimationsfunktion."[3] Doch was geschieht, wenn diese sozialstaatliche Politik Standortinteressen weltweiter Kapitalstrategien in Frage stellt oder auch nur zu stellen droht? Dann sind vielfältige Verhaltensformen denkbar, die derzeit in nicht gefilterter Breite alltäglich national, europaweit und darüber hinaus zu beobachten sind bis hin zu Infragestellungen demokratischer Strukturen, wie dieses in der Geschichte bereits mehrfach geschehen ist. Es zeigt sich ein geradezu atemberaubender Prozess gleichgerich-

---

3 Jürgen Habermas: Die postnationale Konstellation und die Zukunft der Demokratie, in: Blätter für deutsche und internationale Politik, Heft 7/1998, S. 809

teter Prozesse in den Ländern der Europäischen Union sowie innerhalb der *Triade* aus US-Amerika, Ostasien und Westeuropa. Soziale Politik als Teil von Staatlichkeit steht in Frage, Konzepte einer Reduktion staatlicher Interventionen im Bereich des Sozialen gewinnen an Gewicht, während staatliche Interventionen bis hin zur Indienstnahme des staatlichen Gewaltmonopols in kriegerischen Auseinandersetzungen kaum noch auf Grenzen stoßen. Die Beschäftigung mit Sozialpolitik kann folglich nicht *wert*frei sein, sie fragt nach deren demokratischer Legitimation, deren inhaltlicher Ausrichtung, deren materieller Fundierung, sie fragt nach deren Ergebnissen, beabsichtigt oder nicht, und nach deren Defiziten. Sie fragt nach sozialen Interessen und Widerständen, danach, wem sie nutzt und wem sie schadet. Sie sucht nach Möglichkeiten und Grenzen, selbst und/oder fremd gesetzten. Sozialpolitik ist zugleich ein wichtiges Instrument, den Primat der Politik gegenüber der Ökonomie durchzusetzen. Sie ist aber auch Ausdruck, dass dieser *Primat der Politik* nicht abgelöst betrachtet werden kann von dem ihm zu Grunde liegenden gesellschaftlichen Interesse an einem mehr oder weniger ungehinderten Verfolg bürgerlicher Kapitalinteressen. Sozialpolitik ist letzteren sowohl nach- als auch vorgeordnet. Dieses ist ihr Kainsmerkmal, aber zugleich auch ihr Gestaltungsauftrag. Kontroversen um Sozialpolitik aktualisieren diese *Janusköpfigkeit von Sozialpolitik* stets von Neuem, sie sind ein Bestandteil von Sozialpolitik.

„Sozialpolitik ist Verteilungspolitik." (*Elisabeth Liefmann-Keil*). Hierbei gibt es stärkere und schwächere soziale Interessen, die sich in sozialen und politischen Auseinandersetzungen versuchen, Gehör zu verschaffen bzw. sich durchzusetzen. Doch diese Auseinandersetzungen erfolgen innerhalb eines politischen Gemeinwesens, das sich selbst Normen und Werte gesetzt hat. Es geht darum, wie diese Normen ausgelegt und verwirklicht werden.

Der Sozialstaat ist deshalb immer ein Kompromiss, der von historischen Kräftekonstellationen abhängig und damit stets veränderbar ist. Die Bundesrepublik Deutschland ist auf den Sozialstaatsgrundsatz durch Artikel 20 des Grundgesetzes festgelegt. Erst recht in einem föderalen Staatswesen, verstärkt durch das kommunale Recht auf Selbstverwaltung gibt es nicht das *eine* Sozialstaatmodell in Deutschland, auch nicht zu einem konkreten Zeitpunkt, sondern zeichnen sich immer wieder neue Konstellationen und Ausprägungen ab. Und diese Vielfalt wird nun durch die vierte Ebene, die Europäische Union, noch erweitert. Die weltweite Finanzkrise seit 2007 und die finanziellen Anstrengungen der Mitgliedstaaten zu deren Überwindung sowie des Euro-Blocks zur Stabilisierung dieser Währung haben unmittelbare Rückwirkungen auf die Sozialpolitik, werden doch die erheblichen Staatsschulden bzw. steuerlichen Mindereinnahmen restriktiv die Sozialpolitik betreffen, einen Bereich, der mit einem Anteil von ca. 30 Prozent des Bruttoinlandsproduktes auch das größte Umverteilungsvolumen über den Staat darstellt.

Streit darüber, was denn Sozialpolitik in Zukunft soll bzw. nicht soll, ist folglich vorprogrammiert und ein wichtiges Movens, dafür dass sich Sozialpolitik immer wieder danach befragen lassen wird und muss, ob sie die anstehenden sozialen Problemlagen angemessen erfasst und bearbeitet, Kompromisse findet zwischen Eigenverantwortung und gesamtgesellschaftlichem Ausgleich, ob sie in der Lage ist, die notwendige Solidarität in der Gesellschaft zu organisieren, aber auch einzuschränken, und schließlich, was sie in der Lage ist als verbindliches und nicht hinterfragbares menschenwürdiges Existenzminimum zur Verfügung zu stellen. Sozialpolitik sichert folglich Teilhabe und ist damit notwendiger Bestandteil von Demokratie.

Anhand der Geschichte sozialpolitischen Handelns in Deutschland werden in diesem Band zunächst deren sich wandelnde ökonomische, politische und soziale Kontexte, deren materielle Grundlagen und ideengeschichtlichen Wurzeln aufgespürt. Es zeigen sich historische Phasen der Sozialpolitik, die sich entfaltenden, aber auch verändernden Interessenträger und die sich geschichtlich herausbildenden Prinzipien, Strukturmerkmale, Institutionen und Funktionen. Dabei werden immer auch die ihnen inhärenten Widersprüche und Konkurrenzen deutlich. Bevor die Funktionen von Sozialpolitik, einzelne Lebenslagen und sozialpolitische Themenfelder sowie die Wirkungen ihrer sozialpolitischen Behandlung in Deutschland näher in den Blick genommen werden, wird auf Tendenzen von vor allem ökonomischer Europäisierung und Globalisierung und damit auf die räumliche Entgrenzung der Kontextbedingungen von Sozialpolitik am Übergang zum 21. Jahrhundert verwiesen. Dem schließt sich ein Leistungsteil für die zentralen Lebensbereiche Arbeiten, Einkommen, Familie, Gesundheit und Alter an. Die beiden abschließenden Kapitel befassen sich mit den Chancen und Risiken einer Sozialpolitik im europäischen Mehrebenensystem sowie mit der Frage, wo systematisch Grenzen von Sozialpolitik und Sozialstaatlichkeit zu bestimmen sind.

2 Historische Phasen der Sozialpolitik in Deutschland

2.1 Sozialordnung im Übergang zwischen Feudalstruktur und frühbürgerlicher Gesellschaft

Politik setzt über soziale Bewegungen und Institutionen eine Kraft voraus, die diese bestimmen, betreiben, kontrollieren und auch verändern kann. Während in der *klassischen Antike* der gesamte Bereich der *oekonomia* ausdrücklich der Sphäre der großfamilialen, aristokratischen Hauswirtschaft zugeordnet war, fußte das *feudale Mittelalter* auf einem ausdifferenzierten wechselseitigen Treueverhältnis zwischen Lehnsherren und Vasallen, zwischen Freien und Unfreien. Erst mit dem *frühbürgerlichen Vertragsdenken* wurde theoretisch erfasst und im Verlaufe eines langen Zeitraums, beginnend mit den Freiheitskriegen in den Niederlanden in der 2. Hälfte des 16. Jahrhunderts, praktisch begründet, was diese Kraft darstellt, nämlich der *Staat*, der der sich *herausbildenden bürgerlichen Gesellschaft* gegenübersteht. Dabei ist es, systematisch betrachtet, unerheblich, ob dieser Staat monarchistisch, oligarchisch, aristokratisch, mehr oder weniger demokratisch binnenstrukturiert ist.

Es waren technische Innovationen wie etwa moderne Navigationsgeräte, die eine Ausweitung von *Handel* und das *Erforschen* bis dato unbekannter Teile der Erde ermöglichten und im Verlauf des 15. Jahrhunderts dazu beitrugen, den mittelalterlichen Handlungsrahmen sozialer Beziehungen zu sprengen. Hinzu kamen neue Formen des Wirtschaftens mit dem Ausbau des zwar schon bekannten Mediums Geld zu einer systematischen *Geldwirtschaft*. Die Entdeckung Amerikas, die dort erfolgende Ausplünderung der Ureinwohner und der Transfer der erbeuteten Gold- und Silberbestände forcierten Quantität und Qualität dieser Anhäufung von neuen Kapitalbeständen, die die Grundlage für weitere wirtschaftliche Neuerungen und Umwälzungen darstellten („ursprüngliche Akkumulation").[1] Und es waren Neuerungen im Gewerbe, die (städtische) Arbeitsmöglichkeiten schufen und eine langsam einsetzende *Landflucht* einleiteten.

Hinzu kamen massive Veränderungen in der Bevölkerung. Nachdem sich zunächst die Bevölkerung zwischen dem 10. und dem 14. Jahrhundert in den meisten Ländern Europas mindestens verdoppelt hatte, wuchs das Armenpotential sowohl auf dem Lande wie auch in den Städten stark an. Doch auch der Gegenschlag im 14. Jahrhundert, ein Massensterben als Folge einer europaweiten Pestepidemie, löste die

---

1 „Beim gegenwärtigen Stand der Diskussion überwiegt die Ansicht, dass eine absolute Verarmung mit der ersten Phase der Neuzeit einherging, der Zeit der ursprünglichen Akkumulation des Kapitals, der Zeit des Handelskapitalismus und der ersten Etappen des Industriekapitalismus; (...)." Bronislaw Geremek: Geschichte der Armut. Elend und Barmherzigkeit in Europa, München 1991, *S.* 51

wirtschaftlichen und sozialen Widersprüche nicht: Hunger und weitere Epidemien grassierten. Von dieser geschichtlichen Phase erholt, kam es im 16. Jahrhundert zwar zu einer wirtschaftlichen Expansion, doch sank der Lebensstandard der Massen. „Es scheint, dass die Massen die Kosten der Konjunktur dieser Zeit und der Modernisierung des Gesellschaftssystems bezahlen.“[2] Auf dem Land mussten viele kleine Bauern ihre wirtschaftlich selbständige Existenz aufgeben, die Zahl der Armen stieg weiter an. Die in unterschiedlichen Abhängigkeitsformen gehaltenen Bauern – bis hin zur Leibeigenschaft – verließen zum Teil das Land, um in den Städten neue Unterhaltsformen in oder außerhalb des feudalen Zunftwesens zu finden.

Diese sozioökonomischen Veränderungen müssen in Betracht gezogen werden, wenn von den Anfängen einer *staatlichen Sozialpolitik* in Deutschland gesprochen wird, genauer genommen: von einer *kommunalen Sozialpolitik* und noch genauer: von einer *kommunalen Armutspolitik*. Dass eine Gesellschaft immer Arme haben würde, war im christlichen Mittelalter nicht nur aus der biblischen Botschaft bekannt (*„Arme habt ihr allezeit bei Euch“*),[3] sondern ergab sich aus kriegerischen Ereignissen, Naturkatastrophen und persönlichen Schicksalsschlägen. Die Feudalgesellschaft hatte dabei u.a. die Aufgabe, ihre Glieder gemäß dem Rechtsgrundsatz „suum cuique“[4] aufzufangen. Jeder Mensch hatte ein Recht darauf, eine seinem Stand gemäße Versorgung durch das Gemeinwesen zu bekommen: Ein verarmter Adeliger ebenso wie ein Höriger, nur dass diese in der Qualität stark voneinander abwichen. Doch konnte dieser Sozialverbund nur in dem Maße seinen Aufgaben gerecht werden, wie er dazu materiell in der Lage war. Folglich bildeten sich über kirchliche Einrichtungen und hier insbesondere die Klöster auch Strukturen *christlicher Armenfürsorge* heraus, die jene aufzufangen suchten, die aus derartigen sozialen Netzen herausgefallen waren. Der Arme bekam Almosen, wichtiger aber noch war: Der dazu Fähige gab Almosen.[5]

Almosen

Die Universalität des Geschenks – als Mittel zur Festigung der menschlichen Beziehungen und als Zeichen der Absicht, Eintracht zwischen den Menschen und den Gruppen zu schaffen – bekommt im Christentum eine neue sowohl geistige wie institutionelle Dimension. Das Almosen ist ein Mittel zur Abbüßung der Sünden, und so bedeutet das Vorhandensein von Armen in der christlichen Gesellschaft, daß der Heilsplan sich erfüllt. (...) Das Gebot

2 Bronislaw Geremek: Geschichte der Armut. Elend und Barmherzigkeit in Europa, München 1991, S. 111f.

3 Matthäus 26, 11

4 „Jedem das Seine.“ – Dieser feudale Rechtsgrundsatz wurde, wie andere auch („Arbeit macht frei.“) von den Nationalsozialisten missbraucht und als Inschriften über die Tore von Konzentrationslagern (Buchenwald) bzw. Vernichtungslagern (Auschwitz) angebracht. Diese Rechtsgrundsätze hatten im feudalen Ordnungssystem eine zentrale Bedeutung: „Jedem das Seine“ meinte danach eine sozial abgestufte Hilfestellung. Dass Arbeit frei machen könne, bedeutete, dass Leibeigene durch vermehrten Arbeitseinsatz ihre Freiheit erlangen konnten.

5 Vgl. insgesamt Gerhard K. Schäfer: Geschichte der Armut im abendländischen Kulturkreis, in: Ernst-Ulrich Huster u.a. (Hrsg.): Handbuch Armut und Soziale Ausgrenzung, Wiesbaden 2008, S. 221 ff.

> der Barmherzigkeit bezog sich somit auf das individuelle Verhalten des Christen im diesseitigen Leben, (...).
>
> Das Lob des Almosens enthält nicht nur die Erlösungschance für die Reichen, sondern es sanktioniert auch den Reichtum, ist dessen ideologische Rechtfertigung. (...)
>
> Das grundlegende Modell des mittelalterlichen Christentums ist das der Vermittlung der Kirche zwischen Reichen und Armen. Diese Vermittlung äußert sich in zwei Formen: Erstens sollte, (...), ein Drittel oder ein Viertel der kirchlichen Einkünfte für die Armen bestimmt sein; zweitens sollte sich die Nächstenliebe der Laien in Schenkungen und Vermächtnissen zugunsten der Klöster äußern, zu deren Funktionen die Fürsorge für die Armen, die Wiederverteilung der erhaltenen Mittel gehörte. (...)
>
> Für die ihm gewährte Unterstützung sichert der Bettler dem Almosengeber geistliche Unterstützung durch das Gebet.
>
> *Bronislaw Geremek: Geschichte der Armut, Elend und Barmherzigkeit in Europa, München 1991, S.n 27, 51 und 58*

Reichtum war ohne Armut sozial nicht vertretbar, folglich war Armut kein zu überwindender Zustand, sondern wichtige Voraussetzung für die Wohlhabenderen, ein christliches Leben führen zu können, wie umgekehrt deren Gebefreudigkeit Voraussetzung für christliche Hilfeleistungen an Bedürftige war. Insofern kam der freiwillig auferlegten Armut etwa in Gestalt von Mönchsorden ein hervorgehobener Stellenwert zu: Die in freiwilliger Armut Lebenden wurden zum Kristallisationskern mittelalterlicher Armenfürsorge. Mit den sozialen Verwerfungen am Ende des Hochmittelalters kam dieses in sich geschlossene System allerdings an seine Grenzen, insbesondere die Verstärkung der Stadtbevölkerung durch entlaufene Bauern bzw. Unfreie stellte die Städte vor die schwierige Aufgabe, die sich in dem Zuzug sozial nicht abgesicherter Personengruppen manifestierende Bedrohung der bestehenden städtischen Ordnung aufzufangen.

Bettelordnungen in deutschen Städten

Die *Nürnberger Bettelordnung* aus der Zeit um 1370 ist der älteste erhaltene Beleg dafür, wie sich die Kommunen auf die belastenden Folgen von Bevölkerungswachstum, Agrarkrise und Landflucht einzustellen versuchten. Es erfolgten quasi *Bedürftigkeitsprüfungen*, es wurde zwischen selbstverschuldeter und anderer Armut geschieden, es wurden über die Dauer des Bettelns Leistungshöhen festgelegt. Der zum Betteln Befugte erhielt ein sichtbar zu tragendes Zeichen, das Betteln ohne diese Erlaubnis zog Strafen nach sich.

Nürnberger Bettelordnung von ca. 1370

Man ist hinsichtlich der Landstreicher, unverschämt Abbettelnden (Geiler) und aller Bettler übereingekommen, wie es in der nachfolgenden Ordnung geschrieben steht. Erstens soll niemand vor den Kirchen, noch in der Stadt bitten, und es soll auch niemand in den Kirchen und in der Stadt betteln, es sei denn er besitze das Zeichen der Stadt. Und dieses Zeichen soll Pignot Weigel im Auftrag des Rates vergeben.

Des weiteren soll man auch niemandem ein Zeichen geben, noch ihn betteln und bitten lassen vor den Kirchen, es sei denn er bringe mindestens zwei oder drei Personen zu dem vorher genannten Pignot mit, die auf ihren Eid nehmen, daß jener des Almosens bedürfe. Wenn es aber dem genannten Pignot so vorkommt, als ob da Leute wären, die gut handeln oder arbeiten könnten und des Almosens nicht bedürften, dann soll man denen nicht zu betteln erlauben, noch das Zeichen überreichen.

Wenn da Leute wären, die ohne des Pignot Weigels Erlaubnis bettelten und kein Zeichen hätten, sollen die vier Knechte und die Büttel sie sofort zu dem Pignot Weigel bringen.

Es sollen auch die Bettler in allen Kirchen an den beiden Seiten der Pforte sitzen oder stehen, wo man zumeist die Kirchen verläßt oder betritt. Und die Bettler sollen auch nicht bei den Altären noch sonstwo in der Kirche betteln, und es sollen auch die Meßner in den Kirchen und die Büttel darauf aufpassen, damit sie es ihnen verwehren, wenn sie die Bestimmung überträten.

Auch soll der Pignot Weigel jeweils auf St. Michaels-Tag und auf St. Walpurgis-Tag die Bettler zusammenrufen und dem, der es nötig hat und der zwei oder drei Leute, welche auf ihren Eid nehmen, daß bei ihnen Bedürftigkeit vorliege, zu dem vorgenannten Pignot bringt, dem soll er das Zeichen gewähren, aber nur auf ein halbes Jahr. Aber dem, welcher nicht bedürftig ist, soll er das Zeichen abnehmen und sich an Eides Statt von ihm versichern lassen, daß er für ein Jahr die Stadt meidet und danach ohne seine Genehmigung in der Stadt nicht bettelt.

Wenn der Pignot Weigel jemandem ein Zeichen gibt, dann soll er dessen Namen in einem Buch verzeichnen.

Die zwei oder drei Leute, die für die Bettler ihren Eid schwören, sollen solche Leute sein, denen man sicher glauben kann.

Wenn fremde Landstreicher oder unverschämte Abbettler kommen, die länger als drei Tage hier verweilen, soll man sie hindern und auf ein Jahr aus der Stadt verweisen.

Falls aber ein Mitglied des Rats erfährt, daß die armen Leute unter den Gesetzen und der Ordnung, wie sie oben beschrieben wurden, ihren Unterhalt nicht erlangen können, dann soll es das den Rat wissen lassen, und dann soll man eine Änderung herbeiführen, indem man zu einer Lösung kommt, die nicht zu belastend für die armen Leute ist.

Aus: Georg Ernst Waldau: Vermischte Beiträge zur Geschichte der Stadt Nürnberg, 4. Band, Nürnberg 1789, S. 328ff; in das Neuhochdeutsche übertragen entnommen aus: Christoph Sachße und Florian Tennstedt: Geschichte der Armenfürsorge in Deutschland. Vom Spätmittelalter bis zum 1. Weltkrieg, Stuttgart u.a. 1980, S. 63f.

Im Übergang vom 15. zum 16. Jahrhundert schritt der faktische Auflösungsprozess feudaler Ordnung fort, ohne dass schon neue Sicherungssysteme vorgehalten werden konnten. Für die Bewältigung dieser sozialen Problemlagen gab es keine Grundlagen, auf die aufgebaut werden konnte: Die kaiserliche Gewalt fußte noch zu stark im Feudalsystem, als dass sie hier für sich eine Kompetenz sehen konnte. Desgleichen waren die landesfürstlichen Gewalten auf die Bewältigung dieser kommunal aufscheinenden Probleme nicht ausgerichtet. Die kirchlichen Institutionen orientierten sich im Prozess der Reformation neu, waren also selbst Teil des sozialen Veränderungsprozesses, griffen aber auch in diesen ein. Es kam folglich den Kommunen zu, Regelungen für jene zu schaffen, die aus bestehenden sozialen Sicherungen herausgefallen waren. Es entstanden nun in rascher Abfolge immer neue Ordnungen für bzw. gegen das Betteln, für bzw. gegen Arme.

Die Städte übernahmen eine Vorreiterrolle, da feudale Strukturen auf dem Lande sehr viel länger vorhielten und faktisch erst mit der *Bauernbefreiung* im ersten Drittel des 19. Jahrhunderts aufgehoben wurden. Und obschon sich formal in den Städten das feudale Zunftwesen bis zur Einführung der *Gewerbefreiheit* in der ersten Hälfte des 19. Jahrhunderts hielt, war hier gleichwohl soziales Leben außerhalb dieser Verbünde möglich.

Der Zuzug aus dem ländlichen Bereich machte die Städte bis zur Einführung regionaler bzw. später nationaler Sicherungssysteme immer wieder zum Schrittmacher bei der Bewältigung allgemeiner sozialer Problemlagen. Erneut kam dabei der Stadt Nürnberg mit ihrer Armenordnung von 1522 eine besondere Bedeutung zu: Betteln wurde grundsätzlich verboten, stattdessen wurde bei Vorlage bestimmter Voraussetzungen eine *kommunale Unterstützungspflicht* für die Armen eingeführt. Die Kommune erklärte sich dafür zuständig, zugleich wollte sie die Armenfürsorge innerhalb ihrer städtischen Grenzen vereinheitlichen und zentralisieren.

Nürnberger Armenordnung von 1522

Dieweil nun in der stat Nürnberg pisher etwo vil dürftiger haußarmer und notleidender menschen gewest sein, die zu irer und irer verwanten leiplichen hinpringung und unterhaltung aus not getrungen worden sein, offentlich auf den strassen und in den kirchen zu pettelen und das almusen zu haischen, welches aber unserm glauben nit wenig verletzlich und schmehlich ist (dann was mag unter uns christen glaublosers und schentlichers erfunden werden, dann das wir offentlich gedulden und zusehen sollen, das die, so mit uns in einem glauben und einer einigen christelichen gemeinschaft versammelt, uns mit allen dingen gleich und von Christo so kostparlich und teur erkauft, darumb auch neben uns gleiche glider und miterben Christi sind, not, armut, zadel und kummer leiden, ja offentlich auf den gassen und in den heusern verschmachten söllen); – so hat ein erber rat vermelter statt Nuremberg söliches alles (wie pillich) zu hertzen gefast; dabei auch bedacht, das sich bishere vil burger und ander auswerdig personen unterstanden haben, das almusen on rechte not und ehaft zunemen, ir handarbeit gar zuverlassen und allein des pettelens zubehelfen; auch söllich eingenommen almusen mit müssig geen und ander sündtlicher leichtfertigkeit zuverzeren, daneben auch ire Kinder allein auf den bettel zuziehen und dahin zuweißen, ire jugent ohne alle lernung erberer künst und handtwerk allein mit feiren zuzubringen, den eltern sollichen pettel zuzutragen und darneben frost, hunger und alle hartfelb zuleiden; – aus welichem allen erfolgt, das den armen dürftigen personen, die sich gern mit eren hinpracht hetten, ir narung entzogen und den unwirdigen geraicht; auch bei den Kindern, so die im pettel und müssiggeen auffgezogen, vil schand, sträflicher handlungen und leichtfertigkeit erwachsen ist. Und dem allen nach christlicher güter und getreuer meinung gott zu lob und dem nechsten zu nutz, auch zu abstellung angezeigter beschwerden und leichtfertigkeit fürgenomen, die armen dürftigen personen einen rate unterworfen mit zimlicher not turftiger unterhaltung zufürsehen; deshalb auch nachvolgend ordnung, wie es sölichs almüsens und unterhaltung halben gehalten werden soll, bedacht.

Quelle: Franz Ehrle: Die Armenordnungen von Nürnberg (1522) und Ypern (1525). Historisches Jahrbuch im Auftrag der Görres-Gesellschaft, IX. Band, München und Freiburg im Breigau 1888, S. 459f.

Es folgten nun detaillierte Regelungen zur Vergabepraxis, Kontrolle, Bedarfsprüfung, zu einzelnen sozialen Gruppen und deren Betroffenheit, Regelungen für Auswärtige, für Scholaren (Studierende) u.v.a.m.

In einem Edikt aus dem Jahre 1531 erkannte *Kaiser Karl V.* (1500-1558) schließlich die faktisch vollzogene Kommunalisierung und Säkularisierung der *Armenfürsorge* an, zugleich wollte er eine gewisse Einheitlichkeit der neuen Organisation erreichen.[6]

Reformation in Deutschland im 16. Jahrhundert

Die Sozialbezüge im feudalen Mittelalter fußten auf einem ausdifferenzierten wechselseitigen Treueverhältnis, das die Trennung zwischen privat und öffentlich nicht kannte. Aus diesem Wechselverhältnis bestimmte sich der soziale Status, die Art der materiellen Ausstattung und zugleich die zu erbringende Leistung. Eigentum als isolierte Kategorie gab es nicht, folglich waren Existenz und deren Sicherung auch letztlich nicht privat zu organisieren, sondern im Sozialverbund eines „ordo“[7], in dem sich weltliche und geistliche Kräfte ineinander schoben.

Dieser Sozialverbund des Mittelalters brach *sozialräumlich* durch die territoriale Eroberung neuer Gebiete, *sozial* durch Infragestellungen der Feudalordnung etwa durch die Widerstandsformen sowohl der Landbevölkerung als auch städtisch nicht mehr sozial integrierbarer Zuwanderer und *ökonomisch* durch neue Waren- und Geldströme auf. Die Reformation stellte ihn schließlich auch *theologisch* in Frage. Nicht nur, dass *Martin Luther* (1483-1546) und andere Träger dieser Protestation

6 Bronislaw Geremek: Geschichte der Armut. Elend und Barmherzigkeit in Europa, München 1991, S. 172ff.

7 Ordo meint eine nach außen abgeschlossene Sozialordnung, dargestellt in der Form einer Doppelpyramide. Kaiser und Papst bildeten gemeinsam eine Doppelspitze; weltliches und geistliches Handeln waren mit klaren Vorgaben statisch aufeinander bezogen. Dieses kommt auch in dem verbreiteten ptolemäischen Weltbild zum Ausdruck, wonach die Erde eine Scheibe ist, über der sich der Himmel kugelförmig wölbt, damit auch im Verhältnis Gott – Welt ein klares Über- und Unterordnungsverhältnis zum Ausdruck bringend.

gegen die überkommenen kirchlichen Machtstrukturen angingen, sondern vor allem die Tatsache, dass Luthers Theologie die Rechtfertigung des Menschen vor Gott ausschließlich auf die Gnade Gottes gegenüber dem Menschen und nicht länger auf eigene menschliche Werke wie etwa auch des Almosengebens bezog (*Rechtfertigungslehre*), bedeutete nicht nur eine erhebliche Infragestellung der überkommenen, katholischen Kirche, sondern schuf eine systematische Trennung zwischen geistlicher und weltlicher Gewalt: Luthers *Zwei-Reiche-Lehre* bzw. die Lehre von den zwei Regimenten trennte die Gottes- von der weltlichen Herrschaft, wenngleich letztere über den Landesherren wieder im Glauben des Fürsten der Gottesherrschaft unterstellt war. Die *mittelalterliche Doppelpyramide* mit Kaiser und Papst an der Spitze löste sich auf. Martin Luther befreite den Staat aus kirchlicher Bevormundung und verlieh der weltlichen Herrschaft ein eigenständiges Gewicht: Der Mensch ist Christ – als solcher dem göttlichen Regiment untergeordnet – und Teil des irdischen Lebens – solchermaßen dem weltlichen Regiment unterstellt. Da diese Welt gefallene Welt ist, braucht sie das „Schwert" („Notordnung"), deshalb ist dieser weltlichen Obrigkeit Gehorsam entgegen zu bringen, doch auch deren Handlungen unterliegen dem Gerichte Gottes. In diesem Sinne beschreibt Martin Luther als Maxime für das Verhalten des weisen Fürsten: „Ich bin des Landes und der Leute, ich soll's machen, wie es ihnen nütz und gut ist. Nicht soll ich suchen, wie ich hoch fahre und herrsche, sondern wie sie mit gutem Frieden beschützt und verteidigt werden."[8]

Martin Luther war nicht nur christlicher, sondern auch *Sozialreformator*. In zahlreichen Schriften setzte er sich mit den sozialen Verwerfungen auseinander, zugleich vor falschen Schlussfolgerungen aus seiner Theologie auf die Lösung dieser sozialen Probleme warnend. So zeigte er zwar einerseits Verständnis für die soziale Not der Bauern und äußerte in einer ersten Schrift auch Verständnis für deren gewaltsamen Protest gegen feudale Willkür, während er in einer zweiten letztlich die feudale Ordnung wieder einklagte. Gleichwohl blieb das Bild des „weisen Fürsten", der einen über die bloße Abwesenheit von Krieg hinausgehenden „guten Frieden" schaffen soll, was das sozial gerechte Zusammenleben in einem weltlich regierten Staat meinte.

Die Theologie Luthers ist damit zugleich eine Auseinandersetzung mit dem biblischen Armutsverständnis. In diesem Kontext meint *Armut* einen *Zustand der Rechtlosigkeit*, in dem der Mensch in seiner ihm durch die Ebenbildlichkeit Gottes gewährten Würde verletzt ist. Der Psalmist fordert: „Schaffet Recht dem Armen und der Waise und helft dem Elenden und Bedürftigen zum Recht. Errettet den Geringen und Armen und erlöst ihn aus der Gewalt der Gottlosen." (Psalm 82, 3 und 4) Dem Armen sind nicht bloß Almosen zu geben, sondern ist darüber hinaus Recht zu verschaffen, und nicht der Arme ist der „Gottlose", sondern der, der den Armen in Armut hält! Nicht zuletzt das Schuldenerlassjahr sollte im Israel des Alten Testaments intergenerativ eingetretene soziale Verwerfungen wieder rückgängig machen. Im Neuen Testament wird der Umgang mit den Armen in einen heilsgeschichtlichen

8 Martin Luther: Weltliche Obrigkeit 1523, zit. n.: Luthers Werke für das christliche Haus, hg. von Buchwald u.a., Braunschweig 1889, *S.* 264

Kontext gestellt. „Was ihr getan habt einem von diesen meinen geringsten Brüdern, das habt ihr mir getan.“ Und im Umkehrschluss heißt es wenig später: „Was ihr nicht getan habt einem von diesen Geringsten, das habt ihr mir auch nicht getan.“ (Matthäus Kapitel 25, Verse 40 und 45) Zugleich weist der biblische Maßstab der Gerechtigkeit über den irdischen Bezugsrahmen hinaus und macht deutlich, dass irdische Gerechtigkeit, bezogen auf die Gerechtigkeit Gottes und auf die seines zukünftigen Reiches, nur relativ sein kann. Gleichwohl soll die Mitwirkung an der Schöpfung, auch das soziale Tun, etwas von der göttlichen Gerechtigkeit sichtbar werden lassen.

Luther griff den Gedanken der Rechtsverletzung sowie den heilsgeschichtlichen Kontext auf. Ob arm oder reich: Vor Gott sei der Mensch allein aus Gnade gerechtfertigt. Wenn Gott aber eine Option habe, dann sei es die für die Armen, denn er sei „nicht ein vater der reichen, sondern der armen, witwen und waisen“[9]. Da alle Güter Gaben Gottes seien, müssten diese auch zur Überwindung von Armut eingesetzt werden; nicht zur Nächstenhilfe gebrauchtes Gut sei „gestolen vor got“[10]. Doch diese Nächstenhilfe solle nicht Hungeralmosen sein, „sondern *rechtes Almosen*, das selbstlos schon die Ursachen der Armut beseitigt, dem Recht Geltung verschafft und ehrliche Berufs- und Geschäftspraxis pflegt.“[11] Armut habe verschiedene Ursachen, zu denen neben der Sünde im Umgang mit zeitlichen Gütern eine falsche Einstellung zur Arbeit gehöre: Luther begriff Arbeit als vollzogenes Tun Gottes; Müßiggang sei folglich unethisch. Das Empfangen von Almosen als Folge von Arbeitsscheu sei Raub und Diebstahl an von anderen Menschen mit Schweiß und Blut erarbeiteten Gütern. Luther entwickelte ausführlich praktische Vorschläge für die Neuordnung des kommunalen Armenwesens, zugleich wandte er sich scharf gegen die bestehenden christlichen Bettelorden (z.B. die Mönchsorden der Franziskaner, Zisterzienser etc.).

Martin Luther: An den christlichen Adel deutscher Nation

Es ist wohl der größten Notwendigkeiten eine, daß alle Bettelei abgetan würde in aller Christenheit. Es sollte niemals jemand unter den Christen betteln gehen, es wäre auch leicht eine Ordnung drob zu machen, wenn wir den Mut und Ernst dazu täten. Nämlich, daß eine jegliche Stadt ihre armen Leute versorgte und keinen fremden Bettler zuließe, sie hießen, wie sie wollten, es wären Wallfahrtsbrüder oder Bettelorden. Es könnte immer eine jegliche Stadt die ihren ernähren; und wenn sie zu schwach wäre, daß man auf den umliegenden Dörfern auch das Volk ermahnet, dazu zu geben; müssen sie doch sonst zuviel Landläufer und böse Buben unter des Bettelns Namen ernähren. So könnte man auch feststellen, welche wahrhaftig arm wären oder nicht.

Ebenso müßte da sein ein Verweser oder Vormund, der alle die Armen kennte und was ihnen not wäre, dem Rat oder Pfarrer ansagte oder wie das aufs beste könnte geordnet werden. Es geschieht meines Achtens auf keinem Handel so viel an Bübereien und Trügereien wie

9 Martin Luther: Die sieben Bußpsalmen, 3. Bußsalm, 2. Bearbeitung (1525), in: D. Martin Luthers Werke, Weimarer Ausgabe, Weimar 1908, Band 18, *S.* 498, Zeile 9

10 Martin Luther: Sermon von dem unrechten Mammon, 9. Sonntag nach Trinitatis, 17. August 1522, in : D. Martin Luthers Werke, Weimarer Ausgabe, Weimar 1905, Band 10/3, *S.* 275, Zeile 9

11 Gerhard Krause: Artikel „Armut“, VII. Luther, in: Theologische Realenzyklopädie Band 4, Berlin u.a. 1979, *S.* 101

auf dem Bettel, die da alle wären leichtlich zu vertreiben. Ebenso geschieht dem gemeinen Volk Wehe durch solch freies allgemeines Betteln. Ich hab's überlegt: die fünf oder sechs Bettelorden kommen des Jahres an einen Ort ein jeglicher mehr denn sechs oder sieben Mal, dazu die gewöhnlichen Bettler, Botschafter und Wallfahrtsbrüder, daß sich die Rechnung ergeben hat, daß eine Stadt etwa sechzigmal im Jahr geschatzt wird, ohne das, was der weltlichen Obrigkeit an Gebühr, Aufsatz und Schatzung gegeben wird und der römische Stuhl mit seiner Ware raubet und sie unnützlich verzehren, so daß mir's der größten Gotteswunder eines ist, wie wir dennoch bleiben können und ernähret werden.

Daß aber etliche meinen, es würden auf diese Weise die Armen nicht gut versorgt und nicht so große steinerne Häuser und Klöster erbaut, auch nicht so reichlich – das glaub ich sehr wohl. Ist's doch auch nicht nötig; wer arm will sein, soll nicht reich sein, will er aber reich sein, so greif er mit der Hand an den Pflug und such's sich selbst aus der Erde. Es ist genug, daß die Armen angemessen versorgt sind, so daß sie nicht Hungers sterben noch erfrieren. Es gehört sich nicht, daß einer auf des anderen Arbeit hin müßig gehe, reich sei und wohl lebe bei eines anderen Übelleben, wie jetzt der verkehrte Brauch geht. Denn Sankt Paul sagt: „Wer nicht arbeitet, soll auch nicht essen." Es ist niemand dazu bestimmt, von der anderen Güter zu leben, denn allein die predigenden und regierenden Priester, wie Sankt Paulus I. Kor. 9 (14) (sagt), um ihrer geistlichen Arbeit willen, wie auch Christus sagt zu den Aposteln: „Ein jeglicher Wirker ist würdig seines Lohns."

Martin Luther: An den christlichen Adel deutscher Nation. (1520) Ziff. 21, Stuttgart 1962, S. 79

Luthers theologische Bewertung der Armut und der Armenfürsorge zwischen einem *Recht auf* und einer *Pflicht zur Hilfe* bei unverschuldeter Armut als Ausfluss des Liebesgebotes Christi sowie von der Verpflichtung des Menschen zur Mitwirkung an der Schöpfung fügte sich den auf kommunaler Ebene ereignenden Veränderungen bei der Armenpolitik bruchlos ein, wie umgekehrt Luthers Vorstellungen etwa von einem „gemeinen Kasten" als Instrument der Zentralisierung, Vereinheitlichung und Erziehung im Armenwesen bei zahlreichen Kommunen Berücksichtigung fand.[12]

Auch bei dem anderen großen Reformator, *Johannes Calvin* (1509-1564), kommt es neben der theologischen Abgrenzung zum mittelalterlichen, katholischen Denken zu einer Neubestimmung christlich-ethischen Verhaltens. Leben in der Gewissheit göttlicher Erwählung (Prädestination) muss seinen Niederschlag in einem gemeinwesenförderlichen Verhalten finden, zu dem die Mehrung irdischer Güter gehört. Zum Glauben gehören Werke, ohne dass dadurch die Erwählung allein aus Gnade in Frage gestellt werde. „Daraus geht deutlich hervor, (…), dass wir *nicht ohne die Werke*, aber dennoch auch *nicht durch die Werke* gerechtfertigt werden."[13] Diese gewonnenen Güter aber sind gerecht zu verteilen.

12 Gerhard K. Schäfer: Gottes Bund entsprechen. Studien zur diakonischen Dimension christlicher Gemeindepraxis, Heidelberg 1994, S. 29ff.

13 Johannes Calvin: Institutio christianae religionis, Neukirchen 1955, Band III, Kapitel 16, Absatz 1, S. 525

> „Wir müssen auch die Armut unserer Nächsten in uns hinein nehmen und uns gleichsam mit ihrer Person bekleiden, damit wir zutiefst berührt werden beim Anblick ihres Leidens und damit wir in einem Zartgefühl mit ihnen seufzen und mit den Weinenden weinen. Wenn wir die einen krank, die anderen arm und aller Güter bar, wieder andere verdrießlich und in Not sehen, so sollen wir denken: Ach, er gehört zu unserem Leib, und dann sollen wir mit der Tat zeigen, dass wir barmherzig sind. Wir können tausendmal verkünden, die Leiden täten uns leid, wenn wir ihnen nicht helfen, so gilt all dies Gerede rein nichts."
>
> *Johannes Calvin, Predigt zu Matthäus 5, 5 – 7; in: Calvin opera, Band 46, Seite 792 f.*

In Genf, dem Ort des Wirkens Calvins, beteiligte sich die Kirche aktiv am Aufbau einer kommunalen Armenfürsorge („Hôpital général!"), zugleich verankert im Ethos, dass Arbeit von all denen einzufordern ist, die dazu in der Lage sind bzw. dass die Herstellung der Arbeitsfähigkeit Vorrang vor rein unterstützenden Leistungen haben sollte. Klöster und andere kirchliche Einrichtungen mit ihren materiellen und spirituellen Hilfsmitteln waren abgeschafft. „Gewiss, Almosen erhielt man jetzt vom Spital, doch diese milden Gaben wurden nicht mehr um Gotteslohn, sondern erst nach Kontrollen und mit Hintergedanken gewährt. Der Beruf des Armen – (...) – war abgeschafft und die Haupttätigkeit, Bettelei, streng verpönt."[14]

Aber nicht nur auf Seiten der protestantischen Reformation, sondern auch in der *katholischen Kirche* kam es zu einer Neubewertung von Armut und Arbeit. So setzte sich im Jahr 1501 *Johannes Geiler von Kayserberg*, Domprediger in Straßburg, einerseits vehement für die Rechte der Elenden ein, zugleich wandte er sich strikt gegen die „falschen Armen".

> **Johannes Geiler von Kayserberg:**
> **„Die XXI Artikel" an den Rat von Straßburg**
>
> Unserer Menschlichkeit steht es zu, den Bedürftigen zu versorgen und Eifer darauf zu verwenden, daß es den Armen nicht an Nahrung fehle. Darum sollte das der Kaiser und die Versammlung der Fürsten übernehmen, wie es auch an einige herangetragen worden ist, aber vergebens. Darum ist es notwendig, daß jede Gemeinde die ihren unterstütze. Durch Gottes Gnaden gibt es ein großes Almosen durch Spenden und dergleichen in dieser Stadt, aber die Schwierigkeit liegt in der Verteilung. Es wäre notwendig, daß dazu einige wenige, die in der Angelegenheit die Verwaltung übernähmen, gewählt würden, und es wäre eine Ordnung nötig, nach der die kräftigen Bettler oder Kinder, die ihr Brot verdienen könnten, zur Arbeit angehalten und allein die Armen und zur Arbeit Unfähigen zum Almosen zugelassen würden.
>
> *Johannes Geiler von Kayserberg: „Die XXI Artikel" an den Rat von Straßburg 150, zitiert nach: Christoph Sachße und Florian Tennstedt: Geschichte der Armenfürsorge in Deutschland. Vom Spätmittelalter bis zum 1. Weltkrieg, Stuttgart u.a. 1980, S. 56*

14 Volker Reinhardt: Die Tyrannei der Tugend. Calvin und die Reformation in Genf. München 2009, S. 228

Die kommunalen Bettelordnungen und die Stellungnahmen der protestantischen Reformation sowie des Katholizismus zeigen, dass und wie der Prozess der Säkularisierung und damit Kommunalisierung der Armenfürsorge im Übergang zum 16. Jahrhundert mit einer Veränderung der Einstellung zur Armut verbunden war. Der Arme und das Betteln standen unter dem Verdacht des Müßiggangs und der Arbeitsscheu: Um die *Pflicht zur Arbeit* als vorherrschende Form der Existenzsicherung durchsetzen, wurden kommunale Verwaltungsapparate aufgebaut, die Kriterien für die Hilfegewährung präzisiert und mit erzieherischen Maßnahmen verbunden. Armenpolitik zielte auf eine neue Form *sozialer Disziplinierung*, dienten doch innerhalb der Armenfürsorge die einzelnen Elemente der Bürokratisierung, der Rationalisierung und der Pädagogisierung der Durchsetzung eines neuen Arbeitsethos als Vorbedingung sich erst ansatzweise abzeichnender wirtschaftlicher Verhältnisse, für die Menschen unabdingbar wurden, die auf den Verkauf ihrer Arbeitskraft angewiesen sind.[15]

Damit wurden zugleich bis heute gültige *Grundsätze kommunaler Armenfürsorge* formuliert:

- die Trennung zwischen würdigen und unwürdigen Armen,
- die Mitwirkungspflicht etwa durch den Nachweis der eigenen Arbeitswilligkeit,
- die Hilfe zur Selbsthilfe und schließlich
- eine Schlechterstellung des materiellen Umfangs der Hilfestellung gegenüber anderen Formen eigenständiger Existenzsicherung etwa durch Lohnarbeit (Lohnabstandsgebot).

Fortexistenz feudaler Sicherungssysteme in Deutschland

Die Tradition landesherrlich betriebener Wirtschaftszweige hat in Deutschland insbesondere im Bereich des Bergbaus spezifische soziale Sicherungssysteme hervorgebracht. Die bereits im Mittelalter praktizierte Ausbeutung natürlicher Rohstoffe war mit der Übernahme des feudalen Denkens wechselseitiger Abhängigkeitsverhältnisse einschließlich der Versorgung in Notlagen verbunden: Bestandteil der Entlohnung im Bergbau und in anderen Wirtschaftszweigen war nicht nur ein aktueller Lohn, sondern auch eine Versorgungszusage für den Fall, dass der Betroffene nicht mehr in der Lage sein würde, für sich selbst zu sorgen. Entgegen späterer privatwirtschaftlich-industrieller Arbeit wurde hier *Dienst* geleistet, der der Idee nach mit lebenslanger Versorgung verbunden war, wobei der Dienst zeitlich nicht begrenzt, sondern eher von den physischen Möglichkeiten abhängig war. Mit Herausbildung der kleinen Territorialstaaten in Deutschland, wenn auch vorerst noch unter dem Verbund des

15 Otto Gerhard Oexle: Armut, Armutsbegriff und Armenfürsorge im Mittelalter, in: Christoph Sachße und Florian Tennstedt (Hg.): Soziale Sicherheit und soziale Disziplinierung. Beiträge zu einer historischen Theorie der Sozialpolitik, Frankfurt am Main 1986, S. 73ff.

Heiligen Römischen Reiches Deutscher Nation stehend[16], wurden auch in den merkantilistisch – also über den Staat – organisierten Wirtschaftszweigen Elemente dieser vordem im agrarisch-feudalen Kontext ausgebildeten sozialen Sicherungsstrukturen auf weitere Wirtschaftsbereiche ausgeweitet.

Neben die *Fürsorge*, die sich aus der mittelalterlichen Armenpflege über Bettelordnungen in die Neuzeit verlängerte, trat damit eine zweite Form sozialen Schutzes, nämlich die der *Versorgung*: Arbeit ist Dienst an der Gemeinschaft, folglich geht auf diese die früher allein dem Lehnsherren obliegende Pflicht zur Versorgung des Einzelnen über. In der Architektur des deutschen Sozialversicherungsstaates griff Bismarck diese Auffassung später wieder auf, indem er zunächst über den Bergbau und die Landwirtschaft hinaus plante, die Arbeiterschaft insgesamt in ein Versorgungssystem einzugliedern, damit gleichsam feudales *Versorgungsdenken* auf die *privatkapitalistische Arbeitswelt* übertragend. Auch wenn im weiteren geschichtlichen Verlauf Versorgungsleistungen auf wenige Sondergruppen beschränkt blieben, hat das zugrundeliegende *paternalistische Denken* die Sozialpolitik in Deutschland sehr stark mitgeprägt. Im Sozialrecht hat sich dieser Gedanke damit in vielfältiger Weise teilweise bis in die Gegenwart erhalten, so insbesondere für Beamte, Kriegsopfer und bei Sonderleistungen etwa für Studierende bzw. generell für Kinder.

Der Durchbruch zur privatkapitalistischen Arbeit

Die Industrialisierung erfolgte in Deutschland ca. 100 Jahre später als in England. Die tiefgreifenden wirtschaftlichen Veränderungen des Inselreiches in der Mitte des 18. Jahrhunderts leiteten nicht nur produktionstechnisch und vom Vertrieb produzierter Waren und Dienstleistung her betrachtet eine „industrielle Revolution" ein, sondern sie forderte auch der dortigen Bevölkerung eine ungeheure, mit Not, Elend und frühem Tod verbundene soziale Anpassungsleistung ab. Diesem Druck setzten Arbeiter Widerstand entgegen, sei es durch Maschinenstürmerei, sei es durch kleine oder große Sabotage, sei es durch Flucht. Waren die Angriffe auf die Produktionsanlagen Sache der Kriminalpolizei, wurde der Verweigerung, sich am Produktionsprozess zu beteiligen – mit der Folge eines vagabundierenden Lebens einschließlich Kleinkriminalität und anderen sozial nicht geduldeten Formen der Existenzsicherung – unerbittlich in Arbeitshäusern mit einem *Zwang zur Arbeit* begegnet. Diese Arbeitshäuser waren kleine merkantilistische Produktionsstätten, organisiert aber eher wie Zuchthäuser. Die Armengesetzgebung in Deutschland am Ende des 18. Jahrhunderts – u.a. das *Allgemeine Preußische Landrecht* von 1794 – griff diese Sichtweise auf, wenngleich hier die kapitalistisch organisierte Arbeit noch kaum existierte. Der Arme war zur Arbeit verpflichtet, in den Städten verbreitete Arbeitshäuser waren Orte, an

16 Dieser Begriff wurde ab dem 15. Jahrhundert häufiger gebraucht, war anders aber als der umfassendere Begriff „Heiliges Römisches Reich" selbst nicht offizielle Bezeichnung des Kaiserreiches. Vgl. Peter Moraw, in: Lexikon des Mittelalters, Stuttgart 2000

denen die Arbeitsfähigkeit und Arbeitswilligkeit letztlich unter Beweis gestellt werden musste. Deren repressive Ausgestaltung sollte jede „freiwillige" Form gesellschaftlich legitimierter abhängiger Arbeit zur Sicherung der Existenz als bessere Alternative erscheinen lassen.

Arbeitshäuser

Über dem Eingang einer Hamburger Arbeits- und Besserungsanstalt las man die Aufschrift „Labore nutrior, labore plector" (von Arbeit ernähre ich mich, mit Arbeit bin ich bestraft). Eine ähnliche Institution in Dessau trug die Inschrift: „Miseris et Malis" (den Armen und den Bösen). Am Tor des Amsterdamer Arbeitshauses für Frauen brachte man 1667 die Aufschrift an: „Fürchte dich nicht! Ich räche mich nicht für das Böse, sondern zwinge zum Guten. Schwer ist meine Hand, aber das Herz ist voller Liebe." Angesichts der düsteren Realität der modernen „Besserungsanstalten" und „Arbeitshäuser" klingen derartige Phrasen zynisch. Sie belegen aber hervorragend die Richtung der modernen Sozialpolitik und den Stand des gesellschaftlichen Bewußtseins. Die „Konzentration" der Bettler und die Einsperrung der Armen hängen sowohl mit einer demonstrativen Betonung des Arbeitsethos in jenen Ländern zusammen, die den Weg der kapitalistischen Entwicklung beschritten, als auch mit der Entwicklung der modernen Doktrin des Strafvollzugs: Der Freiheitsentzug und der Arbeitszwang verbinden sich zum Syndrom einer Sozialisationspolitik und wenden sich sowohl an Delinquenten wie an arbeitslose Arme.

Bronislaw Geremek: Geschichte der Armut. Elend und Barmherzigkeit in Europa, München 1991, S. 255

Der Zwang im Arbeitshaus sollte auf das vorbereiten, was *Karl Marx* später als die „doppelte Freiheit" des Lohnarbeiters beschrieb: Der Arbeiter unterliege zwar nicht mehr dem unmittelbaren Arbeitszwang eines Leibeigenen, sei also „frei", seinen Arbeitgeber zu wählen. Da er aber zugleich „frei" sei vom Besitz an Produktionsmitteln, müsse er seine Arbeitskraft *einem* Produktionsmittelbesitzer verkaufen, um seinen Lebensunterhalt sicher zu stellen. Die industrielle Umstrukturierung begann in Deutschland in Ansätzen zu Beginn des 19. Jahrhunderts, der eigentliche Durchbruch erfolgte allerdings erst in den 1850er und 1860er Jahren. Damit wurde die in England sehr viel länger währende Eingangsphase kapitalistischen Wirtschaftens stark verkürzt, wenngleich der Strukturwandel auch in Deutschland erhebliche soziale Verwerfungen nach sich zog.

So veränderte sich das *Verhältnis von Arbeiten und Leben* strukturell. Waren in den feudalen Einheiten wie etwa einem Bauernhof oder einer Handwerkstatt beide Bereiche weder räumlich noch sachlich geschieden und wirkten letztlich alle Mitglieder des jeweiligen Verbundes sowohl bei den produktiven als auch bei den reproduktiven Arbeiten mit – Männer ebenso wie Frauen, Kinder ebenso wie Erwachsene – wurden beide Bereiche mit der Industrialisierung getrennt. Arbeiten wurde nun unterschieden nach *Erwerbsarbeit* und *Hausarbeit*. Erwerbsarbeit bedeutete, aus dem Haus herauszugehen, im Haushalt zu bleiben hieß, nicht erwerbstätig zu sein, sei es als Privileg, sei es als Folge mangelnder Erwerbsmöglichkeiten. Diese Trennung von

Arbeiten und Leben hatte insbesondere für die *Frauen* nachhaltige Konsequenzen. Ihnen, die im feudalen Verbund stets in alle – auch körperlich schweren – Arbeiten mit eingebunden waren, wurde nun eine der männlichen Erwerbsarbeit nachgeordnete Stellung zugewiesen. Im *bürgerlichen Lebenszusammenhang* hatte die Frau das ‚Privileg', nicht arbeiten zu müssen, weil sie den Haushalt führen und die Kinder erziehen musste. Sie wurde von ihrem Mann ernährt, war also von diesem abhängig. Im *proletarischen Lebenszusammenhang* erfuhr diese neue Zuweisung der Geschlechterrolle eine eigenwillige Brechung: Da das Einkommen des Mannes nicht ausreichte, um die Familie zu ernähren, mussten letztlich auch die Frauen (und die Kinder) Erwerbsarbeit leisten. Von dem bürgerlichen Lebenszusammenhang wurde allerdings übernommen, dass die Frau *zusätzlich* die Hausarbeit verrichten sollte. Da nun aber die Frau ‚eigentlich' für die Hausarbeit zuständig sei, könne sie – so die ‚männliche' Logik – ihre Erwerbstätigkeit letztlich nur ‚nebenbei' erledigen: Dieses wurde zur ideologischen Rechtfertigung einmal der männlichen Vorherrschaft im Produktionsprozess, zum anderen von Lohndiskriminierung weiblicher Erwerbsarbeit, letztlich bis in die Gegenwart. Diese Brechung im Rollenbild der Erwerbsarbeit leistenden Frauen war damit zugleich funktional für unternehmerische Gewinninteressen, rechtfertigte sie doch die Senkung der Lohnkosten, ohne dass der empirische Nachweis geringwertigerer Arbeit auch nur angetreten werden musste.

Auch die *Kinderarbeit* bzw. die Arbeit von Jugendlichen nahm neue Formen an. In bestimmten Wirtschaftsbereichen wie etwa im Bergbau wurden Kinder schon im Mittelalter, aber auch in der Neuzeit eingesetzt, um in den niedrigen Flözen das begehrte Erz abzubauen. In der Landwirtschaft und im Handwerk war Kinderarbeit stets anzutreffen. Im Übergang zum 19. Jahrhundert wurden Kinder nunmehr auch in der Industrie eingesetzt. Durch den Entzug des paternalistischen Schutzes feudaler Einrichtungen waren Morbidität und Mortalität unter den mit schwerer körperlicher Arbeit belasteten Kindern und Jugendlichen sehr groß. Dass es hier zu einer ersten sozialpolitischen Regelung kam, war jedoch nicht nur humanistischen, vor allem bildungspolitischen Überlegungen geschuldet, sondern auch der Sorge des aristokratisch dominierten Militärstaates in Preußen, der auf Abhilfe drängte: Der preußische König sah sich der Gefahr ausgesetzt, dass industrielle Arbeit seinem Bedarf an belastbaren Soldaten entgegenstand. Mit dem *„Regulativ über die Beschäftigung jugendlicher Arbeiter in Fabriken"* vom 9. März 1839 wurde erstmals die Arbeitskraft unter Schutz durch ein staatliches Gesetz gestellt, indem eine minimale Schulpflicht für alle Jugendlichen unter 16 Jahren festgeschrieben, zugleich die tägliche Arbeitszeit begrenzt wurde.[17] Das Gesetz, als *Startsignal der Sozialpolitik in Deutschland* gewertet, enthielt zugleich viele Ausnahmebestimmungen. Das damit verbundene System der für die Überwachung zuständigen Fabrikinspektoren war mehr als lückenhaft, aber es war dem Recht der Allgemeinheit gegenüber den privatwirtschaftlichen Interessen dem Grundsatz nach zum Durchbruch verholfen wor-

17 Albin Gladen: Geschichte der Sozialpolitik in Deutschland. Eine Analyse ihrer Bedingungen, Formen, Zielsetzungen und Auswirkungen, Wiesbaden 1974, S. 12ff.

den: Der Staat hat das Recht, in die Gesellschaft einzugreifen und dieser Regelungen aufzuzwingen, allerdings darf dieser die *Gewerbefreiheit* nicht grundsätzlich in Frage stellen. Letztlich wurde die Kinderarbeit aber durch die Fortentwicklung des industriellen Maschinenparks obsolet, weil diese Maschinen zunehmend nur noch von erwachsenen Personen bedient werden konnten; Frauenarbeit löste in der zweiten Hälfte des 19. Jahrhunderts die industrielle Kinderarbeit ab.

Auch wenn die Phase von der Frühindustrialisierung bis hin zum Durchbruch kapitalistischen Wirtschaftens als vorherrschender Wirtschaftsweise in Deutschland relativ kurz war, so war doch auch dieser Umbruch, der immer auch die Beseitigung der letzten Reste noch bestehender feudaler Versorgungsstrukturen beinhaltete, mit zum Teil sehr starken Verarmungstendenzen in der Bevölkerung verbunden.

Auflösung des ländlichen Gutsverbandes

Den Untertanenpflichten standen freilich auch Pflichten der Gutsobrigkeiten gegenüber. Zunächst einmal die allgemeine Schutzpflicht, die nach außen hin zuweilen in Erscheinung trat, wenn z.B. Ansprüche gegen Person oder Vermögen der Untertanen von anderen Stellen erhoben wurden. Innerhalb des Gutsverbandes mußte den Untertanen eine Existenzmöglichkeit geboten werden, hatte die Herrschaft dazu keine Mittel in ihrer Verfügung, mußte sie den Untertanen die Freiheit geben, damit sie woanders einen Lebensunterhalt finden konnten. Praktisch kam das infolge der geringen Anforderungen, die man an eine Existenz stellte, kaum in Frage. Viel häufiger entflohen Untertanen bei Nacht und Nebel ihrer Gutsobrigkeit, weil sie der scharfe Druck dazu trieb, und verzichteten freiwillig auf den Schutz. Im Falle von Krankheit und Alter war die Gutsobrigkeit fürsorgepflichtig; hohe Anforderungen stellte man damals nicht, bei der großen Achtung, der sich das Alter ehedem erfreute, wurde dieser Pflicht fast stets nachgekommen. In Notzeiten mußte der Gutsherr seinen Untertanen mit Vieh und Saatkorn, ja selbst mit Brotkorn aushelfen. Das lag schon in seinem eigenen Interesse, denn der Ruin seiner Bauern und Kossäten hätte sein Gut, das ja auf deren Arbeitskraft angewiesen war, ebenfalls in Mitleidenschaft gezogen. Diese Aushilfe wurde den Untertanen nicht geschenkt, sondern kreditiert. Sie war dennoch eine schwere Belastung für die Gutsherren, denn sie konnten in durch schlechte Erntejahre verschärften Krisenzeiten mit einer Rückgabe nicht rechnen, und eine noch schwerere für die Untertanen, denn sie gerieten in Schulden und noch stärkere Abhängigkeit von der Herrschaft als ohnehin.

Gerhard Czybulka: Die Lage der ländlichen Klassen Ostdeutschlands im 18. Jahrhundert, Braunschweig 1949, S. 18

In den Städten sammelten sich Zuwanderer. Sie hausten in provisorisch beschaffenen Verschlägen, teilten sich Schlafstellen mit anderen, hofften auf Gelegenheitsarbeit, viele hungerten schlicht. Zugleich wurden bisherige Formen hausgewerblichen Wirtschaftens dadurch obsolet, dass an anderen Stellen in Deutschland oder – wie am Beispiel der schlesischen Weber u.a. literarisch durch Gerhard Hauptmanns gleichnamiges Drama belegt – in anderen Ländern Europas die industrielle Produktion das bislang betriebene handwerkliche Hausgewerbe in einen chancenlosen, ruinösen Wettbewerb trieb. Ganze Regionen in Schlesien litten Mitte der 1840er Jahre Hunger, Hilfe war nicht in Sicht; 1844 revoltierten die Weber, das Militär schlug den Aufstand nieder. Darüber hinaus entwickelten sich Löhne, Preise und Wohnungsbedingungen insgesamt so, „dass im Vormärz[18] für mehr als die Hälfte der Bevölkerung Deutschlands die ‚Nahrung' eben kaum noch auskömmlich"[19] war.

Die *Bauernbefreiung* im Rahmen der *Stein-Hardenbergschen Reformpolitik*[20] zu Beginn des 19. Jahrhunderts entließ die Bauern zwar aus der Leibeigenschaft, doch führten die Konditionen des Landkaufs bzw. des „Abarbeitens" des zur Verfügung gestellten Landes in sehr vielen Fällen zu einer desaströsen Verschuldung („Bauernlegen"), aus der es häufig mit legalen Mitteln kein Entkommen gab: Landflucht, Verlassen von Haus und Hof, zum Teil Verlassen der Familie etc. waren je individuelle Reaktionen auf diese Entwicklung.[21] Eine weit überregionale Aufmerksamkeit gewann beispielsweise der Versuch von hochverschuldeten Bauern aus dem zwischen Marburg und Biedenkopf gelegene Dorf Kombach, die eine Postkutsche überfielen, um sich das notwendige Geld für die Ablösungen zu beschaffen. Der Coup fiel dadurch auf, dass die Bauern plötzlich ihre Schulden bezahlen konnten, ohne dafür eine plausible Erklärung bieten zu können. Der Tod am Galgen beendete ihren Traum von einem Leben auf der eigenen Scholle.

Als Folge dieser teils parallel, teils hintereinander verlaufenden Entwicklungsstränge wurde Deutschland in der ersten Hälfte des 19. Jahrhunderts ein Emigrationsland: Sieben Millionen Deutsche kehrten ihrer Heimat in der Erwartung den Rücken, dem „Mahlstrom der Wirtschafts- und Gesellschaftskrise" zu entgehen und im Wesentlichen in Nordamerika eine neue wirtschaftliche Existenzgrundlage zu finden. Doch diese Umbrüche betrafen nicht nur Deutschland bzw. Regionen in Deutschland. Auch in anderen Ländern in Europa bewirkten sie Hungersnöte. Zwischen den Ländern des alten Kontinents setzten Wanderungsbewegungen ein, und sei es nur, um selbst geringfügigste – tatsächliche oder vermeintliche – Wohlstandsvorteile für sich nutzen zu können. Insgesamt verließen in dieser Zeit ca. 50 Millionen Menschen Europa und suchten in den Immigrationsländern zumindest im Brauchtum und teils

---

18 Der Vormärz beschreibt den Zeitraum zwischen der Julirevolution von 1830 in Frankreich und dem Beginn der deutschen Märzrevolution (1848), in dem sich die politischen und sozialen Auseinandersetzungen um die Lösung der nationalen Frage sowie die damit verbundene Überwindung der feudalen Ordnung krisenhaft zuspitzten. Gegenstand war zum einen die Aufhebung der Kleinstaaterei durch einen republikanischen Nationalstaat (*Hambacher Fest*), zum anderen gewann die soziale Frage (*Pauperisierung*) im Zuge der einsetzenden Industrialisierung zunehmend an politischer Bedeutung.

19 Florian Tennstedt: Sozialgeschichte der Sozialpolitik in Deutschland. Vom 18. Jahrhundert bis zum Ersten Weltkrieg, Göttingen 1981, S. 60

20 Die Stein-Hardenbergschen Reformen markieren Anfang des 19. Jahrhunderts durch den Bruch mit feudalen Herrschaftsprinzipien den Wandel Preußens zum modernen Staat, ohne die Monarchie selbst in Frage zu stellen. In diese Reformperiode fällt im Zuge der Bauernbefreiung (1799-1816) die Gleichstellung von Adel und Bürgertum im Recht auf Landbesitz (1807), die kommunale Selbstverwaltung (1808), die Öffnung des Offizierkorps für Bürgerliche sowie die Einführung der Gewerbefreiheit (1811) die Gleichstellung der Juden im öffentlichen Leben (1812) und schließlich die Einführung der Allgemeinen Wehrpflicht (1814) bei gleichzeitiger Aufgabe schikanöser Behandlungsformen (Prügelstrafe).

21 Christoph Sachße und Florian Tennstedt: Geschichte der Armenfürsorge in Deutschland. Vom Mittelalter bis zum 1. Weltkrieg, Stuttgart u.a. 1980, S. 184ff.

bei der Namensgebung neu gegründeter Siedlungen Anschluss an ihre Herkunft zu halten, zugleich dazu genötigt, im *melting pot* des Immigrationslandes aufzugehen.[22]

Freie und kommunale Armenfürsorge im Übergang zum Industriestaat Deutschland

Die Emigration aus Deutschland entlastete zwar diese gesellschaftlichen Umwälzungen sozial, gleichwohl verblieben genügend Risiken im Lande selbst, verstärkt durch personelle Zuflüsse aus anderen europäischen Ländern. Mit dem Verlust vorheriger Versorgungsformen und einem durchgängigen Mangel an neuen Sicherungssystemen wurde die an der Tradition christlicher Armenfürsorge anknüpfende kirchliche Mildtätigkeit von besonderer Wichtigkeit: Nach ersten Ansätzen in der ersten Hälfte des 19. Jahrhunderts stellte *Johann Hinrich Wicherns* (1808-1881) so genannte „Stegreifrede" auf dem protestantischen Kirchentag in Wittenberg im Jahr 1848 eine Wendemarke dar: Nach Wichern, in Hamburg Gründer des *Rauhen Hauses* (1833), einer stationären Einrichtung für verwahrloste (Waisen-)Kinder, wirkte das neue Wirtschaftssystem auf die breiten Bevölkerungskreise vor allem sozial desintegrativ. Die Abhängigkeit von Lohnarbeit und das Herauslösen des Einzelnen aus umfangreicheren sozialen Netzen auf einen von ihm scharf attackierten „Materialismus" verkürzend, sah er einerseits die Notwendigkeit einer auf Glauben und christliches Verhalten zielenden Verkündigung der Kirche, gleichzeitig aber die Begründung für kirchliches karitatives Handeln, beides zusammengefasst im Begriff der *Inneren Mission.* Mit seiner unermüdlichen Agitation, seinen Predigten und seinen politischen Gesprächen ist er einer der bedeutendsten Gründerväter diakonischer Arbeit im Rahmen des Protestantismus in Deutschland. Mit Bildung des *Centralausschuss für die innere Mission der deutschen evangelischen Kirche* im Nachgang zu seinem Auftritt in Wittenberg war zugleich der zentrale organisatorische Rahmen geschaffen, dem bald ein regionaler und lokaler Unterbau folgte.[23] Wichern reaktivierte das neutestamentarische *Diakonat*, das er durch eigens dafür Ausgebildete neben dem Pfarrer als eigenständiges Amt in der Kirchengemeinde verankert sehen wollte.[24]

---

22 Klaus J. Bade: Vom Auswanderungsland zum Einwanderungsland? Deutschland 1880-1980, Berlin 1983, S. 20; Bernhard Santel: Migration in und nach Europa. Erfahrungen, Strukturen, Politik, Opladen 1995, S. 35ff.

23 Christoph Sachße und Florian Tennstedt: Geschichte der Armenfürsorge in Deutschland. Vom Mittelalter bis zum 1. Weltkrieg, Stuttgart u.a. 1980, S. 231ff.

24 Gerhard K. Schäfer: Gottes Bund entsprechen. Studien zur diakonischen Dimension christlicher Gemeindepraxis, Heidelberg 1994, S. 77ff.

Johann Hinrich Wichern

Kommunismus – der Name wirkt jetzt wie ein Medusenhaupt. Die Furcht geht vor ihm her und läßt das Blut in den Adern der bürgerlichen Gesellschaft erstarren. Und mit Recht. (...) Der verwirklichte Kommunismus aber (der genau genommen vom Sozialismus zu unterscheiden ist, wie das Zerstören vom Aufbauen) ist der zum Ausbruch gekommene verhaltene Grimm der Armut oder der Ärmeren gegen den Reichtum, die Gewalttat der Nichtgenughabenden und mehr oder weniger Darbenden gegen jede Art von Überfluß des einzelnen. Er fordert die Ausgleichung des verschiedenen persönlichen Besitzes an Hab und Gut, Ehre, Bildung und Genuß bis zur Gleichstellung aller – für jeden gleichviel Land und Acker, Silber oder Gold, gleichviel Ansehen, gleiche Erziehung. Er ist also eine sinnlose Forderung, die, selbst für einen Augenblick als verwirklicht gedacht, nicht Bestand haben könnte, da die Ungleichheit immer wiederkehren, also der immer erneuerte Umsturz des Bestehenden, die endlose mit völliger Vernichtung endende Revolution die Folge seiner Verwirklichung sein würde. (...) Da der Staat, die Kirche, die Familie (Ehe) und die gesellschaftlichen Verhältnisse mit ihren Rechten das schützende und bewahrende Band dieser Güter sind, so kann der Kommunismus nicht anders: er muß zuletzt (auch wenn er sich mit seinen Grundsätzen dagegen weigerte) diese Gestalten des gemeinsamen Lebens auflösen, die rechtmäßige von Gott eingesetzte Obrigkeit und Gesetz und Recht zerbrechen, die Kirche und deren heilige Güter entweihen, die Ehe aus seinem Bereiche ausweisen, die gesellschaftlichen Verhältnisse und die in ihnen geltenden Gerechtsame, die sich alle mehr oder weniger um die Familie und das geistige und materielle Privateigentum sammeln, zu zertrümmern trachten, wie er sich den auch in diesen Beziehungen bereits kenntlich genug gemacht hat.

Wer sich in den letzten Jahrzehnten unter den niederen Volksklassen in größeren Kreisen umgesehen und umgehört hat, wer als *Privatmann* und *privater Freund der Armen* (denn gegen *amtliche* Personen war der gemeine Mann bis vor kurzem noch durch einen gewissen Grad von Achtung zurückhaltend) Gelegenheit gefunden, unter den ärmeren Klassen zu verkehren, der wird die Spuren und Neigungen für solche Auffassung der Verhältnisse hinreichend angetroffen haben. Dieser Geist hat sich namentlich in den größeren und denjenigen Städten, wo Handel und Fabrikwesen blühen und wo die Gegensätze des Reichtums und der Armut sich nach und nach immer trostloser für die letztere entwickeln konnten, festgesetzt.

Johann Hinrich Wichern: Kommunismus und die Hilfe gegen ihn. (1848), in: derselbe: Sämtliche Werke, hg. von Peter Meinhold, Band 1, Berlin und Hamburg 1962, S. 133f.

Neben Wichern trat insbesondere *Theodor Fliedner* (1800-1864), Begründer der großen Diakonieanstalt in Kaiserswerth (1836), für die Notwendigkeit eines kirchlichen Engagements zur Behebung der sozialen Folgen dieses Umbruchprozesses ein. Zusammen mit seiner Frau *Friederike* (1800-1842) begründete er zugleich eine Art protestantischen weiblichen ‚Orden', nämlich eine Gemeinschaft von Diakonieschwestern, die sich und ihr Schaffen der Bewältigung sozialer Probleme, dem Dienst am leidenden Menschen verschrieben – jenseits von Markt und Staat sich dem christlichen Liebesgebot unterstellend.

Später dann verband sich mit dem Namen *Friedrich von Bodelschwingh* (1831-1910) eine weitere wichtige Wurzel christlichen diakonischen Handelns, das sich der

Behandlung besonderer Erkrankungen wie Epilepsie und psychiatrischer Krankheiten bzw. gebrechlichen Menschen ohne Heilungschancen zuwandte. Zugleich etablierte er Hilfesysteme für Menschen, die ohne Arbeit herumzogen und keine Bleibe hatten. Bis heute ist der Name Bethel mit der *Wanderarbeiterhilfe* bzw. *Wohnungslosenhilfe* in Deutschland aufs engste verknüpft.[25] Weitere Namen und Institutionen könnten ergänzend angeführt werden; auch ist auf unzählige Initiativen und Aktivitäten evangelischer Kirchengemeinden, konkreter Menschen und christlich motivierter Hilfsvereinigungen hinzuweisen, die dafür Sorge trugen, dass der rasante Strukturwandel nicht noch mehr Opfer gefordert hat.

Auch auf *katholischer Seite* wurde die Tradition kirchlicher Armenfürsorge neu belebt. In der ersten Hälfte des 19. Jahrhunderts kam es – zunächst außerhalb der amtlichen Kirche – zu einer Erneuerungsbewegung von Priestern und Laien, die in hohem Maße von einem karitativen Engagement getragen war. Es wurden zahlreiche geistliche Genossenschaften, aber auch von Laien getragene Caritasvereine gegründet, deren Ziel es war, aktuellen Notlagen abzuhelfen und Hilfskräfte zur Verfügung zu stellen. Dieses soziale Engagement verband sich vielfach mit der Rückkehr zu dem insbesondere im Mittelalter gepflegten Armutsideal, nicht zuletzt um einen leichteren Zugang zu den proletarisierten Menschen zu bekommen. Es entstand zugleich die Tradition katholischer Arbeiterpriester in den neuen Wachstumszentren wie dem Ruhrgebiet.

Mit *Wilhelm Emmanuel Freiherr von Ketteler* (1811-1877), Bischof von Mainz, gewannen die Arbeiterschaft und die von sozialer Not Betroffenen in Deutschland einen besonders hochrangigen Mitstreiter.

Wilhelm Emmanuel Freiherr von Ketteler

Dieser ganze Geschäftsgewinn fällt jetzt ausschließlich dem Kapital zu, während der Arbeiter nicht den mindesten Antheil hat. Diese Austheilung des überschießenden Gewinnes scheint allerdings der natürlichen Gerechtigkeit und dem an sich richtigen Maßstabe nicht ganz zu entsprechen. Der Arbeiter verwendet sein Fleisch und Blut und nützt zugleich das Kostbarste, was der Mensch an irdischen Gütern hat, seine Gesundheit, damit ab; er verarbeitet täglich gleichsam ein Stück seines Lebens. Der Kapitalinhaber dagegen verwendet in die Arbeit nur eine todte Summe Geldes. Es scheint daher unbillig, wenn der überschießende Gewinn *ausschließlich* dem todten Kapitale und nicht auch dem verwendeten Fleisch und Blut zufällt.

Wilhelm Emmanuel Freiherr von Ketteler: Die Arbeiterfrage und das Christentum, Mainz 1864, S. 63f.

25 für viele: Hannes Kiebel: Hundert Jahre Verein für katholische Arbeiterkolonien in Westfalen. 1888-1988, hg. vom Verein für Katholische Arbeiterkolonien in Westfalen, Münster 1988; derselbe u.a.: Und führet sie in die Gesellschaft. Antworten der Erlacher Höhe, hg. vom Verein für soziale Heimstätten in Baden-Württemberg e.V., Grosserlach-Erlach 1991

Ketteler forderte praktische Hilfen, etwa in Gestalt von Krankenhäusern in christlicher Trägerschaft, Armenhäusern, Invalidenanstalten u.a.m. Zugleich erhob er konkrete Forderungen etwa nach höheren Löhnen, kürzeren Arbeitszeiten, dem Verbot von Fabrikarbeit für Mütter und schulpflichtige Kinder. Zugleich unterstrich er das Recht der Arbeiter, Koalitionen einzugehen. Er betonte die Pflicht des Staates, sozialpolitisch und auf dem Gebiet des Arbeitsschutzes zu intervenieren. Ketteler hat die Sozialpolitik im Deutschen Kaiserreich im Rahmen des als Partei des politischen Katholizismus gebildeten „Zentrum“ maßgeblich mitbestimmt, zugleich den Grundsatz der *Subsidiarität* als tragendes Prinzip katholisch geprägter Sozialpolitik mit ausformuliert.

Adolf Kolping (1813-1865) seinerseits wollte mit der Gründung katholischer Gesellenvereine den jungen, ohne familiäre Bindung herumziehenden Männern dieser Zeit Orientierung und praktische Hilfestellung geben. In der zweiten Hälfte des 19. Jahrhunderts entstand ein zunehmend enger geknüpftes Netz katholischer Hilfeeinrichtungen einschließlich des Aufbaus der Organisation des *Deutschen Caritasverbandes* unter *Lorenz Werthmann* (1858-1921; gegründet 1897).

> Sie (die Caritasfreunde) dringen hinein in die Not, wohin die staatliche Gesetzgebung noch nicht dringen kann, machen auf sittliche und materielle Notstände aufmerksam, schaffen das Material zur wirksamen Bekämpfung derselben; sie ebnen so die Pfade und Wege für neue gesetzgeberische Maßnahmen.(…) Es darf der Herr Pfarrer nicht meinen, dass seine caritative Tätigkeit darauf sich beschränken darf, ein Fünfpfennigstück dem armen Bettler zu reichen oder noch besser ein Stück Brot oder einen Teller Suppe aus seiner Küche zu geben.(…)“
>
> *Lorenz Werthmann, Rede 1899 auf der Generalversammlung der Katholiken Deutschlands in Neiße am 31. August 1899, in: Karl Borgmann: Lorenz Werthmann – Aus seinen Reden und Schriften, Freiburg 1958, S. 79*

Mit seiner *Sozialzyklika „Rerum novarum“* schließlich stellte *Papst Leo XIII.* (1810-1903) 1891 die katholischen Vorstellungen einer Sozialreform vor:

> **Papst Leo XIII.: Rerum novarum von 1891**
>
> Ein Grundfehler in der Behandlung der socialen Frage ist sodann auch der, dass man das gegenseitige Verhältnis zwischen der besitzenden und der unvermögenden arbeitenden Classe so darstellt, als ob zwischen ihnen von Natur ein unversöhnlicher Gegensatz Platz griffe, der sie zum Kampfe aufrufe. Ganz das Gegentheil ist wahr. Die Natur hat vielmehr alles zur Eintracht, zu gegenseitiger Harmonie hingeordnet: und sowie im menschlichen Leibe bei aller Verschiedenheit der Glieder im wechselseitigen Verhältnis Einklang und Gleichmass vorhanden ist, so hat auch die Natur gewollt, dass im Körper der Gesellschaft jene beiden Classen in einträchtiger Beziehung zueinander stehen und ein gewisses Gleichgewicht hervorrufen. Die eine hat die andere durchaus nothwendig. Das Capital ist auf die Arbeit angewiesen und die Arbeit auf das Capital. Eintracht ist überall die unerlässliche Vorbedingung von Schönheit und Ordnung; ein fortgesetzter Kampf dagegen erzeugt Ver-

wilderung und Verwirrung. Zur Beseitigung des Kampfes aber und selbst zur Ausrottung seiner Ursachen besitzt das Christenthum wunderbare und vielgestaltige Kräfte. – Die Kirche, als Vertreterin und Wahrerin der Religion, hat zunächst in den religiösen Wahrheiten und Gesetzen ein mächtiges Mittel, die Reichen und die Armen zu versöhnen und einander nahe zu bringen; ihre Lehren und Gebote führen beide Classen zu ihren Pflichten gegeneinander und namentlich zur Befolgung der Vorschriften der Gerechtigkeit. Von diesen Pflichten schärft sie folgende den arbeitenden Ständen ein: vollständig und treu die Arbeitsleistung zu verrichten, zu welcher sie sich frei und mit gerechtem Vertrage verbunden haben; den Arbeitsherrn weder an der Habe noch an der Person Schaden zuzufügen; in der Wahrung ihrer Rechte sich der Gewaltthätigkeit zu enthalten und in keinem Falle Auflehnung zu stiften; nicht Verbindung zu unterhalten mit schlechten Menschen, die ihnen trügerische Hoffnungen vorspiegeln und nur bittere Enttäuschung und Ruin zurücklassen. – Die Pflichten, die sie hinwieder den Besitzenden und Arbeitgebern einschärft, sind die nachstehenden: die Arbeiter dürfen nicht wie Sclaven angesehen und behandelt werden; ihre persönliche Würde, welche geadelt ist durch ihre Würde als Christen, werde stets heiliggehalten; Handwerk und Arbeit erniedrigen sie nicht, vielmehr muss, wer vernünftig und christlich denkt, es ihnen als Ehre anrechnen, dass sie selbstständig ihr Leben unter Mühe und Anstrengung erhalten; unehrenvoll dagegen und unwürdig ist es, Menschen bloss zu eigenem Gewinne ausbeuten und sie nur so hoch taxiren, wie ihre Arbeitskräfte reichen. Die Kirche ruft den Arbeitsherren weiter zu: Habet auch die gebührende Rücksicht auf das geistige Wohl und die religiösen Bedürfnisse der Arbeiter; ihr seid verpflichtet, ihnen Zeit zu lassen für ihre gottesdienstlichen Uebungen; ihr dürft sie nicht der Verführung und sittlichen Gefahren bei ihrer Verwendung aussetzen, den Sinn für Häuslichkeit und Sparsamkeit dürft ihr in ihnen nicht ersticken lassen; es ist ungerecht, sie mit mehr Arbeit zu beschweren, als ihre Kräfte tragen können oder Leistungen von ihnen zu fordern, die ihrem Alter oder Geschlecht nicht entsprechen. Vor allem aber ermahnt die Kirche die Arbeitsherren, den Grundsatz: Jedem das Seine, stets vor Augen zu behalten. Dieser Grundsatz sollte auch unparteiisch auf die Höhe des Lohnes Anwendung finden, ohne dass die verschiedenen mitzuberücksichtigenden Momente übersehen werden. Im allgemeinen ist in Bezug auf den Lohn wohl zu beachten, dass es wider göttliches und menschliches Gesetz geht, Nothleidende zu drücken und auszubeuten um des eigenen Vortheiles willen. Dem Arbeiter den ihm gebührenden Verdienst vorenthalten, ist eine Sünde, die zum Himmel schreit. „Siehe“, sagt der heilige Geist, „der Lohn der Arbeiter, (...) den ihr unterschlagen, schreit zu Gott, und ihre Stimmen dringen zum Herren Sabaoth.“ (Jak. 5, 4) Die Besitzenden dürfen endlich unter keinen Umständen die Arbeiter in ihren Ersparnissen schädigen, sei es durch Gewalt oder durch Trug oder durch Wucherkünste; und das um so weniger, als ihr Stand minder gegen Unrecht und Uebervortheilung geschützt ist, und ihr Eigenthum, weil gering, eben deshalb grössere Achtung verdient. (...)

Die Fürsorge der Kirche geht indessen nicht so in der Pflege des geistigen Lebens auf, dass sie darüber der Anliegen des irdischen Lebens vergässe. – Sie ist vielmehr, insbesondere dem Arbeiterstande gegenüber, vom eifrigen Streben erfüllt, die Noth des Lebens auch nach seiner materiellen Seite zu lindern. Schon durch ihre Anleitung zur Sittlichkeit und Tugend befördert sie zugleich das materielle Wohl, denn ein geregeltes christliches Leben hat stets seinen Antheil an der Herbeiführung irdischer Wohlfahrt: es macht Gott, welcher Urquell und Spender aller Wohlfahrt ist, dem Menschen geneigt und es drängt zwei Feinde zurück, welche allzuhäufig mitten im Ueberflusse die Ursache bitteren Elendes sind, die ungezügelte Habgier und die Genusssucht; es würzt ein bescheidenes irdisches Los mit dem Glücke der Zufriedenheit, findet in der Sparsamkeit einen Ersatz für die abgehenden Glücksgüter und bewahrt vor Leichtsinn und Laster, wodurch auch der ansehnlichste Wohlstand oft so schnell zu Grunde gerichtet wird. – Aber die Kirche entfaltet ausserdem auch geeignete praktische Massnahmen zur Milderung des materiellen Nothstandes der Armen und der Arbeiter; sie hegt die verschiedensten Anstalten zur Hebung ihres Daseins. Ja, dass ihre Tätigkeit in dieser Hinsicht jederzeit eine höchst wohltätige gewesen, wird auch von ihren Feinden mit lautem Lobe anerkannt.

Papst Leo XIII: Rerum novarum. Sozialenzyklika vom 17. Mai 1891, in: Karl Diehl und Paul Mombert (Hg.): Ausgewählte Lesestücke zum Studium der politischen Ökonomie. Sozialpolitik, Neuauflage Frankfurt am Main, Berlin und Wien 1984, S. 106-108 und 113f.

Im 18. und 19. Jahrhundert entwickelte sich auch eine *jüdische Wohlfahrtspflege*, zunächst vor allem durch die Gründung von Anstalten, dann aber auch für die offene Wohlfahrtspflege, die sich im Jahr 1917 auf zentralstaatlicher Ebene zusammenschloss.

Neben den Kirchen waren es zahlreiche *Privatpersonen*, die – teils aus christlicher Gesinnung heraus, teils einem allgemeinen Humanismus verpflichtet – mahnend ihre Worte erhoben und konkrete Hilfesysteme aufbauten. Mit *Bettina von Arnim* (1785-1853) erhob eine Adelige und Dichterin schwere Anklage gegen die repressive Polizeigewalt, gegen Hunger und Elend:

Bettina von Arnim: Armenbuch

Die zahllosen Opfer des Industrialismus entbehren also unter diesen Umständen, da ihnen der Zuspruch der Religion fehlt, den Trost, welchen der Arme früher in Gedanken an eine Zukunft hatte, welche die Widersprüche dieser Welt ausgleicht. Der Mangel an Religiosität läßt also den Armen seine Entbehrung erst recht fühlen, ja sie macht erst wahrhaft Arme. (...)

Denn wie gebt ihr? – Ihr werft den Armen eure Almosen hin, wie man einem Hunde einen Brocken zuwirft, und kümmert euch nicht weiter um sie. Ihr steigt nicht hinab zu den Höhlen, wo die Not und das Elend ihr Lager aufgeschlagen haben. Wie solltet ihr auch? Der Höhlendunst, den ihr einatmen müßtet, würde euren Odem verpesten; die hohlen, eingefallenen Gesichter, die ihr sehen würdet, würden euch im Traume erscheinen und euren Schlaf und eure Verdauung stören; im eigenen, wohlgeheizten Zimmer würde euch frieren, wenn ihr an die Armen dächtet, die barfüßig und zerlumpt der Winterkälte preisgegeben sind. – Und wovon gebt ihr den Armen? Von eurem Mammon! Und woher stammt euer Mammon? Ist er nicht gewonnen durch den Schweiß der Armen, der hat ihn nicht euch zugebracht und vermehrt euer Geld, ohne daß ihr weder Hände noch Füße geregt habt? (...) Aber diese Wahrheit ist noch unerkannt, gehaßt, geächtet, vogelfrei. Denn noch ist das Heft der Gewalt bei den Reichen, und die wehren dieser Wahrheit den Zugang zum Volke.

Bettina von Arnims Armenbuch, hg. von Werner Vordtriede, Frankfurt am Main 1969, S. 40 und 68

Bettina von Arnim war zur Zeit der Weberaufstände nach Schlesien zu den hungernden Webern gereist. Ihre ergreifende Schlussfolgerung lautete: „Allein, den Hungrigen helfen wollen heißt jetzt Aufruhr predigen.“[26]

Im weiteren Verlauf hatten insbesondere Mediziner wie *Rudolf Virchow* (1821-1902), *Salomon Neumann* (1819-1908) und *Rudolf Leubuscher* (1821-1861) als die „natürlichen Anwälte der Armen“ dafür gekämpft, dass die gesundheitliche Versorgung der Arbeiterschaft verbessert wurde, und so die Tradition bürgerlicher Sozialanwaltschaft für sozial Entrechtete mitbegründet.

Im Zusammenhang mit der bürgerlichen Revolution im März 1848 kam es zu Hungerrevolten und Maschinenstürmereien, in denen die „Magenfrage“ thematisiert, „Fressfreiheit“ statt „Pressfreiheit“ gefordert wurde.[27] Nach H. Volkmann ging es nunmehr um die „Coupierung“ der sozialen und politischen Gefahren, „die aus der Proletarisierung erwachsen und die bestehende Ordnung in Frage stellen. Dies, nicht die Not der handarbeitenden Bevölkerungsschichten selbst, ist für Regierung und Abgeordnete der Kern der sozialen Frage. Das ‚rothe Gespenst hat Fleisch und Bein gewonnen‘, die Mahnung zur Sozialpolitik ‚schallt von den Dächern herab‘“.[28] Die preußisch-staatliche Antwort war allerdings Repression: Militäreinsatz, der preußische Verfassungsoktroi von 1848/1850[29] sowie das Durchpeitschen der sog. *Indemnitätsvorlage* (1866) im preußischen Abgeordnetenhaus, mittels derer sich der preußische König und sein Ministerpräsident *Otto von Bismarck* (1815-1898) den faktischen Verfassungsbruch ex post legalisieren ließen (Bismarck hatte von 1862-1866 ohne ein verfassungsmäßig bewilligtes Budget regiert). In der Folge spaltete sich der politische Liberalismus, wodurch die obrigkeitsstaatlichen und sozialkonservativen Tendenzen zunächst im Norddeutschen Bund (1867-1871), dann im Deutschen Reich (gegr. 1871) gestärkt wurden.

Letztlich blieben es aber wiederum die Städte, die die sozialen Notlagen von der öffentlichen Ordnung wie von der materiellen Versorgung her aufzufangen hatten. Dabei waren die in der Renaissance erstellten Bettelordnungen längst nicht mehr tauglich, Massenelend erfolgreich zu bekämpfen, erst recht, weil die Städte als Zielpunkt von Landflucht und innerdeutscher Migration einem dynamischen Zufluss *pauperisierter Massen* ausgesetzt waren. Nachdem die Regelung des Allgemeinen Preußischen Landrechtes von 1794, die das *Prinzip des Heimatrechts* als Grundlage der Armenfürsorge festgeschrieben hatte, im Jahr 1842 durch das *Prinzip des Unterstützungswohnsitzes* ersetzt worden war, wurde nunmehr die Gemeinde für die Armenfürsorge zuständig, in der sich die betroffene Person vor Eintritt der Hilfsbedürf-

---

26 Bettina von Arnims Armenbuch, hg. von Werner Vordtriede, Frankfurt am Main 1969, S. 37

27 Christoph Sachße und Florian Tennstedt: Geschichte der Armenfürsorge in Deutschland. Vom Mittelalter bis zum 1. Weltkrieg, Stuttgart u.a. 1980, S. 226

28 Heinrich Volkmann: Die Arbeiterfrage im preußischen Abgeordnetenhaus 1848-1869, Berlin 1968, S. 18f. und 93

29 Am 5. Dezember 1848 verkündigt der preußische König eine preußische Verfassung und löst die preußische verfassungsgebende Versammlung auf. Diese Verfassung trat am 31. Januar 1850 in Kraft.

tigkeit aufgehalten hatte. Damit vollzog die Gesetzgebung die faktische soziale Wanderungsbewegung nach.

Für die Zuzugsgebiete bedeutete dieses mehr eine gesetzliche Fixierung dessen, was de facto bereits eingetreten war, nämlich die Zuständigkeit der aktuellen Wohnsitz-Gemeinde. Denn Hilfesuchende, die vordem etwa aus Ostpreußen gekommen waren, waren nicht bereit, dorthin zurück zu gehen. Zugleich bedeutete dies, dass sich die Zuwanderungskommunen, beispielsweise das Ruhrgebiet, auf eine Bewältigung von Armut als Massenphänomen aus eigenen Mitteln und in eigener Kompetenz einstellten. Den Gemeinden war im Rahmen der Stein-Hardenbergschen Reformen das *Recht auf kommunale Selbstverwaltung* zugestanden worden. Auf dem Gebiet der kommunalen Armenfürsorge entstand so ein eigenständiges Handlungsfeld, das für sie allerdings bis heute zugleich eine besondere Herausforderung und Belastung darstellt. Der Prozess der *Disziplinierung* und *Pädagogisierung* als Bestandteil der kommunalen Armenfürsorge wurde weiter rationalisiert. Dies betraf die Hilfegewährung in quantitativer und qualitativer Hinsicht. Die Stadt Elberfeld entwickelte 1852 ein stadtteilorientiertes Konzept, das in den Folgejahren weiter ausdifferenziert und für andere Kommunen Vorbild wurde (*Elberfelder Modell*).

Das Elberfelder Modell

§ 2.

Die städtische Armen-Verwaltung besteht, außer dem Vorsitzenden, aus vier Stadtverordneten und vier stimmfähigen Bürgern, welche von der Stadtverordneten-Versammlung auf drei Jahre gewählt werden. (...)

§ 3.

Die städtische Armen-Verwaltung hat die Fürsorge für alle Hilfsbedürftigen zu üben, welche einen gesetzlichen Anspruch auf Armenhilfe an die bürgerliche Gemeinde erheben.

§ 4.

Sie wird unterstützt:

a) in bezug auf die offenen Armenpflege, d. i. die Pflege solcher Armen, welche nicht in eine der geschlossenen städtischen Armenanstalten aufgenommen sind, durch sechsundzwanzig Bezirks-Vorsteher und dreihundertundvierundsechzig Armenpfleger (§ 7ff);

die Zahl derselben kann nach Bedürfnis von der Stadtverordneten-Versammlung erhöht werden,

b) im bezug auf die Verwaltung der geschlossenen städtischen Armenanstalten durch die einer jeden derselben vorgesetzte besondere Verwaltungs-Deputation (§ 16 und 17).

§ 5.

Jeder stimmfähige Bürger ist verpflichtet, die Wahl zu einem unbesoldeten Amte in der städtischen Armenpflege anzunehmen. Es gelten dafür die Bestimmungen der §§ 4 und 5 des Gesetzes vom 8. März 1871, betreffend die Ausführung des Bundesgesetzes über den Unterstützungswohnsitz. (...)

§ 8.

Jedem Armenpfleger wird ein nach Hausnummern bestimmtes Quartier der Stadt, jedem Bezirks-Vorsteher ein aus vierzehn Quartieren bestehender Bezirk überwiesen.

§ 9.

Die Armenpfleger eines jeden Bezirkes treten regelmäßig und mindestens alle vierzehn Tage einmal zu Bezirks-Versammlungen unter dem Vorsitze des Bezirks-Vorstehers oder dessen Stellvertreters zusammen.

§ 10.

Ein jedes Gesuch um Armenhilfe aus städtischen Mitteln muß bei dem Armenpfleger des betreffenden Quartiers angebracht werden.

§ 11.

Der Armenpfleger hat sich dann sofort durch eine sorgfältige persönliche Untersuchung Kenntnis von den Verhältnissen des Bittstellers zu verschaffen. Gewinnt er dabei die Überzeugung, daß der Fall eines gesetzlichen Anspruchs auf Armenhilfe vorliege, findet er ferner die Not so dringend, daß die Hilfe unverzüglich gewährt werden müsse, – so steht es ihm zu, dieselbe sofort und ohne weitere Rückfrage eintreten zu lassen. Diese Unterstützungen dürfen in einem solchen Falle jedoch nur ausnahmsweise und in ganz geringen Beträgen gewährt werden. In allen anderen Fällen hat der Armenpfleger in der nächsten Bezirks-Versammlung das Gesuch vorzutragen und seine Anträge zu stellen. Gleiches gilt auch in Betreff der Fortdauer der in dringenden Fällen vorläufig bewilligten Unterstützungen. (...)

§ 15.

Die zur Unterstützung erforderlichen Geldbeträge werden den Bezirks-Vorstehern in der Sitzung der städtischen Armen-Verwaltung gezahlt. Naturalien und Kleidungsstücke werden aus dem städtischen Armenhause verabfolgt.

Der Bezirks-Vorsteher übergibt in der Sitzung der Bezirks-Versammlung jedem der Armenpfleger diejenigen Geldbeträge und Anweisungen, welche demselben, nach den Beschlüssen, für die Armen seines Quartiers bewilligt worden sind. Über die Verwendung legen die Armenpfleger dem Bezirks-Vorsteher und dieser der Verwaltung Rechenschaft ab.

Victor Böhmert: Das Armenwesen in 77 deutschen Städten. Allgemeiner Teil, Dresden 1886, S. 71f.

Armenfürsorge sollte soziale Anpassung an bürgerliche Normen erzwingen, wobei eindeutige hierarchische Zuteilungs- und Verweigerungsstrukturen eingesetzt wurden. Es kam zu Vorläufern des späteren „Allgemeinen sozialen Dienstes“, insofern auf Stadtquartiersebene soziale Problemlagen in ihrem Kontext bearbeitet werden sollten. Geld- bzw. Sachleistungen wurden konditioniert, neben *Hilfen zum Lebensunterhalt* traten solche zur schulischen Beteiligung der nachwachsenden Generation sowie Hilfen bei Krankheit und anderen *besonderen Lebenslagen*. Insgesamt bildete sich eine kommunale Armutspolitik heraus, die den bisherigen vorwiegend repressiven Charakter in Gestalt der Armenpolizei durch kompensatorische Elemente ergänzte, ohne Ersteren aufzugeben. Zeitgenössische Quellen vermerken denn auch, dass der Einspareffekt dieser stadtteilbezogenen sozialen Arbeit erheblich war. Kommunale Sozialpolitik *kompensierte* soziale Probleme in einem gewissen Umfang, zugleich zielte sie auf die (Re-) Integration in das kapitalistische Erwerbsleben, *konstituierte* also deren Strukturen und Zwänge mit. Vor Errichtung eines zentralen Sozialstaats wurde die *kommunale Armenfürsorge* als Auffangbecken für all die sozialen Risiken ausgebaut, die vom – späteren – zentralen Sozialstaat nicht aufgefangen werden bzw. werden können: Der *kommunale „Sozialstaat"* ist folglich dem zentralen *geschichtlich* vorgeordnet, während er ihm *systematisch* gleichsam als Reserve nachgeordnet bleibt.

1880 wurde der „Deutsche Verein für Armenpflege und Wohltätigkeit" als Spitzenverband der öffentlichen und freien Wohlfahrtspflege gegründet. Ihm kam im weiteren Verlauf der Geschichte der deutschen Sozialpolitik, insbesondere der Wohlfahrtspflege, ein großes Gewicht bei der Festlegung von Standards und gesetzlichen Initiativen zu. Damit waren bereits im Kaiserreich erste reichsweite Wohlfahrtsverbände entstanden (*Innere Mission* und *Caritas*). Auch Formen des fachlichen und fachpolitischen Austausches zwischen öffentlicher und privater Fürsorge waren mit dem Deutschen Verein bereits institutionalisiert.

Trennung von Armen- und Arbeiterpolitik

Parallel zur Rationalisierung kommunaler *Armenpolitik* spaltete sich geschichtlich betrachtet ein neuer und zunehmend an Gewicht gewinnender Zweig der Sozialstaatlichkeit ab, nämlich die *Arbeiterpolitik*. Gleichwohl standen und stehen beide in einem engen Wechselverhältnis.

Armenpolitik – Arbeiterpolitik

Der Staat hat ein erhebliches Interesse daran, daß bei der Gewährung von Unterstützungen auf das energischste Bedacht genommen wird, daß die Bevölkerung in ihrem Bestreben, selbst für sich zu sorgen, nicht lässig wird. Von diesem Gesichtspunkte aus darf die Lage des Unterstützten nicht über das Niveau des ärmsten selbständigen Arbeiters erhoben werden: wenn die öffentliche Fürsorge den Unterstützten in irgendeiner Beziehung besser stellen würde als die Lage des selbständigen, wenn auch noch so bedürftigen Arbeiters ist, so könnte dieser dadurch leicht in seinem Bestreben, seine Selbständigkeit aufrecht zu erhalten, entmutigt werden. Ja, es erscheint erforderlich, mit der Unterstützung Beschränkungen zu verbinden, welche für den Empfänger der Unterstützung empfindlich sind und ihn veranlassen, von der Inanspruchnahme der öffentlichen Unterstützung, solange es noch irgend möglich ist, Abstand zu nehmen und rechtzeitig selbst Fürsorge für seine Zukunft und etwaige schlechte Zeiten zu treffen.

Paul Felix Aschrott: Armenwesen, Einleitung, in: Handwörterbuch der Staatswissenschaften. 2. Band, 3. Aufl., Jena 1909, S. 4

Dabei waren es bereits recht früh *Unternehmer*, die sich der sozialen Förderung ihrer Beschäftigten selbst annahmen. Es entstanden viele dezentrale Ansätze sozialen Handelns, die das Ziel hatten, Arbeitskräfte für den weiteren Produktionsprozess zu erhalten und zugleich über eine gesteigerte Loyalitätssicherung die Arbeitsproduktivität zu erhöhen. Unternehmer wie *Robert Bosch, Carl Ferdinand von Stumm-Halberg*, *Friedrich Harkort* u.v.a.m. initiierten Hilfen für die Belegschaft ihrer Werke. Dokumente belegen, dass etwa der Begründer eines der bedeutendsten Unternehmen im Deutschen Reich des 19. Jahrhunderts, *Alfred Krupp* (1812-1877), bereits in den 1830er Jahren die Arzt- und Medizinkosten seiner Arbeiter in Einzelfällen übernahm, bis er auf betrieblicher Basis die Vorstufe einer *Betriebskrankenkasse* etablierte. Diese wurde zunächst aus Spenden des Unternehmers und aus Strafgeldern gespeist, die bei unbotmäßigem Verhalten verhängt wurden. Besonders hervorzuheben ist auch der von ihm initiierte Bau von Werkswohnungen, die sehr frühzeitig auf die Beseitigung der Wohnungsnot in der Stadt Essen zielte. Krupp forderte dafür absolute politische Abstinenz seiner „Angehörigen":

Alfred Krupp: Ein Wort an meine Angehörigen (1877)

Genießet, was Euch beschieden ist. Nach getaner Arbeit verbleibt im Kreise der Eurigen, bei den Eltern, bei der Frau und den Kindern und sinnt über Haushalt und Erziehung. Das sei Eure Politik, dabei werdet Ihr frohe Stunden erleben. Aber für die große Landespolitik erspart Euch die Aufregung. Höhere Politik erfordert mehr freie Zeit und Einblick in die Verhältnisse, als dem Arbeiter verliehen ist. Ihr tut Eure Schuldigkeit, wenn Ihr durch Vertrauenspersonen empfohlene Leute erwählt.

Ihr erreicht aber sicher nichts als Schaden, wenn Ihr eingreifen wollt in das Ruder der gesetzlichen Ordnung. Das Politisieren in der Kneipe ist nebenbei sehr teuer, dafür kann man im Hause Besseres haben. (...)

Was ich nun hiermit ausgesprochen habe, möge jedem zur Aufklärung dienen über die Verhältnisse und deutlich machen, was er zu erwarten hat von Handlungen und Bestrebungen im Dienste des Sozialismus. Man erwärmt keine Schlange an seiner Brust und wer nicht von Herzen ergeben mit uns geht, wer unseren Ordnungen widerstrebt, der beeile sich auf anderen Boden zu kommen, denn seines Bleibens ist hier nicht. Es wird eine Bestimmung meines letzten Willens sein, daß stets mit Wohlwollen und Gerechtigkeit das Regiment geführt werden soll, aber äußerste Strenge soll gehandhabt werden gegen solche, die den Frieden stören wollen, und wenn bis jetzt mit großer Milde verfahren wurde, so möge das niemanden verleiten. Ich schließe mit den besten Wünschen für alle.

Alfred Krupp: Ein Wort an meine Angehörigen (1877), abgedruckt in: Ernst Schraepler: Quellen zur Geschichte der sozialen Frage in Deutschland. Band 2: 1871 bis zur Gegenwart, Göttingen, Berlin und Frankfurt am Main 1957, S. 90f.

Auch wenn in erster Linie bildungs- und militärpolitisch motiviert, griff die *Sozialgesetzgebung* über das *Regulativ zur Beschäftigung jugendlicher Arbeiter* von 1839 schon früh die Logik der betrieblichen Arbeiterpolitik auf: Sozialpolitik sollte die Voraussetzungen privatkapitalistischen Wirtschaftens mitkonstituieren, indem sie den notwendigen Umfang zukünftiger Arbeitskraft sicherstellte, erhielt oder wiederherstellte. Je stärker Sozialpolitik damit auf die Strukturen der Arbeitswelt bezogen wurde, umso mehr hoben sich deren Leistungen von denen für die Armenbevölkerung ab, auch wenn die im 19. Jahrhundert gewährten Leistungen insgesamt de facto nur unwesentlich über den Leistungen für Arme lagen. Zugleich hob sich die Art der Leistungsgewährung von dem der Armenpolitik ab, indem über Beitragszahlungen Rechtsansprüche erworben wurden.

Damit entstand auf Seiten der privatkapitalistischen Unternehmen ein Pendant zu *Selbsthilfeansätzen in der Arbeiterschaft* selbst. Das im Revolutionsjahr 1848 von *Karl Marx* (1818-1883) und *Friedrich Engels* (1820-1895) verfasste *Kommunistische Manifest*[30] kann ex post als die erste große publizistische Manifestation der marxistisch orientierten Arbeiterbewegung gewertet werden, wenngleich es in der Wirklichkeit der Arbeiterbewegung selbst zunächst auf wenig Resonanz gestoßen war. Die Herausbildung des *wissenschaftlichen Sozialismus* hat die Arbeiterbewegung in Deutschland zwar in bestimmten Phasen theoretisch stark mitgeprägt, aber er ist nur für Teile ideologisch bestimmend geworden.

Neben diesen Wurzeln des wissenschaftlichen Sozialismus gab es viele kleinere *dezentrale Ansätze* vor allem aus der *Handwerkerschaft*, die zu ersten Organisationsformen einmal der Wander-, sodann auch der industriellen Arbeiterschaft führten. Mit Namen wie *Wilhelm Weitling* (1808-1871), *Stephan Born* (1824-1898) u.a.m. verbanden sich derartige erste Zellen einer Arbeiterbewegung, die teils gewerkschaftliche, teils berufsständische, teils politische Interessen miteinander verbanden und sich wechselseitig zur *solidarischen Selbsthilfe* verpflichteten.

Doch entgegen der Vorstellung von einer sozial erstarkenden *Arbeiterbewegung* formierte sich zunächst mehr ein Rinnsal sozialer Interessenartikulation. Gleichwohl reichte die Publikation des Kommunistischen Manifestes, die Beteiligung von Arbeitern an Barrikadenkämpfen und der Eingang sozialistischer Forderungen in die Manifestationen der März-Revolution aus, um im Bürgertum die Chiffre von Marx und Engels, dass nämlich ein „Gespenst" in Europa umgehe, aufzugreifen und auf die Gefahr sozialer Revolution hinzuweisen.

Mit Namen wie *Friedrich Albert Lange* (1828-1875), *Johann Jacoby* (1805-1877) und *Ferdinand Lassalle* (1825-1864) verbindet sich neben der sozialistischen Wurzel und den sehr stark in der gewerblichen Schicht der Gesellen verankerten Anfängen der Arbeiterbewegung eine dritte Quelle der Arbeiterbewegung, nämlich die des *fortschrittlichen liberalen Bürgertums* selbst. Diese Personen sahen in der Arbeiterschaft die legitimen Erben der – 1848 gescheiterten – bürgerlichen Revolution, auch in dem Sinne, dass den Arbeitern gleiche Rechte und Pflichten zukämen wie dem Bürgertum selbst. Ferdinand Lassalle formulierte, im Rückgriff auf *Johann Gottlieb Fichtes* (1762-1814) Vorstellungen von einem geschlossenen Handelsstaat,[31]

30 Karl Marx und Friedrich Engels: Manifest der kommunistischen Partei, in: Karl Marx und Friedrich Engels: Werke. Band 4, Berlin 1974, S. 459ff.

31 Johann Gottlieb Fichte: Der geschlossene Handelsstaat (1800), zit. nach der Ausgabe hg. von Fritz Medicus, Leipzig 1919

Vorstellungen von einer staatlichen Arbeiterpolitik als Teil *staatlicher Wohlfahrtspolitik* insgesamt. Im Gegensatz zur Marx und Engels, die als Ziel der Arbeiterpolitik die Überwindung der bürgerlichen Gesellschaft definierten, setzten die Vertreter des liberalen Bürgertums in erster Linie auf eine evolutionäre Interessendurchsetzung der Arbeiterschaft, deren Plattform der Parlamentarismus und deren Instrument eine sozialreformerische *Arbeiterpartei* sein sollte. Auch wenn Ferdinand Lassalle nur kurze Zeit den von ihm gegründeten *Allgemeinen Deutschen Arbeiterverein* führte – er starb in einem seinen bürgerlichen Lebensstil charakterisierenden Duell einer schönen Frau halber –, haben seine im *Offenen Antwortschreiben* von 1863 formulierten Forderungen einer sozialen Politik die weitere Entwicklung der deutschen Sozialdemokratie nachhaltig beeinflusst.

Ferdinand Lassalle: Offenes Antwortschreiben von 1863

Zugleich habe ich Ihnen bereits den Beweis geliefert, daß der Staat überhaupt gar nichts anderes als die große Organisation, die große Assoziation der arbeitenden Klassen ist, und daß also die Hilfe und Förderung, durch welche der Staat jene kleineren Assoziationen ermöglichte, gar nichts anderes sein würde, als die vollkommen natur- und rechtmäßige, vollkommen legitime soziale Selbsthilfe, welche die arbeitenden Klassen als große Assoziation sich selbst, ihren Mitgliedern als vereinzelten Individuen, erweisen.

Noch einmal also, die freie individuelle Assoziation der Arbeiter, aber die freie individuelle Assoziation ermöglicht durch die stützende und fördernde Hand des Staates – das ist der einzige Weg aus der Wüste, der dem Arbeiterstand gegeben ist.

Wie aber den Staat zu dieser Intervention veranlassen? Und hier wird nun sofort sonnenhell die Antwort vor Ihrer aller Augen stehen: dies wird nur durch das allgemeine und direkte Wahlrecht möglich sein. Wenn die gesetzgebenden Körperschaften Deutschlands aus dem allgemeinen und direkten Wahlrecht hervorgehen – dann und nur dann werden Sie den Staat bestimmen können, sich dieser seiner Pflicht zu unterziehen.

Dann wird diese Forderung in den gesetzgebenden Körperschaften erhoben werden, dann mögen die Grenzen und Formen und Mittel dieser Intervention durch Vernunft und Wissenschaft diskutiert werden, dann werden – verlassen Sie sich darauf! – die Männer, die Ihre Lage verstehen und Ihrer Sache hingegeben sind, mit dem blanken Stahl der Wissenschaft bewaffnet zu Ihrer Seite stehen und Ihre Interessen zu schützen wissen! Und dann werden Sie, die unbemittelten Klassen der Gesellschaft, es jedenfalls nur sich selbst und Ihren schlechten Wahlen zuzuschreiben haben, wenn und solange die Vertreter Ihrer Sache in der Minorität bleiben.

Das allgemeine und direkte Wahlrecht ist also, wie sich jetzt ergeben hat, nicht nur Ihr politisches, es ist auch Ihr soziales Grundprinzip, die Grundbedingung aller sozialen Hilfe. Es ist das einzige Mittel, um die materielle Lage des Arbeiterstandes zu verbessern.

Wie nun aber die Einführung des allgemeinen und direkten Wahlrechts bewirken? (...) Organisieren Sie sich als ein allgemeiner deutscher Arbeiterverein zu dem Zweck einer gesetzlichen und friedlichen, aber unermüdlichen, unablässigen Agitation für die Einführung des allgemeinen und direkten Wahlrechts in allen deutschen Ländern. Von dem Augenblicke an, wo dieser Verein auch nur 100 000 deutsche Arbeiter umfaßt, wird er bereits eine Macht sein, mit welcher jeder rechnen muß. Pflanzen Sie diesen Ruf fort in jede Werkstatt, in jedes

Dorf, in jede Hütte. Mögen die städtischen Arbeiter ihre höhere Einsicht und Bildung auf die ländlichen Arbeiter überströmen lassen. Debattieren Sie, diskutieren Sie überall, täglich, unablässig, unaufhörlich, wie jene große englische Agitation gegen die Korngesetze, in friedlichen, öffentlichen Versammlungen wie in privaten Zusammenkünften die Notwendigkeit des allgemeinen und direkten Wahlrechts. Je mehr das Echo Ihrer Stimme millionenfach widerhallt, desto unwiderstehlicher wird der Druck derselben sein.

Stiften Sie Kassen, zu welchen jedes Mitglied des deutschen Arbeitervereins Beiträge zahlen muß, und zu denen Ihnen Organisationsentwürfe vorgelegt werden können. (...)

Wenn Sie diesen Ruf – was Ihnen binnen wenigen Jahren gelingen kann – wirklich durch die 89 bis 96 Prozent der Gesamtbevölkerung fortgepflanzt haben werden, welche, wie ich Ihnen gezeigt habe, die armen und unbemittelten Klassen der Gesellschaft bilden, dann wird man – seien Sie unbesorgt – Ihrem Wunsch nicht lange widerstehen! Man kann von Seiten der Regierungen mit der Bourgeoisie über politische Rechte schmollen und hadern. Man kann selbst Ihnen politische Rechte und somit auch das allgemeine Wahlrecht verweigern, bei der Lauheit, mit welcher politische Rechte aufgefaßt werden. Aber das allgemeine Wahlrecht von 89 bis 96 Prozent der Bevölkerung als Magenfrage aufgefaßt und daher auch mit der Magenwärme durch den ganzen nationalen Körper hin verbreitet – seien Sie ganz unbesorgt, meine Herren, es gibt keine Macht, die sich dem lange widersetzen würde!

Dies ist das Zeichen, das Sie aufpflanzen müssen. Dies ist das Zeichen, in dem Sie siegen werden! Es gibt kein anderes für Sie!

Ferdinand Lassalle: Offenes Antwortschreiben an das Zentralkomitee zur Berufung eines Allgemeinen Deutschen Arbeiterkongresses zu Leipzig. 1863, abgedruckt u.a. in: Ferdinand Lassalle: Reden und Schriften, hg. von Friedrich Jenaczek, München 1970, S. 170ff., hier S. 199-201

Aus der Gruppe der Gesellen heraus – auf Wanderschaft und/oder in industrieller Beschäftigung, in Selbsthilfe organisiert oder auf betrieblicher Basis verankert, bestehende Versorgungseinrichtungen übernehmend oder neu gestaltend etc. – kam es mit der Industrialisierung zur Herausbildung zahlreicher freier Hilfskassen, gewerblicher Unterstützungskassen, gesundheitspolitischer Pflegevereine u.a.m., die zumindest für den festen, ausgebildeten Arbeiterstamm der industriellen Arbeiterschaft eine Absicherung im Wesentlichen im Krankheitsfalle vorsahen. 1854 waren in Preußen immerhin schon 246.000 Mitglieder in 2.622 Unterstützungskassen organisiert, 1860 gab es bereits 3.644 Kassen mit 427.190 Mitgliedern. Damit waren erst 45 Prozent der preußischen Fabrikarbeiter erfasst, zudem qualitativ auch nur notdürftig abgesichert.[32] Mit diesen Kassen – in Teilen bildeten sich auch bereits Dachverbände heraus – wurden drei Prinzipien zum sozialpolitischen Programm erhoben:

- Beitragsfinanzierung sozialer Versicherungsleistungen, die einen Rechtsanspruch begründen,
- solidarischer Ausgleich bei sozialen Risiken und

32 Florian Tennstedt: Sozialgeschichte der Sozialpolitik in Deutschland. Vom 18. Jahrhundert bis zum Ersten Weltkrieg, Göttingen 1981, S. 113

- Selbstverwaltung durch die Versicherten und mit Kontrollmechanismen ausgestattete Organisationsformen.

Der Sache nach waren damit die Strukturelemente der für Deutschland typischen *Sozialversicherungen* vorgeprägt.

Der Versuch Lassalles, den preußischen Obrigkeitsstaat für eine staatliche Unterstützung selbstverwalteter Betriebe zu gewinnen, um so dem „ehernen Lohngesetz“[33] zu entfliehen, scheiterte aber nicht nur an Lassalles frühem Tod. So waren es in erster Linie Selbsthilfeeinrichtungen wie die ersten *Gewerkschaften*, Streikaktionen, der Aufbau von selbstverwalteten Konsumgenossenschaften u.a.m., die die reproduktiven Möglichkeiten der Industriearbeiterschaft letztlich konkret verbessern halfen. Bismarck allerdings sah in dem Gedanken von Ferdinand Lassalle, der Staat müsse sich die Fürsorge für die Industriearbeiterschaft zu eigen machen, durchaus Parallelen zu seinen Vorstellungen über zu etablierende paternalistische Versorgungsstrukturen für die Industriearbeiterschaft.

Hilfeansätze aus der *(Industrie-)Unternehmerschaft*, *Selbsthilfeansätze* aus der sich herausbildenden Arbeiterschaft und letztlich vom agrarischen Feudalismus geprägtes paternalistisches Denken an der Spitze des kaiserlichen Obrigkeitsstaates zusammen genommen, stellten die drei wesentlichen Quellen für die *Arbeiterpolitik* dar, die sich insbesondere in der *Sozialversicherungspolitik* manifestierte. *Bürgerliches* und *kirchliches Engagement* für die Schwachen waren dagegen Wurzeln einer sich parallel dazu weiter ausdifferenzierenden *Armenpolitik*. Beide Zweige zusammen konstituierten in Deutschland in dieser Trennung Sozialpolitik und die durch sie geprägte Sozialstaatlichkeit.

33 „Das eherne ökonomische Gesetz, welches unter den heutigen Verhältnissen, unter der Herrschaft von Angebot und Nachfrage nach Arbeit, den Arbeitslohn bestimmt, ist dieses: daß der durchschnittliche Arbeitslohn immer auf den notwendigen Lebensunterhalt reduziert bleibt, der in einem Volke gewohnheitsgemäß zur Fristung der Existenz und zur Fortpflanzung erforderlich ist. Dies ist der Punkt, um welchen der wirkliche Tageslohn in Pendelschwingungen jederzeit herum graviert, ohne sich jemals lange weder über denselben erheben, noch unter denselben hinunterfallen zu können. Er kann sich nicht dauernd über diesen Durchschnitt erheben – denn sonst entstände durch die leichtere, bessere Lage der Arbeiter eine Vermehrung der Arbeiterehen und der Arbeiterfortpflanzung, eine Vermehrung der Arbeiterbevölkerung und somit des Angebots von Händen, welche den Arbeitslohn wieder auf und unter seinen früheren Stand herabdrücken würde. Der Arbeitslohn kann auch nicht dauernd tief unter diesen notwendigen Lebensunterhalt fallen, denn dann entstehen – Auswanderungen, Ehelosigkeit, Enthaltung von der Kindererzeugung und endlich eine durch Elend erzeugte Verminderung der Arbeiterzahl, welche somit das Angebot von Arbeiterhänden noch verringert und den Arbeitslohn daher wieder auf den früheren Stand zurückbringt.“ Ferdinand Lassalle: Offenes Antwortschreiben an das Zentralkomitee zur Berufung eines Allgemeinen Deutschen Arbeiterkongresses zu Leipzig. 1863, abgedruckt u.a. in: Ferdinand Lassalle: Reden und Schriften, hg. von Friedrich Jenaczek, München 1970, S. 170ff., hier S. 181

2.2 Aufbau des konservativen Sozialstaats in Deutschland (1881-1927)

Phasen der Reichsgründung in Deutschland

Der *Reichsdeputationshauptschluss* von 1803 besiegelte, was sich mit der Herausbildung mächtiger Einzelstaaten wie etwa Preußen und mit der gegen das kaiserliche Österreich gerichteten Politik keinesfalls bloß Preußens, sondern auch anderer Gebiete im Zusammenhang mit den napoleonischen Expansionsinteressen bereits faktisch gezeigt hatte: dass es kein einheitliches *Heiliges Römisches Reich Deutscher Nation* mehr gab. 1806 legte Kaiser *Franz II.* (1768-1835) auf Druck *Napoleons* (1769-1821) die Römisch-deutsche Kaiserwürde nieder. Für Deutschland bedeutete dies die Aufteilung in zahlreiche Einzelstaaten von unterschiedlicher Größe. Mit dem *Wiener Kongress* (1814-1815) kam es zu ersten Gebietsangliederungen an die eher größeren Einzelstaaten, doch Deutschland blieb nach wie vor zersplittert. Der 1815 gegründete *Deutsche Bund* war eine eher lose Einheit souveräner Staaten, zwar noch unter Einschluss von Österreich, doch waren sowohl Teile Österreichs als auch Preußens ausdrücklich aus dem Bund ausgenommen. Der Versuch, 1848/49 eine (Groß-)Deutsche Verfassung unter Einschluss Österreichs zu verabschieden, scheiterte letztlich am preußischen Monarchen, der es ablehnte, eine Kaiserkrone aus der Hand des Volkes entgegenzunehmen. Die *Kleinstaaterei* war dann auch nur *kleindeutsch* unter Ausschluss Österreichs und nicht durch das Volk, sondern durch die Bajonette Preußens stufenweise überwunden worden:

Von der Kleinstaaterei zum Nationalstaat	
1815	Deutscher Bund
1833	Gründung des Deutschen Zollvereins unter Ausschluss Österreichs
1866/67	Gründung des Norddeutschen Bundes unter Führung Preußens
1871	Proklamation des Deutschen Reiches
1871-1875	Einführung einer gemeinsamen Währung im Deutschen Reich

Der Weg führte in Deutschland also über eine Wirtschaftsunion zu einer militärisch herbeigeführten politischen Einheit, bevor es zu einer Währungsunion kam. Diese (klein-)deutsche Staatswerdung war im Sozialen durch den Durchbruch Deutschlands zu einem Industriestaat begleitet. Die von Frankreich eingeforderten Kriegskontributionen nach 1871 ermöglichten schließlich nicht nur eine große Gründerwelle im Deutschen Reich, sondern bewirkten letztlich auch eine massive Umstrukturierung des Kapitalismus selbst. Die langanhaltende *Große Depression* (1873-1893) brachte den wirtschaftlichen Aufschwung nur partiell zum Stocken. Faktisch strukturierte sich die Wirtschaft von einer frühkapitalistischen in die des oligopolistisch organisierten Kapitalismus um, eine für die weitere Sozialpolitik wichtige Voraussetzung.

Die Politik der „inneren Reichsgründung": Der Sozialstaat Bismarcks

Mit der Vereinigung der deutschen Sozialdemokratie auf dem *Gothaer Parteitag* (1875) wurden die unterschiedlichen Wurzeln der politischen Arbeiterbewegung in Deutschland zusammengeführt: die „Lassalleaner" und die „Eisenacher" um *Wilhelm Liebknecht* (1826-1900) und *August Bebel* (1840-1913). Der zunächst preußische Obrigkeitsstaat hatte mit dem Verfassungsoktroi von 1848/1850 das bürgerliche Recht auf Verfassungsgebung und mit der Durchsetzung der Indemnitätsvorlage das Budgetrecht des Parlamentes in Preußen zwei der entscheidenden Rechte bürgerlich-liberaler Beteiligung am Staat de facto außer Kraft gesetzt und dem politischen Liberalismus in Preußen damit nachhaltig das Rückgrat gebrochen. Gleichzeitig aber setzte der preußische und später der kaiserliche Obrigkeitsstaat mit dem Institut des allgemeinen, gleichen und geheimen Wahlrechts (für Männer, und zwar nur für den Norddeutschen Bund bzw. ab 1871 für das Deutsche Reich, nicht aber für die Bundessstaaten wie etwa Preußen selbst) eine ebenfalls wichtige Forderung des politischen Bürgertums um. Allerdings wäre dieser Staat nicht Obrigkeitsstaat gewesen, wenn er sich nicht mit dem absoluten Mehrheitswahlrecht auf der Grundlage einmal festgelegter Wahlkreise zugleich ein Instrument geschaffen hätte, das letztlich die konservative Ausrichtung von Kaiser und führender Aristokratie politisch im Parlament absicherte. Bedingt durch Landflucht und Zuwanderung in die städtischen Ballungszentren verschob sich die Stimmenzahl in den Wahlkreisen z.T. sehr drastisch, sodass insbesondere die Sozialdemokratie stark benachteiligt wurde – musste sie doch in den städtischen Ballungsgebieten weit mehr Stimmen für sich mobilisieren, um ein Mandat zu erhalten, als etwa die konservativen Parteien bzw. das katholische Zentrum in den stärker agrarisch strukturierten Gebieten. Die Beteiligung an den Reichstagswahlen eröffnete der deutschen Sozialdemokratie ein neues Forum der Agitation und der Mobilisierung, ohne allerdings ihren tatsächlichen, ständig zunehmenden Stimmenanteil bei den Wahlen in eine angemessene Repräsentanz umsetzen zu können.[34]

Doch schon der wachsende Zuspruch der Wähler reichte dem konservativen Lager um Bismarck, um den Einfluss der Sozialdemokratie nachhaltig schwächen zu wollen. Zwei an sich ungefährliche Attentatsversuche auf den Kaiser im Jahr 1878, mit denen die Sozialdemokratie nichts zu tun hatte, wurden zum Anlass genommen, einerseits die Sozialdemokratische Partei Deutschlands zu verbieten und ihre Führer ins innerdeutsche Exil zu verbannen, zugleich aber, um die Grundlagen sozialdemokratischer Agitation zu beseitigen, nämlich die sog. „soziale Frage".

34 Heinz Lampert: Sozialpolitik, Berlin, Heidelberg und New York 1980, S. 102

Dabei konnte sich Bismarck auf eine breite Diskussion beziehen bzw. wurde die Entwicklung seiner Pläne von einer kontrovers geführten Debatte begleitet. Wissenschaftler, Kirchenvertreter und mehr oder weniger einflussreiche Persönlichkeiten bei Hofe und in den Fachministerien hatten die Grundsätze eines konservativen Sozialstaatsmodells mitentwickelt. Eine bedeutende Funktion kam dabei dem 1872 gegründeten „Verein für Socialpolitik" zu, u.a. von *Gustav Schmoller* (1838-1917) und *Adolph Wagner* (1835-1917) mit dem Ziel initiiert, in Deutschland die Sozialreform voranzutreiben und über Kongresse, Berichte und Veröffentlichungen Einfluss auf die aktuelle Politik zu nehmen. Für Aufsehen sorgte u.a. die 1874 veröffentliche Schrift von Gustav Schmoller *„Die soziale Frage und der preußische Staat"*, in der er die unzureichende Befassung mit der sozialen Notlage der Arbeiterschaft durch die Politik brandmarkte.

Gustav Schmoller: Die soziale Frage und der preußische Staat

Der Arbeiterstand ist heute, wie jederzeit das, zu was ihn seine Schule und seine Wohnung, seine Werkstätte und seine Arbeit, sein Familienleben und seine Umgebung, zu was ihn das Vorbild der höheren Klassen, zu was ihn die Zeitideen, die Ideale und die Laster der Zeit überhaupt machen.

Ist vielleicht der Arbeiterstand allein, ist der einzelne Arbeiter daran schuld, daß er vielfach in Höhlen wohnt, die ihn zum Tier oder zum Verbrecher degradieren? Ist er daran schuld, dass die Kinder- und Frauenarbeit das Familienleben in diesen Kreisen mehr und mehr auflöst; ist er daran schuld, daß seine arbeitsgeteilte, mechanische Beschäftigung ihn weniger lernen läßt, als früher der Lehrling und Geselle in der Werkstatt lernte, daß die moralischen Einflüsse der großen Fabrik so viel ungünstiger sind, als die der Werkstatt; ist er daran schuld, daß er nie selbständig wird, daß er in der Regel ohne Hoffnung für die Zukunft bleibt und lehrt nicht jede Psychologie, daß der Mangel jeder Aussicht für die Zukunft den Menschen schlaff und mißmutig oder zum Umsturz geneigt mach? Ist der Arbeiterstand daran schuld, daß er eine Schul- und technische Bildung besitzt, die nicht ausreicht, die ihn im Konkurrenzkampf so oft unterliegen läßt?

Wären diese einfachen Wahrheiten von der öffentlichen Meinung allgemein anerkannt, so würde in sozialen Dingen ganz anders geurteilt, so stünden wir einer relativen Lösung der Frage viel näher.

Auch die Stellung der leitenden parlamentarischen und Regierungskreise gegenüber der sozialen Frage wäre dann wohl eine andere. Und das halte ich allerdings für sehr wünschenswert.

(...) den Gefahren der sozialen Zukunft kann nur durch ein Mittel die Spitze abgebrochen werden: dadurch, daß das König- und Beamtentum, daß diese berufensten Vertreter des Staatsgedankens, diese einzig neutralen Elemente im sozialen Klassenkampf versöhnt mit dem Gedanken des liberalen Staates, ergänzt durch die besten Elemente des Parlamentarismus, entschlossen und sicher, die Initiative zu einer großen sozialen Reformgesetzgebung ergreifen und an diesem Gedanken ein oder zwei Menschenalter hindurch unverrückt festhalten.

Gustav Schmoller: Die soziale Frage und der Preußische Staat. 1874, zit. nach Ernst Schraepler: Quellen zur Geschichte der sozialen Frage in Deutschland, Band 2: 1871 bis zur Gegenwart, Göttingen 1957, S. 56ff.

Daneben meldeten sich die konfessionellen politischen Lager zu Wort, die katholisch-soziale Bewegung und das Zentrum einerseits, die u.a. mit der Bildung von Arbeitervereinen die Erziehung der Arbeiter „von der Klasse zum Stand" erreichen wollten, und die evangelisch-soziale Bewegung andererseits, in der neben *Wichern* vor allem der Prediger am Kaiserhof, *Adolf Stöcker* (1835-1909), maßgebliche Bedeutung gewann. Neben der Inneren Mission gründete diese Bewegung ebenfalls Arbeitervereine. 1890 wurde aus diesen Kreisen heraus unter maßgeblichem Anteil von Adolf Stöcker zum ersten Mal ein „Evangelisch-sozialer Kongreß" einberufen, dessen Ziel es war, „die sozialen Zustände unseres Volkes vorurteilslos zu untersuchen, sie an dem Maßstab der sittlichen und religiösen Forderungen des Evangeliums zu messen, und diese selbst für das heutige Wirtschaftsleben fruchtbarer und wirksamer zu machen als bisher."[35] Und schließlich konstituierte sich um *Friedrich Naumann* (1860-1919) – ursprünglich Pfarrer im Rauhen Haus – auch aus dem sozialliberalen Lager eine Bewegung, die sich wissenschaftlich an *John Stuart Mill* (1806-1873) anlehnte und nach der Reichsgründung eine Synthese zwischen Stabilisierung nach außen und sozialen Reformen nach innen herstellen wollte: „Wer innere Politik treiben will, muß erst Volk, Vaterland und Grenzen sichern, der muß für nationale Macht sorgen."[36]

Mit der *Kaiserlichen Botschaft Wilhelm I.* vom 17. November 1881 gab Bismarck das Startzeichen für seine neue Sozialpolitik:

Kaiserliche Botschaft von 1881

Schon im Februar dieses Jahres haben Wir Unsere Überzeugung aussprechen lassen, daß die *Heilung der sozialen Schäden nicht ausschließlich im Wege der Repression* sozialdemokratischer Ausschreitungen, sondern gleichmäßig auf dem der *positiven Förderung* des Wohles der Arbeiter zu suchen sein werde. Wir halten es für Unsere Kaiserliche Pflicht, dem Reichstage diese Aufgabe von Neuem an's Herz zu legen; und würden Wir mit um so größerer Befriedigung auf alle Erfolge, mit denen Gott Unsere Regierung sichtlich gesegnet hat, zurückblicken, wenn es Uns gelänge, dereinst das Bewußtsein mitzunehmen, dem Vaterlande neue und dauernde Bürgschaften seines inneren Friedens und *den Hülfsbedürftigen größere Sicherheit und Ergiebigkeit des Beistandes*, auf den sie Anspruch haben, zu hinterlassen. In Unseren darauf gerichteten Bestrebungen sind Wir der Zustimmung aller verbündeten Regierungen gewiß und vertrauen auf die Unterstützung des Reichstages ohne Unterschied der Parteistellung. In diesem Sinne wird zunächst der von den verbündeten Regierungen in der vorigen Session vorgelegte Entwurf eines Gesetzes über die *Versicherung der Arbeiter gegen Betriebsunfälle* mit Rücksicht auf die im Reichstage stattgehabten Verhandlungen über denselben einer Umarbeitung unterzogen, um die erneute Berathung desselben vorzubereiten. Ergänzend wird ihm eine Vorlage zur Seite treten, welche sich eine gleichmäßige Organisation des gewerblichen *Krankenkassenwesens* zur Aufgabe stellt. Aber auch diejenigen, welche durch *Alter* und *Invalidität* erwerbsunfähig werden, haben der Gesammtheit gegenüber einen begründeten Anspruch auf ein höheres Maß staatlicher Fürsor-

35 Satzung von 1892, zit. nach Heinz Lampert: Sozialpolitik, Berlin, Heidelberg und New York 1980, S. 107

36 zit. nach Günter Brakelmann: Die soziale Frage des 19. Jahrhunderts, 4. Aufl., Wittel 1971, S. 184

ge, als ihnen bisher hat zu Theil werden können. Für diese Fürsorge die rechten Mittel und Wege zu finden, ist eine schwierige, aber auch eine der höchsten Aufgaben jedes Gemeinwesens, welches auf den sittlichen Fundamenten des christlichen Volkslebens steht. Der engere Anschluß an die realen Kräfte dieses Volkslebens und das Zusammenfassen der letzteren in der Form *korporativer Genossenschaften* unter staatlichem Schutz und staatlicher Förderung werden, wie Wir hoffen, die Lösung auch von Aufgaben möglich machen, denen die Staatsgewalt, allein in gleichem Umfange nicht gewachsen sein würde.

Quelle: Thomas Blanke u.a. (Hg.): Kollektives Arbeitsrecht. Quellentexte zur Geschichte des Arbeitsrechts in Deutschland, Band 1: 1840-1933, Reinbek bei Hamburg 1975, S. 77f.

Bismarck wollte aus den Arbeitern, patriarchalisch-feudalen Vorstellungen folgend, gleichsam Staatsrentner bzw. Staatsdiener machen, nur dass diese in Wirtschaftsunternehmen beschäftigt waren: „Ich hatte das Bestreben, daß dem müden Arbeiter etwas Beßres und Sichres als die Armenpflege (...) gewährt werden solle, daß er (...) seine sichre Staatspension haben solle, mäßig, gering meinethalben, aber doch so, daß ihn die Schwiegermutter des Sohnes nicht aus dem Hause drängt, daß er seinen Zuschuß hat.“[37] Folglich sollte das soziale Sicherungssystem beim Staat angesiedelt und verwaltet werden. Dagegen opponierten im Wesentlichen die Unternehmer selbst: Sie befürchteten, der Staat könnte diese enormen finanziellen Mittel möglicherweise zweckentfremden bzw. sein Einfluss auf die Wirtschaft könnte angesichts dieser Finanzmassen zu stark werden. Die Sozialdemokratie konnte zwar zunächst den parlamentarischen Ablauf auf Grund ihrer geringen Repräsentanz kaum beeinflussen, doch wurde insbesondere über den politischen Liberalismus und das katholische Zentrum der Gedanke der Selbstverwaltung in die Diskussion eingebracht.

In wenigen Jahren behandelte und verabschiedete der Reichstag in den folgenden Jahren das gesamte Gesetzgebungswerk:

- *Gesetz, betreffend die Krankenversicherung der Arbeiter* vom 15. Juni 1883
- *Unfallversicherungsgesetz* vom 6. Juli 1884
- *Gesetz betreffend die Invaliditäts- und Altersversicherung* vom 22. Juli 1889

Diese drei in kurzer Abfolge verabschiedeten Gesetze sahen vor:

- eine *Pflichtversicherung* für alle Arbeiter einschließlich der Angestellten (bis zu einem Jahreseinkommen von 2.000 Mark),
- eine *Beitragsfinanzierung*, deren Anteile zwischen Arbeitgebern und Arbeitnehmern je nach Versicherungszweig variierten: von einem Drittel zu zwei Drittel bei der Gesetzlichen Krankenversicherung, über eine paritätische Beitragsleistung bei der Invaliditäts- und Altersicherung bis hin zu einer allein von den Unternehmern zu finanzierenden Unfallversicherung,
- einen *staatlichen Zuschuss* zur Gesetzlichen Rentenversicherung,

37 zit. nach Volker Hentschel: Geschichte der deutschen Sozialpolitik (1880-1980), Frankfurt am Main 1983, S. 25

- einen engen *Beitrags-Leistungsbezug* bei geldlichen Leistungen (*Äquivalenzprinzip*),
- die Wirksamkeit des *Solidarprinzips* zunächst bei den Sach- und Dienstleistungen im Rahmen der Krankenversicherung, später verstärkt im Rahmen der Familienversicherung,
- eine *Selbstverwaltung* der einzelnen Versicherungsträger unter Beteiligung von Vertretern der Arbeiter entsprechend ihrem Beitragsanteil,
- eine *organisatorische Vielfalt* in allen Versicherungszweigen und
- eine Differenzierung der Sozialleistungen nach Maßgabe rechtlich normierter Anspruchs*ursachen* (*Kausalitätsprinzip*) und nicht nach Maßgabe individuell bzw. sozial bestimmter Leistungs*zwecke (Finalitätsprinzip)*.

Das Leistungsvolumen war zunächst – analog zu den relativ bescheidenen Beitragsleistungen – recht niedrig und vor allem auf akute Erkrankungen, Unfälle und auf eine Absicherung bei Invalidität ausgerichtet. Die Altersgrenze in der Rentenversicherung bei 70 Jahren war angesichts der tatsächlichen Lebenserwartung eher symbolischer Natur. Leistungen für Familienmitglieder waren zunächst nicht vorgesehen, konnten aber nach 1892 zumindest in der Krankenversicherung durch Statut der einzelnen Kassen aufgenommen werden. Witwen- und Waisenrenten dagegen gab es nicht. Eine Bewertung dieser vom Volumen her betrachtet sicher geringen Leistungen, die sich im Niveau von solchen der Fürsorge nur wenig unterschieden, sollte aber nicht davon absehen, dass die Bismarcksche Sozialversicherung in einem großen Flächenstaat ohne Vorbild war und insofern einen „Sprung ins Dunkle“ darstellte, ohne auf Erfahrungswerte und verlässliche Berechnungen zurückgreifen zu können.[38]

Ob die Charakterisierung, Bismarck habe die Sozialdemokratie mit *„Zuckerbrot und Peitsche“* – dem Zuckerbrot der Sozialpolitik und der Peitsche des Sozialistengesetzes – bekämpfen wollen, zutrifft, ist umstritten. Denn die *Peitsche* griff insgesamt zu wenig, war doch das zentrale Institut politischer Partizipation, nämlich die Beteiligung an politischen Wahlen nicht zuletzt aufgrund des Druckes der Mehrheit im Deutschen Reichstag ausdrücklich nicht eingeschränkt worden. Auch während des *Sozialistengesetzes* konnte die Partei so ihre politische Agitation fortsetzen und ihren Stimmenanteil bei den Reichstagswahlen kontinuierlich steigern, wenngleich die Zahl ihrer Mandate ihrem Stimmenanteil nicht ansatzweise entsprach. Umgekehrt wurde das *Brot* erst allmählich *„süßer“:* Hatte die Sozialdemokratie in der Parlamentsdebatte die Sozialversicherungspolitik noch strikt abgelehnt und gegen die Sozialgesetze gestimmt,[39] wurde unverzüglich nach Einrichtung der Sozialversicherungsträger deren Selbstverwaltung zu einem der zentralen Handlungsfelder sozialdemokratischer, vor allem gewerkschaftlicher Politik. Die Erfahrung, vor Ort zur Verbesserung der Lebenslage der Arbeiter und – mit Ausweitung der Familienversicherung in der Krankenversicherung – ihrer Familien

38 Volker Hentschel: Geschichte der Sozialpolitik in Deutschland (1880-1980), Frankfurt am Main 1983, S. 25f.

39 Detlev Zöllner: Ein Jahrhundert Sozialversicherung in Deutschland, Berlin 1981, S. 68 und 89

beitragen zu können, ließ die *sozialreformerische Praxis* zunehmend in Kontrast zur in der Phase des Sozialistengesetzes sich durchsetzenden marxistischen Parteiideologie treten. Am Ende schließlich galt beides: Das Sozialistengesetz hatte seine Wirkung verfehlt und wurde von *Wilhelm II.* 1890 aufgehoben, aber auch der Widerstand gegen die Sozialversicherungspolitik wurde seitens der SPD aufgegeben. Auch wenn es noch bis 1918 dauerte, bis die SPD in Regierungsverantwortung eintreten konnte, war mit der Sozialversicherung eines der zentralen Handlungsfelder für ihre Politik geschaffen worden, das immer stärker auch von ihr besetzt wurde. Aber auch die anderen Wurzeln Bismarckscher Sozialpolitik blieben virulent: *patriarchalischer Konservativismus*, *katholische Soziallehre* und schließlich der bedeutender werdende *Sozial-Liberalismus*. Nach dem Fortfall des kaiserlichen Obrigkeitsstaates am Ende des I. Weltkrieges blieben diese drei: Sozialdemokratie, politischer Katholizismus und Sozial-Liberalismus, die die Sozialpolitik der Weimarer Republik maßgeblich prägten.

Vom Kaiserreich zur Republik

Nach Verabschiedung der drei großen Gesetzeswerke setzten in der alltäglichen Praxis wie auch auf dem Wege von Verordnungen sehr bald weitere Veränderungen ein. 1911 wurden die drei zunächst separaten Zweige der Sozialversicherung in der *Reichsversicherungsordnung* (RVO) zusammengefasst, die bis in die 1970er Jahre Bestand hatte und dann später von dem *Sozialgesetzbuch* abgelöst wurde. Die Sozialgesetze bezogen sich nur auf die Arbeiter und die niedrig bezahlten Angestellten, die besser gestellten Angestellten dagegen waren weiterhin in den freiwilligen Hilfskassen oder nicht abgesichert. Zusammen mit der RVO wurde 1911 das *Angestelltenversicherungsgesetz* beschlossen, das die freiwilligen Hilfskassen in Ersatzkassen zur Gesetzlichen Krankenversicherung überführte. Diese Ersatzkassen waren den Gesetzlichen Kassen gleichgestellt. Zugleich wurde eine Angestelltenrentenversicherung nach dem Muster der *Arbeiterrentenversicherung* geschaffen, allerdings mit einem eigenen, nur von Angestellten selbstverwalteten Träger. Es charakterisiert den patriarchalisch-hierarchischen Charakter der obrigkeitlichen Sozialpolitik, wenn bei der Angestelltenrentenversicherung zugleich eine Witwenrente mit der Begründung eingeführt wurde: Es sei der Witwe eines Angestellten, die aufgrund der Höhe der Entlohnung des Ehemannes nicht erwerbstätig war/sein musste, nicht zumutbar, nach dessen Tod zu arbeiten. Eine vergleichbare Regelung im Rahmen der Arbeiterrentenversicherung gab es nicht. Diese Entscheidung folgte der Logik, die Entlohnung eines Arbeiters sei von vornherein so niedrig, dass dessen Frau schon zu Lebzeiten des Mannes zusätzlich zu Haushalt und Kindererziehung erwerbstätig sein müsse; im Falle des Todes des Ehemanns würde sich für die Witwe folglich nichts ändern, wenn sie weiter arbeite. Es wurde dann allerdings doch eine Witwenrente für den Fall der Erwerbsunfähigkeit der Arbeiterwitwe selbst eingeführt. Diese restriktive Regelung führte dazu, dass 1912 von 200.000 Frauen, die in diesem Jahr Witwen von zuvor Versicherten wurden, lediglich 4.000 eine Witwenrente zuerkannt bekamen.[40]

Während nun die Grundlagen der Sozialstaatspolitik via Sozialversicherung gelegt waren, blieb die *Arbeiterschutzpolitik* dagegen rudimentär. Bismarck war ein Gegner direkter Eingriffe in das Wirtschaftsleben und deshalb sehr zurückhaltend bei Maßnahmen etwa des Arbeitsschutzes und der Arbeitszeitregelung. Erst der „neue Kurs" unter Wilhelm II. ging daran, diesen Bereich der Sozialpolitik weiter zu normieren. Dabei ging es um Fragen der Sonntags–, Nacht–, Kinder- und Frauenarbeit, die Errichtung von Arbeiterausschüssen, Fabrikinspektionen und Schlichtungsstellen sowie die Durchführung einer internationalen Arbeiterschutzkonferenz. Hinzu kamen Ansätze einer Arbeitsgerichtsbarkeit. Und schließlich wurden kommunale *Arbeitsnachweise*[41] eingeführt, um Arbeitslose besser in Arbeit vermitteln zu können.

Konsolidierung und Ausbau des Sozialstaats in der Weimarer Republik

Der für Deutschland verlustreiche Ausgang des I. Weltkrieges führte mit dem Abdanken des Kaisers zu einem Machtvakuum, das in revolutionäre Umbrüche mündete. Im Verlauf dieser Ereignisse wurden Forderungen nach einer Räterepublik, betrieblicher und überbetrieblicher Mitbestimmung, der Vergesellschaftung kapitalistischer Wirtschaftsunternehmen und massiver entschädigungsloser Enteignungen erhoben. Innerhalb der Arbeiter- und Gewerkschaftsbewegung kam es zu Abspaltungen, wobei die zentristischen Mehrheitssozialdemokraten bereit waren, die Macht in der neu gegründeten Republik zu übernehmen und einerseits mit demokratischen, bürgerlichen Kräften wie dem Zentrum und der Deutschen Demokratischen Partei zu teilen, andererseits aber auch vordemokratische, antidemokratische Kräfte teils zu dulden, teils sogar für sich nutzbar zu machen (*Noske-Groener-Pakt*).

Am 19. Januar 1919 fanden allgemeine, gleiche und geheime Wahlen zur Nationalversammlung statt. Das *Reichswahlgesetz* vom 30. November 1918 sah sowohl das Wahlrecht für Frauen als auch für Bezieherinnen und Bezieher von Armenfürsorge vor, die zuvor kein Wahlrecht hatten.[42] Die am 11. August 1919 verabschiedete neue *Weimarer Verfassung* enthielt im fünften Abschnitt zahlreiche sozial- und wirtschaftspolitische Normierungen, die die Sozialisierung per Gesetz zuließen, das Koalitionsrecht bestätigten, ein „umfassendes" Sozialversicherungswesen und schließlich weitreichende Mitbestimmungsrechte in den privatkapitalistischen Wirtschaftsbetrieben vorsahen.

---

40 Volker Hentschel: Geschichte der deutschen Sozialpolitik (1880-1980), Frankfurt am Main 1983, S. 27

41 Arbeitsnachweise waren in vielfältiger kommunaler, privater aber auch berufsständischer Form organisiert und waren als Arbeitsvermittlungsbüros Vorläufer der späteren Arbeitsämter.

42 Vgl. Knut Hinrichs: Die Entwicklung des Rechts der Armut zum modernen Recht der Existenzsicherung, in: Ernst-Ulrich Huster u.a. (Hrsg.): Handbuch Armut und Soziale Ausgrenzung, Wiesbaden 2008, S. 198

Die Verfassung des Deutschen Reiches vom 11. August 1919

V. Abschnitt. Das Wirtschaftsleben

Art. 151. Die Ordnung des Wirtschaftslebens muß den Grundsätzen der Gerechtigkeit mit dem Ziele der Gewährleistung eines menschenwürdigen Daseins für alle entsprechen. In diesen Grenzen ist die wirtschaftliche Freiheit des einzelnen zu sichern.

Gesetzlicher Zwang ist nur zulässig zur Verwirklichung bedrohter Rechte oder im Dienste überragender Forderungen des Gemeinwohls. Die Freiheit des Handels und Gewerbes wird nach Maßgabe der Reichsgesetze gewährleistet. (...)

Art. 153. Das Eigentum wird von der Verfassung gewährleistet. Sein Inhalt und seine Schranken ergeben sich aus den Gesetzen.

Eine Enteignung kann nur zum Wohle der Allgemeinheit und auf gesetzlicher Grundlage vorgenommen werden. Sie erfolgt gegen angemessene Entschädigung, soweit nicht ein Reichsgesetz etwas anderes bestimmt. Wegen der Höhe der Entschädigung ist im Streitfall der Rechtsweg bei den ordentlichen Gerichten offen zu halten, soweit Reichsgesetze nichts anderes bestimmen. Enteignung durch das Reich gegenüber Ländern, Gemeinden und gemeinnützigen Verbänden kann nur gegen Entschädigung erfolgen.

Eigentum verpflichtet. Sein Gebrauch soll zugleich Dienst sein für das gemeine Beste. (...)

Art. 155. Die Verteilung und Nutzung des Bodens wird von Staats wegen in einer Weise überwacht, die Mißbrauch verhütet und dem Ziele zustrebt, jedem Deutschen eine gesunde Wohnung und allen deutschen Familien, besonders den kinderreichen, eine ihren Bedürfnissen entsprechende Wohn- und Wirtschaftsheimstätte zu sichern. Kriegsteilnehmer sind bei dem zu schaffenden Heimstättenrechte besonders zu berücksichtigen. (...)

Art. 156. Das Reich kann durch Gesetz, unbeschadet der Entschädigung, in sinngemäßer Anwendung der für Enteignung geltenden Bestimmungen, für die Vergesellschaftung geeignete private wirtschaftliche Unternehmungen in Gemeineigentum überführen. Es kann sich selbst, die Länder oder die Gemeinden an der Verwaltung wirtschaftlicher Unternehmungen und Verbände beteiligen oder sich daran in anderer Weise einen bestimmenden Einfluß sichern.

Das Reich kann ferner im Falle dringenden Bedürfnisses zum Zwecke der Gemeinwirtschaft durch Gesetz wirtschaftliche Unternehmungen und Verbände auf der Grundlage der Selbstverwaltung zusammenschließen mit dem Ziele, die Mitwirkung aller schaffenden Volksteile zu sichern, Arbeitgeber und Arbeitnehmer an der Verwaltung zu beteiligen und Erzeugung, Herstellung, Verteilung, Verwendung, Preisgestaltung sowie Ein- und Ausfuhr der Wirtschaftsgüter nach gemeinwirtschaftlichen Grundsätzen zu regeln. (...)

Art. 157. Die Arbeitskraft steht unter dem besonderen Schutze des Reichs. Das Reich schafft ein einheitliches Arbeitsrecht. (...)

Art. 159. Die Vereinigungsfreiheit zur Wahrung und Förderung der Arbeits- und Wirtschaftsbedingungen ist für jedermann und für alle Berufe gewährleistet. Alle Abreden und Maßnahmen, welche diese Freiheit einzuschränken oder zu behindern suchen, sind rechtswidrig.

Art. 160. Wer in einem Dienst- oder Arbeitsverhältnis als Angestellter oder Arbeiter steht, hat das Recht auf die zur Wahrnehmung staatsbürgerlicher Rechte und, soweit dadurch der Betrieb nicht erheblich geschädigt wird, zur Ausübung ihm übertragener öffentlicher Ehrenänter nötige freie Zeit. Wieweit ihm der Anspruch auf Vergütung erhalten bleibt, bestimmt das Gesetz.

Art. 161. Zur Erhaltung der Gesundheit und Arbeitsfähigkeit, zum Schutze der Mutterschaft und zur Vorsorge gegen die wirtschaftlichen Folgen von Alter, Schwäche und Wechselfällen des Lebens schafft das Reich ein umfassendes Versicherungswesen unter maßgebender Mitwirkung der Versicherten.

Art. 162. Das Reich tritt für eine zwischenstaatliche Regelung der Rechtsverhältnisse der Arbeiter ein, die für die gesamte arbeitende Klasse der Menschheit ein allgemeines Mindestmaß der sozialen Rechte erstrebt.

Art. 163. Jeder Deutsche hat, unbeschadet seiner persönlichen Freiheit, die sittliche Pflicht, seine geistigen und körperlichen Kräfte so zu betätigen, wie es das Wohl der Gesamtheit erfordert. Jedem Deutschen soll die Möglichkeit gegeben werden, durch wirtschaftliche Arbeit seinen Unterhalt zu erwerben. Soweit ihm angemessene Arbeitsgelegenheit nicht nachgewiesen werden kann, wird für seinen notwendigen Unterhalt gesorgt. Das Nähere wird durch besondere Reichsgesetze bestimmt.

Art. 164. Der selbständige Mittelstand in Landwirtschaft, Gewerbe und Handel ist in Gesetzgebung und Verwaltung zu fördern und gegen Überlastung und Aufsaugung zu schützen.

Art. 165. Die Arbeiter und Angestellten sind dazu berufen, gleichberechtigt in Gemeinschaft mit den Unternehmern an der Regelung der Lohn- und Arbeitsbedingungen sowie an der gesamten wirtschaftlichen Entwicklung der produktiven Kräfte mitzuwirken. Die beiderseitigen Organisationen und ihre Vereinbarungen werden anerkannt.

Die Arbeiter und Angestellten erhalten zur Wahrnehmung ihrer sozialen und wirtschaftlichen Interessen gesetzliche Vertretungen in Betriebsarbeiterräten sowie in nach Wirtschaftsgebieten gegliederten Bezirksarbeiterräten und in einem Reichsarbeiterrate.

Die Bezirksarbeiterräte und der Reichsarbeiterrat treten zur Erfüllung der gesamten wirtschaftlichen Aufgaben und zur Mitwirkung bei der Ausführung der Sozialisierungsgesetze mit den Vertretungen der Unternehmer und sonst beteiligter Volkskreise zu Bezirkswirtschaftsräten und zu einem Reichswirtschaftsrat zusammen. Die Bezirkswirtschaftsräte und der Reichswirtschaftsrat sind so zu gestalten, daß alle wichtigen Berufsgruppen entsprechend ihrer wirtschaftlichen und sozialen Bedeutung darin vertreten sind.

Sozialpolitische und wirtschaftspolitische Gesetzentwürfe von grundlegender Bedeutung sollen von der Reichsregierung vor ihrer Einbringung dem Reichswirtschaftsrate zur Begutachtung vorgelegt werden. Der Reichswirtschaftsrat hat das Recht, selbst solche Gesetzesvorlagen zu beantragen. Stimmt ihnen die Reichsregierung nicht zu, so hat sie trotzdem die Vorlage unter Darlegung ihres Standpunkts beim Reichstag einzubringen. Der Reichswirtschaftsrat kann die Vorlage durch eines seiner Mitglieder vor dem Reichstag vertreten lassen. Den Arbeiter- und Wirtschaftsräten können auf den ihnen überwiesenen Gebieten Kontroll- und Verwaltungsbefugnisse übertragen werden.

Aufbau und Aufgabe der Arbeiter- und Wirtschaftsräte sowie ihr Verhältnis zu anderen sozialen Selbstverwaltungskörpern zu regeln, ist ausschließlich Sache des Reichs.

Die Weimarer Verfassung vom 11. August 1919, abgedruckt u.a. in: Günther Franz (Hg.): Staatsverfassungen, Darmstadt 1975, S. 219ff.

Nachdem durch Bismarck die Grundlagen einer meist kompensatorischen Absicherung von Risiken im Erwerbsleben gelegt worden waren, versuchten Sozialdemokratie und Gewerkschaften nach dem I. Weltkrieg ihre Vorstellung einer *Demokratisierung der Wirtschaft* umzusetzen. Dieses zu begründen fiel insoweit leicht, als bereits der kaiserliche Obrigkeitsstaat im Verlauf des Krieges genötigt gewesen war, Arbeitnehmervertretern über das *Hilfsdienstgesetz* Mitbestimmungsmöglichkeiten einzuräumen, um die kriegsnotwendige Produktion und Versorgung zu gewährleisten. Dies wog um so mehr, als auch im wilhelminischen Deutschland trotz Wahlerfolge der SPD und verantwortlicher Beteiligung sozialdemokratischer Mandatsträger insbesondere in der Kommunalpolitik immer noch Klassenjustiz gegenüber Gewerkschafts- und Streikführern geübt und darüber hinaus sozialdemokratisches und gewerkschaftliches Handeln unterdrückt wurde bzw. werden sollte. Die Verfassung von Weimar garantierte das *Koalitionsrecht*, zugleich verankerte sie betriebliche und überbetriebliche Mitbestimmungsrechte. Am 4. Februar 1920 wurde ein *Betriebsrätegesetz* verabschiedet, das aber weniger ein „Räte-Gesetz", sondern mehr ein Kompromiss zwischen Arbeitergebern und Gewerkschaften war, um rätedemokratische Vorstellungen linker Gruppierungen zurückzudrängen. Tatsächlich kam es zwar auch zu überbetrieblichen Mitbestimmungsformen, doch haben sie insgesamt nur geringe Relevanz erlangt. Folgenreicher dagegen waren Regelungen zu einem öffentlichen Schlichtungswesen, das den Staat befugte, an Stelle der Tarifparteien Tarifstreitigkeiten zu entscheiden. Im Endeffekt führte dieses einerseits zu einer Verlagerung von Verantwortlichkeiten auf den Staat, zugleich zu dessen Überforderung. Er machte sich zunehmend angreifbar gegenüber sozialen Interessen, die sich ihrerseits aus dem Geschäft der Konsensbildung heraushalten wollten.

Die Politik der Weimarer Politik war in erdrückender Weise von den Folgen des verlustreichen Kriegs geprägt, einmal von den direkten Auswirkungen für die Bevölkerung und zum anderen von den indirekten Auswirkungen aus dem Vertragswerk von Versailles, das dem Deutschen Reich hohe materielle Belastungen brachte. So galt es, die materiellen Folgen des Krieges sozial aufzufangen: Kriegsopfer und deren Familien mussten versorgt und sozial wieder in das Alltagsleben integriert werden. Mit dem verlorenen Krieg waren darüber hinaus nicht nur die Hoffnungen auf Kriegskontributionen zerstoben, die man wie nach 1871 von den Besiegten einzustreichen gehofft hatte, vielmehr musste das Deutsche Reich faktisch während der gesamten Dauer der Weimarer Republik Reparationen bezahlen, zunächst in nicht begrenzter, erst am Ende der Republik in begrenzter Höhe. Zweitens war der Krieg in hohem Maße dadurch finanziert worden, dass der Mittelstand und die wohlhabenderen, national eingestellten Bürgerinnen und Bürger Anleihen zeichneten, die das Reich nun nicht mehr zurückzahlen konnte. Der Verlust von Wertgegenständen einschließlich der Eheringe („Gold gab ich für Eisen") war sicher moralisch besonders schmerzlich, aber vom Volumen her geringer als der Verlust der Anleihen. Und schließlich vernichtete die erst ‚nur' starke, dann aber bald Hyperinflation 1923 die Reste des über den Krieg geretteten Geldvermögens in Deutschland. Diese menschlichen und materiellen Folgen des Krieges konnten mit der bestehenden Sozialversicherung nicht bewältigt werden, eine so erhebliche Schadensmasse überforderte die ebenfalls von Krieg und Inflation gebeutelte Sozialversicherung bei weitem. Das *Reichsversorgungsgesetz* von 1920 suchte hier nach ersten Lösungen auf existenzminimaler Grundlage, die zwei Drittel der gesamten Staatsausgaben banden.[43]

Folglich liefen diese Lasten dort auf, wo sie immer dann auflaufen, wenn der zentrale Sozialstaat versagt, nämlich beim kommunalen Sozialstaat. Die *kommunale Armenfürsorge* mit ihren lokal und regional voneinander abweichenden existenzminimalen, normierenden und kontrollierenden Elementen stieß angesichts dieser großen Probleme einerseits an ihre Grenzen, anderseits aber gab es das gesellschaftspolitische Problem, dass vordem sozial abgesicherte Personenkreise nicht deshalb der kommunalen Armenfürsorge anheim fielen, weil sie persönliche Probleme aufwiesen, sondern weil der Staat sie hatte verarmen lassen! Die Lösung dieses Problems führte zur ersten reichseinheitlichen Normierung der Fürsorgeleistungen in Deutschland in der *„Verordnung über die Fürsorgepflicht"* vom 13. Februar 1924 bzw. den *„Grundsätzen über Voraussetzung, Art und Maß öffentlicher Fürsorgeleistungen"* vom 4. Dezember desselben Jahres.

Grundsätze öffentlicher Fürsorgeleistungen von 1924

Der notwendige Lebensbedarf wurde in § 6 (der „Reichsgrundsätze", d.V.) definiert: „der Lebensunterhalt, insbesondere Unterkunft, Nahrung, Kleidung und Pflege; Krankenhilfe sowie Hilfe zur Wiederherstellung der Arbeitsfähigkeit; Hilfe für Schwangere und Wöchnerinnen; bei Minderjährigen Erziehung und Erwerbsbefähigung; bei Blinden, Taubstummen und Krüppeln Erwerbsbefähigung. Nötigenfalls ist der Bestattungsaufwand zu bestreiten." Im Gegensatz zum früher geltenden Recht zählte zum Lebensbedarf nunmehr nicht nur das zum Lebensunterhalt unbedingt Notwendige, sondern auch, was zur Erhaltung oder Herstellung der Gesundheit und Arbeitsfähigkeit erforderlich war. Die Reichsgrundsätze unterschieden vier Gruppen von Hilfsbedürftigen: erstens die Hilfsbedürftigen im allgemeinen; sie erhielten den notwendigen Lebensbedarf in dem eben beschriebenen Sinne. Zweitens: Kleinrentner, Sozialrenter und die ihnen Gleichstehenden (§§ 14, 16, 17); sie erhielten privilegierte Fürsorgeleistungen, bei denen ihre früheren Lebensverhältnisse berücksichtigt wurden. Drittens: Kriegsopfer (§§ 18, 20); auch ihnen wurden gehobene Fürsorgeleistungen gewährt, die mindestens den Maßstäben der Kleinrentnerfürsorge zu genügen hatten. Viertens: Arbeitsscheue und unwirtschaftliche Hilfsbedürftige (§ 13); diese bekamen nur beschränkte Fürsorgeleistungen, nämlich nur „das zur Fristung des Lebens Unerläßliche", ggf. nur in Anstalten.

Christoph Sachße und Florian Tennstedt: Geschichte der Armenfürsorge in Deutschland, Band 2: Fürsorge und Wohlfahrtspflege 1871 bis 1929, Stuttgart u.a. 1988, S. 173

Entscheidend war, dass die Verordnung und Grundsätze nun zwischen der normalen Fürsorge und einer sich davon vom Leistungsniveau und der Hilfegewährung absetzenden ‚gehobenen' Fürsorge für diejenigen differenzierten, die als Folge von Krieg und

43 Heinz Lampert: Sozialpolitik, Berlin, Heidelberg und New York 1980, S. 145

Vermögensverlusten in diese prekäre Lage gekommen waren. Das Gesetz stellt insofern einen wichtigen Reformschritt dar, als es – im Nachklang zur Bismarckschen Arbeiterpolitik – auch für die *Armenpolitik* nunmehr eine stärkere allgemeinverbindliche Regelungsdichte vorsah und damit den kommunalen, meist restriktiv genutzten Gestaltungsspielraum einschränkte. Indem diese Gesetzgebung aber die ‚verarmten' Mittelschichten letztlich zum Objekt staatlicher bzw. kommunaler *Fürsorge* machte, löste sie nicht nur deren materielle Probleme nur unzureichend, sondern sie wurde von den Begünstigten als Provokation und ‚unstandesgemäß' empfunden: Sie erwarteten vom Staat Wiedergutmachung, nicht Fürsorge!

Trotz restriktiver Rahmenbedingungen griff die Politik wichtige Reformprojekte auf. Die Weimarer Reichsverfassung hatte in Artikel 122 den *Jugendschutz* verankert. Auch hier wurde der Gesetzgeber relativ früh initiativ und löste die Jugendhilfe mit dem 1922 verabschiedeten, *„Reichsjugendwohlfahrtsgesetz"* aus der allgemeinen Fürsorge heraus. Neben geldlichen Leistungen nahm dieses Gesetz sozialpädagogische Hilfen für Kinder und Jugendliche auf, darunter Erziehungshilfe, Jugendförderung, Jugendschutz und die Jugendgerichtshilfe. Dieses Gesetzeswerk gehört der Sache nach zu den größeren Reformwerken in dieser Phase, auch wenn zentrale Bestandteile durch Reichsverordnung beim Inkrafttreten 1924 auf Grund der schlechten Finanzlage der Kommunen suspendiert worden waren.

Insgesamt wurden die öffentliche und die freie Wohlfahrtspflege neu geordnet. Mit Gründung eines weiteren, sozialdemokratisch orientierten Wohlfahrtsverbandes – der *Arbeiterwohlfahrt* – trat 1919 neben die beiden großen konfessionellen Wohlfahrtsverbände – der Inneren Mission und der Caritas – eine weltanschaulich säkular (nicht aber politisch neutral) ausgerichtete Kraft:

Marie Juchacz: Der politische Charakter der Wohlfahrtspflege

Vielfach begegneten wir der Befürchtung, daß das Eintreten der Sozialdemokraten in die Wohlfahrtspflege diese ‚politisieren' würde. Wir haben (…) geantwortet: Die Wohlfahrtspflege ist politisch, solange die Vertretung einer großen Menschenschicht von der Mitarbeit ausgeschlossen ist. (…) Die Arbeiterwohlfahrt will (…) auch der sozialdemokratischen Weltanschauung dienen, wie das die Vertreter anderer Weltanschauungen mit ihrer Arbeit ebenso tun.

Zit. nach Arbeiterwohlfahrt Bundesverband e.V. (Hg.): Helfen und Gestalten. Beiträge und Daten zur Geschichte der Arbeiterwohlfahrt, Bonn, S. 16.

Anfang der 1920er Jahre gründete sich – gleichsam als Auffangbecken für Einrichtungen und Initiativen, die in den anderen Wohlfahrtsverbänden keinen Platz fanden – mit dem *Deutschen Paritätischen Wohlfahrtsverband* ein fünfter Wohlfahrtsverband. Zusammen mit dem relativ kleinen *jüdischen Wohlfahrtsverband* (1921) und dem im Zuge länderübergreifender Bemühungen *Henry Dunant's* (1828-1910) um die Bekämpfung des Elends Kriegsverwundeter gegründeten *Deutschen Roten Kreuz* (ebenfalls 1921) prägten diese Verbände die für die freie Wohlfahrtspflege in Deutschland typische *korporatistische Struktur*. Die einzelnen Verbände bildeten ihre Binnenstruktur verstärkt in Richtung Reichsebene aus, auch indem sie gemeinsam eine *Deutsche Liga der freien Wohlfahrtspflege* gründeten. Die Fürsorge- und Jugendwohlfahrtsgesetze bzw. die daran gekoppelten Verordnungen wiesen den Wohlfahrtsverbänden spezifische Aufgaben zu, die je nach politischer Orientierung in den Reichsländern und in den Kommunen mehr oder weniger dem Prinzip des Vorrangs der freien vor der öffentlichen Fürsorge folgten. Dabei wurden diese Tätigkeiten der freien Wohlfahrtspflege durchaus öffentlich refinanziert, zumindest zum Teil. Zugleich wurde die Clearingstelle zwischen der freien und der öffentlichen Wohlfahrtspflege, der *Deutsche Verein für öffentliche und private Fürsorge* mit Sitz in Frankfurt am Main, ausgebaut und in die Jugendwohlfahrts- und Fürsorgegesetzgebung sowie die davon geprägte Praxis der Jugendpflege und Fürsorge eingebunden.

Parallel dazu – maßgeblich betrieben durch *Alice Salomon* (1872-1948) – wurden soziale Frauenschulen zur Ausbildung sozialer Fachkräfte und sozialer Hilfen gegründet, zuerst 1908 in Berlin, dann verstärkt in der Weimarer Republik. Mit der Ausdifferenzierung der Arbeitsfelder sozialer Arbeit bedurfte es einer doppelten Professionalisierung, einmal bezogen auf die methodischen Standards generell, sodann bezogen auf einzelne Problemlagen. Soziale Arbeit war im 19 Jahrhundert zunächst meist ehrenamtliche Arbeit von Frauen, nun sollten gerade Frauen eine qualifizierte Ausbildung erhalten.

Alice Salomon: Soziale Diagnose

Wie die medizinische Forschung nicht ohne Verbindung mit der klinischen Erfahrung möglich ist, so sollte auch alle soziale Reform ständig durch die soziale Praxis, durch die Erfahrungen der Fürsorge beeinflusst und befruchtet werden. Das setzt aber Sozialbeamte voraus, die geistig geschult sind, die hohe Anforderungen an die eigenen Leistungen stellen und die imstande sind, vom besonderen auf das Allgemeine zu schließen, aus dem Erlebnis den Grundsatz abzuleiten, in den bestehenden Zuständen und Gesetzen Probleme zu sehen und an der Entwicklung der Gesetze und Reformen schöpferisch mitzuarbeiten.

Der Fürsorger soll die soziale Reform anregen. Er soll soziale Politik fördern, aber auch von ihr wieder für die eigene Arbeit gefördert werden.

Unzweifelhaft bringt jeder Fortschritt in der sozialen Gesetzgebung, jeder Fortschritt der medizinischen Forschung auch neue Möglichkeiten für die soziale Fürsorge, für Ermittlung und Pflegschaft mit sich. Um diese Fortschritte richtig zu nutzen, sind Sozialbeamte nötig, die genug innere Beweglichkeit und geistige Selbständigkeit haben, um das Neue anzuwenden.

Der Fürsorger, der einen Fall nach dem anderen in der gleichen, gewohnheitsmäßigen Weise, nach dem gleichen Gedankengang erledigt, ohne die wirtschaftlichen und politischen Zustände zu begreifen, auf denen die Fürsorge aufbaut, hat im Grunde genommen eine ganz ähnliche geistige Verfassung wie der Reformer und Politiker, der für eine bestimmte Änderung eintritt und glaubt, damit alle soziale Fürsorge überflüssig zu machen. Beide lassen die Vielfältigkeit, die Verschlungenheit des Materials außer acht, mit dem sie zu tun haben.

Alice Salomon: Soziale Diagnose, Berlin 1926, S. 47

Das zentrale soziale Problem stellte allerdings die Bewältigung der Arbeitslosigkeit dar. Zur Zeit der Bismarckschen Gesetzgebung herrschte in Deutschland – bei aller Unsicherheit des jeweils einzelnen Beschäftigungsverhältnisses – quasi Vollbeschäftigung. Rüstungspolitik und Kriegsvorbereitung bewirkten im Deutschland des Kaiserreiches eher einen Arbeitskräftemangel denn Arbeitslosigkeit. Die z.T. desaströsen wirtschaftlichen Bedingungen nach dem Weltkrieg – Umstellung der Kriegsproduktion, Reparationsleistungen, Ruhrbesetzung durch Frankreich, Hyperinflation u.a.m. – sorgten dafür, dass die Arbeitslosigkeit im Deutschen Reich dramatisch anstieg. Nur in den beiden besten Jahren nach Konsolidierung der Wirtschaft waren als Folge ausländischer Anleihen und Kapitalzuflüsse 1924 und 1925 weniger als eine Million Menschen ohne Arbeit.[44] Auf der Grundlage dieser Entwicklung suchte das Reich nach einer Neuregelung der Arbeitsvermittlung und nach einer Entlastung der kommunalen Armenfürsorge von den finanziellen Folgen bei Arbeitslosigkeit. Das *„Gesetz über Arbeitsvermittlung und Arbeitslosenversicherung“* (AVAVG) vom 16. Juli 1927 und die neu gebildete *Reichsanstalt für Arbeit* vollzogen mit Berufsberatung, Arbeitsnachweis, Arbeitsvermittlung und Leistungen bei Arbeitslosigkeit durch eine Arbeitslosenversicherung einen Wechsel vom vordem unorganisierten zu einem nunmehr durch Staat und Gewerkschaften organisierten Arbeitsmarkt. Dieses mit Sicherheit bedeutsamste Reformgesetz der Weimarer Republik akzentuierte die Differenz zwischen Armen- und Arbeiterpolitik noch stärker, indem es – nach Alter, Invalidität, Krankheit und Unfall – einen weiteren Zustand des Nichtarbeitens aus der Armenpolitik herausnahm und Arbeitslosigkeit in einem begrenzten zeitlichen Rahmen und unter bestimmten Voraussetzungen als Bestandteil des Arbeiterseins sozialversicherungsrechtlich absicherte.

Diese gesetzlichen Reformen – Arbeitsrecht, Schlichtungswesen, Jugendwohlfahrt, Standardisierung der Fürsorge und Zentralisierung der Arbeitsvermittlung – stehen pars pro toto für den Versuch der Sozialdemokratie, nach der Revolution von 1918/19 ihre Vorstellungen von einem „Demokratischen Sozialismus“ mit den krisenhaften, sich gleichwohl in ihren Augen zunehmend organisierenden Strukturen kapitalistischen Wirtschaftens zu verbinden. Im mühsamen und widersprüchlichen Adaptationsprozess an kapitalistische Strukturen bei gleichzeitigem Verfolg von Reformperspektiven entwickelte die SPD mit dem Konzept der *Wirtschaftsdemokratie* ein Programm, das einerseits teleologisch an ihren Zielvorstellungen festhielt, selbst aber keine konkreten Schritte und zeitlichen Vorgaben mehr vorsah, vielmehr aber die Gewissheit, „dass die Struktur des Kapitalismus selbst veränderlich ist, und dass der Kapitalismus, bevor er gebrochen wird, auch gebogen werden kann.“ Als aktuelle Forderung erhob der Autor dieses Konzeptes, *Fritz Naphtali*, u.a. den „Ausbau der Sozialversicherung zu einem vollen Schutz der Lebensmöglichkeiten für alle, die durch Mängel der Gesundheit, durch Schwangerschaft und Alter arbeitsunfähig

44 Heinz Lampert: Sozialpolitik, Berlin, Heidelberg und New York 1980, S. 138

sind, oder denen aus Gründen der Wirtschaftsgestaltung die Verwertung ihrer Arbeitskraft zeitweise unmöglich gemacht wird."[45]

Mit dem *Schwarzen Freitag* vom November 1929 und der hereinbrechenden *Weltwirtschaftskrise* wurde der Kapitalismus weniger gebogen, sondern vielmehr chaotisch ruiniert: Große Teile der deutschen Wirtschaft brachen zusammen, nicht zuletzt als Folge des Abzugs des seit 1924 in großem Umfange nach Deutschland eingeströmten Kapitals. Denn mit der Konsolidierung der deutschen Wirtschaft sowie der zunächst erst schüchternen, dann zunehmend konkreteren politischen Kooperation in Europa, wofür die Namen *Gustav Stresemann* (1878-1929) und *Aristide Briand* (1862-1932) stehen, kam es zu einem enormen internationalen Kapitaltransfer einschließlich der nunmehr auch international wirksamen Kapitalkonzentration und -zentralisation. Zwar noch weit von der aktuellen Kapitalverflechtung innerhalb der Triade aus Westeuropa, Nordamerika und Südostasien entfernt, zeigten sich doch Abhängigkeiten in einem Ausmaß, die nicht nur die Rahmenbedingungen nationalen Wirtschaftens in einem hohen Maße extern bestimmten, sondern auch die Möglichkeiten nationalen sozialpolitischen Gegensteuerns stark begrenzten.

Dieses wurde exemplarisch am Schicksal der *Arbeitslosenversicherung* deutlich. Das AVAVG ging von der – ex post als ziemlich weltfremd einzustufenden – Annahme von durchschnittlich 600.000 bis 700.000 Arbeitslosen und damit einem Beitragssatz von drei Prozent des Grundlohnes aus.[46] Die große Koalition von SPD und Deutscher Volkspartei (DVP) – einschließlich Zentrum und Deutschen Demokraten (DDP) – zerbrach 1930 an der Frage eines notwendig gewordenen Ausgleichs zwischen Beitragseinnahmen und Ausgaben. Während die Interessenvertretung der Wirtschaft Leistungsbeschränkungen bis hin zur Wiedereinführung von Bedürftigkeitsprüfungen einklagte, forderten die Sozialdemokraten eine Art „Notopfer" in Gestalt eines Zuschlages zur Einkommensteuer bzw. in Gestalt einer Belastung von Personengruppen ohne ein direktes Arbeitsmarktrisiko (etwa der Beamten). Der innerhalb der Regierung gefundene Kompromiss einer Beitragssatzerhöhung zur Arbeitslosenversicherung um einen halben Prozentpunkt fand bei der industriewirtschaftlichen Interessen stark verbundenen Mehrheit der Deutschen Volkspartei im Reichstag keine Zustimmung und scheiterte. Der eigentliche Grund aber war, dass die DVP die Koalition mit der Sozialdemokratie platzen lassen wollte. Mit der Auflösung der großen Koalition und dem Ausschluss der Sozialdemokratie aus der Regierungsverantwortung auf Reichsebene war zugleich deren ‚störender' Einfluss auf die seitens der bürgerlichen, vor allem wirtschaftsfreundlichen Kreise für notwendig erachteten weiteren Angriffe auf das System der sozialen Sicherung beseitigt. Die Leistungen der Arbeitslosenversicherung wurden von den nachfolgenden Präsidialkabinetten von *Heinrich Brüning* (1885-1970) und von *Franz von Papen* (1879-1969) mehr oder weniger stark abgebaut und letztlich nur noch auf Fürsorgeniveau gehalten. Brüning

45 Fritz Naphtali: Wirtschaftsdemokratie. Ihr Wesen, Weg und Ziel, Frankfurt am Main (neu) 1966, S. 19 und 184

46 Volker Hentschel: Geschichte der deutschen Sozialpolitik (1880-1980), Frankfurt am Main 1983, S. 113

und von Papen folgten der sich verstärkt politisch zu Wort meldenden neoklassischen Wirtschaftstheorie, wonach der Staat nur die Option habe, seine Ausgaben der immer restriktiveren Einnahmeseite anzupassen und dabei durch Steuerzurückhaltung gegenüber der Wirtschaft, geringe Löhne und Sozialabgaben die Angebotsbedingungen der Wirtschaft zu verbessern. Von 1930-1932 überstürzten sich sozialpolitische Aktivitäten, die tiefe Einschnitte in das Leistungsrecht brachten. Immerhin konnte erreicht werden, dass die Reparationsleistungen Deutschlands eingestellt wurden.

Während sich in den USA die nachfrageorientierten Konzepte eines *John Maynard Keynes* (1883-1969) Gehör verschaffen konnten (*New Deal*), obsiegten in Deutschland *neoklassische Vorstellungen* und schufen so indirekt die Voraussetzung für eine soziale Entleerung der demokratischen Substanz der Republik. Massenarbeitslosigkeit und Massenelend wurden zum Nährboden für eine politische Radikalisierung: Bei den Reichstagswahlen im Juli 1932 wurden die Nationalsozialisten stärkste Fraktion, die Parteien von Weimar – Sozialdemokraten, Zentrum und Demokraten – dagegen hatten drastisch an Gewicht verloren. Dass und warum der Zentrumspolitiker *Brüning* letztlich das Vertrauen des Reichspräsidenten *Paul von Hindenburg* (1847-1934) verlor und – wie er sagte – „100 Meter vor dem Ziel“[47] gestürzt wurde, ist weit mehr als eine Arabeske: Er, der in großem Umfange die Angebotsbedingungen für die Wirtschaft einseitig zu Lasten der abhängig Beschäftigten bzw. der Sozialleistungsbezieher zu verbessern suchte, meinte bei der Ausgabenreduktion des Staates auch die Subventionen der ostpreußischen Großagrarier nicht gänzlich außen vor lassen zu können. Unter dem Vorwurf, er betreibe „Agrarbolschewismus“, wurde Brüning entlassen und durch den konservativen Zentrumspolitiker Franz von Papen ersetzt, der schon allein durch sein Adelsprädikat Garant dafür war, dass sich die Großagrarier nicht weiter bedroht fühlen mussten.

Grenzen der Sozialpolitik oder Grenzen des Sozialstaats?

Am Ende der Weimarer Republik kamen drei Elemente zusammen: Es gab kein nationales und auch kein internationales Management, wie denn die zuvor erfolgte Internationalisierung der Kapitalmärkte in Krisensituationen gehandhabt werden sollte und konnte. Insofern hatten SPD und Gewerkschaften den tatsächlichen Grad an Organisiertheit des „Finanzkapitals“ (*Rudolf Hilferding*) weit überschätzt. Auf weltwirtschaftliche Verflechtungen reagierten einzelbetriebliche Strategien mit dem Ergebnis einer Kettenreaktion des ‚Rette-sich-wer-kann‘. Damit wurden auch auf nationaler Ebene die Akkumulationsbedingungen des Kapitals nachhaltig in Frage gestellt. Die neoklassische Reaktion stellte denn auch über lange Zeit den mehr aktionistischen Versuch dar, über Ausgabenreduktionen des Staates die einzelbetrieblichen Wachstumsbedingungen zu stärken. Innereuropäische oder internationale Kon-

47 Heinrich Brüning: Reden und Aufsätze eines deutschen Staatsmanns, hrsg. von Wilhelm Vernekohl unter Mitwirkung von Rudolf Morsey, Münster 1968, S. 164

fliktregelungen unterblieben. *Adolf Hitlers* (1889-1945) Auftritt vor Vertretern der Schwerindustrie im Industrieclub in Düsseldorf 1932 und sein Versprechen, Deutschland wieder aufzurüsten, bereitete die Machtübernahme durch die Nationalsozialisten und zugleich ein rechtskeynesianisches Ausgabenprogramm vor. Die Fraktionen der Arbeiterbewegung hatten – zweitens – nicht nur den Grad der Organisiertheit einerseits (Sozialdemokratie) bzw. den Grad der Instabilität des Kapitalismus als gesellschaftliches System (Kommunisten) überschätzt, sondern sahen sich mehr oder weniger hilflos der Tatsache ausgesetzt, dass ihre gesellschaftspolitischen Konzepte im parlamentarischen System und/oder in der Bevölkerung des Deutschen Reiches keine Mehrheit bekamen. Hinzu kam, dass zwischen den beiden größten Fraktionen der Arbeiterbewegung kein Konsens über eine gemeinsame Strategie herstellbar war. Es blieb die durch nichts gerechtfertigte Illusion des Gewerkschafters *Fritz Tarnow* (1880-1951) der 1931 auf dem Leipziger Parteitag der SPD ausrief: „Wenn die Nebel dieser ökonomischen Krise sich verzogen haben werden, dann wird man deutlich sehen, dass auch in dieser Zeit die sozialistischen Fundamente stärker, die kapitalistischen schwächer geworden sind.“[48] Die KPD beschränkte sich auf die Gewissheit, dass die Weltrevolution letztlich stärker von der Entwicklung der Sowjetunion als von der kapitalistischen Wirtschaft abhängig sei, die Sozialdemokratie hoffte auf die Zivilisierung des Kapitalismus durch ein evolutionäres, parlamentarisch angelegtes Konzept der Wirtschaftsdemokratie. In diesen strategischen Zielkonflikten gefangen, fiel die Arbeiterbewegung folglich als handelndes Subjekt faktisch weg. Und schließlich drittens: Große Teile des nationalliberalen und konservativen Bürgertums sahen in der Krise die Chance bzw. die Notwendigkeit, keineswegs bloß die offensichtlich auch der Arbeiterbewegung zu Gute kommende Liberalität der Weimarer Republik abzuschaffen, sondern die Demokratie insgesamt durch ein autoritäres Regierungssystem zu ersetzen. Die neoklassischen Steuerungsmodelle zielten ebenso wie die konkrete Wirtschaftspolitik darauf, die demokratischen Grundstrukturen selbst außer Kraft zu setzen. Letztere wurden kommentarlos von der vordemokratischen Politik und der Ökonomie aufgegeben. Dass die neoklassische Wirtschaftstheorie und -praxis, für deren Wegbereitung in besonderer Weise der Ökonom *Ludwig von Mises* steht (1881-1973), diesen krisengeschüttelten Prozess aktiv mitgestaltet und zur Aufhebung der Demokratie selbst beigetragen hat, haben ihre Protagonisten allerdings weder im nachfolgenden Faschismus noch danach reflektiert. Ihr ökonomisches Modell hat sich nicht erst hier, aber hier besonders verhängnisvoll als der Versuch desavouiert, den für die bürgerliche Gesellschaft konstitutiven Primat der Politik durch den der Ökonomie zu ersetzen. Von Papens ‚Preußenschlag‘, also die Absetzung der noch nach Weimarer Muster gebildeten Regierung des mächtigen Preußen (1932) war folglich Teil dieser neoklassischen Wirtschaftskonzeption, er zerstörte die letzte Bastion der Republik, die immer weniger Republikaner hatte!

---

48 SPD-Parteitag Leipzig: Protokoll über die Verhandlungen des Parteitages der SPD 1931 abgehalten in Leipzig, Berlin 1931, S. 50

2.3 Der völkische ‚Sozialstaat' (1933-1945)

Am 10. November 1988 versuchte der damalige Präsident des Deutschen Bundestages, *Philipp Jenninger* (geb. 1932), in einer Rede aus Anlass des 50. Jahrestages der Reichspogromnacht der Nationalsozialisten in Deutschland die Tatsache zu erklären, warum das sog. *Dritte Reich*[49] von den Zeitgenossen trotz der verheerenden Kriegserfahrungen lange Zeit immer wieder auch positiv in Erinnerung gehalten worden war bzw. teilweise noch wird. Er begründete dieses mit der Bemerkung, das Dritte Reich sei über weite Teile als Sozialstaat wahrgenommen worden, der einerseits die Weltwirtschaftskrise in Deutschland einschließlich der hohen Massenarbeitslosigkeit überwunden habe und selbst noch im Krieg leistungsfähig geblieben sei.[50] Jenninger musste wegen dieser von der Öffentlichkeit mit Befremden wahrgenommenen Sichtweise und vor allem deshalb von seinem hohen Amt zurücktreten, weil ihm vorgehalten wurde, er habe die Ressourcen dieses Sozialstaates, seine Ausrichtung und seine Konsequenzen für Deutschland nach dem verlorenen Krieg nicht hinreichend diskutiert und eher – implizit – bagatellisiert.

War das Dritte Reich Sozialstaat? Wenn ja, für wen, auf Grund welcher materiellen Grundlagen und wie lange? Folgt man der *Carl Schmitt*schen Terminologie (1888-1985) einer schroffen Trennung von Freund und Feind als Kriterium des Politischen,[51] dann war das Dritte Reich ein ‚Sozialstaat' der ‚Freunde'. Die Aushebelung des individuellen als auch des auf die betriebliche und überbetriebliche Mitbestimmung zielenden kollektiven Arbeitsrechts der Weimarer Republik und deren Ersatz durch die *Deutsche Arbeitsfront* fanden ihre Entsprechung im ideologischen Begründungszusammenhang für die aufzubauende *Volks- und Leistungsgemeinschaft*, in der jeder ‚Freund' seinen Platz finden sollte.

Die Deutsche Arbeitsfront

§ 2. Das Ziel der Deutschen Arbeitsfront ist die Bildung einer wirklichen Volks- und Leistungsgemeinschaft aller Deutschen. Sie hat dafür zu sorgen, dass jeder einzelne seinen Platz im wirtschaftlichen Leben der Nation in der geistigen und körperlichen Verfassung einnehmen kann, die ihn zur höchsten Leistung befähigt und damit den größten Nutzen für die Volksgemeinschaft gewährleistet. (...)

§ 7. (...) Die Deutsche Arbeitsfront hat die Aufgabe, zwischen den berechtigten Interessen aller Beteiligten jenen Ausgleich zu finden, der den nationalsozialistischen Grundsätzen

---

49 Der Begriff Drittes Reich hat eine doppelte Bedeutung. Einmal sucht er an die Reichsgründungen in Deutschland anzuknüpfen: Erstens an das 919 gegründete, erst später als Heiliges Römische Reich Deutscher Nation titulierte erste Reich, zweitens an die Gründung des – zweiten - (Klein-) Deutschen Reiches 1871 und nun 1933 die 3. Reichsgründung. Zum anderen hatte schon in den 1920er Jahren Arthur Moeller van den Bruck den Nationalsozialismus in den Kontext des in der Offenbarung des Johannes angekündigten zukünftigen Reiches gestellt, das mit der Wiederkehr Christi errichtet werden würde, dabei an die Gedanken Joaquino A Fiores, eines katholischen Mystikers, von einem zukünftigen „dritten Reich" mit heilsgeschichtlichem Charakter anschließend.

50 Deutscher Bundestag, Stenographischer Bericht der Sitzung vom 10.11.1988

51 Carl Schmitt: Der Begriff des Politischen. 1932, NA Berlin 1963

> entspricht und die Anzahl der Fälle einschränkt, die nach dem Gesetz vom 20. Januar zur Entscheidung allein den zuständigen staatlichen Organen zu überweisen sind.
>
> *Verordnung über Wesen und Ziel der Deutschen Arbeitsfront vom 24. Oktober 1934, zit. nach Timothy W. Mason: Sozialpolitik im Dritten Reich. Arbeiterklasse und Volksgemeinschaft, 2. Aufl., Opladen 1978, S. 193*

‚Feind' dagegen war nicht nur der auswärtige Gegner – und das waren der Logik der Nationalsozialisten folgend fast alle anderen –, außerhalb der Gemeinschaft stand auch, wer sich den völkischen Homogenitätsvorstellungen nicht zuordnen ließ bzw. lassen wollte: Gleich nach der Machergreifung wurden die Kommunisten verfolgt, selektierte das *Gesetz zur Wiederherstellung des Berufsbeamtentums* sog. Nichtarier aus der öffentlichen Verwaltung, später wurden Sozialdemokraten und Gewerkschafter aus öffentlichen Ämtern und mit Aufhebung der Selbstverwaltung aus der Sozialversicherung verbannt. Mit den Nürnberger Rassegesetzen wurden Juden politisch gleichsam ausgebürgert, im Falle der Flucht ins Ausland und als Folge der ‚Arisierung' jüdischer Unternehmen wurde deren Vermögen entschädigungslos eingezogen. Die jeweils frei werdenden Arbeitsplätze konnten nun von *‚Volksgenossen'* besetzt werden. Während des Krieges wurde diese Freund-Feind-Logik auf die eroberten Territorien ausgeweitet: Deren Ausplünderung und materielle Verelendung sicherte einen Teil des relativen Wohlstandes im Deutschen Reich auf Seiten der ‚Freunde'. Neuansiedlungen von deutschstämmigen Personen in den besetzten Gebieten waren nur möglich, weil zuvor Einheimische von ihren Höfen vertrieben worden waren. Und Hilfen etwa im Rahmen der *Nationalsozialistischen Volkswohlfahrt (NSV)* und des *Winterhilfswerkes*, einer Fürsorgeeinrichtung für Ausgebombte und Opfer anderer Kriegsfolgen, stammten ebenfalls meist aus Raub und Ausplünderung.

Der Verbindung eines biologistisch verbrämten ‚Gesundheits-' mit einem sozialdarwinistischen Politikverständnis, demzufolge sich die Deutschen nur mit einem „gesunde[n] Volk (...) in der Welt durchsetzen" könnten,[52] fielen viele Menschen durch Zwangssterilisation, durch Nichtbehandlung, durch Tötung, durch medizinische Experimente sowie gezielte Vernichtung zum Opfer. Diese ‚Ausmerze' bezog sich darüber hinaus auch auf sog. „minderwertige Rassen" und diesen zugeordnete Personengruppen: Millionen Juden, Sinti und Roma, Homosexuelle, Zeugen Jehovas, Kriegsgefangene und Zwangsarbeiter wurden vergast oder durch Arbeit vernichtet. Dass durch politischen Beschluss Personengruppen als gesellschaftlich nützlich oder schädlich eingestuft und in der Folge systematisch gezüchtet bzw. umgebracht werden, stellt eine Zuspitzung (*Ausleseprinzip*) und Pervertierung (systematische Vernichtung von politisch per Dekret bestimmten Personengruppen) *darwinistischen Denkens* in der nationalsozialistischen Gewaltherrschaft dar.

Das soziale Sicherungssystem wurde im Kern erhalten und in Teilen entsprechend nationalsozialistischer Zielsetzungen auch ausgebaut. Zunächst wurden der

52 Joseph Goebbels, zit. nach Scheuer, zit. nach Heinz Lampert: Sozialpolitik, Berlin, Heidelberg und New York 1980, S. 157

durch den I. Weltkrieg, die nachfolgende Inflation und die Weltwirtschaftskrise verarmte alte Mittelstand, der zu den tragenden Kräften der nationalsozialistischen Massenbewegung gehörte, zu Sonderkonditionen in die Gesetzliche Rentenversicherung aufgenommen: Nach Verlust ihrer eigenständigen Altersvorsorge bzw. ihrer Geschäftsgrundlagen sollte ihnen zu Lasten der Solidargemeinschaft der sozialversicherten Arbeiter Kompensation verschafft werden. Daneben wurde der völkisch motivierten Bevölkerungspolitik folgend nicht nur die Geburt von Kindern belohnt (Mütterverdienstkreuz, Kuren für Mütter, Haushaltshilfen, Lebensborn-Bewegung, etc.), sondern auch das Aufwachsen der Kinder durch die Einführung erster Kindergeldzahlungen – allerdings nur bei kinderreichen Familien – staatlich unterstützt. Vor Kriegsbeginn wurden Frauen überdies nach der Eheschließung mehr oder weniger strikt aus dem Erwerbsarbeitsleben vertrieben, einmal weil sie arbeitslosen Männern Platz machen sollten, zum anderen, um ihrer Aufgabe im Dienste der ‚Volksgemeinschaft' gerecht zu werden und Kinder zu gebären. Und schließlich sollten verdiente ‚Volksgenossen' im Rahmen des großen *Kraft durch Freude*- Programms Reise- und Urlaubsmöglichkeiten erhalten, von denen die daran Beteiligten vorher nicht einmal träumen konnten. Während des Krieges schließlich wurden bestimmte Leistungen sogar verbessert, „und zwar erst dann, als sich herausgestellt hatte, dass es sich nicht um den vorhergesehenen Blitzkrieg handeln würde. Diese Maßnahmen hatten den Charakter sozialpolitischer Bestechung, die sich nicht eben durch Einfallsreichtum auszeichnete. Hauptsächlich wurden Leistungsverschlechterungen der Notverordnungspolitik von 1931/32 rückgängig gemacht."[53] Der menschliche Verlust bzw. das erlittene Leiden konnten zwar nicht ausgeglichen werden, aber diese Leistungsverbesserungen erweckten zumindest mehr als nur den Anschein, der Staat lasse die Hinterbliebenen und Kriegsopfer nicht alleine.

Das Dritte Reich war folglich nicht Sozialstaat, es hat diesem vielmehr die Grundlagen entzogen. Zugleich wurden sozialpolitische Instrumente völkischen Zielen und solchen der Kriegsvorbereitung und -durchführung untergeordnet. Die Überwindung der Massenarbeitslosigkeit ist weitgehend dem Zusammenwirken von Kriegsvorbereitung und Ausschluss etwa von Kommunisten, Sozialdemokraten, Juden etc. aus Teilen oder ganz aus dem Beschäftigungssystem geschuldet. Das soziale Sicherungssystem mit seinen normierten Beitragszahlungen diente nur zum Teil der sozialen Absicherung; die Sozialabgaben waren vielmehr bis Kriegsbeginn sogar bewusst so hoch angesetzt, dass davon Maßnahmen zur Kriegsvorbereitung mitfinanziert werden konnten. Im Verlauf der Jahre bis 1945 wurden insgesamt die finanziellen Grundlagen der Sozialversicherung zerstört; es trat genau das ein, was die Gegner einer ausschließlich vom Staat finanzierten und beim Staat angesiedelten Sozialversicherung befürchtet hatten, dass nämlich der Staat diese Mittel zweckentfremden könne. Darüber hinaus griff der Staat in hohem Maße auf Einnahmen aus

53 Volker Hentschel: Geschichte der deutschen Sozialpolitik (1880-1980), Frankfurt am Main 1983, S. 144

illegalen Enteignungen sowie Hab und Gute von Ermordeten zurück. Dass mit der Auflösung der Selbstverwaltung und der Anwendung des *Führerprinzips* auch die demokratische Substanz von Sozialstaatlichkeit ausgehebelt wurde, ist angesichts der Zerschlagung der Weimarer Republik und der Aussetzung aller zentralen Grund- und Menschenrechte sicher ein eher nachrangiger Effekt, aber gleichwohl ein Punkt, den eine Bilanz der sozialpolitischen Qualität des Dritten Reiches nicht ignorieren darf.

Das soziale Versorgungssystem konnte bis zum Kriegsende nur deshalb aufrecht erhalten werden, weil Abertausende von Kriegsgefangenen und Verschleppten bis zur physischen Erschöpfung in die Produktion gesteckt wurden. Wenn im Alltagsbewusstsein von Deutschen das Dritte Reich dennoch als Überwinder der Massenarbeitslosigkeit, als Stabilisator sozialer Versorgung und als hilfreicher Unterstützer in besonderen Lebenslagen erfahren worden ist, dann unterlag und unterliegt dieses in ebenso großem Maße der im Deutschland des Dritten Reiches und in der Nachkriegszeit konstant gebliebenen Fähigkeit zur Verdrängung der nationalsozialistischen Vernichtungspolitik. Die schroffen Strafaktionen, denen Teile der deutschen Bevölkerung nach 1945 ausgesetzt waren, verstärkten eher die ‚Verherrlichung' des Dritten Reiches. Bestenfalls fühlten sich viele als Objekt, zuerst der Nationalsozialisten, dann der Siegermächte. Der sozialpolitische Neuanfang dagegen forderte Subjekte, die den sozialstaatlichen Kahlschlag, den das Dritte Reich hinterlassen hatte, nüchtern bilanzieren und als Ausgangslage staatlicher Politik auch akzeptieren konnten.

2.4 Sozialpolitik in der Sozialen Marktwirtschaft

Besatzungsherrschaft und Kriegsfolgen

Am 8./9. Mai 1945 hatte das Deutsche Reich aufgehört zu existieren, Deutschland war Objekt alliierter Vereinbarungen geworden. Die Verwaltung ging für Gesamtdeutschland auf alle Besatzungsmächte gemeinsam, in den vier Zonen unmittelbar auf die jeweilige Besatzungsmacht über.[54] Dabei bedienten sie sich in unterschiedlicher Weise deutscher Helfer, die sie nach eigenem Ermessen einsetzen, aber auch jederzeit wieder entlassen konnten und auch entlassen haben. Die russische Militärregierung brachte gleich einen Teil der deutschen Kader, die die weitere Entwicklung in ihrer Zone prägten, aus deren Exil in Russland mit, aber auch die westlichen Besatzungsmächte bedienten sich nicht selten Personen, die die Zeit des Nazi-Terrors im Ausland überlebt hatten.

Das politische Leben in Deutschland erwachte sehr bald: Schon im Mai 1945 umriss der spätere Vorsitzende der Sozialdemokratischen Partei, *Kurt Schumacher* (1895-1952), vor Funktionären der SPD in Hannover seine Vorstellungen von einer Neuordnung Deutschlands. Auch in Berlin und in anderen Städten sammelten sich Sozialdemokraten, um möglichst bald auf der Ebene ihrer Zonen und schließlich

54 Die vier Besatzungsmächte waren die USA, Großbritannien, Frankreich und die Sowjetunion.

deutschlandweit wieder eine Partei aufbauen zu können. Im bürgerlichen Lager gab es ebenfalls gleich nach der Niederlage erste Ansätze der Selbstorganisation. Dabei herrschte durchgängig der Tenor vor, die konfessionelle Trennung der Parteien des Bürgertums im Kaiserreich und in Weimar nicht wieder fortzusetzen, sondern nun eine gemeinsame Partei auf christlicher Grundlage – eine Union – zu gründen. Daneben formierte sich auch der politische Liberalismus als konfessionell ungebundene bürgerliche Interessenvertretung neu. Vom Kreis der (Re-)Migranten aus dem sowjetischen Exil wurde die Kommunistische Partei wieder aufgebaut. Es gab ernste und ernst zu nehmende Ansätze einer Zusammenführung der beiden Arbeiterparteien, doch scheiterten diese einerseits an der Politik der sowjetischen Besatzungsmacht und andererseits an tiefsitzenden antikommunistischen Ressentiments auf Seiten führender Sozialdemokraten, die auch durch gemeinsames Leiden im Dritten Reich nicht überwunden werden konnten.

Auf der sozialen Ebene kam es zur Reorganisation der gewerkschaftlichen Interessenvertretung und der der Arbeitgeber. Letztere hatten allerdings das Problem, dass die Zukunft der privaten Unternehmungen ungewiss war, gab es doch bis weit in das bürgerliche Lager hinein Vorstellungen einer Überführung der zentralen Wirtschaftsbereiche in *Gemeineigentum*.[55]

Die Besatzungsmächte unterschieden sich z.T. sehr stark, inwieweit sie sich dieser sich organisierenden politischen und sozialen Interessensträger bedienen sollten und wollten. Am schnellsten richteten die US-Amerikaner und die Sowjets in ihren Zonen wieder deutsche kommunale Gebietskörperschaften ein, diese allerdings unter den Primat der jeweiligen Besatzungsmacht stellend. Schon im Januar 1946 wählten die Deutschen in der amerikanischen Besatzungszone ihre Gemeindeparlamente, im April/Mai 1946 die Kreistage. Parallel dazu errichteten die Besatzungsmächte Länder und setzten provisorische Regierungen ein. Mit Ausnahme von Bayern und den beiden Hansestädten wurden in den drei westlichen Besatzungszonen faktisch neue Länder gebildet. Die britische Besatzungsmacht folgte der amerikanischen, die französische ihrerseits hielt am längsten an einer direkten Ausübung ihrer Besatzungsherrschaft fest. Bereits am 1. Dezember 1946 stimmten die Bürgerinnen und Bürger in der amerikanischen Besatzungszone über neue Länderverfassungen ab und wählten die ersten Landtage.

Die Entwicklung in der sowjetischen Besatzungszone wich relativ früh von der in den westlichen Zonen ab. Mit Kündigung der für die Sowjetunion wichtigen Leih- und Pachtverträge[56] am Ende des II. Weltkrieges durch die USA kamen die unter-

---

55 In den Frankfurter Leitsätzen vom September 1945 sprachen die Autoren des dortigen Gründungskreises der CDU von einem „Sozialismus aus christlicher Verantwortung“. Das Ahlener-Programm der CDU von Nordrhein-Westfalen vom 3. Februar 1947 begann mit den Worten: „Das kapitalistische Wirtschaftssystem ist den staatlichen und sozialen Lebensinteressen des deutschen Volkes nicht gerecht geworden.“, beides abgedruckt u.a. in Ernst-Ulrich Huster u.a.: Determinanten der westdeutschen Restauration, Frankfurt am Main 1972, S. 220 und 424

56 Die USA hatten sich gegenüber der Sowjetunion vertraglich verpflichtet, während des Krieges lebensnotwendige Versorgungs-, vor allem aber militärische Güter zur Verfügung zu stellen. Damit anerkannten die USA, dass die Sowjetunion den größten Anteil an den Kampfhandlungen im II. Weltkrieg hatte.

schiedlichen Vorstellungen zwischen Westalliierten und der Sowjetunion über die Rolle der UdSSR in Zentraleuropa besonders drastisch zum Ausdruck. Die Sowjetunion sah in ihrer Beteiligung an der Neuordnung des ehemaligen Deutschen Reiches und in der Stabilisierung eines zumindest prosowjetisch ausgerichteten ‚*cordon sanitaire*'[57] durch die ehemals selbständigen Staaten rund um die Sowjetunion eine Entschädigung für ihren erheblichen ‚Blutzoll' und ihre enormen materiellen Verluste während des Krieges. Doch schon vor Beendigung des Krieges zwischen den USA und Japan im Pazifik verfestigte sich innerhalb des westlichen Verbundes der Alliierten die Vorstellung, die Sowjetunion verfolge illegitime expansionistische Ziele. Zugleich gewann die ideologische Frontstellung wieder an Gewicht, dass es Ziel des Sowjetkommunismus sei, die Weltherrschaft zu erobern und die freie Wirtschaft zu zerschlagen. Diese grundsätzliche Konfrontation baute sich in zahlreichen Etappen wechselseitig auf – mit dem Ergebnis, dass sich die Sowjetunion letztlich das sicherte, was sie militärisch besetzt hatte, um es ihrem Machtbereich endgültig einzugliedern. Die Zwangsvereinigung von SPD und KPD zur SED war hier ein Schritt neben vielen, zugleich nicht aus der Gesamtkonstellation zu lösen, waren doch zahlreiche Regelungen, beginnend bei den Leih- und Pachtgesetzen über die Geheimabsprachen bei Reparationen etc. Zugeständnisse an die Sowjetunion, die ex post widerrufen bzw. einseitig gebrochen wurden. Insgesamt setzte in der Sowjetischen Besatzungszone eine Entwicklung ein, die nach einer separaten Staatsgründung 1949 und einer 40 Jahre währenden eigenständigen Entwicklung schließlich erst 1989/1990 mit der Eingliederung Ostdeutschlands in die Bundesrepublik Deutschland beendet wurde.

In den westlichen Besatzungszonen schlug die Stimmung der Besatzungsmächte im Jahr 1946 um: Zunächst sollte Deutschland nach den Vorstellungen des während des Krieges und bis zum Tode von Präsident *Theodore Roosevelt* (1887-1944) amtierenden US-Finanzministers *Henry Morgenthau* (1891-1967) mehr oder weniger auf das Niveau eines stark agrarisch ausgerichteten Gemeinwesens zurückgeführt werden, damit nie wieder deutsche Schwerindustrie in der Lage sein würde, Rüstungsgüter zu produzieren. Doch bald darauf verkündete der von Präsident Harry S. Truman (1884-1972) im Jahr 1945 zum Außenminister ernannte *James F. Byrnes* (1879-1972) in seiner berühmten Rede vom 6. September 1946 in Stuttgart, dass Deutschland wirtschaftlich aufgebaut werden solle, um so die zentrale Rolle als Investitionsgüterlieferant in Europa und darüber hinaus wieder einnehmen zu können. Zugleich machte er deutlich, dass Westeuropa in das wirtschaftliche Dominium der USA aufgenommen und Ort amerikanischer Kapitalzufuhr einschließlich der daran gekoppelten Interessen werde. Die Verschmelzung der amerikanischen mit der britischen Zone wurde umgehend eingeleitet und trat am 1. Januar 1947 in Kraft. Die USA und Großbritannien wurden zu den bestimmenden Mächten im Nachkriegs-West-Deutschland. Die französische Besatzungsmacht schloss sich dieser überzonalen Verwaltung erst 1949 an.

Diese Güter sollten zwar nicht geschenkt werden, doch war während des Krieges keine Gegenfinanzierung seitens der Sowjetunion vorgesehen.

57 Sicherheitsgürtel

Das Signal von Stuttgart und die im April 1948 einsetzenden Hilfslieferungen im Rahmen des *European Recovery Programs (ERP)* verhießen den meisten Deutschen die längst ersehnte Wende ihres Schicksals. Millionen Menschen hatten während und als Folge des Krieges ihre Wohnungen durch Flucht und Vertreibung, durch Bombenangriffe und militärisches Besatzungshandeln verloren. Abertausende waren auf den Straßen, um ihre Angehörigen zu suchen bzw. Sicherheit über deren Schicksal zu bekommen. Millionen waren in Kriegsgefangenschaft und kehrten physisch und psychisch gebrochen zurück. Junge Männer oder schlicht auch Jugendliche waren in den Krieg gezogen, bevor sie Schule und Berufsausbildung abschließen konnten. Nazischergen und deren Helfer wurden verfolgt, mitunter ihr Hab und Gut von den Besatzungsmächten eingezogen. Millionen im Krieg aus ihren Ländern Verschleppte (*displaced persons*) waren auf dem Weg in ihre ehemalige Heimat bzw. dahin, was davon übrig geblieben war. Auch Überlebende aus den Konzentrationslagern irrten durch die Gegend – doch wohin, wenn man mitunter als einziger der Familie den Terror und die Vernichtungslager überlebt hatte? Zugleich waren jene, deren Besitz erhalten geblieben war, gezwungen, Flüchtlinge aufzunehmen und von dem Wenigen abzugeben, was ihnen geblieben war. Neben den massiven materiellen Problemen ergaben sich aus dieser Konstellation zwangsläufig auch soziale und persönliche Probleme, die zu lösen kaum möglich schienen. Und mit der Zuspitzung der separaten Entwicklung in der Sowjetischen Besatzungszone kamen neue innerdeutsche Flüchtlinge nach Westdeutschland. Angesichts des hohen Wohlstandsniveaus in Deutschland zu Beginn des 21. Jahrhunderts ist diese soziale Lage insbesondere bei Jüngeren kaum mehr vorstellbar, doch können derzeit alltäglich in den Medien verbreitete Bilder aus Kriegs- und Bürgerkriegsregionen überall auf der Welt exakt einen konkreten Eindruck von dem vermitteln, was auch in Deutschland in der Mitte der 1940er Jahre Wirklichkeit war.

Neuanfang kommunaler und Landespolitik

Der insbesondere von der amerikanischen Besatzungsmacht verfolgte Ansatz einer Reeducation der Deutschen – neben Entnazifizierung ging es dabei um die Einübung in Demokratie – wurde konsequent auf das Feld kommunaler Selbstverwaltung übertragen. Auch wenn die letzte Entscheidungsgewalt bei der örtlichen bzw. zonalen Militärverwaltung verblieb, konnten sich mit Etablierung kommunaler Selbstverwaltungseinrichtungen und über die lokalen Verwaltungen doch erste Ansätze deutscher Mitgestaltung entfalten. Es konnte sich aber nicht um eine gestaltende Sozialpolitik handeln, es waren vielmehr die akutesten Notfälle zu versorgen: Wohnungseinweisung, Hilfsküchen, notdürftige gesundheitliche Versorgung etc. Daneben war Schutt wegzuräumen: Legendär und für die spätere Sozialpolitik von Relevanz waren die sog. *Trümmerfrauen*: Während viele Männer entweder im Krieg getötet worden waren oder sich noch in Kriegsgefangenschaft befanden, waren es vor allem Frauen, die das Trümmerchaos in Deutschland beseitigten. Ihre Aufbauleistungen waren es, die u.a. die spätere Rentenpolitik mitbestimmten, galt es doch den Einsatz wenigstens nachgelagert über entsprechende Rentenansprüche anzuerkennen.

In dem Maße, wie bei den überregionalen deutschen Stellen wieder Einnahmen aus Steuern und Gebühren zu verzeichnen waren und auch den Kommunen Geld zur Verfügung stand, konnten erste finanzielle Hilfen für die notleidende Bevölkerung ausgezahlt werden. Das Rentenversicherungssystem war wie alle überörtlichen Sicherungssysteme zusammengebrochen, die Leistungen waren mit Kriegsende zunächst eingestellt worden. Der residuale *kommunale Sozialstaat* war aber nicht in der Lage, an deren Stelle zu treten. Die Verfassungsgebung in der amerikanischen Besatzungszone – Bremen wurde aus der britischen aus- und der amerikanischen Zone angegliedert – brachte nun ein erstes deutsches Betätigungsfeld für die Zielbestimmung von Sozialpolitik. Insbesondere die Länderverfassungen von Hessen und Bremen vom Dezember 1946 enthielten zahlreiche Aussagen zur Wirtschafts- und Sozialordnung.

Verfassung des Landes Hessen von 1946

Art. 27 [Grundlage der Sozial- und Wirtschaftsordnung]

Die Sozial- und Wirtschaftsordnung beruht auf der Anerkennung der Würde und der Persönlichkeit des Menschen.

Art. 28 [Schutz der menschlichen Arbeitskraft, Fürsorge]

(1) Die menschliche Arbeitskraft steht unter dem besonderen Schutze des Staates.

(2) Jeder hat nach seinen Fähigkeiten ein Recht auf Arbeit und, unbeschadet seiner persönlichen Freiheit, die sittliche Pflicht zur Arbeit.

(3) Wer ohne Schuld arbeitslos ist, hat Anspruch auf den notwendigen Unterhalt für sich und seine unterhaltsberechtigten Angehörigen. Ein Gesetz regelt die Arbeitslosenversicherung.

Art. 29 [Arbeitsrecht, Schlichtungswesen, Streikrecht]

(1) Für alle Angestellten, Arbeiter und Beamten ist ein einheitliches Arbeitsrecht zu schaffen.

(2) Im Rahmen dieses Arbeitsrechts können Gesamtvereinbarungen nur zwischen den Gewerkschaften und den Unternehmungen oder ihren Vertretungen abgeschlossen werden. Sie schaffen verbindliches Recht, das grundsätzlich nur zugunsten der Arbeitnehmer abbedungen werden kann.

(3) Das Schlichtungswesen wird gesetzlich geregelt.

(4) Das Streikrecht wird anerkannt, wenn die Gewerkschaften den Streik erklären.

(5) Die Aussperrung ist rechtswidrig.

Art. 30 [Arbeitsbedingungen, Schutz der Mütter und Kinder]

(1) Die Arbeitsbedingungen müssen so beschaffen sein, daß sie die Gesundheit, die Würde, das Familienleben und die kulturellen Ansprüche des Arbeitnehmers sichern; insbesondere dürfen sie die leibliche, geistige und sittliche Entwicklung der Jugendlichen nicht gefährden.

(2) Das Gesetz schafft Einrichtungen zum Schutze der Mütter und Kinder, und es schafft die Gewähr, daß die Frau ihre Aufgaben als Bürgerin und Schaffende mit ihren Pflichten als Frau und Mutter vereinbaren kann.

(3) Kinderarbeit ist verboten.

Art. 31 [Achtstundentag, Sonn- und Feiertage]

Der Achtstundentag ist die gesetzliche Regel. Sonntag und gesetzliche Feiertage sind arbeitsfrei. Ausnahmen können durch Gesetz- oder Gesamtvereinbarung zugelassen werden, wenn sie der Allgemeinheit dienen.

Art. 32 [l. Mai als Feiertag]

Der l. Mai ist gesetzlicher Feiertag aller arbeitenden Menschen. Er versinnbildlicht das Bekenntnis zur sozialen Gerechtigkeit, zu Fortschritt, Frieden, Freiheit und Völkerverständigung.

Art. 33 [Arbeitsentgelt]

Das Arbeitsentgelt muß der Leistung entsprechen und zum Lebensbedarf für den Arbeitenden und seine Unterhaltsberechtigten ausreichen. Die Frau und der Jugendliche haben für gleiche Tätigkeit und gleiche Leistung Anspruch auf gleichen Lohn. Das Arbeitsentgelt für die in die Arbeitszeit fallenden Feiertage wird weiter gezahlt.

Art. 34 [Anspruch auf Urlaub]

Jeder Arbeitnehmer hat Anspruch auf einen bezahlten Urlaub von mindestens zwölf Arbeitstagen im Jahr. Näheres bestimmt das Gesetz.

Art. 35 [Sozialversicherung]

(1) Es ist eine das gesamte Volk verbindende Sozialversicherung zu schaffen. Sie ist sinnvoll aufzubauen. Die Selbstverwaltung der Versicherten wird anerkannt. Ihre Organe werden in allgemeiner, gleicher, freier und geheimer Wahl gewählt. Das Nähere bestimmt das Gesetz.

(2) Die Sozialversicherung hat die Aufgabe, den Gesundheitszustand des Volkes, auch durch vorbeugende Maßnahmen, zu heben, Kranken, Schwangeren und Wöchnerinnen jede erforderliche Hilfe zu leisten und eine ausreichende Versorgung für Erwerbsbeschränkte, Erwerbsunfähige und Hinterbliebene sowie im Alter zu sichern.

(3) Die Ordnung des Gesundheitswesens ist Sache des Staates. Das Nähere bestimmt das Gesetz.

Verfassung des Landes Hessen vom 1. Dezember 1946

Bekannt geworden ist darüber hinaus der Artikel 41 der Hessischen Verfassung, der vorsah, wesentliche Wirtschaftszweige in „Gemeineigentum" zu überführen. Daneben legten die Hessische und die Bremer Verfassung weitreichende Mitbestimmungsrechte fest. Auch für die Sozialordnung wurden umfassende Aussagen getroffen.

Artikel 35 der Hessischen und Artikel 57 der Verfassung von Bremen sahen eine „das gesamte Volk verbindende Sozialversicherung" vor. Sie knüpften damit an alte Forderungen der SPD und der Gewerkschaften an, um die Spaltung der Sozialversicherung nach Berufsgruppen – Arbeiter, Angestellte, Knappen – und Zweigen – Renten–, Kranken–, Unfall- und Arbeitslosenversicherung – zu überwinden. Letzteres wurde in der Sowjetischen Besatzungszone betrieben, während in den westlichen Besatzungszonen relativ schnell die alten Strukturen – entgegen anders lautender

Formulierungen in einzelnen Länderverfassungen – wieder hergestellt wurden. Motor dafür waren deutsche Emigranten und die amerikanische Besatzungsmacht.

Amerikanische Sozialpolitik im Nachkriegsdeutschland

Grundregeln einer Sozialpolitik im Nachkriegsdeutschland unter der Militärregierung waren schon vor Kriegsende von der amerikanischen Regierung in Washington festgelegt worden. So sollten die Leistungen des Sozialversicherungssystems so schnell wie möglich wiederhergestellt werden, allerdings unter Ausschaltung der führenden Nazis aus der Verwaltung. Das waren unsere Hauptsorgen. Deutsche Emigranten der Naziära in den USA, die in der Weimarer Republik an der Entwicklung eines vorbildlichen Systems der sozialen Sicherung in Deutschland voller Hingabe beteiligt waren, hatten dazu geraten, alle Anstrengungen zunächst auf die schnelle Wiederherstellung der Sozialleistungen für Alte, Erwerbsunfähige und Hinterbliebene zu konzentrieren.

Wörtlich heißt es in einem bereits im Dezember 1944 herausgegebenen Handbuch für die Militärregierung, in dem die Richtlinien für die zukünftige Politik der amerikanischen Besatzungsmacht niedergelegt wurden, zur Frage der Sozialversicherung und Renten:

a) Zur Sozialversicherung gehören die Unfallversicherung, Krankenkassen, Invaliden–, Alters- und Hinterbliebenenrenten für Arbeiter und Angestellte, Arbeitslosenunterstützung. Die Sozialversicherung wird nach bestehenden Gesetzen und Verordnungen weitergeführt, soweit deutsche Mittel vorhanden sind.

b) Die Kriegsopferversorgung umfaßt kriegsbeschädigte Soldaten und zivile Opfer des Krieges. Versorgungsrenten werden weiterhin nach den bestehenden Gesetzen und Verordnungen gewährt, soweit deutsche Mittel vorhanden sind.

c) Alle Benachteiligungen oder Bevorzugungen von Gruppen oder bestimmten Personen auf Grund von Rasse, Glauben, Hautfarbe oder politischer Einstellung werden in der Sozialversicherung und Kriegsopferversorgung abgeschafft.

Nach diesen Richtlinien handelte die Militärregierung in den Ländern der amerikanischen Besatzungszone und trieb so mit Hilfe der neuen deutschen Verwaltungen und Länderregierungen den Wiederaufbau der Sozialversicherung nach dem Zusammenbruch zügig voran.

Herbert W. Baker: Beginn der deutschen Sozial- und Arbeitspolitik unter der Militärregierung, in: Reinhart Bartholomäi u.a. (Hg.): Sozialpolitik nach 1945. Geschichte und Analysen, Bonn-Bad Godesberg 1977, S. 23f.

Baker war von 1946-1951 Sachverständiger für Arbeits- und Sozialpolitik bei der amerikanischen Militärregierung für das Land Bayern und bei der „Land Commission for Bavaria“.

Die neu gewählten Landtage suchten nach Möglichkeiten, die finanziellen Ressourcen zu ordnen und erste Budgets aufzustellen. Angesichts des desolaten Zustandes der Wirtschaft, Ungewissheiten über Demontage bzw. Betriebsführung, fehlender Devisen für den Ankauf wichtiger Vorprodukte etc. blieb die Wirtschaft insgesamt sehr wenig ertragreich. Der Schwarzmarkt und Kompensationsgeschäfte[58] bestimm-

58 Text zweier Zeitungsannoncen in der Frankfurter Rundschau am 29. September 1945: „Suche Damenfahrrad. Biete fette Gans und einen Zentner Kartoffeln“, „Biete Schreibmaschine gegen eine Ziege“.

ten viel weitreichender die Versorgungslage als etwa staatliches bzw. kommunales Handeln.

Staatsgründung in Westdeutschland

Erst die Parlamentarisierung der Bizone[59] im Mai 1947, die anlaufenden amerikanischen Hilfslieferungen und schließlich die Währungsreform am 20. Juni 1948 schufen die Voraussetzung für gestaltende Politik. Der bi- und später trizonale *Wirtschaftsrat* beschäftigte sich mit Notgesetzen, die Versorgungsleistungen an Notleidende vorsahen, den öffentlichen Wohnungsbau einleiteten und allgemein die Versorgungslage in den Griff bekommen sollten. Das bedeutendste sozialpolitische Gesetzgebungsverfahren war das *Gesetz über die Anpassung von Leistungen der Sozialversicherung an das veränderte Lohn- und Preisgefüge und ihre finanzielle Sicherstellung (Sozialversicherungs-Anpassungsgesetz)* vom 17. Juni 1949. Dieses brachte Rentenerhöhungen, eine Mindestrente und insbesondere zum ersten Mal in der Arbeiterrentenversicherung eine „unbedingte Witwenrente“ (allerdings nur für Versicherungsfälle ab Juni 1949): 38 Jahre nach Einführung einer Witwenrente für Angestellte konnten nun auch Frauen aus Arbeiterfamilien dann mit einer Rente rechnen, wenn sie mindestens ein waisenrentenberechtigtes Kind zu betreuen hatten bzw. wenn sie älter als 45 Jahre waren. Damit trug der Gesetzgeber der Tatsache Rechnung, dass als Folge von Krieg und Gefangenschaft viele Witwen nach dem Verlust ihrer Männer umso mehr auf eine Rente angewiesen waren, als der Arbeitsmarkt nicht genügend Arbeitsplätze vorhielt. Erst 1957 war in Deutschland wieder Vollbeschäftigung hergestellt.

Währungsunion und Freisetzung privatkapitalistischen Wirtschaftens waren zwei wichtige Vorstufen zur westdeutschen Staatsgründung, die im September 1948 mit der Arbeit des *Parlamentarischen Rates*, der Verabschiedung des Grundgesetzes am 23. Mai 1949 und den Wahlen zum ersten Deutschen Bundestag am 14. August 1949 Gestalt annahm. Am 15. September 1949 wurde *Konrad Adenauer* (1876-1967, CDU), zuvor schon in zahlreichen Funktionen am Wiederaufbau Westdeutschlands beteiligt, zum ersten Bundeskanzler nach dem II. Weltkrieg gewählt. Während die Länderverfassungen zum Teil sehr explizite Aussagen zur Wirtschafts- und Sozialordnung enthielten, einigten sich die beiden großen politischen Kräfte im Parlamentarischen Rat darauf, über die Verankerung der liberalen Grundrechte hinaus auf derartige Aussagen zu verzichten, weil über sie kein Konsens herzustellen war.

59 Erst relativ spät – im April 1949 – wurde die französische Besatzungszone in Vorbereitung der Gründung der Bundesrepublik Deutschland der Bizone angeschlossen, die nunmehr Trizone genannt wurde.

Das Sozialstaatspostulat ...

Die Feststellung, schon vor Zusammentritt des Parlamentarischen Rates sei seitens der SPD auf eine Neuordnung im Sinne des in der Weimarer Republik entwickelten Konzepts der *Wirtschaftsdemokratie* verzichtet worden, steht dem Anschein nach im Widerspruch zur verfassungsrechtlichen Grundsatzentscheidung im Grundgesetz (GG), der zufolge die Bundesrepublik Deutschland ein „demokratischer und sozialer Bundesstaat" ist (Artikel 20 GG). Artikel 28 GG trägt dem Bund auf, in den Ländern eine verfassungsmäßige Ordnung zu garantieren, die „den Grundsätzen des republikanischen, demokratischen und sozialen Rechtsstaates im Sinne dieses Grundgesetzes" entspreche. Der Parlamentarische Rat wich mit der Annahme der Artikel 20 und 28 GG von der liberalen Verfassungstradition ab, insofern er nicht nur die staatsrechtliche Grundsatzentscheidung für den Rechtsstaat traf, sondern diesen zugleich als *sozialen* begriff.

Carlo Schmid (1896-1979, SPD), Vorsitzender des Hauptausschusses und Mitglied des Grundsatzausschusses des Parlamentarischen Rates, griff den Terminus vom „sozialen Rechtsstaat" in der Debatte auf. In der zweiten Lesung vor dem Plenum begründete er die Namensgebung des zu bildenden Staatswesens.

Bundesrepublik Deutschland

Der Hauptausschuß schlägt Ihnen den Namen ‚Bundesrepublik Deutschland' vor. In diesem Namen kommt zum Ausdruck, daß ein Gemeinwesen bundesstaatlichen Charakters geschaffen werden soll, dessen Wesensgehalt das demokratische und soziale Pathos der republikanischen Tradition bestimmt: nämlich einmal der Satz, daß alle Staatsgewalt vom Volke ausgeht, weiter die Begrenzung der Staatsgewalt durch die verfassungsmäßig festgelegten Rechte der Einzelperson, die Gleichheit aller vor dem Gesetz und der Mut zu den sozialen Konsequenzen, die sich aus den Postulaten der Demokratie ergeben.

Parlamentarischer Rat: Stenographischer Bericht über die Plenarsitzung vom 6. Mai 1949, S. 172

Mit dieser Begründung suchten Carlo Schmid und die Mehrheit des Parlamentarischen Rates die republikanisch-liberale Tradition mit den sozialen Konsequenzen der Demokratie zu verknüpfen. Liberal-republikanische Institute sollten in die sozialstaatliche Gewährung von Teilhaberechten eingebunden werden. Damit war die Frage nach der Gestaltung der Sozial- und Wirtschaftsordnung im Grundgesetz gestellt.

Das *Sozialstaatspostulat* übernahm eine Ersatzfunktion dafür, dass die Ausgestaltung der Demokratie im Bereich der Wirtschafts- und Sozialordnung durch das Grundgesetz ‚offen' gelassen worden war. *Helmut Ridder* (1919-2007) sieht treffend diesen Stellenwert: „Vertraut eine sich einigermaßen zeitgerecht den großen gesellschaftlichen Umwälzungsprozessen einfügende und nicht auf ein vergangenes politisches System zurückgreifen müssende Verfassung mit völlig berechtigter ‚Naivität' darauf, dass der durch ihre organisatorischen und institutionellen Regelungen kanalisierte politische Prozess per se ein demokratischer ist, so muss eine an der Zeitordinate zurückhängende Verfassung um eine Kompensation ihrer organisatorischen und institutionellen Demokratiedefizite durch wenigstens ein pauschales Gebot von ‚Demokratie' bemüht sein. Genau dies ist die Aufgabe von Art. 20, Abs. l GG, nachdem die ebenfalls bereits verspätete demokratische Reichsverfassung von Weimar mit einer ‚Naivität', die sich denn auch als völlig unangebracht erwiesen hat, auf eine derartige Generalnorm verzichtet hatte." Der Sozialstaatsklausel sei eine „in vollem Umfang rechtsverbindliche fortschrittliche Schubkraft inhärent", allerdings in der Weise, dass sie bei der Anwendung selbst nur ein „Prüfstand" sei, der „allein aus sich selbst heraus keine konkreten sozialstaatlichen Institute entlässt."[60]

Gleichwohl enthält das Grundgesetz einzelne Aussagen zur Wirtschaftsverfassung, etwa in Artikel 14 die Eigentumsgarantie und die Sozialbindung von Eigentum einschließlich der Möglichkeit, sie in „Gemeineigentum" gegen Entschädigung zu überführen (Artikel 15), das Koalitionsrecht (Artikel 9) und das Recht auf freie Berufswahl (Artikel 12). Daneben konnten die Unionsparteien sehr wohl Grundrechte durchsetzen, die aus der katholischen Soziallehre entnommen waren: So wurden die Menschenwürde (Artikel 1) und Ehe sowie Familie (Artikel 6) unter den besonderen Schutz des Staates gestellt. Darüber hinaus hat die in Artikel 3 verbürgte „Gleichheit vor dem Gesetz" und das von einer kleinen Gruppe von Parlamentarierinnen durchgesetzte Gebot, niemand dürfe wegen seines Geschlechts benachteiligt werden, in der Sozialpolitik der Bundesrepublik Deutschland eine große Bedeutung erlangt.

---

60 Helmut Ridder: Die soziale Ordnung des Grundgesetzes. Leitfaden zu den Grundrechten einer demokratischen Verfassung, Opladen 1975, S. 48f.

Der Sozialstaat in Deutschland nach dem Grundgesetz

Grundgesetz (in Kraft seit 23. Mai 1949)

enthält zwei Kategorien von Vorschriften:

Allgemeines Sozialstaatsprinzip	*Soziale Grundwerte*
Art. 20 Abs 1: Die BRD ist ein „demokratischer und sozialer Bundesstaat" **Art. 28 Abs. 1:** Die verfassungsmäßige Ordnung der Länder muss „den Grundsätzen des republikanischen, demokratischen und sozialen Rechtsstaates entsprechen." ⇒ Allgemeines Sozialstaatsprinzip als implizit grundgesetzlicher Auftrag für die Gestaltung einer ausgleichenden Sozialordnung und die Sicherung der Daseinsvorsorge durch die jeweiligen föderalen Ebenen.	**Art. 1** *Achtung der Menschenwürde* beinhaltet die Pflicht zur Sicherung eines soziokulturellen Existenzminimums; zur Daseinsvorsorge; zum sozialen Ausgleich **Art. 3** *Gleichheitsgrundsätze* Gleichheit aller vor dem Gesetz; Verbot der Diskriminierung wegen Geschlecht, Abstammung, Rasse, Sprache, Heimat und Herkunft, Glauben, politischer Anschauungen und Behinderung; beinhaltet die Pflicht, Ungleichbehandlungen abzubauen oder zu vermeiden; z.B. Gleichstellung von Mann und Frau: Geschlechtsunterschiede können keine Legitimation für unterschiedliche Entlohnungs- und Arbeitsbedingungen sein. **Art. 6** *Schutz der Familie* hieraus leitet sich die Legitimation für Steuerprivilegien von Ehepaaren und Familien oder für besondere arbeitsrechtliche Schutzvorschriften ab **Art. 9**: *Koalitionsfreiheit* sichert das Recht, Interessensvertretungen zu bilden, z.B. Gewerkschaften/Arbeitgeberverbände **Art. 12**: *Berufsfreiheit, Verbot der Zwangsarbeit* **Art. 14**: *Eigentum, Erbrecht, Enteignung* Privateigentum garantiert nicht nur Rechte, es muss mit den Rechten anderer in Einklang gebracht werden, z.B. Mietrecht **Art. 15**: *Sozialisierung* Es besteht die Möglichkeit, Privateigentum in Gemeinschaftseigentum zu überführen.

Quelle: eigene Darstellung, nach Bundeszentrale für politische Bildung (Hg.): Der Sozialstaat, Bonn 1992, *S.* 11f.

... und die Soziale Marktwirtschaft

Das Grundgesetz schrieb keine bestimmte Wirtschaftsordnung fest, sondern überließ es vielmehr dem einfachen Gesetzgeber, im Rahmen dieser Generalnorm die von ihm für notwendig erachteten bzw. gewünschten gesetzlichen Maßnahmen zu ergreifen. Folglich bestand und besteht die Möglichkeit, unterschiedliche Sozialstaatsmodelle auszugestalten bzw. umzusetzen.[61] Versuche, diese prinzipielle Offenheit des Grundgesetzes auf dem Wege der Rechtsauslegung einzuengen, sind bislang gescheitert. Weder konnte sich der Anspruch, die Sozialstaatlichkeit auf dem Verwaltungswege der als höherrangig eingestuften Rechtsstaatlichkeit unterzuordnen und damit zu entschärfen (*Ernst Forsthoff*, 1902-1974), noch die Interpretation, aus dem Sozialstaatsgrundsatz und einigen weiteren Regelungen des Grundgesetzes ergebe sich ein Umgestaltungsauftrag an die Politik im Sinne einer Überwindung kapitalistischer Eigentums- und Marktstrukturen (*Wolfgang Abendroth*, 1906-1985), durchsetzen.[62] Das Bundesverfassungsgericht hat in zahlreichen Entscheidungen eine einseitige Festlegung verworfen (*Forsthoff-Abendroth-Debatte*).[63]

Parallel zu dieser Debatte um den Sozialstaatsgrundsatz im Grundgesetz formulierten die Unionsparteien ihre wirtschaftspolitischen Vorstellungen. In Absetzung von den noch stark am Konzept einer *sozialistischen Planwirtschaft* orientierten Vorstellungen bei SPD und Gewerkschaften, wobei der Begriff ‚sozialistisch' eher eine Art *mixed economy* mit sowohl privatkapitalistischen als auch staatlich lenkenden Elementen beinhaltete, suchten namhafte Vertreter der Wissenschaft und Repräsentanten der CDU nach einer zwar von der Neoklassik der 1930er Jahre inspirierten, aber doch sozial gebundenen Marktwirtschaft (*Düsseldorfer Leitsätze 1949)*. Der hier zum Tragen kommende Liberalismus verstand sich selbst als *Ordo-Liberalismus*, er verfolgte das Ziel, privates Wirtschaften durch staatliche Rahmensetzung zu lenken: Diese Ordnungspolitik zielte darauf, Entwicklungen zu unterbinden, die das Marktgeschehen verfälschen, wie etwa Absprachen und Kartellbildungen. Ansonsten hatte der Staat durch Geld- und andere Teilpolitiken die Marktentwicklung zu befördern und nur dann einzuschränken, wenn ansonsten eine Blockierung der Marktdynamik drohte. Damit setzte sich diese wirtschaftstheoretische Schule unter maßgeblichem Einfluss von *Walter Euken* (1891-1950), *Franz Böhm* (1895-1977) und *Wilhelm Röpk*e (1899-1966) von einer Neoklassik ab, wie sie zuvor am Ende der Weimarer Republik und auch während des Dritten Reiches etwa von *Ludwig von Mises* (1881-1973) und *Friedrich August von Hayek* (1899-1992) vertreten wurde. *Alfred Müller-Armack* (1901-1978), der theoretische Vater des von der CDU adaptierten Konzepts der *Sozialen Marktwirtschaft*, wollte soziale Verwerfungen, die nicht privat abzusichern waren, in staatliches Handeln einbinden, wenn dadurch die Marktdynamik nicht übermäßig belastet würde.

---

61 Hans-Hermann Hartwich: Sozialstaatspostulat und gesellschaftlicher Status quo, Köln und Opladen 1970

62 Die relevanten juristisch argumentierenden Positionen sind abgedruckt in: Ernst Forsthoff (Hg.): Rechtsstaatlichkeit und Sozialstaatlichkeit, Darmstadt 1968

63 U.a. Urteil des Bundesverfassungsgerichts vom 20. Juli 1954, in: Entscheidungen des Bundesverfassungsgerichts, hg. von den Mitgliedern des Bundesverfassungsgerichtes, Band 4, Tübingen 1956, S. 7ff.; vgl. insgesamt Erhard Denninger: Freiheitliche demokratische Grundordnung. Materialien zum Staatsverständnis und zur Verfassungswirklichkeit in der Bundesrepublik, Frankfurt am Main 1977

Was versteht die CDU unter sozialer Marktwirtschaft?

Die ‚soziale Marktwirtschaft' ist die sozial gebundene Verfassung der gewerblichen Wirtschaft, in der die Leistung freier und tüchtiger Menschen in eine Ordnung gebracht wird, die ein Höchstmaß von wirtschaftlichem Nutzen und sozialer Gerechtigkeit für alle erbringt. Diese Ordnung wird geschaffen durch Freiheit und Bindung, die in der ‚sozialen Marktwirtschaft' durch echten Leistungswettbewerb und unabhängige Monopolkontrolle zum Ausdruck kommen. Echter Leistungswettbewerb liegt vor, wenn durch eine Wettbewerbsordnung sichergestellt ist, daß bei gleichen Chancen und fairen Wettkampfbedingungen in freier Konkurrenz die bessere Leistung belohnt wird. Das Zusammenwirken aller Beteiligten wird durch marktgerechte Preise gesteuert.

Marktgerechte Preise sind Motor und Steuerungsmittel der Marktwirtschaft. Marktgerechte Preise entstehen, indem Kaufkraft und angebotene Gütermenge auf den Märkten zum Ausgleich gebracht werden. Wichtigste Vorbedingung, um diesen Ausgleich herbeizuführen, ist ein geordnetes Geldwesen. (...)

Sozialpolitische Leitsätze der CDU

Im Bewußtsein christlicher Verantwortung bekennt sich die CDU zu einer gesellschaftlichen Neuordnung auf der Grundlage sozialer Gerechtigkeit, gemeinschaftsverpflichtender Freiheit und echter Menschenwürde.

Sie erstrebt eine umfassende Sozialpolitik für alle wirtschaftlich- und sozialabhängigen Volksschichten.

Diese Grundsätze verlangen vom Staat, die herrschenden wirtschaftlichen und sozialen Notstände zu beseitigen und ein gesundes Verhältnis zwischen den Volksschichten herbeizuführen. Dabei müssen die natürlichen Rechte und Freiheiten des einzelnen wie aller Gesellschaftsgruppen geschützt werden.

Die wichtigste staats- und gesellschaftserhaltende Gemeinschaft ist die *Familie.* Ihre Rechte und Pflichten sind zu vertiefen und gesetzlich zu schützen. Die geistigen und materiellen Voraussetzungen für ihren natürlichen Bestand und die Erfüllung ihrer Aufgaben sind herzustellen und zu sichern. (...)

1. Das Recht auf Arbeit

Jeder Mensch hat ein natürliches Recht auf Arbeit. Es muß möglichst durch eine auf Vollbeschäftigung abzielende Wirtschaftspolitik verwirklicht werden. Die Politik der Vollbeschäftigung darf jedoch nicht dazu führen, daß sie unter dem Deckmantel eines proklamierten ‚Rechts auf Arbeit' sich in eine ‚Pflicht zur Arbeit' verwandelt, welche nur mit Aufhebung der freien Berufswahl und des freien Arbeitsplatzwechsels und schließlich nur mit Dienstverpflichtungen durchzuführen ist.

Der Frauenarbeit kommt erhöhte Bedeutung zu. Den Frauen ist in der Wirtschaft und Verwaltung grundsätzlich gleiches Recht wie den Männern einzuräumen. Den Frauen darf jedoch keine Arbeit zugemutet werden, die ihrer Wesensart widerspricht.

2. Freie Berufswahl, freier Arbeitsplatzwechsel und Sicherung des Arbeitsplatzes.

Die Berufswahl soll grundsätzlich frei sein. Eine staatliche Begabtenförderung soll allen Schichten Aufstiegsmöglichkeiten bieten. Die Berufsberatung hat die Aufgabe, den Jugendlichen dabei helfend zur Seite zu stehen.

Die Arbeitsvermittlung darf die persönliche Freizügigkeit nicht beschränken. Dienstverpflichtungen sind abzulehnen.

Das Arbeitsvertragsrecht muß dem Charakter des Treueverhältnisses zwischen Arbeitnehmern und Unternehmern gerecht werden und politische und religiöse Entscheidungsfreiheit des Arbeitnehmers respektieren. Der Kündigungsschutz ist zu erweitern. Entlassungen dürfen nur erfolgen, wenn die Notwendigkeit hierzu nachgewiesen ist. Bei unverschuldeter Arbeitslosigkeit müssen die Arbeitslosen und ihre Familien vor wirtschaftlicher Not ausreichend geschützt werden. (...)

6. Sozialversicherung

Die Sozialversicherung ist so zu gestalten, daß sie ihre Aufgabe zur Förderung der Volksgesundheit und zum Wohl der Versicherten erfüllen kann. Sie muß zur Sicherung ihrer Leistungsfähigkeit unter Berücksichtigung der Eigenwüchsigkeit der einzelnen Versicherungszweige im Sinne echter Solidarität weiter entwickelt werden. Hierbei sind auf dem Gebiete der vorbeugenden Gesundheitsfürsorge und der Bekämpfung von Volkskrankheiten alle Volkskreise heranzuziehen. Das Versicherungsrecht der Arbeiter soll im Sinne des Sozialversicherungsanpassungsgesetzes – ohne Schmälerung der Rechte der Angestellten – weiter entwickelt werden. (...)

9. Wohlfahrtspflege

Bei vorliegender Bedürftigkeit muß, soweit ein Rechtsanspruch gegenüber Dritten nicht gegeben ist, ausreichende Hilfe aus öffentlichen Mitteln gewährt werden.

Quelle: Ernst-Ulrich Huster u.a.: Determinanten der westdeutschen Restauration, Frankfurt am Main 1972, S. 429ff.

Ludwig Erhard (1897-1977), schon im Wirtschaftsrat für Fragen der Wirtschaft zuständig, übernahm in den Regierungen unter dem ersten Bundeskanzler, Konrad Adenauer, das Wirtschaftsressort. Müller-Armack wurde sein Staatssekretär, Böhm sein wirtschaftspolitischer Berater.

Aber auch die SPD löste sich Ende der 1940er Jahre von ihrem Konzept einer „sozialistischen Planwirtschaft", auch wenn erst das Godesberger Programm von 1959 („Wettbewerb soweit wie möglich – Planung soweit wie nötig.") dieses parteioffiziell verkündete (*Demokratischer Sozialismus*). In einem Zeitschriftenartikel hat der sozialdemokratische Wirtschaftspolitiker *Rudolf Zorn* (1893-1966) bereits 1949 ein Umdenken erkennen lassen.

SPD: Regulierte Marktwirtschaft

Die feinsten Marktanalysen vermögen nach unseren Erfahrungen den freien Markt nicht zu ersetzen. (...) Die außerordentlichen und für die moderne Volkswirtschaft nicht zu entbehrenden Vorteile der freien Marktwirtschaft wurden von den meisten Sozialisten des vergangenen Jahrhunderts vielfach unterschätzt. (...) Die moderne Volkswirtschaft hat Methoden entwickelt, die den Markt grundsätzlich beibehält, ihn aber durch bestimmte Einflußnahmen reguliert. Sie tut dies, um seine asozialen und amoralischen Auswüchse zu beseitigen und ihn sozial zu gestalten. Der Zweck dieser Eingriffe in den Markt ist also, den Menschen wirtschaftlich Sicherheit zu geben, oder mit anderen Worten, sie voll zu beschäftigen, erträgliche Existenzbedingungen für sie zu schaffen, den regelmäßig wiederkehrenden Krisen und Depressionen der Wirtschaft vorzubeugen und nicht zuletzt wirtschaftliche Machtzusammenballungen zu verhüten.

Rudolf Zorn: Von der regulierten Marktwirtschaft, in: Sozialistische Monatshefte, Teil 1: Heft IV/1, Januar 1949; Teil 2: Heft IV/2, Februar 1949

In der SPD setzte eine Rezeption der Wirtschaftstheorie von *John Maynard Keynes* (1883-1946) ein, die insgesamt auf eine indirekte Steuerung privaten Wirtschaftens durch Regulierung der Nachfrageseite zielte. Zugleich sollten die Mitwirkungs- und Mitbestimmungsrechte der Arbeitnehmer gestärkt und die öffentlichen Dienstleitungen explizit in den Bereichen ausgebaut werden, in denen private, über den Markt bereit gestellte Angebote fehlten (*staatliche Konjunkturpolitik*).

Während die Unionsparteien innerhalb eines ordnungspolitischen Rahmens und unter Einbeziehung sozialer Korrekturen stärker die Angebotsseite fördern wollten, zielte die SPD auf eine sozialpolitisch motivierte Nachfragesteuerung, für die sie auch die Bezeichnung Soziale Marktwirtschaft verwandte. Insofern näherten sich die programmatischen Unterschiede der großen Volksparteien zunehmend an. In der Geschichte der bundesdeutschen Sozialpolitik hat dieser Begriff einen festen Bestandteil gefunden, ohne dass ihm an sich aber die eine oder die andere Stoßrichtung bzw. gar Mischformen von beiden anzusehen ist.

Keynes Rezeption

Außerhalb des sozialistischen Denkens entstand dann in dem Cambridger Professor J. M. Keynes den Kämpfern gegen die Anarchie der privatwirtschaftlichen Produktion ein wichtiger Bundesgenosse. (...) Mit diesem Grundgedanken: Steigern wir ruhig die Produktionskräfte, wir können dann zusätzliche Kaufkraft schaffen, wenn wir geregelte Finanzpolitik organisieren, begegnete Keynes in vielem sozialistischem Denken, vor allem, weil hier der gleiche Grundgedanke vorliegt. (...) Keynes hat durch die Vermischung sozialistischer Grundgedanken mit Erhaltung privatwirtschaftlichen Besitzes den Gedanken der Planung und Lenkung gleichsam ‚hoffähig' für die modernen kapitalistischen Wirtschaftsführer gemacht.

Bernhard Reichenbach berichtete über einen Vortrag von Keynes im Jahr 1926 in Berlin, in: Neuer Vorwärts, Ausgabe II/9 vom 26.2.1949, S. 8

Reform oder Wiedererrichtung?

Die Niederlage bei der Wahl zum ersten Deutschen Bundestag am 14. August 1949 kam für die SPD völlig überraschend.[64] Ihre Entscheidung, schon in dem im Mai 1947 durch die Länderparlamente der Bizone als Exekutivgremium gegründeten *Wirtschaftsrat* in die Opposition zu gehen, weil ihr die bürgerliche Mehrheit nicht das Wirtschaftsressort zugestehen wollte, führte folgerichtig zur Entscheidung für die Rolle der Opposition im Deutschen Bundestag. Die prinzipielle Offenheit des Grundgesetzes in Fragen der Wirtschafts- und Sozialordnung hatte allerdings zur Folge, dass sich die nun regierende bürgerliche Koalition daran machte, diese Bereiche nach ihren Grundsätzen zu ordnen. Dabei war die SPD insofern beteiligt, als sie über zahlreiche Landesregierungen im Bundesrat an der Bundesgesetzgebung mitwirkte.

Es zeigte sich, dass sowohl bei den bürgerlichen Parteien als auch bei der Sozialdemokratie einerseits der Wunsch nach Wiederherstellung des aus der Weimarer Republik Bekannten als auch anderseits die Forderung nach einer *Sozialreform* gleichermaßen vertreten waren. Der erste Deutsche Bundestag verabschiedete insgesamt 52 die Sozialversicherung betreffende Gesetze, „eine Zahl, die in keiner späteren Legislaturperiode auch nur annähernd erreicht wurde."[65] Mit den so genannten *Errichtungsgesetzen* wurden im Wesentlichen die von den Nationalsozialisten abgeschafften Einrichtungen wie etwa die ehemalige Reichsanstalt für Arbeit nunmehr als *Bundesanstalt für Arbeit* neu geschaffen und damit das AVAVG wieder in Kraft gesetzt. Zugleich wurde als dritter Partner der Staat hinzugenommen, weil ein Teil der Ausgaben für die Arbeitsmarkt- und Beschäftigungspolitik aus Steuergeldern herrühren sollte. Auch die Bundesversicherungsanstalt für Angestellte wurde wiedererrichtet. Die im Dritten Reich aufgehobene *Selbstverwaltung* in den Zweigen der Sozialversicherung wurde 1951 wieder hergestellt, nunmehr paritätisch zwischen Arbeitnehmern und Arbeitgebern geteilt.

Die *Gesetzliche Krankenversicherung* wurde schrittweise verändert. Dabei obsiegten hier starke ständische Anbieterinteressen im Gesundheitswesen, so insbesondere in Gestalt der Niederlassungsfreiheit bei den Ärzten. Reformansätze, wie sie in der Weimarer Republik praktisch ausprobiert worden waren, etwa Gesundheitslaboratorien der Krankenkassen, hatten angesichts der Mehrheitsverhältnisse im deutschen Parlament keine Chance auf Realisierung. Die Ärzte übernahmen einen Sicherstellungsauftrag, verhinderten damit aber zugleich konkurrierende Anbieter. Die in der Reformdiskussion immer wieder vertretene Forderung nach mehr präventiven Elementen fand Eingang in den Leistungskatalog der Gesetzlichen Kranken- und der Rentenversicherung. Neben allgemeinen Maßnahmen der Aufklärung und Gesundheitsbildung zielte der Leistungskatalog auf Früherkennung, Vorbeugung (Kuren etc.) und Rehabilitation. Damit überwogen die sekundäre und tertiäre Form der Prä-

---

64 Die Stimmenanteile entfielen wie folgt: CDU/CSU: 31 Prozent, SPD: 29,2 Prozent, FDP: 11,9 Prozent, Deutsche Partei: 4 Prozent, KPD: 5,7 Prozent.

65 Detlev Zöllner: Ein Jahrhundert Sozialversicherung in Deutschland, Berlin 1981, S. 137

vention: Pathogene Lebens- und Arbeitsbedingungen hingegen, die eine Intervention auf betrieblicher Ebene, beim lokalen und überregionalen Umweltschutz, bei der Produkt- und Fertigungskontrolle etc. notwendig machen würden (primäre Prävention), wurden aus ordnungspolitischen Gesichtspunkten heraus nicht als Problem angesehen. Ziel der *Gesetzlichen Unfallversicherung* sowie der Arbeitsschutzpolitik war und ist bis heute ein auf den einzelnen Arbeitsplatz bzw. den einzelnen Beschäftigten zielendes Schutzdenken geblieben.

Insgesamt obsiegte eher eine „institutionelle Restauration und traditionelle Kontinuität"[66] als die Vorstellung von Aufbruch und Neuaufbau. Dabei hatten aber die in der Weimarer Republik an zentralen Positionen mitwirkenden Sozialdemokraten und Gewerkschafter einen ebenso großen Anteil wie etwa die nunmehr regierende bürgerliche Mehrheit auf Bundesebene.

Neben dem Vertrauen in die bekannten Institutionen spielte dabei mit Sicherheit die aktuelle soziale Lage eine entscheidende Rolle. Obwohl schon der Wirtschaftsrat auf der Grundlage der neu geschaffenen Währung die Leistungen der gesetzlichen Sozialversicherungen neu zu ordnen versuchte und etwa mit dem *Soforthilfegesetz* vom August 1949 Entschädigungsleistungen für Flüchtlinge, Vertriebene und von der Währungsreform Geschädigte anlaufen ließ, die dann 1952 über das *Lastenausgleichsgesetz* ausgebaut wurden, blieben die Leistungen insgesamt niedrig und waren die Grundlagen für eine den Lebensunterhalt ermöglichenden Leistungsrahmen ungesichert. In der Folge befasste sich denn auch der Deutsche Bundestag in zahlreichen Gesetzen mit Fragen der Heimkehrer, der Schwerbeschädigten, der Entschädigung für politische Häftlinge der NS-Zeit, der Versorgung Kriegsbeschädigter etc.. Schließlich galt es, Fragen des Rentenrechts für Zuwanderer zu klären.

Mit der sich rasch als recht stabil erweisenden Währung, einigen die alten Besitzverhältnisse wiederherstellenden gesetzgeberischen Maßnahmen, dem Anlaufen des amerikanischen Aufbauprogramms, vor allem aber mit der durch den *Koreakrieg 1950/51* induzierten starken Nachfrage auf dem Weltmarkt stabilisierte sich die Wirtschaft in der Bundesrepublik Deutschland. Angesichts eines relativ niedrigen Lohnniveaus, unzureichender Sozialleistungen und durch den im Grundgesetz verankerten Verzicht auf Rüstungsaufwendungen zu Beginn der 1950er Jahre konnte die westdeutsche Wirtschaft auf den Weltmärkten schon bald wieder Fuß fassen und ihre traditionelle Rolle als Lieferant von Investitionsgütern in Europa und darüber hinaus übernehmen. Der Arbeitsmarkt absorbierte immer mehr Menschen, allerdings strömten auch immer noch Flüchtlinge ins Land, vor allem aus der DDR. Doch das, was in den Nachkriegsjahren zunächst vor allem eine Belastung war, erwies sich zunehmend als Vorteil: Es kamen vor allem die qualifiziert Ausgebildeten, die Zuwanderer waren bereit, zu niedrigen Löhnen zu arbeiten und wollten durch Fleiß und Entbehrung Anschluss an den sich allmählich in Westdeutschland ausbreitenden bescheidenen Wohlstand finden. Die von der Londoner Tageszeitung *Times* als *„Wirtschaftswun-*

66 Volker Hentschel: Geschichte der deutschen Sozialpolitik (1880-1980), Frankfurt am Main 1983, S. 146

der" bezeichnete Phase der 1950er Jahre steht für eine beispiellos rasche Überwindung von Krieg und Nachkriegsleid, allerdings auf der Grundlage sehr schnell wieder hergestellter alter Besitzverhältnisse. Dabei blieb häufig auch *dasjenige* ‚Privateigentum', was erst kurz zuvor im Faschismus etwa im Vollzug so genannter ‚Arisierungen' jüdischen Geschäftsleuten, Mitbewohnern oder auch im Verlauf des Krieges anderen weggenommen worden war.[67] Eine Ausgleichsleistung gar für die von ausländischen Kriegsgefangenen abgepresste Zwangsarbeit ist erst mehr als 50 Jahre nach Kriegsende erfolgt, und auch dieses keineswegs in einem zureichenden Rahmen.

Vor der großen Sozialreform

Die von Bundeswirtschaftsminister *Ludwig Erhard* ausgegebene Parole „Wohlstand für alle"[68] kam angesichts des offensichtlichen konjunkturellen Aufschwungs und der rasant zunehmenden Beschäftigungsmöglichkeiten bald auf den Prüfstand. In Politik und öffentlicher sowie wissenschaftlicher Meinung wurde immer heftiger diskutiert, wie breite Bevölkerungskreise über die Einkommen hinaus stärker an dem allgemeinen Wohlfahrtszuwachs zu beteiligen seien und ob diese über die bloße Wiedererrichtung der alten sozialen Sicherungssysteme erfolgen solle oder aber ob neue Sicherungsformen zu suchen seien. Die Forderung nach einer umfassenden *Sozialreform* wurde zur Chiffre für einen Neuanfang, der allerdings im großen Entwurf und en detail sehr stark ausgefächert diskutiert wurde. Dabei kam der Rentenversicherung ein besonderes Gewicht zu. Die Bedeutung dieser Diskussion kam u.a. auch darin zum Ausdruck, dass eine umfangreiche Dokumentation als Loseblattsammlung wissenschaftlich bzw. verlagsseitig aufbereitet wurde.[69]

Eine eher konservative Reform früherer Versorgungssysteme befürwortete eine vom damaligen Bundeskanzler Adenauer eingerichtete Vierer-Kommission – bestehend aus den Wissenschaftlern *Hans Achinger* (1899-1981), dem späteren Kardinal *Joseph Höffner* (1906-1987), *Hans Muthesius* (1885-1977) und *Ludwig Neundörfer* (1901-1975) –, die 1955 ihre *Rothenfelser Denkschrift* vorlegten. Die Autoren forderten ein einheitliches Gesetzeswerk, einen „Code Social". Der zu erfassende Personenkreis sollte nicht berufsständischen Klassifizierungen entsprechen, sondern sich aus sachlichen Erfordernissen ergeben, so dass beispielsweise auch bestimmte Gruppen der Selbständigen mit erfasst werden müssten. Bei den Leistungen für Gesundheit, Alter, Hinterbliebene und Arbeitslosigkeit strebten die Autoren einerseits eine tragfähige Sicherung an, schlugen aber andererseits durchaus Leistungsgrenzen vor. So koppelten sie beispielsweise den Anspruch auf eine Witwenrente an vorhandene, betreuungsbedürftige Kinder. Pflichtleistungen sollten durch Pflichtbeiträge abgesi-

67 Vgl. Kurt Pritzkoleit: Auf einer Woge von Gold. Der Triumph der Wirtschaft, Wien, München und Basel 1961

68 Ludwig Erhard: Wohlstand für alle. 1957, Neuauflage München 1997

69 Max Richter (Hg.): Die Sozialreform. Dokumente und Stellungnahmen, Bad Godesberg 1955ff.

chert werden, doch sahen sie starke marktwirtschaftliche Elemente vor, etwa im Rahmen der Krankenversicherung in Gestalt von Wahltarifen und in der Alterssicherung in Gestalt von Eigenvorsorge: Die Gesetzliche Rentenversicherung sollte lediglich das Niveau von 50 Prozent des letzten Arbeitseinkommens absichern, während die Gesamtaltersversorgung in Höhe von 75 Prozent nur über zusätzliche Betriebsrenten und Eigenvorsorge zu erreichen war.

Rothenfelser Denkschrift von 1955

Zusammenfassende Leitsätze

I. Die Verantwortung für die soziale Sicherung darf weder dem einzelnen allein noch der Gesellschaft allein überlassen werden; denn der Mensch ist nicht nur eigenständiges Individuum, sondern seinem Wesen nach sozial veranlagt, so daß Wohl und Wehe des einzelnen und der Gesellschaft in Bindung und Rückbindung wechselseitig bedingt und verknüpft sind. Jeder einzelne wie auch jedes Sozialgebilde ist und bleibt Notlagen des Mitmenschen gegenüber mitverantwortlich (Prinzip der Solidarität).

II. Wie die Sozialgebilde nicht an sich reißen sollen, was der Einzelmensch aus eigener Kraft und Verantwortung zu leisten vermag, so sollen die umfassenderen Gebilde keine Aufgaben übernehmen, die von den kleineren Lebenskreisen gemeistert werden können. Andererseits sind die größeren Sozialgebilde berechtigt und verpflichtet, hilfsweise und ergänzend einzugreifen, wenn die Kräfte des Einzelmenschen oder der kleineren Lebenskreise nicht ausreichen oder versagen (Prinzip der Subsidiarität).

III. Die Maßnahmen der sozialen Sicherung müssen zur Wahrung der Subsidiarität besonders in ihrer Auswirkung auf die Familie als Sorgeverband gesehen werden, weil durch die Art, wie solche Hilfe gewährt wird, die Familie gefördert oder geschwächt werden kann.

IV. Aufgabe des Staates im Bereich der sozialen Sicherung ist es:

a) die im Dienste der sozialen Sicherung stehenden gesellschaftlichen Gruppen und Einrichtungen durch allgemeingültige Regeln zu unterstützen und auf ihre nutzbringende Zusammenarbeit hinzuwirken,
b) selbständige gesellschaftliche Einrichtungen der sozialen Sicherung anzuregen und zu fördern,
c) staatliche Einrichtungen der sozialen Sicherung da zu schaffen, wo die zu lösenden Aufgaben die Kräfte der anderen Sozialgebilde übersteigen.

V. Ein Staat, der bei Kriegsfolgen, anderen Katastrophen sowie bei unvorhergesehenen Schicksalsschlägen für seine Bürger eintritt, ist deshalb noch kein ‚Versorgungsstaat'. Die Tendenz zum Versorgungsstaat ist dagegen immer dann gegeben, wenn der Staat die Selbsthilfe und die Leistungskraft kleinerer Lebenskreise ausschließt, um Ansprüche des einzelnen auf soziale Sicherung unmittelbar zu befriedigen (Verletzung der Subsidiarität).

VI. In der gegenwärtigen industriellen Gesellschaft kann die soziale Sicherung infolge der wachsenden Marktbezogenheit der Bedarfsdeckung und der Eigentumslosigkeit breiter Schichten nicht mehr ohne gesellschaftliche Einrichtungen verwirklicht werden. Solche, auch staatliche, Einrichtungen sind inzwischen zu festen Bestandteilen der sozialen Wirklichkeit und des Lebensgefühls des einzelnen geworden.

VII. Der schnelle Wandel der gesellschaftlichen und wirtschaftlichen Verhältnisse im industriellen Zeitalter macht es notwendig, die Einrichtungen und Normen der sozialen Sicherung beweglich zu halten. Das gilt insbesondere für die in Geld ausgedrückten Leistungsversprechen und Ausschlußgrenzen.

VIII. Die heutige soziale Struktur berechtigt nicht mehr dazu, die Arbeitnehmer schlechthin als die wirtschaftlich Schwachen anzusprechen. Wirtschaftlich schwach sind trotz Selbständigkeit und Eigentum auch viele andere Erwerbstätige. Diesem Tatbestand hat eine Neuordnung der sozialen Sicherung Rechnung zu tragen, die damit Notlagen des selbständigen Mittelstandes gerecht würde.

IX. Die Abgrenzung von Sicherungsleistungen nach Personengruppen oder gesellschaftlichen Schichten wird da unmöglich, wo Aufgaben der Vorbeugung, zum Beispiel in der Jugendhilfe oder für die Erhaltung der Gesundheit gegeben sind. Die einheitliche Ordnung nach sachlichen Erfordernissen statt nach Personengruppen schließt jedoch nicht aus, daß sich verschiedene Träger in solche Aufgaben teilen. Auch folgt daraus nicht, daß derartige Leistungen unterschiedslos und ohne Kostenbeteiligung für alle zur Verfügung gestellt werden müßten. Das Prinzip der Subsidiarität behält auch hier seine Geltung.

X. In der modernen Wirtschaftsgesellschaft muß dem einzelnen der Zusammenhang zwischen seiner wirtschaftlichen Leistung und seinem Einkommen bewußt bleiben. Dieser Zusammenhang wird zerstört, wenn die zweite Einkommensverteilung zugunsten der sozialen Sicherung einen so großen Anteil des Arbeitseinkommens beansprucht, daß der Arbeitswille leidet.

XI. Alle Teile der Staatspolitik, nicht nur die Sozialpolitik im üblichen Sinne, verfolgen unter anderen auch sozialpolitische Ziele (z.B. die Wirtschaftspolitik, die Finanzpolitik, die Kulturpolitik, die Wohnungspolitik). Der Gesetzgeber muß deshalb die ganze Breite gesetzgeberischer Möglichkeiten im Auge behalten, wenn er der sozialen Sicherung die richtige Gestalt geben will.

XII. Der soziale Fortschritt kann nicht darin gesehen werden, daß immer weitere Teile der Existenzsicherung dem Staat übertragen werden. Es muss auf die Dauer das Ziel sein, ein Höchstmaß persönlicher Eigenständigkeit für alle herbeizuführen und zu erhalten.

Hans Achinger, Joseph Höffner, Hans Muthesius und Ludwig Neundörfer: Neuordnung der sozialen Leistungen, Köln 1955, S. 44ff.

Allerdings sahen die Autoren auch, dass im Leistungsrecht immer wieder besonders herausragende Belastungen auftreten könnten, die nicht von der Solidargemeinschaft der Sozialversicherten getragen werden könnten. Hier müsse der Staat einspringen. Zugleich forderten sie eine Neuordnung der Fürsorge für all die Fälle, die sich einer generalisierenden Regelung entzögen.

Der Wissenschaftler *Gerhard Mackenroth* (1903-1955) hatte schon 1952 eine die Finanzierungsgrundlagen aller sozialen Sicherungssysteme revolutionierende Erkenntnis geäußert: Gleich welche Art der Altersvorsorge – ob öffentlich oder privat – müsse dem Grundsatz folgen, dass in einer Wirtschaftsperiode nur das verbraucht werden könne, was in eben diesem Zeitraum auch erwirtschaftet werde.

Gerhard Mackenroth: Die Einheit des Sozialbudgets

Es ist heute unmöglich geworden, die veränderten Größenordnungen gestatten nicht mehr, die volkswirtschaftliche Problematik zu ignorieren. Diese entsteht daraus, daß über die Sozialpolitik Einkommen geschaffen werden, die nicht Leistungseinkommen sind, also Einkommensbeziehern zufließen, die nichts zur Erzeugung des Sozialprodukts beitragen, aber über diese abgeleiteten Einkommen an seinem Verzehr beteiligt werden.

Nun gilt der einfache und klare Satz, daß *aller Sozialaufwand immer aus dem Volkseinkommen der laufenden Periode gedeckt werden muß*. Es gibt gar keine andere Quelle und hat nie eine andere Quelle gegeben, aus der Sozialaufwand fließen könnte, es gibt keine Ansammlung von Fonds, keine Übertragung von Einkommensteilen von Periode zu Periode, kein ‚Sparen' im privatwirtschaftlichen Sinne – es gibt einfach gar nichts anderes als das laufende Volkseinkommen als Quelle für den Sozialaufwand. Das ist auch nicht eine besondere Tücke oder Ungunst unserer Zeit, die von der Hand in den Mund lebt, sondern das ist immer so gewesen und kann nie anders sein. Ich darf dabei wohl mit ihrem Einverständnis absehen von den Fällen einer vorindustriellen Naturalwirtschaft, wo man Sozialpolitik treibt durch Anlage von Getreidemagazinen u.ä.

Von dieser rein sachlichen volkswirtschaftlichen Grundtatsache aus muß der Umkreis dessen abgegrenzt werden, was wir als Sozialaufwand zusammenfassen und in unser Sozialbudget aufnehmen, innerhalb dieses Umkreises werden aber auch *alle juristischen und historischen Unterscheidungen hinfällig, also die Unterscheidung von Sozialversicherung, Sozialversorgung und Sozialfürsorge*, es ist alles Sozialaufwand.

Die schärfste Gegnerschaft wird dieser These aus den Reihen der Sozialversicherung erwachsen. Ich weiß das und will die Einwände gleich vorwegnehmen, indem ich noch einmal mit Nachdruck die These herausstelle: *Es gibt volkswirtschaftlich gesehen keine Möglichkeit einer Versicherung gegen irgendwelche sozialen Risiken*, nicht einmal gegen die mit Sicherheit eintretenden Ereignisse wie Alter und Invalidität, ganz abgesehen von einem so allgemein in seiner Versicherungsfähigkeit angezweifelten Risiko wie der Arbeitslosigkeit. Irgendeine volkswirtschaftliche Parallele zum Vorgang der privatwirtschaftlichen Versicherung gibt es nicht. *Die volkswirtschaftliche Problematik läßt sich nicht dadurch lösen oder beiseite schieben, daß man nach den Grundsätzen eines ordentlichen Kaufmanns private Risiken versichert.*

Volkswirtschaftlich gibt es nämlich keine Ansammlung eines Konsumfonds, der bei Bedarf konsumiert werden kann und dann gewissermaßen zum Volkseinkommen einer späteren Periode eine willkommene Zugabe wäre. Jede Fondsansammlung wird in der Geldwirtschaft zu volkswirtschaftlicher Kapitalbildung, einmal gebildetes Kapital kann aber nicht wieder in Sozialaufwand, d.h. in Konsumgüter umgesetzt werden. Fabriken, Anlagen, Maschinen kann man nicht mehr verzehren.

Wenn eine private Versicherungsgesellschaft in der Auswahl ihrer Risiken besonders unvorsichtig war und in Schwierigkeiten kommt, so kann sie ihre Aktiven natürlich liquidieren, indem sie sie verkauft und den Erlös an die Versicherten ausschüttet, vorausgesetzt, daß sie andere Geldgeber findet, die sie ihr abkaufen. Insoweit kann sie ihre Hypotheken, Obligationen und Pfandbriefe in laufenden Konsum umsetzen. Wenn aber alle Versicherungsgesellschaften oder die Sozialversicherungsträger im großen Stile das gleiche tun wollten, so würden nur die Pfandbriefe und Obligationen usw. gewaltig im Kurse sinken. Vielleicht könnte dadurch das neue Sparkapital in diese Anlagen gezogen werden, es würde aber damit nur der Anlage in neuem Realkapital entzogen werden, die Investitionsrate würde sinken, Produktionsrückgang und Arbeitslosigkeit wären die Folge. Der im privatwirtschaftlichen Denken befangene Fachmann der Sozialversicherung irrt, wenn er glaubt: Soweit ich mein Deckungskapital angreife, nehme ich niemandem etwas weg. Er irrt, weil er die volkswirtschaftlichen Weiterwirkungen übersieht. *Das Versicherungsprinzip ist geeignet, den einzelnen zu sichern gegen die Abweichung seines Falles von der sozialen Norm, es kann aber nicht die Volkswirtschaft sichern gegen eine Änderung der sozialen Norm, gegen eine soziale Katastrophe.*

Kapitalansammlungsverfahren und Umlageverfahren sind also der Sache nach gar nicht wesentlich verschieden. Volkswirtschaftlich gibt es immer nur ein Umlageverfahren, d.h. eben: aller Sozialaufwand wird auf das Volkseinkommen des Jahres umgelegt, in dem er verzehrt wird. Alles andere spielt sich in der monetären Sphäre ab, ist ‚Verrechnung', deren volkswirtschaftliche Wirkungen richtig einkalkuliert werden müssen. Man darf sich also nicht wegen eines angesammelten Kapitalstocks in besonderer Sicherheit wiegen und glauben, nun kann nichts passieren. Andererseits soll man sich wegen eines fehlenden solchen Fonds auch keine allzu großen Sorgen machen. Er würde zwar die finanzielle Bewegungsmöglichkeit der Versicherungsträger etwas erhöhen, an den volkswirtschaftlichen Tatsachen aber wenig ändern: *Wir müssen immer fragen: Was können wir aus dem Volkseinkommen heute und in Zukunft leisten, um die Leistungsgrenzen unserer sozialen Dienste richtig abstecken zu können?* Das ist die erste und elementarste Abstimmung zum volkswirtschaftlichen Kreislauf. Diese Tatsache bezeichne ich hier und anderswo als das *Prinzip der Einheit des Sozialbudgets*: Es gibt nur eine Quelle allen Sozialaufwandes, das laufende Volkseinkommen.

Gerhard Mackenroth: Die Reform der Sozialpolitik durch einen deutschen Sozialplan, in: Schriften des Vereins für Socialpolitik. Gesellschaft für Wirtschafts- und Sozialwissenschaften. Neue Folge, Band 4. Verhandlungen auf der Sondertagung in Berlin, 18. und 19. April 1952, hg. von Prof. Dr. Gerhard Albrecht, Berlin 1952, S. 39 ff., zit n. Bernhard Külp und Wilfrid Schreiber (Hg.): Soziale Sicherheit, Köln und Berlin, 1971 S. 266 ff.

Dieses bedeutet, dass auch ein kapitalgedecktes Verfahren, wie seit Bismarck üblich und bei privaten Versicherungsunternehmen bis heute praktiziert, letztlich nur dann zahlungsfähig sei, wenn den jeweiligen öffentlichen und/oder privaten Rentenleistungen eine entsprechende wirtschaftliche Wertschöpfung gegenüberstehe. Dabei unterliege das Kapitaldeckungsverfahren überdies der Gefahr, dass es etwa durch Geldentwertung oder durch missbräuchliche Nutzung durch den Staat – wie im Faschismus geschehen – schlicht zerstört werden könne. Letztlich also basierten alle Sicherungsformen auf einem Umlageverfahren, das nur unterschiedlich – privat und/ oder öffentlich – organisiert werde. Zugleich verwies Gerhard Mackenroth zu Recht darauf, dass die Sozialversicherung die einzelne Abweichung von der Norm auffangen könne, nicht aber die Veränderung der sozialen Norm selbst. Diese Überlegungen gingen dann in den u.a. von *Walter Auerbach* (1905-1975) und *Ludwig Preller* (1897-1974) formulierten *Sozialplan der SPD für Deutschland* ein. Darin forderten die Autoren etwa in der Rentenversicherung neben den Beitragseinnahmen auch eine staatliche Beteiligung und insgesamt ein durch Beitrags- und Steuerleistungen abgesichertes Rentenniveau von 75 Prozent.[70]

Mit seinem nach ihm benannten *Schreiber-Plan* (1955) übernahm *Wilfrid Schreiber* (1904-1975) den von Mackenroth formulierten Gedanken einer auf den jeweiligen Wirtschaftszyklus begrenzten Umlage-Verteilung. Er entwarf das Konzept von einem *Solidarvertrag zwischen den Generationen.* Schreiber sah eine neue, ausschließlich beitragsfinanzierte, *dynamische Rente* vor, für die er eine Rentenformel entwickelte. Diese sah vor, dass nicht die absolute Beitragshöhe für die spätere Rentenhöhe bestimmend sei, sondern vielmehr die – jeweils für jedes Beitragsjahr errechnete – Relation zwischen dem eigenen Einkommen und dem durchschnittlichen Einkommen aller Erwerbstätigen (*Rentenwert*). Diese werden für die gesamte Erwerbsbiographie ausgerechnet; der solchermaßen ausgewiesene Wert solle dann beim Renteneintritt auf die dort anzutreffende Einkommensstruktur übertragen werden. Damit wird die frühere Arbeitsleistung als ein Beitrag zur späteren Wertschöpfung angesehen, ihr vormaliger Wert auf die aktuelle Wirtschaftssituation übertragen. Hinzu kommt eine kontinuierliche Anpassung der Renten entsprechend der allgemeinen Lohnentwicklung (*Dynamisierung*).

Schreiber-Plan von 1955

A Sicherheit im Alter

l. Die Gesamtheit der Empfänger von Arbeitseinkommen in der deutschen Bundesrepublik schließt miteinander folgenden Solidar-Vertrag:

2. Da Arbeitseinkommen in einer freien Wirtschaft nur Individualeinkommen sein kann (Grenzertrag der persönlich geleisteten Produktivarbeit) und nur in der mittleren Lebensphase, dem Arbeitsalter (angenommen vom 20. bis zum 65. Lebensjahr), anfällt, garantieren die den Solidar-Vertrag schließenden Partner aller Altersstufen einander Solidar-Hilfe nach folgender Maßgabe:

3. Aus der Gesamtheit der Arbeitseinkommen wird sowohl dem Kinde und Jugendlichen (vor Erreichung des 20. Lebensjahrs) wie dem Alten (nach Vollendung des 65. Lebensjahrs) ein maßgerechter Anteil zugesichert.

4. Jeder Arbeitstätige (im Alter zwischen 20 und 65 Jahren) zahlt laufend eine Quote von a Prozent seines Brutto-Arbeitseinkommens in die Rentenkasse des deutschen Volkes ein. Als Arbeitseinkommen gilt der Bruttolohn bzw. das Bruttogehalt der Arbeitnehmer zuzüglich der bisherigen Arbeitgeberanteile zur Rentenversicherung bzw. das steuerpflichtige Einkommen aus selbständiger Tätigkeit.

5. Am l. September eines jeden Jahres verkündet der Bundesarbeitsminister mit Gesetzeskraft das vom Statistischen Bundesamt unter parlamentarischer Aufsicht errechnete ‚durchschnittliche Arbeitseinkommen in der deutschen Bundesrepublik' für das vergangene Jahr. Diese Zahl ist verbindliche Meßzahl für die Berechnung der individuellen Rentenansprüche im darauffolgenden Jahr.

70 Sozialplan für Deutschland. Auf Anregung des Vorstandes der Sozialdemokratischen Partei Deutschlands vorgelegt von Walter Auerbach und Ludwig Preller, Berlin, Hannover 1957

> Das Verfahren der Errechnung dieser Meßzahl muß ein für allemal verbindlich festgelegt werden. Es kommt weniger darauf an, daß sie im Sinne der Statistik genau aussagt, was ihr Name vorschreibt, als darauf, daß sie Jahr für Jahr auf gleiche Weise berechnet wird.
>
> 6. Im Rentenbuch jedes Mitglieds der Rentenkasse wird die bei jeder Lohn- und Gehaltszahlung (bei Selbständigen: an jedem Zahlungstermin der Einkommensteuer) entrichtete Geldsumme quittiert und gleichzeitig die sich aus ihr ergebende Zahl der Rentenanspruchspunkte vermerkt. Die Rentenanspruchspunkte, die jeder Beitragszahlung entsprechen, errechnen sich als Quotient aus Beitrag und ‚Meßzahl' (= durchschnittlichem Arbeitseinkommen des vorvergangenen Jahres) mal 100:
>
> $$\text{Zahl der Rentenanspruchspunkte} = \frac{\text{a X Brutto-Arbeitseinkommen}}{\text{durchschnittliches Arbeitseinkommen}}$$
>
> 7. Mit Erreichung des Rentenalters wird für jedes Mitglied die Summe der im Laufe des Arbeitslebens erworbenen Rentenanspruchspunkte aufaddiert.
>
> 8. Im Dezember eines jeden Jahres stellt die Rentenkasse durch Addition die Summe der Rentenanspruchspunkte aller im darauffolgenden Jahr rentenberechtigten Mitglieder sowie das gesamte Beitragsaufkommen in demselben Jahr fest. Der Quotient aus Beitragsaufkommen und Summe aller Anspruchspunkte ergibt den Rentenwert jedes Anspruchspunktes im darauffolgenden Jahr. Diese Zahl wird mit verbindlicher Kraft verkündet.
>
> *Wilfrid Schreiber: Existenzsicherheit in der industriellen Gesellschaft, in: Sozialpolitik und Sozialreform, hg. von Erik Boettcher, Tübingen 1957, S. 75ff.; zit. n. Bernhard Külp und Wilfrid Schreiber (Hg.): Soziale Sicherheit, Köln und Berlin 1971, S. 291f.*

Schreiber sah allerdings nur ein Rentenniveau in Höhe von 50 Prozent des letzten Bruttoarbeitsentgeltes vor, das durch Eigenvorsorge ergänzt werden solle. Das sozialpolitische Konstrukt eines Generationenvertrages wandte Schreiber konsequenterweise auch bei dem Verhältnis der nachwachsenden zur derzeit erwerbstätigen Generation an: Eltern sollten eine *Kindheitsrente* aus einem von den Arbeitern zu speisenden Fond erhalten, die von den Kindern ab Vollendung des 35. Lebensjahres zurückzuzahlen sei (*Familienkasse*).

Insgesamt stand diese Reformdiskussion allerdings auch unter dem Vorbehalt, was davon notwendig und was finanzierbar sein würde.[71] In einem Gutachten von 1954 warnte beispielsweise *Walter Bogs* davor, die Systemmängel etwa in der Gesetzlichen Krankenversicherung zu erhalten, die „die Begehrlichkeit der Versicherten nach objektiv nicht erforderlichen Leistungen" förderten bzw. die „Konkurrenz der Kassenärzte" um Patienten als Grundlage ihrer eigenen Einkommen sicherten. Er trat deshalb für ein Selbstbeteiligungsmodell im Rahmen der GKV ein. *Wilhelm Röpke* (1899-1966) wandte sich seinerseits gegen das von Schreiber eingebrachte Umlageverfahren bei der Finanzierung der Rentenversicherung. Er sah darin die Gefahr einer

71 Viola Gräfin von Bethusy-Huc: Das Sozialleistungssystem der Bundesrepublik Deutschland, 2. Aufl., Tübingen 1976, S. 58ff.

Verstopfung der Kapitalbildungsquellen und damit eine Gefährdung für die weitere wirtschaftliche Expansion.

Auch die politischen Kontroversen kreisten um die Frage, ob die in Aussicht gestellte Reformgesetzgebung eine Kompensation dafür sei, dass das „so genannte Wirtschaftswunder" letztlich über „einen der Arbeitsleistung nicht gerecht werdenden Lohn" in der Vergangenheit finanziert worden sei. Aus diesen „Opfern" erwachse letztlich der „Anspruch", dass die arbeitenden Menschen „in der Zukunft, vor allen Dingen im Alter, nicht mehr Angst um die Not des Tages zu leiden" brauchten, wie es der damalige Bundesarbeitsminister *Anton Storch* (1892-1974) auf dem 4. ordentlichen Bundeskongresses des DGB in Hamburg 1956 formulierte;[72] oder aber ob das verabschiedete Rentenreformgesetz von 1957 letztlich schon des Guten zu viel sei.[73]

Die Sozialreform

Der sehr lange mit ungewissem Ausgang geführte öffentliche Diskurs über Ziele, Strukturen und Umfang einer Sozialreform in Deutschland wurde von Bundeskanzler Adenauer im Jahr 1957 dahingehend entschieden, dass diese auf die Rentenreform beschränkt und in ihr tatsächlich der von seinem Arbeitsminister Storch artikulierte Gedanken zum Tragen kommen sollte. Die Wählerinnen und Wähler dankten diese politische Entscheidung und verhalfen den Unionsparteien bei der Bundestagswahl 1957 zu einer absoluten Mehrheit im Deutschen Bundestag. *Konrad Adenauer* (1876-1967) verfolgte mit seiner Entscheidung außer wahltaktischen Überlegungen bezogen auf die bevorstehende Bundestagswahl auch eine deutschlandpolitische Absicht. In einer Sitzung des Bundesparteivorstandes der CDU im Januar 1956 begründete er die Notwendigkeit, soziale Spannungen abzubauen: Die Bundesrepublik solle für die „Menschen in der Zone" „attraktiv bleiben" (*Magnetismustheorie*).[74]

Entgegen den fast einmütig geäußerten Vorstellungen ist es nicht zu einer Sozialreform aus einem ‚Guss' gekommen, vielmehr wurden verschiedene Einzelreformen aneinandergereiht, insgesamt aber sehr wohl in vielen Einzelheiten einer gemeinsamen Leitidee folgend. Diese bestand darin, das materielle Leistungsniveau an die allgemeine Wirtschaftsentwicklung anzupassen, neben den *kompensatorischen* Elementen insbesondere die *präventiven* auszubauen und Versicherungsbeiträge mehr oder weniger je nach System durch staatliche Zuschüsse zu ergänzen. Des Weiteren sollte die Verantwortung der Versicherten durch eine aktivere Beteiligung an der Selbstverwaltung der Sozialversicherung gestärkt werden.

---

72 DGB-Bundeskongress in Hamburg 1956: Protokoll, S. 257 und 264

73 Max Richter (Hg.): Die Sozialreform. Dokumente und Stellungnahmen, Bad Godesberg 1955ff., Ziff. G I 7, S. 27

74 Vgl. Hans Günter Hockerts: Sozialpolitische Reformbestrebungen in der frühen Bundesrepublik. Zur Sozialreform-Diskussion und Rentengesetzgebung 1953-1957, in: Vierteljahreshefte für Zeitgeschichte, Heft 3/1977, S. 371

Das lange Zeit dominierende und innovatorische Element stellte zweifelsfrei die 1957 verabschiedete *Rentenreform* dar. Dem Schreiber-Plan folgend wurde die frühere Erwerbstätigkeit auf die durchschnittliche Einkommenslage beim Renteneintritt bezogen, zugleich waren jährliche Rentenanpassungen vorgesehen, die ebenfalls der allgemeinen wirtschaftlichen Dynamik folgen sollten. Mit einer bedeutsamen Grundsatzentscheidung wurde ein Großteil der Kriegsfolgen in die Rentenversicherung integriert: Zeiten beim Reichsarbeitsdienst, als Soldat und in der Kriegsgefangenschaft wurden als sog. *Ersatzzeiten* den Beitragszeiten gleichgesetzt: Sie waren sowohl rentenbegründend – mit ihnen konnten also Anwartschaften erworben werden – als auch im Rahmen der neuen Rentenformel rentensteigernd. Es wurde ein Bundeszuschuss festgelegt, der derartige Leistungen finanziell absichern sollte. Neben Beitrags- und Ersatzzeiten wurden *Ausfallzeiten* festgelegt, die etwa für Zeiten der Berufsausbildung angerechnet wurden: Diese Zeiten waren zwar nicht rentenbegründend, wirkten aber rentensteigernd. Und schließlich sah das Gesetz *Zurechnungszeiten* im Falle von Berufs- und Erwerbsunfähigkeit vor. Die Rentenversicherungen für Arbeiter und Angestellte sahen eine einheitliche *Hinterbliebenenrente* vor, eine große Witwenrente, wenn Kinder im betreuungsbedürftigen Alter vorhanden waren bzw. die Hinterbliebene älter als 45 Jahre war, eine kleine, wenn diese Voraussetzungen nicht erfüllt waren. Der Effekt dieser Rentenreform war erheblich: Stellten Personen im Rentenalter einen Großteil derjenigen, die in den 1950er Jahren kommunale Fürsorgeleistungen bekamen, so reduzierte sich deren Zahl bereits im Jahr des Inkrafttretens drastisch. Sozialhilfebezug im Alter ist seitdem in der Bundesrepublik Deutschland weit unterproportional vertreten.

Es dauerte sechs Jahre, bis der Gesetzgeber 1963 die *Kriegsopferrenten* in gleicher Weise dynamisierte und parallel zur allgemeinen Alters- und Hinterbliebenenversicherung ausgestaltete. Dieses betraf die Renten derjenigen, die als Folge kriegsbedingter Ereignisse nicht mehr im Erwerbsleben standen/stehen konnten, während die Zeiten kriegsbedingter Nichterwerbsarbeit in der allgemeinen Rentenversicherung kompensiert wurden. Die Kriegsopferrenten hatten eine große frauenpolitische Bedeutung, waren doch die meisten der ‚Rentenempfänger' Frauen, die ihren Mann oder Kinder im Verlauf des Krieges verloren hatten.

Neben der Neuordnung der Renten stellte das *Bundessozialhilfegesetz* von 1961 ebenfalls eine innovatorische Einzelmaßnahme dar. Dieses Gesetz, 1962 nach Verabschiedung komplementärer Landesgesetze in Kraft getreten, brach in weiten Teilen mit dem in der Armenfürsorge in Deutschland lange Zeit dominanten armenpolizeilichen Denken. Während in der Renten- und in der Krankenversicherung standarisierbare soziale Risiken aufgefangen werden sollten – ergänzt durch ein neues, noch zu verabschiedendes Gesetz zur Arbeitsförderung – sollte Sozialhilfe nur für die nicht standarisierbaren sozialen Risiken gewährt werden. Angesichts des enormen Rückgangs der Fürsorgeempfängerzahlen nach der Rentenreform von 1957 schien dieses auch erreichbar, ein Grund, warum zahlreiche Regelungen sehr viele Ermessensspielräume enthielten, die zu Gunsten der Bedürftigen eingesetzt werden konnten. Gleichzeitig knüpfte die Reformdiskussion wieder an der bereits in der Weimarer Republik praktizierten Vorstellung an, dass den freien Trägern der Wohlfahrtspflege letztlich der Vorrang vor den kommunalen bzw. staatlichen Trägern einzuräumen sei. Dieses stieß im Deutschen Bundestag auf Kritik der SPD, sodass die Partei dort das Gesetz ablehnte. Gleichwohl sorgte sie aber dafür, dass es im Bundesrat nicht scheiterte; hier hatten nämlich die Länder, in denen die SPD alleine oder in einer Koalition regierten, die Mehrheit. Mit den *Wohlfahrtsverbänden* und dem *Deutschen Verein für öffentliche und private Fürsorge* hatte sich das deutsche korporatistische System bei der Fürsorge wieder hergestellt.

Die Sozialreform wurde noch durch zwei weitere Gesetzgebungsverfahren abgerundet. So sah zum einen Artikel 95 GG eine eigenständige *Sozialgerichtsbarkeit* vor. Dem Postulat einer klaren Trennung zwischen Verwaltung und Rechtsprechung Rechnung tragend wurde mit dem *Sozialgerichtsgesetz* von 1953 ein dreistufiger Rechtszug mit neuartigen, kostenfreien Gerichtsverfahren geschaffen. Wie bei Arbeitsgerichten wurden dabei auch Laienrichter vorgesehen.

Der zweite Rechtsbereich betrifft die *Mitbestimmung*. Die weitgehenden Forderungen der Gewerkschaften nach Überführung großer Teile insbesondere der Grundstoff- und der Schwerindustrie in Gemeineigentum scheiterten schon vor der Gründung der Bundesrepublik Deutschland an vielfältigen Ursachen, letztlich am entschlossenen Widerstand der amerikanischen Besatzungsmacht und des bürgerlichen Lagers. Immerhin gelang es den Gewerkschaften, in der unter Treuhänderschaft der britischen Besatzungsmacht stehenden Montanindustrie eine paritätische Mitbestimmung auch in Wirtschaftsfragen durchzusetzen. Ein Vertreter der Treuhandgesellschaft sollte quasi eine überparteiliche Instanz darstellen. Versuche, diese Mitbestimmung aus Anlass der Rückübertragung dieser Betriebe auf ihre deutschen Besitzer rückgängig zu machen, scheiterten am entschlossenen Widerstand der Gewerkschaften. So wurde per – deutschem – Gesetz vom 21. Mai 1951 die paritätische *Mitbestimmung der Arbeitnehmer in der Montanindustrie* verankert. Dabei war ein elfter ‚neutraler' Mann vorgesehen, der zusammen mit dem Arbeitsdirektor – einem gleichberechtigten Vorstandsmitglied – nicht gegen den Willen der Arbeitnehmervertreter ernannt werden konnte. Versuche der Gewerkschaften, dieses wirtschaftliche Mitbestimmungsrecht per *Betriebsverfassungsgesetz* auf alle privaten Betrieb auszuweiten, scheiterten an der bürgerlichen Parlamentsmehrheit. Das *Betriebsverfassungsgesetz* vom 11. Oktober 1952 beschränkte sich im Wesentlichen auf eine Mitbestimmung in sozialen und personellen Angelegenheiten, während für wirtschaftliche Angelegenheiten lediglich ein Informationsrecht verankert wurde.

Mit Keynes aus der ersten Nachkriegskrise

Die Zuwachsraten beim Wirtschaftswachstum in den 1950er Jahren und die außergewöhnlichen Sonderbedingungen für Deutschlands Wirtschaft verdeckten einerseits, dass es bereits 1953, 1958 und 1963 jeweils kleinere Konjunktureinbrüche gegeben hatte, wenngleich auf hohem Wachstumsniveau und jeweils nur von kurzer Dauer.

Zugleich hoben sich die ökonomischen und sozialen Sonderbedingungen der unmittelbaren Nachkriegsjahre allmählich auf:

- Nach einer Änderung des Grundgesetzes wurde die Bundeswehr geschaffen; die öffentlichen Haushalte wurden im weiteren Verlauf durch Rüstungsausgaben belastet;
- die Gewerkschaften setzten höhere Löhne durch, gleichzeitig stiegen die Sozialausgaben, folglich änderte sich die Kostenstruktur der deutschen Wirtschaft;
- 1961 wurde der Zustrom deutscher Fachkräfte durch den Mauerbau jäh gestoppt, an die Stelle dieser Fachkräfte traten an- und ungelernte *Gastarbeiter* aus Süd- und Südosteuropa, später aus der Türkei.

Die wirtschaftliche Lage in Westdeutschland ‚normalisierte' sich. Dies bedeutete, dass sie krisenanfälliger wurde – auch im Sinne privatkapitalistischer Zyklizität zwischen wirtschaftlichen Boomphasen und Rezession, wie sie immer bestanden hatten und auch bis heute bestehen. Kaum dass sich die ersten Anzeichen konjunktureller Überhitzung bemerkbar machten, suchten die Gralshüter der sozial gebundenen freien Marktwirtschaft durch Maßhalteappelle die Arbeitnehmer zur Lohnzurückhaltung zu bewegen. Es gehört zu den wie auch immer modifizierten wirtschaftsliberalen Glaubensgrundsätzen, dass es vor allem die Arbeitnehmer und die Sozialleistungsbezieher sind, deren Einnahme- und Ausgabeverhalten mehr oder weniger allein für die wirtschaftliche konjunkturelle Entwicklung verantwortlich gemacht wird. *Ludwig Erhard* (1897-1977), seit 1963 Bundeskanzler, beließ es aber nicht bei Maßhalteappellen, sondern lieferte erneut einen Beleg mehr dafür, wie schnell sich bei Teilen des Bürgertums in wirtschaftlichen Krisen Zweifel an der Tragfähigkeit demokratischer Strukturen für ihre Interessensvertretung einstellen. *Hermann Heller* (1891-1933) hatte dies schon für das Ende der Republik von Weimar verantwortlich gemacht hatte. Mit der von Erhard öffentlich vorgetragenen Vorstellung von einer *„formierten Gesellschaft"* ordnete dieser freie demokratische Partizipation einem als Gemeinwohl definierten Wirtschaftsliberalismus unter: Der Primat sollte von der demokratischen Politik hin zur Ökonomie verlagert werden.[75]

Es war weniger der öffentliche Sturm der Kritik an diesem vor-demokratischen Gesellschaftsmodell, sondern die Krise selbst, die *Ludwig Erhard* bereits nach drei Jahren die Kanzlerschaft kostete: Als 1966 die Zahl der Arbeitslosen im Wirtschaftswunderland auf 500.000 hochschnellte, schien mit Blick auf die Erfahrungen aus der Weimarer Republik und in der Nachkriegszeit die gesamte Wirtschaft in Frage gestellt. Dabei hatte Deutschland nur zeitverschoben eine weltweite Rezession nachgeholt. In den großen Parlamentsdebatten 1965/1966 kam es zu einem fast schon wissenschaftlichen Diskurs über den anstehenden grundsätzlichen Wechsel von einer mehr angebotsorientierten zu einer mehr nachfrageorientierten Wirtschaftspolitik, von *Ludwig Erhard* hin zu *John Maynard Keynes* (1883-1946). Im Dezember 1966

75 Bundeskanzler Ludwig Erhard auf dem dreizehnten Parteitag der CDU in Düsseldorf 1965, in: 20 Jahre Bundesrepublik Deutschland in Dokumenten, hg. von Michael Hereth, München 1969, S. 203ff.

bildeten CDU/CSU und SPD zum ersten Mal in der bundesdeutschen Geschichte eine so genannte große Koalition und machten die Bekämpfung des eingetretenen wirtschaftlichen Ungleichgewichts zum Zentrum ihrer Politik. Die in *Karl Schiller* (1911-1994) personifizierte Neuausrichtung der Politik fand ihren bedeutendsten Niederschlag im *Stabilitäts- und Wachstumsgesetz* von 1967 (*Konzertierte Aktion*), das als Ziele staatlicher Wirtschaftspolitik formulierte: Wirtschaftswachstum, Geldwertstabilität, Außenwirtschaftliches Gleichgewicht und die Beschränkung der Arbeitslosigkeit (*Magisches Viereck*):

Damit wurden die wirtschaftlichen, finanzpolitischen und arbeitsmarktpolitischen Ziele staatlicher Politik zu einem Gesamtziel, dem wirtschaftlichen Gleichgewicht, zusammengefasst – ein Ziel, das in dieser Stringenz nur wenige Jahre in der Bundesrepublik Deutschland Bestand hatte bzw. verfolgt wurde.

Gesetz zur Förderung der Stabilität und das Wachstums der Wirtschaft vom 8. Juni 1967 (Stabilitätsgesetz)

§ 1 Bund und Länder haben bei ihren wirtschafts- und finanzpolitischen Maßnahmen die Erfordernisse des gesamtwirtschaftlichen Gleichgewichts zu beachten. Die Maßnahmen sind so zu treffen, daß sie im Rahmen der marktwirtschaftlichen Ordnung gleichzeitig zur Stabilität des Preisniveaus, zu einem hohen Beschäftigungsstand und außenwirtschaftlichem Gleichgewicht bei stetigem und angemessenem Wirtschaftswachstum beitragen.

§ 3 (1) Im Falle der Gefährdung eines der Ziele des § 1 stellt die Bundesregierung Orientierungsdaten für ein gleichzeitiges aufeinander abgestimmtes Verhalten (konzertierte Aktion) der Gebietskörperschaften, Gewerkschaften und Unternehmensverbände zur Erreichung der Ziele des § 1 zur Verfügung. Diese Orientierungsdaten enthalten insbesondere eine Darstellung der gesamtwirtschaftlichen Zusammenhänge im Hinblick auf die gegebene Situation.

Quelle: Bundesgesetzblatt 1967, Teil I, S. 582

Zum Zweiten verabschiedete die große Koalition einige wichtige Gesetzesreformen auf dem Gebiet der Sozialpolitik. Dieses betraf zum einen die Stabilisierung der *Rentenfinanzen*; die Finanzgrundlagen der einzelnen Versicherungsträger wurden in einem Verbundsystem zusammengefasst. Der Tatsache Rechnung tragend, dass der wirtschaftliche Strukturwandel dazu geführt hatte, dass immer mehr abhängig Beschäftigte den Angestelltenstatus bekamen und folglich die Arbeiterrentenversicherung zunehmend Schwierigkeiten hatte, Einnahmen und Ausgaben auszugleichen, wurde ein Kompensationssystem zwischen der Arbeiter- und der Angestelltenrentenversicherung gesetzlich vorgeschrieben. Damit wurden die finanziellen Grundlagen der gesamten Rentenversicherung stabilisiert.

Zum Dritten wurden 1969 mit dem *Arbeitsförderungsgesetz* und dem *Gesetz über die Fortzahlung des Arbeitsentgelts im Krankheitsfalle* zwei unter sozialen Gesichtspunkten bedeutsame Regelwerke verabschiedet. Dabei einigten sich die Koalitionspartner nicht nur darauf, dass die unzureichenden gesetzlichen (Rest-)Grundlagen des AVAVG von 1927 aufgehoben werden konnten, sondern dass insgesamt ein Instrumentarium geschaffen wurde, das jenem Ziel der Sicherung von Vollbeschäftigung, wie es das Stabilitäts- und Wachstumsgesetz vorsah, dienen konnte. Das Gesetz war insofern ‚modern', als es für den Bereich der Arbeitsmarktpolitik das Prinzip der *Prävention* ins Zentrum stellte: Allen passiven Maßnahmen der Arbeitsmarktpolitik – insbesondere Lohnersatzleistungen bei Arbeitslosigkeit – sollte das breite Spektrum der Information, Beratung, Aus-, Fort- und Weiterbildung bis hin zu Arbeitsbeschaffungsmaßnahmen und solchen der beruflichen Eingliederung vorgeordnet werden. Mit dem *Lohnfortzahlungsgesetz* wurde eine lange bestehende Ungleichbehandlung zwischen Angestellten und Arbeitern im Krankheitsfalle insofern beendet, als nun für Arbeiter wie Angestellte eine Lohnfortzahlung durch den Arbeitgeber für die ersten sechs Wochen gesetzlich verankert wurde. Damit wurde zugleich der Zustand überwunden, dass – beginnend mit dem großen Metallerstreik 1956/57 in Schleswig-Holstein – einige Tarifverträge diese Lohnfortzahlung schon für Arbeiter eingeführt hatten, während andere davon ausgeschlossen geblieben waren.

Nicht zuletzt die relativ schwach ausgeprägte Krise und die in der Wirtschaft wirksam werdenden Aufstiegskräfte, vor allem über den Export, waren es, die die erste größere Nachkriegsrezession in Westdeutschland bald in Vergessenheit geraten ließen. Die von Karl Schiller und der großen Koalition beschlossene und praktizierte Form des keynesianischen *‚deficit spending'*, also die Ankurbelung der Nachfrage durch staatliche Ausgaben auf Kredit, hatte zum Ergebnis, dass man Erfahrungen mit diesem neuen Instrument staatlicher Wirtschaftspolitik sammeln konnte, doch waren angesichts der niedrigen zusätzlichen staatlichen Ausgaben die Effekte in Richtung Aufschwung zu schwach bzw. durchaus im Kern überflüssig. Die damit finanzierten Maßnahmen der allgemeinen Kaufkraftsteigerung bzw. gezielter sozialer Förderung dagegen ließen Einkommens- und Sozialpolitik praktisch in einem neuen Lichte erscheinen, nämlich keineswegs bloß als Belastung wirtschaftlicher Prozesse, sondern vielmehr als eine förderliche Stabilisierung der privaten Binnennachfrage. Neben den zuvor dominierenden *angebotstheoretischen* Vorbehalten gegenüber Sozialleistungen kamen damit stärker *nachfragetheoretische* Überlegungen ins Spiel: Beide Positionen werden seitdem in der politischen und in der wissenschaftlichen Diskussion stärker erörtert und gewichtet; allerdings werden in der zugespitzten Debatte nach wie häufig vorrangig entweder angebots- oder nachfragetheoretisch argumentierende Positionen vertreten.

Politik der inneren Reformen

Die politischen Auseinandersetzungen nicht nur großer Teile der akademischen Jugend Ende der 1960er Jahre einschließlich des Widerstands gegen Formierungstendenzen unter dem ‚CDU-Staat' bzw. einer wie auch immer in der Phase der großen Koalition modifizierten *Notstandsgesetzgebung*[76] führten zu einer politischen Wende,

---

76 Die 1968 in Kraft getretenen einfachen Notstandsgesetze sehen im Verteidigungsfall die Suspendierung wichtiger demokratischer Grundrechte und eine teilweise Ersetzung von Bundestag und Bundesrat

die in die Bildung einer Koalition von Sozialdemokratie und Sozialliberalismus mündete. Diese war eingebettet in den politischen Gestaltungsanspruch, die Nachkriegsordnung einschließlich der Teilung Deutschlands zu verändern, indem man zunächst die tatsächliche Teilung akzeptierte, um sie dann im Konsens zu überwinden (*Egon Bahr*: „Wandel durch Annäherung"). Der Ansatz Adenauers, über ein sozial prosperierendes Westdeutschland eine Magnetwirkung auf den Osten auszuüben, war zwar einer der Gründe dafür, dass in der Bundesrepublik Deutschland ein recht hohes Sozialniveau erreicht werden konnte, war aber mit dem Bau der Mauer (1961) letztlich an seine Grenze gelangt. Die unter Bundeskanzler *Willy Brandt* (1913-1992) im Jahr 1969 etablierte Regierung erhob den Anspruch „Wir wollen mehr Demokratie wagen" und gab als Maxime ihres Handelns aus: „Wir wollen ein Volk der guten Nachbarn sein und werden im Inneren und nach außen." Gegen den Protest der auf die Bänke der Opposition verbannten Unionsparteien formulierte der Kanzler als Provokation: „Wir stehen nicht am Ende unserer Demokratie, wir fangen erst richtig an."[77]

Neben der Ostpolitik wurde die Sozialpolitik eines der zentralen Betätigungsfelder sozialliberalen Regierens:

Sozialbericht 1971

Die konkrete Arbeit des Jahres 1970 und die in Gang gesetzten inneren Reformen, die im ersten Teil des hier vorgelegten Sozialberichts 1971 geschildert werden, kennzeichnen die gesellschafts- und sozialpolitischen Ziele der Bundesregierung: mehr soziale Gerechtigkeit, mehr Sicherheit in der gesellschaftlichen Entwicklung und dadurch mehr Chancen für die Selbstbestimmung des einzelnen.

Um diese Ziele unter den Bedingungen und Möglichkeiten der Gesellschaft von heute zu erreichen, hat die Bundesregierung ihre Sozialpolitik an den folgenden Leitlinien orientiert:

- Ausbau der sozialen Sicherheit für alle Bürger.
- Vorsorgende Gestaltung von sozialen Prozessen durch die Sozialpolitik.
- Mehr Selbstbestimmung des einzelnen durch mehr Demokratie in allen gesellschaftlichen Entscheidungsbereichen.
- Beitrag zur gerechteren Verteilung des gemeinsam erarbeiteten Vermögenszuwachses in der Volkswirtschaft.
- Mehr Überschaubarkeit und größere Verständlichkeit gerade der Sozialpolitik in einer demokratischen Gesellschaft.
- Mehr Wahlfreiheit bei der Vorsorge für die Wechselfälle des Lebens.

Bundesregierung: Sozialbericht 1971, Deutscher Bundestag, 6. Wahlperiode, Drucksache VI/2155, S. 5

---

durch die Einrichtung eines Gemeinsamen Ausschusses sowie die Ausweitung von Kompetenzen der Bundesregierung vor. Schließlich kann im Zuge der Notstandsgesetze auch die Bundeswehr im Inneren eingesetzt werden. Aufgrund der negativen geschichtlichen Erfahrungen mit der Praxis der Notverordnungen entzündete sich um die Notstandsgesetzgebung – vor allem um die Frage des ‚inneren Notstandes' – eine breite gesellschaftliche Auseinandersetzung (Außerparlamentarische Opposition, ApO).

77 Verhandlungen des Deutschen Bundestages, V. Legislaturperiode, Stenographischer Bericht der Sitzung vom 28.10.1969

Ein besonderes Gewicht kam dabei zum Ersten der Gleichstellung von Frauen und Männern zu; erst in dieser Phase konnte zumindest die *rechtliche Gleichstellung der Frauen* in Deutschland erreicht werden. Denn Artikel 3 des Grundgesetzes, der ein Diskriminierungsverbot zwischen den Geschlechtern verfassungsrechtlich verankert hatte, wurde lange Zeit nicht in die Rechtswirklichkeit umgesetzt. So bedurfte es mehrmaliger höchstrichterlicher Entscheidungen, bis die diskriminierenden Regelungen im Bürgerlichen Gesetzbuch und im Arbeitsleben beseitigt wurden sowie die Arbeitsteilung innerhalb der Ehe nicht länger letztlich vom dominierenden Einfluss männlicher Erwerbstätigkeit geprägt war. Seit 1976 ist Paragraph 1356 des BGB in folgender Fassung gültig:

BGB Paragraph 1356 [Haushaltsführung und Erwerbstätigkeit]

(1) Die Ehegatten regeln die Haushaltsführung im gegenseitigen Einvernehmen. Ist die Haushaltsführung einem der Ehegatten überlassen, so leitet dieser den Haushalt in eigener Verantwortung.

(2) Beide Ehegatten sind berechtigt, erwerbstätig zu sein. Bei der Wahl und Ausübung einer Erwerbstätigkeit haben sie auf die Belange des anderen Ehegatten und der Familie die gebotene Rücksicht zu nehmen.

Hinzu kamen weitere Regelungen, die die Diskriminierung alleinerziehender Mütter beseitigten. Bis zu diesem Zeitpunkt hatten sie hinzunehmen, dass ihnen bei der Erziehung ihrer nichtvolljährigen Kinder ein externer Vormund zur Seite gestellt wurde. Auch wurde das Scheidungsrecht auf den Grundsatz der Zerrüttung umgestellt; erworbene Versorgungsanwartschaften für das Alter wurden anteilig auf die geschiedenen Parteien verteilt (*Versorgungsausgleich*). Und schließlich wurde der Abtreibungsparagraph 218 des Strafgesetzbuches im Sinne einer Indikationslösung reformiert.

Neben diesen vor allem rechtlichen Reformen hat insbesondere eine sozialpolitische Entscheidung die Leistungen der älteren Frauen während des Krieges, beim Wiederaufbau und bei der Erziehung ihrer Kinder, zugleich die jahrelange Lohndiskriminierung von Frauen zu kompensieren versucht: 1972 wurde mit der *Rente nach Mindesteinkommen* Frauen, die mindestens 25 Jahre erwerbstätig gewesen waren, eine Rente zuerkannt, die nicht unter 75 Prozent der allgemeinen Bemessungsgrundlage liegen durfte. Der sozialpolitische Gesetzgeber hatte damit gesellschaftliche Fehlentwicklungen in der Vergangenheit nicht nur ausgeglichen, sondern zugleich eine zentrale sozialethische Norm für zukünftige Gesetzgebung aufgestellt, dass es nämlich Aufgabe der Sozialgesetzgeber sei, diskriminierende Tatbestände nach Möglichkeit zu verhindern, mindestens aber die Solidargemeinschaft der gesamten Gesellschaft im Zweifelsfalle dafür in Regress zu nehmen. Nach der Rentenreform von 1957 war dieses der zweite bedeutsame Schritt, Frauen vor Armut im Alter zu bewahren.

Daneben zielte die sozialliberale Politik der inneren Reformen auf den gesamten Bereich der *Bildung*. Zum einen ging es darum, das individuelle „Bürgerrecht auf Bildung“ (*Ralf Dahrendorf*) zu verwirklichen, zum anderen sollte der notwendige Bedarf an qualifiziert Ausgebildeten für die stark expandierende Wirtschaft zur Verfügung gestellt werden. Schule und Hochschule sollten reformiert, die Zugangschancen insbesondere für bildungsfernere soziale Schichten verbessert werden. Dem diente u.a. das 1971 verabschiedete *Bundesausbildungsförderungsgesetz* (BAföG), das die in den 1960er Jahren eingeführte Förderung von Studierenden nach dem *Honnefer Modell* ablöste. Tatsächlich war der Wirkungsgrad dieses neuen Gesetzes größer, auch waren die Leistungen günstiger als die bis dahin gültigen Regelungen. Über den Bereich der akademischen Jugend hinaus wurde bereits 1969 in der großen Koalition mit dem *Berufsbildungsgesetz* das Ausbildungswesen Jugendlicher neu geregelt.

Im Bereich des Familienlastenausgleichs sollte erreicht werden, dass jedes Kind dem Staat gleich viel ‚wert‘ ist. Die höhere Einkommen begünstigenden steuerlichen Kinderfreibeträge wurden abgeschafft. Dafür wurde das *Kindergeld* für alle Kinder eingeführt.[78] Hinzu kamen Maßnahmen zur Verbesserung der Vereinbarkeit von Familie und Beruf, so insbesondere die Einführung eines – erweiterten – *Mutterschaftsurlaubs* für berufstätige Frauen von sechs Monaten nach der Geburt einschließlich eines Mutterschaftsgeldes in Höhe des bisherigen Nettolohns (bis maximal 750 DM pro Monat) und einem achtmonatigen Kündigungsschutz. Zugleich wurden diese Mütter beitragsfrei sozialversichert.

Die Koalition suchte nach einem verbindenden Weg zwischen dem Sozialversicherungsprinzip Bismarckscher Provenienz, das insbesondere abhängige Erwerbsarbeit als Voraussetzung für eine Zugehörigkeit zur Sozialversicherung festgelegt hatte, und den vor allem in Großbritannien und Teilen Skandinaviens von Sozialdemokraten praktizierten, an den Plänen des englischen *Lord William Beveridge* (1879-1963)[79] orientierten Vorstellungen von einer *Volksversicherung*, die also nicht nur die in abhängiger Erwerbsarbeit Stehenden, sondern nach Möglichkeit alle Gesellschaftsmitglieder umfassen sollte. Die sozialliberale Koalition öffnete die Sozialversicherung für Freiberufler und für Selbständige, sie nahm Schüler und Studierende in die Gesetzliche Unfallversicherung auf. Zugleich wurden immer neue Tatbestände als leistungsbegründend bzw. leistungssteigernd anerkannt: Insbesondere die SPD sah hier ihr Konzept einer

---

78 Nach dem Kindergeldgesetz (KGG) vom 13. November 1954 erhielten Familien erstmals Kindergeldzahlungen, allerdings erst ab dem dritten Kind. Im Jahr 1961 wurde diese Regelung auch auf das zweite Kind ausgeweitet. Mit der Neufassung vom 30. Januar 1990 wurde durch das Bundeskindergeldgesetz (BKKG) ein gestaffelter Kindergeldanspruch eingeführt, der bereits mit dem ersten Kind einsetzt.

79 Lord William Beveridge, von Hause aus ein Liberaler, hatte in den 1920er Jahre ein Gegenmodell zu dem Bismarckschen Sozialpolitikansatz formuliert: Aufgabe staatlicher Sozialpolitik ist Armutsvermeidung und zwar bei allen sozialen Schichten, nicht aber Lebensstandardsicherung bei bestimmten Gruppen der abhängig Erwerbstätigen. Von daher zielte sein Konzept auf ein alle Kreise umfassendes Konzept mehr oder weniger bedarfssichernder Mindestleistungen. Diese Vorschläge waren die Basis für die Labour Party in Großbritannien, als diese nach dem II. Weltkrieg die Grundlagen des heutigen britischen Wohlfahrtsstaates legten.

sich allmählich herstellenden Volksversicherung verwirklicht (*Ernst Schellenberg*). Zugleich ging die Koalition daran, das sehr zerklüftete Sozialrecht in einem einheitlichen *Sozialgesetzbuch* (SGB) zusammenzuführen. Dieser nun bereits fast dreißig Jahre währende Prozess griff damit den Gedanken der Sozialreform aus den 1950er Jahren auf, das Sozialrecht zu vereinheitlichen. Dem diente auch das *Rehabilitations-Angleichungsgesetz* von 1974, das eine Verbesserung, vor allem aber eine Zusammenfassung der bestehenden Leistungen im Falle von Behinderung brachte; allerdings führte es nicht die unterschiedlichen Institutionen zusammen, sondern beließ entsprechend dem insgesamt in Deutschland dominanten Kausalitätsdenken die Vielfalt der Leistungsträger und damit die erhebliche Unsicherheit, wer im Bedarfsfalle zuständig sein soll, im Kern unangetastet. Insgesamt aber verbesserten zahlreiche Reformen bestehende Leistungsgesetze. Dies betraf u.a. auch die sog. *flexible Altersrente* für Beschäftigte mit mindestens 35 Beitragsjahren, die seitdem bereits mit dem 62. Lebensjahr in Rente gehen können.

Die Sozialgesetzgebung stärkte insgesamt den *präventiven* Ansatz von Sozialpolitik. So wurden *Vorsorgeuntersuchungen* bei Kindern, aber auch bei Erwachsenen in den Leistungskatalog der Gesetzlichen Krankenversicherung aufgenommen. Der Gedanke der Prävention im Sinne von Früherkennung wurde in praktische Regelungen überführt. Ein ebenfalls präventiver Charakter kam Neuregelungen im Bereich des betrieblichen Arbeitsschutzes zu. Insbesondere das *Arbeitssicherheitsgesetz* von 1973 hat den medizinischen Arbeitsschutz ausgebaut und stellte einen Eingriff in die unternehmerische Gestaltungsfreiheit dar.

Diese zahlreichen Reformen wurden mit der politischen Vorstellung genereller indirekter Planbarkeit sozialer und politischer Prozesse verbunden. Mit dem *Städtebauförderungsgesetz* von 1971 beispielsweise suchte die Regierung nach Wegen, einer weiteren Zersiedelung kommunaler Räume und damit einer Benachteiligung öffentlicher vor privaten Interessen zu begegnen. Aber auch für die Bereiche Bildung, Soziales, Familie etc. wurden Beratergremien und Beratungsprozesse verankert, die die Regierung und darüber hinaus die gesellschaftlichen Akteure in die Lage versetzen sollten, im Rahmen eines rationalen Abstimmungsprozesses anstehende Probleme möglichst konfliktfrei zu lösen. Als wichtige Ergebnisse dieser Politik sind die bis in die Gegenwart regelmäßig erstellten Sozialberichte, Familienberichte, Kinder- und Jugendberichte, Berufsausbildungsberichte, Bildungsberichte, Rentenberichte etc. anzuführen.

Auch die *Fürsorgesysteme* wurden reformiert. 1970 wurde der Regelsatz in der Sozialhilfe auf ein neues Bedarfsmengenschema, einen sog. Warenkorb, umgestellt. Dieser orientierte sich an den tatsächlichen Lebensgewohnheiten unterer Einkommensbezieher. Zugleich wurden die Regelungen für Hilfen in besonderen Lebenslagen reformiert, wodurch insbesondere Menschen mit Behinderungen und Pflegebedürftige eine bessere Versorgung erhielten, die allerdings bis zu den gesetzlichen Neuregelungen in den 1990er und zu Beginn der 2000er Jahre immer noch unzureichend blieben. Mit Gründung der *Fachhochschulen* im Jahr 1971 wurde die Ausbildung von Sozialarbeitern, Sozial- und Heilpädagogen von ehedem Höheren Fachschulen an diesen neuen

Typus von Hochschule verlegt. Dieses leitete mit einer Akademisierung zugleich eine höhere Professionalisierung sozialer Arbeit ein.

Jenes Wort „Mehr Demokratie wagen" sollte vor den Fabriktoren nicht halt machen. In dieser Ära kommt es schließlich zu einer Novelle des *Betriebsverfassungsgesetzes* (BVG) und insgesamt zu einem *Mitbestimmungsgesetz* für die Teile der Wirtschaft, die nicht unter die Montanmitbestimmung fallen. Stellte die Novelle des BVG in Teilen eine Verbesserung ggb. der Fassung von 1952 dar, blieb das Mitbestimmungsgesetz von 1976 deutlich hinter der paritätischen Mitbestimmung im Montanbereich zurück.

In dieser Phase wurde der *Reform*-Begriff emphatisch mit der Herstellung von mehr sozialer Chancengleichheit, mit dem Ausgleich früher erfahrener Benachteiligung, mit Verwirklichung des im Sozialstaatsgrundsatz zum Ausdruck kommenden Integrationsgebotes verbunden. Sozialpolitik der „inneren Reformen" bedeutete Verteilung, auch Umverteilung – eine erste und auf diesem Gebiet bislang einzige – Enquête-Kommission legte dazu 1981 ihren Bericht vor:

Transfer-Enquête: Zusammenfassung der wichtigsten Ergebnisse

II. Insgesamt sind die Transfers in den 70er Jahren weit stärker gewachsen als die Bruttoerwerbs- und Vermögenseinkommen (...). Die von den privaten Haushalten empfangenen laufenden Übertragungen und hierin insbesondere die Sozialleistungen stiegen von 1970 bis 1979 um rund 24 Prozent stärker als die Bruttoerwerbs- und Vermögenseinkommen. Die direkten Steuern stiegen um 17 Prozent, die Sozialbeiträge sogar um 26 Prozent stärker als das Einkommen. Die Steigerung des verfügbaren Einkommens entsprach etwa der des Bruttoerwerbs- und Vermögenseinkommens, während die indirekten Steuern nur unterdurchschnittlich wuchsen. 85 Prozent des Anstiegs der empfangenen laufenden Übertragungen konnten durch den Anstieg der Sozialbeiträge finanziert werden. Ein Viertel des Anstiegs der direkten Steuern wurde benötigt, um den Rest zu finanzieren.

III. Der Bericht der Kommission zeigt, daß der Vorwurf gegen das Transfersystem, es verteile das Geld nur zwischen der linken und rechten Tasche der Bürger um, weit übertrieben ist. Für den gesamten Bereich der Alterssicherung trifft er insoweit nicht zu, wie die Renten durch Beiträge der aktiven Generation finanziert werden. Es kann empirisch gezeigt werden, daß das System diese Funktion wahrnimmt. Rentner- und Pensionärshaushalte sind Nettoempfänger von Transfers, während Erwerbstätigenhaushalte Nettozahler von Transfers sind. Von den positiven monetären Transfers gingen 1978 knapp 3/4 (71 vH) an Haushalte mit einem Nichterwerbstätigen- und etwas mehr als 1/4 an Haushalte mit einem Erwerbstätigenhaushaltsvorstand. Bei Haushalten von Rentnern und Pensionären machten die empfangenen Transfers 76 Prozent des Bruttoeinkommens aus, bei Haushalten von Arbeitern 10 Prozent, von Angestellten 7 Prozent, von Beamten 5 Prozent und von Selbstständigen 3 Prozent.

Die negativen Transfers – d.h. im wesentlichen Steuern und Sozialbeiträge – machten bei Haushalten von Rentnern nur 7 vH des Bruttoeinkommens, bei Haushalten von Arbeitern 40 vH, von Angestellten 41 vH, von Beamten 23 vH und von Selbständigen 29 vH aus. (...)

V. Insgesamt führt das deutsche Transfersystem dazu, daß die verfügbaren Einkommen der Bezieher von Leistungseinkommen gleichmäßiger als ihre Bruttoerwerbs- und Vermögenseinkommen verteilt sind. Betrachtet man die Umverteilung zwischen den sozialen Gruppen, treten die größten Umverteilungswirkungen zwischen Angestellten- und Arbeiterhaushalten einerseits und Rentnerhaushalten andererseits auf. Hieran zeigt sich der dominierende Einfluß des sozialen Alterssicherungssystems.

VI. Die Expansion des Transfersystems in den 70er Jahren ist nur im geringen Maße auf demografische Veränderungen zurückzuführen. Weitaus wichtiger waren einerseits die Auswirkungen der ungünstigen Arbeitsmarktlage durch:

- höhere Arbeitslosenzahlen und
- die vermehrte vorzeitige Inanspruchnahme von Renten;

andererseits der Einfluß von Leistungsverbesserungen wie:

- die Einführung der flexiblen Altersgrenze,
- die Öffnung der Rentenversicherung für Selbständige und Hausfrauen,
- die Schaffung einer Rente nach Mindesteinkommen,
- die Verbesserung der Altersversorgung für Landwirte,
- die Dynamisierung der Rentenanpassung in der Kriegsopferversorgung,
- die Umgestaltung und Ausweitung des Familienlastenausgleichs. (...)

XXIX. Das Transfersystem hat vielfältige Auswirkungen auf den Wirtschaftsprozeß. Von ihm können sowohl positive wie negative Wirkungen ausgehen (...).

Die Zusammenhänge zwischen Transfersystem und Wirtschaftsprozeß sind freilich noch nicht in ausreichendem Maße erforscht; zudem bestehen begründete Zweifel, ob es zulässig ist, die wenigen Forschungsergebnisse, die vor allem für die Vereinigten Staaten vorliegen, auf die Verhältnisse in der Bundesrepublik Deutschland zu übertragen. Insgesamt ist der Spielraum, den der Staat bei der Ausgestaltung des Transfersystems hat, sicher nicht beliebig groß, aber ist auch nicht so eng, wie das in der politischen Diskussion mitunter behauptet wird.

Bei der Beurteilung des Transfersystems dürfen auch die positiven Auswirkungen nicht übersehen werden. Das Vorhandensein eines ‚sozialen Netzes' hat dazu beigetragen, daß die zunehmenden beschäftigungspolitischen Schwierigkeiten in der Bundesrepublik Deutschland bislang ohne soziale Erschütterungen bewältigt werden konnten.

XXX. Zusammenfassend zeigt das Gutachten der Transferkommission, daß ein Teil der in der Öffentlichkeit vorgetragenen Kritik am Transfersystem der Bundesrepublik Deutschland überzogen ist. Insgesamt erfüllt das System seinen Zweck. An einigen Stellen liegen jedoch Mängel und Fehlentwicklungen vor, denen durch eine entsprechende Politik zu begegnen ist. Auch sind die Reaktionen der Bürger und ihre Sorge über die finanzielle Situation des Transfersystems stärker als bisher in die Überlegungen einzubeziehen.

Transfer-Enquête-Kommission: Das Transfersystem in der Bundesrepublik Deutschland. Veröffentlicht durch die Bundesregierung. Der Bundesminister für Arbeit und Sozialordnung. Der Bundesminister für Wirtschaft, Stuttgart u.a. 1981, S. 13ff.

Diese Umverteilung basierte auf dem Wohlstandszuwachs in Deutschland und erfolgte weitgehend innerhalb einer sozialen ‚Klasse' bzw. Schicht, aber sie griff wichtige soziale Probleme auf und führte sie zu einer Lösung, bzw. korrigierte diese dann, wenn sich unbeabsichtigte Resultate ergeben hatten. So führte beispielsweise die

Öffnung der Gesetzlichen Rentenversicherung für Selbständige dazu, dass diese – mitunter an einer öffentlichen Rente nicht interessiert – mit einem minimalen Beitrag volle Leistungen etwa bei rehabilitativen Maßnahmen anstrebten; eine Novelle des Gesetzes verbaute diesen ‚billigen' Zugang etwa zu Kuren. Insgesamt aber wurden neue soziale Rechtsansprüche geschaffen und ausgebaut, sodass die soziale Qualität der bundesdeutschen Gesellschaft, von der Nachkriegsordnung aus betrachtet, auf ein neues Niveau gehoben worden war. Allerdings gab es zugleich erste Hinweise, dass diese Rechtsansprüche unter besonders günstig erscheinenden politischen und ökonomischen Bedingungen entstanden waren und dass sie unter anderen Bedingungen auch wieder zur Disposition gestellt werden könnten und tatsächlich auch wurden.

2.5 Strukturwandel, Europäisierung, globale Wirtschaftsverflechtung: Ansätze neoliberaler Neubestimmung von Sozialpolitik

Änderung der wirtschaftspolitischen Rahmenbedingungen

Im Jahr 1973 standen 673.000 offenen Stellen auf dem Arbeitsmarkt nur 350.000 Arbeitslose gegenüber. Der Sozialbericht von 1973 bezeichnete das Problem der Arbeitskräfteknappheit als das zentrale soziale Problem auch der nächsten Zeit.[80] Folglich wurde der kräftige Anstieg der Arbeitslosigkeit im Jahr 1974 auf 620.000 auch noch nicht als sehr dramatisch angesehen: Vielmehr wurde die Verteuerung des Rohöls als Ursache für diesen rezessiven Einschnitt verantwortlich gemacht (*Ölkrise*). Tatsächlich aber waren es nicht die veränderten Rohölpreise, auch nicht vorübergehende konjunkturelle Krisensymptome, die die Zahl der Arbeitslosen bereits im Jahr 1975 auf über eine Million ansteigen ließen. Es zeichneten sich vielmehr massive strukturelle Veränderungen in der Wirtschaft ab. Die letzte Rezession Ende der 1960er Jahre wurde vor allem durch massive Rationalisierungsinvestitionen der Wirtschaftsunternehmen mit dem Effekt überwunden, dass als Folge steigender Arbeitsproduktivität das Beschäftigungsvolumen verringert wurde, letztlich um die Kosten der Produktion senken zu können. Gleichzeitig veränderten sich die Gewichte zwischen den Sektoren der Volkswirtschaft, der Dienstleistungsbereich war inzwischen zum stärksten Teil der Wirtschaft geworden: Die Ausdehnung alleine des öffentlichen Sektors durch Bildungs- und Sozialreform brachte neben neuen privaten Dienstleistungen einen Anstieg an Arbeitsmöglichkeiten bei gleichzeitig rapide schrumpfenden Arbeitsplätzen im sekundären Sektor. Der landwirtschaftliche Bereich war beschäftigungsmäßig fast bedeutungslos geworden, kleine Höfe mussten mangels Rentabilität aufgegeben werden.

Dieser Strukturwandel, der sich parallel auch in den anderen Staaten der Europäischen Wirtschaftsgemeinschaft ereignete, reduzierte die Zahl der Arbeitsplätze,

80 Sozialbericht 1973, in: Deutscher Bundestag, 7. Wahlperiode, Drucksache Nr. 7/1167, Bonn 1973

zugleich ergaben sich Inkompatibilitäten zwischen dem Qualifikationsprofil verlorengegangener Arbeitsplätze und den neu geschaffenen (*missmatch-Arbeitslosigkeit*). Die Bundespolitik reagierte prompt, einem verhängten Anwerbestopp für Gastarbeiter aus dem Ausland folgte eine Zuzugssperre für Familienangehörige aus den Herkunftsländern, um so dem Zuwachs des Arbeitskräftepotentials entgegenzuwirken. Parallel dazu erhöhte sich das Potential der Arbeitsuchenden: Insbesondere Frauen drängten im langjährigen Trend auf eine höhere Beteiligung am Erwerbsleben. Daneben kamen die letzten geburtenstarken Jahrgänge ins Erwerbsleben. Die Bundesrepublik Deutschland verzeichnete durch die gesamten 1980er Jahre eine Arbeitslosigkeit von zunächst einer Million, dann von zwei Millionen.

Sektoraler Wandel der Beschäftigtenstruktur 1882-2008

Jahr	Primärer Sektor	Sekundärer Sektor	Tertiärer Sektor
	Anteil der Erwerbstätigen nach Wirtschaftsbereichen in Prozent *(1882 und 1925 bezogen auf Erwerbspersonen)*		
1882	42,3	35,5	22,2
1925	30,5	42,1	27,4
1950	24,6	42,9	32,5
1970	8,4	46,5	45,1
1980	5,1	41,1	53,8
1990	3,5	36,6	59,9
1995	2,9	32,6	64,6
2000	2,4	28,9	68,7
2004	2,2	26,4	71,3
2008	2,1	25,4	72,5

Quellen: Für 1882 und 1925: Gustav Stolper, Karl Häuser und Knut Borchardt: Deutsche Wirtschaft seit 1870, Tübingen 1966, *S.* 28; Ab 1950: Statistisches Bundesamt: Arbeitsmarkt, zuletzt aktualisiert 8. Dezember 2009

Die europäische Wirtschaft wuchs stärker zusammen. Das Weltwährungssystem war am Ende des II. Weltkrieges in *Bretton Woods* mit dem Ziel neu geordnet worden, ein Zusammenbrechen der internationalen Finanzverbindungen wie im Verlauf der Weltwirtschaftskrise von 1929 zukünftig auszuschließen. Die jeweiligen nationalen Währungen wurden über einen festgelegten Regelungsmechanismus an den Dollar gebunden. Als Folge verschiedener Ereignisse im Verlauf der 1960er Jahre – nicht zuletzt des Vietnamkrieges und den daran gebundenen erheblichen, weltweit inflationär wirkenden öffentlichen Ausgaben in den USA – wurde der Dollar seiner Rolle als Leitwährung nicht mehr gerecht; der feste Verbund wurde aufgegeben. In einer gewissen Zeitspanne in den 1970er Jahren waren die Kurse zwischen den Währungen freigegeben, sie floateten, was einerseits spekulative Angriffe auf nationale Währungen verhinderte, zugleich aber als Folge stärkerer Kursschwankungen den internationalen Handel hemmte. Angesichts der engen Verzahnung der (west-)europäischen

Volkswirtschaften war dieses eine erhebliche Beeinträchtigung, die in Stufen durch ein gemeinsames Währungssystem bis hin zur Einführung einer gemeinsamen Währung überwunden wurde. Dieser über 20 Jahre währende Prozess – vom System der *Europäischen Währungsschlange*[81] bis hin zur Einführung des *Euro* im Jahr 1999 als Verrechungseinheit im bargeldlosen Zahlungsverkehr und im Jahr 2002 als Barwährung – veränderte die Wettbewerbsbedingungen zwischen den einzelnen Volkswirtschaften erheblich. Hinzu kamen die Regelungen auf der Ebene des internationalen Handels: Das *Welthandelsabkommen* (mit Gründung der Welthandelsorganisation, WTO) von 1994 sollte Handelshemmnisse zwischen den wirtschaftlichen Partnern abbauen, führte aber der Tendenz nach dazu, dass nun jeder auf international handelbare Güter und Dienstleistungen bezogene Arbeitsplatz auf dieser Welt mit jedem anderen in Wettbewerb tritt. Dabei spielt die Kostenbelastung der Arbeitsplätze, zu der auch die Sozialabgaben beitragen, eine zentrale Rolle.

Stop and go

Diese allgemeine wirtschaftliche Entwicklung schlug sich in einer insgesamt widersprüchlichen Sozialpolitik nieder. Auf der einen Seite wurden bereits am Ende der sozialliberalen Koalition starke Einschnitte insbesondere beim Arbeitsförderungsgesetz und beim Rentenrecht beschlossen. Bei der Rentenversicherung wurde die Rentenanpassung zunächst vom Bruttolohnbezug abgekoppelt, dann – nach einer kurzen Phase willkürlich festgelegter Erhöhungssätze und weiterer Modifikationen in den 1980er Jahren –ab 1992 nur noch nettolohnbezogen vorgenommen. Im Recht der Arbeitslosenversicherung wurden Leistungen gekürzt und insgesamt, etwa bei den Zumutbarkeitsregelungen,[82] verschärft. Auf der anderen Seite wurden diese eher angebotsorientierten sozialpolitischen Eingriffe durch nachfragesteigernde Regelungen ergänzt bzw. wieder aufgehoben: Die wichtigsten Wirtschaftsnationen verständigten sich Ende der 1970er Jahre auf eine abgestimmte Stimulierung der nationalen Binnennachfrage.

Der Wechsel von der sozialliberalen zur konservativ-liberalen Koalition 1982 (*konstruktives Misstrauensvotum*) bzw. 1983 (Bundestagswahl) setzte diese Stop-and-go-Politik fort: Es wurden in konservativer Absicht Regelungen abgebaut, die in der sozialliberalen Koalition mehr Chancengleichheit bringen sollten, so etwa bei der finanziellen Unterstützung Studierender (Umstellung des BAföG auf Darlehensgrundlage) und z.T. harte Einschnitte im Rahmen des Arbeitsförderungsgesetzes

81 Die beteiligten Länder verständigten sich damals darauf, das Ausmaß des Floatens einzuschränken; sie legten fest, dass sich die jeweiligen Währungskurse (‚Schlange') nur innerhalb einer bestimmten Spannweite (‚Tunnel') bewegen dürfen. Für den Fall, dass eine Währung die festgelegte Toleranzzone zu verlassen drohte, waren Interventionen der anderen Länder vorgesehen.

82 Über die Zumutbarkeitsregelungen bestimmt sich, welche Tätigkeiten bzw. welche Beschäftigungs- und Entlohungsbedingungen eine arbeitslose Person, die im Leistungsbezug durch das Arbeitsamt steht, akzeptieren muss, wenn sie keine Leistungskürzungen riskieren will.

vorgenommen. Es kam zur Absenkung bzw. nicht zeit- und sachgerechten Anpassung von sozialen Leistungen (etwa bei der Sozialhilfe, beim Wohngeld etc.). Die 16 Jahre konservativ-liberaler Sozialpolitik waren durchgängig von einer Diskussion über notwendige Kostendämpfungsmaßnahmen im Gesundheitswesen, die Anpassung der Rentenpolitik an zukünftige demografische Erfordernisse und eine stärkere Flexibilisierung des Arbeitsmarktes einschließlich der Instrumente der aktiven und der passiven Arbeitsmarktpolitik bestimmt. Die gefundenen Lösungen bedeuteten fast immer Leistungseinschränkungen, höhere Selbstbeteiligungen, verschärfte Integrationsmechanismen.

Dabei kam es in der sozialpolitischen Diskussion der 1970er und 1980er Jahre zu einer geradezu paradoxen Verkehrung. Dass in den 1970er Jahre die sozialliberale Regierung mit Stolz auf ihre sozialpolitischen Neuerungen verwies, mochte die damalige CDU/CSU-Opposition nicht unwidersprochen hinnehmen. Sie entwarf die These von einer *Neuen Sozialen Frage*. Mit ihr wollten ihr Autor *Heiner Geißler* und die Unionsparteien deutlich machen, dass das bundesdeutsche soziale Sicherungssystem in hohem Maße erwerbsarbeitsbezogen, also auf die ‚alte' soziale Frage der Industriearbeiterschaft ausgerichtet sei. Dies habe zur Folge, dass die regierenden Sozialdemokraten vor allem ihre Klientel der Erwerbsarbeit Leistenden bediene und die Personen nur schlecht versorge, die außerhalb des Erwerbsarbeitslebens stünden. Auch wenn die Zahl von sechs Millionen Armen, die Heiner Geißler meinte feststellen zu können, zu hoch gewesen war, war die Kritik am bestehenden sozialen Sicherungssystem in der Tendenz richtig: Denn das Risiko der Verarmung trifft vor allem jene, die nicht mehr oder überhaupt nicht am Erwerbsleben teilnehmen können. Das bundesdeutsche soziale Sicherungssystem ist eben allen Reformen zum Trotz keine Volksversicherung, und zwar deshalb, weil es *alle* politischen Parteien in Deutschland so wollten. Als dann aber parallel mit dem Anstieg und der Dauer der Massenarbeitslosigkeit im Übergang zu den 1980er Jahren die Zahl der Empfängerinnen und Empfänger von Hilfen zum Lebensunterhalt im Rahmen der Sozialhilfe anstieg, entdeckte 1983/84 die auf die Bänke der Opposition verwiesene SPD nun eine *Neue Armut* und richtete gegen die Bundesregierung aus CDU/CSU und FDP den Vorwurf, sie treibe mit ihrer Politik große Teile der Bevölkerung in Armut. Diese reagierte nicht anders als vormals die SPD: Sie leugnete einen Zusammenhang zwischen der 1982/83 massiv betriebenen Politik der Leistungseinschränkungen im Sozialbereich und den ansteigenden Armutszahlen.[83] Dabei war nichts anderes zu konstatieren als was Heiner Geißler auch bereits erkannt hatte, dass nämlich mit wachsender Ferne bestimmter sozialer Gruppen vom Arbeitsmarkt das Armutsrisiko in Deutschland steigt.

Zunehmend bekam das bestehende *Mindestsicherungssystem Sozialhilfe* die Aufgabe, indirekt staatliche Lohnpolitik zu betreiben: Das Abstandsgebot in der Sozialhilfe, wonach das Niveau der Leistungen unterhalb der unteren Lohngruppen liegen

83 Heiner Geißler: Die Neue Soziale Frage, Freiburg im Breisgau 1976; Werner Balsen u.a. (Hg.): Die neue Armut. Ausgrenzung von Arbeitslosen aus der Arbeitslosenunterstützung, Köln 1984

solle, wurde zum Anlass genommen, seine absolute oder relative Absenkung zum Instrument dafür zu machen, Spielraum für Absenkungen von Lohnersatzleistungen bei Arbeitslosigkeit und damit bei den Löhnen zu gewinnen. Sinkende Sozialtransfers bei Arbeitslosigkeit als Voraussetzung für tendenziell sinkende Löhne bzw. deren stärkere Spreizung gerade im unteren Bereich sind ein Wesensmerkmal angebotsorientierter Wirtschaftspolitik. Die Mindestsicherungspolitik wurde so zu einem der zentralen Instrumente *angebotsorientierter, wirtschaftsliberal ausgerichteter staatlicher Lohnpolitik*, die durch Schnitte bei anderen Sozialleistungen flankiert wurde.

Gleichwohl gab es auf der anderen Seite auch Leistungsverbesserungen, sodass eine vergleichbare konsequente Umsetzung wirtschaftsliberaler Sozialpolitik wie etwa in Großbritannien unter *Margaret Thatcher* bzw. *John Major* und in den USA unter *Ronald Reagan* (1911-2004) und *George W. Bush sen.* nicht erfolgte. So wurde beispielsweise die Bezugsdauer beim Arbeitslosengeld für ältere Arbeitslose mit dem Ziel verlängert, den Übergang zur vorgezogenen Rente sozial zu flankieren. Der Mutterschaftsurlaub wurde 1986 mit dem *Bundeserziehungsgeldgesetz* (BErzGG) in einen *Erziehungsurlaub* erweitert, der es Eltern ermöglichen sollte, sich während der ersten drei Jahre eines Neugeborenen ganz auf das Kind zu konzentrieren. Von Bedeutung war, dass der Anspruch auf den alten Arbeitsplatz erhalten blieb, bei kleineren Betrieben zumindest auf einen gleichwertigen Arbeitsplatz. Von herausragender Bedeutung wurde die politische Entscheidung, die jahrzehntelangen Auseinandersetzungen um eine sozialversicherungsrechtliche Abdeckung des Pflegerisikos zu beenden. 1994 einigte sich die Regierungskoalition mit der Opposition auf ein Gesetz, wonach die *Pflegeversicherung* als fünfter Zweig der Sozialversicherung ausgestaltet werden sollte. 1995 trat dieses Gesetz als *Buch XI Sozialgesetzbuch* in Kraft. Ein weiteres Reformvorhaben betraf das Jugendrecht. Nachdem im Jahr 1961 das *Jugendwohlfahrtsgesetz* von 1922 neu gefasst worden war, verstärkte die konservativ-liberale Koalition mit dem *Kinder- und Jugendhilfe-Gesetz* (KJHG) vom Juni 1990 die sozialpädagogischen Hilfestellungen und weitete das Hilfeangebot für diesen Personenkreis erheblich aus. 1996 wurde dieser Gesetzeskomplex als *Buch VIII* in das *Sozialgesetzbuch* eingefügt.

Herstellung der deutschen Einheit

Doch allen Konsolidierungsmaßnahmen einerseits bzw. Reformschritten andererseits zum Trotz blieben die sozialpolitischen Probleme in hohem Maße ungelöst. Insbesondere verharrte die Massenarbeitslosigkeit auf hohem Niveau. Die Kostenentwicklung im Rahmen der Gesetzlichen Krankenversicherung und Probleme bei der Finanzierung der Renten bestanden fort. Mit dem *Fall der Mauer* am 9. November 1989 traten diese Probleme jedoch vorerst in den Hintergrund. Eine konservative und wirtschaftsliberale, traditionell stärker auf angebotsorientierte Wirtschaftspolitik ausgerichtete Bundesregierung übernahm es nun, zur Finanzierung der deutschen Einheit Ausgabenprogramme aufzulegen, die alle bisherigen Erfahrungen mit keynesianischen Haushaltsprogrammen zumindest in Deutschland übertrafen. Letztlich wurden milliardenschwere, auf dem Kreditweg beschaffte Fördermittel mit dem Ziel nach Ostdeutschland transferiert, neue, konkurrenzfähige Arbeitsplätze zu schaffen, um dort in möglichst kurzer Zeit „blühende Landschaften" (*Helmut Kohl*) entstehen zu lassen. Die Staatsverschuldung der öffentlichen Haushalte verdoppelte sich in dieser von CDU/CSU und FDP verantworteten Phase und stieg von 1990-1998 von 1.049 auf über 2.000 Mrd. DM. Das entspricht heute 536 bzw. gut 1.000 EUR. Zu dieser kreditfinanzierten direkten staatlichen Förderung kamen solche im *Bund-Länderfinanzausgleich,*[84] vor allem aber Leistungen der Sozialversicherungen. Das bestehende soziale Sicherungssystem der Bundesrepublik Deutschland wurde in kürzester Zeit auf die fünf neuen Bundesländer ausgeweitet.

Exkurs: Sozialpolitik in der DDR

In der Tat bestanden zunächst einmal kaum Brücken zwischen den unterschiedlichen sozialen Sicherungssystemen. Die Verfassung der DDR von 1949 übernahm in einem großen Umfange soziale Grundrechte, wie sie im Verlauf des 19. Jahrhunderts seitens der Arbeiterbewegung entwickelt worden waren.

Verfassung der DDR vom 7. Oktober 1949

Art. 14. (l) Das Recht, Vereinigungen zur Förderung der Lohn und Arbeitsbedingungen anzugehören, ist für jedermann gewährleistet. Alle Abreden und Maßnahmen, welche diese Freiheit einschränken oder zu behindern suchen, sind rechtswidrig und verboten.

(2) Das Streikrecht der Gewerkschaften ist gewährleistet.

Art. 15. (l) Die Arbeitskraft wird vom Staat geschützt.

(2) Das Recht auf Arbeit wird verbürgt. Der Staat sichert durch Wirtschaftslenkung jedem Bürger Arbeit und Lebensunterhalt. Soweit dem Bürger angemessene Arbeitsgelegenheit nicht nachgewiesen werden kann, wird für seinen notwendigen Unterhalt gesorgt.

Art. 16. (l) Jeder Arbeitende hat ein Recht auf Erholung, auf jährlichen Urlaub gegen Entgelt, auf Versorgung bei Krankheit und im Alter.

(2) Der Sonntag, die Feiertage und der l. Mai sind Tage der Arbeitsruhe und stehen unter dem Schutz der Gesetze.

(3) Der Erhaltung der Gesundheit und Arbeitsfähigkeit der arbeitenden Bevölkerung, dem Schutze der Mutterschaft und der Vorsorge gegen die wirtschaftlichen Folgen von Alter, Invalidität, Arbeitslosigkeit und sonstigen Wechselfällen des Lebens dient ein einheitliches

84 Das Grundgesetz bestimmt in Artikel 107 Absatz 2, dass über eine gesetzliche Regelung sicherzustellen ist, dass die unterschiedliche Finanzkraft der Länder durch einen sog. Länderfinanzausgleich nivelliert wird. Die Finanzkraft und der Finanzbedarf der Gemeinden bzw. Gemeindeverbände ist dabei ebenfalls zu berücksichtigen. Auch kann der Bund zur Deckung des allgemeinen Finanzbedarfs herangezogen werden (Ergänzungszuweisungen).

umfassendes Sozialversicherungswesen auf der Grundlage der Selbstverwaltung der Versicherten.

Art. 17. (l) Die Regelung der Produktion sowie der Lohn- und Arbeitsbedingungen in den Betrieben erfolgt unter maßgeblicher Mitbestimmung der Arbeiter und Angestellten.

(2) Die Arbeiter und Angestellten nehmen diese Rechte durch Gewerkschaften und Betriebsräte wahr.

Art. 18. (l) Die Republik schafft unter maßgeblicher Mitbestimmung der Werktätigen ein einheitliches Arbeitsrecht, eine einheitliche Arbeitsgerichtsbarkeit und einen einheitlichen Arbeitsschutz.

(2) Die Arbeitsbedingungen müssen so beschaffen sein, daß die Gesundheit, die kulturellen Ansprüche und das Familienleben der Werktätigen gesichert sind.

(3) Das Arbeitsentgelt muß der Leistung entsprechen und ein menschenwürdiges Dasein für den Arbeitenden und seine unterhaltungsberechtigten Angehörigen gewährleisten.

(4) Mann und Frau, Erwachsener und Jugendlicher haben bei gleicher Arbeit das Recht auf gleichen Lohn.

(5) Die Frau genießt besonderen Schutz im Arbeitsverhältnis. Durch Gesetz der Republik werden Einrichtungen geschaffen, die es gewährleisten, daß die Frau ihre Aufgabe als Bürgerin und Schaffende mit ihren Pflichten als Frau und Mutter vereinbaren kann.

(6) Die Jugend wird gegen Ausbeutung geschützt und vor sittlicher, körperlicher und geistiger Verwahrlosung bewahrt. Kinderarbeit ist verboten.

Die Verfassung der Deutschen Demokratischen Republik vom 7. Oktober 1949, in: Günther Franz (Hg.): Staatsverfassung, 3. Aufl., Darmstadt 1975, S. 273f.

Mit dem „Recht auf Arbeit" war eines der zentralen Anliegen der traditionellen Industriearbeiterschaft aufgenommen worden, das die geschichtliche Erfahrung mit den persönlich und sozial ruinösen Folgen von Arbeitslosigkeit zukünftig verhindern sollte. Zugleich fällt auf, dass die Verfassung der DDR von 1949 in Artikel 16 Aussagen zur Sozialpolitik enthielt, obwohl dem ideologischen Selbstverständnis zu Folge im Sozialismus Sozialpolitik „(...) sachlich als systematischer Widerspruch und terminologisch als Pleonasmus" galt. Denn „der Sozialismus als soziale Ordnung in politischer Bewegung *war* Sozialpolitik im umfassendsten Sinn und bedurfte mithin nicht gesonderter sozialer Politiken für bestimmte Problemgruppen und Problemlagen." Sozialpolitik erfolgte quasi hinter dem eigenen Rücken. Erst in den 1960er Jahre kam es hier zu einem Umdenken. Artikel 35 der neuen Verfassung sicherte nun „eine umfassende Sozialpolitik" zum Schutz der Gesundheit und Arbeitskraft zu. Auch in der Verfassung von 1974 wurde diese Passage übernommen. Parteioffiziell wurde damit eingestanden, dass es soziale Gefährdungen und Ungleichgewichte gab, die „nach kontinuierlicher Bearbeitung mit einer durch die Besonderheit ihrer Ziele und Mittel aus der allgemeinen Gesellschaftspolitik herausgehobenen Sozialpolitik verlangten."[85] Dabei stellte das System der sozialen Sicherung der DDR eine Mischung eigener Art aus Elementen des sowjetischen Systems, dann aber auch der Bismarckschen Sozialpolitik dar.

In der DDR hatte sich ein Sozialsystem etabliert, dass auf folgenden fünf Säulen beruhte:

1. Den *Betrieben* oblagen – dem sowjetischen System folgend – neben der allgemeinen Beschäftigungssicherung („Recht auf Arbeit") weitgehende soziale Aufgaben, vom betrieblichen Kindergarten über Jugendbetreuung, Familienferien, soziale Dienste bis hin zur Seniorenbetreuung. Die Kosten für diese sozialen Leistungen wurden entweder gar nicht oder nur im allgemeinen, staatlichen Planungswesen berücksichtigt, nicht aber über Löhne, Steuern, Preise und Abgaben finanziert.
2. *Grundnahrungsmittel und Dienstleistungen* des allgemeinen Grundbedarfs wurden vom Staat aus Steuermitteln so stark subventioniert, dass mit relativ geringen finanziellen Mitteln die Grundexistenz gesichert werden konnte, wenngleich wie bei den Wohnungen, Verkehrsmitteln etc. die Qualität sehr niedrig anzusetzen war. Bestimmte *soziale Leistungen* (Gesundheitsleistungen, soziale Dienste) waren frei und konnten von jedem nachgefragt werden. Bei fachlich hohem Ausbildungsstand der diese Dienste Erbringenden blieben allerdings die Qualität und Erreichbarkeit von Arzneimitteln, Heil- und Hilfsmitteln häufig unbefriedigend. Umgekehrt waren Konsumgüter höherer Qualitätsstufe entweder überhaupt nicht oder nur nach langen Wartezeiten und zu hohen Kosten zu erwerben (Südfrüchte, „Trabi" etc.).
3. In Abweichung vom sowjetischen Vorbild und stärker der deutschen Tradition verbunden, wurden weiterhin Beiträge zur Sozialversicherung erhoben. Diese waren zweckgebunden, allerdings bestand kein echter Kausalkontext zwischen Beitragsaufkommen und Leistungsaufwand. Die Sozialversicherung – eine Einheitsversicherung, wenngleich organisatorisch wieder differenziert nach Arbeitern bzw. Angestellten einerseits und Bauern, Handwerkern und Selbständigen andererseits – war für alle sozialen Leistungen zuständig. Sie sicherte den Bewohnerinnen und Bewohnern u.a. eine *Mindestrente*, die infolge des subventionierten Grundbedarfs sehr wohl existenzsichernd war, aber nicht ausreichte, um den Wunsch nach zusätzlichem ‚Luxus' zu befriedigen. Seit 1968 war es möglich, durch zusätzliche Beiträge eine individuelle äquivalenzorientierte *Zusatzversicherung* abzuschließen. Damit wurde der Sache nach das Bismarcksche Konstrukt einer Basisrente plus einer Zusatzrente wiederhergestellt. Eine Arbeitslosenversicherung war angesichts des hohen Arbeitskräftebedarfs ohne Bedeutung, sie wurde deshalb 1978 abgeschafft; Sozialhilfeausgaben beschränkten sich auf ganz wenige Fälle, da hier ebenfalls betriebliche und andere Kollektive häufig vorher einsprangen.

---

85 Volker Hentschel: Geschichte der deutschen Sozialpolitik (1880-1980), Frankfurt am Main 1983, S. 216f.

4. Alle Leistungen trugen der sozialistischen Ideologie Rechnung, dass die DDR ein *Staat der Werktätigen* sei: In Umkehrung der Vorstellungen in marktwirtschaftlichen Systemen, wonach die bildungsstandorientierte Leistung Voraussetzung für die Entlohnung und die daran gekoppelten Sicherungssysteme ist, erfolgte im Sozialsystem der DDR eine positive Sanktionierung der (physischen) Arbeitskraft. Den Arbeitern standen höhere Löhne und höhere Sozialleistungen als akademischen Berufsgruppen zu. Neben diesen – im Sinne der Staatsideologie – gestuften Absicherungen gegen die allgemeinen sozialen Risiken gab es – den Vorstellungen Lenins von einer *Avantgarde des Proletariats* folgend – ein fast schon wieder feudales, hierarchisch stark gestuftes System *sozialer Privilegien*, von der einmaligen Möglichkeit in einem Devisenladen einzukaufen bis hin zum Privileg, ständig West-Waren beziehen zu dürfen. Es gab auch Zusatzrenten für bestimmte Kader und ausschließlich zu deren Versorgung vorbehaltene Einrichtungen etwa des Gesundheitswesens, für Ferienaufenthalte etc. Es war nicht zuletzt diese nicht einmal mehr heimlich betriebene Abstufung bei der Belohnung, beim Konsum, der gesundheitlichen Versorgung, Alterssicherung und schließlich der Genehmigung von Reisen ins ‚kapitalistische' Ausland (‚Reisekader'), die die Vorstellung von einer sozialistischen Transformation zur Farce verkommen ließ.
5. Nicht wenige Einzelregelungen bewirkten eine *Integration von Personengruppen* auf einem Niveau, das zwar gemessen an westdeutschem Standard quantitativ unzureichend, dem Grunde nach aber qualitativ durchaus beachtlich war. Dazu gehörte die Mindestrente für Personen, die auf Grund einer Behinderung nicht in der Lage waren, ein eigenes Einkommen zu erwirtschaften ebenso wie familienergänzende Hilfen, insbesondere bei der Vereinbarkeit von Familie und Beruf, darunter großzügige Regelungen nicht zuletzt für Frauen mit Kindern sowie Freizeitangebote, auch wenn diese im Regelfall mit politischen Zielen der Staats- und Parteiführung verbunden waren.

Wie in den anderen Ostblockländern stießen die Errungenschaften der sozialen Sicherung in der DDR in den 1960er und 1970er Jahre zunächst auf eine mehr oder weniger stark ausgeprägte Akzeptanz. Insbesondere Frauen hatten aufgrund längerer Erwerbstätigkeit relativ gesehen eine insgesamt bessere Absicherung im Alter als ihre westdeutschen Geschlechtsgenossinnen. Allerdings teilten die Frauen in Ost und West das gemeinsame Schicksal, dass bei ihnen Erwerbstätigkeit letztlich Mehrbelastung neben der ihnen weiterhin obliegenden Familienarbeit bedeutete, in der DDR noch durch eine weitere im Bereich des gesellschaftlichen Engagements verstärkt. Das soziale Sicherungsniveau wie insgesamt das der Versorgung breitester Bevölkerungskreise war im Vergleich zu anderen sozialistischen Ländern zwar deutlich besser, aber nicht nur im Vergleich zu Westdeutschland eher gering.

. . .

Die starken Einbrüche in der ostdeutschen Wirtschaft machten mit Gründung der fünf neuen Länder im Jahr 1990 die Einführung einer Arbeitslosenversicherung notwendig, die dann am 3. Oktober 1990 nach dem Beitritt zur Bundesrepublik Deutschland durch die Regelungen des *Arbeitsförderungsgesetzes* ersetzt wurde. Die DDR-*Renten* wurden in Schritten auf das bundesdeutsche System umgestellt. Es wurde gleichsam ex post die vorhandene Erwerbsbiographie entsprechend der in Westdeutschland gültigen Rentenformel neu berechnet. Die Sondersysteme etwa für Mitglieder der Staatssicherheit und anderer Träger der DDR-Staatsgewalt wurden erst nach einer Entscheidung des Bundesverfassungsgerichtes ganz oder teilweise in die Rentenversicherung überführt. Auch das DDR-Gesundheitssystem wurde aufgelöst: Es wurden Praxen niedergelassener Ärzte, solche für andere Heil- und Hilfsberufe, private Apotheken, Krankenkassen, Kurzentren u.a.m. gegründet. Angesichts des insgesamt gemessen am Westniveau niedrigeren Lohnniveaus und Beitragsaufkommens sollten nach Vorstellung der Regierung auch die privaten Anbieter eine niedrigere Honorierung erfahren: Die (west-)deutsche Pharmaindustrie, mit diesem Ansinnen des Sozialministers Blüm konfrontiert, inszenierte so lange Lieferschwierigkeiten in Ostdeutschland, bis diese Regelung gekippt war. Der Versuch, mit der Pharmaindustrie einen zentralen westdeutschen Anbieter im Gesundheitswesen in diese Logik einzubinden, endete damit, dass der Bundessozialminister *Norbert Blüm* der Verantwortung für den Sektor Gesundheit enthoben und ein eigenständiges Gesundheitsministerium gegründet wurde, das diese Pläne nicht weiter verfolgte.

In Ostdeutschland erhielt der einzige in der DDR zugelassene Wohlfahrtsverband, die *Volkssolidarität*, Konkurrenz durch die in Westdeutschland agierenden Wohlfahrtsverbände. Immerhin durfte die Volkssolidarität unter den Mantel des Paritätischen Wohlfahrtsverbandes schlüpfen und existiert damit weiter.

Nach nur wenigen Jahren spiegelt der Sozialstaat in Ostdeutschland exakt die Struktur des westdeutschen wider, nur dass er zunächst *graduell* gegenüber Letzterem vom Leistungsniveau her niedriger ausgefallen war. In einzelnen Bereichen ist der Abstand zum Westen stark geschmolzen, teils ganz aufgehoben. Bei den Rentenempfängern liegt das durchschnittliche Rentenniveau im Osten sogar leicht höher, doch findet hier wie auch bei anderen Leistungen insgesamt nach wie vor ein beachtlicher West-Ost-Transfer statt. Dieses dürfte sich angesichts der Entwicklung auf dem Arbeitsmarkt in absehbarer Zeit auch nicht ändern.

2.6 Sozialpolitik im europäischen Mehr-Ebenen-Sozialstaat (1980er Jahre bis zum Beginn des 21. Jahrhunderts)

Ansätze einer europäischen Sozialpolitik

Der deutsche Sozialstaat war und ist in sich gestuft: Das zu Beginn des 19. Jahrhunderts verankerte Prinzip der kommunalen Selbstverwaltung führte insgesamt zu einer stark ausgebauten kommunalen Sozialstaatlichkeit. Diese bezieht sich insbesondere auf das System der Mindestsicherung, der Jugendhilfe sowie auf eine Vielzahl sozialer Dienste und sozialer Einrichtungen einschließlich des kommunalen Wohnungsbaus und kommunaler Gesundheits- wie Sportförderung. Diesem kommunalen Sozialstaat gegenüber hat der föderale Sozialstaat, beginnend mit der Bismarckschen Politik, stark an Gewicht gewonnen, heute bestehend zunächst aus dem Bund mit Kompetenzen insbesondere bei den zentralen sozialen Sicherungssystemen. Dazwischen ist den Bundesländern die Aufgabe zugewachsen, gleichsam als Scharnier zwischen zentralem und dezentralem Sozialstaat zu vermitteln, sei es im Rahmen zustimmungspflichtiger Gesetze durch den Bundesrat, sei es über Regelungen im Bund-Länder-Finanzausgleich einschließlich der Mitgestaltung der kommunalen Finanzen. Daneben haben die Bundesländer Kompetenzen bei überörtlichen kommunalen Sozialaufgaben einschließlich der Verabschiedung von Ländergesetzen, Verordnungen u.a.m. Diese Dreistufigkeit ist mit der Gründung der Europäischen Wirtschaftsgemeinschaft und deren Fortentwicklung bis hin zur Europäischen Union durch eine vierte Stufe erweitert worden.

Die *Sozialpolitik der Europäischen Union* geht auf den Gründungsvertrag der Europäischen Wirtschaftsgemeinschaft (EWG) von 1957 zurück. Bereits bei seiner Aushandlung wurde die Notwendigkeit einer *Konvergenz* bzw. *Harmonisierung* (Annäherung) der mitgliedstaatlichen Sozialpolitiken in Folge der schrittweisen Schaffung eines gemeinsamen Wirtschaftsraumes kontrovers diskutiert. Während die französische Regierung, in Sorge um die Wettbewerbsfähigkeit ihrer Industrie angesichts eines vergleichsweise stark ausgebauten Sozialstaates, Schritte in Richtung sozialer Mindeststandards oder Standardisierung (Vereinheitlichung) forderte, lehnte die deutsche Regierung dies mit dem Argument ab, dies überfordere die durch Krieg und Nachkriegszeit geschwächte deutsche Wirtschaft.

Der EWG-Vertrag sah schließlich die schrittweise Verwirklichung der Wirtschaftsgemeinschaft über die *vier Freiheiten*: Freizügigkeit von Waren, Kapital, Dienstleistungen und Personen innerhalb der Gemeinschaft sowie die Gleichbehandlung von Männern und Frauen in der Arbeitswelt vor. Zusammen mit den Gemeinschaftsregelungen zum Gesundheitsschutz und zur Sicherheit am Arbeitsplatz bilden die Gleichstellung der Geschlechter und die sozialrechtliche Absicherung der Arbeitnehmerfreizügigkeit („Wanderarbeiter“) bis heute die vornehmlichen Felder der Sozialpolitik der EU. Die Ausgestaltung (Träger, Finanzierung, Leistungsumfang) der Sozialversicherungs- und Sozialhilfesysteme sowie der Systeme sozialer Dienstleistungen verblieb dagegen als leistungsrechtlicher Kern weitgehend in der Kompetenz der Nationalstaaten.

Die Europäische Kommission wollte aber neben dem Ausbau der ökonomischen Integration immer auch eine Angleichung zumindest der Mindeststandards im sozialen Bereich innerhalb der Union erreichen. Dem dienten u.a. eine Reihe von Verordnungen, Richtlinien, Empfehlungen und Programmen. Im Frühjahr 2000 einigten sich die Regierungschef auf ihrer Sitzung des Europäischen Rats in Lissabon auf das Ziel, die EU bis zum Jahr 2010 wissensbasiert zum wettbewerbsfähigsten und dynamischsten Wirtschaftsraum der Welt auszubauen und dabei neben der Förderung eines dauerhaften Wirtschaftswachstums auch die Beschäftigung und den sozialen

Zusammenhalt zu stärken (*Lissabon-Strategie*) . So sollten im Bereich sozialen Zusammenhalts seitens der nationalen Regierungen Nationale Aktionspläne gegen Armut und soziale Ausgrenzung/zur sozialen Eingliederung (NAPincl.) erstellt, damit programmatische Vorgaben formuliert und schließlich über deren Umsetzung berichtet werden. Die Europäische Kommission hat diese Berichte im Rahmen einer *Offenen Methode der Koordination* bewertet und dann in gemeinsamen Berichten zusammengefasst.

Im Zuge einer Halbzeitbewertung hat der Europäische Rat 2005 beschlossen, die Lissabon-Strategie stärker auf Wachstum und Beschäftigung zu fokussieren und den Prozess zur sozialen Eingliederung mit gleichgerichteten Vorhaben in den Bereichen des Gesundheitswesens/der Pflege und der Alterssicherung im Rahmen eines sogenannten Streamlining zusammenzufassen. Dabei wird nun noch stärker als bislang der Zusammenhang zwischen sozialer Integration und der Integration in den Arbeitsmarkt in den Vordergrund gestellt. Dieses seitdem praktizierte Verfahren soll Rückwirkungen auch auf den nationalen Politikdiskurs haben, insofern der Zusammenhang zwischen den einzelnen sozialen Politikfeldern und der Arbeitsmarktpolitik stärker in den Blickfeld geraten soll. Kritiker allerdings befürchten, dass damit der Aspekt der sozialen Integration stärker noch als bislang schon auf die Eingliederung in den Arbeitsmarkt enggeführt wird und Personen und Personenkreise, die jetzt und in absehbarer Zeit keine Chancen auf dem Arbeitsmarkt haben, letztlich aus dem Blickfeld verschwinden.[86]

Am 1. Dezember 2009 ist ein neuer EU-Vertrag von Lissabon in Kraft getreten. Die Europäische Union bleibt damit einerseits mehr als ein Staatenverbund (inzwischen hat sie sogar Rechtspersönlichkeit und kann damit internationale Verträge abschließen), andererseits bleibt sie weniger als ein Bundesstaat (sie besitzt selbst keine eigenständige Souveränität, sondern bezieht ihre Kompetenzen aus dem zugrunde liegenden Vertragswerk). Allerdings bedarf es künftig in deutlich weniger Fällen der Einstimmigkeit bei Beschlüssen im Ministerrat; an deren Stelle tritt eine sogenannte qualifizierte Mehrheit (Zustimmung von mindestens 55 Prozent der Mitgliedstaaten; die zustimmenden Staaten müssen zusammen mindestens 65 Prozent der Bevölkerung repräsentieren). Auch wenn der Kernbereich der Sozialen Sicherung nach wie vor in nationaler Verantwortung bleiben wird, stellt keineswegs bloß der Auftrag an die EU, den sozialen Zusammenhalt in den Mitgliedsländern zu befördern, eine indirekte Steuerung auch nationaler Politik dar. Mindestens ebenso wichtig sind finanzwirtschaftliche und wettbewerbsrelevante Kompetenzen (Geldwertstabilität, Verschuldungsgrenzen, Ansätze einer Harmonierung im Steuerrecht, Regelungen im Wettbewerbsrecht etc.). Als Anschluss an die Lissabon-Strategie, die im Jahr 2010 ausgelaufen ist, haben die Mitgliedstaaten der EU unter dem Titel *EUROPA 2020: Eine Strategie für intelligentes, nachhaltiges und integratives Wachstum* aktuell die Zielvorgaben für die nächsten zehn Jahre bestimmt.

86 Siehe hierzu ausführlich 5. Kapitel

Rot-Grün 1998 – 2005: „Wir wollen nicht alles anders, aber vieles besser machen!“

Der Regierungswechsel im Jahr 1998 von der christlich-liberalen zur rot-grünen Bundesregierung verband sich in weiten Teilen der Bevölkerung mit der Hoffnung auf eine *ökologisch-soziale Wende*. So wurden denn auch sozialpolitische Einschnitte der Vorgängerregierung revidiert (z.B. Rücknahme des demografischen Faktors in der Rentenformel), zugleich mit der am 1. April 1999 in Kraft gesetzten und im April 2004 vom Bundesverfassungsgericht als rechtmäßig anerkannten *Ökosteuer* ein neues sozialpolitisches Steuerungsmodell eingeführt. Sie wird auf den Verbrauch von Kraftstoffen und Strom erhoben, ihr Steueraufkommen in den Haushalt der Gesetzlichen Rentenversicherung überführt. Systematisch betrachtet ist sie der Versuch, *ökologische* (Reduktion des Energieverbrauchs) mit *ökonomischen* und *sozialpolitischen* Zielen (Stabilisierung der Beitragssätze in der GRV; Senkung der *Lohnnebenkosten*) zu verbinden.

Daneben wurde 1999 in einem gemeinsamen Papier des Labour-Premiers in Großbritannien, *Tony Blair*, und des damaligen Vorsitzenden der SPD und Bundeskanzlers, *Gerhard Schröder*, der Anspruch formuliert, eine „Politik des Dritten Weges und der Neuen Mitte“ zu suchen.[87] In einer Phase geschrieben, als in fast allen Ländern der Europäischen Union Sozialdemokraten regierten, sollte das *Schröder-Blair-Papier* auf nationalstaatlicher Ebene Alternativen zwischen Neoliberalismus und staatlicher Überregulierung beschreiben. Nicht genutzt wurde das kurze Zeitfenster für Schritte in Richtung einer sozialdemokratisch orientierten teilweisen Europäisierung des Sozialstaates. Im Gegenteil: Die im Schröder-Blair-Papier beschriebene „angebotsorientierte Agenda für die Linke“ warf vielmehr die Frage nach einer neuen argumentativen Klammer für den Anspruch auf Sicherstellung sozialer Gerechtigkeit unter den Bedingungen einer restriktiven Sozialpolitik im Wettbewerb nationaler Sozialordnungen auf. Mehr „eigene Anstrengung und Verantwortung“ wurden zur Leitschnur „realitätstauglicher Antworten auf neue Herausforderungen in Gesellschaft und Ökonomie.“[88] Mit der liberalen Zuschreibung, dass Geldleistungen Armutskreisläufe verfestigen, wurde die Frage nach Gerechtigkeit und Teilhabe in wachsenden Teilbereichen von Verteilungsfragen abgekoppelt und der Weg für eine stärkere Individualisierung sozialer Risiken freigemacht.

Nachdem einige Reformschritte auf den Weg gebracht wurden, insbesondere durch Initiativen zur Stärkung zivilgesellschaftlicher Strukturen, zur Angleichung der Stellung homosexueller Partnerschaften an traditionelle Ehen, zur Einführung einer Grundsicherung im Alter und bei dauerhafter Erwerbsunfähigkeit sowie zur Verbesserung der Vereinbarkeit von Familie und Beruf, versuchte die Bundesregierung seit Jahresanfang 2003 verstärkt die Wirkungen von Sozialleistungen bezogen auf ihre

87 Gerhard Schröder und Tony Blair: Der Weg nach vorne für Europas Sozialdemokraten, in: Frankfurter Rundschau vom 10. Juni 1999, S. 18

88 Ebenda

Beschäftigungswirksamkeit in einem kombinierten *Konzept des Förderns und Forderns* neu zu justieren.

In einer Debatte des Deutschen Bundestages am 14. März 2003 stellte die damalige Führerin der größten Oppositionspartei (CDU/CSU), *Angela Merkel*, fest, die Bundesrepublik Deutschland stehe „an einem historischen Scheideweg“, an dem sich zeige, ob Deutschlands Wirtschaft und Gesellschaft auch in Zukunft noch wettbewerbs- und innovationsfähig sei.[89] Durch das Gemeinwesen müsse endlich ein „Ruck“ gehen, den der vormalige Bundespräsident *Roman Herzog* schon vor einigen Jahren gefordert hatte. Wie am Ende der 1920er Jahre sollte nun versucht werden, Einnahmen und Ausgaben des Sozialstaats in kalkulierbarer Weise auszubalancieren. Nach ersten Versuchen am Ende der konservativ-liberalen Regierung wurde dieses mit der *Agenda 2010* aus dem Jahr 2003 Programm der im Jahr 2002 vom Wähler bestätigten rot-grünen Regierung.[90] Die *Agenda 2010* ist von ihrer Proklamation bis zur Verabschiedung als Prüfstein hochstilisiert worden, ob diese Gesellschaft überhaupt noch in Lage sei, sich zu bewegen.

Einzelne Schritte zum *Umbau des Sozialstaates* schlossen sich an. Zum einen wurde versucht, dem Prozess gegenzusteuern, dass mit der sinkenden sozialen Relevanz des Normalarbeitsverhältnisses, also dem Rückgang von Vollzeitbeschäftigung einschließlich Sozialversicherungspflichtigkeit und dessen partiellem Ersatz durch die Ausweitung geringfügiger Beschäftigung bzw. Scheinselbständigkeit, die Einnahmen der Sozialversicherungen schrumpfen, während die Ausgaben zumindest konstant bleiben, wenn nicht sogar noch steigen. Hier wurde eine Regelung verankert, wonach – nunmehr Mini- und Midijobs genannte – geringfügige Beschäftigungsverhältnisse mit einer – wenn auch geringen – Abgabepflicht belegt werden. Parallel dazu wurde mit der privaten Riester-Rente eine zusätzliche Einnahmequelle und Sicherungsinstanz parallel zur öffentlich-rechtlichen Alterssicherung aufgebaut. Mit dem *GKV-Modernisierungsgesetz* von 2004 wurde nicht nur die Rückverlagerung eines Teils der Kosten im Gesundheitswesen auf die Privathaushalte fortgesetzt (z.B. *Praxisgebühr*), sondern auch der Grundsatz der paritätischen Beitragsfinanzierung erstmalig aufgegeben; ein Teil der Kosten wird seitdem nur noch von den Arbeitnehmern getragen.

Auch die Alterssicherung wurde in z.T. widersprüchlicher Weise ‚reformiert‘. So leistet einerseits die im Jahr 2002 geschaffene und 2005 als 4. Kapitel in das SGB XII *Sozialhilfe* integrierte *Grundsicherung im Alter und bei dauerhafter Erwerbsminderung* (GsiG) einen Beitrag zum Abbau ‚verschämter‘ Armut im Alter. Betroffene mit einer öffentlich-rechtlichen Rente unterhalb des Sozialhilfeniveaus werden automatisch vom Rentenversicherungsträger auf die Möglichkeit ergänzender Sozialhilfe aufmerksam gemacht. Großzügige Regelungen bei der sog. Familiensubsidiarität, also der Heranziehung von Angehörigen ersten Grades in direkter Linie, sollen helfen, die sog. *Dunkelziffer der Armut* bei älteren Menschen zu senken. Andererseits

89 Deutscher Bundestag, Stenographischer Bericht der 32. Sitzung am 14. März 2003, S. 2493ff.
90 Ebenda

wurde der zuvor gerade erst abgeschaffte ‚demografische Faktor'in der Gesetzlichen Rentenversicherung nun in Gestalt eines ‚*Nachhaltigkeitsfaktors*' wieder eingeführt, wodurch die zukünftige Entwicklung der Rentenhöhe nicht nur von der Lohnentwicklung, sondern auch vom Verhältnis zwischen Beitragszahlern und Rentenempfängern abhängig gemacht wird. Damit ist de facto eine Absenkung des zukünftigen Rentenniveaus festgeschrieben worden. Trotz aller politischen Eingriffe bleibt das strukturelle Problem, nämlich die wachsende Schere zwischen tendenziell sinkenden Einnahmen bei steigenden Ausgaben im sozialen Sicherungssystem. Denn dieses ist derzeit und in absehbarer Zeit weitaus weniger demografisch bedingt, sondern Folge der hohen Massenarbeitslosigkeit auch und gerade in Ostdeutschland.

Die rot-grüne Koalition hat eine nationale Armuts- und Reichtumsberichtberichterstattung nicht nur eingeführt, sondern auch dann beibehalten, als diese politisch unangenehme Entwicklungen während der Zeit eigenen Regierungshandelns aufzeigte (bislang 2001, 2005 und 2008). Daneben stehen eine Reihe weiterer Beispiele für eine insgesamt stärker partizipative, evaluierende Begleitung sozialpolitischer Gesetzgebungsprozesse (Hartz-Monitoring, Berichte zur Umsetzung und Wirkung des Grundsicherungsgesetzes, Evaluation der Inanspruchnahme von Elternzeit etc.), in die verstärkt auch Nichtregierungsorganisationen und Wohlfahrtsverbände einbezogen werden. Auch die stärkere Orientierung hin auf Dienst- statt Geldleistungen in der Sozialpolitik von Rot-Grün ist nicht einfach als Abbau von sozialen Rechten zu beschreiben. Der Anspruch zur Intensivierung der Qualifizierungs- und Vermittlungsbemühungen als Kern des Hartz-Konzepts ist ebenso wenig bloß wirtschaftsliberal, wie der Ausbau von Tageseinrichtungen und Tagespflege für Kinder unter drei Jahren sowie von Ganztagsangeboten für Schulkinder.

Melange aus Veränderungswillen und Sicherung sozialer Rechte: Die zweite große Koalition 2005-2009

Glaubt man der Selbstwahrnehmung der tradierten politischen Parteien, hatten die wahlberechtigten Bürgerinnen und Bürger nach der überraschenden Selbstaufgabe der rot-grünen Koalition mit der vorgezogenen Bundestagswahl am 18. September 2005 die Gelegenheit zur ökonomischen, sozialen und ökologischen Richtungsentscheidung. Ein Lagerwahlkampf wurde inszeniert, in dem CDU/CSU und FDP nicht zuletzt durch das ‚Flat-tax-Projekt' des als Finanzminister vorgesehenen *Paul Kirchhof* als Koalition der neoliberalen Modernisierer auftraten, während sich SPD und Bündnis 90/Die Grünen als Mittler zwischen versorgungsstaatlicher Bewahrung und gesellschaftlicher Modernisierung präsentierten. Das Wahlergebnis selbst lieferte dann weder dem einen noch dem anderen Lager eine hinreichende Legitimationsbasis. Es war vielmehr Ausdruck einer tiefen Verunsicherung in der Bevölkerung über den weiteren politischen Kurs. Angesichts dieser politischen und ideellen Konstellation gab es weder eine hinreichende Wechselstimmung für ein konservativ-liberales noch für ein linkes gesellschaftliches Reformprojekt. Herausgekommen ist die zweite große Koalition in der Geschichte der Bundesrepublik.

Diese Regierungskoalition hat sich der großen Themen Alterssicherung und Gesundheitspolitik zugewandt. Das Argument demografischer Veränderungen in der Zukunft diente und dient als Begründung für die Suche nach restriktiveren Leistungsvoraussetzungen auch im Sozialen. So wurde aus der Tatsache, dass die Lebenserwartung der Bürgerinnen und Bürger weiterhin steigt (*demografischer Wandel*), geschlussfolgert, dass die *Altersgrenze für Rentner* allmählich von bislang 65 auf dann 67 Jahre angehoben wird. Angesichts des zum Zeitpunkt der gesetzlichen Neuregelung im Jahr 2007 tatsächlichen Rentenzugangsalters bedeutet diese Neuregelung im Schnitt eine deutliche Minderung des tatsächlichen Rentenniveaus. Um die zunächst sehr niedrigen Beschäftigungsquote älterer Arbeitnehmer – im Jahr 2000 ca. 38 Prozent – anzuheben, hat die Bundespolitik erfolgreich Programme aufgelegt, die die Erwerbstätigkeit gerade der über 55-Jährigen steigern und so die Abschläge bei den Renten minimieren sollen. Gleichwohl ist diese Neuregelung insbesondere in der Wählerschaft der SPD auf großes Unverständnis gestoßen. Hinzu kam, dass als Folge sinkender Nettolöhne eigentlich auch die Renten mehrfach hätten nominell gekürzt werden müssen. Dieses hätte eine Schmälerung der Haushaltseinkommen der Rentner bzw. Rentnerinnen bedeutet. Die große Koalition legte fest, dass es in Zukunft maximal zu Null-Runden, nicht aber zu nominellen Absenkungen der Renten kommen dürfte (Rentengarantie). Es ist geplant, die dadurch entstehenden Kosten zu einem späteren Zeitpunkt auszugleichen.

Beide Koalitionspartner waren sich zwar darin einig, dass die *Gesetzliche Krankenversicherung* gründlich reformiert werden solle, allerdings bestand Dissens über den einzuschlagenden Weg einer zukunftssicheren Finanzierung. Die Koalition hat sich auf einen Kompromiss geeinigt, der seit dem 1. Januar 2009 in Kraft getreten ist. Es bleibt zwar bei einer Beitragsleistung entsprechend der Einkommenshöhe (nur Erwerbsarbeit), doch wird dieser Beitrag in den Gesundheitsfonds eingespeist. Aufgestockt durch Steuergelder als Ausgleich für soziale Tatbestände steht dieser Fonds dann bereit für die Refinanzierung der Gesetzlichen Krankenversicherungen. Die paritätische Finanzierung in der GKV wird gelockert, ein Teil der Aufwendungen wird nur von den Versicherten übernommen, so auch mögliche Aufstockungsbeiträge, die von den Kassen bei Bedarf zusätzlich erhoben werden dürfen. Die SPD konnte sich zwar nicht mit ihrer Forderung durchsetzen, die Privaten Krankenversicherungen mit in diesen Solidarverbund aufzunehmen, doch erreichte sie, dass nunmehr eine 100-prozentige Versicherungspflicht für alle Bürgerinnen und Bürger besteht.

Ein weiteres wichtiges Reformprojekt war es, mit dem *Kindertagesstätten-Ausbaugesetz* bis zum Jahr 2013 (ab da gilt ein Rechtsanspruch) das Angebot an Betreuungsplätzen für Kinder unter drei Jahren erheblich zu steigern (angestrebte Versorgungsquote: ca. ein Drittel). Außerdem sollen Kindertagsstätten vermehrt ganztägig geöffnet sein. Diese Regelungen zielen, wie das im Jahr 2007 eingeführte *Elterngeld* darauf, insbesondere qualifiziert ausgebildeten Frauen die Option zu eröffnen, Familie und Erwerbsarbeit besser zu vereinbaren.

Die Bundespolitik stand zugleich unter dem Vorzeichen, die Staatsverschuldung u.a. mit Blick auf die 3-Prozent-Schuldengrenze der Euro-Währungsunion zurückzuführen und einen ausgeglichenen öffentlichen Haushalt zu bekommen. Dieses geschah einerseits durch eine Erhöhung der *Mehrwertsteuer* und mehr symbolisch als substantiell auch mit der Einführung einer sogenannten ‚*Reichensteuer*', also der Erhöhung der privaten Einkommensteuer für Jahreseinkommen ab 250.000/ 500.000 EUR um 3 Prozentpunkte auf 45 Prozent. Dem Ziel, die Arbeit zu entlasten, diente sodann die Absenkung der Beiträge zur Arbeitslosenversicherung.

Die mit großem Stolz bilanzierte Einnahmen- und Ausgabenpolitik und das Ziel vor Augen, ab 2011 ausgeglichene Haushalte vorzulegen, wurde sogar das Grundgesetz geändert. Ab 2011 müssen die Gebietskörperschaften ihre Neuverschuldung allmählich zurückführen; ab dem Jahr 2020 darf der Bund nur in Ausnahmefällen, dürfen die Länder überhaupt keine öffentliche Schulden mehr machen (Artikel 143 d, Absatz 1 Grundgesetz). Übersehen wurden allerdings erste deutliche Anzeichen einer weltweiten Finanzkrise, die auch die Mitgliedstaaten der Europäischen Union einschließlich Deutschland in ihren Strudel gezogen hat. Weltweite Absprachen über zukünftige bessere Kontrollen im Finanz- und Bankenwesen blieben bislang weitgehend Absichtserklärungen. Tatsächlich aber haben die öffentlichen Hände in allen relevanten Wirtschaftsnationen innerhalb der Triade milliardenschwere Finanzspritzen auf Pump in den Finanzkreislauf fließen lassen. Die große Koalition, zuvor häufig im Dilemma ihren Sparkurs durchzusetzen, vergab großzügig Finanzzusagen, übernahm private Schulden, verstaatlichte eine Bank und stabilisierte die Nachfrage durch Konjunkturprogramme. Durch Ausweitung der Regelungen beim Kurzarbeitergeld – Übernahme von Kosten bei vorübergehender betriebswirtschaftlich notwendiger Arbeitszeitreduzierung – konnte verhindert werden, dass die Folgen dieser Finanzkrise etwa beim Einbruch der Exporte sich unverzüglich in einer steigenden Arbeitslosigkeit niederschlagen.

Führte diese Krise einerseits zu einem engeren Schulterschluss zwischen den Regierungen der Europäischen Union, suchten gleichwohl auch die einzelnen Mitgliedstaaten weiterhin Standortpolitik über sinkende Belastungen des Faktors Arbeit zu erreichen, indem etwa nationale Förderungsprogramme vor allem der nationalen Wirtschaft zukommen sollen (prominentes Beispiel die Standortpolitik von Opel in Europa) und indem Lohn- und Lohnnebenkosten auf jeweils nationaler Ebene abgesenkt werden. Sozialpolitik findet folglich mehr denn je in dem sich enger aufeinander beziehenden *Sozialraum Europa* statt, wenngleich die eigentliche Handlungsebene der nationale Sozialstaat geblieben ist. Doch diese Verschiebung der Ebenen der Zuständigkeit und beim Handeln zwischen EU und nationalen Sozialstaaten ist es, die offensichtlich Raum für eine gleichgerichtete wirtschaftsliberale Umorientierung der Sozialpolitik im Sozialraum Europa geschaffen hat und von daran Interessierten dazu auch instrumentalisiert wird. Zugleich aber formuliert sich dagegen Widerstand.

„Wachstum, Bildung, Zusammenhalt" – Die neue Koalition aus Unionsparteien und FDP seit 2009

Die Sozialdemokratie hat seit Beginn ihrer Regierungstätigkeit auf Bundesebene von 1998 bis zum Herbst 2009 ca. zehn Millionen Wähler verloren. Teile ihrer Politik, insbesondere die Teilprivatisierung der Alterssicherung durch die sog. Riester-Rente, das Abgehen von der paritätischen Finanzierung der Gesetzlichen Krankenversicherung, die Neuordnung der Arbeitsmarktpolitik – hier vor allem die Regelungen für Langzeitarbeitslose („Hartz IV") – und schließlich die Rente mit 67 waren ihrer Wählerschaft immer weniger vermittelbar. Diese Entwicklung verschärfte sich seit 2008 noch einmal angesichts 3-stelliger Milliarden – Rettungsprogramme für die Finanzmärkte. Bei den Bundestagswahlen im September 2009 erreichte die SPD mit 23 Prozent ihr schlechtestes Ergebnis seit den ersten Bundestagswahlen im Jahr 1949. Die Unionsparteien schnitten zwar deutlich besser ab, doch stellte auch ihr Wahlergebnis einen Tiefpunkt bei der Zustimmung der Wähler und Wählerinnen dar. Nutznießer wurden die kleineren Parteien, hier insbesondere die FDP. Unionsparteien und FDP bildeten eine gemeinsame Koalition und stellten ihre Kooperation unter das Motto „Wachstum, Bildung, Zusammenhalt".

Die liberale Partei suchte recht schnell nach spürbaren Schritten im Sinne einer Stärkung privatwirtschaftlicher Initiativen durch Steuerentlastungen. Dabei kam es allerdings zwischen den neuen Koalitionspartnern zum Streit darüber, wie stark Steuerentlastungen der meist besser gestellten Bürgerinnen letztlich zu Lasten der breiteren Einkommensbezieher, vor allem aber der Bundesländer und der Kommunen gehen dürften und ob diese Steuerentlastungen etwa durch neue Schulden gegenfinanziert werden können.

Dabei hat eine Entscheidung des Bundesverfassungsgerichts vom 9. Februar 2010 diese Auseinandersetzung in der Bundesrepublik drastisch zugespitzt. Das Bundesverfassungsgericht stellte in einem Grundsatzurteil zwar nicht die Leistungshöhe, wohl aber das Zustandekommen der Regelsätze in der Grundsicherung für Arbeitssuchende (Sozialgesetzbuch II) in Frage. Insbesondere bei Kindern und im Bereich Bildung verwies das Gericht die Politik auf schwere Formfehler, so dass die Gesamtberechnung mit dem Grundgesetz nicht vereinbar sei und bis zum 31. Dezember 2010 nachgebessert werden müsse. Während nun die Parteien Bündnis 90/ Die Grünen, Die Linke und die SPD eine möglichst rasche Anhebung der Regelsätze forderten, stieß der Vorsitzende der FDP, *Guido Westerwelle*, eine Grundsatzdiskussion über den Sozialstaat, das Verhältnis von Sozialleistungen und Einkommenshöhe wie überhaupt zwischen Gebrauch und Missbrauch von Sozialleistungen an. Diese Grundsatzdebatte wurde in den Deutschen Bundestag getragen:

Auszug aus Debatte des Deutschen Bundestages am 25. Februar 2010

Dr. Guido Westerwelle, FDP:

Erstens. Als das Bundesverfassungsgericht entschieden hat, habe ich mitnichten das Bundesverfassungsgericht und seine Entscheidung und vor allen Dingen auch nicht diejenigen kritisiert, die ein schweres Schicksal haben. Was ich kritisiert habe, sind die Debattenbeiträge, die am Tag nach der Entscheidung des Bundesverfassungsgerichts erfolgt sind.

Die Tinte unter der Urteilsverkündung war noch nicht getrocknet, da haben Sie aus den Oppositionsfraktionen erklärt, jetzt habe sich das Thema der Entlastung der Bezieher kleinerer und mittlerer Einkommen erledigt. Ich habe darauf aufmerksam gemacht, dass das aus unserer Sicht ein Fehler ist, weil man alles, was man verteilen möchte, erst einmal erwirtschaften muss. Dabei bleibe ich auch.

Ich bleibe auch dabei: Wenn man nach einem solchen Urteil nur noch über die Verteilungsgerechtigkeit spricht und nicht mehr über die Leistungsgerechtigkeit, dann macht man einen Fehler in der Debatte. Leistung muss sich lohnen, und wer arbeitet, muss mehr als derjenige haben, der nicht arbeitet. Das werde ich heute sagen und auch morgen noch. (…)

Schließlich geht es natürlich um die Frage, was daraus für die Steuerpolitik folgt. Es geht um den Mittelstandsbauch. Aus unserer Sicht ist es absolut notwendig, dass wir die Aufnahme von Arbeit erleichtern, indem vor allen Dingen die Bezieher kleiner und mittlerer Einkommen bei Steuern und Abgaben entlastet werden.

Wer das vergisst, der sorgt dafür, dass in Deutschland die Leistungsungerechtigkeit wächst. Wenn sich Leistungsungerechtigkeit in Deutschland breitmacht, dann werden wir das Fundament unseres Sozialstaates verlieren. Wer Leistungsgerechtigkeit vergisst, wird als Erstes die soziale Gerechtigkeit verlieren.

Frau Kollegin Kramme und andere, Sie haben hier bemerkenswerte Beispiele erwähnt. Von Folter und Hexenjagd war die Rede. Ich lese, das sei ein Ausflug in eine rechte Politik. Ich möchte Ihnen als ein Liberaler in aller Offenheit und mit aller Klarheit zurückgeben: Wenn man in Deutschland Leistungsgerechtigkeit als rechtsradikal ansieht, dann zeigt das nur, welch linkes Gedankengut man mittlerweile im Kopf hat.

Anette Kramme, SPD

Liebe Kolleginnen und Kollegen, die Beiträge von Herrn Westerwelle zeigen, dass wir uns nicht im Zustand spätrömischer Dekadenz befinden, sondern eher im Zeitalter spätmittelalterlicher Hexenjagd. Da werden die Armen gegen die Armen in Stellung gebracht. (…)

Letztlich geht es doch um mehr als die reine Höhe von Hartz IV. Eine ernst gemeinte Debatte sollte sich darum drehen, wie man den Sozialfall vermeidet, statt darum, wie man die Betroffenen möglichst intensiv malträtiert. Das IAB[91] wird in den nächsten Wochen eine Studie veröffentlichen, die belegt, dass die individuelle Betreuung bei der Arbeitsvermittlung das Wichtigste ist, dass sie dazu führt, dass Menschen wieder in Arbeit kommen. Arbeitslosigkeit ist für Menschen eine existenzielle Bedrohung. Die Menschen können verlangen, dass sie gut und umfassend beraten werden, aber auch, dass sie aufgefangen werden

91 Institut für Arbeitsmarkt- und Berufsforschung der Bundesagentur für Arbeit.

durch die Arbeitsverwaltung. Stattdessen sperren Sie, meine Damen und Herren von Schwarz-Gelb, Stellen bei der Bundesagentur für Arbeit.

Ich sage auch: Das Einkommen der Kellnerin ist wie das Einkommen Millionen anderer Erwerbstätiger in der Bundesrepublik zu niedrig. Es ist zu niedrig, um eine angemessene Entlohnung für geleistete Arbeit darzustellen, und es ist zu niedrig, um die Binnennachfrage in der Bundesrepublik zu stützen.

Nun stellt man sich vielleicht die Frage, warum Herr Westerwelle solch einen Unsinn erzählt. Die Antwort ist einfach: Indem er auf die einschlägt, die von Regelsätzen leben müssen, lenkt er von der banalen Tatsache ab, dass die Löhne und Gehälter viel zu niedrig sind. (…) Wir brauchen einen gesetzlichen Mindestlohn. (…)

Der Umfang der Niedriglohnbeschäftigung liegt deutlich über dem der europäischen Nachbarländer und reicht an das Niveau in den USA heran. Wir brauchen eine Bekämpfung des Missbrauchs bei der Leiharbeit. Leider konnte man sich in den letzten vier Jahren nicht entscheiden, da etwas zu tun.

Wir wollen auch, dass Menschen nicht mehr jede Tätigkeit unabhängig von ihrer Bezahlung annehmen müssen. Eine Arbeit soll nach unserer Auffassung nur noch dann zumutbar sein, wenn sie dem Tariflohn oder dem ortsüblichen Lohn entspricht. Auf jeden Fall darf niemand gezwungen werden, eine Tätigkeit unterhalb eines gesetzlichen Mindestlohns anzunehmen.

Dr. Ursula von der Leyen, Bundesministerin für Arbeit und Soziales

Die Bundesregierung steht erstens selbstverständlich für den verlässlichen Sozialstaat, und zwar für einen lebendigen Sozialstaat. Es ist ein Gütesiegel der sozialen Marktwirtschaft, dass wir Menschen nicht aufgeben, sondern gerade denjenigen, die in eine Notlage gekommen sind, wieder Aufstiegsperspektiven geben. Wir wollen ihnen die Hilfe geben, die notwendig ist, damit sie ihr Leben eigenständig in die Hand nehmen können. Wir wollen sie nicht alle über einen Kamm scheren. Das sehen wir ohne jeden Zweifel als unsere Aufgabe. Arbeitslosigkeit hat auch ihre Ursachen: oft kein Arbeitsangebot, oft kein Berufsabschluss, keine Kinderbetreuung, manchmal auch keine Lust. Das heißt, dass wir in der konkreten Arbeitsvermittlung konsequenter und zügiger werden müssen. Das ist die Debatte, die wir in diesem Hohen Hause führen sollten.

Zweitens. Genauso wie es Steuerhinterziehung gibt, gibt es Missbrauch bei Hartz IV. Aber deshalb sind noch lange nicht alle Steuerzahler unter Generalverdacht, und deshalb sind selbstverständlich noch lange nicht alle Langzeitarbeitslosen unter Generalverdacht. Es gibt diesen harten Kern; aber ich werde nicht zulassen, dass er unsere Debatte bestimmt. Das wird der großen Zahl der Langzeitarbeitslosen, die aus der Arbeitslosigkeit heraus wollen, nicht gerecht.

Drittens möchte ich etwas klarstellen. Natürlich müssen wir bei dieser Debatte immer diejenigen im Blick behalten, die arbeiten. Das Arbeitslosengeld II ist eine Gemeinschaftsleistung. Das ist eine Selbstverständlichkeit; aber es muss offensichtlich noch einmal erwähnt werden. Wir müssen deshalb das richtige Maß für diejenigen finden, die mit Arbeitslosengeld II menschenwürdig leben müssen, und für diejenigen, die es erarbeiten und verdienen müssen. (…)

Wir spielen nicht die Sach- und Dienstleistung gegen die Geldleistung aus. Wir möchten aber, dass dann, wenn wir mehr Geld einsetzen – es wird mehr Geld kosten; das sage ich an dieser Stelle auch ganz deutlich –, dieses Geld auch zielgerichtet in der Förderung der Kinder ankommt. Wir würden doch niemals den Eltern in Deutschland Geld in die Hand geben und ihnen sagen, sie sollten sich einmal Lehrer suchen, die dann ihre Kinder unterrichten. Aus gutem Grund ist Schule organisiert. Damit stellen wir sicher, dass die Bildung bei den Kindern richtig ankommt. Meine Damen und Herren, deshalb ist es auch wichtig, noch einmal die große Linie der Chance darzustellen, die dieses Land jetzt hat. (…)

Ich sage deutlich: Wenn wir diese neuen Wege gehen und der Bund sich seiner Verantwortung für die bedürftigen Kinder stellt, wie ich es eben skizziert habe, müssen wir allen anderen verantwortlichen Akteuren in diesem Land aber auch die Frage stellen, was mit den übrigen Kindern ist. Das ist nämlich die Mitte, meine Damen und Herren. Die Kinder der Geringverdiener dürfen wir bei diesen Berechnungen nicht aus dem Blick lassen. Hier ist nicht nur der Bund gefordert. An dieser Stelle sind alle anderen Akteure mit gefordert. Nur wenn wir in diesem Punkt zusammenarbeiten und alle an einem Strang ziehen, kann der große Wurf gelingen. Ich weiß, dass das Geld kostet. Wir müssen uns aber auch fragen, wo wir Prioritäten setzen. Diese Rechnung ist nämlich die beste Rechnung, die dieses Land aufmachen kann.

Markus Kurth, Bündnis 90 / DIE GRÜNEN

Das Bundesverfassungsgericht hat am 9. Februar ein bemerkenswertes Urteil gesprochen. Es stellt in bemerkenswerter Klarheit die Gewährleistung eines menschenwürdigen Existenzminimums in einen direkten Zusammenhang mit Art. 1 Abs. 1 des Grundgesetzes, der da lautet: Die Würde des Menschen ist unantastbar. Sie zu achten und zu schützen ist Verpflichtung aller staatlichen Gewalt.

Das Bundesverfassungsgericht stellt weiterhin klar, dass das Grundrecht auf Gewährleistung eines menschenwürdigen Existenzminimums eine eigenständige Bedeutung hat und dem Grunde nach unverfügbar ist. (…)

Wer diejenigen, die sich seit Jahren hier im Parlament sachlich und sehr sorgfältig mit der Bestimmung der Regelsätze auseinandersetzen, der Einladung zu spätrömischer Dekadenz bezichtigt, der verunglimpft nicht nur die Erwerbslosen, sondern offenbart auch ein gerüttelt Maß an Unverständnis für demokratisch-parlamentarische Prozesse.(…)

Umso wichtiger sollte es nun nicht nur für meine Fraktion sein, beim jetzt fälligen Blick nach vorn die Konsequenzen zu ziehen. Hierzu gehört erstens, die Bedarfsermittlung den Realitäten anzupassen. Wer glaubt, dass 15 Euro für ein Monatsticket ausreichen, der ist schon lange nicht mehr mit dem öffentlichen Nahverkehr gefahren.

Kinder dürfen bei der Bedarfsermittlung nicht mehr wie kleine Erwachsene behandelt werden. Es kann doch nicht wahr sein, dass der Bedarf eines alleinstehenden, armen Rentners als Maßstab für das herhalten muss, was arme Kinder in diesem Land als Existenzminimum haben.

Zweitens brauchen wir faire und gerechte Öffnungsklauseln für besondere Lagen und atypische Bedarfe. Es gibt auch 15-Jährige, die 1,90 Meter groß sind. Ich selbst habe mit Eltern gesprochen, die mir ihre Notlagen etwa bei Übergrößen für Kleidung geschildert haben. Nun machen Sie aber eine engherzige und kleinmütige Regelung, mit der Sie erst einmal festlegen, was alles nicht geht. Das kann nicht die Antwort sein. Vielmehr muss eine gerechte Öffnungsklausel bei Beibehaltung des grundsätzlichen Prinzips der Pauschalierung geschaffen werden.

Drittens ist nach Auffassung von Bündnis 90/Die Grünen sofortiges Handeln erforderlich. Der Paritätische Wohlfahrtsverband hat schon vor Jahren sehr plausibel dargelegt, dass ein Regelsatz von 420 Euro unter Verzicht auf bestimmte Dinge angemessen wäre. In den letzten Jahren ist der ohnehin unzulängliche Regelsatz zudem weit hinter der Preisentwicklung zurückgeblieben. Aus diesem Grunde fordern wir die Anhebung des Erwachsenenregelsatzes auf zunächst 420 Euro und der Kinderregelsätze je nach Alter auf zwischen 280 und 360 Euro im Monat. (…)

Wer arbeitet, soll mehr haben als derjenige, der nicht arbeitet. Was für eine Banalität! Es gibt, glaube ich, niemanden in diesem Hause, der das nicht ebenso empfindet.

Bleiben Sie bei der Wahrheit! Wenn Sie öffentlich Lohnabstandsrechnungen anstellen, dann unterschlagen Sie regelmäßig die vorgelagerten Sozialleistungen. Sie unterschlagen das Kindergeld, das Wohngeld und den Kinderzuschlag, kommen so zu niedrigen Berechnungen und hetzen Niedrigverdiener gegen die Bezieher von Arbeitslosengeld II, die nichts lieber als einen Job hätten, auf.

Ich erinnere Sie gerne daran, dass das Bundesverfassungsgericht den Vorrang des menschenwürdigen Existenzminimums definiert hat. Es hat nicht gesagt, das Lohnabstandsgebot sei unantastbar; vielmehr kommt zuerst das Existenzminimum, und dann können wir uns natürlich Gedanken über Anreizsysteme für eine Arbeitsaufnahme machen.

Wir halten einen Mindestlohn in Verbindung mit einer Entlastung der Sozialversicherungsabgaben im unteren Einkommensbereich für richtig, um bessere Anreize zu schaffen. Sie hingegen wollen die Regelleistung absenken. Ich frage Sie, ob Sie nicht zur Kenntnis genommen haben, dass die Löhne im Niedriglohnbereich selbst während der Aufschwungjahre gesunken sind. Das Lohnabstandsgebot alter Prägung kann auch deswegen nicht mehr greifen, weil die Löhne im unteren Einkommensbereich sich wegen eines fehlenden Mindestlohnes von oben den Regelsätzen annähern. Wir drohen in eine Negativspirale zu geraten.

Katja Kipping (DIE LINKE)

Ich glaube, es geht hier nicht um Leistungsgerechtigkeit, sondern um ein ganz altes Prinzip der Ungerechtigkeit: Wer hat, dem wird gegeben, wer wenig hat, dem wird auch noch das wenige genommen.

Wie ungeheuerlich die Hetze ist, die Sie vonseiten der FDP losgetreten haben, wird vor folgendem Hintergrund deutlich: Es gibt die Studie „Deutsche Zustände“ von Professor Heitmeyer, der die Einstellung zu bestimmten Menschengruppen untersucht. Er kommt zu einem erschreckenden Ergebnis: Die Ablehnung gegenüber Menschen, die als vermeintlich nutzlos eingestuft werden, also gegenüber Langzeiterwerbslosen und Obdachlosen, steigt extrem. Herr Heitmeyer sagt, das habe inzwischen einen Grad an Menschenfeindlichkeit angenommen. Ich meine sogar: Was sich hier entwickelt, ist ein neuer Rassismus, ein Nützlichkeitsrassismus. Das Gefährliche daran ist: Wenn ein solcher Rassismus erst einmal eine gewisse Intensität erreicht hat, dann sinkt die Hemmschwelle für gewaltsame Übergriffe. Wir beobachten, dass die Zahl der gewaltsamen Übergriffe brauner Schlägertrupps gegenüber Obdachlosen deutlich zugenommen hat. Vor diesem Hintergrund müssten sich alle, die nur einen Funken Verantwortung im Leib haben, diesen Ressentiments entgegenstellen. Wir alle müssen uns als Politiker und Politikerinnen dem Nützlichkeitsrassismus entgegenstellen. Doch was passiert? Sie schüren munter weiter und spielen mit dem Feuer. Das ist hochgefährlich.

Nun gibt es immer wieder Einwände gegen die Forderungen der Linken. Ein Einwand lautet, dass der von uns geforderte Regelsatz in Höhe von 500 Euro nicht durch ein Bundesverfassungsgerichtsurteil gedeckt sei. Ich weise in diesem Zusammenhang darauf hin: Das Bundesverfassungsgericht hat deutlich gesagt, der Gesetzgeber muss nachweisen, dass das menschenwürdige Existenzminimum nicht *unter*schritten ist. Es hat nicht das Überschreiten verboten. Das Bundesverfassungsgericht sagt ganz klar: Der Gesetzgeber hat einen politischen Gestaltungsspielraum. – Dieser endet aber dort, wo das Existenzminimum unterschritten wird. Wir berufen uns auf Berechnungen, die von vollwertiger Ernährung und politischer Teilhabe ausgehen.

Ein weiterer Einwand lautet, Sanktionen müssten unbedingt bestehen und seien für die Arbeitsvermittlung notwendig. Ich habe mich vor kurzem mit Mittelstandsvertretern unterhalten und dabei den Eindruck gewonnen, dass es gerade aus Sicht kleiner Unternehmen total kontraproduktiv ist, wenn man bei der Arbeitsvermittlung vor allen Dingen versucht, Erwerbslosen nachzuweisen, dass sie gar nicht arbeitswillig sind, und sie verdonnert, sich überall zu bewerben, unabhängig davon, ob die Stelle zu dem betreffenden Bewerber passt. Für eine nachhaltige Vermittlung ist notwendig, dass die Anforderungen der Stelle sowie die Fähigkeiten und die Vorstellung des Arbeitsuchenden gut zusammenpassen. Wenn nun aber die Bundesagentur für Arbeit Erwerbslose unter der Androhung von Sanktionen verdonnert, sich immer wieder zu bewerben, dann bedeutet das gerade für kleine Unternehmen jede Menge Arbeit bei den Bewerbungen. Das stellt eine zusätzliche Belastung für sie dar. Deswegen sagen wir: Im Sinne einer nachhaltigen Arbeitsvermittlung gehören die Sanktionen abgeschafft.

Die tatsächliche Dekadenz, damals wie heute, ist die Dekadenz der Herrschenden. Doch anstatt diese Probleme zu benennen, schüren Sie Sozialneid zwischen den Armen und den ganz Armen. Das ist ein übles Ablenkungsmanöver.

Die Linke sagt: Wir wollen etwas komplett anderes. Auch wir wollen, dass mehr Geld in die Bildung gesteckt wird. (…)

Wir als Linke hingegen wollen, dass die Schere zwischen Arm und Reich nicht weiter auseinandergeht. Wir wollen, dass keiner unter das Existenzminimum fällt. Wir wollen eine sanktionsfreie Mindestsicherung, einen Mindestlohn von 10 Euro, gute Arbeit und eine Verteilung der vorhandenen Erwerbsarbeit durch Arbeitszeitverkürzung. Kurzum: Wir wollen ein Bündnis für sozialen Fortschritt.

Quelle: Deutscher Bundestag. Stenografischer Bericht, 24. Sitzung, Berlin Donnerstag, den 25. Februar 2010, Plenarprotokoll 17/24, Seiten 2041 ff.

Ein Jahr nach Amtsantritt der Koalition aus CDU/CSU und FDP ist noch nicht deutlich geworden, welche Maßnahmen zum Umbau des Sozialstaates sie tatsächlich ergreifen will. Zu stark sind die Gegensätze innerhalb der Koalition, aber auch innerhalb der einzelnen Parteien der Koalition. Fordern einerseits Mittelstandsvertreter, wirtschaftsnahe Kräfte innerhalb der Unionsparteien und der FDP stärkere Kürzungen bzw. restriktivere Regelungen bei den Sozialleistungen und beim Arbeitsrecht, warnen auch innerhalb dieser Parteien namhafte Vertreterinnen und Vertreter vor einer Vernachlässigung sozialer Zielsetzungen bzw. des sozialen Zusammenhangs in der Gesellschaft. Die marktliberalen Teile der Koalition haben sich bislang durchgesetzt: Steuerliche Entlastungen, die überproportional die Besserverdienenden begünstigen, dagegen Einschnitte bei den Leistungen für Arbeitslose. Die Unionsparteien beteiligen sich daran, von ihnen in der großen Koalition durchgesetzte Reformen wieder zurückzufahren, ohne dass ein vergleichbares Opfer bei den höheren Einkommensgruppen abverlangt wird. Die soziale Schieflage in der bundesdeutschen Gesellschaft wird ganz offensichtlich politisch bewusst verschärft!

Umgekehrt fällt es der derzeitig oppositionellen SPD schwer, die in weiten Teilen der Wahlbevölkerung kritisierten Ergebnisse ihrer Politik seit 1998 zu überdenken und auf tragfähige Alternativen zuzugehen. Dabei müsste sie auch überzeugende Finanzierungskonzepte vorlegen. Die Grünen sehen sich durch die Wählergunst zwar bestätigt, aber es ist unklar, mit welchem Koalitionspartner sie welche Teile ihrer Politik durchsetzen können und werden. Während die Linke in Ostdeutschland inzwischen Landespolitik mit gestaltet, ist es in Westdeutschland bislang nicht gelungen, einerseits die innerparteilichen Spannungen zu überwinden, andererseits bleibt das Verhältnis zwischen ihr und der SPD – von beiden Seiten – ungeklärt.

Sozialpolitik findet statt – aber wie und durch wen und in welche Richtung gestaltet? Die Negation ist offensichtlich leicht formuliert, aber die Position – Wohin soll es gehen? – unklarer denn je, erst Recht angesichts der unterschiedlich besetzten Legislativorgane im Bund – Bundestag und Bundesrat – und angesichts der Folgen von Finanz- und Eurokrise, die alle Gebietskörperschaften trifft, vor allem aber die Kommunen. Immer weniger ist einsichtig, warum es Milliardenbeträge zur Absicherung von Bankeneinlagen und für andere Stützungsaktionen der Finanzmärkte gibt, aber Millionen etwa für Betreuungsanbote für Kleinkinder einschließlich einem kostenfreien Mittagessen fehlen. Die Volksparteien verlieren an Integrationsfähigkeit, die ‚Partei der Nichtwähler' wächst. Mit dem Fall der Mauer und der Herstellung der deutschen Einheit gewann Politik Handlungsspielräume zurück. Es konnte wieder gestaltet und regiert werden. Es zeigte sich der Gestaltungswillen der Politik gegenüber der Ökonomie! Politik – auch Sozialpolitik – setzt diesen Primat voraus, soll nicht deren demokratische Substanz in Frage gestellt werden.

3 Sozialpolitik in Deutschland: Prinzipien, Rahmenbedingungen, Wirkungen und Trends

Allen Ankündigungen und Versuchen einer Vereinheitlichung zum Trotz hat sich in Deutschland ein insgesamt sehr zersplittertes System der sozialen Sicherung herausgebildet: Der Bismarcksche Ansatz zielte auf eine umfassende Regelung für die zentralen Lebensrisiken Unfall, Krankheit, Alter und Invalidität letztlich in staatlicher Hand. Herausgekommen ist eine organisatorische, nach Berufsgruppen zerklüftete Trägerlandschaft mit unterschiedlichen Finanzierungs- und Leistungsmodi. Die Weimarer Verfassung suchte ebenfalls nach einem umfassenden System, baute aber letztlich das vorfindliche System aus und ergänzte es. Diese Struktur hat den Faschismus der Sache nach, wenn auch nicht in puncto Selbstverwaltung und Sicherung der Finanzierungsgrundlagen, überstanden. Der Versuch in den 1950er Jahren, eine Gesamtreform in Angriff zu nehmen, mündete ebenfalls in Teilreformen, die die institutionelle, rechtliche und finanzierungsmäßige Ausdifferenzierung eher verstärkt, denn überwunden haben. Allerdings hat die Herstellung zunächst des Finanzverbundes zwischen den Rentenversicherungsträgern und schließlich deren institutionelle Zusammenführung, sowie der Risikostrukturausgleich zwischen den Gesetzlichen Krankenkassen und in der Folge die Einführung des Gesundheitsfonds sowie Zusammenlegung der Arbeitslosenhilfe und Sozialhilfe in einer einheitlichen Grundsicherung diese inzwischen wieder in einiger Hinsicht modifiziert. Diese Vielfalt von Trägern und einzelnen Sozialrechtssystemen stellt ein Spezifikum der deutschen Sozialpolitik dar, die sich auch auf der Ebene sozialer Dienstleistungen fortsetzt.

Gleichwohl gibt es in diesem System Gemeinsamkeiten. Sie betreffen zum Ersten die *Grundnormen*, nach denen das Soziale geregelt werden soll: *Eigenverantwortung*, *Solidarität* und *Subsidiarität*. Zum Zweiten betrifft dieses die für alle sozialpolitischen Maßnahmen gemeinsamen *Rahmenbedingungen*. Drittens kommen in den unterschiedlichen Institutionen im Sozialsystem zugleich *Instrumente* und *allgemeine Prinzipien* zum Tragen, die die Bearbeitungsformen von sozialen Problemlagen in hohem Maße prägen und z.T. auch vereinheitlichen. Und viertens nimmt das Gesamtsystem übergreifende soziale *Funktionen* wahr, die sich geschichtlich herausgebildet und durchgesetzt haben.

Zusammen bestimmen diese Gemeinsamkeiten die Grundlagen von und den Umfang der Sozialpolitik in Deutschland, für die das *Sozialbudget* eine erste grobe Orientierung gibt. Die Sozialpolitik selbst sucht auf dem Gebiet des *Einkommens*, der *Arbeit*, der *Familie*, der *Gesundheit* und *Pflege* sowie des *Alters* nach Lösungen auftretender Problemlagen, dabei viele weitere Lebensbereiche wie *Bildung, Migration* und *Wohnen* einschließend. Sozialpolitik grenzt sich einerseits mit seinen Handlungsebenen und Handlungsformen von anderen gesellschaftlichen Feldern ab, zugleich sind nicht nur diese Elemente miteinander enger denn je verwoben, sondern auch mit anderen gesellschaftlichen Prozessen und Strukturen. *Hans Achinger* bestimmte „Sozialpolitik als Gesellschaftspolitik“[1] und schrieb ihr eine Gesellschaft gestaltende Aufgabe zu. In jedem Fall bestimmt Sozialpolitik in hohem Maße das Zusammenleben der Bürgerinnen und Bürger in einem Gemeinwesen. Dabei sind die einzelnen Politikfelder voneinander abhängig, Maßnahmen in einem Bereich können durch solche in anderen Sektoren verstärkt, aber auch konterkariert werden. So flankieren etwa sozialpolitische Maßnahmen Bildungsprozesse, befördern berufliche Aus- und Weiterbildung, die Bereiche Bildung, Arbeit und Gesundheit haben unmittelbar und mittelbar Rückwirkungen auf die Sozialpolitik. Umgekehrt können noch so gute materielle Fördermöglichkeiten von Kindern und Jugendlichen wenig bewirken, wenn die Schulorganisation einen bildungsmäßigen Aufstieg behindern oder gar verhindern. In ähnlicher Weise können etwa Kindergelderhöhungen auf Bundsebene dadurch faktisch ins Leere laufen, wenn gleichzeitig der ebenfalls vom Bund mitbestimmte kommunale Finanzrahmen die Gemeinden dazu zwingt, die Gebühren für Kindertagesstätten anzuheben.

Was bewirkt Sozialpolitik? Seit 1981 sind die finanziellen Verteilungswirkungen nicht mehr systematisch untersucht worden. Gleichwohl bleibt das Bedürfnis, im Resümee mehr darüber zu erfahren, was denn die *Wirkungen* von Sozialpolitik sind, bezogen auf den Zusammenhang von Produktion und Reproduktion, bezogen auf die Aspekte Verteilung und Umverteilung, und was denn die Auswirkungen auf die Lebenslage von Einzelpersonen und sozialen Gruppen sind, bezogen etwa auf die soziale Ausgrenzung, auf die Geschlechter und im Hinblick auf die Herstellung vergleichbarer Lebensverhältnisse in Deutschland. Politik besteht nicht nur aus Handeln, sondern auch aus Nicht-Regulation: Politik ist es also auch, wenn der Staat auf eine Intervention verzichtet und die Regulierung eines sozialen Problems dem Markt bzw. vorgelagerten privaten Sicherungssystemen überlässt bzw. wieder übertragen will oder auch dort belassen muss, weil er selbst nicht die notwendigen Ressourcen für eine Regulierung hat bzw. diese nicht aufbringen will.

3.1 Grundlagen der Sozialpolitik

3.1.1 Grundnormen der Sozialpolitik: Eigenverantwortung, Solidarität und Subsidiarität

Der geschichtliche Abriss hat die Entstehung und Fortentwicklung von drei Grundnormen der Sozialpolitik deutlich gemacht, die jeweils an konkrete soziale Bewegungen und Interessen gebunden waren. Sie geben in unterschiedlicher Weise Orientierung, was warum als sozial gerecht angesehen werden kann und stellen so Bezugs-

1 Hans Achinger, Sozialpolitik als Gesellschaftspolitik, Hamburg 1958

systeme für den sozialpolitisch zentralen Begriff der *sozialen Gerechtigkeit* dar (siehe Paragraph 1 Sozialgesetzbuch (SGB) I). Diese Grundnormen implizieren zugleich ein spezifisches Staatsverständnis, so dass die von diesen Grundprinzipien mitgeprägte Sozialstaatlichkeit mal mehr liberal, sozialistisch bzw. kirchlich-ständisch ausgerichtet ist.

Eigenverantwortung: Leistungsgerechtigkeit auf der Grundlage annähernd gleicher Eigentumsverteilung

Die frühbürgerliche Gesellschaftstheorie – Hobbes, Locke, Rousseau, in Deutschland später Kant, Hegel und Humboldt – suchte nach Konstruktionen, den als Naturzustand beschriebenen „Krieg aller gegen alle“ (*Thomas Hobbes*, 1588-1679) in der frühbürgerlichen Warenverkehrsgesellschaft in einen geordneten Zustand zu überführen. Dem dienten vertragsrechtliche Konstruktionen, die die Gesellschaft durch rechtliche Rahmensetzung und Handhabung des Gewaltmonopols durch den Staat in die Lage versetzen sollten, dem nachzugehen, wozu sie da ist, nämlich zum Handel zwischen freien, gleichen Rechtssubjekten. Dabei war es diesen Theoretikern – in unterschiedlicher Weise zwar – klar, dass die Interessenidentität in der Gesellschaft nur dann gegeben sei, wenn die Eigentumsunterschiede zwischen den Bürgern nicht zu stark ausfallen würden. *Jean-Jacques Rousseau* (1712-1778) formulierte in seinem Contrat Social von 1762 die große Antithese zur feudalen, auf Standesprivilegien basierenden Gesellschaft des Ancien Regimes und damit das Fanal der Französischen Revolution: „Der Mensch wird frei geboren, und überall ist er in Ketten.“[2] Rousseau forderte den eigenverantwortlichen Bürger, der seinen gesellschaftlichen Rang entsprechend seiner Leistung bestimmt. Zugleich sah Rousseau die Gefahr, dass eben diese Freiheit durch eine zu starke Konzentration der gesellschaftlichen Güter in Gefahr gerate. Er forderte daher eine egalisierende Vermögensbildung zugunsten einer demokratischen, freiheitlichen Entwicklung (*état mediocre*) – allerdings ohne staatliche Eingriffe in den Bestand. In diesem Vertragsdenken wurde Eigentum als ein unveräußerliches Recht des Menschen verstanden. Dies wurde klassisch in Artikel 17 der Französischen Menschenrechtserklärung von 1791 in die Worte gefasst: „Da das Eigentum ein unverletzliches und heiliges Recht ist, kann es niemandem genommen werden, wenn es nicht die gesetzlich festgelegte, öffentliche Notwendigkeit augenscheinlich erfordert und unter der Bedingung einer gerechten und vorherigen Entschädigung.“[3] Gegen feudale Willkür gerichtet, übernahm die Eigentumsgarantie so eine wichtige emanzipatorische Funktion für das aufsteigende Bürgertum, indem mit dem Eigentumstitel zugleich Eigenverantwortung und Gestal-

---

2 Jean-Jacques Rousseau: Der Gesellschaftsvertrag, Stuttgart 1968, S. 30

3 Erklärung der Menschen- und Bürgerrechte. Französische Verfassung vom 3. September 1791, zit. n. Günther Franz (Hg.): Staatsverfassungen. Eine Sammlung wichtiger Verfassungen der Vergangenheit und Gegenwart in Urtext und Übersetzung, Darmstadt 1975, S. 307

tungsfreiheit, mit der Chance auf Gewinn zugleich die individuell zu tragenden Konsequenzen bei Verlusten verbunden wurden.

Der Mensch wird im liberalen Denken zum Träger des individuellen Rechtes, Eigentum zu besitzen und privat zu wirtschaften. Wirtschaftliches Handeln steht in der frühbürgerlichen Theorie für die Wahrnehmung von Eigenverantwortung und die Überwindung feudaler Privilegien, zugleich werden Gefahren einer zu ungleichen Verteilung mehr oder weniger stark gesehen und expliziert. Gerecht ist folglich, was der eigenen Leistung entspricht. Ein Staat hat sich der Eingriffe zu enthalten, die dieser Wahrnehmung von Eigenverantwortung und dem Prinzip der Leistungsgerechtigkeit entgegenstehen.

Solidarität: Solidarische Gerechtigkeit auf der Grundlage gleicher Rechte an Sozialeigentum/Sozialversicherungseigentum

Bereits Hegel wusste, dass die Eigentumsverteilung ungleich, dass Armut und Reichtum zwei Seiten der bürgerlichen Gesellschaft waren. Seit Mitte des 19. Jahrhunderts bildete sich mit der Arbeiterbewegung eine Kraft heraus, die – nach Übergangs- und Adaptationsphasen – zwar mitunter den Revolutionsbegriff der marxistischen Theorie aufrecht erhielt, insgesamt aber auf Reformen der bestehenden politischen und sozialen Verhältnisse zielte. So forderte bspw. das auf dem Vereinigungsparteitag der *Sozialistischen Arbeiterpartei Deutschlands* in Gotha 1875 verabschiedete Programm „Schutzgesetze für Leben und Gesundheit der Arbeiter", ein „wirksames Haftpflichtgesetz" und die „volle Selbstverwaltung für alle Arbeiter-, Hilfs- und Unterstützungskassen".[4] Obwohl im Ansatz gegen die Arbeiterbewegung gerichtet, stärkte das Bismarcksche Konzept eines Sozialstaates Sozialdemokratie und Gewerkschaften in ihrem Bestreben, die Teilhabe der lohnabhängigen Bevölkerung am gesellschaftlichen Wohlstand über Verteilungskämpfe zwischen Lohnarbeit und Kapital (*Tarifverträge, kollektives Arbeitsrecht*) sowie über staatliche Umverteilung zu verbessern.

Im Zusammenwirken von Eigenleistung und solidarischem Ausgleich entstand im Sozialstaat *Versorgungsvermögen*, das soziale Risiken kollektiv absicherte. Der Idee nach sollte dabei keineswegs bloß Armut verhindert, sondern vielmehr der Lebensunterhalt auch dann gesichert werden, wenn der Einzelne bei Ausfall seines Arbeitsvermögens nicht (mehr) in der Lage sein würde, weiter am Erwerbsleben teilzunehmen. Die am Einzelnen in Erscheinung tretenden Beeinträchtigungen – Unfall, Krankheit, Invalidität – ergaben sich aus dem Kontext abhängiger Erwerbsarbeit, waren also wesentlich durch diese gesellschaftliche Stellung mitbedingte Risiken. Auch das Risiko der Arbeitslosigkeit wird hier als eines präzisiert, das zwar nicht alle Gesellschaftsmitglieder gleichermaßen bedroht (etwa Beamte und Selbständige), gleichwohl aber bei den meisten abhängig Beschäftigten sozial verursacht ist.

4 zitiert nach: Programme der deutschen Sozialdemokratie, hg. von dem Bundessekretariat der Jungsozialisten, Hannover 1963, S. 75

Eigentum begründet als Produktivvermögen ein gesellschaftliches Machtverhältnis, das die Lebenslage der Arbeitnehmer bestimmt. Im Gegensatz zu ursprünglichen Vorstellungen von einer Aufhebung des Privateigentums an Produktionsmitteln setzt sich in der sozialdemokratischen und Gewerkschaftsbewegung die Vorstellung von einem Sozialstaat durch, der den gesellschaftlichen Reichtum auch im Interesse der lohnabhängigen Bevölkerungsteile umverteilt und über den Aufbau von Versorgungsvermögen etwa im Rahmen der Sozialversicherung dafür Sorge trägt, dass diese bei Ausfall ihres Arbeitsvermögens ihren Lebensunterhalt sichern können. Strukturprinzip dieses Sozialstaatsverständnisses ist die Organisation von Solidarität zur Herstellung solidarischer Gerechtigkeit.

Subsidiarität: Vorleistungsfreie Gerechtigkeit auf der Grundlage nicht vorhandener Eigentumsrechte

Die am Ende des 19. Jahrhunderts formulierte katholische Soziallehre bediente sich im Rückgriff auf *Aristoteles* (384-322 v. Chr.) und *Thomas von Aquin* (1224 oder 1225-1274) vermehrt naturrechtlicher Begründungen. Papst *Leo XIII.* (1810-1903) suchte in seiner Enzyklika *Rerum novarum* von 1891 zweierlei in Einklang zu bringen, einmal die Herausbildung eines „Sonderbesitzes" in der bürgerlichen Gesellschaft, zum anderen die naturrechtliche Bestimmung des Menschen, der als Ebenbild Gottes nicht Objekt eines Menschen sein kann. Folglich sei es Aufgabe des Staates, sowohl den privaten Besitz zu schützen, aber auch die Würde und persönliche Integrität des Arbeiters zu wahren. Gefordert werden christliche Sozialreformen, orientiert an einer „Gemeinwohlgerechtigkeit". Dieses bedeutet im Wesentlichen: Sozialbindung des Eigentums, Koalitionsrecht und Recht auf kollektive Arbeitsverweigerung, Verzicht auf einen „primitive[n] Kapitalismus" und konsequente Anwendung des Subsidiaritätsprinzips im Verhältnis von Staat und Gesellschaft, wie es dann klassisch in der 1931 erschienen Sozialenzyklika *Quadragesimo anno* in die Worte gefasst worden ist:

Papst Pius XI.: Quadragesimo anno

Wie dasjenige, was der Einzelmensch aus eigener Initiative und mit eigenen Kräften leisten kann, ihm nicht entzogen und der Gesellschaftstätigkeit zugewiesen werden darf, so verstößt es gegen die Gerechtigkeit, das, was die kleineren und untergeordneten Gemeinwesen leisten und zum guten Ende führen können, für die weitere und übergeordnete Gemeinschaft in Anspruch zu nehmen; zugleich ist es überaus nachteilig und verwirrt die ganze Gesellschaftsordnung. Jedwede Gesellschaftstätigkeit ist ja ihrem Wesen und Begriff nach subsidiär; sie soll die Glieder des Sozialkörpers unterstützen, darf sie aber niemals zerschlagen oder aufsaugen.

Leo XIII., Pius XI.: Die sozialen Enzykliken. Rerum novarum und Quadragesimo anno, mit aktueller Einführung von Oswald von Nell-Breuning S.J., Stuttgart und Düsseldorf 1965, S. 62f.

Der Sache nach stimmen evangelische und katholische sozialethische Positionen darin überein, dass die Hilfe bei unverschuldeter Not nachrangig erfolgen soll, das heißt nur dann, wenn die jeweils untere Ebene (Individuum, Familie, Gemeinde etc.) dazu selbst nicht in der Lage ist. Obgleich der Begriff Subsidiarität auf katholischer Seite geprägt worden ist, trifft er auch die Intention evangelisch begründeter Interventionsformen.

Dabei stellte sich allerdings sehr bald die Frage, wieweit und wie lange die jeweils höhere Instanz abwarten solle bzw. könne, bevor der Nachweis erbracht worden sei, dass der Einzelne, die Familie etc. nicht in der Lage sei, sich selbst zu helfen. In den 1950er Jahren sah sich der Nestor der Katholischen Soziallehre in Deutschland, *Oswald von Nell-Breuning S.J.* (1890-1991), deshalb veranlasst, Quadragesimo anno dahingehend zu interpretieren, dass angesichts der Veränderungen in Wirtschaft und Gesellschaft manche Aufgaben, die früher leicht von den unteren Ebenen hätten übernommen werden können, nur mehr von den größeren bewältigt werden könnten. Es bestehe deshalb eine *Verpflichtung zur Vorleistung* auf Seiten des Staates, Bedingungen zu schaffen, unter denen im Falle der Familie das Kind, im Falle des Staates der einzelne Staatsbürger, aber auch die Familien überhaupt erst imstande seien, Selbsthilfe zu leisten.[5]

Privateigentum – dieses schließt „Sonderbesitz“ ein – ist legitim, zugleich sozial gebunden. Sozialbindung meint dessen sinnvollen Einsatz etwa im Produktionsprozess unter Gewährleistung menschenwürdiger Entlohnungs- und Arbeitsbedingungen. Zugleich hat sich jeder in die vorgegebene soziale Hierarchie einzuordnen. Hilfeleistungen sind nachrangig, eben subsidiär zu gewähren. Im Falle von Hilfebedürftigkeit dürfen keine Vorleistungen (etwa Sozialversicherungsbeiträge) seitens des Hilfesuchenden erwartet bzw. zur Voraussetzung der Hilfegewährung gemacht werden. Sehr wohl aber darf die Bereitschaft erwartet werden, mögliche Eigenaktivitäten zu entfalten und private Ressourcen zu mobilisieren, um die Hilfebedürftigkeit zu überwinden. Es wird eine subsidiäre Gerechtigkeit angestrebt.

Amalgam im sozialen Sicherungssystem in Deutschland

Eigenverantwortung, Solidarität und Subsidiarität durchziehen als gestaltende Grundnormen das deutsche soziale Sicherungssystem. Sie bilden, auch wenn sie nicht im Grundgesetz aufgenommen worden sind, sozialstaatlich eine unauflösbare Verbindung.

Eigenverantwortung wird zur Grundlage allen sozialpolitischen Handelns gesetzt: Der Staat legt fest, wo, wann und in welcher Höhe der Einzelne Verantwortung für die Absicherung sozialer Risiken übernehmen muss; für bestimmte Einkommens-

5 Oswald von Nell-Breuning S.J.: Bedürftigkeitsprüfung oder Bedürfnis?, in: Sozialer Fortschritt 1956, S. 8ff.; vgl. Gerhard W. Brück: Allgemeine Sozialpolitik. Grundlagen – Zusammenhänge – Leistungen, Köln 1976, S. 44ff.

gruppen und für bestimmte soziale Risiken geschieht dieses in Gestalt einer staatlich verfügten *Versicherungspflicht*. In Teilbereichen lässt er eine Wahlfreiheit zwischen privater und öffentlich-rechtlicher Versicherung zu. Die Versicherungspflicht schließt nicht aus, dass darüber hinaus weitere private Vorsorge für Wechselfälle des Lebens getroffen wird, dieses kann vom Staat durchaus auch unterstützt werden. Umgekehrt hat der Verzicht auf eigenverantwortliches Handeln mitunter negative Konsequenzen, etwa dann, wenn mangelnde Sorge um die eigene Gesundheit[6] im Rahmen der Gesetzlichen Krankenversicherung zu Abschlägen bei der Leistungsbemessung führt. Der Eigenverantwortung entspricht *Leistungsgerechtigkeit*. Derjenige, der Eigenverantwortung wahrnimmt, soll im Regelfall auch eine bessere Leistung erhalten als derjenige, bei dem dieses nicht der Fall ist.

Grundprinzipien als Säulen der Sozialpolitik

SOZIALPOLITIK

(Sozialstaatspostulat)

EIGENVERANTWORTUNG	**SOLIDARITÄT**	**SUBSIDIARITÄT**
Soziale Träger: (Besitz-)Bürgertum	*Soziale Träger:* (sozialdemokratische) Arbeiter- und Gewerkschaftsbewegung	*Soziale Träger:* protestantische und katholische Kirchen
Ziele: Sicherung von individuellen Freiheitsrechten und des privaten Eigentums	*Ziele:* Sicherung der Teilhabe der lohnabhängigen Bevölkerung durch evolutionäre Gesellschaftspolitik; soziale Sicherung gegen überindividuelle Lebensrisiken	*Ziele:* Schutz der bürgerlichen Gesellschafts- und Besitzordnung bei gleichzeitiger Sicherung der Menschenwürde aller Gesellschaftsglieder
Instrumente: Sicherung liberaler Demokratie und Freiheitsrechte (Rechtsstaatsprinzip), Leistungs-, Versicherungs- und Äquivalenzprinzip	*Instrumente:* Soziale Demokratie, aktive staatliche Sicherungs- und Umverteilungspolitik, Solidarprinzip in der Sozialversicherung	*Instrumente:* vorleistungsfreie nach dem Subsidiaritätsprinzip zu gewährende soziale Sicherungsleistungen

Grundsätzlich gilt die Verpflichtung zur Sicherung des Lebensunterhalts durch
ERWERBSARBEIT

Doch die öffentlich-rechtlichen Sicherungssysteme basieren auch auf der zweiten Norm, der der *Solidarität*: Letztlich zahlen alle in ein System in der Erwartung ein, dass der- bzw. diejenige dann eine Leistung erhält, wenn der soziale Risikofall einge-

6 So bemessen sich die Festzuschüsse zum Zahnersatz daran, ob regelmäßig zahnärztliche Untersuchungen wahrgenommen werden und eigene Bemühungen zur Gesunderhaltung der Zähne erkennbar sind (Paragraph 55 SGB V).

treten ist. Das *Steuersystem* ist je nach Ausgestaltung der umfassendste Solidarausgleich, an dem alle Bewohnerinnen und Bewohner (sei es über direkte, sei es über indirekte Steuern) beteiligt sind, wenngleich der prozentuale Anteil – gemessen am eigenen verfügbaren Einkommen – sehr wohl differieren kann. Steuerfinanziert werden denn auch die sozialen Sicherungssysteme, die allgemein gesellschaftlich verursachte (z.B. Folgen der Langzeitarbeitslosigkeit im Rahmen des SGB II oder des Krieges im Rahmen der Gesetzlichen Rentenversicherung bzw. der Kriegsopferversorgung) oder in besonderer Weise als gesellschaftlich wichtig eingestufte Risiken (z.B. Kindergeld, Elterngeld) abfedern sollen. *Beitragsfinanzierte* Systeme begrenzen im Regelfall diesen Solidarausgleich auf die Beitragszahlenden und ggf. deren Angehörige, mitunter ergänzt durch steuerfinanzierte Anteile. *Solidarische Gerechtigkeit* bewirkt einen Ausgleich bei Risiken, die den Einzelnen treffen, aber letztlich sozial mit verursacht sind. Auch hier gibt es Grenzen, etwa dann, wenn ein Schadensfall – bspw. im Rahmen der Gesetzlichen Krankenversicherung – selbstverschuldet oder grob fahrlässig herbeigeführt worden ist.

Älter als der Name ist die Wirksamkeit des *Subsidiaritätsprinzips*: Dann, wenn weder Eigenverantwortung noch Solidarität greifen sollen bzw. greifen können, gibt es das Recht auf eine *vorleistungsfreie Gerechtigkeit*, der Form wie der materiellen Ausgestaltung nach abgesetzt von den Leistungen, die aus der Eigenverantwortung und der Solidarität her abgeleitet werden (z.B. Sozialhilfe oder Grundsicherung im Alter und bei dauerhafter Erwerbsminderung nach SGB XII). Zugleich werden diese subsidiären Leistungen ausschließlich aus Steuereinnahmen bestritten, so dass in ihnen zugleich ein gesamtgesellschaftlicher Solidarausgleich erfolgt für Risiken, vor denen letztlich keinesfalls bloß einzelne Berufsgruppen – wie häufig beim Solidarprinzip –, sondern letztlich niemand gefeit ist.

In der politischen Debatte und bei den sozialen Auseinandersetzungen geht es im Regelfall nicht darum, eines dieser Prinzipien ganz oder doch in großem Umfange in Frage zu stellen. Vielmehr geht es im Regelfall um Akzentverschiebungen – mehr in die Richtung des einen oder mehr in die Richtung eines anderen Prinzips. Doch dieses muss so nicht bleiben. Immerhin zeigen in der Vergangenheit und in der Gegenwart mitunter zugespitzte Auseinandersetzungen und Einzelstimmen in Politik und Wissenschaft, dass durchaus die Wirksamkeit etwa eines Prinzips mehr oder weniger stark in Frage gestellt wird.

Zugleich wird deutlich, dass sich manches in der geschichtlichen Entwicklung nicht so bestätigt hat, wie es sich die Theoretiker der einzelnen Grundprinzipien einst gedacht haben. Darüber kommt es dann in der Gegenwart zum Widerstreit – und zwar bei allen drei Grundprinzipien. Dieses betrifft zum einen das *Prinzip der Eigenverantwortung*: So erweist es sich geschichtlich und aktuell als schwierig, die individuellen Leistung der Menschen wirklich exakt zu bestimmen, erst Recht, wenn man sozial ‚vererbte' Chancen und Risiken mit einbezieht: etwa das ökonomische Kapital der Herkunftsfamilie, die gesellschaftlichen Bedingungen etwa auf dem Arbeitsmarkt und Vorleistungen (etwa des Bildungswesens), auf denen aufbauend es erst zur Entfaltung individueller Leistung kommt. Hinzu kommt die Frage leistungsgerechter

Kriterien in der Lohnfindung: Entspricht die Diskrepanz der Einkommen zwischen einfachen Arbeitern und Spitzenmanagern wirklich deren Leistungsunterschied? Und können die hohen Einkommen von Künstlern und Sportlern wirklich allein über den Leistungsbegriff gefasst werden? Und schließlich wird der Leistungsbegriff selbst problematisiert, indem etwa gefragt wird, ob er auch hinreichend auf reproduktive Tätigkeiten (etwa familiale Sorgearbeit) Bezug nimmt?

Kritische Anfragen beziehen sich auch auf das *Solidarprinzip*. Ist die hier vorherrschende Erwerbsarbeitszentrierung noch tragfähig, wo doch Millionen Menschen keine Chancen auf dem Arbeitsmarkt haben, erst Recht außerhalb der Metropolen kapitalistischen Wirtschaftens? Welche Verantwortung haben die, die noch in diesen Solidarverbünden abgesichert werden gegenüber jenen, die keine Chance haben, dort hineinzugelangen? Umgekehrt wird von eher marktliberal orientierten Kreisen kritisch angefragt, ob nicht eine solidarische Absicherung sozialer Risiken die Übernahme von Eigenverantwortung entweder untergrabe oder inwiefern umgekehrt Solidarität die Übernahme von Eigenverantwortung voraussetze, also an Gegenleistungen (oder zumindest die Bereitschaft hierzu) gebunden werden kann oder muss?

Und schließlich zeigen schon die unterschiedlichen Varianten bei der Ausformulierung des *Subsidiaritätsprinzips*, dass das Verhältnis zwischen vorleistungsfreier Hilfestellung und erwarteter Mitwirkung je nach sozialer Interessenlage unterschiedlich bewertet wird. Gibt es eine unhinterfragte (bedingungslose) Mindestsicherung, die unabhängig davon greift, aus welchen persönlich oder sozial zu vertretenden Gründen der Hilfefall eingetreten ist bzw. fortdauert, oder hat die Gemeinschaft der Hilfegewährenden – die Gesellschaft – ein Recht auf Gegenleistungen? Reicht dazu die Bereitschaft, eine Gegenleistung zu erbringen, oder muss sie tatsächlich erfolgen? Darf diese ‚Bereitschaft' auch durch Sanktionen erzwungen werden? Und wieweit dürfen diese Sanktionen gehen, gibt es auch da letztlich eine Grenze, deren Überschreitungen die „Würde des Menschen" verletzt?

Sozialstaatlichkeit ist also zweierlei: Einmal eine unhinterfragbare „Generalnorm" (*Helmut Ridder* 1919-2007), die einem Veränderungsverbot im Grundgesetz unterliegt. Zweitens basiert sie auf diesen drei Grundnormen und unterliegt damit der politischen Bewertung und Konkretisierung. Darüber kommt es zu sozialen und politischen Auseinandersetzungen, über die in einem pluralistisch-demokratischen System letztlich die Bürgerinnen und Bürger in politischen Wahlen entscheiden.

3.1.2 Rahmenbedingungen der Sozialpolitik

Ökonomisierung unter dem Dilemma des Steuerstaats

Öffentliche soziale Leistungen stellen letzten Endes ökonomische Werte dar. Ein Teil dieser Leistungen wird zwar privat erstellt, muss aber öffentlich finanziert werden und zwar aus den Beitragszahlungen zur Sozialversicherung und/oder durch direkte bzw. indirekte Steuerzahlungen. Andere Leistungen werden öffentlich erbracht und müssen teils öffentlich, teils privat bezahlt werden. So bedarf es bspw. gewisser Zuzahlungen bei der Inanspruchnahme bestimmter sozialer Leistungen. Monetäre Transfers basieren auf Beitrags- und/oder Steuerzahlungen, die Beitrags- und auch die direkten Steuerzahlungen hängen von marktmäßig erzielten Einkommen ab. Auch indirekte Steuern gehören zur volkswirtschaftlichen Verteilung. Sozialpolitik ist in den volkswirtschaftlichen Kreislauf eingebunden, auf Grund des durch sie bewegten großen Anteils am Bruttoinlandsprodukt sogar in bestimmender Weise.

Damit ist Sozialpolitik mehrfach an die Dynamik der Volkswirtschaft gekoppelt. Sozialpolitik hängt auf der Einnahme- wie auf der Ausgabeseite von diesem volkswirtschaftlichen Kreislauf ab: In Phasen der Lohn- und Gewinnexpansion steigen die Einnahmen etwa bei den Sozialabgaben und Steuern und schaffen Raum für Leistungsausweitungen, in Phasen sinkender bzw. stagnierender Einkommen sind die materiellen Ressourcen für Sozialpolitik eingeschränkt. Auch die Fähigkeit des Einzelnen, notwendige Zuzahlungen bzw. komplementäre Eigenleistungen aufzubringen, ist von der allgemeinen und der persönlichen wirtschaftlichen Situation abhängig.

Mit der Rentenreform von 1957 wurde nach der *Gesetzlichen Krankenversicherung* und der *Gesetzlichen Unfallversicherung* auch der größte Sozialversicherungszweig auf das *Umlageverfahren* umgestellt. Dadurch wird die unmittelbare Abhängigkeit von dem jeweiligen wirtschaftlichen Kreislauf direkt spürbar; bei dem so genannten *Kapitaldeckungsverfahren* ist dieses – folgt man *Gerhard Mackenroth*[7] – nur scheinbar anders. Konkrete Berechnungen belegen, wie sich beispielsweise ein Plus oder ein Minus bei den Löhnen bzw. ein Mehr oder Weniger an Beschäftigung auf Seiten der Sozialversicherungen und beim Steuereinkommen direkt niederschlagen. Es besteht folglich ein Zusammenhang zwischen wirtschaftlicher Entwicklung und Einnahmen des *Fiscus*, sprich Staat, und der *Parafisci*, sprich den Sozialversicherungen. Doch dieses ist kein Automatismus, sondern abhängig von Verteilungsstrukturen und -prozessen.

Der Staat – auch der Sozialstaat – ist *Steuerstaat*, d.h. er verfügt über keine nennenswerten eigenen finanziellen Ressourcen, sondern nimmt über Steuern, Gebühren und Abgaben ein, was er für seinen Bedarf bzw. den der Gesellschaft benötigt. Er steht hier in dem Dilemma, dass er die Quellen, die er abschöpfen will, ‚pflegen' muss, um in Folge auch für den nationalen Sozialstaat die notwendigen Ressourcen mobilisieren zu können. Dabei hat er es mit dem Paradoxon zu tun, dass derselbe wirtschaftliche Prozess, der dem Sozialstaat höhere Ausgaben aufnötigt, zugleich dessen Einnahmen schrumpfen lässt (*Dilemma der Sozialpolitik*) . Dieses heißt: Der Staat muss heute mehr denn je die Voraussetzungen sicherstellen, dass der privatkapitalistische Akkumulationsprozess auch unter europäisierten und in Teilbereichen globalisierten Bedingungen ‚marktmäßig' erfolgen kann, indem er die allgemeine

7 Gerhard Mackenroth: Die Reform der Sozialpolitik durch einen deutschen Sozialplan, in: Schriften des Vereins für Socialpolitik. Gesellschaft für Wirtschafts- und Sozialwissenschaften. Neue Folge, Band 4, Verhandlungen auf der Sondertagung in Berlin, 18. und 19. April 1952, hg. von Prof. Dr. Gerhard Albrecht, Berlin 1952, S. 39ff.

Infrastruktur, Bildung, Ausbildung und Forschung, Technologieförderung, Absicherung von Auslandsgeschäften u.v.a.m. sicherstellt und dafür erhebliche Kosten aufbringt. Ausgaben für diese Bereiche staatlichen Handelns stehen aber nur scheinbar in einem strukturellen Gegensatz zu denen anderer Aufgabenfelder, zu denen auch die Sozialpolitik gehört. Denn verlässliche sozialpolitische Rahmenbedingungen schaffen die ökonomische und gesellschaftliche Stabilität, die eine wichtige Grundlage von Investitionsentscheidungen darstellt.

Gleichzeitig verändert der Prozess der Standortpflege die Einnahmen- und Ausgabenrelation im Sozialstaat: Tiefgreifende strukturelle Veränderungen im Wirtschaftsprozess haben bewirkt, dass immer mehr soziale Risiken aus dem Produktionsprozess ausgegliedert werden (Massenarbeitslosigkeit, Frühverrentung, verspäteter Einstieg ins Berufsleben etc.), während die Einnahmen des Staates – relativ, teils auch absolut – mit diesen zusätzlichen Aufgaben nicht Schritt halten. Folglich klafft die Schere zwischen Einnahmen und Ausgaben immer weiter auseinander.[8]

Galt in der deutschen Sozialpolitik lange Zeit das Credo: „Eine gute Wirtschaftspolitik ist die beste Sozialpolitik." – das meint: Wirtschaftswachstum reduziert die sozialen Risiken und vergrößert den sozialpolitischen Handlungsspielraum –, so hat sich dieses immer schon an der konjunkturellen Zyklizität, nunmehr aber vermehrt strukturell verändert. Die Sozialpolitik ist an einen Wirtschaftsprozess gekoppelt, der – im Standortwettbewerb befindlich – auf eine Reduktion der Belastungen mit Sozialabgaben und Steuern drängt und für den soziale Ausgrenzung nicht etwa unbeabsichtigte Randerscheinung, sondern vielmehr integraler Bestandteil ist. Die vormalige Koppelung der Sozialpolitik an eine expandierende Ökonomie in Deutschland droht nun in eine zunehmende scherenhafte soziale Entwicklung einbezogen zu werden, so dass trotz allgemeiner Wohlstandsmehrung letztlich für den sozialen Umverteilungsprozess weniger zur Verfügung steht.

Die Wiederherstellung der deutschen Einheit im Jahr 1990 hat sozialpolitisch betrachtet Bedingungen geschaffen, die bis heute nachwirken. Im Rahmen der notwendigen wirtschaftlichen Strukturanpassungen wurden massenweise Arbeitsplätze vernichtet, ohne dass im vergleichbaren Umfange Ersatzarbeitsplätze geschaffen werden konnten. Es blieb häufig nichts anderes übrig, als mit Transferzahlungen von West nach Ost die sozialen und politischen Folgen aufzufangen. Auf der anderen Seite hat gerade die westdeutsche Wirtschaft in doppelter Weise profitiert, einmal durch neue Absatzmöglichkeiten und zweitens durch ein großes Reservoir an qualifizierten Arbeitskräften, das man ohne teure Bildungsinvestitionen einsetzen konnte. Dadurch schritt die Segmentierung des Arbeitsmarktes in Ost- und Westdeutschland deutlich voran. Es kann nicht um ein gegenseitiges Vorrechnen von Kosten und Belastungen gehen, in jedem Falle konnte die Lebensqualität gerade in Ostdeutschland in vielfacher Hinsicht verbessert werden. Als zunehmend problematisch erweist sich viel-

8 James O'Connor: Die Finanzkrise des Staates, Frankfurt am Main 1974; Klaus-Martin Groth: Die Krise der Staatsfinanzen. Systematische Überlegungen zur Krise des Steuerstaats, Frankfurt am Main 1978; Rolf Richard Grauhan und Rudolf Hickel (Hg.): Krise des Steuerstaats? Widersprüche, Perspektiven, Ausweichstrategien. LEVIATHAN Sonderheft 1/1978, Opladen 1978

mehr die Frage der Finanzierung der Transferleistungen. Dies gilt vor allem dann, wenn man in Betracht zieht, dass inzwischen gerade die Kommunen in strukturschwachen Regionen Westdeutschlands – etwa im Ruhrgebiet – ebenfalls zunehmend Schwierigkeiten haben, notwendige Infrastrukturleistungen und Dienste der allgemeinen Daseinsvorsorge zu finanzieren. Insofern bleibt dieser Solidarausgleich ein sozialpolitisch zu gestaltendes Feld, das nach wie vor mit erheblichen Kostenstransfers von West nach Ost verbunden ist, ohne dass sich bislang ein allmähliches Aufschließen der ostdeutschen Wirtschaftsleistung an die Westdeutschlands auch nur abzeichnet. Gleichzeitig gilt es, die Grenzen der Belastbarkeiten von ausgewählten Regionen in den alten Bundesländern zu berücksichtigen.

Demografie

Im Jahr 1900 glich der grafisch aufbereitete Bevölkerungsaufbau noch einem schön gewachsenen Tannenbaum, unten breit und dann kontinuierlich sich nach oben bis zur Spitze verjüngend. Heute gleicht dieses Abbild eher einer sturmzerzausten Fichte, in die Lücken gerissen worden sind (Geburtenrückgänge etwa in Folge des II. Weltkrieges, ‚Pillenknick' etc.) und die sich zugleich im oberen Bereich deutlich weniger zuspitzt. Hochgerechnet auf die nächsten 20-40 Jahre nimmt dieser Bevölkerungsaufbau immer stärker die Form einer Urne an: unten relativ schmal (Folge einer geringen Geburtenrate) und dann auf allen Alterssegmenten bis in den mittleren und oberen Bereich jeweils in etwa gleich breit, nur im obersten Bereich sich verjüngend. Diese Entwicklung gibt Anlass, in vielfältigster Weise eine Änderung der Sozialpolitik einzuklagen, denn immer weniger aktiv Erwerbstätige müssen in Zukunft für immer mehr Nichterwerbstätige bezahlen.

Demografie meint allerdings keinesfalls bloß die natürliche Zu- oder Abnahme der Wohnbevölkerung, sondern auch den Zu- und den Wegzug von Personen. Seit dem Fall der Mauer sind bspw. Millionen deutschstämmiger Zuwanderer aus Osteuropa mit im Regelfall einer – gemessen an bundesdeutschem Schnitt – durchaus höheren Kinderzahl nach Deutschland gekommen. Auch wenn davon auszugehen ist, dass sich die natürliche Reproduktionsrate dieser Migranten relativ schnell der der bundesdeutschen Bevölkerung anpassen wird, gibt es zumindest derzeit und in absehbarer Zeit einen deutlichen Gegentrend zur natürlichen Bevölkerungsentwicklung der ‚Alt'-Bevölkerung.

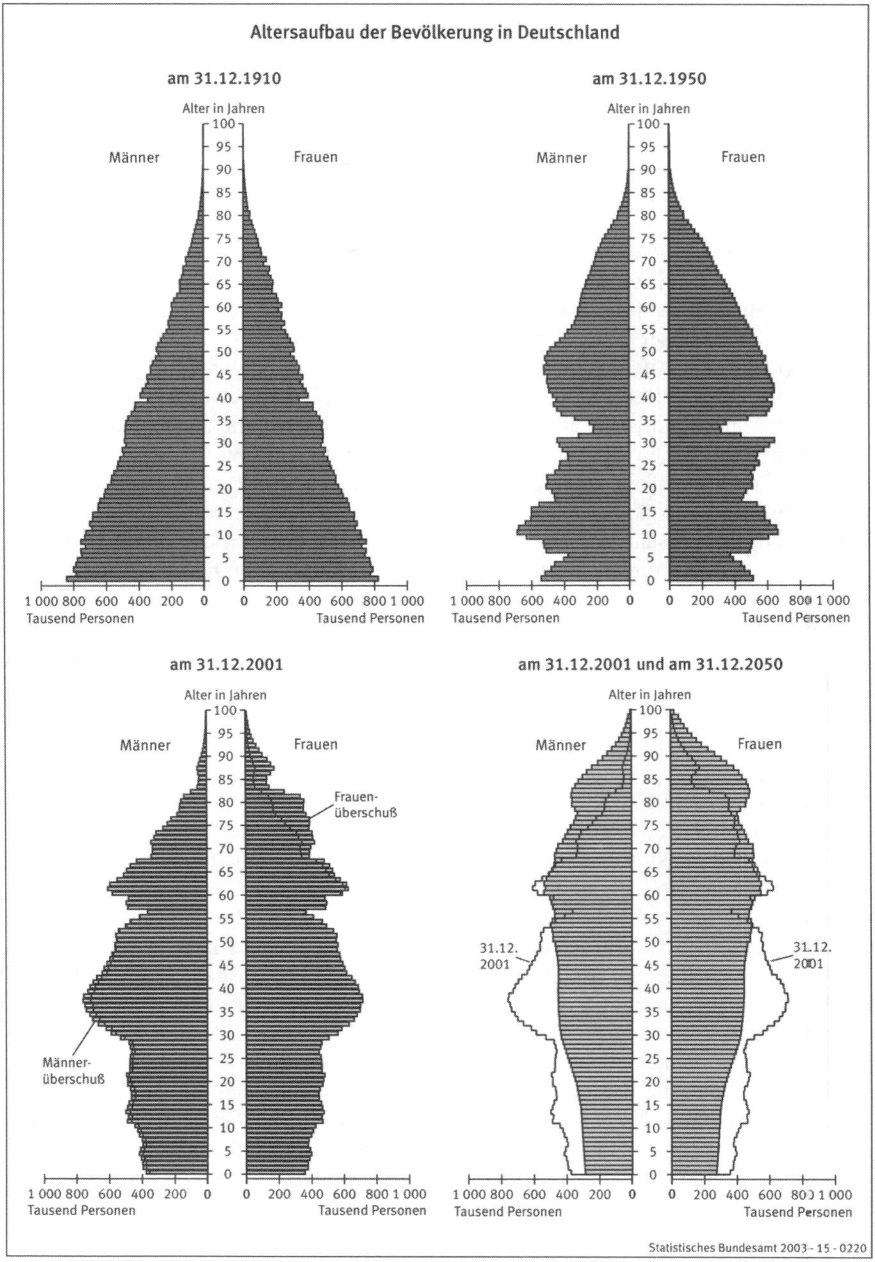
Altersaufbau der Bevölkerung in Deutschland
am 31.12.1910
am 31.12.1950
am 31.12.2001
am 31.12.2001 und am 31.12.2050
Alter in Jahren
Männer
Frauen
Frauen-überschuß
Männer-überschuß
31.12. 2001
Tausend Personen
Statistisches Bundesamt 2003 - 15 - 0220

Innerhalb der Länder der Europäischen Union gibt es das Recht auf Niederlassung und die Freiheit der Arbeitskräfte, sich in den Ländern der EU eine Erwerbsarbeit zu suchen. Auch wenn es – nicht zuletzt aus Gründen sozialer Bindungen, der Sprache wie der Kultur – nur eine relativ geringe Wanderarbeiterschaft gibt, wird die Osterweiterung der Europäischen Union nach Ablauf der Übergangsfristen im Jahr 2011 – auch als Folge des beachtlichen Wohlstandsgefälles – jederzeit das notwendige Potential an Arbeitskräften nach Westeuropa, und dabei bevorzugt nach Deutschland bringen, wie schon heute Ostdeutschland als Reservoir für den westdeutschen Arbeitsmarkt dient. Nicht zuletzt diese Zusammenhänge verdeutlichen den in einem hohen Maße ideologischen Charakter des Demografie-Arguments im Kontext mit der Refinanzierungskrise des Sozialstaates. Denn angesichts derzeit faktisch über sechs Millionen arbeitsloser bzw. unterbeschäftigter Menschen besteht kein demografisches, sondern ein Ungleichgewicht auf dem Arbeitsmarkt. Wenn also die demografischen Annahmen zutreffen, so steht der Anzahl der älter werdenden Mitbürgerinnen und -bürger in Zukunft eine abnehmende Zahl von Kindern und Jugendlichen gegenüber. Folgt man der Logik des *Schreiber-Plans*, so umfasst der Generationenvertrag immer schon zwei Teile, einmal den zwischen den aktiv Erwerbstätigen mit den Nicht-Mehr-Erwerbstätigen, zugleich den zwischen den Erwerbstätigen mit den Noch-Nicht-Erwerbstätigen. Das heißt: Die Erwerbstätigen mussten immer schon die Kosten sowohl für die nachwachsende Generation als auch für die Ruheständler aufbringen (*Sandwich-Generation*). Demografische Berechnungen zeigen nun, dass der *Gesamtbelastungsquotient* der aktiv Erwerbstätigen bei gleichzeitiger Abnahme der Kinder bzw. Jugendlichen und Zunahme der Ruheständler auch in Zukunft in etwa gleich bleibt.

Damit ist allerdings noch keine Aussage über die finanzielle Belastung einzelner Haushalte und Personengruppen getroffen. Richtig ist zunächst, dass die Kosten für Kinder und Jugendliche und die für die Nicht-Mehr-Erwerbstätigen unterschiedlich aufgebracht werden: Für Kinder und Jugendliche sind vorrangig die nach dem Bürgerlichen Gesetzbuch bestimmten Sorgeberechtigten, also private Quellen, zuständig, für Renten- und Pensionsleistungen dagegen vorrangig öffentliche Fonds. Umgekehrt benötigen Kinder und Jugendliche durchaus auch öffentliche Aufwendungen (Kindergeld, Kindergärten, Schulen, Hochschulen etc.), die in Zukunft quantitativ abnehmen werden. Bezogen auf das gesamte Sicherungssystem kann der demografische Wandel so zu einem Ausgleich von Mehr- und Minderausgaben führen. Da sich die belastenden und entlastenden materiellen Effekte jedoch nicht gleichgewichtig auf der Haushaltsebene niederschlagen, kommt es hier in vielen Fällen zu einer doppelten bzw. dreifachen Versorgungsanforderung. Dies gilt insbesondere für Familien mit Kindern, denn der demografische Wandel führt hier ja nicht zu geringeren Ausgaben. Im Gegenteil: Kinderbetreuungs- und Ausbildungskosten nehmen in der Tendenz zu (z.B. Abbau der Lernmittelfreiheit, Einführung von Studiengebühren). Zweitens steigen durch die politischen Einschränkungen des Generationenvertrages die Kosten für die individuelle private Altersvorsorge an. Und drittens führt die anhaltend negative Entwicklung am Arbeitsmarkt in der Tendenz zu einer steigenden Beitragslast der sozialversicherungspflichtig Beschäftigten in der Pflege-, Kranken- und Rentenversicherung. Entgegenzurechnen sind diesen demografischen Folgewirkungen allerdings die entlastenden Effekte familiärer Transfers (*Erbengeneration*).

Bei der Verteilung demografisch bedingter gesellschaftlicher Lasten bedarf es also insgesamt einer volkswirtschaftlichen Umsteuerung im Verhältnis der Kostenaufbringung für die nachwachsende Generation bzw. die Nicht-mehr-Erwerbstätigen, keineswegs aber – bei sonst gleich bleibenden Bedingungen – einer Erhöhung der Belastung der Erwerbstätigen. Letztere werden umso stärker dann entlastet, wenn etwa Frauen die Möglichkeit der aktiven Teilhabe am Erwerbsleben erhalten und die Zahl der (sozialversicherungspflichtig) Erwerbstätigen insgesamt nicht weiter durch arbeitsplatzvernichtende Unternehmensstrategien beeinträchtigt werden. Eine weitere Entlastung würde der möglichst kostenfreie, zumindest stark verbilligte Zugang zu sozialen Dienstleistungen für die Betreuung von alten Menschen und von Kindern bringen.

Eignet sich die demografische Entwicklung kaum als Erklärungsmuster für die aktuellen Finanzierungsprobleme der sozialen Sicherungssysteme,[9] so stellen demografische Verschiebungen im Kontext mit veränderten humanitären, kulturellen, medizinischen wie allgemeinen sozialen Standards und veränderten Familien- und Haushaltsstrukturen gleichwohl Herausforderungen für die Sozialpolitik dar: Verlängert sich die konkrete Lebenserwartung, werden Ansprüche oder Notwendigkeiten selbständigen Wohnens im Alter wirksam (altersgerechtes Wohnen, kommunale Altenhilfe etc.); leben Familienteile, generationenübergreifend gesehen, geographisch weit gestreut, besteht im Alter ein neuer Betreuungsbedarf; erhöht sich die Erwerbsbeteiligung der Frauen, also derjenigen, die bislang im Rahmen der Familie bzw. der Nachbarschaftshilfe Aufgaben der Betreuung und Pflege im Alter erbracht haben, entsteht ebenfalls ein zusätzlicher außerfamilialer Bedarf persönlicher Dienstleistungen; zunehmende Frauenerwerbstätigkeit erfordert ihrerseits weitere Hilfen – etwa bei der Kinderbetreuung. Auch werden Forderungen erhoben, die durch die quantitative Abnahme der Kinder ‚eingesparten' öffentlichen Betreuungskosten stärker für eine qualitative Verbesserung des Betreuungsangebotes zu nutzen. Andererseits wird erwartet, dass angesichts der Verlängerung der Lebensphase, die nicht durch gesundheitliche Beeinträchtigungen belastet ist, das Selbsthilfepotential der älteren Generation steigen wird. Staatliche Politik wird auf diese unterschiedlichen Tendenzen und Trends in Zukunft verstärkt reagieren müssen.

Demografisch bedingt wird es zu Veränderungen der Anforderungen an das System der gesundheitlichen Versorgung und der Pflegedienste kommen. Das Gesundheits- bzw. Krankheitsspektrum bei Kindern/Jugendlichen weicht mit überwiegend kurzfristigen Akuterkrankungen von dem der Älteren mit vorwiegend chronifizierten Erkrankungen erheblich ab, so dass es demografisch bedingt im Bereich der Kran-

9 Vgl. Kay Bourcarde: Die Rentenkrise: Sündenbock Demografie. Kompromissbildung und Wachstumsabkopplung als Ursachen von Finanzierungsengpässen, Wiesbaden 2011

kenversicherungen zu einem Kostenanstieg kommen wird, erst recht, wenn man gerade hier den medizinischen Fortschritt in Rechnung stellt. Die aktuelle gesundheitspolitische Diskussion sucht nach Antworten, stößt dabei aber vor allem auf starke privatwirtschaftliche Interessenträger, die naheliegende Umsteuerungsmöglichkeiten – wie die Sicherstellung von mehr Effizienz und Transparenz – eher behindern denn fördern.

Anforderungen an die Sozialpolitik aus Gründen des demografischen Wandels bedürfen folglich der genauen Analyse. Wenn staatliche Politik in Zukunft verstärkt auf die Anforderungen des Alters bei gleichzeitig wachsenden Integrationspflichten in einer (europäischen) Migrationsgesellschaft reagieren muss, besteht die Gefahr, dass sich der Gesamtbelastungsquotient möglicherweise doch in einem gewissen Umfang zu Lasten der aktiv Erwerbstätigen verschiebt. Insofern erfordert die Debatte um die demografische Entwicklung sehr wohl eine Auseinandersetzung um Umfang und Qualität sozialer Geld-, Sach- und Dienstleistungen sowie deren Finanzierungsquellen in einer gealterten Gesellschaft, wenn gesamtgesellschaftliche Herausforderungen nicht vorwiegend über die Solidargemeinschaft der Sozialversicherten finanziert werden sollen.

Sozialraum Europa

Sozialpolitik ist und bleibt zunächst nationale Politik: Zwischen dem Bund, den Ländern und den Kommunen gibt es eine durch Grundgesetz, Länderverfassungen und die Kommunalverfassung kodifizierte Zuständigkeitsregelung im gestuften Sozialstaat Bundesrepublik Deutschland. Gleichwohl stehen diese jeweiligen Zuständigkeiten vermehrt in einem direkten und indirekten Zusammenhang mit sozialen Entwicklungen und sozialpolitischen Entscheidungen, sei es innerhalb des ebenfalls rechtlich normierten Bereichs der Europäischen Union, sei es innerhalb eines sich nach dem Fall der Mauer nunmehr auch auf Mittelost- und Osteuropa erstreckenden *Sozialraum Europa*. So bestimmen seit geraumer Zeit Entscheidungen der Europäischen Union einschließlich des Europäischen Gerichtshofes die Sozialpolitik der Mitgliedstaaten der Europäischen Union maßgeblich mit. Keineswegs bloß die Folgen der Osterweiterung der Europäischen Union sind hier anzuführen, sondern auch die direkten und die indirekten Auswirkungen von legaler und illegaler Arbeitsmigration auf das deutsche Lohnniveau und davon abhängig auf die Höhe der Steuer- und Sozialversicherungsabgaben. Auch Fragen des faktischen Arbeitsschutzes und der Arbeitszeitregelungen sind zu bedenken. Hinzu kommen etwa nationale Vereinbarungen in einzelnen EU-Staaten zur dortigen Verteilungspolitik und deren Rückwirkungen auf die Verteilungsprozesse in Deutschland.

Verteilungsprozesse innerhalb der europäischen Sozialstaaten verlieren immer mehr ihren ausschließlich nationalen Charakter, wie sie umgekehrt damit nicht aufhören, letztlich national zu sein. Erfolg oder Misserfolg werden dabei von der Wohnbevölkerung zuerst und vor allem der nationalen Politik bzw. den nationalen Akteuren zugeschrieben bzw. angelastet. Dieser Widerspruch ist derzeit systematisch und faktisch nicht auflösbar. Dieses hat sich in der weltweiten Finanzkrise seit 2008 massiv zugespitzt. Hochspekulative Anlagen haben das gesamte Bankensystem ebenso bedroht wie vorhandene kapitalgedeckte private und auch soziale Sicherungssysteme. Hier sind die Regierungen der Mitgliedstaaten der Europäischen Union mit Einlagegarantien, direkten Finanzhilfen und mit milliardenschweren nachfragesteigernden Programmen eingesprungen, wobei völlig offen bleibt, wie die (Folge-)Kosten später verteilt bzw. getilgt werden können bzw. sollen. Das Volumen ist inzwischen so stark gewachsen, dass die gemeinsame Währung – der Euro – bereits Ziel internationaler spekulativer Angriffe geworden ist. Darauf zu antworten übersteigt die Möglichkeiten einzelner Länder, doch werden die finanzpolitischen Rückwirkungen vor allem national spürbar werden.

3.1.3 Instrumente und allgemeine Prinzipien

Schon die Auseinandersetzungen um die Bismarckschen Vorstellungen von Sozialpolitik machten deutlich, dass man ein Ziel – etwa Absicherung des Risikos der Invalidität – sowohl über eine Sozialversicherung, über eine staatliche Vorsorgeleistung als auch – wie bis dahin in weiten Teilen noch üblich – über Fürsorgesysteme erreichen kann. Umgekehrt haben – auch dieses zeigten diese geschichtlichen Kontroversen – die unterschiedlichen Instrumente unterschiedliche Konsequenzen bzw. Wirkungen.

Versicherung, Versorgung, Fürsorge

Geschichtlich haben sich in Deutschland vor allem drei Instrumente herausgebildet: die (Sozial-)Versicherung, die (staatliche) Versorgung und die (kommunale) Fürsorge. Sie haben das gemeinsame Ziel, sozialen Schutz zu erreichen, differieren aber bei den

- Zugangsvoraussetzungen,
- dem geschützten Personenkreis,
- der Qualität rechtlicher Sicherheiten und den
- Finanzierungsmodalitäten.

Die *Versicherung* erfasst einen genau festgelegten Personenkreis, der Anwartschaften bzw. Rechtsansprüche durch Beitragsleistungen als Folge von Erwerbsarbeit erworben hat. Es ist das Spezifikum der *Sozial*versicherung, dass es auch abgeleitete Ansprüche gibt, wobei allerdings diejenigen, von denen Anwartschaften abgeleitet werden können, selbst Rechtsansprüche auf Leistungen durch Beitragszahlungen erworben haben müssen. Diese Rechtsansprüche sind grundgesetzlich als Eigentum geschützt (Artikel 14

GG) und können durch den einfachen Gesetzgeber nicht aufgehoben werden. Versicherungsleistungen werden ausschließlich aus Beiträgen finanziert. Es besteht ein kausaler Zusammenhang zwischen Erwerbsarbeit, Beitragspflicht bzw. freiwilligen Beiträgen der Versicherten und den Leistungen der Versicherung. Sowohl die Beitragsaufbringung wie die Leistungsgewährung sind rechtlich strikt normiert. Rechtsanwartschaften konnten bzw. können auch durch Leistungen erworben werden, die der Gesetzgeber der Beitragsleistung gleichsetzt: etwa sog. Ersatzzeiten als Folge von Krieg und Kriegsgefangenschaft oder Kindererziehungszeiten. Diese Leistungen werden – dieses ist ein Sonderfall – steuerfinanziert.

Auch in einem *Versorgungssystem* werden Rechtsansprüche erworben, aber nicht als Folge persönlicher Beitragsleistungen, sondern durch eine Leistung für die Gemeinschaft insgesamt. Klassisch zeigt sich dieses etwa bei der Kriegsopfer*versorgung*, mittels derer die Folgen des persönlichen Einsatzes des Einzelnen in einem vom Staat zu verantwortenden Krieg ausgeglichen werden sollen. Doch auch zivile Leistungen für die Gemeinschaft werden über diese Systeme aufgefangen, so etwa für Beamte oder für Personen, die im Verlauf ihres Einsatzes beim zivilen Ersatzdienst – analog zur Ableistung der Wehrpflicht – zu Schaden kommen. Auch hier besteht eine Eigentumsgarantie, auch hier sind die Leistungen rechtlich genau normiert. Die Finanzierung allerdings erfolgt nicht über Beitragszahlungen, sondern aus Steuermitteln, jeweils aufgebracht von der politischen Ebene, die für diese Dienste zuständig sind: Kriegsopferversorgung ist bspw. Sache des Bundes, die Beamten eines Bundeslandes dagegen müssen von dem jeweiligen Land versorgt werden, die der Kommunen von diesen bzw. deren kommunalen Zusammenschlüssen.

Fürsorgesysteme basieren nicht auf einer zuvor seitens des Hilfeempfängers erbrachten Leistung, gleichwohl gibt es auch hier Rechtsansprüche. Sie bestehen *dem Grunde nach*, dieses meint: Ein Rechtsanspruch besteht dann und nur dann, wenn neben einem vorhandenen Risiko eine Bedürftigkeitsprüfung ergeben hat, dass der Einzelne bzw. die Einzelne aus eigenen Mitteln heraus nicht in der Lage ist, dieses Risiko aufzufangen bzw. zu überwinden. Die Prüfung hat auch zu klären, ob es nicht sehr wohl persönlich aktivierbare Ressourcen gibt, die zu einer Überwindung dieser Lage, zumindest zu einer Abmilderung beitragen können (*Mitwirkungspflicht*). Die Fürsorgeleistungen selbst waren und sind auch heute noch dem Prinzip nach einzelfallbezogen (*Individualisierungsprinzip*), wenngleich neuerliche gesetzliche Regelungen hier eine stärkere Normierung bringen. Finanziert werden Fürsorgeleistungen ausschließlich aus Steuergeldern, und zwar der jeweiligen zuständigen örtlichen bzw. überörtlichen kommunalen Träger.

Dabei gibt es auch Mischformen zwischen diesen drei Instrumenten. So stellen beispielsweise die Leistungen nach dem *Bundesausbildungsförderungsgesetz* (BAföG) eine Mischung aus Versorgung und Fürsorge dar. Der Sache nach handelt es sich hierbei um eine Versorgungsleistung: Der bzw. die Studierende erbringt für die Öffentlichkeit einen Dienst, insofern er bzw. sie auf Einkommen verzichtet und sich einer qualifizierteren Ausbildung, die die Gesellschaft braucht, unterzieht; zugleich ist die Gewährung des BAföG wie bei einer Fürsorgeleistung an eine Bedürftigkeitsprüfung gebunden. War die früher im Anschluss an die Gewährung von Arbeitslosengeld gewährte *Arbeitslosenhilfe* ebenfalls ein Zwitter, und zwar zwischen Versicherung und Fürsorge, so ist das nun gewährte *Arbeitslosengeld II* der Sache nach zunächst eine Fürsorgeleistung. Allerdings führt der mit dem SGB II verfolgte Ansatz, Geldleistungen mit solchen der aktiven Integration in den Arbeitsmarkt zu kombinieren, dazu, dass alle Empfänger/-innen von Arbeitslosengeld II Zugang zu den Angeboten des SGB III bekommen können, damit zu solchen der (Arbeitslosen-) Versicherung. Schematisch lassen sich die drei Instrumente wie folgt darstellen:

<table>
<tr><th></th><th>Versicherung</th><th>Versorgung</th><th>Fürsorge</th></tr>
<tr><td>Erwerb eines Rechtsanspruchs:</td><td>Erwerbsarbeit und daran gekoppelte Beitragsleistung</td><td>Dienst für die Gesellschaft</td><td>Bedürftigkeit</td></tr>
<tr><td rowspan="2">Leistungsumfang und Ausgestaltung:</td><td colspan="3">Gesetzlich normiert</td></tr>
<tr><td colspan="2">Lohnersatz- bzw. Sach- und/oder Dienstleistung</td><td>Einzelfallbezogene Hilfen mit Leistungspauschalen</td></tr>
<tr><td>Finanzierung:</td><td>Beitragsmittel (z.T. ergänzt durch steuerliche Mittel [Bundeszuschuss] bzw. private Zuzahlungen)</td><td>Steuermittel</td><td>Steuermittel</td></tr>
<tr><td rowspan="2">Beispiele:</td><td rowspan="2">Gesetzliche Renten-, Kranken- und Arbeitslosenversicherung</td><td>Kriegsopferversorgung</td><td>Grundsicherung für Arbeitssuchende, Sozialhilfe, Jugendhilfe</td></tr>
<tr><td colspan="2">Eine Mischform mit Elementen der Versorgung und der Fürsorge bildet das Bundesausbildungsförderungsgesetz (BAföG)</td></tr>
</table>

Geldleistungen, Sachleistungen und Dienstleistungen

Das bundesdeutsche Sozialsystem ist stärker als andere Sicherungssysteme in Europa durch *Geldleistungen* geprägt. Im Regelfall sollen ausfallende Einkommen durch finanzielle Transfers kompensiert und so der Lebensunterhalt gesichert werden. Für abgeleitete Ansprüche gilt, dass dort, wo nach dem Bürgerlichen Gesetzbuch ein Unterhaltsanspruch gegenüber dem Versicherten besteht, die Sozialversicherung nach dessen Tod diesen Unterhaltsanspruch in gewissen Grenzen übernimmt. Bei diesen Geldleistungen, bei der Sozialversicherung im Regelfalle vorrangig dem *Äquivalenzprinzip* folgend, bei den Versorgungsleistungen vorrangig nach beruflichen Kriterien geschichtet, kommen nur partiell Veränderungen der tatsächlichen Lebenshaltungskosten zum Tragen (Anpassung der Rentenleistungen entsprechend der Nettolohnentwicklung etc.). Insgesamt werden die finanziellen Transfers unabhängig davon geleistet, ob damit der notwendige Lebensunterhalt bestritten werden kann oder nicht. In jedem Einzelfall ist zu prüfen, ob ergänzend andere finanzielle Leistungen beantragt werden können bzw. müssen (etwa Wohngeld, Grundsicherungsleistungen nach SGB II oder SGB XII) und/oder ob andere Quellen zur Existenzsicherung vorhanden sind bzw. erschlossen werden können/müssen (etwa privates Vermögen oder eine Unterstützung durch Familienangehörige).

Sachleistungen gibt es vor allem in der Krankenversicherung in Gestalt von Heil- und Hilfsmitteln. Aber auch in der Gesetzlichen Unfallversicherung und bei der Gesetzlichen Pflegeversicherung sind entsprechende Leistungen vorgesehen. Sachleistungen zielen auf den medikamentös steuerbaren Heilungsprozess im Körper, teilweise bieten sie Hilfestellung bei der Bewältigung von Alltagshandeln. Aber auch bei bestimmten sozialen Gruppen werden bevorzugt Sach- vor Geldleistungen gewährt, etwa im Rahmen des Asylbewerberleistungsgesetzes: So können den Betroffenen Nahrungsmittel bzw. Gutscheine ausgehändigt und konkrete Wohnräume zugewiesen werden.

Dienstleistungen, wie etwa die ärztliche und zahnärztliche, aber auch physiotherapeutische Behandlung u.a.m. sind personenbezogene diagnostische, präventive oder rehabilitative und auch pflegende Hilfestellungen an konkreten Menschen. Sie folgen dem sog. *Uno-actu-Prinzip*: Die zu erbringende Dienstleistung wird von einer konkreten Person an einer konkreten Person erbracht, der Empfang dieser Dienstleistung ist mit deren Erstellung identisch, das Empfangen der Dienstleistung ist selbst ein Teil von ihr (*Koproduktion*). Diese Dienstleistungen sind folglich nicht graduell abstufbar, etwa dergestalt, dass der Besserverdienende auch eine längere Narkose bzw. einen doppelt so kräftigen Druck bei der Massage erhält. Der subjektive Faktor sowohl bei demjenigen, der die Dienste erbringt, als auch bei demjenigen, der die Dienstleistung erhält, ist es denn auch, der hierbei ein besonderes Beziehungsverhältnis konstituiert, verbunden mit der Möglichkeit, dieses Vertrauen einzulösen, aber auch zu frustrieren. Dienstleistungen gibt es auch in anderen Bereichen, so bspw. in Gestalt von Beratungsleistungen, von Aus-, Fort- und Weiterbildung etwa im Rahmen der Arbeitslosenversicherung.

Soziale Dienste stellen einen Sonderfall von sozialen Dienstleistungen dar und werden teils stationär, teils ambulant angeboten für Personen in besonderen Problemlagen, die ihrerseits entweder von anderen Einrichtungen nicht erfasst werden (können) bzw. für deren Zielbestimmung der Einsatz bestimmter sozialarbeiterischer bzw. sozial- und/oder heilpädagogischer Methoden von Bedeutung ist. Diese sozialen Dienste sind unterschiedlich organisiert, teils in öffentlicher, teils in freier Trägerschaft. Ihre Finanzierung erfolgt häufig aus verschiedenen Quellen, teils über Steuergelder, teils über Beiträge freier Träger, teils über die Klientel dieser sozialen Dienste.

Bei Sach- und Dienstleistungen besteht mitunter ein Wahlrecht zwischen *Sachleistungs- und Kostenerstattungsprinzip*, d.h. man kann etwa bestimmte ärztliche Leistungen im Rahmen des Leistungskataloges der Gesetzlichen Krankenversicherung in Anspruch nehmen; einige Krankenkassen räumen ihren Versicherten aber auch das Recht ein, etwa diese ärztlichen Leistungen auf privater Grundlage im In- oder im

Ausland nachzufragen und sich später den gesamten oder Teilbeträge erstatten zu lassen. Dieses Kostenerstattungsprinzip kommt insbesondere bei privaten Krankenversicherungen voll zum Tragen: Der Versicherte legt die Kosten für medizinische Betreuung vor und reicht dann diese Rechnungen bei seiner Krankenversicherung zur Erstattung ein.

Äquivalenzprinzip und Solidarprinzip

Eigenverantwortung und Solidarität finden über die Tatsache, dass sie Grundnormen der deutschen Sozialpolitik geworden sind, ihren Niederschlag als allgemeine Prinzipien der Sozialversicherungen. Der Tatsache, dass der bzw. die Einzelne für sich selbst Eigenverantwortung wahrnehmen soll, entspricht, dass die Leistungen, die er bzw. sie aus der Sozialversicherung erhält, ein Äquivalent zu seinen bzw. ihren Vorleistungen, sprich Beitragszahlungen, sein sollen. Am deutlichsten kommt dieses *Äquivalenzprinzip* bei allen monetären Transfers der Sozialversicherung zum Tragen: Die Höhe und die Dauer der geleisteten Beiträge bestimmen vorrangig etwa die Höhe der späteren Rentenzahlungen, vermittelt und mit einem Abschlag versehen auch bei den Hinterbliebenenrenten. Auch in der Arbeitslosenversicherung findet dieses Prinzip etwa bei der Höhe des Arbeitslosengeldes und bei der Bezugsdauer seinen Niederschlag (zwei Beitragsmonate gleich ein Leistungsmonat). In der Gesetzlichen Krankenversicherung spielt es nur beim Krankengeld als Lohnersatzleistung eine Rolle.

Dafür kommt in der Gesetzlichen Krankenversicherung vor allem das Gegenprinzip zum Tragen, das *Solidarprinzip*: Die Mitglieder einer Krankenkasse bezahlen denselben Prozentsatz als Beitrag von ihren – unterschiedlich hohen – Arbeitsentgelten an die Krankenkasse. Trotz somit unterschiedlich hoher konkreter Zahlbeträge gibt es bei den Leistungen der Krankenkasse keine Unterschiede. Jeder hat einen Anspruch auf die gleichen Leistungen im Falle von Krankheit, Vorsorge und Rehabilitation. Hinzu kommt die hier sehr weit gefächerte Möglichkeit der Familienversicherung. Unterhalb einer bestimmten Verdienstgrenze der Familienmitglieder sind diese über den Beitrag des Versicherten kostenlos mitversichert. Im Falle des Ehegatten gilt dieses bis zum Lebensende, bei den Kindern bis zur Volljährigkeit bzw. maximal bis zum 25. Lebensjahr bei nachgewiesener Berufsausbildung (verlängert noch um Zeiten einer „gesetzlichen Dienstpflicht" also etwa bei der Bundeswehr bzw. dem zivilen Ersatzdienst). Doch auch in der Gesetzlichen Rentenversicherung findet das Solidarprinzip seinen Niederschlag, so vor allem in den abgeleiteten Rentenansprüchen, denen selbst keine Beitragsleistung entspricht und in den Zurechnungszeiten bei den Renten wegen verminderter Erwerbsfähigkeit. Bislang gab es auch Anrechnungszeiten etwa für Phasen der Berufsausbildung, die allerdings bei den Rentenneuzugängen ab 2011 wegfallen.

Verrechtlichung – Privatisierung: Politisierung und Entpolitisierung

Schon vor der Bismarckschen Sozialgesetzgebung normierte der öffentliche Gesetzgeber sozialpolitische Hilfestellungen, etwa die Armenfürsorge im *Allgemeinen Preußischen Landrecht*, auf kommunaler Ebene im *Elberfelder Modell*. Die Bismarcksche Politik hat für Deutschland als erstem Land überhaupt ein umfangreiches gesetzliches Werk geschaffen, das letztlich soziale Beziehungen regulierte: Das soziale Machtverhältnis zwischen Lohnarbeit und Kapital wurde nun über den Tarifvertrag hinaus, den die Arbeiterbewegung zeitgleich erfolgreich durchzusetzen vermochte, sozialrechtlich normiert: Erwerbsarbeit führte zur Versicherungspflicht, im Falle des Eintretens eines Schadensfalles wurden die sozialen Folgen aus dem Erwerbsarbeitsbetrieb heraus und in das soziale Sicherungssystem verlagert. Es griffen und greifen nun die dort vorgesehenen gesetzlichen Leistungen, unabhängig davon, ob damit der eigene Lebensunterhalt bestritten werden kann und ob nach Überwindung der Folgen wieder ein Arbeitsplatz zur Verfügung steht. Der am Individuum aufgetretene Schaden wird rechtlich abgefunden, der soziale Produktionsprozess bleibt im Kern davon unberührt.

Auf der anderen Seite führt die Tatsache, dass rechtliche Regelungen über den Staat erstritten werden können, dazu, dass sich keineswegs bloß die sozialistische Arbeiterbewegung, sondern auch andere soziale und politische Kräfte zunehmend darauf konzentrierten, über die Politik die soziale Lage der abhängig Beschäftigten und immer stärker auch anderer Personenkreise und -gruppen zu verbessern. Die *Politisierung sozialer Konflikte* stellt eine Regelungsform dar, deren erfolgreiche Umsetzung ihrerseits Rechtsansprüche schafft, zugleich aber auch rechtlich neue Ausgrenzungs- bzw. Begrenzungstatbestände hervorbringt, die dazu führen, dass nun die Politik, nicht aber die soziale Lage bzw. die ihr zugrunde liegenden sozialen Konflikte zwischen unterschiedlich stark vertretenen sozialen Interessen für unzureichende, als ungerecht empfundene Leistungen verantwortlich gemacht werden. Auf der anderen Seite hat sich der seit Bismarck durchsetzende Primat sozialrechtlicher Leistungen vor unmittelbaren sozialen konfliktorischen Lösungsfindungen und die erreichte Regelungsdichte bewirkt, dass die Rücknahme bestehender Rechtsansprüche und die Rückverlagerung auf die soziale Ebene nicht als eine Rückführung des in Teilen als negativ empfundenen Politisierungsgrades, sondern als *Re-Privatisierung sozialer Risiken* angesehen wird. Dies meint, dass die Folgen sozialer Probleme dem Einzelnen bzw. seiner Familie aufgebürdet werden, obwohl er bzw. dieser Haushaltsverbund dafür nicht ursächlich verantwortlich ist. Dieses ist umso problematischer, wenn seitens der Politik nicht geprüft wird, welche neuen Ausgrenzungstatbestände diese Entregelung bzw. Rückverlagerung auf die private Ebene nach sich zieht.

Kausalität und Finalität

Man nehme den Fall: Eine Person rutscht auf einer Bananenschale aus und bricht sich das Bein; Heilbehandlung ist vonnöten. Geschah dieses auf dem Weg zwischen Arbeitsstätte/Ausbildungsstätte und privater Wohnung, dann ist dafür die Gesetzliche Unfallversicherung zuständig. Geschah es in der Freizeit und ein Verursacher ist nicht feststellbar, ist dies ein Fall für die Gesetzliche Krankenversicherung oder, sofern ein Anspruch auf Grundsicherungsleistungen nach SGB XII und kein Versicherungsschutz besteht, für das Sozialamt. Ist ein Verursacher für die unachtsam weggeworfene Bananenschale zu ermitteln, wird dieser bzw. dessen private Haftpflicht in Regress genommen, hat er mutwillig oder grob fahrlässig gehandelt, kommt auch eine private Haftung mit dem eigenem Einkommen und Vermögen in Betracht. Gefragt wird also: Was war die Ursache (lateinisch: causa) für den Eintritt dieses Schadens. Davon ist dann abhängig, wer für das Aufbringen der Kosten zuständig ist. Diese *Kausalität* ist aber nicht nur für die Leistungsträger von Bedeutung – Wer muss bezahlen? –, sondern auch für die Leistungsempfänger. So variieren die Leistungen etwa zwischen der Gesetzlichen Unfall- und der Gesetzlichen Krankenversicherung vor allem bei den rehabilitativen Leistungen, bei finanziellen Zusatzleistungen, vor allem aber dann, wenn möglicherweise eine Berufs- bzw. Erwerbsunfähigkeit aus dem Unfall folgt. Dieses Kausalitätsprinzip dominiert das deutsche Sozialrecht in fast allen Leistungsbereichen.

Das Gegenprinzip, die *Finalität*, fragt danach, was eine soziale Intervention bewirken soll. Klassisch sind hier die Paragraphen 67ff. SGB XII zu nennen: Bei Personen „in besonderen Schwierigkeiten" wird nicht gefragt, wie diese Person in diese Lage kam (Nichtsesshaftigkeit, Alkoholprobleme etc.) , sondern es wird nur gefragt, wie dieser Person über die aktuellen Probleme hinweg geholfen werden kann. Fürsorgeleistungen sind der Sache nach final ausgerichtet: Überwindung von Einkommensarmut im Rahmen der Grundsicherungsleistungen von SGB II und SGB XII, von Krankheit im Rahmen der Krankenhilfe des SGB XII, Hilfestellung bei Erziehungsproblemen im Rahmen des SGB VIII (Kinder- und Jugendhilfegesetz) , Regulierung von Überschuldung etc. Gleichwohl drängt sich auch das kausale Denken immer wieder in die Praxis der Fürsorge ein: Verletzt jemand die Mitwirkungspflicht, indem er sich z.B. weigert, zumutbare Arbeitsangebote anzunehmen, können die Leistungen des SGB II (ALG II) gekürzt werden. Bestehen Ansprüche gegenüber anderen Trägern, ist zu klären, warum diese nicht vom Antragsteller abgefragt werden etc.

Finalität wird meist von den politischen Interessenträgern eingeklagt, die die ausgrenzende Wirkung des Kausalitätsprinzips begrenzen und die solidarischen Elemente stärken wollen, während umgekehrt jene sich gegen eine Verstärkung finaler Elemente wehren, die stärker die Eigenverantwortlichkeit betonen und die sich aus den institutionellen Differenzen heraus ergebenden Abstufungen im System der sozialen Sicherung erhalten wollen.

3.1.4 Funktionen der Sozialpolitik: Kompensation, Konstitution und Prävention

Die sozialpolitischen Instrumente und Interventionsformen verfestigen die für unser Wirtschaftssystem bestimmende Trennung zwischen den Bereichen Arbeit und Leben. Zugleich sorgt Sozialpolitik mit dafür, dass Erwerbsarbeit als die vorherrschende Form der Existenzsicherung sozial durchgesetzt bleibt. Angesichts der Strukturveränderungen in der Wirtschaft, insbesondere dem Rückgang der Bedeutung des industriell-gewerblichen Bereichs und der Dominanz des Dienstleistungssektors mischen sich die Bereiche Arbeit und Leben in vielfältiger Weise, gleichwohl ist der Systematik nach das Konstrukt der Bismarckschen Sozialpolitik bis heute erhalten geblieben: Erwerbsarbeit bestimmt weit überwiegend in unserer Gesellschaft die materielle Grundlage des je einzelnen Lebens, aber auch das des intergenerativen Weiter-Lebens, Sozialpolitik übernimmt eine Mittlerfunktion zwischen Erwerbsarbeit und Nicht-Erwerbsarbeit. Diesen Prozess bindet Sozialpolitik an Auflagen, deren Nichterfüllung sozialrechtlich, materiell und immateriell sanktioniert wird. Sozialpolitik erfüllt dabei drei Funktionen.

Sozialpolitik *kompensiert* erstens den Ausfall von anderen Quellen, die zum Erhalt der Existenzgrundlagen von Menschen bislang beigetragen haben bzw. leistet einen Beitrag, um eine Schädigung zu beheben, die den Einzelnen daran hindert, den Erhalt seiner Existenzgrundlagen selbst zu sichern. Dieses betrifft keinesfalls bloß Geldleistungen, sondern kann auch in Gestalt von Sach- und Dienstleistungen erfolgen. Der Schaden an bzw. das Fehlen von eigenen Möglichkeiten zur Existenzsicherung wird damit sozial aufgefangen, die Lebensgrundlagen des Individuums und der von ihr im Rahmen des Bürgerlichen Gesetzbuches abhängigen Personen wird etwa bei Arbeitslosigkeit, Unfallverletzungen, Krankheiten, im Alter etc. ganz oder teilweise ausgeglichen. Damit hat Sozialpolitik eine *Schutzfunktion*, die zugleich an *Verteilungs-* bzw. *Umverteilungvorgänge* gebunden ist: Die Mittel, die der Einzelne bzw. der Haushaltsverbund benötigt, wurden entweder zu einem früheren Zeitpunkt vom Leistungsbezieher selbst und/oder derzeit von anderen Beitrags- bzw. Steuerzahlern aufgebracht.

Der Wechsel zwischen Arbeiten und Leben entzieht sich allerdings immer schon der individuellen Beliebigkeit. Auch wenn der etwa im Übergang vom Feudalismus zum Frühkapitalismus direkt ausgeübte Zwang zur Arbeit (*Arbeitshaus*) inzwischen verfassungsrechtlich verboten ist (Artikel 12 des Grundgesetzes), greifen nach wie vor Regelungen, die den Zugang zu bzw. Abgang von abhängiger Erwerbsarbeit regeln und damit *konstitutiv* werden für die Durchsetzung von abhängiger Erwerbsarbeit. Anzuführen sind hier Regelungen zur Krankschreibung durch den Arzt, Zumutbarkeitsregelungen etwa im Zusammenhang des Leistungsbezugs bei Arbeitslosigkeit, die Mitwirkungspflicht bei Fürsorgeleistungen, die Bindung der Inanspruchnahme des gesetzlich bzw. tariflich zustehenden Urlaubs an die zuvor erfolgte Zustimmung des Arbeitgebers und Regelungen im Zusammenhang etwa von Berufserkrankungen, Unfallrenten bzw. insgesamt bei Frühverrentung. Die gesetzlich festgelegte Altersgrenze bei der Rente schließlich entbindet den Einzelnen von der Pflicht, seinen Lebensunterhalt weiter durch Erwerbsarbeit zu bestreiten. In diesen Kontext gehört auch die Frage nach einer Verbesserung oder Lockerung des Kündigungsschutzes für Arbeitnehmer. Aktuelle Diskussionen im Kontext der Arbeitsmarktpolitik im Rahmen des Sozialgesetzbuches II mögen hier exemplarisch für einen Wechsel der Sozialpolitik stehen. Wollte die sozialliberale Reformpolitik in den 1970er Jahre diesen Wechsel zwischen Erwerbsarbeit und Nicht-Erwerbsarbeit stärker im Interesse der Arbeitnehmer gestalten, zielt das Schlagwort „Fördern und Fordern" auf Sanktionen, die, verbunden mit abgesenkten kompensatorischen finanziellen Leistungen auch jene Erwerbsarbeit zu einer ‚attraktiven' Alternative zum Bezug von Lohnersatzleistungen machen soll, die den Lebensunterhalt allein nicht abdeckt (*working poor*) bzw. deren Ausgestaltung bisherige Standards z.T. erheblich unterschreitet. Neben materielle Sanktionen wie Leistungskürzungen treten so auch gesellschaftlich ausgrenzende, soziale Etikettierungen.

Doch Sozialpolitik war und ist immer auch in einem anderen Sinne *konstitutiv* für das bestehende Wirtschaftssystem. Hierzu gehören etwa geschichtliche und aktuelle Regelungen, die darauf abzielen, junge Menschen nicht vorzeitig im Arbeitsprozess zu verschleißen (Kinderarbeitsschutzrechte). Des Weiteren dient der betriebliche Arbeitsschutz wie insgesamt die Gesundheitssicherung dem Erhalt benötigter, qualifizierter Arbeitskräfte. Und schließlich dienen Regelungen für den Fall von Arbeitslosigkeit der Sicherung von Qualifikationen für den zukünftigen Bedarf auf dem Arbeitsmarkt. Sozialpolitik zielt auf Erwerbsarbeit als Grundbedingung privaten Lebens, doch verbindet sie dies auch mit dem Ziel, diesen Arbeitsprozess keinesfalls bloß im Interesse der Unternehmer, sondern auch im Interesse der abhängig Beschäftigten produktiver zu gestalten, zumindest die mitunter widerstreitenden Interessen nicht nur einseitig zu vertreten. Diese konstitutive Funktion von Sozialpolitik hat somit teilweise auch eine *Produktivitätsfunktion.*

Sozialpolitik hat schließlich zunehmend auch eine *präventive Funktion* übernommen und sucht das Entstehen sozialer Risiken ursachenbezogen zu verhindern. So war die Begrenzung der Kinderarbeit einerseits Schutz gegen übermäßige Ausbeutung, andererseits war dieses zugleich ein erster wichtiger präventiver Schritt, getragen letztlich von einem humanistischen Menschenbild und Bildungsideal. Die Kompensation sozialer Risiken, der Erhalt von Arbeitsfähigkeit und das präventive Verhindern sozialer Schädigungen geht nicht allein in privatwirtschaftlichen Interessen auf, auch wenn letztere daraus ihren Nutzen ziehen können und dieses auch sollen. Sie ist geschichtlich betrachtet Ausfluss der Allgemeingültigkeit von Grund- und Menschenrechten, seien diese nun bürgerlich-emanzipatorisch, aus der Arbeiterbewegung heraus oder christlich begründet. Hier stellen präventive Elemente der Sozialpolitik eine soziale Konkretion dar, so etwa Vorsorgeuntersuchungen bei Kleinkindern und Erwachsenen, aber auch qualifikatorische und Beratungsleistungen etwa im Kontext der Arbeitsmarktpolitik. Und nicht zuletzt sind hier Überlegungen und Ansätze einer *Humanisierung der Arbeitswelt* von Bedeutung. Den Charakter des Präventiven unterscheidet von dem des Konstitutiven vor allem, dass die von dem Vorbeugungsgedanken bestimmten Regelungen auch außerhalb des Sektors der Sicherung des Lebensunterhalts durch Erwerbsarbeit einen eigenständigen Stellenwert haben: so die gesunde Entwicklung eines Kindes, der Erhalt von Lebensqualität durch soziale Rahmenbedingungen wie Arbeitsfähigkeit, Gesundheit, Bildung, Wohnen etc. Die Übergänge sind fließend und werden von der jeweiligen konkreten Ausgestaltung bestimmt. Entscheidend ist dabei, inwieweit der Einzelne selbst entscheidet, ob er diese sozialpolitische Leistung annimmt oder nicht, oder ob und inwieweit seine Nicht-Beteiligung sozial sanktioniert wird. In diesen Kontext gehört die in den 1950er Jahren einsetzende Diskussion darüber, dass Sozialpolitik zunehmend eine gesellschaftspolitische Gestaltungsfunktion übernehmen, kurz: *Gesellschaftspolitik* werden solle.

3.2 Das Sozialleistungssystem im Überblick

Einen ersten Überblick über das bundesdeutsche System der sozialen Sicherung gewinnt man bei Betrachtung des regelmäßig von der Bundesregierung erstellten *Sozialbudgets*.[10] Darin wird u.a. die sog. *Sozialleistungsquote* ausgewiesen, dies meint den Anteil der im Sozialbudget enthaltenen Aufwendungen am Bruttoinlandsprodukt. Diese Quote sagt folglich mehr über das quantitative Gewicht der sozialen Leistungen, weniger aber über deren Qualität aus. Steigende Arbeitslosigkeit, zunehmende Frühverrentung etc. steigern tendenziell die Sozialleistungsquote, sind aber nicht Ausdruck für eine positive gesellschaftliche Entwicklung, wie umgekehrt abnehmende Gesundheitsausgaben etwa Ausdruck eines besseren Gesundheitsstatus oder effizienterer Strukturen im Gesundheitswesen sein können und nebenbei den Effekt haben, die Sozialleistungsquote zu senken. Umgekehrt sagen Sozialleistungsquoten dennoch etwas darüber aus, was einer Gesellschaft die Bearbeitung sozialer Problemlagen wert ist. Der Anteil der Sozialaufwendungen am Bruttoinlandsprodukt ist in den 1980er Jahren kontinuierlich zurückgegangen, von 31,2 Prozent im Jahr 1981 auf 27,8 Prozent im Jahr der Wende, um dann – einigungsbedingt – für Gesamtdeutschland wieder auf 32,3 Prozent im Jahr 2003 zu steigen. Seitdem ist diese Quote wieder gesunken, im Jahr 2008 auf 29 Prozent. Allerdings geht der Sozialbericht 2009 davon aus, dass sie – als Folge des Absinkens des Bruttoinlandsproduktes in der Finanzkrise seit 2008 – wieder deutlich steigen wird, auf geschätzt knapp 32 Prozent. Deutschland liegt im europäischen Vergleich mit an der Spitze, nur Dänemark, Frankreich und Schweden haben – hier die Daten vom Jahr 2006 – eine höhere Sozialleistungsquote ausgewiesen. Der Durchschnittswert der Europäischen Union lag damals bei 26,9 Prozent.

Das Sozialbudget gegliedert sich einmal nach den *Institutionen*, dann nach den *Funktionen* sozialer Sicherung, es veranschaulicht Umfang und Gewichtung der einzelnen Positionen.

10 Darüber berichtet die Bundesregierung regelmäßig: Bundesministerium für Arbeit und Sozialordnung: Sozialbericht 2009, Bonn 2009; auf S. 13 Überblick über alle seit 1968 erschienen Sozialberichte/Sozialbudgets (Bundestagsdrucksachen. Die im Nachfolgenden angeführten Daten stammen aus dem Bericht 2009. Dabei sind die Daten bis 2006 Ist-Zahlen, die Daten für 2007 sind vorläufig, die Daten für 2008, 2009 und 2012 basieren auf Schätzungen. Die jeweils aktuellen Daten sind den jährlich erscheinenden Sozialberichten zu entnehmen.

3.2.1 Leistungen nach Institutionen

Als Folge der geschichtlichen Entwicklung hat sich in Deutschland ein Nebeneinander von verschiedenen *Institutionen* herausgebildet. Diese gliedern sich in sieben Untergruppen. Dem *ersten* Bereich – dem Sozialversicherungssystem – kommt im Jahr 2009 mit einem Anteil von 62,3 Prozent an den Gesamtaufwendungen des Sozialbudgets die größte Bedeutung zu. Hier sind die Gesetzliche Rentenversicherung, die Gesetzliche Krankenversicherung, die Gesetzliche Pflegeversicherung, die Gesetzliche Unfallversicherung und die Arbeitslosenversicherung angesiedelt. Hinzu kommen *zweitens* die *Sondersysteme* für einzelne Berufsbereiche wie etwa bei den Landwirten und anderen Berufszweigen, die zusammen allerdings nur einen Anteil von 0,8 Prozent am Sozialbudget ausmachen, und *drittens* die Leistungssysteme des *öffentlichen Dienstes*, so die beamtenrechtlichen Systeme (Pensionen, Beihilfen usw.). Ihr Anteil am Sozialbudget beläuft sich auf sieben Prozent. Der Wirkungskreis dieser Systeme der sozialen Sicherung ist sehr groß. Über 90 Prozent der gesamten Bevölkerung sind von den einzelnen Zweigen der Gesetzlichen Sozialversicherung erfasst, ein Großteil der verbleibenden Bevölkerung untersteht dem Schutz der Sondersysteme. Viele werden auch von den allgemeinen und Sondersystemen gleichzeitig erfasst.

Der *vierte* Bereich umfasst mit einem Anteil von 7,7 Prozent am Sozialbudget die *direkten Aufwendungen der Unternehmen* (also nicht deren Anteil etwa zur Sozialversicherung). Den größten Teil machen die Ausgaben für die 1957 eingeführte und durch Reformen von 1961 und 1969 ausgeweitete sechswöchige Lohnfortzahlung im Krankheitsfall bei Arbeitern und Angestellten aus, gefolgt von Aufwendungen für eine betriebliche Altersversorgung.

Der *fünfte* Bereich umfasst *Entschädigungen für Folgen politischer Ereignisse*, so die Kriegsopferversorgung, politische Verfolgung im Dritten Reich (Wiedergutmachung) und Eigentumsverluste infolge von Flucht und Vertreibung (Lastenausgleich). Mit zunehmender zeitlicher Distanz zu diesen Ereignissen hat dieser Bereich heute stark an Bedeutung verloren (2009: 0,4 Prozent des Sozialbudgets), auch wenn mit der Migration Deutschstämmiger aus Mittelost- und Osteuropa zu Beginn der 1990er Jahre zunächst neue Problemlagen dazugekommen sind.

Im *sechsten* Bereich werden unterschiedliche Formen vor allem *öffentlicher Hilfs- und Dienstleistungen* zusammengefasst (Sozialhilfe, Jugendhilfe, Kindergeld bzw. Familienleistungsausgleich/ Familienlastenausgleich, die Ausbildungsförderung, Wohngeld und die staatliche Förderung der Vermögensbildung). Durch gesetzliche Regelungen bzw. aktuelle soziale Entwicklungen ist der Anteil dieser Leistungen am Sozialbudget gesteigert worden. Er liegt im Jahr 2009 bei 17,4 Prozent. Dieses hängt insbesondere mit dem Anstieg der Ausgaben für Kinder sowie mit der Einführung der Grundsicherung für Arbeitssuchende (SGB II) zusammen. Trotz Einführung von Arbeitslosengeld II/Sozialgeld ist der Anteil der Ausgaben für die

Sozialhilfe nach SGB XII am Sozialbudget nur geringfügig gesunken, was mit den nach wie vor hohen Belastungen bei Pflege und Behinderung zusammenhängt.

Sozialbudget 2009: Leistungen nach Institutionen

	Deutschland	
	Mill. EUR	in %
Sozialbudget insgesamt	753.967	100,0
1 Sozialversicherungssysteme	***464.346***	***62,3***
Rentenversicherung	250.608	31,7
Krankenversicherung	168.674	21,4
Pflegeversicherung	20.436	2,6
Unfallversicherung	11.070	1,4
Arbeitslosenversicherung	41.199	5,2
2. Sondersysteme	***6.559***	***0,8***
Alterssicherung der Landwirte	2.973	0,4
Versorgungswerke	3.486	0,4
Private Altersvorsorge	100	0,0
3. Systeme des öffentlichen Dienstes	***55.379***	***7,0***
Pensionen	40.656	5,1
Familienzuschläge	2.994	0,4
Beihilfen	11.729	1,5
4. Arbeitgebersysteme	***60.449***	***7,7***
Entgeltfortzahlung	26.688	3,4
Betriebliche Altersversorgung	21.858	2,8
Zusatzversorgung	10.571	1,3
Sonstige Arbeitgeberleistungen	1.332	0,2
5. Entschädigungssysteme	***3.509***	***0,4***
Soziale Entschädigung	2.497	0,3
Lastenausgleich	37	0,0
Wiedergutmachung	903	0,1
Sonstige Entschädigungen	72	0,0
6. Förder- und Fürsorgesysteme	***137.715***	***17,4***
Kindergeld und Familienleistungsausgleich	35.830	4,5
Erziehungsgeld/Elterngeld	4.664	0,6
Grundsicherung für Arbeitssuche	48.308	6,1
Arbeitslosenhilfe/sonst. Arbeitsförderung	123	0,0
Ausbildungsförderung	2.186	0,3
Sozialhilfe	23.857	3,0
Kinder- und Jugendhilfe	21.467	2,7
Wohngeld	1.280	0,2
7. Steuerliche Leistungen	***34.045***	***4,3***

Quelle: Bundesministerium für Gesundheit und Soziale Sicherung: Sozialbericht 2009, Bonn 2009, Seite T 2 und T 3 (Anhang)

Und schließlich gibt es *siebtens* auch noch Steuerermäßigungen. Ihre Bedeutung ist zurückgegangen und ihr Anteil liegt 2009 bei nur noch 4,3 Prozent am Sozialbudget. Ursächlich für diesen Rückgang ist insbesondere die Reduzierung der Wohnförderung. Das Splitting-Verfahren für Ehegatten schlägt volumenmäßig am stärksten zu Buche: 21,4 Mrd. EUR von insgesamt 34 Mrd. EUR, das sind knapp zwei Drittel der Gesamtsumme, fallen auf diese Position. Noch einmal knapp vier Mrd. EUR werden zur Entlastung von Personen eingesetzt, deren steuerliche Leistungsfähigkeit gemindert ist: Alleinerziehende, Menschen mit Behinderung, Ausgleich außergewöhnlicher Belastungen etc. sowie besondere sozialpolitisch begründete Maßnahmen wie Wohnbauförderung, Zuschläge für Sonntags-, Feiertags-, Nachtarbeit und ähnliches.

3.2.2 Leistungen nach Funktionen

Die Betrachtung nach Institutionen sagt etwas über die institutionelle Gliederung des Sozialbudgets aus, nur sehr ungenau aber etwas darüber, wofür (für welche Funktion innerhalb der Lebens- und Arbeitswelt) entsprechende sozialpolitische Leistungen verwendet werden. Ausgaben für die Funktion Gesundheit werden – um ein Beispiel zu geben – keinesfalls nur von den Gesetzlichen Krankenkassen getätigt, sondern auch von der Rentenversicherung (etwa: Rehabilitation), von den Unternehmen (Lohnfortzahlung im Krankheitsfall), direkt vom Staat für die Beamten im Rahmen der Beihilfe, von den Sozialämtern (Krankenhilfe) und in bestimmten Fällen – indirekt – vom Finanzamt durch Steuerersparnis (außergewöhnliche Belastungen). Gleichzeitig werden – um ein anderes Beispiel zu nennen – Mittel für die Funktion Alter und Hinterbliebene von der Gesetzlichen Rentenversicherung verwaltet, aber es gibt auch Sondersysteme für einzelne Berufsgruppen, die Grundsicherung im Alter und Steuernachlässe. Im Sozialbudget gliedert man in folgende Funktionen: *Ehe und Familie, Gesundheit, Beschäftigung, Alter und Hinterbliebene und Übrige Funktionen* (Folgen politischer Ereignisse, Wohnen, Sparen und Vermögensbildung sowie Allgemeine Lebenshilfen.

Der Bereich *Alter und Hinterbliebene* hatte im Jahr 2009 mit einem Anteil von 39,7 Prozent an allen Ausgaben des Sozialbudgets das größte Gewicht. Bezogen auf das Bruttoinlandsprodukt werden 12,2 Prozent der gesamten volkswirtschaftlichen Wertschöpfung für diesen Bereich benötigt. Das heißt anschaulich übertragen: Von jeder Arbeitsstunde müssen etwa 7,5 Minuten für den Bereich Alter und Hinterbliebene abgeleistet werden! Dass diesem Bereich daher auch unter politischen Gesichtspunkten ein besonderes Gewicht zukommt, ergibt sich zwingend.

Mit einem Anteilswert von 36,3 Prozent nimmt der Bereich *Krankheit und Invalidität* nicht nur nach wie vor den zweiten Rang ein, sondern er hat sein Gewicht relativ und absolut in den letzten 30 Jahren sogar noch gesteigert. Sein Anteil am Bruttoinlandsprodukt beträgt 11,1 Prozent; pro Arbeitsstunde müssen knapp sieben Minuten für diesen Bereich gearbeitet werden. Allein für die Funktionen Alter, Hinterbliebene und Gesundheit müssen zusammengenommen ca. 14 Minuten pro Arbeitsstunde und damit mehr als ein Fünftel der täglichen Arbeitszeit aufgebracht werden.

Sozialbudget 2009: Leistungen nach Funktionen
(absolut und in Prozent des Sozialbudgets)

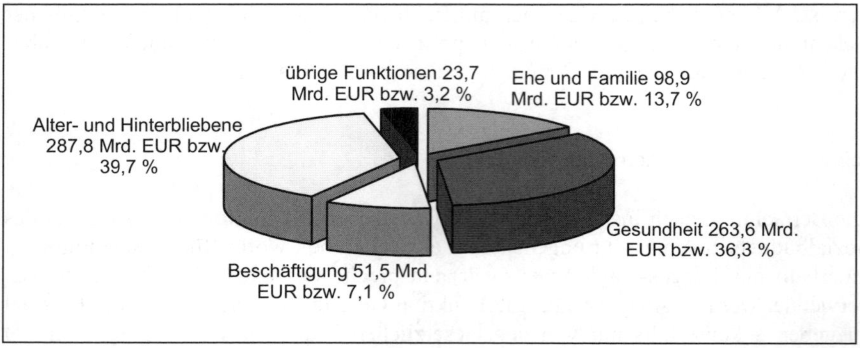

Quelle: Bundesministerium für Gesundheit und Soziale Sicherung: Sozialbericht 2009, Berlin 2009, Anhang T 6 ff.

Der Anteil der Ausgaben für *Ehe und Familie* ist trotz geringerer Kinderzahl und der wachsenden Zahl Nichtverheirateter nach einem Anstieg zwischen 1996 und 2004 zwar wieder leicht gesunken, liegt allerdings insgesamt im Jahr 2009 bei 13,7 Prozent, gemessen am Sozialbudget, und bei 4,1 Prozent, gemessen am Bruttoinlandsprodukt.

Besonders auffallend ist die Kostenentwicklung im Bereich *Beschäftigung*. Bedingt durch die Herstellung der deutschen Einheit sind diese zu Beginn der 1990er Jahre hochgeschnellt, um dann bis ca. 2005 auf diesem Niveau zu verbleiben. In den Jahren 2007-2008 unterschritt deren Anteil am Bruttoinlandsprodukt die 2-Prozentgrenze, um danach wieder – Folge der Finanzkrise – anzusteigen. Gemessen am Sozialbudget liegt ihr Ausgabenanteil 2009 bei 7,1 Prozent, gemessen am BIP bei 2,2 Prozent.

Die *übrigen Funktionen* (*Folgen politischer Ereignisse, Wohnen, Sparen/Vermögensbildung, Allgemeine Lebenshilfe*) haben gemessen an ihrem Anteilswert von 3,2 Prozent am Sozialbudget eine eher geringe Bedeutung, wenngleich sie bei einzelnen Trägern, etwa den Kommunen, sehr wohl ein erhebliches Gewicht haben.

3.2.3 Finanzierung

Die Sozialleistungen werden über Beiträge, Zuweisungen aus Steuermitteln und sonstige Einnahmen (etwa Zinsen) finanziert. Dabei kommt den Sozialversicherungsbeiträgen mit einem Anteil von ca. 60 Prozent an den Gesamteinnahmen eine dominierende Stellung zu:

Finanzierung nach Arten (Anteile in Prozent)

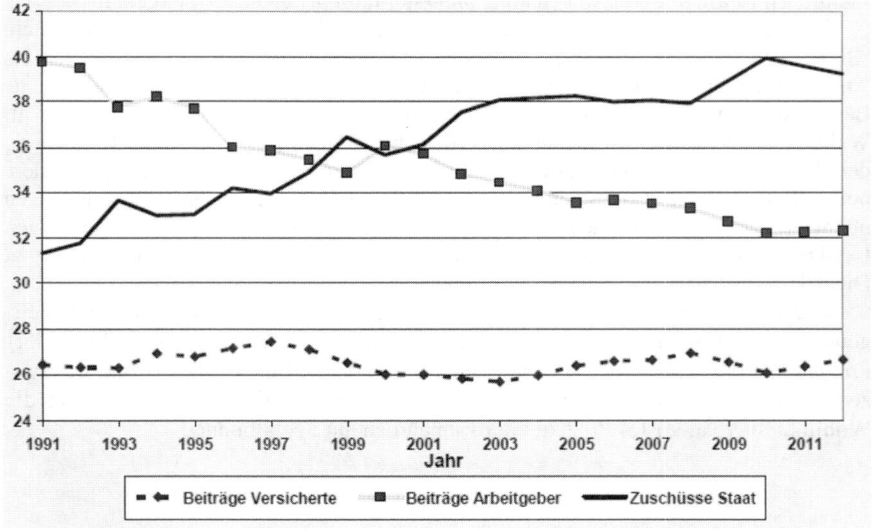

Quelle: Bundesministerium für Gesundheit und Soziale Sicherung: Sozialbericht 2009, Bonn 2009, S. 299

Im hohen Anteil der *Beiträge* an den Gesamteinnahmen (2009: 59,3 Prozent) kommt der Grundsatz der Selbstverantwortung der am Erwerbsleben Beteiligten zum Tragen. Die Beiträge zur Renten-, Kranken- und Arbeitslosenversicherung werden vom Grundsatz her von den versicherten Arbeitnehmern und den Arbeitgebern paritätisch, d.h. je zur Hälfte aufgebracht. Dieses Prinzip wird in der Gesetzlichen Krankenversicherung durch Beitragsaufschläge bzw. Sonderbeiträge im *Gesundheitsfonds*, die Ausweitung der Zuzahlungsregelungen und Selbstbehalte zunehmend ausgehebelt. Eingeführt zur Konsolidierung der Gesetzlichen Krankenversicherung werden sie nur von den Versicherten finanziert und verschieben dabei die Beitragslast zu deren Ungunsten. Vollends aufgegeben wurde die paritätische Beitragszahlung in der Sozialversicherung bei Einführung der Gesetzlichen Pflegeversicherung. Hier wurde der Kostenanteil der Arbeitgeber durch die Streichung eines gesetzlichen Feiertages kompensiert. In zwei Bundesländern wurde dieser Feiertag nicht aufgegeben, dafür müssen die Arbeitnehmer den Beitrag voll übernehmen. Die Beiträge zur Unfallversicherung werden in vollem Umfange von den Arbeitgebern getragen.

Zur Krankenversicherung zahlen auch die Rentner Beiträge. Selbständige können in der gesetzlichen Sozialversicherung Mitglied werden, müssen ihre Beiträge aber alleine tragen. Und schließlich leisten die einzelnen Sozialversicherungsträger Zahlungen an andere Träger (so z.B. die Bundesagentur für Arbeit an die Renten- und Krankenversicherung für Bezieher von Arbeitslosengeld I und II. Neben diese tatsächlichen Beiträge treten so genannte *unterstellte Beiträge* der Arbeitgeber.[11]

Finanzielle Zuweisungen erfolgen im Wesentlichen aus öffentlichen Haushalten. Als Erstes ist hier der *Bundeszuschuss* an die Rentenversicherung zu nennen, der als Ausgleich für ihr vom Gesetzgeber übertragene Aufgaben gedacht ist, für die es keine Beitragseinnahmen gibt: So wurde beispielsweise ein Teil der Folgekosten des II. Weltkrieges in Gestalt von Renten abgefedert; heute sind es die Folgen der Herstellung der deutschen Einheit, der Zuwanderung deutschstämmiger Übersiedler und andere politisch festgelegte Tatbestände (Kindererziehungszeiten etc.). Seit 2009 gelangen nunmehr auch vermehrt Steuern in das Gesundheitswesen über den neu gebildeten *Gesundheitsfonds*. Zu nennen sind hier auch Zuweisungen der Länder für Sach- und Dienstleistungen der Kommunen im Rahmen der Sozial- und Jugendhilfe.

Ordnet man nach *Quellen*, so tragen die Unternehmen nach den vorläufigen Ergebnissen für das Jahr 2009 26,3 Prozent, der Staat 44,9 Prozent (davon Bund: 25,1 Prozent, Länder 10,1 Prozent, Gemeinden 9,7 Prozent, Sozialversicherung 0,4 Prozent), die privaten Haushalte 27,1 Prozent und private Organisationen (etwa die Wohlfahrtsverbände) 1,4 Prozent aller Einnahmen am Sozialbudget.

11 Dies meint den Gegenwert für Leistungen, die Arbeitnehmer oder sonstige Berechtigte von den Arbeitgebern direkt erhalten, wenn für gleichartige Leistungen ein beitragsorientiertes System besteht. Das heißt: Arbeitgeber könnten zur Absicherung der ihnen gesetzlich auferlegten Pflichten auch in ein beitragsfinanziertes System einzahlen, sie können aber auch die Leistungen direkt übernehmen. Während etwa kleine Unternehmen zur Absicherung der Lohnfortzahlung tatsächlich in einen gemeinsamen Fond einzahlen, übernehmen mittlere und größere Betriebe diese Ausgaben direkt.

Einnahmen des Sozialbudgets nach Finanzierungsquellen

	1991	1995	2000	2005	2006	2007p	2008s	2009s
				Anteile in Prozent				
Unternehmen	32,3	30,4	29,3	26,8	27,0	27,0	26,8	26,3
Staat								
Bund	20,4	20,8	21,8	24,2	24,1	24,3	24,3	25,1
Länder	10,1	10,0	11,1	10,6	10,3	10,2	10,1	10,1
Gemeinden	8,6	9,6	9,2	9,7	9,6	9,6	9,5	9,7
Sozialversicherung	0,3	0,4	0,4	0,4	0,4	0,4	0,4	0,4
Private Haushalte	26,8	27,2	26,5	26,9	27,1	27,1	27,4	27,1
Private Organisationen	1,4	1,6	1,6	1,5	1,4	1,4	1,4	1,4
Übrige Welt	0,0	0,1	0,1	0,0	0,0	-	0,0	-
Einnahmen insgesamt	**100,0**	**100,0**	**100,0**	**100,0**	**100,0**	**100,0**	**100,0**	**100,0**

Quelle: Bundesministerium für Gesundheit und Soziale Sicherung: Sozialbericht 2009, Bonn 2009, S. T 7; p: vorläufige Ergebnisse, s geschätzt

Im Ergebnis sind in den letzten Jahren insbesondere die Unternehmen – relativ gesehen – entlastet worden, deren Anteil an den Gesamtausgaben des Sozialbudgets ist von 1991-2009 um ca. sechs Prozent zurückgegangen. Der Staat, insbesondere der Bund dagegen sind stärker zur Finanzierung des Sozialbudgets herangezogen worden. Als Ursache sind hier insbesondere steigende Zahlungen an die zentralen Sicherungssysteme wie die Rentenversicherung (einschließlich steigender Pensionslasten) bzw. die Arbeitslosenversicherung anzuführen.

Bei der Bewertung des staatlichen Anteils muss weiterhin untersucht werden, wie sich das *Steueraufkommen* insgesamt in den letzten Jahren quantitativ und qualitativ entwickelt hat, inwieweit etwa die steuerliche Belastung eher zu Lasten aller privaten Haushalte oder eher zu Lasten der höheren Einkommen, der Unternehmen und der Kapitalerträge erfolgt ist. Lohn- und der Verbrauchssteuern machen heute zusammen ca. zwei Drittel der gesamten staatlichen Steuereinnahmen aus, während die von der Wirtschaft bzw. Kapitalbesitzern zu zahlenden Gewinnsteuern nur noch einen Anteil von weniger als 20 Prozent am gesamten Staatsaufkommen auf sich vereinigen. Der ‚Steuerstaat' ist folglich immer mehr ein Staat der abhängig Beschäftigten und der Verbraucher geworden. Von daher refinanzieren gerade diese abhängig Beschäftigten und Verbraucher auch weitgehend den staatlichen Beitrag zum Sozialbudget.

3.3 Organisation und Träger

Der ‚Sozialmarkt'

Träger der Sozialpolitik in Deutschland sind staatliche und nichtstaatliche Einrichtungen und Institutionen. Der Staat seinerseits ist in *Bund*, *Länder* und *Kommunen* gegliedert, wobei letztere mit dem Recht auf kommunale Selbstverwaltung (*Daseinsvorsorge*) ausgestattet sind und verfassungsrechtlich nicht als staatliche Ebene gelten.

Parallel zu diesen staatlichen bzw. kommunalen Akteuren gibt es eine *para*staatliche Handlungsebene, nämlich die der öffentlich-rechtlichen *Sozialversicherungen*, die in eigener Verantwortung durch ihre Organe handeln. Neben den öffentlichen Einrichtungen für soziale Dienstleistungen gibt es mit Selbsthilfeinitiativen, gemeinnützigen Vereinen und Stiftungen auch private Handlungsträger, die zumeist in einem der sechs *Wohlfahrtsverbände* organisiert sind. Es etablieren sich auch von diesen Dachverbänden unabhängige Organisationsformen zivilgesellschaftlichen Engagements. Schließlich sind die *Arbeitgeber*, private als auch öffentliche, ebenfalls Träger der Sozialpolitik, da sie teils gesetzlich vorgeschriebene Leistungen (Mitfinanzierung der Sozialversicherung, Lohnfortzahlung im Krankheitsfall, Beschäftigung von Schwerbehinderten bzw. das Zahlen einer Ausgleichsabgabe etc.), teils tarifvertraglich geregelte oder freiwillige soziale Leistungen erbringen. Gewinnorientierte Unternehmen treten auch als Anbieter sozialer Leistungen auf dem sog. *Sozialmarkt* auf und konkurrieren hier – etwa im Bereich Pflege sowie der Kinder- und Jugendhilfe – zum Teil mit den Trägern der freien Wohlfahrtspflege, sei es um Klienten oder um den Zuschlag bei öffentlichen Aufträgen, etwa im Bereich beschäftigungsfördernder Maßnahmen.

Hierauf reagierend gliedern Wohlfahrtsverbände Angebote zum Teil aus ihren verbandlichen Strukturen in (gemeinnützige) GmbH´s aus (*Outsourcing*). Deutlich befördert hat diese Entwicklung erstens die faktische Abkehr von dem in der Jugend- und Sozialhilfe (SGB VIII, SGB XII) verankerten Vorrang freier Träger (sog. *Subsidiaritätsprinzip*) und die Konstruktion der Pflegeversicherung (SGB XI). Zweitens regeln öffentliche Träger ihre Zusammenarbeit mit Wohlfahrtsverbänden heute vielfach über befristete Leistungsverträge. Diese bauen nicht mehr auf dem *Selbstkostendeckungsprinzip* zur Garantie sozialer Infrastruktur auf, sondern auf festen Budgets und Fallpauschalen. Drittens verlangen Vorgaben der Europäischen Union auch bei größeren Aufträgen zur Erfüllung sozialer Aufgaben ein Vergabeverfahren über europaweite Ausschreibungen. Diese teilweise Vermarktlichung des Sozialbereiches setzt die Organisation und das Selbstverständnis der Wohlfahrtsverbände (freie und gemeinnützige Vereine) unter einen je nach Arbeitsgebiet (Obdachlosenhilfe, Jugendhilfe, ambulante Pflege etc.) unterschiedlich starken Veränderungsdruck. Gleichwohl bleibt dieser Sozialmarkt politisch stark reguliert. Er wird nach Art und Umfang erst sozialpolitisch durch die EU, Bund, Länder, Gemeinden und die selbstverwalteten Sozialversicherungen konstituiert und ist damit gestaltungsfähig und -bedürftig. Teilbereiche sozialer Geld-, Sach- und Dienstleistungen entziehen sich auch prinzipiell (etwa hoheitliche Aufgaben) oder de facto (etwa Obdachlosenhilfe) einer marktmäßigen Organisation.

Rechtsetzung und Verwaltung: Bund – Länder – Gemeinden

Der Bund hat insgesamt Kompetenzen bei den großen Leistungssystemen. Er bestimmt deren rechtliche Normierung, teils alleine, teils unter Einschluss der Bundesländer. Finanziell ist er im Wesentlichen bei Sozialleistungen beteiligt, die allgemeiner Natur sind, wie etwa über den Bundeszuschuss zur gesetzlichen Rentenversicherung oder Leistungen der Bundesagentur für Arbeit. Er selbst hat aber – von Ausnahmen wie der Bundeswehr, der Außenpolitik etc. abgesehen – im Regelfall keine eigene Verwaltung zur Umsetzung seiner politischen Entscheidungen. Die Bundesländer nehmen deshalb im Auftrage des Bundes diese Aufgaben wahr (Artikel 83 GG), zugleich legen sie – durch ihre Beteiligung beim Bundesgesetzgebungsverfahren über den Bundesrat – fest, welche Aufgaben von den *kommunalen* bzw. den *überörtlichen Trägern* der Sozial- und Jugendhilfe (beispielsweise Landschaftsverbände in NRW, Landesjugendamt in Hessen etc.) übernommen werden sollen. In den einzelnen *Bundesländern* weichen Detailregelungen voneinander ab. In den Gesetzgebungsverfahren versuchen die Kommunen dabei nicht nur über ihre Länder Einfluss im Bundesrat zu nehmen, sondern agieren auch über ihre drei *kommunalen Spitzenverbände.* Dabei vertritt der *Deutsche Städtetag* die großen kreisfreien Städte, während die kreisangehörigen Kommunen durch den *Deutschen Städte- und Gemeindebund* repräsentiert werden. Die Landkreise ihrerseits sind im *Deutschen Landkreistag* organisiert.

Insgesamt kommt den Bundesländern eine *Scharnierfunktion* zwischen dem zentralen und dem kommunalen Sozialstaat zu, ohne selbst allzu viele eigenständige Kompetenzen auf diesem Gebiet zu haben. Die Länder und die Kommunen können neben den ihnen jeweils obliegenden Pflichtaufgaben im Rahmen ihrer Zuständigkeit auch zusätzliche soziale Leistungen auf freiwilliger Basis übernehmen (kommunale Subventionierung von Elternbeiträgen und Verpflegungskosten in Ganztageseinrichtungen für Kinder, Landeselterngeld, Programme zur sozialen Stadtentwicklung etc.). Angesichts teils überschuldeter, kommunaler und regionaler, öffentlicher Haushalte sowie aufgrund der steigenden Belastungen durch gesetzlich vorgeschriebene Aufgaben schwindet allerdings dafür zunehmend der finanzielle Spielraum.

Sozialversicherungen und Selbstverwaltung

Die Struktur der quasi-staatlichen Ebene der Sozialversicherungen ist in Deutschland stark geschichtlich geprägt. In Analogie etwa zum kommunalen Recht auf Selbstverwaltung hat schon die Bismarcksche Gesetzgebung den Sozialversicherungen das Recht auf Selbstverwaltung zugesprochen (Artikel 87 (2) GG). Dabei gibt es Versicherungszweige wie etwa die Allgemeinen Ortskrankenkassen (AOK), die Betriebskrankenkassen (BKK) etc., in denen es eine paritätische, von Arbeitgebern und Arbeitnehmern gleichermaßen getragene Selbstverwaltung gibt. Bei den Ersatzkassen hingegen bestimmen nur die Versicherten in der Selbstverwaltung, während umgekehrt die allein von den Arbeitgebern finanzierte Unfallversicherung auch nur von den Arbeitgebern verwaltet wird. Die Versicherten bzw. zur Selbstverwaltung Befugten wählen alle sechs Jahre in einer Urwahl (*Sozialwahlen*) ihre Vertreter für die Vertreterversammlung (bei der Rentenversicherung) bzw. den Verwaltungsrat (bei der Krankenversicherung), dort wo eine paritätische Besetzung vorliegt in getrennten Verfahren. Aus diesen Vertretungsorganen werden dann die Leitungen der jeweiligen Sozialversicherungen bestimmt. Je nachdem, ob eine paritätische oder keine paritätische Selbstverwaltung vorliegt, setzen sich die Vorstände unterschiedlich zusammen. Die Vertreterversammlung bzw. der Verwaltungsrat entscheidet in Haushaltsfragen, die Vorstände sind diesen rechenschaftspflichtig. Die jeweiligen Kompetenzen dieser Organe sind gesetzlich bestimmt, zugleich ist festgelegt, wo Handlungsspielräume bestehen.

Bei der *Bundesagentur für Arbeit* liegt eine Sonderform der Selbstverwaltung vor. Dem zentralen Gewicht der Arbeitsmarktpolitik sowie dem hohen finanziellen Engagement des Staates Rechnung tragend, setzen sich deren Leitungsorgane aus drei Teilgruppen zusammen: den Vertretern der Gewerkschaften, den Arbeitgebervertretern und denen der öffentlichen Körperschaften. Diese Vertreter werden nicht durch Wahl bestimmt, sondern von den jeweiligen Institutionen benannt. Alle Sozialversicherungen unterliegen der *Rechtsaufsicht des Staates*, wobei dem Bund die über die zentralen Institutionen zufällt (etwa Deutsche Rentenversicherung, Bundesagentur für Arbeit, Barmer Ersatzkrankenkasse etc.), während den Ländern die Kontrolle über regional agierende Institutionen (etwa regionale Krankenversicherungen) bzw. den kommunalen Versicherungsämtern die über lokale Krankenkassen zukommt.

Zu einer weiteren Sonderform der Organisation führte die Zusammenlegung von Arbeitslosen- und Sozialhilfe im SGB II *Grundsicherung für Arbeitssuchende*, durch die die Bundesverwaltung (Arbeitsamt/-agentur) und die kommunale Sozialverwaltung (Sozialamt) verstärkt zusammenarbeiten müssen. Nachdem die hierfür geschaffene Organisationsform der sog. *Arbeitsgemeinschaft* (kurz: ARGE) vom Bundesverfassungsgericht als grundgesetzlich unzulässige Mischverwaltung eingestuft wurde, muss es hier bis Ende des Jahres 2010 zu einer Neuregelung kommen. Neben dieser vom Verfassungsgericht beanstandeten Form der Kooperation gibt es zwei andere: 69 Kommunen bzw. Landkreise ist das Recht zugesprochen worden, die Aufgaben der Agentur für Arbeit mit zu übernehmen (*Optionskommunen*). Und schließlich gibt es auch noch 19 Kommunen, in denen die kommunale Sozialverwaltung und die Agentur für Arbeit unabhängig voneinander agieren.

Das Jugendamt

Eine Besonderheit stellt auch die sog. Zweigliedrigkeit des Jugendamtes dar, über die in Form des *Jugendhilfeausschusses* der Amtscharakter um ein Gremium des regelhaften Einbezugs von Sachverstand in der Jugendhilfe erfahrener Personen der öffentlichen und frei-gemeinnützigen Jugendhilfe erweitert wird. Bei der Besetzung des Jugendhilfeausschusses sind dabei Vorschläge der Jugendverbände und der Wohlfahrtsverbände ausdrücklich zu berücksichtigen (Paragraph 71 SBG VIII).

Aufbau des Jugendamtes (prototypisch)

Jugendamt

Amtsleitung	**Jugendhilfeausschuss (JHA)**
• **Verwaltung** Steuerung – Planung – Controlling – Organisation – Personal – Finanzen – Öffentlichkeitsarbeit • **Kindertagesbetreuung** Förderung und Betrieb von Einrichtungen – Tagespflege – Fachberatung • **Allgemeine Förderung** Förderung und Betrieb von Einrichtungen – Jugendarbeit – Jugendsozialarbeit – Familienförderung • **Soziale Dienste** Hilfe zur Erziehung – Adoptionen – Familien- und Jugendgerichtshilfe – Amtsvormundschaft/Pflegschaft • **Zentrale Einrichtungen** Beratungsstelle – Jugendbildungsstätte – Heim	Der JHA befasst sich mit allen Angelegenheiten der Jugendhilfe, insbesondere mit: • der Beratung von Problemlagen junger Menschen und Familien, • Vorschlägen für die Weiterentwicklung der Jugendhilfe, • der Jugendhilfeplanung, • der Förderung der freien Jugendhilfe. **Zusammensetzung des JHA:** • Zu 2/5 freie Träger: Jugendverbände, Wohlfahrtsverbände, Religionsgemeinschaften, Vereine • Zu 3/5 Vertreter des Kommunalparlaments

Quelle: nach IJAB – Fachstelle für Internationale Jugendarbeit der Bundesrepublik Deutschland e.V. (Hg.): Kinder- und Jugendpolitik. Kinder- und Jugendhilfe in Deutschland, erweiterte und aktualisierte Neuauflage, Bonn 2008, S. 277.

Dabei sieht Paragraph 69 SGB VIII vor, dass zunächst Kreise und kreisfreie Städte örtlicher Träger der Jugendhilfe und damit mit einem Jugendamt auszustatten sind. Nach Landesrecht können ggf. auch kreisangehörige Gemeinden auf Antrag zu örtlichen Trägern bestimmt werden, sie verfügen damit nicht in jedem Fall über ein eigenes Jugendamt. Überörtlich bildet sich die dargestellte Zweigliedrigkeit des Jugendamtes auch auf Landesebene (nicht aber der Bundesebene) mit *Landesjugendämtern* und *Landesjugendhilfeausschüssen* ab.

Die Organisation der freien Wohlfahrtspflege

In der Bundesrepublik haben sich insgesamt sechs Wohlfahrtsverbände etabliert. Mit religiöser Ausrichtung sind dies das Diakonische Werk (DW) der Evangelischen Kirche in Deutschland (gegr. 1848), der Deutsche Caritasverband (DCV) der Katholischen Kirche (gegr. 1897) und die Zentralwohlfahrtsstelle der Juden in Deutschland

(ZWST, gegr. 1917). Als nicht konfessionelle Verbände kommen hinzu: der aus der Arbeiterbewegung stammende Arbeiterwohlfahrt Bundesverband (AWO, gegr. 1919), das der internationalen Rotkreuzbewegung verpflichtete Deutsche Rote Kreuz (DRK, gegr. 1921) sowie der Paritätische Wohlfahrtsverband (PARITÄT, gegr. 1924), als Dachverband unterschiedlicher sozialer Initiativen, Träger und Bewegungen (darunter heute auch dem in der DDR eigenständig und in Alleinstellung operierenden Wohlfahrtsverband Volkssolidarität).

Die Wohlfahrtsverbände selbst sind dabei – wie die Jugendverbände – zunächst auf der örtlichen und auf Kreisebene verfasst und unterhalten dort eigene Einrichtungen und Dienste. Die jeweiligen Orts- und Kreisverbände besitzen Dachorganisationen – mit Bezug auf die Organisationsform ihrer ‚Herkunftsorganisation' auf der Ebene der Bezirke/Landesverbände (AWO), Bistümer (Caritas), Landeskirchen (Diakonisches Werk) oder Bundesländer (Der Paritätische, Rotes Kreuz, Zentralwohlfahrtsstätte der Juden in Deutschland). Die sechs Wohlfahrtsorganisationen wiederum kooperieren verbandsübergreifend hier wie auf der örtlichen Ebene in sog. Landesarbeitsgemeinschaften (LAG) oder Ligen der Freien Wohlfahrtspflege (Liga). Auf Bundesebene bildet diesen Zusammenschluss die *Bundesarbeitsgemeinschaft der Freien Wohlfahrtspflege* (BAG FW), die mit einem Brüsseler Büro auch über eine Vertretung auf EU-europäischer Ebene verfügt.

Innerhalb und quer zur BAG FW existieren zahlreiche Fachverbände, in denen Vertreter der Wohlfahrtsverbände und zum Teil Vertreter der öffentlichen Hand sowie von jenseits der Wohlfahrtsverbände agierenden Selbsthilfeinitiativen ihren fachpolitischen Austausch und eine gemeinsame Interessenvertretung organisieren. Beispiele hierfür sind die Arbeitsgemeinschaft für Jugendhilfe (AGJ), die Bundesarbeitsgemeinschaft Wohnungslosenhilfe (BAG-W) und die Nationale Armutskonferenz (NAK). Besonderes Gewicht kommt dem *Deutschen Verein für öffentliche und private Fürsorg*e (DV) zu, mit dem sich die öffentliche und private Wohlfahrtspflege eine gemeinsame Plattform geschaffen haben, die weniger konkrete Entscheidungen trifft, sondern vielmehr eine Clearingstelle für gemeinsame Interessen und die Fortentwicklung von professionellen Standards darstellt.

Auf EU-europäischer Ebene agieren die frei-gemeinnützigen, öffentlichen und gewerblichen Träger und Organisationen schließlich mit eigenen Vertretungen, häufig aber über Netzwerke, die Vertreter mehrerer Mitgliedsstaaten umfassen. Sie versuchen, sich an politischen Prozessen zu beteiligen, die für sie in der Ausgestaltung der nationalen Rahmenbedingungen sozialer Dienste immer wichtiger werden (Beispiel: Beihilfekontrolle, Dienstleistungsfreiheit, soziale Mindestnormen etc.). So haben sich etwa diakonische Werke und Institutionen in *Eurodiaconia* zusammengeschlossen, Vertreter katholischer Verbände in *Caritas Europa*, der Arbeiterbewegung verpflichtete Verbände in *SOLIDAR*, armutspolitisch engagierte Nichtregierungsorganisationen im *European Anti Poverty Network* (EAPN) etc.. Der Kreis sozialer Nichtregierungsorganisationen und ihrer Zusammenschlüsse insgesamt ist in der sog. *Social platform* organisiert. Häufig erlauben es erst diese hoch aggregierten Formationen, mit gemeinsamer Stimme bei europäischen Institutionen (EU-Kommission, Europäisches Parlament, etc.) gehört zu werden.

Die Einbindung starker sozialer Interessen – etwa organisiert in den Arbeitgeberverbänden, den Gewerkschaften, den großen Wohlfahrtsverbänden sowie deren Spitzenorganisationen bis hin zum Deutschen Verein – bestimmt den *korporatistischen Charakter* deutscher Sozialpolitik. Auf allen Ebenen sozialpolitischen Handelns – vom Gesetzgebungsverfahren bis zur Umsetzung durch die selbstverwalteten Organe der Sozialversicherung bzw. der örtlichen und der überörtlichen Träger der Jugend- und Sozialhilfe einschließlich der Aufteilung zwischen staatlichen, kommunalen und freien Trägern – sind diese großen Interessenträger beteiligt, suchen Einfluss zu nehmen und teilen ihre Zuständigkeiten untereinander auf. Die Einbindung dieser sozialen Interessenträger wird ebenso verteidigt wie kritisiert. Einerseits wird die flächendeckende und professionelle Versorgung mit sozialen Leistungen hervorgehoben, andererseits werden institutionelle Eigeninteressen und die Verdrängung kleinerer Interessenvertretungen kritisch hervorgehoben.

Die Rechtssprechung

Schließlich gibt es mit den *Sozialgerichten* einen eigenständigen Zweig innerhalb des deutschen Rechtswesens. Besetzt mit hauptamtlichen und Laienrichtern bzw. -richterinnen werden hier in gestuften Verfahren von den Sozialgerichten über die Landessozialgerichte bis hin zum Bundessozialgericht Rechtsstreitigkeiten aus dem öffentlich-rechtlich normierten Bereich der sozialen Sicherung ausgetragen. Auch hier gewinnt die europäische Ebene zunehmend an Gewicht, so mit der Rechtsprechung des Europäischen Gerichtshofes in Luxemburg zur Vereinbarkeit der obligatorischen Verrentung bei Erreichen der Regelaltersgrenze oder der zum Beihilfe- und Vergabewesen.

3.4 Wirkungen der Sozialpolitik

Sozialpolitik steht im Spannungsverhältnis zwischen Einzelinteressen, die sich über den Staat durchsetzen, und solchen, die gerade dieses abwenden wollen. Sie zielt auf Ausgleich, aber auch auf Ungleichheit. Sozialpolitik kommt eine bestimmte Intention bezogen auf angestrebte Ziele und beabsichtigte oder auch nicht beabsichtigte Folgen zu: Sie hat Wirkungen im Kontext einer auf privatwirtschaftlicher Grundlage organisierten Wertschöpfung und Verteilung, sie hat – abstrakt gesprochen – letztlich das Ziel, den Lebensunterhalt des Einzelnen und seiner Familie sicherzustellen, aber auch, dass die nachfolgende Generation aufwachsen, sich auf deren zukünftige Stellung im gesellschaftlichen Entwicklungsprozess vorbereiten und dann auch einbringen kann. Indem Sozialpolitik solchermaßen die Förderung der derzeit aktiv Erwerbstätigen und deren Familien, zugleich aber mit der nachwachsenden Generation auch die der zukünftig Erwerbstätigen im Blick hat, muss sie darauf bedacht sein, die Bedingungen des derzeitigen und zukünftigen Wirtschaftswachstums nicht in Frage zu stellen. Sozialpolitik ist eine Bedingung von Wirtschaftswachstum, zugleich auch eine Belastung, je nachdem, ob man stärker gesamtwirtschaftlich oder einzelbetrieblich, langfristig oder kurzfristig, von einem eher erweiterten oder eher begrenzten Ökonomieverständnis her argumentiert.

Denn sowohl bei dem, was als Bedarf staatlicher Sozialpolitik bestimmt, eingefordert, politisch umgesetzt wird, als auch bei dem, was Wirtschaftswachstum befördert oder beeinträchtigt, gibt es sowohl im geschichtlichen Kontext als auch in den aktuellen sozialpolitischen Diskursen ein breites Spektrum an Erwartungen, Hoffnungen, Befürchtungen und Abgrenzungen, sodass eine allzu abstrakte Auseinandersetzung ebenso wenig tragfähig ist wie die jeweilige bloß oberflächliche Beschreibung konkreter Konfliktsituationen. So stellt bspw. schon alleine das Modell der *Sozialen Marktwirtschaft* eine integrierende Konzeption dar, wie reproduktive und produktive Wirkungen aufeinander bezogen werden können; es war und ist allerdings immer auch umstritten und wurde und wird mit z.T. einander widersprechenden Inhalten gefüllt.

3.4.1 Gestaltung des konstitutiven Zusammenhangs zwischen Erwerbsarbeit und dem System der sozialen Sicherung

Das von Bismarck etablierte und in seinen Grundstrukturen bislang nur modifizierte System zielt insbesondere auf die Regulierung zwischen Erwerbsarbeit und Nichterwerbsarbeit. So begründet zum ersten (meist abhängige) Erwerbsarbeit die Mitgliedschaft in einer Sozialversicherung, in der Gesetzlichen Rentenversicherung (GRV), der Gesetzlichen Unfallversicherung (GUV), der Gesetzlichen Krankenversicherung (GKV) und der Arbeitslosenversicherung (ALV). Des weiteren ist über diese Leistungssysteme festgelegt, wann der Einzelne der Erwerbsarbeit fernbleiben und an Stelle des regulären Lohns/Gehalts Lohnersatzleistungen beziehen kann: beim Erreichen der Altersgrenze, bei Feststellung verminderter Erwerbsfähigkeit, Krankheit, Unfall und bei Arbeitslosigkeit. Zugleich ist auch geregelt, bis wann diese Lohnersatzleistungen bzw. andere Leistungen in Anspruch genommen werden können. Drittens ist oftmals eine gewisse Anwartschaft notwendig, um überhaupt Anspruch auf Leistungen zu erwerben. Während der Versicherungsschutz in der *Gesetzlichen Krankenversicherung* (Sozialgesetzbuch V) und in der *Gesetzlichen Unfallversicherung* (SGB VII) sofort gegeben ist, werden Anwartschaften in der *Arbeitslosenversicherung* (SGB III) und in der *Gesetzlichen Rentenversicherung* (SGB VI) erst nach dem Vorliegen einer gewissen Versicherungszeit erworben. In der ALV sind dieses mindestens sechs Monate, in der GRV 60 Monate. Viertens sind die Lohnersatzleistungen im Regelfall an die zuvor erzielten Erwerbseinkommen gekoppelt: Die Renten, das Krankengeld und das Arbeitslosengeld I. Am stärksten kommt diese Koppelung von Lohnersatzleistung und Einkommen bei der Gesetzlichen Rente zum Tragen, wo die Dauer der Beschäftigung und die Entlohnung für die tatsächliche Rente schlicht entscheidend sind (*Äquivalenzprinzip*). Und schließlich fünftens sind auch abgeleitete Rechtsansprüche – so in der Hinterbliebenenversorgung, bei der Familienversicherung in der GKV – daran gekoppelt, dass der Versicherte in einem Erwerbsarbeitsverhältnis steht bzw. gestanden hat.

Die Fürsorgesysteme zielen der Sache nach auf die Überwindung eines Notstandes (*Finalität*). Gleichwohl ist auch hier ein Bezug zur Erwerbsarbeit in vielerlei Hinsicht gegeben. Die Leistungen des SGB II (Grundsicherung für Arbeitssuchende) zielen insgesamt auf die (Re-)Integration der Betroffenen in die Erwerbsarbeit. Ablehnungen von zumutbaren Bildungs-, Fortbildungs-, Umschulungsmaßnahmen, von Beschäftigungsmöglichkeiten bzw. neuen Anstellungsverhältnissen können und werden meist geahndet, etwa durch Leistungskürzungen bis hin zum Streichen der Leistungen. Das Arbeitslosengeld II ist von seiner Höhe her mit den laufenden Hilfen zum Lebensunterhalt im Rahmen des SGB XII (Sozialhilfe) identisch. Dort ist in Paragraph 28 Absatz 4 festgelegt, dass die Regelsätze „unter den erzielten monatlichen durchschnittlichen Nettoarbeitsentgelten unterer Lohn- und Gehaltsgruppen einschließlich anteiliger einmaliger Zahlungen zuzüglich Kindergeld und Wohngeld in einer entsprechenden Haushaltsgemeinschaft“ bleiben (*Lohnabstandsgebot*). Es soll also sichergestellt werden, dass der Bezug der Grundsicherung – auch wirtschaftlich betrachtet – weniger attraktiv ist als Erwerbsarbeit.

Das System der sozialen Sicherung und große Teile der Sozialpolitik werden folglich von der Erwerbsarbeit bestimmt, wie sie umgekehrt wieder auf dieses zurück wirken. So sieht bspw. SGB VI (*Gesetzliche Rentenversicherung)* die so genannte ‚konkrete Betrachtungsweise' bei Renten wegen verminderter Erwerbsfähigkeit vor. Das meint, dass bei der Bewertung der Wiedereingliederungschancen Erwerbsgeminderter die konkrete Lage auf dem Arbeitsmarkt mitbedacht werden soll. Dieses betrifft auch die Diskussion über die Festlegung der Arbeitsfähigkeit bei Arbeitssuchenden: drei Stunden pro Tag wurden im Jahr 2004 im SGB II verankert. Eine aktuelle Diskussion fragt, ob dieser Rahmen nicht zu weit angesetzt ist und ob die Erwerbsdauer, die pro Tag erbracht werden müsste, nicht doch höher angesetzt werden sollte (etwa mindestens halbtags).

Auch und gerade in der Familienpolitik bzw. der für Kinder und Jugendliche geht es immer stärker darum, Familie, Kindererziehung und Erwerbsarbeit besser miteinander vereinbaren zu können. Dem dienen Maßnahmen der außerfamiliären Betreuung von Kleinkindern bis hin neuerdings zum Elterngeld. Das SGB VIII (*Kinder- und Jugendhilfe)* formuliert das Recht auf Erziehung und Entwicklung zur eigenständigen Persönlichkeit von jungen Menschen; dabei spielt die Integration der Betroffenen in das spätere Erwerbsarbeitsleben eine wichtige Rolle, da Erwerbsarbeit in unserer Gesellschaft die beherrschende Form der Lebenssicherung darstellt.

Die Wechselwirkung zwischen Erwerbsarbeit und System der Sozialen Sicherung ist für Deutschland bestimmend. Daneben gibt es auch Leistungsbereiche, die davon nicht betroffen sind. Dieses gilt im Wesentlichen für den fünften Zweig der Sozialversicherung, die *Gesetzliche Pflegeversicherung* (SGB XI), bei der 85 Prozent der Leistungsbezieher älter als 60 Jahre sind. Von daher war und ist es problematisch, dieses als Zweig der Sozialversicherung zu etablieren, noch dazu, weil alle Einwohner ab einem bestimmten Alter und dann ohne Altersbegrenzung der Versicherungspflicht unterliegen. Ebenfalls keinen Bezug zur Erwerbsarbeit haben Leistungen der Kriegsopferversorgung, des Kindergeldes u.a.m.

Zum systematischen Problem wird es, dass von derartigen Ausnahmen abgesehen die Zielsetzung der Sozialpolitik, fast alle Personen im Erwerbsalter in den Erwerbsarbeitsmarkt zu integrieren, den Blick dafür verstellt, dass dieses oftmals auf Grund der Lage auf dem Erwerbsarbeitsmarkt gar nicht möglich ist und dass zahlreiche Menschen die Voraussetzungen dafür nicht mitbringen, zumindest nicht unter den aktuellen Bedingungen, national und darüber hinaus in Europa. Sozialpolitik zielt auf soziale Integration, bei der dem Erwerbsarbeitsmarkt zwar eine bestimmende, aber in keinem Falle eine ausreichende Bedeutung zukommt. Eine derartige vorrangige Fixierung von Sozialpolitik auf den Erwerbsarbeitsmarkt übersieht die Notwendigkeiten und Chancen auch anderer Formen sozialer Integration.

3.4.2 Verteilungswirkung der Sozialpolitik

Über Sozialpolitik wird, betrachtet man das Sozialbudget, knapp ein Drittel des Bruttoinlandsproduktes (um-)verteilt, und zwar sowohl auf der Einnahmen- als auch auf der Ausgabenseite. „Die meisten sozialpolitischen Maßnahmen sind“, so *Elisabeth Liefmann-Keil*, „gegenwärtig verteilungspolitische Maßnahmen. Sie gelten direkt (teilweise auch indirekt) der Gestaltung der Einkommensverteilung. Die Sozialpolitik ist eine Politik der Einkommensverteilung geworden, ungeachtet mancher Ansätze und Bestrebungen, aus ihr eine Gesellschaftspolitik zu machen.“ Es gebe keinen eindeutigen, vorgegebenen Maßstab für die Verteilung, dieser müsse vielmehr „jedes Mal von Neuem“ festgelegt werden: „Eine solche Festlegung ist stets ein politischer Akt.“ Zugleich könne jede Einkommensverteilung, wie immer sie zustande gekommen sein mag, „Grund zur Unzufriedenheit gegen und Anlass zu Forderungen von entsprechenden verteilungspolitischen Maßnahmen sein.“ Richtschnur aber für Verteilung müsse „die Anwendung des Maßstabes der Gerechtigkeit“ sein: „Sozialpolitik ist in dieser Hinsicht Verteilungspolitik.“[12]

12 Elisabeth Liefmann-Keil: Ökonomische Theorie der Sozialpolitik, Berlin, Göttingen und Heidelberg 1961, S. 1f.

a. Vorstellungen von Gerechtigkeit

Normativ

Sozialpolitik setzt, folgt man Liefmann-Keil, als obersten Wert die Herstellung von *Gerechtigkeit*. Doch darüber, was dieser Begriff meint, gehen die Meinungen, wiederum in hohem Maße interessebezogen, auseinander. Zunächst wird das Ziel der Herstellung von Gerechtigkeit normativ bestimmt: Aus den theoretischen Grundprinzipien der Sozialpolitik leiten sich Vorstellungen von *Leistungs*gerechtigkeit, *solidarischer* Gerechtigkeit und *vorleistungsfreier*„ *subsidiärer* Gerechtigkeit ab.

Diese Werte sind an soziale Interessensträger gebunden, die sie durchzusetzen in der Lage sind. Die aus der bürgerlichen Emanzipationsbewegung herrührende Vorstellung von Leistungsgerechtigkeit, die zunächst gegen feudale Strukturen und deren Maxime eines „suum cuique" gerichtet war, ist inzwischen über den bürgerlichen Interessenbezug hinaus auch von dem Großteil der abhängig Beschäftigten übernommen worden und schlägt sich außer in der Lohn- und Einkommensdifferenzierung auch in Erwartungen an gestufte Lohnersatzleistungen wie etwa Renten, Kranken- und Arbeitslosengeld nieder. Umgekehrt sind Vorstellungen solidarischer Gerechtigkeit durchaus über den engen Bereich der vormaligen Industriearbeiterschaft hinaus auch in die Mittelschichten eingeflossen, die immer stärker sozialpolitische Leistungen benötigen, weil sie sozialen Risiken in gleicher Weise ausgesetzt sind wie früher die Arbeiterschaft, ohne dass sie diese Risiken allein durch Eigenvorsorge auffangen könnten. Stark christlich geprägt ist die Vorstellung von einer vorleistungsfreien Gerechtigkeit. Die davon Profitierenden haben nicht eigentlich ein soziales Durchsetzungspotential, sie gehören eher zu den schwachen sozialen Interessen, bedürfen allerdings der sozialanwaltlichen Interessenverstärkung. Allerdings hat die Entscheidung des Bundesverfassungsgerichts vom 14. Oktober 1992, ein am Sozialhilfeniveau gemessenes soziales Existenzminimum müsse steuerfrei bleiben, bewirkt, dass zumindest das Niveau dieser vorleistungsfreien Leistung nunmehr von breiterem gesellschaftlichem Interesse ist.

In der Sozialpolitik dominieren nach wie vor diese drei normativen Vorstellungen von Gerechtigkeit, auch wenn gesamtgesellschaftlich eine Entwertung traditioneller Orientierungen unübersehbar ist. Wirtschaftsliberale Vorstellungen verstärken dieses Abrücken von der sich geschichtlich herausgebildeten Verbindung dieser drei Elemente von Gerechtigkeit zu Gunsten einer Stärkung, teilweise sogar alleinigen Gültigkeit von Leistungsgerechtigkeit: Wenn die einzelbetriebliche Logik absolut gesetzt wird und Entlohnungsbedingungen einschließlich der davon abhängigen Lohnersatzleistungen dieser subsumiert werden, verliert der *solidarische* Gerechtigkeitsaspekt zunehmend an Gewicht, der der *vorleistungsfreien* Gerechtigkeit könnte schlicht obsolet werden.

Prozedural

Dem Dilemma, dass Wertvorstellungen interessebedingt immer weiter auseinander gehen und sich teilweise gegenseitig neutralisieren, versuchen Theoretiker dadurch zu entgehen, dass sie Gerechtigkeitsvorstellungen nicht mehr normativ vorgeben, sondern konsensuelle Verfahrensgrundsätze formulieren. Hierbei wird darauf Wert gelegt, dass insbesondere Asymmetrien bei der Interessenartikulation und der Durchsetzung von Wertvorstellungen etwa in *idealen* Sprechsituationen bzw. in einem *herrschaftsfreien* Dialog aufgehoben werden und so der Weg frei gemacht wird für ein nicht machtbesetztes Wertbestimmungsverfahren.

John Rawls hat den Versuch unternommen, einen derartigen Verfahrensgrundsatz zu entwickeln. Danach seien soziale und wirtschaftliche Ungleichheiten so zu regeln, „daß sie sowohl a) den am wenigsten Begünstigten die bestmöglichen Aussichten bringen als auch b) mit Ämtern und Positionen verbunden sind, die allen gemäß der fairen Chancengleichheit offenstehen."[13] Gerechtigkeit wird hier relational begriffen. Der *Kommunitarismus* sucht diesen Ansatz auf konkrete, (klein-)sozialräumliche zivilgesellschaftliche Prozesse anzuwenden. In den Niederlanden wiederum stellen derartige prozesshafte Konsensverfahren eine wichtige Ergänzung zu den hier nach wie vor sehr weit verbreiteten normativen Wertvorstellungen dar (*Polder-Modell*).[14] In Deutschland ist die Tradition so genannter *runder Tische* wenig verankert; Versuche im Übergang zur Herstellung der deutschen Einheit waren wenig erfolgreich, auch kamen in Deutschland sog. *Bündnisse für Arbeit* nach 1998 nicht recht zum Tragen. Gleichwohl gibt es auch hier beim Zusammenspiel zwischen öffentlichen und privaten Trägern entsprechende Konsensverfahren, an denen inzwischen durchaus auch kleinere soziale Initiativen und Organisationen beteiligt werden.

Norm und Prozess: Chancengleichheit, Partizipation und soziale Mobilität als Ausdruck sozialer Gerechtigkeit

Die in der deutschen sozialpolitischen Tradition nach wie vor dominanten finanziellen Leistungen, vorwiegend orientiert an Leistungs- und solidarischer Gerechtigkeit, haben geschichtlich betrachtet mehrfach dahingehend eine Ausweitung erfahren, dass zum einen stärker die gesamte Lebenslage mit einbezogen wurde und dass derartige Maßnahmen sich nicht damit zufrieden gaben, den Status quo in die Zukunft zu verlängern (*Lebensstandardsicherung*), sondern darauf ausgelegt wurden, gesamtgesellschaftlich *soziale Mobilität* zu befördern. Das beispielsweise von *Ralf Dahrendorf* (1929-2009) in den 1960er Jahren eingeforderte *„Recht auf Bildung"* und die in der Phase der sozialliberalen Koalition der 1970er Jahre insgesamt angestrebte Erhöhung der *Chancengleichheit* in der Gesellschaft zielten zwar zunächst auf Verfahrensänderungen, die Beseitigung von schichtspezifischen Zugangsbeschränkungen verbanden dieses aber zugleich mit einem konkreten normativen Verständnis von sozialer Gerechtigkeit. Als Vorbedingung dafür, Leistung von den unterschiedlichen Mitbürgerinnen und Mitbürgern abzuverlangen und die davon abhängige Leistungs-

13 John Rawls: Eine Theorie der Gerechtigkeit, Frankfurt am Main 1975, S.104

14 Poldermodell meint in den Niederlanden die organisierte Zusammenarbeit zwischen Arbeitgebern, Gewerkschaften und unabhängigen von der Regierung ernannten Mitgliedern. Das Abkommen von Wassenaar von 1982 hat dieses zum ersten Mal auf die Wirtschafts- und Arbeitsmarktpolitik in den Niederlanden angewendet.

gerechtigkeit üben zu können, müssten zunächst gleiche Ausgangsbedingungen – prozedural – geschaffen bzw. ungleiche Ausgangsbedingungen – normativ – ausgeglichen werden.

Soziologische Analysen wie die zur *„Risikogesellschaft"*[15] und zur *„Erlebnisgesellschaft"*[16] machen zugleich deutlich, dass Risiken der derzeitigen Gesellschaft an ‚Klassen'-Spezifik verloren haben: Umweltverschmutzung trifft letztlich auch die Reichen, wenngleich die Chancen, sich dagegen zu wehren – noch – mit der Wohlstandsposition zunimmt. Ebenfalls verschieben sich die Partizipationschancen bzw. -defizite von der rein materiellen Ebene immer mehr darauf, wieweit man den stark erweiterten „Möglichkeitsraum" (*Gerhard Schulze*) ausschöpfen kann oder nicht. Neue Kommunikationsformen vergrößern diesen Rahmen zusätzlich, schaffen aber zugleich neue Ausgrenzungstatbestände, beispielsweise von der Nutzung elektronischer Medien zur Bewältigung von Lebensrisiken. Vorstellungen von Verteilungsgerechtigkeit müssen folglich nicht nur bezogen auf ihre Begründung, sondern auch bezogen auf ihren Gegenstand stets von neuem justiert werden.

b. Ebenen der Umverteilung

Sozialpolitik leistet einen erheblichen Beitrag zur Verteilung von erwirtschafteten Ressourcen in einer Gesellschaft. Dazu gibt es unterschiedliche Instrumente: die Einnahme von Steuern, von Sozialbeiträgen, von Gebühren bzw. Zuzahlungen beim Empfang sozialer Leistungen auf der einen Seite, direkte finanzielle Transfers, das Zur-Verfügung-Stellen von Sach- und Dienstleistungen, die Gewährung von Steuernachlässen, Absenkungen von Beitragsleistungen, die Ermäßigung von Gebühren bzw. Zuzahlungen sowie das Angebot sozialer Dienste auf der anderen Seite. Es lassen sich folgende Ebenen der Verteilung differenzieren:

Interpersonelle Umverteilung
Die vom Volumen her am stärksten verbreitete Form der Verteilung ist die *interpersonelle* Umverteilung: Die aktiv Erwerbstätigen zahlen in die Sozialversicherungen und in den Steuertopf ein, Leistungen dagegen erhält nur, wer von einem sozialen Risiko betroffen ist. Konkret: Beitragszahlungen in die Gesetzliche Krankenversicherung kommen dem- bzw. derjenigen zugute, der bzw. die krank ist, unabhängig davon, wie viel Beiträge er bzw. sie selbst in die Krankenversicherung eingezahlt hat oder zukünftig einzahlen wird. Auch in der Arbeitslosenversicherung kommt diese interpersonelle Umverteilung zum Tragen. Gleiches gilt für steuerfinanzierte Leistungen. Der Gedanke der Pflichtversicherung beinhaltet, dass jeder deshalb an diesem interpersonellen Umverteilungsprozess beteiligt werden soll, damit er dann, wenn auch ihn dieses soziale

15 Ulrich Beck: Risikogesellschaft. Auf dem Weg in eine andere Moderne, Frankfurt am Main 1986
16 Gerhard Schulze: Die Erlebnisgesellschaft. Kultursoziologie der Gegenwart, Frankfurt am Main und New York 1992

Risiko trifft, nicht mittellos bleibt, etwa im Alter, bei Krankheit, Arbeitslosigkeit, Pflegebedürftigkeit etc. Es wird zum Problem, wenn dieser personenbezogene Verteilungsmechanismus immer weniger selbstverständlich wird, wenn also nicht mehr sicher zu sein scheint, dass den derzeitigen Beiträgen zu den einzelnen Zweigen im System der sozialen Sicherung auch die in Aussicht genommenen Leistungen entsprechen bzw. diese garantiert werden können. Eine derartige Infragestellung führt zu einem Legitimationsverlust für Sozialpolitik, der seinerseits Rückwirkungen auch auf Arbeitsmotivation und damit die Konstitutionsbedingungen von privatwirtschaftlichem Verhalten haben kann. Die Steuerzahlenden erwarten ihrerseits ebenfalls Leistungen für den Fall, dass sie selbst in Not geraten bzw. ein soziales Risiko bewältigen müssen, für das ihre eigenen Erwerbseinkommen bzw. Einkommen aus der Sozialversicherung nicht ausreichen (werden).

Intergenerative Umverteilung

Vom Volumen her den zweiten Rang nimmt die *generationenbezogene* Verteilung ein. Gerade weil es in der Sozialpolitik nicht nur um den Einzelnen, sondern um den Familienverbund einschließlich der älteren und der zukünftigen Generation geht, zielt Verteilung sowohl auf die Nachfolgegeneration als auch auf die nicht mehr erwerbstätige Generation.

Kinder zu erziehen und zu versorgen ist zwar vorrangig Aufgabe der Eltern. Doch leistete etwa die Familienversicherung im Rahmen der Gesetzlichen Krankenversicherung schon bald nach deren Einführung einen erheblichen Beitrag zur intergenerativen Umverteilung. Hinzu kommen später Leistungen des Staates zum Unterhalt für Kinder, sei es für einzelne Berufsgruppen (Beamte), sei es sozial gestaffelt, sei es generell, mehr durch Steuerersparnis oder durch direkte Zahlungen aus Steuermitteln (Beispiel: Kindergeld).

Im *Umlageverfahren* der Gesetzlichen Rentenversicherung, wonach die aktiv Erwerbstätigen für die Leistungen an nicht mehr Erwerbstätige aufkommen, kommt dieser intergenerative Verteilungsansatz am augenfälligsten zum Tragen. Anwartschaften werden zwar intertemporal weitergegeben, doch deren Einlösung hängt davon ab, dass nun Jüngere für diejenigen finanziell aufkommen, die zuvor deren Vorgängergeneration die Rente finanziert haben. Ein Spezialfall hierbei ist, dass Versorgungsansprüche nach dem Bürgerlichen Gesetzbuch (Ehepartner, nichtversorgte Kinder, Jugendliche bzw. junge Erwachsene bis zu einem bestimmten Alter) im Todesfalle des Sorgeverpflichteten in einem bestimmten Umfange vom System der sozialen Sicherung übernommen werden (*Hinterbliebenenversorgung*). Auch in der Pflegeversicherung greift vorrangig dieser intergenerative Umverteilungsansatz.

Immaterielle Umverteilung

Im bundesdeutschen Sozialsystem überwiegen monetäre Transfers, vom großen Bereich der Gesundheitssicherung und den sozialen Diensten abgesehen. Aber Lebensbedingungen bestimmen sich nicht nur aus direkten finanziellen Transfers bzw. Sach-

und Dienstleistungen, sondern insgesamt aus Chancen der Teilhabe an den breiten Möglichkeiten einer Gesellschaft. Dazu gehören beispielsweise Ferienprogramme von Schulkindern, sozial gestaffelte Eintrittspreise für öffentliche Schwimmbäder, Ermäßigungen für kulturelle Einrichtungen für Arbeitslose etc. Soziale, kulturelle und sportliche Einrichtungen in öffentlicher Trägerschaft verzichten im Regelfall auf kostendeckende Benutzergebühren bzw. Eintrittspreise und subventionieren folglich deren öffentliche Inanspruchnahme. Umgekehrt werden diese Institutionen häufig schichtenmäßig unterschiedlich stark nachgefragt und setzen mitunter auch ein Bildungsniveau voraus, das seinerseits noch einmal stärker deren Nutzung sozial vorbestimmt. Dies verstärkt sich bei bestimmten ethnischen Gruppierungen. Eine Verteilungsanalyse dieser immateriellen Leistungen, zu denen letztlich auch das Schul-, Berufsausbildungs- und Hochschulsystem gehören, steht noch weitgehend aus.

c. Ergebnisse von Umverteilung

In kritischer Absicht stimmen mitunter sozial sehr gegensätzliche Positionen darin überein, dass die Umverteilungswirkung der Sozialpolitik letztlich nur ein „Griff in die eigene Tasche“[17] darstelle. Dabei geht es um die Frage, inwieweit diese Verteilung vorwiegend innerhalb der jeweiligen sozialen Gruppe – der abhängig Beschäftigten – stattfindet bzw. inwieweit sie darüber hinausgeht. Dabei kann der Verteilungsprozess zunächst nichts anderes sein, als ein Verteilungsprozess innerhalb der diesem Finanzierungsverbund Angehörenden. Ein rein *beitragsfinanziertes System* beispielsweise führt auch nur zu einem Ausgleich zwischen den nach gleichen Grundsätzen Beitragszahlenden. Zum Problem allerdings wird es, wenn zu dieser Gruppe der Beitragszahler bzw. Leistungsberechtigten neue Gruppen hinzukommen, die ihrerseits aus sich heraus keinen entsprechenden interpersonellen und/oder intergenerativen Ausgleich schaffen; dann finanzieren andere Untergruppen deren Leistungen ganz oder in Teilen mit. Dieses betrifft bis heute etwa die Einbeziehung einzelner Berufsgruppen in die Gesetzliche Rentenversicherung, deren Leistungen letztlich vom Gros der Beitragszahler zumindest zum Teil mitfinanziert werden. Ähnliches gilt auch für die Einbeziehung zahlreicher sozialer Problemlagen in Folge der deutschen Einheit und der Migration Deutschstämmiger aus Osteuropa in die einzelnen Zweige der sozialen Sicherung.

Steuerfinanzierte Systeme wirken umverteilend entsprechend ihrem Steuermix und der Zielsetzung, die dieser Einbeziehung öffentlicher Steuermittel zu Grunde liegt: So wird beispielsweise die rentenrechtliche Anerkennung von Kindererziehungszeiten aus dem gesamten Steueraufkommen des Bundes finanziert und somit von der größtmöglichen Allgemeinheit getragen, allerdings differiert hier der Anteil des Einzelnen seinem Beitrag am Gesamtsteueraufkommen entsprechend. Darin

---

17 Renate Merklein: Griff in die eigene Tasche. Hintergeht der Bonner Sozialstaat seine Bürger?, Reinbek bei Hamburg 1980

kommt zugleich das gesamtgesellschaftliche Interesse an einer Förderung der Familien zum Ausdruck, die sich bereit erklären, Kinder groß zu ziehen.

Mischsystemen zwischen Beitragseinnahmen und Steuerzuwendungen entspricht eine differenzierte Verteilungswirkung. Die Finanzierung eines Teils der Kosten der deutschen Einheit etwa über die Gesetzliche Rentenversicherung bedeutet, dass zwar die Arbeiter und Angestellten in diesen Solidarverbund einbezogen sind, nicht aber die Beamten und Selbständigen; es gab zwar in der DDR keine Beamten und kaum Selbständige, natürlich aber hat es auch dort Aufgaben gegeben, die im westdeutschen Gesellschaftssystem von beamteten Staatsdienern bzw. Selbständigen und Unternehmer übernommen werden (öffentliche Verwaltung, Polizei, Militär, Betriebsleiter, Wirtschaftsplaner etc.). Die (westdeutschen) Arbeiter und Angestellten übernahmen also gleichsam ‚gesamtschuldnerisch' auch den Beitrag, der eigentlich den Beamten und den Selbständigen obliegen würde – soweit es sich um die Einbeziehung dieser Risiken in den beitragsfinanzierten Teil der Rentenversicherung handelt; beim steuerfinanzierten Teil sind dann alle Steuerzahler inklusive Beamte und Selbständige beteiligt.

Die *umverteilende Wirkung* von Sozialpolitik unterliegt einem doppelten Dilemma: Zum einen soll sie den Lebensunterhalt sichern, obwohl den aktuellen sozialen Leistungen keine aktive Erwerbsarbeit entspricht. Der Logik des Umlageverfahrens im System der sozialen Sicherung, aber auch im Steuersystem folgend müssen andere Personen mit ihren Beiträgen bzw. Steuern den Ausfall selbst erarbeiteter Subsistenzmittel ausgleichen. Das, was auf der einen Seite eine Entlastung beim Ausfall etwa von Einkommen darstellt, ist auf der anderen Seite eine Belastung. Denn keinesfalls bloß die Sozialeinkommensbezieher müssen im Regelfall – gemessen an dem zugrunde liegenden vormaligen Erwerbsarbeitseinkommen – Einkommenseinbußen hinnehmen, sondern auch die Beitragszahler; je höher das aus Gründen der Kompensation gezahlte Sozialeinkommen auf der einen Seite ist, um so geringer ist das verbleibende Netto-Erwerbseinkommen auf der anderen Seite. Zum anderen gibt es auch auf Seiten der Unternehmen ein Dilemma: Diese nutzten in der Vergangenheit und nutzen auch heute noch die Möglichkeiten des Sozialleistungssystems für ihre betriebliche Beschäftigungspolitik, indem sie sich zu Lasten des Sozialsystems von Kosten entlasten. Steigende Belastungen mit Sozialeinkommen etwa als Folge verringerter Beschäftigung und/oder vorzeitiger Verrentung allerdings haben dann auch Auswirkungen auf die privatwirtschaftliche Ertragslage. Entsprechendes gilt für den öffentlich-rechtlichen Bereich. Hinzu kommt ein Weiteres: Dem Wunsch, möglichst hohe Preise für Pharmaprodukte, ärztliche Honorare, investive Mittel im Krankenhausbereich u.a.m. zu erzielen, stehen im privaten Unternehmensbereich dann höhere Kosten etwa in Gestalt des Arbeitgeberanteils zur Sozialversicherung gegenüber. Sozialleistungen sind Teil des gesamtwirtschaftlichen Kreislaufs, zugleich kommen in ihnen unterschiedliche soziale Kräftekonstellationen zum Tragen, die sich der Grundstruktur nach zwar immer noch zwischen privatwirtschaftlichen und Arbeitnehmerinteressen bestimmen, aber sowohl innerhalb des Unternehmens- als auch innerhalb des Arbeitnehmerbereichs ausdifferenzieren.

Am wenigsten transparent ist die *gesamtgesellschaftliche Verteilung* durch Sozialpolitik. Dieses ist es denn auch, warum die Verteilungswirkung von Sozialpolitik in der Öffentlichkeit eher diskriminiert als nüchtern bewertet wird. Aus dem Grundsatz einer subsidiären Gerechtigkeit heraus folgt, dass Menschen, die sich aus eigener Hilfe nicht aus ihrer Not befreien können, vorleistungsfreie Leistungen zugesprochen bekommen. Hier findet also eine Umverteilung zu Gunsten von Menschen in Armut und zu Lasten der Steuerzahler statt. Doch auf diese Extremfälle von Armut und sozialer Ausgrenzung bleibt die gesamtgesellschaftliche Umverteilung nicht begrenzt. In letzter Zeit kommt verstärkt in den Blick, dass – bislang noch im Umlageverfahren fest ritualisiert – zunehmend soziale Gruppen füreinander einstehen, die sich selbst aber durch wesentliche Merkmale unterscheiden. Exemplarisch mögen hierfür zwei Beispiele stehen. Zum einen bedeutet die Einbeziehung von immer neuen sozialen Gruppen in die gesetzliche Sozialversicherung (*Volksversicherung*), dass hier mitunter ungleiche Risiken in einen angleichenden Risiko-Kosten-Ausgleich einbezogen werden. Dieses betrifft in hohem Maße die Einbindung von Selbständigen und Freiberuflern in die Gesetzliche Sozialversicherung unter Berücksichtigung der Wirkung von Beitragsbemessungsgrenzen in der Gesetzlichen Renten- und Krankenversicherung: Auch wenn etwa der Beitragsbemessungsgrenze in der Gesetzlichen Rentenversicherung eine Leistungsgrenze bei den monetären Zahlungen entspricht, gilt dieses weder hier noch in der Gesetzlichen Krankenversicherung für die Sach- und Dienstleistungen. Da eine Kurmaßnahme bspw. zum Zwecke der Rehabilitation aber für Personen unterhalb der Beitragsbemessungsgrenze nicht ‚günstiger' ist als die für Beitragszahler aus dem oberen Bereich, findet hier (relativ zur Einkommenslage) letztlich eine Umverteilung zu Gunsten der Besserverdienenden statt.

Zum Zweiten betrifft dieses fast alle steuerfinanzierten Umverteilungsvorgänge. Angesichts des rapiden Sinkens der Anteile der Gewinnsteuern am Steueraufkommen und des Anstiegs der Steuern aus abhängiger Erwerbsarbeit bzw. auf Verbrauch nimmt die Belastung der Normalverdiener und Verbraucher relativ im Verhältnis zu den wohlhabenderen Haushalten zu. Zugleich partizipieren gerade besser gestellte Haushalte in hohem Maße an steuerlichen und auch finanziellen Leistungen, deren Inanspruchnahme letztlich davon abhängig ist, dass der einzelne Haushalt seinerseits gewisse Eigenmittel (*Komplementärinvestitionen*) – etwa beim Hausbau, bei der Heizungserneuerung, bei der Ausbildung der Kinder, bei der Vermögensbildung etc. – aufzubringen in der Lage ist.

Der Deutsche Bundestag hatte Ende der 1970er Jahre eine sog. *Transfer-Enquête-Kommission* eingesetzt, die 1981 ihren Abschlussbericht vorgelegt hatte.[18] Diese Untersuchung zeigte zum einen, dass die faktische Verteilungswirkung durchaus den intendierten Absichten entsprach, dass aber die Mitte der Gesellschaft den größten negativen Verteilungseffekt zu verzeichnen hatte und nicht die Bezieher der oberen Einkommen. Auch heute lässt sich sagen, dass die sekundäre Verteilung über den

18 Transfer-Enquête-Kommission: Das Transfersystem in der Bundesrepublik Deutschland, Stuttgart u.a. 1981

Staat durch Steuern und Sozialpolitik insgesamt das Ausmaß der sozialen Ungleichheit verringert, wenngleich in diese Berechnungen immer nur die ‚bekannten‘ Einkommens- und Transferbestandteile eingehen. Was letztlich am Fiskus vorbeigemogelt wird, entzieht sich dagegen in hohem Maße der öffentlichen Kenntnis und auch dessen Zugriff, wenngleich hier seitens des Steuerstaates sicherlich mehr Aufklärung betrieben und erreicht werden könnte.

Um Aussagen darüber zu treffen, welche Einkommenssegmente stärker oder schwächer von sozialpolitischer Verteilungspolitik gefördert bzw. belastet werden, bedarf es dringlicher denn je der Neuauflage einer Transfer-Enquête. Genauere Kenntnis über Verteilungsabläufe und deren Ergebnisse würden den häufig eher ideologischen Umgang mit dem Verteilungsargument in Frage stellen und einer Justierung von Verteilungspolitik an politisch in einem transparenten Prozess deutlich gemachten Kriterien für Gerechtigkeit Vorschub leisten können.

3.4.3 Rollenzuweisung der Geschlechter

Mit der Frauenbewegung und der Frauenforschung ist dem Aspekt der geschlechtsspezifischen Verteilungsprozesse ein besonderes Gewicht zugewachsen. *Andrea Weinert* konstatierte bündig: „Letztlich sagt es schon die Grammatik: ‚Der Reichtum‘ – ‚die Armut‘."[19] Folgt man der Arbeitsmarktstatistik, so sind Frauen bis heute, wiewohl mit einem im Vergleich zu Männern durchschnittlich höheren Bildungsabschluss ausgestattet, im Schnitt geringer beruflich qualifiziert, vermehrt mit niedriger bewerteter Arbeit beschäftigt und seltener mit Leitungsaufgaben betraut, häufig lohnmäßig diskriminiert, verstärkt in prekären Beschäftigungsverhältnissen tätig und mehr von Arbeitslosigkeit betroffen als Männer. Dem liegt das Konstrukt zu Grunde, dass Frauenerwerbstätigkeit männlicher nachgeordnet sei, weil letztere die Familie ernähre, erstere aber eher ein Zuverdienst bewirke, während die Hauptaufgabe der Frauen bei der Wahrnehmung von Familien- und Haushaltsaufgaben liege. Dass Frauen vor allem Familien- und Männer Erwerbsarbeit leisten, gehört sicher zu den nachhaltigsten Verzerrungen von sozialer Wirklichkeit: Von einer kleinen Schicht im Bürgertum abgesehen, waren Frauen sowohl in der Feudalgesellschaft als auch in proletarischen Lebenszusammenhängen immer erwerbstätig. Mit der kapitalistischen Wirtschaftsweise wird das bürgerliche Familienbild auf der Grundlage der nunmehr erfolgenden Trennung zwischen produktivem und reproduktivem Bereich dafür funktional, Frauen zu diskriminieren: Mit der Begründung, Frauenerwerbsarbeit könne schon allein deshalb keine vollwertige Arbeit sein, weil ja die Frau ‚eigentlich‘ die reproduktive Arbeit im Haushalt erledigen müsse, wurde die Entlohnung von Frauen von vorne herein niedriger angesetzt als die der

19 Andrea Weinert: Das Geschlecht des Reichtums ... ist männlich, was sonst!, in: Ernst-Ulrich Huster (Hg.): Reichtum in Deutschland. Die Gewinner in der sozialen Polarisierung, 2. Aufl., Frankfurt am Main und New York 1997, S. 200

Männer. Der Mann müsse schließlich die Familie ernähren, während die Frau nur ein Zusatzeinkommen erziele.

Diese Rollenzuweisung hat sich verfestigt, selbst wenn nicht übersehen werden kann, dass Frauen zunehmend auch in qualifizierte Arbeitsplätze und Funktionen einrücken, häufig allerdings unter Verzicht auf Kinder bzw. eine Begrenzung der Kinderzahl. Auch hat der Gesetzgeber verstärkt eingegriffen, um dem *Diskriminierungsverbot* des Artikels 3 Grundgesetz zum Durchbruch zu verhelfen. Anzuführen sind die Reform des Familienrechts, sozialpolitische Maßnahmen zur Verbesserung der Vereinbarkeit von Familie und Erwerbsarbeit u.a.m. Diese Maßnahmen erleichtern Frauen sicher die Wahrnehmung ihrer Doppelbelastung, doch findet eine tatsächliche partnerschaftliche Aufteilung produktiver und reproduktiver Tätigkeiten schon deshalb selten statt, weil allein das Lohngefälle zwischen Mann und Frau – Frauen verdienen bei gleicher Arbeit im Schnitt 23 Prozent weniger Lohn – es nahe legt, dass der höhere Männerlohn auf dem Markt realisiert und eher der geringere Frauenlohn durch Hausarbeit kompensiert wird (*gender pay gap*). Staatliche Politik steht in dem grundsätzlichen Dilemma, aus Gründen der Gleichstellung sozialpolitische Maßnahmen so zu regeln, dass davon Männer und Frauen gleichermaßen einen Nutzen ziehen können, aber die zugrunde liegenden langfristig wirkenden Einflüsse von Sozialisation, von Gesellschaftsbildern, von Ausbildung und Erwerbsarbeit nicht direkt beeinflussen zu können.

Die Frauenerwerbsquote hat sich in Deutschland in den letzten Jahrzehnten erhöht, liegt aber immer noch unter der der Männer. Frauen stellen den größten Anteil in der sog. Stillen Reserve, sie würden mehr Erwerbsarbeit leisten, sehen aber dazu derzeit keine ausreichende Möglichkeit. Junge Frauen suchen nach wie vor eine Ausbildung bzw. ein Studium für Berufe, die – wie etwa im öffentlichen Dienst – bessere Möglichkeiten der Teilzeitbeschäftigung aufweisen. Staatliche Politik zielt darauf, diese Reserven zu aktivieren und für zukünftige wirtschaftliche Entwicklungen produktiv zu gestalten. Sie bleiben damit allerdings in Abhängigkeit vom Wirtschaftsprozess; je stärker ihre Erwerbsbeteiligung wird, umso stärker übernehmen sie dabei in Teilbereichen durchaus die Rolle auch von Männern, ohne dass allerdings der Doppelbelastung im Haushalt entgegengewirkt würde.

Doch ist die Frauenrolle nicht allein im Verhältnis zur ihr übergeordneten männlichen Erwerbsarbeit zu bestimmen. Tatsächlich wirken auch abseits privatwirtschaftlich organisierter Erwerbsarbeit patriarchalische Strukturen, die für diese Erwerbsarbeit in einem Über- und Unterordnungsverhältnis zwar funktional sind, sich aber nach wie vor aus langfristig wirksamem Denken bzw. Handeln speisen. Dass Frauen keineswegs bloß im Verhältnis zwischen abhängiger Erwerbsarbeit und Kapital, sondern auch zwischen Frausein und Patriarchat – also in der ihnen ansozialisierten Frauenrolle – *doppelt vergesellschaftet* sind,[20] erklärt, warum einerseits durchaus Übereinstimmungen in Teilen der sozialen Lage zwischen Mann und Frau einer sozialen Schicht bestehen, wie umgekehrt durchaus soziale Verbindungen zwischen Frauen bzw. Männern

20 Ilona Kickbusch: Thesen zur feministischen Sozialpolitikanalyse, in: Joachim Mathes (Hg.) Lebenswelt und soziale Probleme, Verhandlungen des 20. Deutschen Soziologentages, Frankfurt am Main und New York 1981, S. 414ff.

unterschiedlicher sozialer Positionen bzw. Stellungen anzutreffen sind, in denen sich dann die traditionellen Rollenmuster fortsetzen. Auf diese widersprüchliche Situation sucht Politik mit unterschiedlichen Instrumenten zu reagieren: Dort, wo Unterschiede in der beruflichen Stellung, beim Einkommen, beim Wohnen etc. ausgeglichen werden sollen, greifen einkommens- und statusabhängige Regelungen (z.B. Sozialhilfe als Haushaltseinkommen, Wohngeld etc.). Dort aber, wo genderspezifische Diskriminierungen zu kompensieren sind, sollen etwa Antidiskriminierungsgebote und/oder Frauenförderpläne Abhilfe schaffen. In diesen letzten Kontext gehören auch Regelungen zur Abwehr sexueller und häuslicher Gewalt, die weit überwiegend Frauen betrifft. Es gibt zunehmend Stimmen, die durchaus im Mindestsicherungssystem eine besondere frauenspezifische Möglichkeit sehen, aus dem Muss einer festen Lebensgemeinschaft austreten und sich lebensperspektivisch neu orientieren zu können, was früher zu sehr viel stärkerem sozialen Abstieg geführt hätte. Je weiter allerdings soziale Problemlagen von der Ebene einfacher Kompensierbarkeit wegführen und auf langfristigen Macht- und Sozialisationsstrukturen basieren, umso schwieriger und langwieriger sind politische Gegenstrategien, die ihrerseits unter dem Vorbehalt stehen, selbst keinen archimedischen Punkt zum vorfindlichen Geschlechterverhältnis darzustellen, sondern von eben diesem mitgeprägt zu sein.

Gender-Politik ist, auch wenn der Begriff beide Geschlechter umfasst, weitgehend Frauenpolitik. Der neuerliche Ansatz in der Politik, alle Maßnahmen im politischen Bereich darauf zu hinterfragen, welchen Betrag zur Gleichstellung der Geschlechter sie leisten (*Gender mainstreaming*), bleibt so lange problematisch, als er nicht zugleich die Männerrolle sowie die Bedingungen des Aufwachsens von Kindern und Jugendlichen mit einschließt. Damit würden Geschlechterrollen in Frage gestellt, zugleich definiert; sie unterlägen Entwicklungen und könnten neue Statussicherheit schaffen.

3.4.4 Soziale Ausgrenzung und Eingrenzung

Wenn Sozialpolitik Verteilungspolitik sein soll, ist sie daran zu messen, welche Qualität der Versorgung durch sie gesichert wird, bzw. welche Teile der Gesellschaft trotz staatlicher Umverteilung nicht oder nur begrenzt an dem gesellschaftlichen Leben so teilnehmen können, wie dieses dem Wohlstand und den Möglichkeiten dieser Gesellschaft entspricht. Die Frage der tatsächlichen Teilhabe bestimmt sich also relativ, sie bestimmt sich geschichtlich und von der Wohlstandslage der Gesellschaft her.

Dabei greifen Werte und Bewertungen: Als beispielsweise eine erste große Untersuchung zur Frage, ob und in welchem Maße Sozialhilfeleistungen nicht in Anspruch genommen werden, obwohl auf Grund der bestehenden Einkommens- und Vermögensverhältnisse ein Anspruch darauf bestehen würde, eine *Dunkelziffer* von 100 Prozent ergab (das meint: Auf jeden tatsächlichen Sozialhilfebezieher kam eine

Person, die ihre bestehenden Ansprüche nicht einlöst),[21] zogen die einen den Schluss mangelnder Treffsicherheit des Sozialhilfesystems, während andere aus dem Tatbestand der ‚*verschämten Armut*' den Schluss zogen, die Sozialhilferegelsätze seien offensichtlich zu hoch, denn man könne auch mit noch weniger leben. Folglich sind es jeweils soziale und politische (Wert-)Setzungen, auf Grund derer gegen Armut und soziale Ausgrenzung argumentiert wird.[22]

Dabei hängt es erneut von politischen Wertentscheidungen ab, wie man auf Einzelphänomene reagiert. Schon die geschichtlichen Kontroversen um die *Neue soziale Frage* in den 1970er und um die *Neue Armut* zu Beginn der 1980er Jahre hatten gezeigt, dass es im Regelfall Sache der jeweiligen politischen Opposition ist, die Armut möglichst drastisch als Ergebnis der Regierungspolitik erscheinen zu lassen, während die jeweilige Regierung sich die Erfolge ihrer Politik nicht schlecht reden lassen will. *Graham Room* und *Bernd Henningsen* haben dieses als durchgängiges Phänomen im Europa der Europäischen Union ausgemacht.[23] Der erste *Armuts- und Reichtumsbericht* der Bundesregierung aus dem Jahr 2001 stellt insofern einen wichtigen Beitrag zur Stärkung der politischen Kultur dar, als hier zum ersten Mal eine vormalige Oppositions-Koalition auch dann, als sie 1998 Regierungskoalition wurde, nicht nur an ihrem Vorhaben festhielt und einen ersten regierungsamtlichen Armuts- und Reichtumsbericht erstellte, sondern diesem auch noch – im Jahr 2005 – einen weiteren folgen ließ.[24] Im Jahr 2008 hat dann die große Koalition aus CDU/CSU und SPD den dritten Armuts- und Reichtumsbericht vorgelegt.[25]

Diese Berichte, die parallel dazu von unabhängigen Wissenschaftlerinnen und Wissenschaftlern erarbeiteten und von der Regierung publizierten Expertisen und neuere Analysen auch im Kontext mit Aktivitäten der Europäischen Kommission gegen soziale Ausgrenzung zeigen, dass sich die Lebenslagen in Deutschland eher stärker ausdifferenzieren als dass sie zusammengeführt würden. Es zeigt sich insbesondere eine steigende *Kinderarmut*: Kinder, Jugendliche und junge Erwachsene unterliegen einem besonderen Armutsrisiko, das durch Problemzusammenballungen im Bereich schulischer und beruflicher Ausbildung zumindest für einen Teil von ihnen eine Abwärtsspirale in Gang setzt. Der Ausschluss aus beruflicher Qualifikation und Erwerbsarbeit bedeutet in einem Sozialsystem, das in hohem Maße erwerbsarbeitszentriert ist, über aktuelle Ausgrenzungsprozesse hinaus auch deren Fortset-

---

21 Helmut Hartmann: Sozialhilfebedürftigkeit und ‚Dunkelziffer der Armut', in: Schriftenreihe des Bundesministeriums für Jugend, Familie und Gesundheit, Band 98, Stuttgart 1981

22 Richard Hauser: Das Maß der Armut: Armutsgrenzen im sozialstaatlichen Kontext. Der sozialstatistische Diskurs, in: Ernst-Ulrich Huster, Jürgen Boeckh und Hildegard Mogge-Grotjahn (Hrsg.): Handbuch Armut und Soziale Ausgrenzung, Wiesbaden 2008, Seite 94-117

23 Graham Room und Bernd Hennigsen: Neue Armut in der Europäischen Gemeinschaft, Frankfurt am Main und New York 1990

24 Bundesregierung: Lebenslagen in Deutschland. Erster Armuts- und Reichtumsbericht, in: Deutscher Bundestag, 14. Wahlperiode, Drucksache 14/5990 vom 8. Mai 2002; dieselbe: Lebenslagen in Deutschland. Zweiter Armuts- und Reichtumsbericht, in: Deutscher Bundestag, 15. Wahlperiode, Drucksache 15/5015 vom 3. März 2005

25 Bundesregierung: Lebenslagen in Deutschland. Dritter Armuts- und Reichtumsbericht, in: Deutscher Bundestag, 16. Wahlperiode, Drucksache 16/ 9915 vom 30.06.2008

zung bei Arbeitslosigkeit, Krankheit und im Alter. Und schließlich ist festzustellen, dass bestimmte Problemgruppen, die vom ersten Arbeitsmarkt auf Grund persönlicher und sozialer Problemzusammenhänge relativ weit entfernt sind, in besonders hohem Maße von Armut und sozialer Ausgrenzung betroffen sind. Hierzu gehören: Konsumenten (illegaler) Drogen, Personen mit chronischen Behinderungen physischer und psychischer Art, alleinerziehende Frauen mit mehreren Kindern, ethnische Gruppierungen u.a.m.

Über den Ursachenzusammenhang bzw. die Auswirkungen dieser sozialen Exklusion gehen die politischen Meinungen ebenso weit auseinander wie bei der Beurteilung einzuschlagender Strategien. Soll auf Armut und soziale Ausgrenzung vor allem mit vorleistungsfreien Hilfen kompensatorisch eingewirkt werden, oder sollen die davon Betroffenen mit mehr oder weniger Druck („Fördern und Fordern") auf eine Beteiligung an der Erwerbsarbeit hingelenkt werden? Handelt es sich um eine solidarische Hilfestellung oder um eine letztlich am konservativen Subsidiaritätsverständnis anknüpfende Strategie, dass die Selbsthilfepotentiale der Betroffenen durch Abwarten bzw. geringste Hilfestellungen erst einmal ‚aktiviert' werden sollen, sodass externe Hilfen – hoffentlich – überflüssig werden? Deutlich wird die funktionale Bedeutung von Armut und sozialer Ausgrenzung für das gesamte Erwerbsarbeitssystem: Zur Aufrechterhaltung abhängiger Erwerbsarbeit auch unter den Bedingungen eines erodierenden Normalarbeitsverhältnisses mit vermehrter Teilzeitarbeit, ungesicherten Beschäftigungsverhältnissen und einer stärkeren Spreizung der Entlohnungs- und Arbeitsbedingungen – vor allem nach unten – soll das Mindestsicherungssystem sozialrechtlich weitmaschiger gefasst und sein Leistungsniveau der Tendenz nach – relativ und teilweise auch absolut – abgesenkt werden. Armut und soziale Ausgrenzung sollen folglich nicht wirklich überwunden, sondern im Sinne einer auf Deregulierung und Lohnspreizung zielenden Wirtschaftspolitik funktional gemacht werden. Dieses ist in der Geschichte der Armutspolitik weder neu noch originell; neu allerdings ist dieser Kontext in einer reichen Gesellschaft wie der bundesdeutschen.

Hierzu gibt es auch Gegenbewegungen, einmal innerhalb der politischen und sozialen Lager der Bundesrepublik selbst. Zu erinnern ist etwa an das im Jahr 1994 verabschiedete *Pflegegesetz* und an das am 1. Juli 2001 verabschiedete *Sozialgesetzbuch IX*, das die bislang stark aufgesplitterten sozialrechtlichen Bestimmungen für den Bereich *Behinderung* nicht nur – wenigstens teilweise – zusammenführte, sondern insgesamt die Rechte von Menschen mit Behinderungen stärkte. Anzuführen ist hier auch die *Soziale Grundsicherung im Alter und bei Erwerbsminderung* (GSiG), die ab dem 1. Januar 2002 einen erleichterten Zugang zum ergänzenden Sozialhilfebezug bei Kleinrentnern und bei vom Arbeitsmarkt auf Grund ihrer Erkrankung/ Behinderung ausgeschlossenen Menschen im erwerbsfähigen Alter gebracht hat. Pflegegesetz, Behindertenrecht und die soziale Grundsicherung zeigen, dass sehr wohl auch gegen den Trend sozial ausgrenzend wirkender Entscheidungen in bestimmten sozialrechtlichen Teilbereichen bei der Lösung anderer Probleme stärker das Moment der Integration zum Durchbruch kommt. Dieses kann zeitlich versetzt geschehen, teils auch parallel. Und gerade diese Rechtsbereiche zeigen wiederum auch, dass eingeleitete Reformen sehr wohl weiteren Bedarf nach sich ziehen, aus der Lösung von Teilaufgaben neue Mängelanzeigen folgen.

Hinzu kommen Impulse aus dem Nebeneinander und teilweise Gegeneinander der unterschiedlichen Ebenen im gestuften Sozialstaat nunmehr bis hin zur Europäischen Union und der dort angesiedelten *Offenen Methode der Koordination* auf dem Gebiet sozialer Ausgrenzung. Zugleich organisieren sich neue soziale und politische Gruppierungen, die auf lokaler, regionaler, Bundes- und/oder der Ebene der Europäischen Union Gegenstrategien entwickeln und umzusetzen suchen. Nicht zuletzt die sich abzeichnenden individuellen, sozialen und politischen Folgen von Armut und sozialer Ausgrenzung bei denjenigen, die im Prozess der Europäisierung und in Teilbereichen der Globalisierung die Verlierer sind, könnten eine Stärkung der Kräfte herbeiführen, die diesen Prozess der sozialen Ausgrenzung politisch durch Verwirklichung von sozialer Teilhabe zumindest begrenzen, wenn nicht wenigstens in Teilbereichen umkehren werden. Es kann aber genau so sein wie am Ende der Weimarer Republik, dass sich ein Teil dieser Marginalisierten eher unter fremdenfeindlichen, separatistischen und/oder rechtsradikalen Parolen neu formiert.

Sozialstaatlichkeit ist an die Vorstellung Sozialer Inklusion gebunden. Die Allgemeingültigkeit der Grund- und Menschenrechte verbietet es, einzelne Menschen und/oder soziale Gruppen auszugrenzen. Doch was meint Soziale Inklusion? Ist sie Ziel oder Prozess, meint sie Zugangschancen oder die Gewährung konkreter sozialer Hilfezusagen? Ist sie Vision, Utopie oder konkreter Gestaltungsauftrag an Politik, aber auch an zivilgesellschaftliche Akteure? Oder ist sie alles in einem sowohl normativen als auch prozeduralen Sinne? Soziale Inklusion setzt demokratische Sozialpolitik von reinen Zuordnungssystemen etwa patriarchalischer oder gar totalitärer Herrschaft ab. Sie meint zunächst und vor allem Teilhabe – am politischen Prozess, am Zugang zu den gesellschaftlichen Ressourcen, aber auch zu den Formen, diese sozial dadurch zu mehren und zu gestalten, dass jeder Einzelne seine Möglichkeiten und Fähigkeiten im Wirtschaftsprozess einbringt. Soziale Inklusion zielt dann auf die Verständigung darüber, in welchem Mischungsverhältnis Eigenverantwortung, Solidarität und Subsidiarität wirken sollen, wirken müssen oder können. Und soziale Inklusion setzt Grenzen bei der asymetrischen Verteilung der in einer Gesellschaft gegeben materiellem und immateriellen Ressourcen und Chancen. Soziale Inklusion ist folglich Prozess, der immer aber auch auf ein Ziel ausgerichtet sein muss.

3.4.5 Wahrung der Gleichwertigkeit der Lebensverhältnisse

Die ehedem in Artikel 72 des Grundgesetzes verankerte Verantwortung des Bundes, die „*Einheitlichkeit* der Lebensverhältnisse" zu wahren (seit 1994 heißt es hier: „Herstellung *gleichwertiger* Lebensverhältnisse"), ist bei der Revision der Verfassung im Jahr 2006 (*Föderalismusreform*) auf solche Gebiete eingeschränkt worden, die in ihrer Bedeutung über die Grenzen eines Bundeslandes hinaus gehen. Dieses betrifft etwa die öffentliche Fürsorge, das Recht der Wirtschaft, die Ausbildungsbeihilfen, die Förderung der wissenschaftlichen Forschung, die wirtschaftliche Sicherung der Krankenhäuser u.a.m. Unbeschadet dessen gibt es nach wie vor Instrumente und Regelungen, die sozialräumliche Ungleichgewichte und Ausgrenzungen verhindern sollen. Dem dienten und dienen der Bund-Länder-Finanzausgleich, zahlreiche Gesetze zur Raumordnung, zur Förderung von nachholenden wirtschaftlichen Entwicklungen in strukturschwachen Gebieten, Mobilitätshilfen für abhängig Beschäftige (‚Kilometerpauschale', doppelte Haushaltsführung etc.) u.a.m. Gleichwohl konnte nicht verhindert werden, dass es in der Bundesrepublik Deutschland ein starkes Wohlstandsgefälle zwischen und innerhalb einzelner Regionen, auch zwischen und innerhalb einzelner Städte bzw. Landkreise gibt. Teile Deutschlands liegen in der sich von Großlondon über die Rheinschiene bis nach Norditalien erstreckenden großen Wachstumszone der Europäischen Union. Doch schon in der alten Bundesrepublik gab es demgegenüber mit Teilen Norddeutschlands, Nordhessens, dem Saarland und Teilen von Rheinland-Pfalz und Bayerns strukturschwache Gebiete mit starkem Bevölkerungsschwund und sinkenden Erwerbsmöglichkeiten.

Die mit Herstellung der deutschen Einheit verbundene Erwartung, es mögen sich dort in Kürze, durch westdeutsche Anschubfinanzierung induziert, „blühende Landschaften" (*Helmut Kohl*) entfalten, haben sich nicht nur nicht erfüllt; Ostdeutschland ist in weiten Bereichen ein Emigrationsgebiet geworden. Trotz lang anhaltender finanzieller Transfers nach Ostdeutschland, konnten nur in Teilbereichen Erfolge erzielt werden. Circa ein Fünftel der Wohnbevölkerung der Bundesrepublik Deutschland lebt dort; es fehlen offensichtlich Perspektiven – insbesondere für die nachwachsende Generation – aber auch für die älter werdende Wohnbevölkerung spitzen sich die Probleme dann zu, wenn deren Bedarf an Hilfen und Betreuung zunimmt, die eigenen Kinder und Enkelkinder aber, der Erwerbsarbeit folgend, nach Westen weggezogen sind.

Es ist zu klären, inwieweit nicht eine stärkere Unterstützung endogener Entwicklungspotentiale in diesen ostdeutschen Gebieten erfolgen müsste und dann – diesem Potential entsprechend – beschäftigungsfördernde Maßnahmen an die Stelle häufig aktionistischer Ausgabeprogramme in der Vergangenheit bzw. die milliardenschwere Förderung sog. Leuchtturmprojekte im High-Tech-Bereich treten könnten und sollten. Zugleich ist mitzubedenken, dass mit der Osterweiterung der Europäischen Union am 1. Mai 2004 gerade für Ostdeutschland eine enorme Konkurrenz entstanden ist. Bei kaum größeren räumlichen Distanzen zu den westdeutschen Wirtschaftszentren befindet sich in den Beitrittsländern in Mittelosteuropa ein Wirtschaftspotential, das in wesentlichen Teilen kostengünstiger zu sein scheint als das in Ostdeutschland. Gleichzeitig stellt sich mit der Osterweiterung der EU das Problem der Herstellung vergleichbarer Lebensverhältnisse innerhalb der Union, bei der Ostdeutschland – im Vergleich zu Westdeutschland und Westeuropa – dann einerseits weiter nachholende Förderung erfahren müsste, andererseits gegenüber Teilen der neuen Mitgliedsstaaten selbst zur Geberregion werden könnte.

Schon *Friedrich Engels* konstatierte im Jahr 1845, dass die „Lage der arbeitenden Klasse in England"[26] deswegen im Vergleich zu der anderer europäischer Länder relativ betrachtet privilegiert sei, weil England in einem hohen Maße seine Kolonien ausplündere und ein Teil dieses Wohlstandes auch bei den Entlohnungsbedingungen ankomme. Angesichts asymmetrischer Verteilungsrelationen zwischen den industriellen High-Tech-Produkten der Metropolen und Rohstofflieferungen der Länder der Peripherie (*Terms of trade*) ist ein allgemeiner Kapitalabfluss aus diesen Ländern zu konstatieren. Dies hat u.a. zur Folge, dass die Verteilungsprozesse in den hochentwickelten Ländern der *Triade* aus Westeuropa, Nordamerika und Südostasien zu einem Teil von der vorfindlichen Weltwirtschaftsordnung und den dort anzutreffenden Verteilungsungleichgewichten bestimmt werden, im Regelfalle zu Gunsten der Metropolen und zu Lasten der anderen Länder. Der Weltentwicklungsbericht der UNDP liefert hierzu anschauliche Beispiele, auch dafür, dass selbst in den Ländern, die in Teilbereichen ihre wirtschaftlichen Ergebnisse erheblich steigern konnten, letztlich der Abfluss von Kapital größer ist als der Zufluss.[27] Nun wird es nicht darum gehen können, hier gleichsam eine „Einheitlichkeit der Lebensverhältnisse" weltweit einzuklagen. Angesichts sozialer Problemzusammenballungen, sozialer Ausgrenzung und Armut tritt der Zusammenhang von Prosperität in der Triade und Armut in den Ländern der Dritten Welt immer mehr in den Hintergrund. Doch kann es sein, dass daraus Folgeprobleme resultieren, die dann auch den – relativen – Wohlstand in den Metropolen sehr bald in Frage stellen werden. Zumindest ist dieser Kontext dann zu erinnern, wenn in der politischen Debatte polemisch von „Wirtschaftsasylanten" gesprochen wird, so als wäre nicht die bestehende und von Westeuropa maßgeblich mitbestimmte Weltwirtschaftsordnung gerade für diese Entwicklung in einem hohen Maße mitverantwortlich.

3.5 Lösungen, Defizite, Trends

Sozialpolitik ist in Deutschland zumindest bislang von einem breiten Konsens über Grundsatzfragen getragen worden, so insbesondere bei der Alterssicherung, der gesundheitlichen Versorgung, der Unfallversicherung, bei der Pflege und in der Familienpolitik. Je näher sozialpolitisches Handeln allerdings dem Arbeitsmarkt kommt, umso stärker kommt es zu divergenten Positionen. Dieses betrifft insbesondere die Bewertung, welche sozialpolitischen Maßnahmen *konstitutiv* für privatkapitalistisches Wirtschaften sind bzw. sein sollen. Keineswegs erst mit dem Hartz-Konzept wurde erneut deutlich, dass Sozialpolitik insbesondere die Aufgabe hat, Erwerbsarbeit als die vorrangige Form der Subsistenzsicherung vor allen anderen Formen des

26 Friedrich Engels: Die Lage der arbeitenden Klasse in England. Leipzig, 1845, in: Karl Marx und Friedrich Engels: Werke. Band 2, Berlin 1974, S. 227ff.

27 UNDP: Human Development Report, erscheint jährlich auch in deutscher Sprache: Deutsche Gesellschaft für die Vereinten Nationen e.V. (Hg.): Bericht über die menschliche Entwicklung, veröffentlicht für das Entwicklungsprogramm der Vereinten Nationen (UNDP), Bonn jährlich

sozialen Schutzes durchzusetzen. In dem Maße, wie sich Sozialpolitik von diesem nahen Bezug ab- und ‚Problemgruppen' zuwendet, die dem Arbeitsmarkt nicht mehr zur Verfügung stehen bzw. jetzt und in absehbarer Zukunft auch nicht (mehr) werden, beschränkt sich die öffentliche Kontroverse darauf, die durch sozialpolitische Maßnahmen induzierte Kostenbelastung ‚in Grenzen zu halten': bei der Pflege, bei der Alterssicherung, beim Mindestsicherungssystem für den Personenkreis, der faktisch auf dem Arbeitsmarkt nicht mehr gebraucht wird.

Sozialpolitik soll folglich mehr denn je die Wachstumsbedingungen der Wirtschaft verbessern, zugleich die Bereiche *kompensatorisch* regeln, die für den Arbeitsmarkt von geringerem Interesse sind. *Präventive* Elemente schließlich geraten angesichts sich zuspitzender Auseinandersetzungen zwischen einer stärker konstitutiv und kompensatorisch wirkenden Sozialpolitik ins Hintertreffen. Gestärkt wird zugleich das Moment der *Eigenverantwortung* vor dem der *Solidarität*; die *Subsidiarität* erhält insofern ein neues Gewicht, als arbeitsmarktferne Risiken stärker unsichtbar gemacht werden sollen, so schon alleine durch rege Aktivitäten bei der Nichterfassung bestimmter Risiken in der Sozialstatistik. Doch auch diese Eigenverantwortung bricht sich an einem Leistungsbegriff, mittels dessen die gewährte ‚Gerechtigkeit' weiter gespreizt wird als bisher. Insgesamt sorgt eine derart betriebene Sozialpolitik für weniger sozialen Zusammenhalt und befördert mehr soziale Ausdifferenzierung. Dieses sind Trends, doch Sozialpolitik ist Politik, getragen von sozialen und politischen Interessen. Aktuellen Interessenkonstellationen können und werden andere folgen – zu welchem Ergebnis dies führen wird, muss offen bleiben.

4 Sozialpolitik in Deutschland: Problemlagen und Sicherungssysteme

Sozialpolitik stellt den Versuch dar, vorfindliche Problemlagen zu erkennen und zu definieren, um dann zu entscheiden, ob und wie auf diese Problemlagen reagiert werden kann bzw. soll. Angesichts des institutionell zerklüfteten Systems der sozialen Sicherung in Deutschland, bei gleichzeitigem Ineinandergreifen unterschiedlicher Sicherungssysteme und anderer Teilpolitiken ist danach zu fragen, wie die einzelnen Lebensbereiche bzw. Problemlagen

- in das gesamte gesellschaftliche System einzuordnen sind, welcher systematische Stellenwert ihnen zukommt,
- wie sich die einzelnen Bereiche ausdifferenziert haben und welche gesellschaftspolitischen Implikationen damit verknüpft sind,
- welche aktuellen Ausprägungen sozialer Defizite zu erkennen sind,
- wie staatliche Politik bislang darauf reagiert und
- wie schließlich die zukünftige Entwicklung einzuschätzen ist.

Soziale Problemlagen unterliegen Veränderungen, sie bestimmen die Lebenslage konkreter Menschen und sozialer Gruppen. Sozialpolitik ist daran zu messen, inwieweit sie diese Dynamik erfasst und welche Antworten sie darauf findet. Damit gehen Wertvorstellungen darüber in die Sozialpolitik ein, welches Menschenbild, welches Verständnis von Selbst- und Fremdbestimmung sozialpolitischem Handeln letztlich zu Grunde liegt. Dabei werden als zentrale Problembereiche abgehandelt:

- Arbeit und Arbeitsschutz
- Einkommen
- Familie und Haushalt
- Gesundheit und Pflege
- Alter

Angesichts des seit Bismarck zentralen Stellenwerts der Erwerbsarbeit für das gesamte System der sozialen Sicherung und darüber hinaus der Sozialpolitik weicht die hier gewählte Gliederung in einem entscheidenden Punkt von vergleichbaren anderen Einführungen ab und beginnt bei der Sachdarstellung der sozialen Problemlagen und -felder mit der Arbeit.

4.1 Arbeit und Arbeitsschutz

4.1.1 Systematischer Stellenwert von Arbeit

Der Arbeitsmarkt ist ein tief in die sozialen Zusammenhänge greifendes System, in dem im Wesentlichen ökonomische Verwertbarkeitskriterien den (Stellen-)Wert des Einzelnen definieren. Die Bedingungen und die Gestalt der Arbeit hängen in hohem Maß vom gesellschaftlichen Entwicklungsstand ab. Der zentrale Stellenwert, der der Arbeit im Leben eines Menschen zugeschrieben wird, symbolisiert sich augenfällig, wenn die Vereinten Nationen in die allgemeine Erklärung der Menschenrechte das *Recht auf Arbeit* aufnehmen. Der Zugang zum Arbeitsmarkt ist für die Berufstätigen und die von ihnen abhängigen (Familien-)Angehörigen *der* zentrale Faktor, der über die persönlichen Entfaltungsmöglichkeiten, die soziale Stellung und den Spielraum zur Entwicklung und Realisierung der Lebenschancen insgesamt entscheidet. Die Erwerbsarbeit fördert wichtige Strukturierungsfunktionen im Privat- wie Arbeitsleben und fördert die soziale Integration. Damit wird der Erwerbsarbeit eine umfassend positive soziale Platzierungs- und Sozialisationsfunktion zugeschrieben. Im Umkehrschluss leitet sich daraus ab, dass der fehlende Zugang zur Erwerbsarbeit in der Regel einen weit größeren Verlust bedeutet als ‚nur' das Fehlen von materiellen Ressourcen.

Angemerkt sei an dieser Stelle, dass der *Arbeits*begriff in der Rückschau nicht immer diese positive Zuschreibung hatte. Vielmehr vollzieht sich ein tiefgreifender Bedeutungswandel. So galt Arbeit in der Antike noch als dem freien Bürger unwürdig. Erst im 16. Jahrhundert, verstärkt durch die Reformation, entwickelt sich eine *Arbeitsethik*, die sich im weiteren historischen Verlauf in die entstehenden kapitalistischen Produktionsweisen einbetten lässt. So bemisst *Adam Smith* (1723-1790) in seiner *Arbeitswertlehre* den Wert eines Gegenstandes an der in ihm eingesetzten Arbeit(-szeit). Arbeit wird immer mehr zu einem Gradmesser von Leistung und bestimmt immer stärker auch die gesellschaftliche Position eines Menschen. In der modernen Industrie- und Dienstleistungsgesellschaft bezeichnet *Arbeit* in einem allgemeinen Verständnis zunächst den auf ein bestimmtes Ziel hin gerichteten Einsatz von physischen und geistigen (Human-)Ressourcen. Ergebnis von Arbeit, die in unserem Wirtschaftssystem in der Regel unter Mithilfe von Produktionsmitteln – also dem Einsatz von Kapital – erfolgt, sind Waren und Dienstleistungen. Im Arbeitsprozess macht sich der Mensch die natürlichen Ressourcen seiner Umwelt nutzbar und schafft über die Arbeitsergebnisse nicht nur die Voraussetzungen für den Erhalt der individuellen Existenz, sondern auch die Basis für das menschliche Zusammenleben insgesamt.

In einer marktwirtschaftlich organisierten Ökonomie bieten die Menschen ihre individuelle Arbeitskraft einem Arbeitgeber, als Besitzer von Produktionsmitteln, an. Aus diesem Verhältnis von Arbeit und Kapital sowie der Tatsache, dass die industrielle Produktionsweise sehr stark arbeitsteilig (*Taylorismus*), zugleich über den

Einsatz produktivitätssteigernder Maschinen hochtechnisiert (*Fordismus*) angelegt ist, resultiert, dass vor allem die industrielle Erwerbsarbeit kaum selbstbestimmten, schöpferischen Charakter trägt (*Entfremdungscharakter der Erwerbsarbeit*). Auch wenn in lang andauernden (tarif-)politischen Auseinandersetzungen Mitbestimmungs- und Schutzrechte der Beschäftigten in den Betrieben durchgesetzt werden konnten, so ist die kapitalistisch organisierte Arbeitswelt letztlich strukturell nicht nach demokratischen, auf Mitbestimmung basierenden Prinzipien organisiert, sondern beschreibt ein ungleichgewichtiges Abhängigkeitsverhältnis der Arbeit vom Kapital. Insofern steht die kapitalistische Produktionsweise nicht nur durch das individuelle Ausschlussrisiko (*Arbeitslosigkeit*), sondern auch durch ihre immanente Logik in einem steten Spannungsverhältnis zu den Verwirklichungsbedingungen der Menschenwürde. Allerdings schafft Erwerbsarbeit – vor allem im gehobenen Einkommensbereich – auch materielle Freiräume. In vielen Fällen bietet sie dabei Chancen zur Entwicklung und Umsetzung von Kenntnissen, Fähigkeiten, individuellen Neigungen und Interessen (*Selbstverwirklichung*) – dabei aber immer die Abhängigkeit des Beschäftigten vom Arbeitgeber erhaltend.

Wenn in einer arbeitsteiligen Industriegesellschaft Erwerbsarbeit also mehr als reine Existenzsicherung gewährleistet, leiten sich aus diesem Anspruch auch *Qualitätskriterien* für die Arbeitsverhältnisse ab. So muss Arbeit idealer Weise allgemein zugänglich, dauerhaft angelegt, ausreichend entlohnt, mit geringen gesundheitlichen Belastungen behaftet und auf die Erfordernisse eines Familienlebens ausgerichtet sein. Tatsächlich unterliegt ihr Angebot aber zum einen zyklisch auftretenden *Knappheitsbedingungen*, weshalb der Zugang zur Erwerbsarbeit sowohl von der politischen Gestaltung der arbeitsmarkt- und gesellschaftspolitischen Rahmenbedingungen als auch den individuellen Voraussetzungen der Beschäftigten bzw. Beschäftigungssuchenden abhängt. Zum anderen steht sozialpolitisch Wünschenswertes häufig im Gegensatz zu den Kapital- bzw. Gewinninteressen der (privaten) Unternehmen und stößt dabei auf Grenzen der Durchsetzbarkeit. Der emanzipativen Funktion von Arbeit begegnet damit immer auch ein mehr oder weniger restriktives gesellschaftliches Machtverhältnis.

Staatliche Gesetzgebung sowie die zwischen Arbeitgeber- und Arbeitnehmervertretungen (*Tarifparteien*) ausgehandelten Regulationen versuchen, diese konfliktorische Machtfrage in gesellschaftlichen Konsens bzw. Kompromiss zu überführen. Art und Umfang der sozial- und arbeitsrechtlichen Schutzbestimmungen sowie Entlohnungsbedingungen definieren den Grad des erreichten Interessenausgleichs. Die Vertretungsmacht, die die einzelnen Tarifparteien in diese Auseinandersetzung einbringen können, bestimmen die realen Durchsetzungschancen der Tarif- und Arbeitsmarktpolitik. Das Kräfteverhältnis der Akteure steht dabei nicht zuletzt in Verbindung mit der beschäftigungspolitischen Gesamtsituation und den arbeitsmarktpolitischen Leitlinien der jeweiligen Regierung bzw. den beschäftigungspolitischen Prämissen des sozialen Sicherungssystems. Insofern ist auch der tarifparteiliche Kompromiss nie statisches Konstrukt, sondern schwingt wie ein Pendel immer wieder zwischen den beiden Lagern hin und her.

Vor allem in arbeitsteiligen Gesellschaften wie der Bundesrepublik Deutschland ist die Sicherung der Existenz für die meisten Menschen ohne Erwerbsarbeit kaum realisierbar. Durch die Beteiligung am Produktionsprozess werden die für den Lebensunterhalt nötigen finanziellen Mittel verteilt (*primäre Einkommensverteilung*). Aber auch das Niveau der individuellen Sozialleistungsansprüche (*sekundäre Einkommensverteilung*) bemisst sich in der Regel direkt oder indirekt an dem zuvor erzielten Erwerbseinkommen. Die Sozialpolitik kennt unterschiedliche Formen der Arbeit:

- In modernen Industriegesellschaften dominiert die *abhängige Erwerbsarbeit,* bei der die Beschäftigten am Arbeitsmarkt ihre individuelle Arbeitskraft einem Arbeitgeber anbieten.[1] Nach Angaben des Statistischen Bundesamtes waren im Jahr 2008 von allen Erwerbstätigen über 88 Prozent abhängig Beschäftigte. Rund 10,7 Prozent sind Selbstständige und 0,9 Prozent mithelfende Familienangehörige. Von den erwerbstätigen Arbeitnehmern sind wiederum 62,8 Prozent Angestellte, 31 Prozent Arbeiter/-innen und 6,2 Prozent Beamte/-innen. Zugleich bestritten als Folge des demographischen Wandels und der Massenarbeitslosigkeit im Jahr 2008 nur noch 41,7 Prozent der Menschen ihren Lebensunterhalt aus Erwerbstätigkeit (1991: 44,5 Prozent). Der Zugang zur Erwerbsarbeit und ihre Qualität entscheiden damit in besonderem Maß über die Teilhabemöglichkeiten eines Menschen, ist doch auch das System der Sozialen Sicherung in Deutschland bei der Absicherung des Arbeitslebens (Schutz vor Unfall, Krankheit, Arbeitslosigkeit) sowie beim Übergang in den Rentenbezug auf das Engste mit der (sozialversicherungspflichtigen) Erwerbsarbeit verknüpft. Über die Regulation des Arbeitsmarktzugangs prägen sich auch die *Geschlechterverhältnisse* in spezifischer Weise aus. So sorgen vor allem ungelöst gebliebene politische, ökonomische, rechtliche und gesellschaftliche Probleme bei der Vereinbarkeit von Familie und Beruf bis heute zum Teil für eine direkte Abhängigkeit der Frau vom vollerwerbstätigen Mann (*Versorgerehe*). Denn die *Vollerwerbstätigkeit* bleibt nach wie vor eine überwiegend männliche Domäne. Gleichwohl hat der gesellschaftliche Wandel zu einem veränderten Beschäftigungsverhalten von Frauen geführt. Vor allem aufgrund der demographischen Entwicklung (*Geburtenrückgang*), gewandelter Rollenbilder sowie verbesserter Qualifikationsmöglichkeiten für Frauen ist die Erwerbstätigenquote[2] in den letzten Jahrzehnten deutlich angestiegen. Waren 1960 nur 47,2 Prozent der Frauen im Alter von 15 bis 65 Jahren erwerbstätig, waren es im Jahr 2008 schon 64,1 Prozent. Die klassische Hausfrauenehe ist damit eher ein Auslaufmodell. Im Jahr 2007 nahmen lediglich sechs Prozent der ostdeutschen Frauen in Paarhaushalten nicht am Erwerbsleben teil. Und auch in den alten Bundesländern liegt ihr Anteil bei nur noch 20

---

1 vgl. Statistisches Bundesamt (Hg.): Statistisches Jahrbuch 2009, Wiesbaden 2009, S. 72ff.

2 Nach Definition des Statistischen Bundesamtes umfasst die *Erwerbstätigenquote* den Anteil der Erwerbstätigen einer Altersgruppe an der Gesamtbevölkerung derselben Altersgruppe. Die *Erwerbsquote* beschreibt hingegen den Anteil der Erwerbspersonen (= Erwerbstätige plus Nichterwerbstätige) an der gleichaltrigen Gruppe der Gesamtbevölkerung.

Prozent (1990: 34 Prozent). Allerdings zeigt sich immer noch eine relativ stabile Abhängigkeit der Berufstätigkeit von Frauen von ihrem Familienstand. Das Statistische Bundesamt weist aus, dass bei den Ehefrauen vor allem Mütter am seltensten erwerbstätig sind (53 Prozent). Und nur bei 19 Prozent der Ehepaare gehen beide Elternteile einer Vollerwerbstätigkeit nach, während es bei Lebensgemeinschaften genau doppelt so viele sind. Zudem bleibt die Erwerbstätigkeit von Frauen häufig wenig qualifizierte und damit gering bezahlte *Teilzeitarbeit*. Aus sozialversicherungsrechtlicher Sicht ist diese Entwicklung insofern problematisch, als dadurch nur geringfügige Ansprüche auf (materielle) Sozialleistungstransfers wie Kranken- und Arbeitslosengeld sowie Rentenzahlungen erworben werden. Damit übertragen sich die in der Erwerbsarbeit angelegten Abhängigkeitsverhältnisse in das System der sozialen Sicherung, was noch immer zu einer strukturellen materiellen Abhängigkeit von Frauen gegenüber Männern führt.

- Der häufiger von Männern geleisteten (bezahlten) Erwerbsarbeit steht die noch immer überwiegend von Frauen erbrachte *Familienarbeit* gegenüber. Sieht man von Anrechnungszeiten in der Gesetzlichen Rentenversicherung, dem geldwerten Vorteil der Familienversicherung in der Gesetzlichen Krankenversicherung sowie dem Pflegegeld für Angehörige ab, erfolgen die auf die Reproduktion der Familienmitglieder (Haushaltsführung, Kindererziehung und Pflegeleistungen) gerichteten Tätigkeiten in der Regel unentgeltlich. Organisation und Aufteilung der Erwerbsarbeit bestimmen sich in unserer Gesellschaft durch traditionelle Norm- und Wertvorstellungen. Generationen übergreifende Sozialisationsmuster determinieren dabei geschlechtspezifische Erwerbs(arbeits)muster. Gesetzliche Regelungen wie das *Teilzeit- und Befristungsgesetz*, das zum 1. Januar 2001 in Kraft getreten ist, sollen einen Beitrag für eine gleichgewichtigere Arbeitsteilung leisten, so dass für beide Partner sowohl vollwertige Erwerbsarbeit als auch zeitlicher Freiraum für eine partnerschaftliche Familienarbeit möglich werden. Gleichwohl weisen die traditionellen Sozialisations- und Verhaltensmuster bezüglich der rollenbedingten Aufteilung der familiären Reproduktionsarbeit eine beachtliche Persistenz auf. Während früher die weibliche Alternativrolle zwischen Erwerbstätigkeit und Hausfrauendasein bestand, kombinieren Frauen heute zunehmend Erwerbs- und Familienarbeit, allerdings bei oft restriktiven Betreuungsmöglichkeiten.
- In der Diskussion über die Veränderung der Arbeitsgesellschaft und die Neuorientierung des Verhältnisses zwischen Gesellschaft und Staat gewinnt zunehmend die *ehrenamtliche Arbeit* bzw. das *bürgerschaftliche Engagement* als beschäftigungspolitisches Instrument einerseits und gesellschaftsstiftende Beteiligungsform andererseits an Bedeutung. Damit tritt neben die auf den Einzelnen und dessen familiären Kontext bezogenen Formen von Arbeit eine auf den gesellschaftlichen Rahmen zielende unentgeltliche Arbeit.

Geht vom Zugang zur Arbeit also eine wichtige soziale *Inklusions*funktion aus, birgt vor allem dauerhafte Erwerbslosigkeit im Umkehrschluss ein hohes Risiko individueller sozialer *Exklusion*.[3] Tritt sie zudem als Massenphänomen auf, kann sie darüber hinaus die gesamte politische und soziale Ordnung eines Gemeinwesens gefährden. Sie wirkt nicht nur auf den einzelnen Menschen psychosozial desintegrativ, sondern in einem umfassenden Sinne unsozial, da sie über die Realisierungsbedingungen materieller und immaterieller Teilhabe die Funktionsfähigkeit der gesamten Gesellschaft an einem konstitutionellen Grundpfeiler angreift.

4.1.2 Beschäftigungspolitische Herausforderungen und Zielsetzungen

Theoretische Schulen im Widerstreit: Ursachen von Unterbeschäftigung

In der Vorstellungswelt der klassischen Wirtschaftswissenschaften schafft sich die Produktion von Gütern und Dienstleistungen ihre eigene volkswirtschaftliche Nachfrage (*Saysches Theorem*). Durch den Einsatz von Kapital bzw. Arbeitskraft wird nicht nur produziert, es wird auch gleichzeitig Einkommen geschaffen, das zusätzliche Nachfrage und damit weitere Produktion zu deren Befriedigung erzeugt, was schließlich in einem Kreislauf zu neuer Beschäftigung führt. Dieser simple globalwirtschaftliche Steuerungsmechanismus unterliegt nun aber offensichtlich internen wie externen Einflüssen, die verhindern, dass sich unter den heute gegebenen Bedingungen am Arbeitsmarkt ein Gleichgewicht zwischen Arbeitsangebot und Arbeitsnachfrage auf hohem Niveau (*Vollbeschäftigung*) einstellen kann. Über die Ursachen von Arbeitslosigkeit und Möglichkeiten ihrer Überwindung wird in der beschäftigungspolitischen Debatte immer wieder heftig gestritten. Dabei geht es darum, mit welchen unterschiedlichen Instrumenten die Zahl der Arbeitsplätze dem Bedarf an Arbeit angepasst werden kann. In Deutschland ist die staatliche Politik mit dem *Stabilitäts- und Wachstumsgesetz* vom 8. Juli 1967 auf die Sicherung eines hohen Beschäftigungsniveaus festgelegt worden. Die dabei zu nutzenden Instrumente und Politikfelder sowie deren Mischungsverhältnis werden jedoch sehr kontrovers eingeschätzt. Die gebräuchlichen Argumentationsraster lassen sich auf drei Grundformen reduzieren:

- *Angebotsorientierte Ansätze* (*Neoklassik*, heute vor allem in Gestalt *neoliberaler Ausprägungen*) unterstellen, dass es aufgrund einer gestörten Preisbildung für die Ware ‚Arbeitskraft' nicht lohnt, in Beschäftigung zu investieren. Arbeitslosigkeit entsteht also immer dann, wenn Arbeit zu teuer ist. Der Tariflohn und lohnrelevante Nebenkosten wie gesetzliche Sozialleistungen werden so zu den zentralen Steuerungsgrößen am Arbeitsmarkt. (Massen-)Arbeitslosigkeit ist demnach in erster Linie einer verfehlten Lohnpolitik der Gewerkschaften bzw. der staatlichen (Sozial-)Gesetzgebung geschuldet, weil diese verhindern, dass

---

3 Diese Terminologie schließt an die von der Europäischen Kommission entwickelte Begrifflichkeit von sozialer Ausgrenzung (*social exclusion*) bzw. sozialer Eingrenzung (*social inclusion*) an.

sich in wirtschaftlichen Krisenzeiten die Entlohnungsbedingungen frei nach unten auf ein beschäftigungswirksames Niveau einpendeln können. Der materielle Verteilungsspielraum zur Lohnfindung bemisst sich in diesem Modell an der Entwicklung der Arbeitsproduktivität. Solange diese sich auf dem Niveau der (tarif-)vertraglich vereinbarten Lohnzuwächse bewegt, erhöhen sich nämlich die Lohnstückkosten nicht – eine Lohnsteigerung bleibt mindestens kostenneutral. Wird dieser Verteilungsspielraum jedoch überschritten, dann kompensieren die Unternehmen die Kostenbelastungen durch den Abbau von Beschäftigung. So kann ein zurückgehender Gewinnanteil die Investitionsnachfrage der Unternehmen reduzieren, was letztlich Rückwirkungen auf die Gesamtwachstumsraten hat und mit einem negativen Beschäftigungseffekt einhergeht. Rationalisierungsmaßnahmen können ebenfalls zur Senkung der Produktionskosten und der Beschäftigung beitragen. Und schließlich können Kostensteigerungen auch über Preiserhöhungen an die Verbraucher weitergegeben werden, allerdings mit einem möglicherweise negativen Effekt auf die Entwicklung der allgemeinen Nachfrage.

- Für Vertreter *nachfrageorientierter Ansätze* (klassisch im *Keynesianismus*) spielt die Höhe der Löhne und Sozialabgaben für die Investitionsentscheidungen der Unternehmen nur eine nachgelagerte Rolle. Sie betonen dagegen die Abhängigkeit der Beschäftigung von der Höhe der gesamtwirtschaftlichen Nachfrage und unterstellen, dass der Einsatz von Kapital sich vor allem an den Absatz- und Gewinnerwartungen und nicht an den Produktionskosten orientiert. Damit hängt die Entscheidung, ob Arbeitskräfte entlassen oder eingestellt werden, in erster Linie vom Verhältnis der gesamtwirtschaftlichen Nachfrage zu den gesamtwirtschaftlichen Produktionsmöglichkeiten ab. Treten nun Nachfrageausfälle auf, wird dies seitens der Unternehmen mit dem Abbau von Produktionskapazitäten und damit von Beschäftigung beantwortet. Dies führt zu einem Rückgang der Investitionstätigkeit, weil sich die Absatzchancen der Produktion verschlechtern, gleichzeitig zieht der Beschäftigungsabbau Kaufkraftverluste in der Bevölkerung nach sich, was vor allem über eine nachlassende Konsumgüternachfrage auf die Investitionen und die Gesamtproduktion zurückschlägt. In der nachfrageorientierten Betrachtung sind diese konjunkturellen Schwankungen systemimmanente Merkmale der Marktwirtschaft. Sie treten in unregelmäßigen Abständen auf und erfordern ein aktives staatliches Handeln. Schuldenfinanzierte staatliche Investitions- und Beschäftigungsprogramme sollen in einer ökonomischen Schwächephase diese Dynamik durchbrechen und den privaten Nachfrageausfall kompensieren. In der dann zu erwartenden konjunkturellen Aufschwungphase soll ein erhöhtes Steueraufkommen die Schuldentilgung ermöglichen (*deficit spending*).
- *Arbeitslosigkeit als Folge strukturellen Wandels*: Der politische wie wissenschaftliche Streit um die Richtigkeit nachfrage- bzw. angebotsorientierter Analyse und Rezeptur erfährt in der Diskussion um die Bewertung *struktureller Faktoren* am Arbeitsmarkt eine Präzisierung der Analyseebenen. Denn im Gegensatz zu den

Ansätzen der Globalsteuerung erfassen sie den Arbeitsmarkt in seiner Funktionsweise nicht als Ganzes, sondern beziehen sich immer nur auf bestimmte Segmente des Arbeitsmarktes. Ein Überschuss bzw. Mangel an Arbeitskräften resultiert immer dann, wenn es nicht gelingt, den gesellschaftlichen bzw. ökonomischen *Strukturwandel* mit dem dafür notwendigen Arbeitskräfteangebot zu vereinen. Die *demografische Entwicklung*, *Wanderungsbewegungen*, Veränderungen der (gesamtwirtschaftlichen) *Investitions- und Konsumgüternachfrage*, *sektorale Verschiebungen* zwischen Landwirtschaft, Industrie und Dienstleistungen, sich ändernde *Qualifikationsprofile bzw. -angebote*, *internationale Konkurrenz* und *technologische Produktionsinnovationen* haben dabei direkten Einfluss auf den allgemeinen Beschäftigungsstand. Sie wirken sich auf den unterschiedlichen Teilarbeitsmärkten aber unter Umständen völlig unterschiedlich aus, weshalb das Auftreten hoher branchenspezifischer Arbeitslosigkeit bei gleichzeitigem Fachkräftemangel in anderen Wirtschaftszweigen nicht nur keinen Widerspruch darstellt, sondern im Gegenteil in der Konsequenz ein sehr differenziertes und eben nicht global wirkendes arbeitsmarktpolitisches Instrumentarium erfordert.

- In Deutschland hat die Bekämpfung struktureller Arbeitslosigkeit mit der *Wiedervereinigung* eine völlig neue Dimension gewonnen. Nahezu alle konstitutionellen Gegebenheiten der vormaligen ostdeutschen Planwirtschaft sind über Nacht einem radikalen Wandel unterzogen worden. Trotz hoher Transferleistungen sind die strukturellen Defizite am ostdeutschen Arbeitsmarkt so deutlich zu spüren, dass bis dato kein selbsttragender wirtschaftlicher Wachstums- und Gesundungsprozess stattgefunden hat. Im Ergebnis leiden die gesamtdeutsche Ökonomie sowie die sozialen Sicherungssysteme bis heute unter einer nachhaltigen marktwirtschaftlichen Adaptionskrise.

Krise der Erwerbsgesellschaft?

Haben weder angebots- noch nachfrageorientierte Positionen in den letzten dreißig Jahren einen Weg aus der Beschäftigungskrise weisen können, so unterscheiden sie sich doch klar in der Zuteilung der Schuld an der bestehenden Arbeitslosigkeit. Angebotstheoretiker sehen ein Kartell von Gewerkschaften und Arbeitsplatzbesitzern am Werk, das durch ein zu hohes Lohnniveau den Marktzutritt der Arbeitslosen verhindert (*Armuts- oder Sozialstaatsfalle*). Die verfassungsrechtlich gesicherte Tarifautonomie beinhaltet nach dieser Lesart die Gefahr einer *korporatistischen Schließung*. Damit werden die Interessen abhängig Beschäftigter, deren Arbeitsplätze angesichts globalisierter Ökonomie unsicherer denn je sind und es noch mehr werden sollen, bzw. deren Realeinkommen in der Bundesrepublik Deutschland seit fast zwanzig Jahren mehr oder weniger stagnieren, zu starken sozialen Interessen umdefiniert. Die Verantwortung für eine nicht näher bestimmte, in jedem Falle aber als zu gering eingestufte Flexibilisierung der Primäreinkommen im Niedriglohnsegment nach unten – und damit die Verantwortung für die hohe Massenarbeitslosigkeit – wird so aus dem Machtbereich der Unternehmen auf eine Marktmacht der abhängig Beschäftigten verlagert. Zugleich werden problematische Folgen einer zunehmenden ökonomischen Verflechtung durch transnationale und -kontinentale Freihandelszonen wie die Europäische Union oder die Welthandelsorganisation WTO für die Lage in den nationalen Arbeitsmärkten nicht expliziert, bzw. unter Verweis auf einen allgemein zu erwartenden Wohlfahrtsgewinn marginalisiert. Dabei liegt es in der Logik angebotsorientierter Szenarien, dass durch die Transzendierung ökonomischer und politischer Grenzen die politische Gestaltbarkeit der Arbeitsbeziehungen immer stärker bagatellisiert wird. Damit geraten aber höhere Standards in den Arbeits- und Entlohnungsbedingungen im Vergleich zu denen anderer Länder automatisch in eine ökonomische Legitimationskrise, die einen Senkungswettlauf bis hin zur Verlagerung ganzer Produktionsstätten in Niedriglohnländer auslöst. Zu Ende gedacht führt eine rein auf dem (Lohn-)Kostenargument aufbauende Wettbewerbslogik im regionalen, nationalen und internationalen Verhältnis für alle Beteiligten zu einem *race to the bottom*.

Nachfragetheoretiker weisen grundsätzliche Infragestellungen der Tarifpartnerschaft und der sozialen Sicherungssysteme mit dem Hinweis auf die positiven Effekte für die Massenkaufkraft zurück. Sie bewerten die Beschneidung von Löhnen und Sozialtransfers als Katalysator für eine weitere Verschlechterung der wirtschaftlichen Gesamtsituation. Aber auch ihre Konzepte brechen sich offensichtlich an den ökonomischen Realitäten. Konnte Ende der 1960er Jahre ein kurzfristiger konjunktureller Einbruch mit einer damals als besorgniserregend empfundenen Arbeitslosenquote von 2,1 Prozent noch mit dem *Stabilitäts- und Wachstumsgesetz* erfolgreich durch eine globale Nachfragesteuerung überwunden werden, zeigen sich spätestens Ende der 1970er bzw. Anfang der 1980er Jahre die Grenzen dieser Beschäftigungspolitik. Trotz staatlicher Nachfragepolitik kommt es zu stetig steigenden Arbeitslosenzahlen, das Beschäftigungsniveau der jeweils vorangegangenen Jahre ist auch bei einer dauernden Erhöhung der Staatsverschuldung nicht mehr zu erreichen. Im Gegenteil, denn begreift man die über die öffentlichen und Sozialversicherungshaushalte finanzierte Wiedervereinigung Deutschlands als ein groß angelegtes keynesianisches Konjunkturprogramm, so muss man feststellen, dass die Nachfragewirkung am Arbeitsmarkt nicht den Erwartungen entspricht. Nach einem kurzen Wiedervereinigungsboom Anfang der 1990er Jahre und einer leichten Erholung des Arbeitsmarktes um die Jahre 1998 bzw. 2006 herum, haben sich nicht zuletzt als Folge der (Welt-)Wirtschaftskrise die Arbeitslosenzahlen wieder auf hohem Niveau eingependelt. Gleichwohl schreiben die Nachfragetheoretiker den Status quo ante fort. Die Wirkung staatlicher Nachfrageimpulse lässt sich aber unter Geltung des Freihandelsprinzips kaum noch auf enge regionale Arbeitsmärkte begrenzen. So versanden im Zuge der internationalen Arbeitsteilung die staatlich gesetzten Nachfrageimpulse, denn die zunehmende innereuropäische Handelsverflechtung hat zur Folge, dass national geschaffene Nachfrage auf ein internationales Angebot von Leistungserbringern trifft. Was zurück bleibt, ist eine wachsende Verschuldung der öffentlichen Haushalte, die deren Handlungsfähigkeit auch bei einer günstigeren konjunkturellen Lage beschränkt.

Die zunehmende Integration der europäischen wie globalen Ökonomie schafft neue Rahmenbedingungen, an denen sich nicht nur der Steuerungsoptimismus der späten 1960er Jahre bricht. Mit der Entgrenzung der Sozialräume lassen sich die Angebotsbedingungen nationaler Arbeitsmärkte nahezu beliebig gegeneinander ausspielen. Es liegt in der Logik des Marktes, dass sich Unternehmen nicht in erster Linie den Beschäftigungsbedingungen in einer Nationalökonomie verpflichtet fühlen. Dennoch zeigt sich spätestens seit dem Ende der sowjetsozialistischen Systeme in Osteuropa eine neue Qualität in der unternehmerischen *Verantwortungskultur*. Es scheint, als löse sich in der bundesdeutschen Gesellschaft der ideelle Grundkonsens, der in den vier ersten Nachkriegsjahrzehnten trotz oder wegen (partei-)politischer Auseinandersetzungen von einem gemeinsamen Aufbau- und Gestaltungswillen der Sozialordnung geprägt war, mit wachsender Geschwindigkeit auf. Was auf privater Ebene hochspekulative Aktiengeschäfte und Versuche halblegaler und illegaler Steuerverkürzung sind, ist in der Wirtschaft eine Unternehmensphilosophie, in der die Interessen des Wirtschaftsstandortes Deutschland nur so lange eine Rolle zu spielen scheinen, wie sie den strategischen Gewinn- und Absatzerwartungen im Welthandel nicht entgegenstehen. Begriffe wie der des „*casino capitalism*" (*Susan Strange*), der den Vorrang des spekulativen Charakters von Kapital vor dem investiven fassen will, oder die *Shareholder-value*-Ideologie der 1990er Jahre beschreiben dabei nicht nur eine Entwicklung, in der sich unternehmerisches Handeln immer stärker von der Produktion abkoppelt. Zugleich sind sie in der jüngsten Weltwirtschaftskrise Chiffren für die selbstzerstörerischen Kräfte eines entfesselten Finanzmarktes geworden. Unternehmenspolitik ist weniger an einer nachhaltigen Entwicklung der eigenen Standorte orientiert, sondern an einem mittelfristigen Risikomix internationaler Produktionsstandorte bei auf immer kurzfristigere Zeiträume zielender Gewinnmaximierung. Die zunehmende Zahl der Insolvenzen und Geschäftsaufgaben bzw. der nur mit knapper Not und um den Preis explodierender Staatsverschuldungen abgewendete Kollaps der (globalen) Finanzmärkte geben allerdings einen Hinweis darauf, dass sich diese „Kraft der schöpferischen Zerstörung" (*Joseph Schumpeter*, 1883-1950) immer stärker auch gegen die Unternehmen bzw. ganze Nationalökonomien selbst richtet. Damit wird die Logik der globalen Konzentration begleitet von einer Logik der regionalen Destruktion.

Jenseits des theoretischen Streits über den richtigen Weg der Globalsteuerung ist Ende der 1980er Jahre eine Debatte über einen nachhaltigen Umgang mit den natürlichen Ressourcen und die Notwendigkeit einer „ökologischen Realpolitik" begonnen worden (*Ernst Ulrich von Weizsäcker*). Angesichts zunehmender ökologisch negativer Folgewirkungen eines unbegrenzten Wachstums werden die Möglichkeiten einer immer auf ein Mehr an Produktion und Konsum zielenden Globalsteuerung zunehmend kritisch in Frage gestellt. Diese Fragen werden in einen globalen Kontext gestellt, denn die zunehmende (internationale) Arbeitsteilung (Globalisierung, Europäisierung) und der technologische Fortschritt haben die Erwartungen an eine allgemeine

Humanisierung der Arbeitswelt nicht erfüllen können. Die wachsende Bedeutung der internationalen Konkurrenzfähigkeit führt auf der betrieblichen Ebene zu einer restriktiven Unternehmenspolitik, die in der Beschneidung von Arbeitnehmerrechten die Steigerung von Produktivität, Rentabilität und Gewinn sucht. Auf dem Arbeitsmarkt schlagen sich diese Entwicklungen seit den 1980er Jahren in nahezu stetig steigenden Arbeitslosenzahlen nieder. Im Verlauf der letzten zwanzig Jahre hat sich die Entwicklung am Arbeitsmarkt zu einer chronischen Beschäftigungskrise entwickelt, deren Tendenz auch durch zwischenzeitliche gesamtwirtschaftliche Wachstumsphasen nicht nachhaltig gebrochen werden konnte. Das strukturelle Problem der Arbeitsgesellschaft liegt mithin darin, dass immer weniger Menschen in der Lage sind, wachsenden Wohlstand zu produzieren (*jobless growth*). Damit erfährt auf der Kapitalseite die Erwerbsarbeit einen Bedeutungsverlust, während auf der Arbeitnehmerseite der Zugang zum knapper werdenden Arbeitsangebot nach wie vor über die Ergebnisse der primären wie sekundären Einkommensverteilung entscheidet.

Auch im globalen Maßstab hat die internationale Arbeitsteilung nicht zu einem gerechteren Verteilungsergebnis des Wohlstandes geführt. Im Gegenteil, denn der Export arbeitsintensiver, häufig umwelt- und gesundheitsbelastender Produktion in billige Drittländer ist weniger auf einen echten wirtschaftlichen Aufholprozess der Zielländer angelegt, als auf die Sicherung eigener Einflussnahme und die Verteidigung von Gewinninteressen. Neben der Sicherung eines originären Marktzugangs bedeutet er in erster Linie das Unterlaufen von Entlohnungs-, Arbeitsschutz- und Umweltstandards. Dies hat unmittelbar eine globale Polarisierung der Wohlstandspositionen zwischen den Nationen und Regionen zu Folge, zugleich werden soziale Konflikte transportiert, die – wie die Welle der terroristischen Gewalt am Übergang zum 21. Jahrhundert zeigt – jederzeit auch wieder auf die westlichen Industriestaaten zurückschlagen können.

Dagegen klagen keineswegs bloß Arbeitnehmervertreter, Umweltgruppen und globalisierungskritische neue soziale Bewegungen arbeits- und sozialrechtliche Mindeststandards etwa zum Verbot von Kinderarbeit oder zum Schutz bestimmter Personenkreise in den Ländern des WTO-Abkommens ein. Dieses stößt insbesondere bei den Schwellenländern auf Widerstand. Aber auch innerhalb der Europäischen Union und zwischen einzelnen Mitgliedsstaaten der EU wird die Lohnspreizung sowie die Differenzierung der Sozialstandards zum Problem. Mit dem *Entsendegesetz* von 1996 wurde in Deutschland erstmals eine Regelung getroffen, Arbeitskräften aus dem Raum der EU, die vermittelt über Firmen aus Ländern der EU mit deutlich niedrigeren absoluten Löhnen und Sozialleistungen in Deutschland arbeiten, hier eine Art Mindestlohn zu garantieren, so dass deren Wettbewerbsvorteil gegenüber deutschen Firmen und Arbeitnehmern begrenzt wird. Doch zeigte schon die Kontroverse bei Verabschiedung dieses Gesetzes, dass auch in Deutschland gerade der Beschäftigungseinsatz ausländischer Firmen stärker als willkommener Hebel zum Lohn- und Sozialabbau insgesamt genutzt werden sollte, denn zur Sicherung bestehender Sozialstandards.

Beschäftigungspolitische Strategien

Bei der Frage, für wie viele Menschen in einer Gesellschaft Erwerbsarbeit bereitzustellen ist, spielen *normative Entscheidungen,* wer in einer Gesellschaft arbeiten *soll*, *muss* oder *darf* ebenso eine Rolle wie schlichte *materielle Notwendigkeiten*, die sich vor allem durch den Grad der sozialen Sicherung ergeben (*Dekommodifizierung*).[4] Eine zentrale Bedeutung kommt dabei den Jahrgängen im erwerbsfähigen Alter zu, denn sie bestimmen maßgeblich die Höhe des *Erwerbspersonenpotenzials*, also die Gesamtheit der erwerbsfähigen Personen einer Gesellschaft. Unterschiedliche Faktoren wirken auf Zusammensetzung und zahlenmäßige Entwicklung ein:

- die demografische Entwicklung als Saldo zwischen Geburten- und Sterberate,
- die Migrationbilanz als Saldo der Zu- und Abwanderungen in einer Periode,
- der Zugang von Frauen zum Arbeitsmarkt (Frauenerwerbstätigenquote),
- Anforderungen und Dauer der allgemeinschulischen und beruflichen (Aus-)Bildung,
- die Größe und Zusammensetzung der sog. *stillen Reserve* als Summe der Personen, die entweder (vorübergehend) keine Arbeit suchen oder sich in Warteschleifen der aktiven Arbeitsmarktpolitik befinden,
- die Altersgrenzenpolitik zur Steuerung der Erwerbsbeteiligung unterschiedlicher Altersgruppen.

In Deutschland wird das Erwerbspersonenpotenzial mittelfristig bis zum Jahr 2015 leicht steigen, um dann zwischen 2020 bis 2040 deutlich abzusinken. Zugleich steht der heute niedrigeren Geburtenrate ein sinkendes gesamtwirtschaftliches *Arbeitsvolumen* (gemessen in bezahlten Arbeitsstunden) gegenüber, so dass mittelfristig nicht mit einer demografischen Entlastung am Arbeitsmarkt zu rechnen ist. Beschäftigungspolitische Herausforderungen bleiben damit auch zukünftig das unzureichende Arbeitsangebot, die Alterung des Erwerbspersonenpotenzials sowie die Erhöhung der Frauenerwerbstätigenquote.[5]

Aus der Funktionslogik des Arbeitsmarktes lassen sich zwei generelle Ansätze zur Bewältigung der Arbeitslosigkeit ableiten.

1) *Regulation des Arbeitskräfteangebots*: Hierzu zählen alle Maßnahmen, die darauf ausgerichtet sind, das Erwerbspersonenpotenzial zu verkleinern. Unterschiedliche politische Strategien und gesetzliche Regelungen sind hier möglich:

- Steuerung der Zuwanderung

In der wirtschaftlichen Boomphase zwischen 1960-1970 war der Bedarf der deutschen Wirtschaft an Arbeitskräften so hoch, dass im (europäischen) Ausland gezielt Arbeits-

---

4 Der Begriff der *Dekommodifizierung* geht auf *Gøsta Esping-Anderson* zurück und meint den Grad der Unabhängigkeit von unmittelbaren Marktprozessen zur Sicherung des Lebensunterhaltes.

5 Lutz Bellmann u.a.: Herausforderungen des demografischen Wandels für den Arbeitsmarkt und die Betriebe, in: Mitteilungen aus der Arbeitsmarkt- und Berufsforschung, Heft 2/2003, *S.* 133ff.

kräfte (*Gastarbeiter*) angeworben werden mussten. Mit dem *Anwerbestopp* im Jahr 1970 vollzog sich hier ein deutlicher Kurswechsel. Beschäftigungspolitik zielte nun vor allem auf Maßnahmen zur Begrenzung von Zuwanderung. Hier ordnet sich in der Folge die Abschaffung des alten Asylrechts nach Art. 16 Abs. 2 Satz 2 GG aus dem Jahr 1993 zu, die den Zuwanderungssaldo deutlich reduzierte. Sieht man von eng definierten, zeitlich limitierten und branchenspezifischen Anwerbeversuchen (Greencard-Initiative für IT-Spezialisten) ab, dreht sich der (partei-)politische Streit über die Ausgestaltung des Zuwanderungsrechts immer wieder um die Frage, wie viel Zuwanderung von welchen Migrantengruppen unter gegebenen arbeitsmarktpolitischen Rahmendaten gesellschaftlich vertretbar ist.

- Steuerung der Lebensarbeitszeit

Neben dem Asyl- und Ausländerrecht kann das Arbeitskräfteangebot vor allem über die *staatliche Altersgrenzenpolitik* beeinflusst werden. Ziel ist eine Umverteilung des vorhandenen Arbeitsvolumens durch die Steuerung der Erwerbsbeteiligung der unterschiedlichen Altersgruppen. Hier werden vor allem rentenpolitische Regelungen zur Beschäftigungspolitik genutzt. In den verteilungspolitisch goldenen Zeiten der 1970er und frühen 1980er Jahre wurden dabei vornehmlich soziale bzw. gesundheitspolitische Ziele verfolgt. Durch die Verstetigung der (Massen-)Arbeitslosigkeit im Laufe der 1980er Jahre und die Folgen der Wiedervereinigung Deutschlands wurde die Altersgrenzenpolitik zunehmend für die Bewältigung des ökonomischen Strukturwandels in Krisenregionen genutzt. Die bis zum 31. Dezember 1992 befristete *Altersübergangsgeldregelung* – betriebliche und tarifvertragliche Vereinbarungen zur Frühverrentung, die Regelung nach Paragraph 428 Sozialgesetzbuch III (erleichterter Arbeitslosengeldbezug ab 58 Jahren) sowie Altersteilzeitmodelle – erleichterten vielen Beschäftigten bzw. Arbeitslosen ab 55 Jahren das Ausscheiden aus den Betrieben bzw. den Übergang in die Rente. Im Zuge der Diskussion um den demografischen Wandel erfährt die Altersgrenzenpolitik eine Neuausrichtung. Ziel ist es nunmehr Menschen länger im Arbeitsleben zu halten. Dies soll sowohl die gesetzliche Rentenversicherung entlasten als auch einem drohenden Fachkräftemangel entgegen wirken. Im Ergebnis ist durch die restriktivere Steuerung der Lebensarbeitszeit die Erwerbsquote der Arbeitnehmer über 50 Jahre zwischen 2000 und 2007 in den drei Alterssegmenten 50-55, 55-60 sowie 60-65 Jahre kontinuierlich angestiegen. Gleichwohl gehen nur ca. 25 Prozent der 60-65-jährigen einer sozialversicherungspflichtigen Beschäftigung nach. Nimmt man alle Beschäftigungsformen (z.B. Mini- und Midijobs) hinzu, steigt die Quote auf 40 Prozent.[6]

---

6 Jutta Allmendinger, Werner Eichhorst und Ulrich Walwei (Hg.): IAB Handbuch Arbeitsmarkt. Analysen, Daten, Fakten, Frankfurt a.M./New York 2005; vgl. Bremer Institut für Arbeitsforschung und Jugendberufshilfe e. V., in: Süddeutsche Zeitung vom 17.8.2010, S. 5

- Steuerung der Erwerbstätigkeit von Frauen

Eine erneute Verringerung der Erwerbstätigkeitsquote von Frauen verfolgt derzeit keine im Bundestag vertretene Partei. Implizit sorgt jedoch noch immer insbesondere eine mangelnde Kinderbetreuungsinfrastruktur im Westen dafür, Frauen vom Arbeitsmarkt zumindest zeitweise auszugrenzen. Sowohl die Bundesregierung als auch die Politik auf europäischer Ebene streben eine Erhöhung der Erwerbsbeteiligung von Frauen an und setzen dabei vor allem auf den Ausbau von Krippen, Tageseinrichtungen und Tagespflege auch für Kinder unter drei Jahren sowie auf Hilfen beim Wiedereinstieg in den Beruf und eine familienfreundliche Arbeitsplatz- und Arbeitszeitgestaltung.

2) *Regulation der Arbeitskräftenachfrage*: Hierzu zählen alle Maßnahmen, die geeignet sind, das vorhandene Arbeitsvolumen auf eine größere Anzahl von Beschäftigten zu verteilen, bzw. neue Beschäftigungschancen zu erschließen. Beschäftigungspolitische Instrumente können sein:

- Stimulierung des Wirtschaftswachstums

Je nach wirtschaftspolitischer Ausrichtung können hierbei über eine angebots- oder nachfrageorientierte Wirtschafts- und Sozialpolitik Impulse für ein beschäftigungsförderndes Wirtschaftswachstum gesetzt werden. Die Erhöhung von Produktion und Konsum soll idealerweise ein erhöhtes Beschäftigungsniveau nach sich ziehen. Arbeitsmarkt und Wirtschaftswachstum können sich in ihrer Wechselwirkung aber entkoppeln, wenn der *Produktivitätsanstieg* vorwiegend durch Rationalisierung, Prozessinnovation und den Einsatz neuer Technologien erzielt wird. Denn wenn immer weniger Menschen in der Lage sind, immer mehr Wohlstand zu produzieren, kann selbst durch ein hohes gesamtwirtschaftliches Wachstum die Arbeitsmarktbilanz nicht verbessert werden (*jobless growth*).

- Arbeitszeitverkürzungen

Mitte der 1980er Jahre führten die Gewerkschaften in Deutschland harte Tarifauseinandersetzungen um die Einführung der 35-Stunden-Woche. Durch die Reduzierung der Arbeitszeit sollte der Personalbedarf insgesamt erhöht werden. Arbeitsmarktuntersuchungen zeigen, dass sich durch die Verkürzung der Arbeitszeit das Beschäftigungsniveau zwar insgesamt stabilisiert hat, zugleich die Unternehmen jedoch weniger in kompensatorische Neueinstellungen als vielmehr in arbeitsplatzsparende Rationalisierungen investieren bzw. der Arbeitsdruck auf den einzelnen Beschäftigten deutlich zugenommen hat.[7] Im Zuge von (betrieblichen) Kostensenkungsstrategien sind in den letzten Jahren wieder Vereinbarungen zur Anhebung der wöchentlichen Arbeitszeit getroffen worden (Siemens, Daimler Chrysler, öffentlicher Dienst West). Insgesamt zeichnet sich ab, dass die Arbeitszeitpolitik zukünftig vor allem darauf

---

7 vgl. Bundesagentur für Arbeit (Hg.): IAB Zahlenfibel, Übersicht 2.1, Stand: 25.November 2002

abzielen wird, die Spielräume einer flexiblen (betrieblichen) Umsetzung zu erweitern (breitere Korridore, längere Ausgleichszeiträume, Lebensarbeitszeitkonten, etc.).

- Gestaltung der Entlohnungsbedingungen (*Niedriglohnsektor*)

Ausgehend von der These, dass die Höhe der Sozialleistungen (v.a. durch das SGB II *Grundsicherung für Arbeitssuchende* und das SGB XII *Sozialhilfe*) die Anreize zur Aufnahme von niedrigqualifizierter und damit in der Regel auch niedrig entlohnter Erwerbsarbeit hemmt, wird immer wieder die Frage diskutiert wie die Entlohungsbedingungen im Niedriglohnsektor so gestaltet werden können, dass sie einer Arbeitsaufnahme nicht im Wege stehen (*Sozialstaatsfalle*). Seit dem 1. April 2003 gilt in Deutschland eine Neuregelung bei geringfügiger Beschäftigung. Damit gilt für die sog. *Mini-Jobs* nunmehr eine Verdienstgrenze von 400 EUR pro Monat, bis zu der für den Arbeitnehmer keine und den Arbeitgeber pauschale Steuern und Sozialabgaben in Höhe von 30 Prozent anfallen (15 Prozent gesetzliche Rentenversicherung, 13 Prozent gesetzliche Krankenversicherung und zwei Prozent Steuern). Hinzu kommt gegebenenfalls eine Umlage nach dem Lohnfortzahlungsgesetz und dem Mutterschutzgesetz. Bei haushaltsnahen Dienstleistungen gilt ein ermäßigter Abgabensatz von 12 Prozent für den Arbeitgeber. Zugleich wurde für geringfügige Beschäftigungsverhältnisse eine sog. *Gleitzone* von 400,01 bis 800 EUR monatliches Einkommen eingeführt innerhalb der der Arbeitgeber den vollen Sozialversicherungsabgabenanteil bezahlen muss (*Midi-Jobs*). Der Anteil des Arbeitnehmers dagegen steigt in dieser Verdienstzone linear von neun Prozent bis zum vollen Arbeitnehmeranteil (auf alle Zweige der Sozialversicherung). Damit soll der Übergang von einem Mini-Job in eine Beschäftigung im Niedriglohnbereich zum Beispiel durch neue Dienstleistungsangebote in Industrie, Kommunen und Haushalten sowie bei der Kinderbetreuung attraktiver gemacht werden. Wichtig ist, dass durch den Mini-Job trotz der pauschalen Sozialversicherungsabgaben des Arbeitgebers nur in der Unfallversicherung ein vollwertiger Schutz entsteht. Ein Mini-Job begründet dagegen kein Versicherungsverhältnis in der Arbeitslosen- und Krankenversicherung, auch wenn ein Anspruch auf Lohnfortzahlung im Krankheitsfall gewährleistet ist. Minijobber erhalten deshalb auch kein Arbeitslosengeld I und müssen sich selbstständig krankenversichern. Erst in der *Gleitzone* entsteht eine vollwertige Mitgliedschaft in der Sozialversicherung, wobei auch hier wiederum rentenrechtliche Bestimmungen zu beachten sind. Werden mehrere geringfügige Beschäftigungsverhältnisse gleichzeitig aufgenommen und dabei die 400 Euro-Grenze überschritten, werden diese Arbeitsverhältnisse wie eine normale sozialversicherungspflichtige Beschäftigung behandelt. Allerdings ist es möglich *ein* geringfügig entlohntes Beschäftigungsverhältnis neben einer sozialversicherungspflichtigen Hauptbeschäftigung auszuüben, ohne dass diese durch die Zusammenrechnung mit der Hauptbeschäftigung sozialversicherungspflichtig wird.

In diesen Kontext zählen auch *Kombilohnmodelle*, die vor allem die Beschäftigungschancen von gering qualifizierten Personen verbessern sollen. Unterschiedliche

Varianten kommen hierbei zum Einsatz. Im Prinzip soll über die Gewährung (zeitlich befristeter) *Lohnkostenzuschüsse* an Arbeitgeber und/oder Arbeitnehmer ein Anreiz geschaffen werden vor allem Personen, die zu den Problemgruppen am Arbeitsmarkt zählen, dauerhaft einzustellen. Kombilohnmodelle ergänzen bereits seit Jahren bestehende Fördermöglichkeiten der Bundesagentur für Arbeit. Hierzu zählen vor allem die *Eingliederungszuschüsse* mit max. zwölf Monaten Laufzeit und Übernahme von bis zu 50 Prozent der Lohnkosten sowie des Arbeitnehmeranteils am Gesamtsozialversicherungsbeitrag und die *Einstellungszuschüsse* für Existenzgründer, die arbeitslose Personen einstellen. Während die Bundesagentur für Arbeit von einer Weiterbeschäftigungsquote von ca. 60 Prozent ausgeht, werden die Erfolgsaussichten von Kombilohn-Modellen wegen der möglichen Mitnahmeeffekte vor allem von Gewerkschaftsseite skeptisch beurteilt. So sei kaum zu beurteilen inwieweit derartige Modelle tatsächlich zusätzliche Arbeit schaffen würden.

Diskussionen um die Angemessenheit der Leistungen nach SGB II und SGB XII zielen immer auch auf die Gestaltungsspielräume der untersten Lohngruppen und umgekehrt. Denn über das *Lohnabstandsgebot* nach Paragraph 28 Abs. 4 SGB XII stehen Sozialleistungen und die durchschnittlichen Einkommen im unteren Einkommensbereich in einem direkten Wechselverhältnis. Lohnsenkungen im Niedriglohnbereich lassen sich also nur über eine Anpassung der Leistungen nach SGB XII bzw. des SGB II erreichen, das zwar kein explizites Lohnabstandsgebot kennt, in der Logik der Leistungserbringung aber dem SGB XII folgt. Umgekehrt ist der Spielraum für Leistungsanpassungen im SGB XII und SGB II eng an die Entwicklung der unteren Lohngruppen gekoppelt.

Um diese nach unten zu begrenzen wird immer wieder erwogen, auch in Deutschland flächendeckend gesetzliche *Mindestlöhne* einzuführen (diese gibt es bereits in 20 der 27 EU-Staaten, daneben auch etwa in den USA). Derzeit bestehen in Deutschland auch tarifliche ‚Leichtlohngruppen', die mit etwa fünf EUR pro Stunde deutlich unterhalb armutsfester Mindestlöhne liegen, wenn man die verschiedenen Niedriglohngrenzen oder etwa die gesetzlichen Pfändungsfreigrenzen für Arbeitseinkommen zugrunde legt. In mehreren europäischen Nachbarländern liegt der gesetzliche Mindestlohn dagegen zwischen 9,73 und 6,51 EUR pro Stunde (Luxemburg, Frankreich, Irland, den Niederlanden, Belgien und im Vereinigten Königreich). In diesen Staaten scheinen sich auch Befürchtungen, Mindestlöhne vernichteten systematisch Arbeitsplätze mit geringer Produktivität und für gering Qualifizierte, gefährdeten die internationale Wettbewerbsfähigkeit und erhöhten die Arbeitslosigkeit, nicht bestätigt zu haben. In Deutschland gelten Mindestlöhne bislang nur in wenigen Branchen (Abfallwirtschaft, Bergbau, Briefdienstleistungen, Elektrohandwerk, Gebäudereinigung, Baugewerbe, Maler- und Lackiererhandwerk sowie Wäschereidienstleistungen). Sie bewegen sich im Spektrum zwischen 8,02 (Abfallwirtschaft; West/Ost) und 13 EUR pro Stunde (gelernte Arbeitnehmer im Baugewerbe, West). Zudem ist aktuell ein Mindestlohn für Pflegekräfte in der (parlamentarischen) Diskussion.

- Gestaltung der Arbeitsbedingungen (Flexicurity)

Konzepte der Flexicurity verstehen sich als eine Alternative zur reinen Flexibilisierung und Deregulierung etablierter arbeitsmarktpolitischer Standards wie etwa Kündigungsschutz- und Arbeitszeitregelungen. Mitte der 1990er Jahre vor allem in Dänemark und den Niederlanden entstanden, wollen derartige Konzepte Flexibilität und soziale Sicherheit miteinander in ein neues Mischungsverhältnis bringen. Gegenüber einem reinen Abbau von Schutzrechten und Tarifstandards sollen damit einerseits durch eine flexiblere Gestaltung der Arbeitsbedingungen neue Beschäftigungsmöglichkeiten und -formen entstehen, zugleich ein hohes Maß an sozialer Absicherung erhalten bleiben. Flexicurity-Konzepte setzen voraus, dass Arbeitsmarktpolitik und Soziale Sicherung integrativ, als sich gegenseitig bedingend, verstanden und konzeptioniert werden. Bausteine von Flexicurity sind *Übergangsarbeitsmärkte*, die z.B. durch Teilzeitarbeit und befristete Verträge einen fließenden Wechsel zwischen Beschäftigung und Nichtbeschäftigung erlauben, die Stärkung *innerbetrieblicher Flexibilität* z.B. durch Öffnungsklauseln oder betriebliche Bündnisse für Arbeit sowie Konzepte des *lebenslangen Lernens*, um die Beschäftigungsfähigkeit der Arbeitnehmerinnen und Arbeitnehmer zu verbessern (*Employability*). Da das soziale Sicherungssystem in Deutschland (insbesondere bei den materiellen Transfers für Arbeitslosigkeit, Alter und Krankheit) auf dem Normalarbeitsverhältnis beruht, besteht hier ein paralleler Reform- und Ergänzungsbedarf einer bedarfsgerechten Absicherung atypischer Beschäftigung. Flexicurity-Konzepte, die mehr als ein Grundsicherungsniveau erreichen sollen, greifen so tief in die Funktionslogik des bestehenden Sozialversicherungssystems ein.[8]

- Neue Formen gesellschaftlicher Arbeit

In eine andere Richtung zielt die Aktivierung gesellschaftlich wichtiger Arbeit durch eine Aufwertung des Non-Profit-Bereichs. Diese „Globalisierung des Dritten Sektors" (*Jeremy Rifkin*) fragt nach der arbeitsmarkt- wie gesellschaftspolitischen Notwendigkeit zur Ausweitung von personenbezogenen Dienstleistungen, die zurzeit entweder noch gar nicht oder aber in weitgehend ehrenamtlicher Tätigkeit erbracht werden. Durch einen neuen Verteilungsmodus für den wachsenden ökonomischen Wohlstand soll diese gesellschaftlich nützliche Arbeit in neue Formen der Erwerbsarbeit transformiert werden. Letztlich zielen derartige Ansätze auf eine Ausweitung der öffentlichen Wohlfahrtsproduktion, ohne allerdings eine Ausweitung des Öffentlichen Dienstes fordern zu wollen. Die Idee liegt, wie etwa im *Konzept der Bürgerarbeit* der Kommission für Zukunftsfragen der Freistaaten Bayern und Sachsen entwickelt, in der Stärkung zivilgesellschaftlichen Engagements als Ersatz für die knapper werdende Erwerbsarbeit. Bürgerarbeit versteht sich dabei als komplementäre arbeitsmarkt- und gesellschaftspolitische Strategie, die einerseits das Arbeitskräfteangebot reduzieren, anderseits das bisherige Verständnis von „Arbeit und Leben"

8 Berndt Keller und Hartmut Seifert: Flexicurity – Wie lassen sich Flexibilität und soziale Sicherheit vereinbaren?, in: Mitteilungen aus der Arbeitsmarkt- und Berufsforschung, Heft 1/2002

verändern soll. Ungeklärt ist bislang vor allem, in welchem Verhältnis bürgerschaftliches Engagement und Entlohnung stehen können und ob es tatsächlich Ersatzfunktion für Erwerbsarbeit übernehmen kann, ohne nicht dabei grundsätzlich seinen originären Charakter zu verlieren. Letztlich, so ein wichtiger Einwand, würde bürgerschaftliches Engagement durch die Nähe zur Erwerbsarbeit nur eine weitere Form derselben.[9]

4.1.3 Formen, Ausmaß und Strukturen der Arbeitslosigkeit

Arbeitslosigkeit tritt in unterschiedlichen Formen auf und ist somit in ihren Konsequenzen für die Betroffenen von unterschiedlicher Qualität:

- *friktionelle* Arbeitslosigkeit bezeichnet eine kurze Phase der Beschäftigungslosigkeit, die zwischen der Beendigung des einen und der Aufnahme eines anderen Beschäftigungsverhältnisses entstehen kann;
- *strukturelle* Arbeitslosigkeit entsteht immer dann, wenn durch veränderte Wettbewerbsbedingungen ganze Branchen in eine krisenhafte wirtschaftliche Lage geraten (z.B. die Schließung von Industriezweigen wie in der Stahlindustrie, im Schiffs- oder Bergbau); einen Sonderfall stellt die Systemtransformation der ostdeutschen Plan- in eine Marktwirtschaft dar;
- *konjunkturelle* Arbeitslosigkeit beschreibt einen durch Nachfrageschwankungen im Konsum- und Investitionsgüterbereich ausgelösten Stellenabbau in zyklischen Krisenphasen;
- *Kurzarbeit* ist eine besondere Form der Arbeitslosigkeit. Wenn ein nur vorübergehender Arbeitsausfall zu erwarten und nach Überwindung der Schwierigkeiten mit einer Weiterbeschäftigung der Arbeitnehmer zu rechnen ist, kann sie vom Arbeitgeber bei der Arbeitsagentur gemeldet werden. Der Arbeitnehmer hat dann Anspruch auf Leistungen nach Sozialgesetzbuch III (*Kurzarbeitergeld*).
- *erzwungene Teilzeitbeschäftigung* stellt ebenfalls eine Form der Unterbeschäftigung dar. Sie liegt vor, wenn das Arbeitsangebot keine Vollzeitbeschäftigung erlaubt, auch wenn dies vom Arbeitnehmer selbst gewünscht wird.

Deutschland ist nach wie vor eines der reichsten Länder der Erde. Zwar ist im Zuge der Wirtschafts- und Finanzkrise die Wirtschaftsleistung zwischen 2008 und 2009 um 3,7 Prozent (real fünf Prozent) eingebrochen, bezogen auf das Jahr 2000 (Index = 100) wuchs das *Bruttoinlandsprodukt* gleichwohl trotz dieser schwierigen Rahmenbedingungen auf 116,5 im Jahr 2009.[10] Gerechnet in jeweiligen Preisen war dies ein Anstieg um 341 Mrd. auf 2.404 Mrd. EUR. Stellt man die Entwicklung am Arbeits-

9 Enquête-Kommission „Zukunft des Bürgerschaftlichen Engagements" – Bürgerschaftliches Engagement und Zivilgesellschaft, hg. von: Deutscher Bundestag, 2002, S. 441f.

10 Das Bruttoinlandsprodukt (BIP) ist ein Maß für die in einem bestimmten Wirtschafts- (z.B. Deutschland) und Zeitraum (z.B. Kalenderjahr) erbrachte gesamtwirtschaftliche Leistung. Es kann auf der Entstehens-, Verwendungs- und Verteilungsseite gemessen werden.

markt gegenüber, zeigt sich, dass diese wirtschaftliche Dynamik und Wohlstandsmehrung jedoch nicht ausreicht, um die *Beschäftigungsschwelle*, also den Punkt, an dem Wirtschaftswachstum zu mehr Beschäftigung führt, nachhaltig zu überspringen. So waren im Jahresdurchschnitt 2009 erneut über 3,4 Millionen Menschen arbeitslos gemeldet (West: 2,3 Millionen; Ost: 1,1 Millionen). Die jahresdurchschnittliche, auf alle abhängigen zivilen Erwerbspersonen bezogene *Arbeitslosenquote* lag bei 9,1 Prozent (West: 7,8 Prozent; Ost: 14,5 Prozent).[11]

Dabei hat sich die Massenarbeitslosigkeit unabhängig von der jeweiligen Regierungskonstellation seit fast dreißig Jahren als Dauerproblem etabliert. Vollbeschäftigungsverhältnisse herrschten zuletzt Anfang der 1970er Jahre. Nachdem die Zahl der Arbeitslosen im Jahr 1975 erstmals seit 1955 wieder im Jahresdurchschnitt die magische Grenze von einer Million Betroffenen überschritt, entwickelt sie sich seitdem wie eine Fieberkurve:

Entwicklung der Arbeitslosigkeit (ausgewählte Jahresdurchschnitte)

Jahr	Gesamt	Quote	West	Quote	Ost	Quote
1970	148.846	0,7				
1975	1.074.217	4,7				
1983	2.258.235	9,1				
1991	2.602.203	7,3	1.596.457	6,2	1.005.745	10,2
1993	3.419.141	9,8	2.149.465	8,0	1.269.676	15,4
1997	4.384.456	12,7	2.870.021	10,8	1.514.435	19,1
2000	3.889.695	10,7	2.380.987	8,4	1.508.707	18,5
2001	3.852.564	10,3	2.320.500	8,0	1.532.064	18,8
2002	4.061.345	10,8	2.498.392	8,5	1.562.953	19,2
2003	4.376.795	11,6	2.753.181	9,3	1.623.614	20,1
2004	4.381.281	11,7	2.782.759	9,4	1.598.522	20,1
2005	4.860.909	13,0	3.246.755	11,0	1.614.154	20,6
2006	4.487.305	12,0	3.007.158	10,2	1.480.146	19,2
2007	3.776.509	10,1	2.485.871	8,4	1.290.637	16,8
2008	3.267.907	8,7	2.144.651	7,2	1.123.256	14,7
2009	3.423.283	9,1	2.320.209	7,8	1.101.074	14,5

Anmerkungen: Arbeitslosenquoten aller abhängigen zivilen Erwerbspersonen. Dies umfasst alle voll sozialversicherungspflichtig Beschäftigte einschließlich Auszubildenden, geringfügig Beschäftigte und Beamte (ohne Soldaten) sowie alle gemeldeten Arbeitslosen. Bis 1990: West = früheres Bundesgebiet und Berlin-West, ab 1991 West = früheres Bundesgebiet ohne Berlin

Quelle: Statistisches Bundesamt (Hg.): Registrierte Arbeitslose, Arbeitslosenquote nach Gebietsstand, Wiesbaden 2010 (www.destatis.de)

11 Bundesagentur für Arbeit (Hg.): Arbeitsmarkt in Zahlen - Arbeitsmarktstatistik. Arbeitslose nach Rechtskreisen, Nürnberg 2010

Zugleich verkürzen sich die Zeiträume, innerhalb derer die jeweils nächste Millionengrenze erreicht wird: Im Jahr 1983 sind zwei Millionen, 1993 drei Millionen und schließlich ab dem Jahr 1997 mehr als vier Millionen Menschen arbeitslos gemeldet. Im Jahr 2005 liegt die Arbeitslosigkeit im Schnitt zwar unterhalb der psychologisch wichtigen 5-Millionen-Grenze, gleichwohl wird diese in den Wintermonaten erstmals in der Nachkriegsgeschichte Deutschlands offiziell überschritten. Im Jahr 2007 sinkt die Arbeitslosenzahl erstmals nach fünf Jahren wieder (deutlich) unter die 4-Millionen-Grenze, um dann allerdings im Zuge der Wirtschafts- und Finanzkrise langsam wieder anzusteigen. So geht der Sachverständigenrat zur Begutachtung der gesamtwirtschaftlichen Entwicklung in seinem Jahresgutachten 2009/2010 davon aus, dass die Arbeitslosigkeit im Jahr 2010 wieder im Jahresdurchschnitt die 4-Millionen-Marke überschreiten könnte. Seit 1993 waren also immer mehr als drei Millionen Menschen vom Arbeitsmarkt ausgeschlossen. Gleichzeitig sank die Arbeitslosenquote der abhängig zivilen Beschäftigten in den letzten 17 Jahren nur dreimal unter die 10-Prozent-Grenze. In Nähe der *Vollbeschäftigungsquote* von maximal zwei Prozent bewegte sich die Zahl der Arbeitslosen zuletzt im Jahr 1980 (3,8 Prozent), darunter lag sie letztmalig im Jahr 1973 (1,2 Prozent). Das Versprechen auf Teilhabe in der *Erwerbsarbeitsgesellschaft* ist damit spätestens seit Mitte der 1980er Jahren immer brüchiger geworden.

Auf den ersten Blick suggerieren diese Zahlen eine empirisch exakte Erfassung der Arbeitslosigkeit. Dabei ist allerdings zu berücksichtigen, welche Parameter zu ihrer Feststellung verwendet werden und welche Personenkreise damit tatsächlich Beachtung finden.[12] Seit dem 1. Januar 2004 wurde mit dem *Dritten Gesetz für moderne Dienstleistungen am Arbeitsmarkt* der Paragraph 16 SGB III ergänzt. Nunmehr gelten Teilnehmerinnen und Teilnehmer in Maßnahmen der aktiven Arbeitsmarktpolitik grundsätzlich nicht mehr als arbeitslos. Andere Personenkreise können gar nicht oder nur zum Teil erfasst werden (*verdeckte Arbeitslosigkeit*). Hierzu zählen zum einen Menschen, die eigentlich eine Erwerbstätigkeit aufnehmen würden, sich aber nicht als Arbeit suchend melden bzw. aufgrund einer ungünstigen Arbeitsmarktlage vorübergehend die Arbeitsplatzsuche aufgegeben haben (*Stille Reserve im engeren Sinn*). Zum zweiten gehören hierzu Personen, die in arbeitsmarktpolitischen Maßnahmen betreut werden und dem Arbeitsmarkt nicht unmittelbar zu Verfügung stehen (*Stille Reserve in Maßnahmen*). Im Jahr 2009 waren das ungefähr 1,56 Millionen

---

12 So liegen die von der Europäischen Union erhobenen Erwerbslosenquoten für Deutschland immer unter den nationalen Zahlen der Bundesagentur für Arbeit, weil das SGB III den Begriff der Arbeitslosigkeit enger fasst. Im Gegensatz zu den EU-Richtlinien ist nach SGB III eine Person noch als arbeitslos zu registrieren, die bis zu 15 Stunden wöchentlich arbeitet. D.h. *erwerbslos* ist eine Person, die tatsächlich nicht arbeitet, eine *arbeitslose Person* kann hingegen in gewissem Umfang erwerbstätig sein. Insbesondere Länder mit hohen Teilzeitbeschäftigungsquoten (z.B. Niederlande) haben durch derartige Abgrenzungsfragen einen statistischen Vorteil. Hinzu kommt, dass der Anteil der zu erfassenden Erwerbstätigen als Bestandteil der Bezugsgröße nicht einheitlich geregelt ist.

Menschen. Addiert man die offiziell registrierten Arbeitslosen hinzu, hatten im Jahr 2009 ca. fünf Millionen potenzielle Arbeitnehmer/-innen keinen Arbeitsplatz.[13]

Die Zunahme der Arbeitslosigkeit bedeutet für sich alleine genommen allerdings nicht automatisch, dass keine neue Beschäftigung entsteht. Der Arbeitsmarkt kann sich also trotz Arbeitslosigkeit dynamisch entwickeln. So ist in den 1980er Jahren die Zahl der Erwerbstätigen um etwa vier Millionen angestiegen. Da allerdings zwischen 1970 bis 1991 auch das Erwerbspersonenpotenzial durch die gestiegene Erwerbsbeteiligung vor allem verheirateter Frauen sowie die Zuwanderung von Übersiedlern, Aussiedlern und Ausländern um ca. sieben Millionen Personen gestiegen ist, fehlten im Saldo gleichwohl fast drei Millionen Arbeitsplätze. Nach der Wiedervereinigung, die in Ostdeutschland den Verlust von rund einem Drittel aller Arbeitsplätze nach sich zog, sank die Zahl der Erwerbstätigen nach Angaben des Statistischen Bundesamtes bis 1997 um rund eine Million auf 37,46 Millionen ab. Vor allem über eine Ausweitung der Beschäftigung im Dienstleistungssektor stieg die Zahl der Erwerbstätigen in der Folge dann auf 40,28 Millionen (in 2008). Trotz Weltwirtschaftskrise blieb es auch im Jahr 2009 (40,24 Millionen) bei diesem – für Deutschland historisch – hohen Beschäftigungsstand. Der Anstieg seit dem Jahr 2003 ist allerdings im Wesentlichen auf die schnelle Zunahme der geringfügigen Beschäftigung zurückzuführen (Mini- und Midi-Jobs) und schafft damit keine echte Entlastung, sondern fördert das Entstehen neuer sozialer Problemgruppen, die trotz Erwerbsarbeit keine Existenzsicherung erreichen (*working poor*).[14]

Regionale Verteilung der Arbeitslosigkeit

Arbeitslosigkeit verteilt sich nicht gleichmäßig über die Bundesrepublik Deutschland. Schon vor der Wiedervereinigung zeigte sich in den alten Bundesländern eine regionale Ungleichverteilung des Beschäftigungsrisikos. Die am 3. Oktober 1990 vollzogene Wiedervereinigung verschärfte die regionale Segregation allerdings noch einmal deutlich. Trotz anhaltend hoher Transferzahlungen in die neuen Bundesländer sorgt die, gemessen an den Arbeitsmarktdaten, misslungene Transformation der ostdeutschen Plan- in eine funktionierende Marktwirtschaft für eine strukturelle Beschäftigungskrise. Im Jahresdurchschnitt 2009 liegt die Arbeitslosenquote (bezogen auf alle zivilen Erwerbspersonen) in Ostdeutschland mit 13 Prozent auf einem durchgängig hohen Niveau. Die Werte oszillieren dabei zwischen 11,4 Prozent in Thüringen, 13,6 Prozent in Mecklenburg-Vorpommern und Sachsen-Anhalt sowie 14,1 Prozent in Berlin. Aber auch in den alten Bundesländern zeigen sich starke regionale Gefälle. Hier verzeichnen Bayern (4,8 Prozent) und Baden-Württemberg

13 vgl. Sachverständigenrat zur Begutachtung der gesamtwirtschaftlichen Entwicklung (Hg.): Jahresgutachten 2009/10 – Die Zukunft nicht aufs Spiel setzen, Wiesbaden 2009, *S.* 259

14 Jutta Allmendinger, Werner Eichhorst und Ulrich Walwei (Hg.): IAB Handbuch Arbeitsmarkt. Analysen, Daten, Fakten, Frankfurt a.M./New York 2005, *S.* 17ff

mit einer jahresdurchschnittlichen Quote von 5,1 Prozent die niedrigsten und Bremen mit 11,8 Prozent die höchsten Arbeitslosenanteile.

Auch wenn der wirtschaftliche Aufschwung in den Jahren 2007/2008 über das gesamte Bundesgebiet hinweg die Arbeitslosenquote drücken konnte, tragen offensichtlich unterschiedliche Siedlungs- und Wirtschaftsstrukturen nach wie vor zu einem differenzierten Muster der ökonomischen Leistungsfähigkeit bei. Dies bezieht sich nicht nur auf das Verhältnis zwischen den einzelnen Bundesländern, sondern zeichnet sich auch innerhalb eines Landes ab. So weist Sachsen-Anhalt im Bereich der Arbeitagentur Sangershausen im Jahresdurchschnitt 2009 die bundesweit höchste Arbeitslosenquote (bezogen auf alle zivilen Erwerbspersonen) von 17,3 Prozent aus, im Bezirk der Arbeitsagentur Magdeburg liegt die Quote dagegen bei ‚nur' 11,7 Prozent. In Baden-Württemberg waren ebenfalls bezogen auf alle zivilen Erwerbspersonen zum gleichen Zeitpunkt bei der Arbeitsagentur Ravensburg 3,8 und in Mannheim 7,0 Prozent arbeitslos gemeldet. In Bayern fielen die Unterschiede zwischen Freising mit 3,1 (der bundesweit niedrigsten Quote) und Hof mit 6,8 Prozent ähnlich aus.[15]

Erwerbstätigkeit im Wandel

Der ehemalige Arbeitsminister *Franz Müntefering* hat auf dem 6. Europäischen Treffen der Menschen mit Armutserfahrungen in Brüssel (2007) seine Vision von ‚guter Arbeit' erläutert: Mehr Arbeit und faire Bezahlung, rechtliche Sicherheit, Gesundheitsschutz am Arbeitsplatz, familienfreundliche Ausgestaltung der Arbeitswelt und ausreichende Chancen auf Weiterbildung.[16] Wenn man vor diesem Hintergrund die Entwicklungen am Arbeitsmarkt während des letzten Aufschwunges genauer analysiert, stößt man neben der allgemeinen Verbesserung der Beschäftigungssituation auf Daten, die zumindest für Teile der Arbeitnehmerschaft Probleme bei der Integration in vollwertige Arbeitsverhältnisse signalisieren.

Zunächst einmal ist zu vermerken, dass im Jahr 2008 erstmals in der Geschichte der Bundesrepublik Deutschland über 40 Millionen Menschen als erwerbstätig registriert wurden. Gleichzeitig ist mit diesem historischen Beschäftigungshöchststand ein Wandel der *Beschäftigungsmöglichkeiten* und somit auch des *Erwerbsverhaltens* festzustellen. Zunächst erhöht sich in Folge des demografischen Wandels das durchschnittliche Lebensalter der Erwerbstätigen. Damit einher geht, dass sich der Berufseintritt junger Menschen aufgrund längerer Ausbildungszeiten nach hinten verschiebt. Auf der anderen Seite ist diese Entwicklung mit einer steigenden Akademisierung der Erwerbstätigen verbunden. Im Jahr 2008 verfügten rund 17 Prozent aller

15 Bundesagentur für Arbeit (Hg.): Arbeitsmarkt in Zahlen. Arbeitslosenquoten 2009, Nürnberg 2010

16 vgl. Deutscher Vorsitz der EU-Ratspräsidentschaft (Hg.) 2007: 6. Europäisches Treffen von Menschen mit Armutserfahrungen. Erfahrungen, Fortschritte, Perspektiven – Konferenzbericht, Brüssel/Berlin, S. 12

Erwerbspersonen über einen Hochschulabschluss (incl. Promotion).[17] Ein höherer Bildungsstand garantiert jedoch nicht automatisch einen erleichterten Einstieg in das Berufsleben. Denn es vollzieht sich auch ein qualitativer Wandel der Beschäftigungsformen. *Atypische Beschäftigung* in Form von Teilzeit- sowie Leiharbeit, als (prekäre) Selbstständigkeit in Ein-Mann/Frau-Betrieben und befristeter sowie geringfügiger Beschäftigung nehmen kontinuierlich zu und tragen so zu einer Erosion des traditionellen *Normalarbeitsverhältnisses* bei. Nach Angaben des Statistischen Bundesamtes (Mikrozensus 2008) ist die Zahl der atypischen Beschäftigungsformen zwischen 1998 und 2008 um 2,43 Millionen auf 7,7 Millionen Arbeitsverhältnisse angestiegen (plus 53 Prozent). Auch wenn seit Ende 2005 die Zahl der sozialversicherungspflichtig Beschäftigten wieder zugenommen hatte, reduzierte sich in Summe im gleichen Zeitraum die Zahl der Normalarbeitsverhältnisse um 1,8 Millionen (minus 7 Prozent). Atypische Beschäftigung verdrängt dabei die Vollzeitbeschäftigung nicht völlig, vielmehr bilden sich zunehmend zwei parallele Arbeitswelten mit vergleichsweise gut abgesicherten Beschäftigungsverhältnissen einerseits und einer zunehmenden Prekarisierung der Arbeits- bzw. Entlohnungsbedingungen andererseits aus.

Unabhängig vom Qualifikationsgrad sind es dabei vor allem Berufsanfänger und jungen Menschen, die den Einstieg in den Arbeitsmarkt zunehmend nur noch über diese atypischen Beschäftigungsformen finden: Obwohl die aktuellen Auswertungen des Statistischen Bundesamtes zum Mikrozensus 2008 Teilnehmerinnen und Teilnehmer in betrieblicher oder schulischer Ausbildung nicht mit erfassen, liegt der Anteil der *befristeten Arbeitsverträge* gerade in der Altersgruppe der 15-20-jährigen mit 40,7 Prozent am höchsten. Bei den 20-25-jährigen haben immer noch etwa 25 Prozent einen befristeten Vertrag. Erst im Alterssegment der 30-40-jährigen geht die Quote auf 9,3 Prozent zurück. Befristete Verträge sind zudem sehr ungleich über die einzelnen Branchen verteilt. Obwohl in den Bereichen ‚Öffentliche und private Dienstleistungen' sowie ‚Grundstückswesen, Dienstleistungen für Unternehmen' (hierzu zählen u.a. die Personalvermittlung und -überlassung, Wach- und Sicherheitsdienste sowie die Gebäudereinigung) nur ein Drittel aller Beschäftigten angestellt sind, findet sich hier fast die Hälfte (47 Prozent) aller befristeten Verträge in Deutschland. Aber auch bei (jungen) Wissenschaftlern liegt die Befristungsquote mit 11,1 Prozent über dem Durchschnitt aller Beschäftigten (8,9 Prozent). Jeweils rund ein Viertel der Befristungen beträgt sechs Monate bis unter ein Jahr bzw. zwei Jahre und länger; 38,6 Prozent der Verträge haben eine Laufzeit von einem Jahr bis unter zwei Jahren. Frauen sind mit einem Anteil von 9,5 Prozent im Übrigen nur unwesentlich häufiger von befristeten Verträgen betroffen als Männer (8,4 Prozent).

Neben der Befristung von Arbeitsverträgen gewinnt auch die *Teilzeitbeschäftigung* zunehmend an Bedeutung: Auf Basis des Mikrozensus weist das Statistische Bundesamt aus, dass diese zwischen 1998 und 2008 um ca. 35 Prozent oder 3,1 Millionen Arbeitsverhältnisse auf rund neun Millionen Teilzeitbeschäftigte angewachsen ist. Damit sind mehr als ein Viertel aller Erwerbstätigen in Teilzeit beschäftigt. Hinzu

---

17 Statistisches Bundesamt (Hg.): Statistisches Jahrbuch 2009, Wiesbaden 2010, S. 131

kommt, dass der Anteil der Vollzeitbeschäftigten (bezogen auf die abhängig Erwerbstätigen) im gleichen Zeitraum von 86 auf 73,7 Prozent sinkt. Dies ist ein Minus von fast vier Millionen Stellen. Auch wenn die Zahl der männlichen Teilzeitbeschäftigten zwischen 1991 und 2008 in etwa um das Vierfache auf etwas mehr als 1,64 Millionen gestiegen ist, bleibt dieser Beschäftigungssektor eine weibliche Domäne: ca. 82 Prozent der insgesamt rund neun Millionen Teilzeitbeschäftigten sind Frauen, die überwiegend in Handel und Gastronomie sowie in öffentlichen und privaten Dienstleistungen (ohne öffentliche Verwaltung) Beschäftigung finden. Während die Frauen damit eine Teilzeitquote bei den 15-65-jährigen Erwerbstätigen von 69 Prozent erreichen, sind es bei den Männern im Jahr 2008 lediglich 4,8 Prozent in Teilzeitbeschäftigung.[18]

Die konjunkturelle Aufschwungsphase bis zum Ausbrechen der Weltwirtschaftskrise Ende 2008 war – beginnend mit den Arbeitsmarktreformen im Jahr 2003 (*Agenda 2010*) – weiterhin durch eine Ausweitung der geringfügigen Beschäftigungsverhältnisse (*Mini- und Midijobs*) gekennzeichnet. Ihr Umfang ist von Juni 2003 bis Juni 2009 von 5,533 auf 7,192 Millionen gestiegen. Bei der Betrachtung der geringfügigen Beschäftigung ist weiterhin zu unterscheiden, ob es sich für eine Person um die einzige Einnahmequelle handelt (6/2009: ca. 4,9 Millionen Beschäftigte) oder ob lediglich ein Zuverdienst im Nebenjob (Juni 2009: ca. 2,3 Millionen Beschäftigte) erzielt werden soll. Hierdurch ergeben sich im *Niedriglohnsektor* mindestens vier problematische Verteilungseffekte. Zum einen bleiben geringfügig Beschäftigte weitgehend aus dem sozialen Sicherungssystem ausgeschlossen. Zwar können sie durch die pauschal durch den Arbeitgeber zu entrichtenden Sozialversicherungsbeiträge Anrechnungszeiten in der Sozialversicherung erwerben, eine eigenständige, armutsfeste Sozialversicherungsbiografie können sie jedoch nicht aufbauen. Zum zweiten weist die massive Ausweitung der Mini-Jobber im Nebenverdienst von ca. 1,2 Millionen im Juni 2003 auf rund 2,3 Millionen im Juni 2009 darauf hin, dass eine wachsende Zahl von Menschen in Deutschland von ihrem regulären Arbeitseinkommen nicht mehr ausreichend leben kann. Drittens schmälert der Verlust sozialversicherungspflichtiger Beschäftigung bei gleichzeitigem Ausbau der geringfügigen Beschäftigung die Einnahmebasis der Sozialversicherung. Und last but not least verschärfen die geringfügigen Beschäftigungsverhältnisse die geschlechtsspezifischen Ungleichheiten am Arbeitsmarkt. Denn stärker noch als bei der Teilzeitbeschäftigung nehmen Frauen diese Arbeitsverhältnisse an. So sind etwa Zweidrittel aller Mini-Jobber Frauen.

Auch die Bedeutung der *Leiharbeit* hat in den letzten vierzig Jahren kontinuierlich zugenommen. Im Jahr 1973 waren in Deutschland 34.739 Leiharbeitnehmer/-innen bei 1.264 Verleihfirmen beschäftigt. Im Jahr 2008 waren es dann über 25.000

---

18 Alle Angaben basierend auf Mikrozensus 2008, zit. n. Statistisches Bundesamt Datenbank GENESIS-Online. Die Daten zur Teilzeitbeschäftigung variieren dabei je nach Quelle deutlich: Das Institut für Arbeitsmarkt und Berufsforschung (IAB) beziffert den Anstieg der Teilzeitarbeit zwischen 1998 und 2008 auf ca. 42 Prozent. Das ist absolut ein Zuwachs von 3,6 Millionen auf 12 Millionen Teilzeitbeschäftigte. Danach sind dann 33,8 Prozent aller Erwerbstätigen in Teilzeit beschäftigt.

Verleihbetriebe, die zusammen mehr als 760.000 Leiharbeiter beschäftigten. Gleichwohl ist ihr Anteil an der sozialversicherungspflichtigen Gesamtbeschäftigung mit 2,6 Prozent nach wie vor vergleichsweise niedrig. Unklar ist, inwieweit sich durch die Leiharbeit sog. *Klebeeffekte* einstellen, die Leiharbeitsphase also letztlich in die Aufnahme einer regulären Beschäftigung mündet. Insgesamt ist die Leiharbeit durch eine hohe Fluktuation gekennzeichnet. Zugleich kommt nur ein geringer Prozentsatz (ca. 15 Prozent) der Leiharbeiter aus der Langzeitarbeitslosigkeit. Für die weit überwiegende Anzahl der Beschäftigten ist die Übernahme in die Leiharbeit eine Anschlussbeschäftigung und zwar häufiger aus einer sonstigen Erwerbstätigkeit heraus als im Anschluss an eine vorhergehende andere Leiharbeitstätigkeit. Außerdem hat die Entwicklung während der Wirtschafts- und Finanzkrise gezeigt, dass Leiharbeit von den Unternehmen tatsächlich auch im Wortsinne genutzt wird. Denn beim Arbeitsplatzabbau sind die Leiharbeitsverhältnisse überdurchschnittlich stark betroffen. Zudem tragen Personen, die dauerhaft in Leiharbeit bleiben, ein deutlich höheres Risiko prekärer sozialer Absicherung. Dies ist direkte Folge der Arbeitsmarktpolitik seit 2003. So kann der erst im Jahr 2002 in Kraft getretene Gleichbehandlungsgrundsatz, demzufolge Leiharbeitern nach 12 Monaten der gleiche Lohn wie der Kernbelegschaft zusteht, durch tarifvertragliche Sonderregelungen umgangen werden. In der Folge liegt das Lohnniveau der Leiharbeiter/-innen im Schnitt um mehr als ein Drittel unter dem der Kernbelegschaften. Zudem wurde das Synchronisations- bzw. Befristungsverbot aufgehoben. Dies hat zur Folge, dass sich die Dauer des Arbeitsvertrages mit der Verleihfirma auf die Dauer des Einsatzes im Entleihbetrieb beschränken kann. Dadurch wird das Arbeitsmarktrisiko auf den Leiharbeitnehmer übertragen.

Parallel zur Ausweitung dieser atypischen Beschäftigungsformen findet eine Verlagerung bzw. *Flexibilisierung der Arbeitszeiten* statt. Zunehmend wird zu üblicherweise arbeitsfreien Zeiten wie Wochenenden, Feiertagen bzw. in Nacht- und Wechselschichten gearbeitet. Mit dieser erhöhten Arbeitszeitflexibilität sind häufig *selbstständige Erwerbstätigkeiten* verbunden. Nachdem die Zahl der Selbstständigen und mithelfenden Familienangehörigen bis Mitte der 1990er Jahre zurückgegangen ist, steigt sie seitdem wieder kontinuierlich an, wobei insbesondere Ein-Personen-Betriebe überdurchschnittlich an Bedeutung gewinnen.[19]

Positiv formuliert zeichnet sich in diesen ausdifferenzierten Erwerbsformen eine größere Flexibilität des Arbeitsmarktes als Reaktion auf sich immer stärker individualisierende Lebensentwürfe ab. Doch was ist Huhn und was Ei? Denn kritisch reflektiert, hat eine Spaltung des Arbeitsmarktes in eine *Kernarbeitnehmerschaft* mit Vollzeitarbeitsplatz und umfassendem Sozialversicherungsschutz sowie einer (bestenfalls) teilzeitbeschäftigten *Reservearmee* stattgefunden, mit der im produzierenden Gewerbe flexible Anpassungserfordernisse an konjunkturelle und strukturelle Veränderungen der Produktionsbedingungen aufgefangen bzw. im Dienstleistungssektor

19 Statistisches Bundesamt (Hg.): Leben und Arbeiten in Deutschland. Ergebnisse des Mikrozensus 2004, Wiesbaden 2005; Statistisches Bundesamt, Fachserie 1, Reihe 4.1.1, Wiesbaden

prekäre Beschäftigungsverhältnisse abgeschlossen werden können. Dazwischen etabliert sich dann eine *Dienstleistungselite* bestehend aus spezialisierten Fachkräften, die projektgebunden und damit zeitlich befristet zur Lösung betriebsspezifischer Aufgaben eingebunden werden.

Diese Segmentierung schlägt sich unmittelbar in den Entlohnungsbedingungen der atypisch Beschäftigten nieder. Laut Statistischem Bundesamt bezogen im Oktober 2006 rund 81 Prozent der geringfügig Beschäftigten einen *Niedriglohn*. Dieser ist definiert als ein Stundenlohn, der weniger als Zweidrittel des Mittelwertes aller Bruttostundenlöhne (9,85 EUR) beträgt. Bei den Zeitarbeitnehmern liegt die entsprechende Quote bei 67,2 Prozent, bei befristet Beschäftigten bei 36 Prozent, bei Teilzeitbeschäftigten bei 19,5 Prozent und bei den normalen Beschäftigungsverhältnissen bei rund 11 Prozent.

Unter den gegebenen sozialrechtlichen Bedingungen in Deutschland (*Dominanz des Versicherungs- und Äquivalenzprinzips*) birgt die Flexibilisierung in Teilzeitbeschäftigung und (prekärer) Selbstständigkeit die Gefahr, dass in diesem Segment zunehmend patch work-artige Erwerbsbiographien auftreten, die eine unklare Sicherung der materiellen Lebensbedingungen in der Erwerbsphase aufweisen sowie einen davon abgeleiteten lückenhaften Sozialschutz vor allem in der Arbeitslosigkeit und beim Rentenbezug nach sich ziehen. Die atypisch Beschäftigten sind in vielen Fällen die Lohnbenachteiligten von heute und werden so in großen Teilen zu den Altersarmen von morgen gehören.

Problemgruppen am Arbeitsmarkt

Das Risiko, arbeitslos zu werden, bzw. die Chance, sich wieder in den Arbeitsmarkt zu integrieren, sind nicht gleichmäßig über alle Bevölkerungsgruppen verteilt. Die Arbeitsmarktstatistiken der Bundesagentur für Arbeit und des Statistischen Bundesamtes weisen besondere Problemgruppen aus:

Strukturmerkmale der Arbeitslosigkeit in Deutschland 2007 und 2008

Merkmal	Arbeitslosenbestand					
	2007			2008		
	insgesamt in %	davon SGB III in %	davon SGB II in %	insgesamt in %	davon SGB III in %	davon SGB II in %
	1	2	3	4	5	6
Arbeitslose insgesamt	**100**	**100**	**100**	**100**	**100**	**100**
Männer	50,4	45,8	53,0	51,2	49,3	52,2
Frauen	49,6	54,2	47,0	48,8	50,7	47,8
Deutsche	84,9	90,9	81,5	84,5	90,7	81,3
darunter: Aussiedler	0,7	0,1	1,0	0,4	0,0	0,6
Ausländer	15,0	9,1	18,4	15,4	9,2	18,6
Arbeitszeit						
Vollzeitarbeit	79,3	77,0	80,6	78,4	78,2	78,6
Teilzeitarbeit (inklusive Heimarbeit)	13,5	16,8	11,6	13,3	15,8	12,1
Schulische Ausbildung						
kein Schulabschluss	16,2	7,0	21,5	16,7	6,8	21,8
Hauptschulabschluss	41,2	38,4	42,8	40,7	37,4	42,4
Mittlere Reife	29,0	35,8	25,1	28,6	36,0	24,7
Fachhochschulreife	4,5	6,8	3,1	4,7	7,5	3,2
Abitur / Hochschulreife	7,9	11,4	5,9	7,8	11,5	5,9
Alter						
unter 20 Jahre	2,2	2,5	2,0	2,1	2,4	1,9
20 bis unter 25 Jahre	8,6	12,1	6,7	8,5	13,0	6,3
25 bis unter 30 Jahre	11,4	9,3	12,6	11,8	10,3	12,6
30 bis unter 35 Jahre	10,7	8,3	12,1	10,9	8,7	12,1
35 bis unter 40 Jahre	12,7	10,3	14,0	12,2	9,8	13,4
40 bis unter 45 Jahre	14,2	12,0	15,5	14,1	11,7	15,2
45 bis unter 50 Jahre	13,9	12,8	14,6	14,0	12,3	15,0
50 bis unter 55 Jahre	13,6	15,1	12,8	13,2	13,3	13,1
55 bis unter 60 Jahre	11,6	16,3	8,9	11,7	15,6	9,7
60 bis unter 65 Jahre	1,0	1,4	0,8	1,4	2,9	0,7
Dauer der Arbeitslosigkeit						
unter ein Monat	10,6	17,7	6,6	12,5	22,3	7,5
ein bis unter drei Monate	16,3	22,8	12,7	17,0	26,5	12,2
drei bis unter sechs Monate	15,8	18,1	14,5	16,6	19,9	14,9
sechs bis unter zwölf Monate	17,4	16,2	18,0	17,5	15,2	18,7
zwölf bis unter 24 Monate	17,1	11,9	20,1	15,7	6,8	20,2
24 Monate und länger	22,7	13,2	28,2	20,6	9,4	26,4
Vermittlungsrelevante Einschränkungen	16,3	15,0	17,0	18,3	17,3	18,8
darunter:						
Schwerbehinderte	5,0	5,8	4,6	5,3	6,1	4,8
Familienstand						
Verheiratet	43,0	55,8	35,7	40,4	52,2	34,4
Ledig	56,8	44,1	64,0	59,3	47,7	65,2

Quelle: Bundesagentur für Arbeit (Hg.): Arbeitsmarkt 2008, in: Amtliche Nachrichten der Bundesagentur für Arbeit, 57. Jahrgang, Sondernummer 2, Nürnberg 2009, S. 196

- *Ausländische Wohnbevölkerung*: Ihr Anteil an den Arbeitslosen liegt im Jahresdurchschnitt 2008 mit ca. 15 Prozent deutlich über ihrem Anteil an der Gesamtbevölkerung von 8,7 Prozent. Dabei ist ihr prozentualer Anteil in der Grundsicherung für Arbeitssuchende (SGB II) mit 18,6 Prozent mehr als doppelt so hoch wie in der Arbeitslosenversicherung (SGB III) mit 9,2 Prozent. Sie tragen damit nicht nur ein deutlich höheres Risiko arbeitslos zu werden als deutsche Staatsbürgerinnen und -bürger. Zugleich finden sie sich überproportional häufig in der Mindestsicherung wieder. Mangelnde Sprachkenntnisse und ein im Durchschnitt nach wie vor niedrigeres Qualifikationsniveau gelten als Hauptursachen für verringerte Einstellungschancen bei gleichzeitig erhöhtem Arbeitsplatzrisiko und schlechterer Qualität der Arbeitsplätze. Einschränkend muss jedoch angemerkt werden, dass die ausländische Wohnbevölkerung keine homogene Gruppe darstellt. Je nach Herkunftsland fällt die Arbeitsmarktintegration deshalb sehr unterschiedlich aus.

- *Junge Menschen unter 30 Jahren*: Für junge Menschen hat die Integration in den Arbeitsmarkt besondere Bedeutung, da die Erwerbsarbeit einerseits eine Gratifikation für erbrachte Ausbildungsleistungen darstellt, zugleich die Möglichkeiten zur eigenständigen Lebensführung und sozialen Integration bestimmen. Ein (dauerhafter) Ausschluss vom Arbeitsmarkt führt deshalb vor allem bei jungen Menschen häufig zu Perspektivlosigkeit bis hin zu deviantem und/ oder selbstzerstörerischem Verhalten. Dabei müssen junge Menschen in der Regel unterschiedliche Hürden überwinden: Zunächst gilt es, sich in dem hochgradig sozial selektiv wirkenden deutschen Schulsystem eine gute Ausgangsposition durch einen möglichst hochwertigen Schulabschluss zu verschaffen. Dann müssen sie im Rahmen des dualen Ausbildungssystems einen Ausbildungsplatz finden (*erste Schwelle*), um nach Abschluss der beruflichen Ausbildung eine Anstellung (*zweite Schwelle am Arbeitsmarkt*) zu finden. Auch wenn der demografische Wandel für eine Entlastung am Ausbildungsmarkt sorgt, zeigen sich gleichwohl problematische Entwicklungen. So gibt es Regionen in Deutschland, in denen die Betriebe keine geeigneten Bewerberinnen und Bewerber finden. Andererseits schaffen gerade benachteiligte Jugendliche trotz umfangreicher Förderinstrumente immer schlechter den Sprung ins Arbeitsleben. Laut Berufsbildungsbericht 2010 des Bundesministeriums für Bildung und Forschung (BMBF) wurden im Jahr 2009 rund 566.000 neue Ausbildungsverträge geschlossen. Das entspricht zwar einem rechnerischen Rückgang von 8,2 Prozent, der jedoch arbeitsmarktneutral bleibt, da er zu großen Teilen durch die geburtenschwachen Jahrgänge entsteht. So ging aufgrund des demografischen Wandels die Zahl der Interessenten für einen Ausbildungsplatz im gleichen Zeitraum um 8,8 Prozent auf 575.600 zurück. Insgesamt waren damit am 30. September 2009 bei der Bundesagentur für Arbeit (BA) bundesweit lediglich 9.603 Personen als unversorgt registriert. Bei einer differenzierteren Betrachtung fällt aber auf, dass die Zahl derer zunimmt, für die der Einstieg in die Lehre zunehmend Schwierigkeiten bereitet. So entstammten im Jahr 2009 fast 46 Prozent der 533.361 bei der Bundesagentur für Arbeit registrierten Bewerberinnen und Bewerberinnen nicht dem aktuellen Jahrgang der Schulabgänger. Viele von diesen Jugendlichen kamen aus arbeitsmarktpolitischen *Warteschleifen*, die vor allem gering qualifizierte Jugendliche mit oder ohne Hauptschulabschluss drehen.

Zwischen 1992 und 2007 hat sich die Zahl der Eintritte in die berufsvorbereitenden Maßnahmen von 70.400 auf 148.819 mehr als verdoppelt, um im Jahr 2008 trotz eines leichten Rückganges immer noch auf hohen Niveau von 124.183 betroffenen Jugendlichen zu verharren. Zugleich sind im Jahr 2009 fast 100.000 Jugendliche aus der Statistik der BA herausgefallen, über deren Verbleib keine verlässlichen Angaben vorliegen. Untersuchungen wie die Bewerberbefragung der Bundesagentur für Arbeit (BA) und dem Bundesinstitut für Berufsbildung (BIBB) aus dem Jahr 2008 zeigen, dass gerade in dieser Personengruppe der Arbeitslosenanteil mit fast 30 Prozent als sehr hoch eingeschätzt werden kann. Diese Entwicklungen sind auch Ausweis einer bildungspolitischen Misere. Denn viele Jugendliche verfügen offenbar nach Schulende nur über eine mangelhafte *Ausbildungsreife*. Bis zu 80.000 junge Erwachsene verlassen jedes Jahr die Schulen ohne Abschluss. Dazu kommt, dass etwa 20 Prozent der Ausbildungsverträge vorzeitig aufgelöst werden. Im Ergebnis bleiben so 15 Prozent der 20-29-jährigen ohne Berufsabschluss. Der Berufsbildungsbericht 2010 stellt dazu fest, dass gerade bei den bildungsbenachteiligten Jugendlichen ein „hohes Risiko besteht (...) quasi unbemerkt aus dem Bildungssystem heraus[zu]fallen.“[20] Zum anderen nimmt durch den demografischen Wandel und die oft unzureichende schulische Qualifizierung die Zahl der unbesetzten Ausbildungsplätze immer weiter zu, so dass in einigen Regionen bereits Bewerbermangel herrscht. Im Jahre 2006 waren es 15.401, im Jahr 2007 schon 18.359 und im Jahr 2008 19.507 unbesetzte Stellen. Damit standen im Jahr 2008 jedem/jeder unversorgte(n) Bewerber/-in bundesweit 1,3 unbesetzte Ausbildungsstellen gegenüber. Allerdings bietet eine gute (schulische) Qualifikation allein auch keinen sicheren Zugang zum Arbeitsmarkt. So hat sich in Deutschland zunehmend eine *Generation Praktikum* herausbildet. Betroffen sind – oft auch gut qualifizierte – Jugendliche und junge Erwachsene, die sich entweder bessere Einstellungschancen bei der Ausbildung durch den Nachweis (unbezahlter) Praxiserfahrungen erhoffen bzw. nach Abschluss einer Ausbildung den Einstieg ins Berufsleben durch (unbezahlte) Praktika verbessern wollen. Insgesamt gelingt es gerade jungen Menschen – auch abseits des Ausbildungsmarktes – immer weniger, einen reibungslosen Übergang in den Arbeitsmarkt zu realisieren. Sie sind überdurchschnittlich häufig in atypischen Arbeitsverhältnissen anzutreffen

- *Langzeitarbeitslosigkeit* liegt vor, wenn eine Person länger als zwölf Monate arbeitslos ist. Nach Angaben der Bundesagentur für Arbeit waren im Jahresdurchschnitt 2008 in Deutschland rund 37 Prozent der Arbeitslosen seit mindestens einem Jahr arbeitslos. Dabei konzentrieren sich die Betroffenen vor allem im SGB II, wo fast 50 Prozent der Anspruchsberechtigten langzeitarbeitslos sind. Insgesamt ist die Langzeitarbeitslosigkeit zwischen 2006 und 2008 zwar um vier Prozent zurück gegangen, gleichwohl bleibt sie ein Dauerproblem der

20 Bundesregierung: Berufsbildungsbericht 2010, S. 30

Arbeitsmarktpolitik. Angeglichen hat sich in der Zwischenzeit die Struktur der Langzeitarbeitslosigkeit. Waren im Frühjahr 2004 in den alten Bundesländern ein Drittel der Erwerbslosen weniger als sechs Monate (Ost: 24 Prozent) und 26 Prozent mehr als 24 Monate lang arbeitslos (Ost: 42 Prozent) hat sich dieser Unterschied bis 2008 nahezu ausgeglichen. So lag der Anteil der Langzeitarbeitslosen in Westdeutschland bei 35,5 Prozent, während es in Ostdeutschland 37,9 Prozent sind. Weil sich das individuelle Qualifikationsniveau mit zunehmender Dauer der Arbeitslosigkeit reduziert, sinken bei langzeitarbeitslosen Menschen die Chancen deutlich, überhaupt wieder in den Arbeitsmarkt integriert zu werden. Sozialmedizinische Studien verweisen zudem auf die potentiellen psychischen und physischen Krankheitsfolgen der Arbeitslosigkeit, die dann wiederum als eigenständige Faktoren beschäftigungshemmend wirken können. Ältere Arbeitnehmerinnen und Arbeitnehmer tragen dabei nicht nur ein besonderes Risiko langzeitarbeitslos zu werden; sie werden auch überproportional oft (unfreiwillig) vom Arbeitsmarkt ausgeschlossen. Die Bundesagentur für Arbeit weist bei den Abgängen aus der Arbeitslosigkeit aus, dass bei den älteren Arbeitnehmern (über 50 Jahren) nur noch 24 Prozent in Erwerbstätigkeit gehen, aber 49 Prozent durch den Übergang in die Nichterwerbstätigkeit (hier vor allem wegen Arbeitsunfähigkeit) aus der Statistik herausfallen.[21]

Die Chancen auf (Re-)Integration in den Arbeitsmarkt sind individuell sehr unterschiedlich. Neuere Untersuchungen zeigen, dass sich das Risiko arbeitslos zu werden sehr ungleich über eine Altergruppe verteilt. Das Institut für Arbeitsmarkt- und Berufsforschung (IAB) stellte zum einen fest, dass sich das *Arbeitslosigkeitsvolumen* auf einen kleinen Prozentsatz eines jeweiligen Jahrganges konzentriert – die weit überwiegende Mehrheit einer Altersgruppe also nie eigene Erfahrungen mit Arbeitslosigkeit sammelt. Zum anderen zeigt sich, dass das Risiko arbeitslos zu werden umso stärker streut, je jünger die betrachten Geburtsjahrgänge sind. Die intervenierenden Variablen sind hierbei das Bildungsniveau und der Migrationsstatus einer Person.[22] Beim Zusammentreffen bzw. der Kombination der Faktoren Langzeitarbeitslosigkeit, fortgeschrittenes Lebensalter sowie gesundheitliche Beeinträchtigung und niedriges Qualifikationsniveau ergibt sich ebenfalls ein deutlich erhöhtes Risiko der dauerhaften Ausgliederung aus dem Arbeitsmarkt.

Neben diesen eher individuellen Faktoren spielt allerdings auch die Förderung der Betroffenen in den unterschiedlichen Rechtskreisen des SGB II bzw. SGB III eine wichtige Rolle bei den Reintegrationschancen in den Arbeitsmarkt. So entfallen in 2008 von den arbeitsmarktpolitischen Maßnahmen nur 16,5 Prozent der beruflichen Weiterbildungen auf die Langzeitarbeitslosen, aber 27,6 Prozent der – qualitativ niedrigeren – Arbeitsgelegenheiten (sog. 1-EUR-Jobs).

---

21 Bundesagentur für Arbeit (Hg.): Analytikreport der Statistik - Analyse des Arbeitsmarktes für Ältere ab 50 Jahren. Februar 2010, Nürnberg 2010

22 vgl. Joachim Möller und Achim Schmillen (2008): Hohe Konzentration auf wenige – steigendes Risiko für alle; in: IAB-Kurzbericht 24/2008, Nürnberg

Kosten der Arbeitslosigkeit

Arbeitslosigkeit ist nicht nur für die Betroffenen eine einschneidende soziale Ausgrenzungserfahrung. Sie bedeutet auch eine erhebliche gesellschaftliche Kostenbelastung. Dabei sind nicht nur die direkten Transferzahlungen für Arbeitslosengeld I und II und Kosten für die aktive Beschäftigungspolitik sowie die Arbeitsverwaltung zu rechnen, sondern es entstehen über die Ausgliederung von beschäftigungsfähigen Menschen auch gesamtfiskalische Mindereinnahmen.[23]

Kosten der registrierten Arbeitslosigkeit

	2005	**2006**	**2007**
Registrierte Arbeitslose (in Millionen)	4,86	4,48	3,78
Kosten pro Arbeitslosen (in EUR/Jahr)	18.000	18.300	17.900
Transferleistung je Arbeitslosen (in EUR/Jahr)[1]	6.500	6.700	6.800
		In Mrd. EUR	
Gesamtfiskalische Kosten	87,7	82,2	67,6
davon:			
Versicherungsleistung[2]	22,2	17,6	12,3
Sozialleistung[3]	24,6	25,7	22,6
Mindereinnahmen Steuern	16,2	15,0	12,8
Mindereinnahmen Sozialversicherung	24,7	23,8	20,1
Außerdem: Aussteuerungsbetrag (hier nur für arbeitslose Leistungsempfänger): Mehrausgaben BA / Mehreinnahmen Bund	3,7	2,5	1,4

1 ALG II, Aufstockungsbetrag für ALG-I-Empfänger; Zuschlag nach § 24 SGB II; Wohngeld; Kosten für Unterkunft und Heizung; Sozialgeld.

2 ALG-I-Leistung; Beiträge zur Kranken-, Renten- und Pflegeversicherung; ohne Leistungsempfänger nach § 428, 125, 126 SGB III und Teilnehmer an Trainingsmaßnahmen.

3 ALG-II-Leistung; Beiträge zur Kranken-, Renten- und Pflegeversicherung; Aufstockungsbetrag für ALG-I-Empfänger; Zuschlag nach § 24 SGB II; Wohngeld; Kosten für Unterkunft und Heizung; Sozialgeld; ohne Leistungsempfänger nach § 65 (4) und Teilnehmer an Trainingsmaßnahmen.

Quelle: IAB-Kurzbericht 14/2008, *S.* 4

Durch die registrierte Arbeitslosigkeit, d.h. ohne Berücksichtigung der stillen Reserve, erreichten die *gesamtfiskalischen Kosten* der Arbeitslosigkeit im Jahr 2005 mit 87,7 Mrd. EUR ihren (vorläufigen) Höchststand. Parallel zum Rückgang der Arbeitslosenzahlen sind dann in den folgenden Jahren die Ausgaben für die Arbeitslosigkeit auf 67,6 Mrd. EUR in 2007 gesunken. Etwas mehr als die Hälfte der gesamtfiskalischen Kosten entsteht aus der Summe der Sozialleistungstransfers (ALG II/Sozial-

23 Aufgrund des Einkommensausfalls bei Arbeitslosen entstehen in den öffentlichen Kassen durch Ausgaben und Einnahmedefizite direkte bzw. indirekte gesamtfiskalische Kosten, die in einem statistischen Berechnungsverfahren errechnet werden können.

geld) im SGB II *Grundsicherung für Arbeitssuchende* (33,4 Prozent) sowie der Zahlbeträge für das Arbeitslosengeld (ALG I) im SGB III *Arbeitsförderungsgesetz* (18,2 Prozent). Aber auch die Mindereinnahmen in der Sozialversicherung mit über 20 Mrd. EUR bzw. im allgemeinen Steueraufkommen mit rund 13 Mrd. EUR summieren sich zu erheblichen fiskalischen Belastungen.

Dabei sind die indirekten Kosten der (Langzeit-)Arbeitslosigkeit, die durch das volkswirtschaftlich nicht genutzte ‚Humankapital' entstehen, noch nicht mitgerechnet. Statistisch kaum erfassbar, ist jedoch offensichtlich, dass sich in der Gesellschaft – u.a. durch Dequalifizierung, beruflichen Abstieg, psychosoziale und gesundheitliche Belastungen, die Auswirkungen der Arbeitslosigkeit auf den familiären Sozialisationskontext, die Vorenthaltung sozialer Gratifikation am Arbeitsmarkt auch und gerade bei Jugendlichen – langfristig desozialisierende Prozesse abspielen, die in ganz anderen Zusammenhängen wieder zu erheblichen gesellschaftlichen und materiellen Kosten führen können.

4.1.4 Felder und Leistungen der Arbeitsmarktpolitik: Die Gesetzliche Arbeitslosenversicherung (SGB III *Arbeitsförderungsgesetz*)

Die Arbeitsmarktpolitik hat die Gestaltung des unmittelbaren Geschehens auf dem Arbeitsmarkt und dessen Rahmenbedingungen zum Inhalt. Neben allgemeinen Instrumenten der Wirtschaftspolitik sind zahlreiche sozialpolitische Regelungen diesem Aufgabenfeld verpflichtet. In der Arbeitsmarktpolitik findet sich neben den Akteuren aus Bund, Ländern und Kommunen auch die europäische Ebene als Einflussfaktor wieder.

Kernstück der Arbeitsmarktpolitik sind die Regelungen des SGB III *Arbeitsförderungsgesetz*. Grundsätzlich unterscheidet das Gesetz zwischen Regelungen, die

- sich auf den Bereich Beschäftigung und Arbeitsmarkt,
- auf Leistungen zum Erhalt und zur Schaffung von Arbeitsplätzen, sowie
- auf Leistungen bei Arbeitslosigkeit bzw. Zahlungsunfähigkeit des Arbeitgebers

beziehen. Zur Zielerreichung dienen die sog. *aktiven* und *passiven* Instrumente der Arbeitslosenversicherung, wobei die aktiven Leistungen mit Ausnahme von Arbeitslosen-, Teilarbeitslosen- und Insolvenzgeld alle Leistungen der Arbeitsförderung nach SGB III umfassen. Während die passiven Instrumente als Geldleistungen primär den Einkommensausfall bei Arbeitslosigkeit zumindest teilweise ausgleichen sollen, zielen die aktiven Leistungen auf die Reintegration in den Arbeitsmarkt. Frühzeitig einsetzende Meldepflichten sowie zusätzliche Anreiz- und Sanktionsmechanismen (*Konstitutionsfunktion*) sollen dafür sorgen, dass die arbeitslosen Personen so schnell wie möglich wieder in Arbeit kommen und damit unabhängig von staatlicher Förderung werden.

Leistungsberechtigt sind nach Paragraph 3 SGB III zum ersten (versicherte) Arbeitnehmerinnen und Arbeitnehmer. Sie haben Anspruch auf Beratungsleistungen, Berufsvorbereitungs- und Weiterbildungsmaßnahmen, Mobilitätsbeihilfen und materielle Transferleistungen wie das *Arbeitslosengeld* (ALG I) oder *Kurzarbeitergeld.* Zum zweiten können Arbeitgeber Beratungsleistungen beanspruchen. Wichtigstes Instrument sind hier die unterschiedlichen Zuschüsse zu den Arbeitsentgelten und/oder Sozialbeiträgen. Drittens erhalten die Träger von Arbeitsförderungsmaßnahmen je nach Art der angebotenen Maßnahme vollen Kostenersatz, Zuschüsse und/oder Darlehn für die Durchführung von Programmen der Aus- und Weiterbildung sowie der beruflichen Rehabilitation.

Verwaltet werden die Leistungen des SGB III durch die *Bundesagentur für Arbeit* als rechtsfähige, bundesunmittelbare Körperschaft des öffentlichen Rechts mit Sitz in Nürnberg. Ihre Leistungen werden durch *Beiträge* finanziert, die von den Versicherten und Arbeitgebern hälftig getragen werden. Aufgrund der in den letzten Jahren guten Entwicklung am Arbeitsmarkt wurde der Beitragssatz seit dem Jahr 2006 von 6,5 Prozent des Bruttoeinkommens auf 3,0 Prozent ab dem 1. Januar 2009 gesenkt, wobei zwischen dem 1. Januar 2009 und dem 30. Juni 2010 noch eine zusätzliche Reduktion um 0,2 Prozent wirksam ist. Bei der Berechnung des Beitrages wird die *Beitragsbemessungsgrenze* der Gesetzlichen Rentenversicherung angelegt (5.500 EUR/West und 4.650 EUR/Ost). Dies ergibt einen maximalen Arbeitnehmerbeitrag von 77 EUR (West) bzw. 65,10 EUR (Ost) pro Monat. Daneben werden für bestimmte Transferleistungen (*Winterbaugeld* und *Insolvenzgeld*) *Umlagen* bei den Arbeitgebern der Bauwirtschaft bzw. bei den Unfallversicherungsträgern erhoben. Und schließlich übernimmt der Bund für die Aufgaben die Kosten, die er der Bundesagentur für Arbeit überträgt. Hierzu zählt im Wesentlichen die Auszahlung des Arbeitslosengeldes II/Sozialgeld nach SGB II *Grundsicherung für Arbeitssuchende* einschließlich der Verwaltungskosten, soweit sie durch die Bundesagentur verursacht sind. Darüber hinaus stellt der Bund per Gesetz die Liquidität der Bundesagentur für Arbeit sicher. Dies geschieht zunächst auf Darlehnbasis, sollten die Mittel am Ende des Jahres aber nicht aus dem Haushalt der Bundesagentur rückführbar sein, wandelt sich das Darlehn in einen *Bundeszuschuss.* Im Zuge der Wirtschaftskrise wird der Bundeszuschuss für das Jahr 2010 nach den bisherigen Planungen rund 16 Mrd. EUR betragen. Für das Jahr 2011 erwartet die Bundesagentur für Arbeit ein Defizit von rund 11 Mrd. EUR. Wie hoch der Zuschussbedarf aber tatsächlich sein wird, hängt zum einen von der weiteren Ausgestaltung des Beitragssatzes, zum anderen von der tatsächlichen Entwicklung der sozialversicherungspflichtigen Beschäftigung ab.

In der Arbeitslosenversicherung besteht eine *Versicherungspflicht* (Paragraphen 24 ff. SGB III) für alle Personen, die einer sozialversicherungspflichtigen, abhängigen Erwerbsarbeit nachgehen oder zum Zwecke der Berufsausbildung beschäftigt werden. Die Versicherungspflicht besteht auch in der Elternzeit für Mütter (und Väter) mit Kindern bis zum dritten Lebensjahr, wenn sie unmittelbar vor der Geburt eine sozialversicherungspflichtige Beschäftigung ausgeübt oder im Leistungsbezug nach SGB III gestanden haben. Dies ist insofern von Bedeutung, als sie damit Anspruch auf Maßnahmen zur Wiedereingliederung in den Arbeitsmarkt erwerben. Ausgenommen aus der Arbeitslosenversicherung sind hingegen u.a. Beamte, Richter und Zeitsoldaten.

Aktive Arbeitsmarktpolitik im SGB III Arbeitsförderungsgesetz

Die Besonderheit des SGB III ist seine konzeptionelle Ausrichtung auf eine *präventive, final orientierte* Beschäftigungspolitik: Durch *aktive Leistungen* der Bundesagentur für Arbeit soll Arbeitslosigkeit vermieden bzw. ihre negativen Folgewirkungen begrenzt werden. Damit verbunden ist der Anspruch, einen möglichst hohen Beschäftigungsstand zu erreichen bzw. zu sichern und zugleich die Struktur der Beschäftigung kontinuierlich zu verbessern. Damit wird auch der Förderung beruflicher Mobilität, der Überwindung geschlechts- und altersspezifischer sowie struktureller Barrieren auf dem Arbeitsmarkt Vorrang vor der Einkommenssicherung bei Arbeitslosigkeit eingeräumt. Weitere Elemente sind die Arbeitsvermittlung, Berufsberatung, berufliche Aus- und Fortbildung sowie Umschulung, die Förderung der Arbeitsaufnahme (auch als Selbstständigkeit), Leistungen zur Rehabilitation sowie die Eingliederung von Ausländern. Über das Instrument der Arbeitsbeschaffungsmaßnahmen (ABM) können schließlich auch bereits arbeitslos Gewordene durch öffentlich finanzierte Arbeitsangebote (*zweiter Arbeitsmarkt*) wieder (befristet) in das Arbeitsleben eingegliedert werden.

Leistungen der aktiven Arbeitsförderung nach SGB III

SGB III	Art der Leistung	Instrumente / Durchführung
I. Leistungen für arbeitslose, versicherte Arbeitnehmerinnen und Arbeitnehmer		
§§ 29 - 34	(Berufs-)Beratung	Beratungsangebot / Berufsberatung Berufsorientierung / Eignungsfeststellung Arbeitsmarktberatung
§§ 35 - 39	Vermittlung	Vermittlungsangebot mit der Verpflichtung zur frühzeitigen Arbeitssuche Potenzialanalyse / Eingliederungsvereinbarung
§§ 45 - 47	Vermittlungsunterstützende Leistungen	Vermittlungsbudget zur Finanzierung von Maßnahmen, die die Erreichung der Eingliederungsziele der Eingliederungsvereinbarung unterstützen sollen (keine Kosten des Lebensunterhaltes, keine Aufstockung anderer Förderangebote nach SGB III)
§§ 57 - 58	Förderung der Aufnahme einer selbstständigen Tätigkeit	Gründungszuschuss für max. 15 Monate
§§ 59 - 76	Förderung der Berufsausbildung	Berufsausbildungsbeihilfe berufsvorbereitende Bildungsmaßnahmen Förderung des Hauptschulabschlusses Bedarf für den Lebensunterhalt bei berufsvorbereitenden Bildungsmaßnahmen
§§ 77 - 87	Förderung der beruflichen Weiterbildung	Übernahme von: Weiterbildungs- und Lehrgangskosten Fahrt- und Unterbringungskosten Kinderbetreuungskosten

§§ 97 - 111	Förderung der Teilhabe behinderter Menschen am Arbeitsleben	*Allgemeine Leistungen*: vermittlungsunterstützende Leistungen Förderung der Aufnahme einer selbstständigen Tätigkeit bzw. der Berufsausbildung Förderung der beruflichen Weiterbildung Berufsausbildungsbeihilfe alternativ: *Besondere Leistungen* Übergangsgeld Ausbildungsgeld Übernahme von Teilnahme- Unterkunftskosten einer Maßnahme (Kombination der Leistungen als Teil eines trägerübergreifenden Persönlichen Budget nach SGB IX möglich)
II. Leistungen für Arbeitgeber		
§§ 217 - 224	Eingliederung von Arbeitnehmern	Eingliederungszuschüsse für Arbeitslose mit Vermittlungshemmnissen Eingliederungsgutschein für ältere Arbeitnehmer
§§ 235a - 239	Einstiegsqualifizierung, berufliche Aus- und Weiterbildung sowie Leistungen zur Teilhabe am Arbeitsleben	Zuschüsse zur Ausbildungsvergütung von (behinderten) Leistungsberechtigten Zuschüsse zur Einstiegsqualifizierung Zuschüsse zur Förderung beruflicher Weiterbildung Zuschüsse zur Ausbildungsvergütung behinderter Menschen sowie bei Probebeschäftigung und bei der Anschaffung von Arbeitshilfen
III. Leistungen an Träger		
§§ 240 - 247	Förderung der Berufsausbildung	Ausbildungsbegleitende Hilfen zur Unterstützung nach Abbruch einer betrieblichen Berufsausbildung bis zur Aufnahme einer weiteren (über)betrieblichen Ausbildung / Beschäftigung: – Maßnahmen zum Abbau von Sprach- und Bildungsdefiziten – Förderung fachpraktischer und -theoretischer Kenntnisse/ Fertigkeiten/ Fähigkeiten – Sozialpädagogische Begleitung Übernahme der Personal-, Sach-, Verwaltungskosten des Maßnahmeträgers
§§ 260 - 279a	Förderung von Arbeitsbeschaffungsmaßnahmen	Zuschüsse zu den Lohnkosten bei zusätzlicher und im öffentlichen Interesse liegenden Arbeiten
IV. Sonderregelungen		
§ 417	Förderung beschäftigter Arbeitnehmer	Übernahme von Weiterbildungskosten (Maßnahmebeginn bis 31. Dezember 2010)
§ 421f	Eingliederungszuschuss für ältere Arbeitnehmer	Lohnkostenzuschuss für Arbeitgeber, die Beschäftigte über 50 Jahre einstellen, die mind. 6 Monate arbeitslos waren oder Vermittlungshemmnissen aufweisen
§ 421g	Vermittlungsgutschein	Inanspruchnahme privater Vermittlungsdienste (gültig bis 31. Dezember 2010)
§ 421h	Erprobung innovativer Ansätze	Förderung von Modellprojekten zur aktiven Arbeitsförderung (max. 2 Millionen EUR für max. 24 Monate) (bis 31.12.2013)
§ 421j	Entgeltsicherung für ältere Arbeitnehmer	Arbeitnehmer über 50 Jahre, die eine Beschäftigung aufnehmen, die geringer entlohnt ist als ihr ALG-I-Anspruch können für max. zwei Jahre einen Zuschuss von 50/30 Prozent der Nettoentgeltdifferenz Lohn erhalten.

§ 421k	Förderung von Arbeitnehmern über 55 Jahre	Übernahme des Beitragsanteils zur Arbeitslosenversicherung des Arbeitgebers (nur für Beschäftigungsverhältnisse, die vor dem 1. Januar 2008 begründet wurden).
§ 421o	Qualifizierungszuschuss für jüngere Arbeitnehmer	Lohnkostenzuschuss für Arbeitgeber, die Beschäftigte bis 25 Jahre einstellen, die mind. 6 Monate arbeitslos waren, keinen Berufsabschluss aufweisen und im Rahmen des Arbeitsverhältnisses qualifiziert werden sollen.
§ 421p	Eingliederungszuschuss für jüngere Arbeitnehmer	Lohnkostenzuschuss für Arbeitgeber, die Beschäftigte bis 25 Jahre einstellen, die mind. 6 Monate arbeitslos waren.
§ 421r	Ausbildungsbonus	Zuschuss für die zusätzliche betriebliche Ausbildung besonders bedürftiger Jugendlicher, die bereits im Vorjahr oder früher die Schule verlassen und sich um einen Ausbildungsplatz bemüht haben. Besonders bedürftig ist wer (k)einen Hauptschul- bzw. Sonderschulabschluss hat, lernbeeinträchtigt bzw. sozial benachteiligt ist, wegen Betriebschließung eine Ausbildungsstelle verloren hat oder trotz mittleren Schulabschlusses dauerhaft keine Lehrstelle findet.
§ 421s	Berufseinstiegsbegleitung	Maßnahmekosten für sog. *Berufseinstiegsbegleiter* zur Unterstützung beim Erreichen des Schulabschlusses, bei der Berufsorientierung, der Suche eines Ausbildungsplatzes und der Stabilisierung während eines Ausbildungsverhältnisses.

Die Teilnahme an Maßnahmen der aktiven Arbeitsmarktpolitik bzw. die Entscheidung über die Annahme/Ablehnung eines Arbeitsangebotes ist allerdings nur bedingt freiwilliger Natur (*Zumutbarkeitsregelungen/Mitwirkungspflicht*). So sind einem Arbeitslosen alle Qualifizierungs- und Beschäftigungsangebote zumutbar, soweit dem nicht allgemeine oder personenbezogene Gründe entgegenstehen bzw. die angebotene Beschäftigung nicht gegen gesetzliche bzw. tarifliche Bestimmungen verstößt (Paragraph 121 SGB III). Bis zu einem gewissen Grad sind die Arbeitsuchenden dabei vor übermäßigem Lohnverzicht geschützt. In den ersten drei Monaten darf das Arbeitsentgelt in der neuen Arbeitsstelle max. 20 Prozent, in den darauffolgenden Monaten max. 30 Prozent niedriger sein als das für die Bemessung des ALG-I-Anspruchs zugrundeliegende letzte Arbeitsentgelt. Ab dem siebten Monat gilt ein Lohn als zumutbar, der so hoch wie das ausgezahlte ALG I ist. Grundsätzlich besteht aber kein besonderer Berufsschutz, der im Falle der Arbeitslosigkeit vor einer Dequalifizierungsspirale schützen kann. Und schließlich dürfen die täglichen Pendelzeiten zwischen Wohnung und Arbeitsstätte bestimmte Grenzen nicht überschreiten. Pendelzeiten von insgesamt mehr als zweieinhalb Stunden bei einer Arbeitszeit von mindestens sechs Stunden bzw. von zwei Stunden bei einer Arbeitszeit von bis zu sechs Stunden gelten als zumutbar. Durch die gesetzlichen Änderungen zum Jahresbeginn 2003 wurde zusätzlich festgelegt, dass spätestens ab dem vierten Monat im Leistungsbezug von einem Arbeitslosen grundsätzlich auch ein Umzug zur Aufnahme einer Beschäftigung verlangt werden kann. Ausnahmen bestehen hier nur für Arbeitslose mit familiären Bindungen und Personen, die voraussichtlich innerhalb der ersten drei Monate als Tagespendler zu vermitteln sein werden.

Aktive Arbeitsmarktpolitik im SGB II Grundsicherung für Arbeitssuchende

Der im Jahr 2002 begonnene Umbau der Arbeitsmarktpolitik hat zu tiefgreifenden leistungsrechtlichen sowie administrativen Strukturverschiebungen geführt. So mussten unter hohem Zeitdruck für das SGB II *Grundsicherung für Arbeitssuchende* zunächst einmal neue Trägerstrukturen geschaffen werden. Ursprünglich wollten Bund, Länder und Kommunen dabei die Zuständigkeit bei der Mindestsicherung für Arbeitssuchende durch die Zusammenlegung der Arbeitslosenhilfe und Sozialhilfe vereinfachen. Bedürftige sollten lediglich eine Anlaufstelle für den Erhalt notwendiger Hilfen aufsuchen. Da sich im Gesetzgebungsverfahren die damalige rot-grüne Bundesregierung und die konservativen Landesregierungen jedoch nicht auf die Arbeitsagenturen als bundeseinheitliche Struktur (favorisiert von der Bundesregierung) oder die Kommunen als dezentrale Struktur (favorisiert von konservativen Landesregierungen) einigen konnten, kam es im Ergebnis zu einer Mischträgerschaft:

- Arbeitsgemeinschaft der örtlichen Arbeitsagentur und der Kommune (ARGE), die gemeinsam die Geld-, Sach- und Dienstleistungen erbringt. Hierfür haben sich 362 kommunale Träger in 356 Arbeitsgemeinschaften entschieden.
- Getrennte Aufgabenwahrnehmung durch die beiden Leistungsträger Kommune und Agentur für Arbeit. Hierfür haben sich 19 Kommunen entschieden.
- Alleinige Trägerschaft der Kommune zur Umsetzung des SGB II (*Optionsgesetz* für max. 69 Kommunen (zunächst für sechs Jahre befristet).

Hintergrund der Verortung der neuen Leistung in gemeinsamer Zuständigkeit von Arbeitsagenturen und kommunaler Sozialverwaltung (ARGE) war neben ihrem Kompromisscharakter die Einsicht, dass beide Partner spezifische Kompetenzen in den Hilfeprozess für Bedürftige einzubringen haben. Gleichwohl stellt dieses Gemeinschaftskonstrukt kommunaler und bundesstaatlich verankerter Institutionen ein Novum in der deutschen Sozialpolitik dar, das im Jahr 2009 vom Verfassungsgericht als grundgesetzwidrige Mischverwaltung verurteilt wurde. Bis Ende des Jahres 2010 muss der Gesetzgeber eine Neuregelung für die Trägerstruktur vorlegen. In der Zwischenzeit haben sich die christdemokratisch-liberale Koalition und die SPD im Bund auf eine Grundgesetzänderung geeinigt, so dass absehbarer Weise zum 1. Januar 2011 die Fortführung der Arbeitsgemeinschaften legalisiert werden kann.

Dem Ansatz der Aktivierung – „Fördern und Fordern“ – staatlicher Sozialpolitik folgend, haben im Rahmen des Sozialgesetzbuch II nunmehr auch die Personengruppen Anspruch auf Leistungen der aktiven Arbeitsmarktpolitik nach dem Sozialgesetzbuch III, die bis zum 31. Dezember 2004 durch die Zuordnung in die Sozialhilfe

(BSHG) von diesen Instrumenten ausgeschlossen und allein auf kommunale Beschäftigungsförderung verwiesen waren. Mit den Arbeitsmarktreformen (vor allem die sog. Hartz I-IV-Gesetze) wurde über den Paragraphen 16a-g SGB II der Großteil der SGB-III-Leistungen zur Eingliederung in Arbeit für die Empfängerinnen und Empfänger von Leistungen nach SGB II *Grundsicherung für Arbeitssuchende* geöffnet. Die Leistungsgewährung steht allerdings im Ermessen des jeweiligen Leistungsträgers und zwar auch in den Fällen, in denen es sich nach SGB III um Pflichtleistungen handelt. Die Leistungsempfänger müssen sich aktiv an allen Maßnahmen zur Eingliederung in den Arbeitsmarkt beteiligen. Vorrangig sollen solche Hilfen gewährt werden, die der direkten und unmittelbaren Eingliederung in den Arbeitsmarkt dienen. Es geht dabei vor allem um schnelle Integration in Beschäftigung gleich welcher Art und weniger um die Entwicklung persönlicher Ressourcen im Sinne umfassender Qualifizierung und Weiterbildung. Auch im SGB II haben die Hilfebedürftigen den rechtlichen Anspruch auf Abschluss einer – in der Regel auf eine zeitliche Dauer von sechs Monaten ausgelegte – *Eingliederungsvereinbarung* (Paragraph 15 SGB II), in der die nach Paragraph 16a-g SGB II benötigten Eingliederungsleistungen schriftlich aufgeführt werden. Diese Vereinbarung soll Sicherheit schaffen und sowohl den Leistungserbringer wie auch den Hilfeempfänger auf die Einhaltung der vereinbarten Integrationsschritte verpflichten. Im Sinne eines Case Managements sollen die sog. *Fallmanager* der Arbeitsagentur dabei die individuellen Lebensumstände der betroffenen Person einbeziehen und so individuelle Eingliederungshilfen zusammenstellen. Hierbei soll nach Paragraph 3 Abs. 1 SGB II (*Grundsätze der Leistungserbringung*) die individuelle Eignung, die individuelle bzw. familiäre Situation, die Dauerhaftigkeit der Eingliederung sowie die voraussichtliche Dauer der Hilfebedürftigkeit in die Hilfeplanung mit einbezogen werden. Bei erwerbsfähigen Hilfebedürftigen, die nicht über ausreichende deutsche Sprachkenntnisse verfügen, soll in der Eingliederungsvereinbarung vorrangig die Teilnahme an einem Integrationskurs aufgenommen werden. Zu den Hilfen, die die Fallmanager/-innen mit den Hilfebedürftigen vereinbaren können, gehören im SGB II vor allem:

SGB II	*Art der Leistung*	*Instrumente*
§ 16a	Kommunale Eingliederungsleistungen	Betreuung minderjähriger oder behinderter Kinder Häusliche Pflege von Angehörigen Schuldnerberatung Psychosoziale Betreuung Suchtberatung
§ 16b	Einstiegsgeld	Zuschuss zur Aufnahme einer sozialversicherungspflichtigen oder selbstständigen Erwerbstätigkeit
§ 16c	Leistungen zur Eingliederung Selbstständiger	Darlehn und Zuschüsse von max. 5.000 EUR zur Aufnahme einer selbstständigen Tätigkeit
§ 16d	Arbeitsgelegenheiten	Zusätzliche, gemeinnützige Arbeitsgelegenheiten (sog. 1-EUR-Jobs)
§ 16e	Leistungen zur Beschäftigungsförderung	Zuschuss an Arbeitgeber, die einen Hilfebedürftigen mit Vermittlungshemmnissen einstellen
§ 16f	Freie Förderung	Zehn Prozent ihrer Mittel kann die Agentur für Arbeit frei für gezielte individuelle Förderung einsetzen (z.B. Führerschein)
§ 16g	Förderung bei Wegfall der Hilfebedürftigkeit	Begonnene Maßnahmen können auch bei Wegfall der Hilfebedürftigkeit bis zu ihrem Abschluss gefördert werden

Hilfebedürftige unter 25 Jahren sollen so schnell wie möglich in den Arbeitsmarkt integriert werden. Unmittelbar nach Antragsstellung werden sie deshalb in eine Ausbildung, Arbeitsstelle oder Arbeitsgelegenheit vermittelt. Können Hilfebedürftige ohne Berufsabschluss nicht in Ausbildung vermittelt werden, soll die zu vermittelnde Arbeit auch zur Verbesserung der beruflichen Fähigkeiten und Kenntnisse dienen (Paragraph 3 Abs. 2 SGB II). Dieser Vorrang der Vermittlung in Arbeit gilt im Übrigen auch für Leistungsempfänger/-innen ab 58 Jahren.

Mit den nach Paragraph 16d SGB II eingeführten *Arbeitsgelegenheiten* sollen vor allem Menschen mit Beschäftigungshemmnissen wieder an der Arbeitsmarkt herangeführt werden. Mit der Arbeitsgelegenheit mit Mehraufwandsentschädigung (AGH MAE) und der Arbeitsgelegenheit in Entgeltvariante (AGH E) stehen grundsätzlich zwei Ausgestaltungsmöglichkeiten zur Verfügung. Bei der AGH MAE beziehen die Betroffenen weiter ALG II zuzüglich einer Aufwandsentschädigung. Zudem können nur im öffentlichen Interesse liegende, zusätzliche Arbeitseinsätzen gefördert werden. Bei der AGH E erhalten die Teilnehmer/-innen ein Arbeitsentgelt aufgrund eines Arbeitsvertrages. Auch müssen die Arbeiten nicht zwingend im öffentlichen Interesse liegen und zusätzlich, sondern können auch erwerbswirtschaftlich ausgerichtet sein. In den letzten Jahren ist dieses Instrument in einem hohen Maße eingesetzt worden. Im Jahresbericht 2009 der Grundsicherung für Arbeitssuchende weist die Bundesagentur für Arbeit einen jahresdurchschnittlichen Bestand von insgesamt 321.639 Arbeitsgelegenheiten (davon 43.000 AGH E) für das Jahr 2009 aus. Gegenüber 2008 ist das eine Steigerung von rund zwei Prozent. Insgesamt wurden im Jahr 2009 rund 823.000 Eintritte in die Arbeitsgelegenheiten registriert. Zur Finanzierung dieser Stellen wurden rund 1,7 Mrd. EUR aufgewendet. Zu 60 Prozent wurden diese von Männern aufgenommen und 15 Prozent der geförderten Personen hatten einen Migrationshintergrund (= Ausländer und Spätaussiedler). Personen unter 25 Jahren stellten mit 20,4 Prozent nach dem Alterssegment der zwischen 40-50 Jährigen (= 28,5 Prozent) den größten Anteil an den geförderten Personen. Im Durchschnitt sind die geförderten Personen 38,4 Jahre alt. 24,6 Prozent der Geförderten hatten keinen und 45,5 Prozent einen Hauptschulabschluss.

Betrachtet man die Dauer der Arbeitslosigkeit vor Maßnahmebeginn, so zeigt sich, dass der Anteil der Langzeitarbeitslosen mit 25,2 Prozent nur geringfügig niedriger ist als der Anteil derjenigen, die direkt mit dem SGB II-Bezug in eine Arbeitsgelegenheit vermittelt werden (25,4 Prozent). Durchschnittlich lag die Dauer der Arbeitslosigkeit vor Eintritt in die Arbeitsgelegenheit bei rund zehn Monaten und die Mehrzahl der Maßnahmen (63 Prozent) dauert max. sechs Monate. Im Durchschnitt sind die 1-EUR-Jobber 4,6 Monate in ihrer Einsatzstelle, Über die Hälfte der Beschäftigungsverhältnisse sind im Bereich Infrastrukturverbesserung und Umweltschutz/ Landschaftspflege verortet. 11,6 Prozent der Stellen finden sich im Bereich Gesundheit und Pflege, weitere zehn Prozent in der Kinderbetreuung und Jugendhilfe. Die durchschnittliche Arbeitszeit beträgt in den 1-EUR-Jobs 28,8 Stunden, wobei 64,1 Prozent der Stellen eine wöchentliche Arbeitszeit von 30 Stunden aufweisen. Vergütet wird die Tätigkeit bei 36,2 Prozent der Betroffenen mit 1 bis 1,10 EUR und bei 33,5 Prozent mit 1,50 bis 1,60 EUR pro Stunde. Im Durchschnitt ergibt sich eine Mehraufwandsentschädigung von 1,25 EUR, wobei ein kleiner Anteil (1,5 Prozent) sogar unter einem EUR pro Stunde entlohnt wird. Die durchschnittliche Maßnahmekostenpauschale, die der Anbieter einer Arbeitsgelegenheit erhält, liegt bei 249,30 EUR pro Teilnehmer und Monat.[24]

Gefördert wird die Arbeitsaufnahme auch durch die *Freibeträge auf ergänzendes Erwerbseinkommen*. Hierbei gilt zunächst ein *Grundfreibetrag* von 100 EUR monatlich, der auf das ALG II nicht angerechnet wird. Erzielt ein(e) Leistungsempfänger/-in darüber hinausgehendes Einkommen, bleibt dieses bis zur Grenze von 800 EUR monatlich mit 20 Prozent anrechnungsfrei. Weiteres Bruttoeinkommen bis 1.200 EUR wird noch mit 10 Prozent anrechnungsfrei gestellt. Wenn Kinder in dem Haushalt leben, erhöht sich die Einkommensgrenze auf 1.500 EUR monatlich. Bei der Berechnung des Einkommens werden berufsbedingte Ausgaben (z.B. Fahrtkosten, Versicherungen) etc. abgezogen. Hieraus ergeben sich folgende beispielhafte Freibeträge bzw. Abzüge vom Zuverdienst:

24 Bundesagentur für Arbeit (Hg.): Arbeitsmarkt in Zahlen – Förderstatistik. Leistungen zur Eingliederung an erwerbsfähige Hilfebedürftige: Einsatz von Arbeitsgelegenheiten 2008, Nürnberg 2009

Zuverdienst	Freibetrag	Abzug	‚virtueller Steuersatz' (auf den Zuverdienst)
in EUR			in Prozent
ohne Kind			
400	160	240	60
900	250	650	72,2
1.200	280	920	76,6
mit einem oder mehreren Kindern			
400	160	240	60
1.200	280	920	76,6
1.500	310	1.190	79,3
nachrichtlich: Der Spitzensteuersatz beträgt 42 Prozent (ca. 53 – 251 TSD EUR) bzw. 45 Prozent ab ca. 251 TSD EUR			

Quelle: eigene Zusammenstellung und Berechnung nach Bundesministerium für Arbeit und Soziales, Berlin

Dem Ziel einer möglichst schnellen Arbeitsmarktintegration folgend, sind im SGB II die *Zumutbarkeitsregeln* im Paragraph 10 SGB II deutlich unbestimmter formuliert als im SGB III. Dies hat zur Folge, dass die Hilfebedürftigen im Prinzip jede Arbeit annehmen müssen, zu der sie körperlich, seelisch oder geistig in der Lage sind. Ein Arbeitsangebot kann nur abgelehnt werden, wenn durch die Arbeitsaufnahme die Erziehung eines Kindes gefährdet würde. Allerdings sollen die Träger der Grundsicherung in derartigen Fällen auf die Bereitstellung von Angeboten zur Tagesbetreuung für Kinder hinwirken. Die Pflege eines Angehörigen kann ebenfalls Grund für die Unzumutbarkeit einer Arbeit sein. Das Qualifikations- bzw. vormalige Lohnniveau, das ein Hilfebedürftiger vor Eintritt des SGB-II-Bezuges erreicht hat, spielt bei der Bewertung der Zumutbarkeit dagegen keine Rolle – die Grenze markiert hier allein die Sittenwidrigkeit eines Arbeitsangebotes. Nach Paragraph 10 SGB II sind auch ungünstigere Arbeitsbedingungen, weitere Entfernungen zum neuen Arbeitsplatz oder die geringe Qualität eines Arbeitsangebotes zumutbar, wobei die Zumutbarkeitsgrenzen im Gesetz unbestimmt bleiben.

Passive Arbeitsmarktpolitik nach SGB III und SGB II

Die wichtigsten *passiven Leistungen* sind die Zahlung des *Arbeitslosengeldes I* (nach SGB III) und des *Arbeitslosengeldes II* (nach SGB II).

Das Arbeitslosengeld I (ALG I)

Hierbei handelt es um eine nach den Paragraphen 117-152 SGB III erbrachte *Versicherungsleistung*, die aus den Versicherungsbeiträgen der Arbeitgeber wie Arbeitnehmer finanziert wird. Um ALG I beziehen zu können, muss vor Eintritt der Arbeitslosigkeit ein ausreichend langes, sozialversicherungspflichtiges Beschäftigungsverhältnis bestanden haben. Dies ist dann der Fall, wenn innerhalb einer Rahmenfrist von zwei bzw. fünf Jahren vor Antragstellung auf ALG I mindestens sechs bzw. zwölf Monate sozialversicherungspflichtig gearbeitet wurde (An*wartschaft*szeit). Die sog. kurze Anwartschaft gilt dabei für Personen, die überwiegend in Beschäftigungsverhältnisse gearbeitet haben, die in der Regel auf nicht mehr als sechs Wochen befristet waren und deren Bruttoarbeitsentgelt in den letzten 12 Monaten nicht höher als 30.240 EUR war (Stand: 2009). Die Leistungsdauer ist abhängig von der Dauer der vorangegangenen Beschäftigung und vom Alter der arbeitslosen Person:

Anspruchsdauer Arbeitslosengeld I

Kurze Anwartschaft (2 Jahre)		
Beschäftigungsdauer in Monaten	nach Vollendung des ... Lebensjahres	Anspruchsdauer in Monaten
6		3
8		4
10		5
Lange Anwartschaft (5 Jahre)		
12		6
16		8
20		10
24		12
30	50.	15
36	55.	18
48	58.	24

Quelle: Bundesagentur für Arbeit

Das Arbeitslosengeld wird maximal bis zum Erreichen der Regelaltergrenze in der Gesetzlichen Rentenversicherung bezahlt. Diese steigt vom Jahr 2012 bis 2029 schrittweise vom 65. auf das 67. Lebensjahr (*Rente mit 67*). Der Arbeitslose muss dem Arbeitsamt für Vermittlungsbemühungen und damit dem Arbeitsmarkt zu Verfügung stehen. Auch muss die Meldung über die Arbeitslosigkeit rechtzeitig – d.h. spätestens drei Monate vor Eintritt – persönlich beim Arbeitsamt angezeigt werden, ansonsten drohen Leistungskürzungen (*Sperrzeiten*). Die Höhe des Arbeitslosengeldes errechnet sich nach dem Äquivalenzprinzip und ist vom durchschnittlichen Nettoverdienst in den letzten zwölf Monaten vor Eintritt der Arbeitslosigkeit abhängig. Das Arbeitslosengeld wird kalendertäglich berechnet und beträgt 60 Prozent des pauschalierten Nettoentgeltes (Leistungsentgelt). Ein erhöhter Leistungssatz von 67 Prozent wird gewährt, wenn der/die Leistungsbezieher/-in bzw. dessen Ehe- oder Lebenspartner mindestens ein Kind hat. Weitere Kinder erhöhen das Arbeitslosengeld nicht. Des Weiteren bestehen noch *Hinzuverdienstmöglichkeiten* während des ALG-I-Bezuges. Erlaubt ist eine Beschäftigung von nicht mehr als 15 Stunden pro Woche, wobei vom erzielten Lohn – nach Abzug der Werbungskosten – 165 EUR anrechnungsfrei bleiben.

Daneben bestehen im SGB III weitere Formen der Lohnersatzleistung: Das konjunkturelle bzw. saisonale *Kurzarbeitergeld* (Paragraph 169 ff. SGB III) dient dem Ausgleich von Lohnansprüchen, wenn sich Unternehmen in einer schwierigen wirtschaftlichen Lage befinden oder aufgrund von schlechten Witterungsbedingungen (z.B. im Baugewerbe) ihre Beschäftigten nicht im vollen Umfang der vereinbarten Arbeitszeit einsetzen können. Um Entlassungen zu vermeiden, kann für die ausfallende Arbeitszeit das Kurzarbeitergeld beantragt werden. Es beträgt wie beim ALG I 60 bzw. 67 Prozent des Nettogehaltes. Die Bezugsdauer liegt bei maximal sechs Monaten, kann aber in besonderen schwierigen wirtschaftlichen Zeiten durch das Bundesarbeitsministerium auf bis zu 24 Monate ausgedehnt werden. Neben dem Kurzarbeitergeld erhält der Arbeitnehmer von seinem Arbeitgeber weiter den normalen Lohn für tatsächlich erbrachte Arbeitszeiten. Da durch dieses Instrument Entlassungen zumindest herausgezögert werden können, hat es sich in der 2008 ausgebrochenen Wirtschaftskrise als Instrument der Beschäftigungssicherung bewährt. Im Arbeitsmarktbericht für den April 2010 weist die Bundesagentur für Arbeit aus, dass die Zahl der (konjunkturellen) Kurzarbeiter von unter 200.000 im Jahr 2008 auf über 1,5 Millionen im Mai 2009 geradezu explosionsartig anstieg. Im Zuge der konjunkturellen Erholung entwickelt sie sich seit der 2. Jahreshälfte 2009 wieder rückläufig und lag im Mai 2010 bei rund 480.000 Betroffenen.

Das *Insolvenzgeld* (Paragraph 183 ff. SGB III) soll die Lohnansprüche von Arbeitnehmern schützen, deren Unternehmen in Konkurs gehen bzw. sich in Auflösung befinden. Es wird für den Lohn der maximal drei letzten Monate gewährt und entspricht dem – durch die Beitragsbemessungsgrenze der Arbeitslosenversicherung gedeckelten – Nettoarbeitsentgelt. Das *Übergangsgeld* (Paragraph 160 ff. SGB III) wird an behinderte Menschen im Kontext der Teilnahme an Maßnahmen der Berufs(aus)bildung und Berufsvorbereitung ausbezahlt.

Das Arbeitslosengeld II / Sozialgeld

In der Bundesrepublik Deutschland wurde immer wieder die Notwendigkeit einer Novellierung des Bundessozialhilfegesetzes und eine Zusammenführung der Sozial- mit der Arbeitslosenhilfe bzw. eine engere Kooperation zwischen Sozial- und Arbeitsamt diskutiert. Mit dem zum 1. Januar 2005 in Kraft getretenen *Vierten Gesetz für moderne Dienstleistungen am Arbeitsmarkt* (Hartz IV) und der daraus resultierenden Einführung der *Grundsicherung für Arbeitssuchende* ist diese Trennung von Sozial- und Arbeitslosenhilfe nunmehr tatsächlich aufgehoben.

Das *Arbeitslosengeld II (ALG II) / Sozialgeld* wird entsprechend der Paragraphen 19 bis 32 SGB II erbracht. Es handelt sich dabei um eine *steuerfinanzierte Fürsorgeleistung*. Die Kosten für die Leistungen zum Lebensunterhalt (ALG II / Sozialgeld) trägt der Bund, die Unterkunfts- und Mietnebenkosten verbleiben bei den Kommunen als Träger der Sozialhilfe bzw. Durchführungsstelle des von Bund und Ländern finanzierten *Wohngeldes*.

Anspruch auf ALG II / Sozialgeld haben Personen zwischen dem 15. und 65. Lebensjahr, die erwerbsfähig und hilfebedürftig sind und ihren gewöhnlichen Aufenthalt in Deutschland haben. Ausländerinnen und Ausländer haben Anspruch, wenn ihnen die Aufnahme einer Beschäftigung erlaubt ist bzw. erlaubt werden könnte. Anspruchberechtigt sind weiterhin Personen, die mit einem erwerbsfähigen Hilfebedürftigen in einer *Bedarfsgemeinschaft* leben (Ehegatte bzw. Lebensgefährte in eheähnlicher Gemeinschaft). Kinder unter 25 Jahren gehören solange zur Bedarfsgemeinschaft, wie sie ihren Lebensunterhalt nicht aus eigenem Einkommen bzw. Vermögen bestreiten können. Im Rahmen der *Bedürftigkeitsprüfung* wird das gesamte Einkommen und Vermögen der Bedarfsgemeinschaft in die Leistungsberechnung einbezogen, d.h. ihre Mitglieder sind untereinander voll unterhaltspflichtig. Von der Bedarfsgemeinschaft wird die *Haushaltsgemeinschaft* unterschieden. Hierzu zählen u.a. Kinder, die das 25. Lebensjahr vollendet haben und weiter bei ihren (hilfebedürftigen) Eltern wohnen oder andere Verwandte. Innerhalb einer Haushaltsgemeinschaft bestehen keine Unterhaltspflichten nach SGB II, d.h. die wechselseitige finanzielle Unterstützung wird hier als widerlegbar angenommen.

Erwerbsfähig ist eine Person, wenn sie in der Lage ist, mindestens drei Stunden täglich erwerbstätig sein, wobei es keine Rolle spielt, ob der Arbeitsmarkt entsprechende Angebote bereit hält (Paragraph 8 SGB II). *Hilfebedürftig* ist eine Person, die ihren Lebensunterhalt nicht aus eigenen Kräften (Aufnahme einer Erwerbsarbeit, Einkommen und/ oder Vermögen) bestreiten kann.

Im Rahmen einer *Bedürftigkeitsprüfung* werden das Einkommen und Vermögen des Hilfebedürftigen sowie seines Lebenspartners und der minderjährigen Kinder (Bedarfsgemeinschaft) in die Berechnung des Leistungsanspruches einbezogen, wobei für das Vermögen Freigrenzen berücksichtigt werden. So gilt ein Grundfreibetrag von 150 EUR pro Lebensjahr (min. 3.100 und max. 9.750 EUR) für Vermögen jeder Art.[25] Hinzu kommt ein Grundfreibetrag von 3.100 EUR für jedes hilfebedürftige minderjährige Kind. Darüber hinaus gilt ein gesonderter Freibetrag für Vermögen, das ausschließlich der Altersvorsorge dient. Hier stehen dem ALG-II-Bezieher und seinem Partner/seiner Partnerin jeweils 250 EUR pro Lebensjahr (max. je 16.250 EUR) als Freibetrag zu. Zusätzlich wird ein Freibetrag in Höhe 750 EUR für notwendige Anschaffungen für jeden in der Bedarfsgemeinschaft lebenden Hilfebedürftigen eingeräumt. Und schließlich bleiben ein angemessener Hausrat, ein Auto sowie eine Altersvorsorge nach den Riester-Kriterien bei der Vermögensanrechnung unberührt.

Das Arbeitslosengeld II umfasst als *Regelleistung zur Sicherung des Lebensunterhaltes* pauschal die Kosten für Ernährung, Kleidung, Körperpflege, Hausrat, Bedarfe des täglichen Lebens sowie in begrenztem Umfang zur Teilnahme am gesell-

25 Bei Personen, die vor dem 1. Januar 1948 geboren wurden, liegt der Grundfreibetrag bei 520 EUR pro Lebensjahr und max. 33.800 EUR.

schaftlichen Leben. Es wird dem Hilfebedürftigen als monatliche Geldleistung ausbezahlt. Es kann im Prinzip zeitlich unbegrenzt bis zum Erreichen der Regelaltersgrenze der Gesetzlichen Rentenversicherung bezogen werden.

Bei der Berechnung des Regelsatzes werden unterschiedliche persönliche bzw. familiäre Konstellationen berücksichtigt. Für die ebenfalls bedürftigen Angehörigen eines Leistungsbeziehers wird, sofern kein Anspruch auf die Grundsicherung im Alter oder bei Erwerbsminderung besteht, das sog. *Sozialgeld* bezahlt. In besonderen Fällen (z.B. Drogen- oder Alkoholsucht bzw. bei unwirtschaftlichem Verhalten) kann die Regelleistung nach Paragraph 23 Abs. 2 SGB II ganz oder teilweise als Sachleistung erbracht werden.

Die Regelleistungen bei ALG II / Sozialgeld (Stand: 1. Juli 2009)

Berechtigte Personen in einer Bedarfsgemeinschaft	in %	in €
ALG II-Regelsatz	pro Monat	
Alleinstehende Person	100	359
Allein erziehende Person	100	359
Volljährige Person mit einem minderjährigem Partner	100	359
Partner ab Beginn des 19. Lebensjahres jeweils	90	323
Alleinstehende Person bis 24 Jahre oder volljährige Person bis 24 Jahre mit einem minderjährigen Partner, die ohne Zusicherung des Trägers in eine eigene Wohnung ziehen	80	287
Sozialgeld		
Jugendliche ab 15 bis 18 Jahre und sonstige erwerbsfähige Angehörige einer Bedarfsgemeinschaft	80	287
Kinder von 6 bis 14 Jahren[1]	70	251
Kinder von 0 bis 6 Jahren	60	215

[1] Die Stufe wurde im Rahmen des Konjunkturpakets II zur Bekämpfung der Folgen der Wirtschafts- und Finanzkrise zum 1. Juli 2009 neu eingeführt. Sie ist zunächst auf drei Jahre befristet.

Quelle: nach Bundesministerium für Arbeit und Soziales: Übersicht über das Sozialrecht, S. 30f., Berlin

Nach Paragraph 20 Abs. 4 SGB II erfolgt die *jährliche Dynamisierung* des Regelsatzes jeweils zum 1. Juli. Dabei wird der Regelsatz entsprechend der Entwicklung des aktuellen Rentenwertes angepasst. Alle fünf Jahre wird zudem die Höhe der Regelsätze anhand der Einkommens- und Verbrauchsstichprobe (EVS) überprüft und ggf. angepasst.[26]

Nach Paragraph 20 SGB II werden für Bedarfe, die nicht durch die Regelleistung abgedeckt sind, sog. *Mehrbedarfszuschläge* ausbezahlt. Dies gilt zum Beispiel für

26 Die EVS wird in fünfjährigen Abständen vom Statistischen Bundesamt durchgeführt. Sie liefert Informationen über die Höhe und Zusammensetzung der Konsumausgaben der bundesdeutschen Haushalte. Für die Bemessung der Regelsätze werden nach Paragraph 2 Abs. 3 der Regelsatzverordnung zu Paragraph 28 SGB XII die 20 Prozent der in der EVS einkommensschwächsten Haushalte (nach Herausnahme der Empfänger von Leistungen der Sozialhilfe) herangezogen. Die Regelsatzanpassung orientiert sich damit am Verbrauchsniveau der Haushalte im Niedrigeinkommensbereich.

schwangere Frauen, allein Erziehende sowie Personen, die aus medizinischen Gründen eine kostenaufwändige Ernährung benötigen.

Leistungen für Mehrbedarfe beim Lebensunterhalt

	in %	in EUR
Allein erziehende Person mit Kind unter 7 Jahren	36	129
Allein erziehende Person mit zwei oder drei Kinder unter 16 Jahren	36	129
Allein erziehende Person für 4. und 5. Kind unter 16 Jahre zusätzlich je	12	43
Allein erziehende Person für ein oder zwei Kinder von 16 oder 17 Jahren je	12	43
werdende Mütter ab der 13. Schwangerschaftswoche	17	61
behinderte Person (bei Teilnahme an einer Eingliederungsmaßnahme nach dem SGB IX)	35	125

Quelle: eigene Zusammenstellung nach Bundesministerium für Arbeit und Soziales: Übersicht über das Sozialrecht, S. 30 ff., ^{6}2009

Leistungen für die Erstausstattung einer Wohnung, für Bekleidung und bei Schwangerschaft sowie für mehrtägige Klassenfahrten sind nicht durch die Regelleistung erfasst. Hierfür können *einmalige Leistungen* beantragt werden. Die Höhe der Leistung hängt dann von den erforderlichen Aufwendungen ab und soll nachvollziehbare Erfahrungswerte berücksichtigen (Paragraph 23 Abs. 3 SGB II).

Im Gegensatz zum alten Sozialhilferecht bis Ende 2004 ist die Leistungserbringung durch die Pauschalisierungen des Regelsatzes übersichtlicher und einfacher, in nicht wenigen Fällen aber auch niedriger geworden. Dies gilt insbesondere in den Fällen, in denen wegen des anzurechnenden Partnereinkommens kein Leistungsanspruch auf ALG II entsteht (*Familiensubsidiarität*). Zugleich zeigt die Praxis, dass die Pauschalierung zu wenig flexibel auf die Wechselfälle des Lebens reagiert. Dies gilt gerade bei der Absicherung von Kindern. Der Gesetzgeber hat – zunächst im Rahmen der Konjunkturpakte zur Bekämpfung der Folgen der Wirtschaftskrise – mit ersten Korrekturen begonnen. So erhält seit dem 1. Juli 2009 jeder Schüler bis zum 10. Schuljahr (nicht aber in der Sekundarstufe II) zu Schuljahresbeginn einmalig 100 EUR zusätzlich zum Sozialgeld ausgezahlt, um notwendigen schulischen Bedarf decken zu können. Weitere Verbesserungen haben sich nach entsprechenden Gerichtsurteilen ergeben, in deren Folge nunmehr die Kostenübernahme für Klassenfahrten ins Ausland gesichert ist. Nachdem das Bundesverfassungsgericht am 9. Februar 2010 die Berechungsweise – nicht die absolute Höhe – der Regelsätze für grundgesetzwidrig erklärt hat, gilt seit dem 16. Februar 2010 zudem eine vom Bundesministerium für Arbeit und Soziales erarbeitete *Härtefallliste*. Diese Liste bezieht sich auf Fälle, in denen ALG-II-Bezieher einen unabweisbaren, dauerhaften besonderen Bedarf geltend machen können, der ohne eine zusätzliche Kostenübernahme zu einer erheblichen Unterversorgung führen würde. Gedacht ist hierbei an die Kostenübernahme für nicht verschreibungspflichtige Arzneimittel bei besonders gravierenden Erkrankungen, an Putz- bzw. Haushaltshilfen für Rollstuhlfahrer, die sich bei bestimmten täglichen Verrichtungen nicht selbst helfen können, an (Fahrt- und Übernachtungs-)Kosten zur Ausübung des Umgangsrechtes mit den eigenen Kindern nach Scheidung sowie an die Kosten für Nachhilfeunterricht, wenn dieser aufgrund wichtiger familiärer Ereignisse (Todesfall in der Familie, Langzeiterkrankung etc.) nötig wird. Die Übernahme von Kosten für die Praxisgebühr, für Bekleidung in Übergrößen, Brillen, eine Waschmaschine, für Zahnersatz sowie orthopädische Schuhe im Rahmen der Härtefallklausel ist allerdings ausdrücklich ausgeschlossen.

Um die materiellen Folgen beim Übergang in den ALG II-Bezug etwas abzufedern, sieht Paragraph 24 SGB II zurzeit noch einen *befristeten Zuschlag nach Bezug von Arbeitslosengeld I* vor, der bei Alleinstehenden max. 160 EUR, bei nicht getrennt lebenden (Ehe-)Partnern 320 EUR und pro minderjährigem Kind 60 EUR beträgt und nach zwölf Monaten halbiert wird.[27]

Entwicklung des Leistungsbezuges im Falle der Arbeitslosigkeit

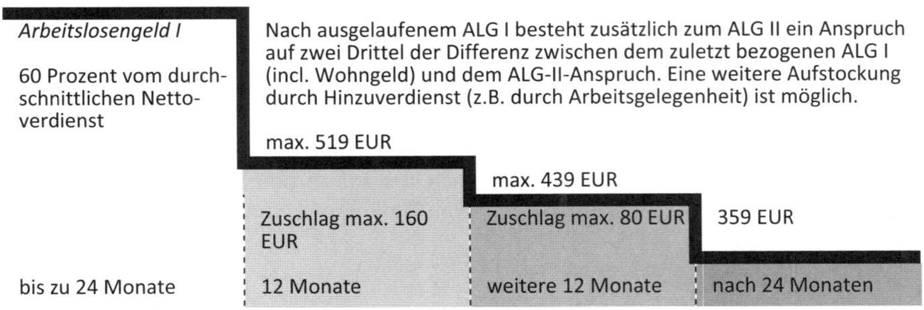

Alle Angaben für eine(n) Alleinstehende(n)

Erwerbsfähige Hilfebedürftige werden weiterhin in der gesetzlichen *Kranken- und Pflegeversicherung* pflichtversichert. In der gesetzlichen Rentenversicherung sind sie im Gegensatz zur früheren Sozialhilfe ebenfalls versichert und zwar auf der Basis des Mindestbeitrags. Wer von der Versicherungspflicht befreit ist, erhält einen Zuschuss zu den Beiträgen, die während des Leistungsbezuges freiwillig an die gesetzliche Rentenversicherung oder eine private Altersvorsorge bezahlt werden.

Darüber hinaus werden die angemessenen *Kosten für Unterkunft und Heizung* übernommen, wobei die Berechnungsmethode zur Höhe der tatsächlich anerkannten Kosten von Kommune zu Kommune unterschiedlich ist. Sind die Kosten einer Wohnung unangemessen, dann werden sie nur noch solange übernommen, wie es dem Empfänger nicht zumutbar oder nicht möglich ist, diese zu senken (in der Regel max. sechs Monate lang). Danach werden nur noch die angemessenen Kosten erstattet.

27 Die aktuellen Sparbeschlüsse der Regierungskoalition vom Juni 2010 sehen eine ersatzlose Streichung dieser Stufenregelung vor, sind aber zum Zeitpunkt der Drucklegung dieser Auflage noch nicht Gesetz.

Wohnungsbeschaffungskosten (z.B. Kaution, Makler) und Umzugskosten können übernommen werden, wenn der Leistungsträger vorher zugestimmt hat. Die Kosten sollen übernommen werden, wenn der Umzug auf Aufforderung des Leistungsträgers erfolgt oder aus anderen Gründen (z.B. Krankheit) notwendig ist. Zur Vermeidung von Wohnungslosigkeit bzw. wenn eine Räumungsklage droht, können Mietschulden darlehnsweise übernommen werden. Die Heizkosten schließlich sind in tatsächlicher Höhe zu übernehmen. Fallen diese unangemessen hoch aus, muss der Leistungsbezieher angehört und dann aufgefordert werden, diese zu senken. Erst dann kann eine (Teil-)Übernahme der Kosten durch den Leistungsträger versagt werden. Im Übrigen sind die Bezieher von ALG II und Sozialgeld aufgrund dieser Regelungen seit dem 1. Januar 2005 vom Wohngeldbezug ausgeschlossen.

Zeitgleich mit der Zusammenlegung von Arbeitslosen- und Sozialhilfe ist das *Bundeskindergeldgesetz* um einen pauschalierten, einkommensabhängigen *Kinderzuschlag* ergänzt worden. Dieser soll verhindern, dass gering verdienende Eltern, die aus ihrem Einkommen zwar ihren eigenen Unterhalt, nicht aber den der Kinder decken können, in den Leistungsbezug nach ALG II rutschen. Deshalb ist auch der gleichzeitige Bezug von ALG II und Kinderzuschlag nicht möglich. Die Mindesteinkommensgrenze beträgt hier für Elternpaare 900 EUR und für Alleinerziehende 600 EUR pro Monat. Der monatliche Kinderzuschlag beträgt maximal 140 EUR pro Kind und wird zusammen mit dem Kindergeld maximal bis zur Vollendung des 25. Lebensjahres ausbezahlt. Liegt das Einkommen der Eltern oberhalb der Bemessungsgrenze werden pro zehn EUR übersteigendem Einkommen fünf EUR vom Kinderzuschlag abgezogen.

Sanktionen im SGB III und SGB II

Das Leistungsrecht der Arbeitslosenversicherung ist in den letzten Jahren Objekt vielfältiger Veränderungsbemühungen gewesen. Aktivierende Elemente sollen über die verstärkte Mitwirkungspflicht des Einzelnen den individuellen Anreiz zur Arbeitsaufnahme stimulieren. Der Gesetzgeber zielt hierbei vor allem mit den Veränderungen zu den Sperrzeitenregelungen auf eine schnellere Arbeitsvermittlung. So kann im SGB III das Arbeitslosengeld I gesperrt werden, wenn der Arbeitslose sich bei der Ablehnung einer seitens der Agentur für Arbeit als zumutbar angesehenen Qualifizierungsmaßnahme oder angebotenen Arbeitsstelle nicht auf einen wichtigen Grund berufen kann. Zudem muss künftig im Streitfall der Arbeitslose und nicht mehr die Arbeitsagentur beweisen, dass er sich nicht versicherungswidrig verhalten hat. Damit findet eine Umkehr der Beweislast statt. Gleichzeitig sind die Sperrzeitenregelungen wegen Arbeitsablehnung und Ablehnung oder Abbruch einer beruflichen Eingliederungsmaßnahme flexibler gestaltet worden. Galten bislang generell Sperrzeiten von zwölf Wochen, so können nun bei einem ersten Verstoß gegen versicherungsrechtliche Auflagen drei Wochen, im Wiederholungsfall sechs Wochen sowie bei weiteren

Verstößen grundsätzlich zwölf Wochen Leistungssperre verhängt werden. Werden innerhalb von 12 Monaten insgesamt 21 Speerzeitenwochen erreicht, entfällt der Anspruch auf das ALG I komplett.

Auch die Bezieher von ALG II unterliegen nach den Paragraphen 31 und 32 SGB II der Sanktionsandrohung, wenn sie gegen die in der *Eingliederungsvereinbarung* festgehaltenen Maßnahmen bzw. Vereinbarungen verstoßen. Dies kann bis zum vollen Entzug der Geld- und Sachleistungen führen. Wenn zum Beispiel eine *zumutbare Arbeit, Ausbildung oder Arbeitsgelegenheit* abgelehnt wird, kann das ALG II in einer ersten Stufe um 30 Prozent gekürzt werden. Wird gegen die *Meldepflichten* verstoßen oder eine *angeordnete ärztliche Untersuchung* nicht wahrgenommen, kann das ALG II in einer ersten Stufe um zehn Prozent gekürzt werden. Bei wiederholten Pflichtverletzungen erfolgen in einer zweiten Stufe weitere Kürzungen und zwar jeweils um weitere 30 bzw. zehn Prozent der – vollen – Regelleistung. Bei der dritten Ablehnung einer zumutbaren Arbeit, Ausbildung oder Arbeitsgelegenheit in Folge wird das ALG II vollständig gestrichen (incl. Kosten für Unterkunft und Heizung). In diesen Fällen können nur noch Sachleistungen – z. B. Lebensmittelgutscheine – zur Verfügung gestellt werden. Bei den Meldeversäumnissen führen der dritte und jeder weitere Verstoß nicht zum kompletten Leistungsentzug, vielmehr wird in 10-Prozent-Schritten weiter gekürzt. Von einer wiederholten Pflichtverletzung wird immer dann ausgegangen, wenn der Beginn eines vorausgegangenen Sanktionszeitraums noch nicht länger als ein Jahr zurück liegt.

Jugendliche unter 25 Jahren erhalten schon bei der ersten Pflichtverletzung nur noch die Kosten für Unterkunft und Heizung, die unmittelbar an den Vermieter gezahlt werden. Für den Lebensunterhalt werden dann Sachleistungen (z.B. Gutscheine für Lebensmittel) bewilligt. Bei einer wiederholten Pflichtverletzung werden auch die Kosten für Unterkunft und Heizung gestrichen. Allerdings hat diese Personengruppe auch einen besonderen Anspruch auf Föderung, denn sie sind bevorzugt in eine Beschäftigung, Ausbildung oder Arbeitsgelegenheit zu vermitteln.

Die Sanktionen werden immer zum Folgemonat gültig und dauern drei Monate. Im Einzelfall können sie bei Hilfebedürftigen, die zwischen 15-25 Jahre alt sind, auf sechs Wochen verkürzt werden. Bei allen Sanktionen müssen die Betroffenen vor deren Festsetzung über die Folgen eines Pflichtverstoßes belehrt worden sein. Sanktionen dürfen zudem nicht ausgesprochen werden, wenn der Empfänger einen wichtigen Grund für sein Versäumnis bzw. seine Weigerung nachweisen kann. Ausweislich des Jahresberichts 2009 zur Grundsicherung für Arbeitssuchende der Bundesagentur liegt die *Sanktionsquote* für den Zeitraum von Januar bis September 2009 bei 3,8 Prozent. Im Monatsdurchschnitt waren von den rund 1,9 Millionen erwerbsfähigen Hilfebedürftigen rund 71.000 mit mindestens einer Sanktion belegt. Insgesamt wurden in diesem Zeitraum rund 490.000 neu festgestellte Sanktionen gezählt. Auffällig ist, dass die Sanktionsquote bei Hilfebedürftigen unter 25 Jahren mit 9,8 Prozent deutlich höher liegt als in der Altergruppen der 25 Jahre und älteren (3,2 Prozent) und der 50 Jahre und älteren (1,4 Prozent).

Neu festgestellte Sanktionen im SGB II (Berichtsmonate Januar bis Dezember 2009)

Anzahl neu festgestellter Sanktionen:	726.647	
Anzahl nach Sanktionsgründen:	absolut	in %
verweigerte Eingliederungsvereinbarung	3.705	0,5
Verstoß gegen die Eingliederungsvereinbarung	127.605	17,6
Weigerung der Aufnahme einer zumutbaren Beschäftigung, Ausbildung, Arbeitsgelegenheit oder sonstigen Maßnahme	99.642	13,7
Weigerung der Aufnahme einer schulischen Berufsausbildung (§ 16 Abs. 3 SGB II)	14.399	1,9
Abbruch einer Eingliederungsmaßnahme	19.576	2,7
Meldeversäumnisse	413.520	56,9
Fortgesetztes unwirtschaftliches Verhalten	445	0,1
Sonstige Gründe	47.755	6,6
Summe	**726.647**	**100**

Quelle: Bundesagentur für Arbeit (Hg.): Arbeitsmarkt in Zahlen. Statistik der Grundsicherung für Arbeitssuchende. Sanktionen Dezember 2009, Nürnberg 2009

Mehr als die Hälfte der Sanktionen werden laut Bundesagentur für Arbeit aufgrund von Meldeversäumnissen erteilt. Ganz offensichtlich fällt es den Betroffenen schwer, Termine fristgerecht einzuhalten. Nur knapp 14 Prozent der Sanktionen erfolgte in 2009 dagegen wegen der Weigerung eine zumutbare Arbeit, Ausbildung oder Maßnahme anzunehmen. Trotz der insgesamt moderaten Sanktionsquote bleibt die Frage offen, ob nicht ein Mehr an sozialpädagogischer Betreuung die Integrationschancen von Betroffenen stärker erhöhen würde als Sanktionen. Aktuelle Untersuchungen können jedenfalls keinen signifikanten Zusammenhang zwischen Sanktionen und erhöhter Arbeitsbereitschaft nachweisen.[28] Im Gegenteil ist vielmehr zu befürchten, dass Sanktionen die Betroffenen eher aus dem Hilfesystem heraus ins soziale Abseits führen.

Regionale und kommunale Arbeitsmarktpolitik

Die Bundesländer übernehmen ebenso wie der Bund gesetzliche Aufgaben im Bereich der Beschäftigungsförderung und Arbeitsmarktpolitik. Aufgrund der föderalen Aufgabenzuweisung lässt sich dabei eine Vielzahl unterschiedlicher Arbeitsmarktprojekte auf regionaler Ebene beobachten. So existieren auf Länderebene sowohl eigene Haushaltsmittel für die Beschäftigungsförderung als auch Aufstockungen von Bundesmitteln der Bundesagentur für Arbeit nach SGB III. Und schließlich spielen auch auf Länderebene die Ko-Finanzierungen durch die europäischen ESF-Mittel eine Rolle. In der Regel sind die arbeitsmarktpolitischen Landesprogramme eng mit

28 Schneider, Julia: The effect of unemployment benefit II sanctions on reservation wages, in: IAB Discussion Paper 19/2008), Nürnberg 2008

regional- und strukturpolitischen Entwicklungsprojekten verbunden und dienen der Flankierung des Strukturwandels. Das Spektrum der geförderten aktiven Arbeitsmarktprojekte umfasst Maßnahmen zur Begleitung des sektoralen Strukturwandels, zur Qualifizierung und Weiterbildung bestimmter (Problem-)Gruppen am Arbeitsmarkt, Beschäftigungsprogramme sowie den Aufbau von Beratungs- und Informationsstellen.

Im Gegensatz zu den Ländern gehört die Beschäftigungsförderung nicht zu den gesetzlichen Pflichtaufgaben der Kommunen. Dennoch erbringen die Kommunen hier zahlreiche freiwillige Leistungen. Hintergrund dieser Aktivitäten ist, dass vor der Einführung des SGB II die kommunal finanzierte Sozialhilfe immer stärker zum Ausfallbürgen für den Lebensunterhalt von (Langzeit-)Arbeitslosen wurde. Auf diese Weise wurden Versorgungslücken in der Arbeitslosenversicherung, die in der Verantwortung des Bundes ressortiert, auf die kommunalen Ebene übertragen, ohne dass dafür ausgleichende Finanztransfers – etwa für arbeitsfähige Sozialhilfeempfänger – vorgesehen waren. Auch nach der Neuordnung der passiven und aktiven Arbeitsmarktpolitik bleiben die Kommunen im Rahmen ihrer Gestaltungspflicht für die lokalen Lebenswelten ihrer Einwohnerschaft Akteure lokaler Beschäftigungspolitik. Qualität und Quantität der kommunalen Beschäftigungspolitik können dabei stark zwischen den einzelnen Kommunen in den einzelnen Bundesländern variieren, was nicht zuletzt auf die unterschiedlichen Trägerstrukturen zurückzuführen ist, die mit der Einführung des SGB II verbunden sind (ARGE, Optionsmodell, getrennte Zuständigkeit von Sozialhilfeträger und Job Center). Zusätzlich sind sowohl auf kommunaler als auch auf Länderebene in den letzten Jahren verstärkt Bemühungen zu verzeichnen, die Akteure der Arbeitsmarktpolitik in sog. lokalen *Bündnissen für Arbeit* an einen Tisch zu bekommen, um gemeinsam Ziele zu formulieren und Absprachen zu treffen. Diese in anderen europäischen Ländern erfolgreichen Versuche, im Konsensverfahren Blockaden auf dem kommunalen bzw. regionalen Arbeitsmarkt zu überwinden, hat sich in Deutschland bislang – von Ausnahmen abgesehen – allerdings als nicht sonderlich erfolgreich erwiesen.

Arbeitsmarktpolitik auf europäischer Ebene

Die Rahmenbedingungen nationaler Arbeitsmarktpolitik unterliegen in zunehmendem Maß auch dem Einfluss der Europäischen Union. Dies betrifft insbesondere Bestimmungen zum Schutz von Frauen und EU-Bürgern vor Diskriminierungen im Beschäftigungs- und Sozialsystem aber auch Arbeitsschutzregeln. Neben dieser normativen Komponente verteilt die Europäische Union über den im Jahr 1957 gegründeten *Europäischen Sozialfonds* (ESF) auch materielle Hilfen in die Mitgliedstaaten.

Auf dem Europäischen Rat von Amsterdam im Juni 1997 einigten sich die Mitgliedsstaaten auf eine bessere Koordinierung der nationalen Arbeitsmarktpolitiken. Im November des gleichen Jahres wurde dann vom Europäischen Rat in Luxemburg die

Europäische Beschäftigungsstrategie (EBS) verabschiedet. Damit wurde ein Prozess in Gang gesetzt, der die Europäische Union in der Dekade 2000-2010 zum wettbewerbsfähigsten und dynamischsten Wirtschaftsraum der Welt machen sollte (sog. *Lissabon-Strategie*). Über wirtschaftliches Wachstum und ein hohes Beschäftigungsniveau zielt die Union darauf ab, auch den sozialen Zusammenhalt in ihren Mitgliedsländern zu fördern, die Angewiesenheit auf soziale Transferleistungen zu reduzieren und die Unterschiede im Lebensstandard zwischen den Regionen zu verkleinern. Diese Strategie ist nach einer Halbzeitbewertung des Lissabon-Prozesses noch einmal akzentuiert worden. Statt eines Dreiklangs aus Wachstum, Beschäftigung und sozialem Zusammenhalt stehen nunmehr Wachstum und Beschäftigung eindeutig im Zentrum. Dieser Politikansatz findet in der am 3. März 2010 verkündeten EU Strategie 2020 mit der Fokussierung auf eine intelligente, nachhaltige und integrative Wachstumspolitik nun seine Verlängerung. Am 26. März 2010 haben die Staats- und Regierungschefs (Europäischer Rat) für diese Strategie dann fünf Kernziele benannt. So wurde neben klima- und bildungspolitischen Zielen festgelegt, dass die Gesamterwerbstätigenquote der 20-64 Jährigen im Jahr 2020 EU weit auf 75 Prozent ansteigen und die soziale Integration durch die Reduktion von Armut verbessert werden soll.[29]

Der Europäische Sozialfonds (ESF) ist das wichtigste Finanzierungsinstrument, mit dem die beschäftigungspolitischen Zielsetzungen umgesetzt werden sollen. Er fördert Maßnahmen zur Vermeidung und Bekämpfung von Arbeitslosigkeit, zur Erweiterung des Ausbildungsangebotes, für eine verbesserte Funktionsweise des Arbeitsmarktes sowie zum Abbau von (u.a. geschlechtsspezifischen) Diskriminierungen beim Arbeitsmarktzugang. Für die Umsetzung des ESF auf nationaler Ebene hat die Bundesregierung für die Förderperiode 2007-2013 ein sog. *Operationelles Programm* vorgelegt, in dem die Förderkriterien bzw. Ziele für Deutschland festgelegt werden. Es zielt vor allem ab auf die wirtschaftsnahe Förderung der Weiterbildung und der Unternehmensgründung, das lebenslange Lernen, die Verbesserung des Arbeitsmarktzugangs für Menschen mit besonderen Integrationshemmnissen sowie die Förderung der Chancengleichheit von Mann und Frau in Verbindung mit einer besseren Vereinbarkeit von Familie und Beruf. In der Förderperiode 2007-2013 werden in Deutschland insgesamt 26,3 Mrd. EUR zur Unterstützung von Personen und Projekten zu Verfügung gestellt. Die Mittel können grundsätzlich nur zur Ko-Finanzierung von Projekten eingesetzt werden (nicht für Regelleistungen); d.h. durch die Maßnahmeträger sind Eigenanteile zu erbringen. Damit soll verhindert werden, dass sie lediglich zur Ersatzfinanzierung anderer nationaler Förderungen instrumentalisiert werden.

In der Vergangenheit kam der Großteil der ESF-Mittel des Bundes über die Anbindung an die Leistungen des SGB III der aktiven bzw. präventiven Arbeitsmarktpolitik der Bundesagentur für Arbeit (ESF-BA-Programm) zu Gute. Auf diese Weise konnten zum einen Arbeitslose in die berufliche Qualifizierung eingebunden werden, die sonst aufgrund fehlender leistungsrechtlicher Voraussetzungen keinen Anspruch auf Förde-

29 Europäische Kommission (Hg.): Europe 2020 A strategy for smart, sustainable and inclusive growth, COM(2010) 2020, Brüssel 2010

rung gehabt hätten. Zum anderen werden durch die ESF-BA-Mittel spezifische Maßnahmen bzw. Module für alle Teilnehmer/-innen in Arbeitsfördermaßnahmen finanziert, die über das SGB III nicht bezuschussungsfähig wären. Hierzu zählen z.B. Qualifizierungsangebote bei Kurzarbeit, besondere Weiterbildungsmodule in der regulären beruflichen Weiterbildung, Existenzgründerseminare oder sozialpädagogische Betreuung in der beruflichen Weiterbildung bzw. in berufsvorbereitenden Maßnahmen. Das ESF-BA-Programm setzt so bei ausgesuchten Förderlücken des SGB III an und erweitert den von der Arbeitsförderung erreichbaren Personenkreis. Insofern wirkt es als qualitatives und quantitatives Ergänzungsprogramm zum Arbeitsförderungsgesetz.

Sonderregelungen für Menschen mit Behinderungen

Nach Angaben des 3. Armuts- und Reichtumsberichtes der Bundesregierung leben in Deutschland ca. 8,6 Millionen Menschen, die eine Behinderung haben. Das sind etwas mehr als acht Prozent der Wohnbevölkerung. Fast sieben Millionen weisen dabei einen Behinderungsgrad von mehr als 50 Prozent auf und gelten deshalb als schwerbehindert. Allerdings sind nur rund fünf Prozent der schwerbehinderten Menschen von Geburt an betroffen, in den allermeisten Fällen verursachen Krankheit bzw. Unfall die Schwerbehinderung. Rund 45 Prozent der schwerbehinderten Menschen befindet sich im erwerbsfähigen Alter zwischen 15-65 Jahren. In den zurückliegenden Jahren bewegte sich die Zahl der arbeitslosen Schwerbehinderten relativ konstant bei 180.000 Personen.

Für diesen Personenkreis gibt es unterschiedliche Förderungsmöglichkeiten der medizinischen und der schulischen Rehabilitation, daneben vor allem berufsfördernde Leistungen. Insbesondere über das *Schwerbehindertengesetz* soll erreicht werden, dass Betriebe genügend Arbeitsplätze für Behinderte zur Verfügung stellen: So müssen seit dem 1. Januar 2004 Arbeitgeber mit durchschnittlich mindestens 20 Beschäftigten pro Monat wenigstens sechs Prozent der Arbeitsplätze mit Schwerbehinderten besetzen. Ist dieses nicht der Fall, müssen sie monatlich für jeden nicht besetzten Pflichtplatz eine Ausgleichsabgabe entrichten, deren Höhe zwischen 105 bis 260 EUR schwankt und sich nach dem erreichten Beschäftigungsgrad richtet. Diese Mittel werden dafür verwendet. Betrieben bei der Arbeitsplatzgestaltung für Behinderte behilflich zu sein. Zugleich soll das Arbeits- und Ausbildungsplatzangebot insgesamt gefördert werden. Nachdem die Bundespolitik in den letzten Jahren einen besonderen Schwerpunkt auf die berufliche Integration von Schwerbehinderten gelegt hat, greifen die Maßnahmen deutlich besser. Gleichwohl erfüllen nach wie vor die meisten öffentlichen und privaten Arbeitgeber nicht ihre Pflicht, die geforderte Anzahl von Arbeitsplätzen zur Verfügung zu stellen. In der Folge liegt die Erwerbstätigenquote behinderter Menschen mit rund 23 Prozent deutlich unter der der Gesamtbevölkerung (54,9 Prozent, 2005). Zudem finden sich (schwer)behinderte Menschen deutlich häufiger in den niedrigen Einkommensgruppen wieder als nichtbehinderte Arbeitnehmer.

4.1.5 „Fördern und Fordern" – Neue Steuerung am Arbeitsmarkt?

Art und vor allem Umfang der Arbeitsförderbestimmungen unterliegen ständigen Veränderungen. Diese können strukturpolitische Entscheidungen ebenso zur Ursache haben wie fiskalpolitische Einsparziele. Eine erste systematische Neuordnung erfuhr die Arbeitsförderung im Jahr 1969 mit der Umsetzung des *Arbeitsförderungsgesetzes* (AFG). Es hatte vor allem im Bereich der präventiven Leistungen eine deutliche Ausweitung des Leistungsangebotes zur Folge. Bis heute unterliegen die Regelungen des AFG immer wieder gesetzlichen Anpassungen. So konzentrierte sich nach der Übernahme der Regierungsverantwortung durch die christlich-liberale Koalition im Jahr 1982 der Rückschnitt von Sozialleistungen (*Sozialabbau*) vor allem auf die Arbeitsmarktpolitik. In der Folge wurden mehrfach Leistungshöhe und Anspruchsdauer für den Arbeitslosengeld- und die Arbeitslosenhilfebezug verändert. Im Jahr 1997 wurde das AFG schließlich durch das *Arbeitsförderungsreformgesetz* (AFRG) ersetzt und in das Sozialgesetzbuch als SGB III integriert. Nur zwei Jahre später erfolgte mit dem *Zweiten SGB III-Änderungsgesetz* der Einstieg in eine neue Veränderungsrunde. Zunächst noch auf Leistungsverbesserungen angelegt – vor allem durch erleichterte Förderungsbedingungen älterer Arbeitnehmer sowie erweiterte Förderungsmöglichkeiten in Arbeitsbeschaffungs- (ABM) und Strukturanpassungsmaßnahmen (SAM) – wurden gleichzeitig auch materielle Einschnitte vorgenommen. So hatte das *Dritte SGB III-Änderungsgesetz* mit Wirkung zum 1. April 2000 die ersatzlose Streichung der sog. *originären Arbeitslosenhilfe* zu Folge.

Im Jahr 2002 hat die damalige rot-grüne Bundesregierung durch Berufung einer Expertenkommission versucht, den lähmenden sozialwissenschaftlichen wie politischen Streit zwischen nachfrage- und angebotsorientierter Arbeitsmarktpolitik von einer Entweder-oder- in eine Sowohl-als-auch-Politik zu überführen. Die nach ihrem Vorsitzenden *Peter Hartz* (ehemaliger Personalvorstand der Volkswagen AG) benannte Kommission hat Vorstellungen entwickelt, wie mit einem Programm des „Fördern und Forderns" Vermittlungsprozesse auf dem Arbeitsmarkt beschleunigt, einzelne Maßnahmen der Weiterqualifizierung, der vorübergehenden Beschäftigung u.a.m. enger miteinander verzahnt werden können. Außerdem wurden Vorschläge zur Neuordnung der finanziellen Leistungen der Arbeitslosenverwaltung und der Sozialhilfe ausgearbeitet, wonach arbeitslos Gemeldete, die der Vermittlung auf dem Arbeitsmarkt nicht zur Verfügung stehen, letztlich nur noch Sozialhilfe nach SGB XII beziehen, während arbeitsfähige Sozialhilfeempfänger dem neu geschaffenen *Arbeitslosengeld II* nach SGB II zugeordnet werden und auch die bislang vorenthaltenen Leistungen der Arbeitsverwaltung wie Weiterqualifizierung und Vermittlung in den Arbeitsmarkt in Anspruch nehmen sollten.

Die Umsetzung der Kommissionsvorschläge in reale Politik verlängert letztlich einen Politikwechsel, der bereits zum 1. Januar 2002 mit der Einführung des *Job-AQTIV-Gesetzes* begonnen wurde. Die Abkürzung steht für *Aktivieren, Qualifizieren, Trainieren, Investieren und Vermitteln*. Im Kern geht es darum, die vorwiegend reaktive Anwendungspraxis des SGB III durch präventiver wirkende Ansätze vor allem im Bereich der Vermittlung und Beratung zu ergänzen. Im Zuge des Job-AQTIV-Gesetzes wurden deshalb vor allem die Mitwirkungspflichten der von Arbeitslosigkeit bedrohten Personen verstärkt. Frühzeitige Meldung bei der lokalen Agentur für Arbeit soll zur verbesserten Betreuung und damit schnelleren Reintegration in den Arbeitsmarkt führen.

Die Umsetzung der Kommissions-Vorschläge begann zum 1. November 2002 mit dem Programm *Kapital für Arbeit*, dem am 1. Januar 2003 das *Erste und Zweite Gesetz für moderne Dienstleistungen am Arbeitsmarkt* (Hartz I und II) folgten. Hierdurch wurden vor allem neue Fördermöglichkeiten für Existenzgründungen (*Ich-AG*), die Umwandlung der Arbeitsämter in *JobCenter*, in denen vor allem Beratungs- und Vermittlungsleistungen erbracht werden sollen und die Einrichtung so genannter *PersonalServiceAgenturen (PSA)* beschlossen, in denen Arbeitslose zu Qualifizierungs- und Vermittlungszwecken als Leiharbeiter angestellt werden. Zum 1. April 2003 hat die Bundesregierung mit den Neuregelungen für die sog. *Mini-Jobs* und *Midi-Jobs* die Beschäftigung im Niedriglohnbereich neu geordnet. Im Oktober 2003 hat der Bundestag schließlich das *Dritte und Vierte Gesetz für moderne Dienstleistungen am Arbeitsmarkt* und damit die Reform der Bundesagentur für Arbeit und die Zusammenlegung der Arbeitslosen- und Sozialhilfe zum 1. Januar 2005 beschlossen.

Stand historisch gesehen mit dem *Gesetz über Arbeitsvermittlung und Arbeitslosenversicherung* (AVAVG) von 1927 zunächst die Sicherstellung der materiellen Basis im Falle von Arbeitslosigkeit im Vordergrund, war das AFG von 1969 der Versuch, präventive Elemente zur Sicherung von Qualifikation und Beschäftigung zu implementieren. Beide, AVAVG und AFG, sind dabei – in unterschiedlichen politischen wie gesellschaftlichen Kontexten – offensichtlich immer wieder an historische Grenzen gestoßen. Insofern ist der Versuch, die Instrumente der Arbeitsmarktpolitik angesichts des bisherigen Versagens neu zu justieren, kein sozialpolitischer Tabubruch. Denn angesichts der nach wie vor durch Massenarbeitslosigkeit geprägten Lage am Arbeitsmarkt war und ist der Versuch, eine neue Ausrichtung der Arbeitsmarktpolitik umzusetzen, politisch wie gesellschaftlich geboten. Letztlich folgt so auch die öffentlich besonders umstrittene Zusammenlegung des BSHG und der Arbeitslosenhilfe im SGB II durchaus einer nachvollziehbaren sozialpolitischen Logik, haben doch in Vergangenheit rund 1,5 Millionen Arbeitslosenhilfe- und ca. 900.000 erwerbsfähigen Sozialhilfebezieher/-innen trotz vergleichbarer Lebensumstände bzw. Problemlagen unterschiedlich hohe materielle und immaterielle Sozialleistungen durch den Bund bzw. die Kommunen erhalten. Historisch betrachtet stellen Job-AQTIV und Hartz-Gesetze dann auch keinen Bruch, sondern vielmehr ein Kontinuum in der steten Anpassung arbeitsmarktpolitischer Instrumente dar. Aktivierende, präventive und passive Leistungen sollen in ein neues Verhältnis gebracht werden. Die Frage, ob mit der bisherigen Politik auch schon die richtige Mischung zwischen Fördern und Fordern gefunden werden konnte, ist damit allerdings noch lange nicht beantwortet.

Zum Leitmotiv der neuen (alten) Arbeits*förderungs*politik wird die per Arbeit vermittelte soziale Integration (*workfare statt welfare*). Der Förderung der Beschäftigungsfähigkeit (*Employability*) durch Beratung und Qualifizierung wird höchste Priorität eingeräumt. Personen, die sich nicht ausreichend um Vermittlung bemühen, werden mit Sanktionen belegt. Zur Messlatte macht diese Politik nicht Art und Umfang der Einkommenssicherung, sondern – *output*orientiert – die Höhe des Beschäftigungsniveaus.

Das Institut für Arbeitsmarkt- und Berufsforschung (IAB) der Bundesagentur für Arbeit hat in einer umfassenden Analyse die Wirksamkeit der neuen Strukturen und *Förder*instrumente unter der Fragestellung untersucht, inwieweit durch „eine „positive" Aktivierung die Teilhabe am Erwerbsleben" und damit mehr gesellschaftliche Teilhabe insgesamt erreicht werden konnte.[30] Dabei wird zunächst festgehalten, dass sich durch das SGB II am Arbeitsmarkt die Dunkelziffer – also der Anteil von Menschen, die die ihnen zustehenden Sozialleistungen nicht in Anspruch nehmen – deutlich gesunken ist. Vor allem allein Erziehende haben hier verstärkt den Übergang in den Leistungsbezug gefunden und erreichen damit nunmehr in ihrer materiellen Ausstattung zumindest das Grundsicherungsniveau. Zu den Verlierern der Zusammenlegung von Arbeitslosen- und Sozialhilfe gehören rund Zweidrittel der ehemaligen Arbeitslosenhilfeempfänger, die einen deutlichen Leistungsrückgang verkraften mussten. Rund 15 Prozent der Arbeitslosenhilfeempfänger fielen – meist aufgrund der Anrechnung des Partnereinkommens – sogar ganz aus dem Leistungsbezug heraus. Das Deutsche Institut für Wirtschaftsforschung (DIW) hatte im Jahr 2007 errechnet, dass rund 51 Prozent der ehemaligen Arbeitslosenhilfe- bzw. Sozialhilfebezieher/-innen zu den Verlierern der Reform zu zählen sind. Bei 15 Prozent zeigte sich eine stabile Einkommensposition und 34 Prozent der Betroffenen konnten sich zu den Gewinnern zählen. Im Durchschnitt haben die Verlierer dabei zwar ‚nur' 31 Prozent ihres Nettoäquivalenzeinkommens verloren, während die Gewinner 40 Prozent zulegen konnten. In absoluten Zahlen liegt der Verlust aber im Durchschnitt bei 3.248 EUR während der Zugewinn nur 2.623 EUR pro Jahr erreicht.[31] Im Ergebnis hat die Einführung des SGB II zu einer Umverteilung von unten nach ganz unten geführt, so dass sich die (Einkommens-)Armut im Transfereinkommensbereich nunmehr gleichmäßiger verteilt. Diese Umverteilungseffekte sind vor allem für Haushalte problematisch, deren Ausstattung schon vor dem Leistungsbezug unzureichend war. Hier steigt nicht nur für die Betroffenen selbst das Risiko von sozialem Rückzug. Gerade auch bei den Kindern erhöht sich die Gefahr der Bildungsbenachteiligung und sozialer Desintegration.

Und auch die Bewertung der Integrationsleistungen in den Arbeitsmarkt fällt durch das IAB insgesamt eher zwiespältig aus. Zwar gibt es offensichtlich Erfolge bei der Integration der arbeitsmarktnahen SGB-II-Bezieher in Beschäftigung, jedoch

30 Susanne Koch, Peter Kupka und Joß Steinke: Aktivierung, Erwerbstätigkeit und Teilhabe. Vier Jahre Grundsicherung für Arbeitssuchende, Nürnberg 2009, S. 263

31 Jan Goebel und Maria Richter: Nach der Einführung von Arbeitslosengeld II: Deutlich mehr Verlierer als Gewinner unter den Hilfeempfängern, in: DIW Wochenbericht 50/2007, Berlin 2007

verbessert sich die Situation der Menschen, die Mehrfachhemmnisse bei der Vermittlung aufweisen nur unmerklich. Alleinerziehenden gelingt dabei der Übergang in Arbeit am seltensten. So sind nach 24 Monaten noch rund 60 Prozent von ihnen im Leistungsbezug. Bei den Paaren ohne Kinder bzw. den Alleinstehenden liegt diese Quote nur bei rund einem Drittel. Die Integration in den Arbeitsmarkt ist aber in vielen Fällen nur von geringer Dauer. Fast die Hälfte aller Bedarfsgemeinschaften fällt in den ersten 18 Monaten nach der Arbeitsaufnahme wieder in den Leistungsbezug zurück. Die Hoffnung auf mehr soziale Mobilität durch das Fördern und Fordern bewegt sich also für die meisten Betroffenen nur zwischen dem Keller und dem Erdgeschoß dieser Gesellschaft.

In diesem Kontext erweist sich zudem als problematisch, dass der Primat der Erwerbsarbeit im SGB II zu einer weiteren Ausweitung des Niedriglohnsektors führen wird. Denn es zeigt sich, dass durch die verschärften Zumutbarkeitsregeln im SGB II die Bereitschaft auch der höher qualifizierten Arbeitnehmer/-innen zunimmt, niedrig qualifizierte Arbeit anzunehmen. So entsteht in diesem Segment zusätzlicher Druck und dies, obwohl bereits heute nicht genügend niedrig qualifizierte, halbwegs angemessen bezahlte Arbeit zu Verfügung steht. In Kombination mit der Erkenntnis, dass die Arbeitsgelegenheiten (sog. 1-€-Jobs) seitens der Arbeitgeber häufig genutzt werden, um reguläre Beschäftigung abzubauen, droht hier eine zunehmende Spaltung am Arbeitsmarkt. Dies gilt vor allem dann, wenn es nicht gelingt, den Niedriglohnsektor so auszugestalten, dass in ihm auch tatsächlich soziale Aufwärtsmobilität möglich wird.

Auch in der Umsetzungspraxis des SGB II durch die Grundsicherungsstellen zeigen sich Probleme. So ist die schroffe Teilung zwischen denen, die mindestens drei Stunden am Tag dem Arbeitsmarkt zur Verfügung stehen (SGB II), und denjenigen, bei denen dieses nicht der Fall ist, bzw. auf Grund des Alters kein Kriterium darstellt (SGB XII), zu grob. Denn es gilt den arbeitslosen Hochschulabsolventen ebenso zu betreuen, wie einen drogensüchtigen Jugendlichen ohne Schulabschluss. Da die Mitarbeiter/-innen in den Grundsicherungsstellen oft keine ausreichende sozialarbeiterische/-pädagogische Beratungskompetenz aufweisen, ist Fallbearbeitung in den Grundsicherungsstellen in der Regel zu schematisch und hierarchisch angelegt. So entsteht in vielen Fällen keine echte Beratungssituation. Im Ergebnis gibt es nicht nur eine wachsende Zahl von Personen, die der Sache nach sowohl dem SGB II als auch dem SGB XII zuzuordnen sind und die nun weder über das eine, noch über das andere System allein angemessen integriert werden. Die erbrachten Betreuungsleistungen – gerade bei jungen Menschen unter 25 Jahren – sind noch dazu häufig eher aktionistisch und folgen keiner auf die individuelle Lebenssituation abgestimmten Hilfeplanung. Hinzu kommt bei dieser Personengruppe noch eine Schnittstellenproblematik mit den Hilfen des SGB VIII *Kinder- und Jugendhilfe*, in dessen Fokus nicht in erster Linie die Arbeitsmarktintegration sondern die Hilfen zur Entwicklung einer eigenständigen, selbstverantwortlichen Persönlichkeit im Vordergrund stehen.

Ein Teil der *Forder*instrumente wie verschärfte Zumutbarkeitsregelungen, eindimensional am Eingliederungserfolg und nicht an der (personalen) Zusammensetzung einer Maßnahme bemessene Refinanzierungsbedingungen für die Träger von Aus-, Fort- und Weiterbildungsmaßnahmen, führen dazu, dass vorrangig Arbeitslose mit geringen Vermittlungshemmnissen und damit hohen Vermittlungschancen in beschäftigungsfördernde Maßnahmen aufgenommen werden. Dies befördert in der Tendenz eher soziale Ausgrenzungsprozesse (*creaming the poor*). Das SGB II erweist sich in seiner Anwendungspraxis als ein brauchbares Gesetz für Menschen mit hoher Sozialkompetenz, die ihr Leben auch ohne ergänzende soziale Dienstleistungen weitgehend selbstständig organisieren können und über vergleichweise gute Chancen auf eine Reintegration in den Arbeitsmarkt verfügen. Für Menschen in schwierigen Lebenslagen stellen die hohen Anforderungen an die Eigeninitiative bei der Arbeitsplatzsuche bzw. beruflichen Qualifizierung oder an die Selbstdisziplin und Fähigkeit zum strategischen Umgang mit den pauschalen Regelsätzen oft eine schwer überwindbare Hürde dar. In dieser Diskrepanz zwischen gesetzlichem Integrationsanspruch und der Wirklichkeit in den Grundsicherungsstellen liegt ein Spannungsfeld, das für viele Betroffene den Einstieg in die Ausgliederung aus dem Arbeitsmarkt bzw. Leistungskürzungen bedeutet und letztlich dauerhafte soziale Ausgrenzung zur Folge haben kann. Ohne ein wirklich abgestimmtes Methodensetting bleibt der Anspruch des Fördern und Fordern-Ansatzes, nämlich Hilfe zur Selbsthilfe zu ermöglichen, letztlich nur Legitimation für Sanktionen und Leistungseinschränkungen. Und schließlich bleibt trotz des Umbaus der Arbeitsmarktpolitik unklar, über welchen Mechanismus letztlich neue Beschäftigungsmöglichkeiten – vor allem auch außerhalb des Niedriglohnsektors – für arbeitslose Menschen geschaffen werden sollen.

Insgesamt bleiben nach gut fünf Jahren des verstärkten Fördern und Forderns eine Reihe von Desideraten für zukünftige Untersuchungen: So ist fraglich, ob der Ausbau des Niedriglohnbereiches geeignet ist, besonders benachteiligte Zielgruppen am Arbeitsmarkt zu fördern. Migranten, Jugendliche ohne Schulabschluss, Suchtkranke, behinderte Menschen und andere Gruppen mehr benötigen zielgerichtete Hilfsangebote, nicht Ausgrenzung als potentielle *working poor*. Die Ausweitung von nicht existenzsichernd entlohnten Beschäftigungsverhältnissen zielt in erster Linie auf die einen Zuverdienst erbringende Ehe- bzw. Hausfrau und nicht auf eine zielgruppenorientierte Reintegration von Menschen mit besonderen Beschäftigungshemmnissen oder gar auf eine Neuorientierung bzw. Neudefinition des Normalarbeitsverhältnisses. Damit ist sie aber auch kein Beitrag für die Gestaltung einer familien- und frauengerechten Arbeitswelt. Im Gegenteil, frauendominierte Niedriglohnjobs zementieren die Abhängigkeit der Frau in der Versorgerehe. Zugleich werden keine oder nur am Sozialhilfeniveau orientierte Sozialleistungsansprüche erzielt. Damit ist eine soziale Ausgrenzungswirkung – vor allem wieder für Frauen – im Alter vorprogrammiert. Die Regelungen zu den Mini- und Midi-Jobs setzen der weiteren Erosion von normalen Beschäftigungsverhältnissen mit den negativen Folgen für die Einnahmen der Sozialversicherungen zumindest eine erste Barriere entgegen; gleichwohl bleibt hier ein Regelungsbedarf einerseits auf der Seite der Sozialversicherungen, denen nur ein Teil der ihnen eigentlich zustehenden Beiträge zugeführt wird, zum anderen auf Seiten der Beschäftigten, deren Leistungen im Sinne armutsfester Sozialleistungsansprüche eher unbefriedigend bleiben.

Die Zusammenlegung der Arbeitslosen- und Sozialhilfe war ein lange auch schon von Sozialexperten gefordertes Projekt, überwindet es doch das der deutschen Sozialbürokratie eigene Festhalten am Kausalprinzip, das Hilfeempfänger nicht nach Bedarf, sondern nach Kategorie behandelt. Aber es stellt sich pointiert die Frage, wie Lohnersatzleistungen (Arbeitslosengeld I und II), Sozialhilfe sowie soziale Dienstleistungen quantitativ als auch qualitativ organisatorisch und inhaltlich in Zukunft aufeinander bezogen werden sollen. Ob der umfassende Vermittlungsansatz des Hartz-Konzeptes jemals von der Bundesagentur für Arbeit oder von kommunalen Strukturen umsetzbar sein wird, muss nach den bisherigen Erfahrungen mehr denn je fraglich bleiben.

4.1.6 Der Schutz der Arbeitskraft

Arbeitsschutz

Angesichts der aktuellen und auf absehbare Zeit fortdauernden hohen Unterbeschäftigung in Deutschland ist das vierte eingangs angeführte Kriterium für die Qualität von Arbeitsverhältnissen – nämlich eine geringe gesundheitliche Belastung – auch in der öffentlichen Diskussion etwas in den Hintergrund getreten. Die Folgen europäisierter und teilweise globalisierter Entwicklungen auf den nationalen Arbeitsmärkten bestimmen nicht nur die Quantität der Arbeitsplätze und die Qualität der tariflichen Ausgestaltung der Arbeitsverhältnisse, sondern zunehmend auch die Arbeitsbedingungen selbst. Damit kommt dem nationalen wie europäischen Arbeitsschutz mehr denn je eine wichtige Bedeutung zu.

Ziel des Arbeitsschutzes in Deutschland war und ist die Reduktion gesundheitlicher Risiken am Arbeitsplatz (*Prävention*) bzw. die Bereitstellung kurativer und rehabilitativer Leistungen, wenn *Unfälle* bzw. *Berufskrankheiten* die Erwerbsfähigkeit eines Versicherten bedrohen bzw. reduzieren. Neben dem SGB VII *Gesetzliche Unfallversicherung* gibt es in der Bundesrepublik Deutschland hierfür eine Vielzahl *tariflicher Vereinbarungen*, die Regelungen zur Gestaltung der Arbeitszeit, ihrer Inhalte und Organisation sowie zu den Lohnbedingungen festlegen. Daneben bilden die staatlichen Arbeitschutz- und Unfallverhütungsvorschriften der Berufsgenossenschaften ein *System des Arbeitsschutzes*, das sich u.a. auf Geräte- und Arbeitsplatzsicherheit, Hygiene- und Lärmschutzvorschriften, aber auch auf die Arbeitszeit- und Schutzregelungen für besondere Personen- und/oder Berufsgruppen (z.B. Ladenschlussgesetz, Jugendliche, Auszubildende, Schwerbehinderte etc.) bezieht.

Das SGB VII Gesetzliche Unfallversicherung

Die im Jahr 1884 mit dem *Unfallversicherungsgesetz* ins Leben gerufene und 1996 als *Gesetzliche Unfallversicherung* (GUV) in das SGB VII integrierte Sozialleistung ist nach der Gesetzlichen Krankenversicherung (GKV, SGB V) der zweitälteste Sozialversicherungszweig in Deutschland. Sie verpflichtet die Unternehmer zur Bildung von *Berufsgenossenschaften*, die bei Betriebsunfällen den geschädigten Arbeitnehmern Schadensersatz leisten. In der Unfallversicherung ist es unerheblich, wer an einem Arbeitsunfall schuld ist (*Prinzip der Gefährdungshaftung*). Sie erbringt die Versicherungsleistung in jedem Fall. Die GUV stellt damit eine *Unternehmerhaftpflicht* für das allgemeine Betriebsrisiko dar, das von einer Produktionsanlage ausgeht. Dies betrifft das Verhältnis zwischen Unternehmer und Beschäftigten ebenso wie das der Beschäftigten untereinander.

Träger der Unfallversicherung sind die gewerblichen und landwirtschaftlichen Berufsgenossenschaften sowie die Unfallversicherungsträger der öffentlichen Hand. Jeder Arbeitnehmer sowie Auszubildende ist unabhängig von der Höhe des Lohnes kraft Gesetz unfallversichert. Darüber hinaus sind Landwirte, Kinder in Kindertagesstätten, Schüler und Studierende, Helfer bei Unglücksfällen, Zivil- und Katastrophenschutzhelfer sowie Blut- und Organspender in die Versicherung eingeschlossen.

Die Träger der gewerblichen Unfallversicherung finanzieren sich im *Umlageverfahren* aus den laufenden Beiträgen der Unternehmen. Die landwirtschaftlichen Unfallkassen erhalten darüber hinaus einen *Bundeszuschuss*. Die Höhe der Beiträge richtet sich nach der Summe der jährlichen Lohnzahlungen und dem Grad der Unfallgefahr in dem entsprechenden Wirtschaftszweig. Die Versicherten bezahlen keine eigenen Beiträge.

Versicherungsfälle, die zu einem Leistungsanspruch in der GUV führen können, sind:

- *Arbeitsbedingte Erkrankungen*, die durch bestimmte berufs- und tätigkeitsspezifische Einflüsse hervorgerufen werden. Allerdings ist nur ein kleiner Teil dieser Erkrankungen tatsächlich auch sozialversicherungsrechtlich als *Berufskrankheit* anerkannt. Die offizielle *Berufskrankheitenliste* ist in der *Berufskrankheiten-Verordnung* (BKV) vom 31. Oktober 1997 festgelegt. Sie umfasst Krankheitsbilder, die durch chemische und physikalische Einwirkungen bzw. durch Infektionserreger oder Parasiten verursacht wurden sowie Erkrankungen der Atemwege und der Haut. Der Liste liegt ein striktes naturwissenschaftliches *Verursachungsmodell* zu Grunde. Eine Berufskrankheit kann deshalb nur dann anerkannt werden, wenn sie durch besondere Einwirkungen verursacht ist, denen eine Person durch ihre Berufsausübung in erheblich höherem Umfang als die übrige Bevölkerung ausgesetzt ist und sich daraus die krankmachende Wirkung zweifelsfrei feststellen lässt.

- *Arbeitsunfälle*, die in Zusammenhang mit der Berufsausübung stehen. Dabei sind auch die direkten Wege von und zur Arbeitsstelle in die Versicherung eingeschlossen (*Wegeunfälle*).

Das Leistungsspektrum der Gesetzlichen Unfallversicherung

Das Ziel der Unfallversicherung besteht darin, durch *präventive Maßnahmen* zur Unfallverhütung und Vermeidung von Berufskrankheiten beizutragen (z.B. durch *Unfallverhütungsvorschriften* und deren Überwachung) bzw. die Folgen von Arbeitsunfällen und Berufskrankheiten

- durch *kurative* und *rehabilitative* Leistungen zu begrenzen,
- die Erwerbsfähigkeit wiederherzustellen (*Wiedereingliederungsziel*) und
- die Betroffenen bzw. deren Hinterbliebene ggf. mit *Geldleistungen* zu entschädigen.

Die wichtigsten materiellen Leistungen der Gesetzlichen Unfallversicherung, auf die Versicherte bzw. deren Angehörige Anspruch haben, sind:

- *Heilbehandlung einschließlich Leistungen zur medizinischen Rehabilitation*: Die GUV übernimmt die Kosten für die ärztliche Behandlung, die erforderlichen Arznei-, Verbands-, Heil- und Hilfsmittel sowie für die Krankenhausaufenthalte und ggf. notwendige Rehabilitationsmaßnahmen. Die Dauer der Leistung richtet sich dabei allein an den medizinischen Erfordernissen aus.
- *Verletztengeld*: wird, soweit und solange keine Entgeltfortzahlung im Krankheitsfall erfolgt, während einer Heilbehandlung gezahlt. Die Bezugsdauer beträgt maximal 78 Wochen, die Höhe der monatlichen Zahlung 80 Prozent des Bruttoeinkommens, jedoch nicht mehr als das Nettoentgelt. Erwerbseinkommen bzw. Sozialtransfers (z.B. Arbeitslosengeld I oder II) werden auf das Verletztengeld angerechnet.
- *Leistungen zur Teilhabe am Arbeitsleben*: Wenn ein Versicherter nach einem Arbeitsunfall oder in Folge einer Berufskrankheit nicht mehr in seinem bisherigen Beruf tätig sein kann, besteht Anspruch auf Leistungen, die geeignet sind, den alten Arbeitsplatz zu erhalten bzw. einen neuen zu finden (z.B. Zuschuss an den Arbeitgeber, Finanzierung einer Probebeschäftigung oder der behindertengerechten Umgestaltung des Arbeitsplatzes, Umschulungen). Für die Dauer der Teilnahme an Maßnahmen zur Reintegration in den Arbeitsmarkt besteht Anspruch auf *Übergangsgeld*, das in gleicher Höhe wie das Verletztengeld bezahlt wird.
- *Leistungen zur Teilhabe am Leben in der Gemeinschaft und ergänzende Leistungen*: Hierzu zählen vor allem der Anspruch auf Mobilitäts-, Wohnungs- und Haushaltshilfen sowie Kinderbetreuungskosten, psychosoziale Betreuung und Rehabilitationssport.

- *Anspruch auf Unfallrente*: Dieser setzt ein, wenn auch nach 26 Wochen eine Minderung der Erwerbsfähigkeit von mindestens zwanzig Prozent vorliegt und dies ursächlich auf einen Arbeitsunfall oder eine Berufskrankheit zurückzuführen ist. Die Rentenhöhe richtet sich nach dem Grad der Erwerbsminderung und dem Einkommen. Bei vollständigem Verlust der Arbeitskraft wird eine *Vollrente* in Höhe von zwei Dritteln des letzten Jahresarbeitsverdienstes gezahlt. Bei einer Minderung der Erwerbsfähigkeit wird eine *Teilrente* bezahlt, deren Anteil von der Vollrente dem Grad der Erwerbsminderung entspricht.
- *Pflegegeld*: Wird ein Versicherter pflegebedürftig, können neben einer Unfallrente auch Pflegeleistungen bzw. Pflegegeld oder stationäre Pflegeleistungen in Anspruch genommen werden.
- *Hinterbliebenenrenten und Sterbegeld*: Stirbt ein Versicherter in Folge eines Versicherungsfalls hat der Ehegatte (seit 2005 auch der eingetragene gleichgeschlechtliche Lebenspartner) Anspruch auf eine *Hinterbliebenen-,* die unterhaltsberechtigten Kinder auf eine *(Voll-) Waisenrente*.

  Die Höhe der *Hinterbliebenenrente* richtet sich nach dem Alter, der Erwerbs- bzw. Berufsfähigkeit und der Kinderanzahl. Ein Ehegatte, der älter als 45 Jahre oder erwerbsgemindert ist oder mindestens ein unterhaltsberechtigtes Kind erzieht, erhält eine Rente in Höhe von 40 Prozent des Jahresarbeitsverdienstes des Verstorbenen. Bei erneuter Heirat verfällt der Rentenanspruch. Eigenes Einkommen wird unter Anerkennung dynamisierter (Kinder-)Freibeträge mit vierzig Prozent auf die Hinterbliebenenrente angerechnet.

  Als *Waisenrente* werden bis zum 18. Lebensjahr zwanzig (Halbwaise) bzw. dreißig Prozent (Vollwaise) des Jahresarbeitseinkommens des Verstorbenen ausbezahlt. Die Rente kann bis zum 27. Lebensjahr bezahlt werden, wenn sich das Kind in Schul- oder Berufsausbildung befindet, Wehr- oder zivilen Ersatzdienst und/oder ein freiwilliges soziales oder ökologisches Jahr leistet bzw. sich wegen körperlicher, geistiger oder seelischer Behinderung nicht selbst unterhalten kann. Bei der Waisenrente wird eigenes Einkommen ebenfalls auf die Leistung der Unfallkasse angerechnet.

Insgesamt kann die Unfallversicherung als erfolgreiches Instrument zur Bekämpfung von Arbeitsunfällen gelten. Seit den 1960er Jahren geht deren Anzahl kontinuierlich zurück, zugleich sind die Ausgaben für die Prävention deutlich gestiegen. Strittiger ist die Einschätzung des Sicherungsgrades gegenüber Berufskrankheiten. Insbesondere die Abgrenzungsschwierigkeiten, ob eine Erkrankung hauptursächlich auf berufsbedingte Faktoren zurückzuführen ist und die Unbestimmtheit des Erwerbsunfähigkeitsbegriffs führen immer wieder zu arbeits- und sozialrechtlichen Streitigkeiten.

Neben nationalem Recht gehört die Sicherheit am Arbeitsplatz mit zu den sozialen Rechten, die seit Gründung der Europäischen Wirtschaftsgemeinschaft von den Europäischen Institutionen einheitlich für die EU mitgestaltet werden. Zumindest bis jetzt hat dieses nicht zu einer Absenkung der Sozialstandards geführt, auch wurden über europäisches Recht hinausgehende nationale Regelungen nicht zurückgeführt.

Nicht zuletzt das Verlangen nach vergleichbaren Wettbewerbsbedingungen in der Union hat hier bislang zu weit reichenden europäischen Regelungen geführt.

4.2 Einkommen und Verteilung

4.2.1 Systematischer Stellenwert von Einkommen und Verteilung

Mit dem Übergang von der *Naturaltausch-* zur *Geldwirtschaft* hat der Erwerb von Geldeinkommen einen zentralen Stellenwert zur Sicherstellung der Lebensgrundlagen gewonnen. Heute ist die Verfügbarkeit von Einkommen ein entscheidender Parameter für den individuellen *Lebensstandard.* Die Höhe des Einkommens bestimmt im Wesentlichen die *Lebenslage* eines Menschen, wenngleich damit noch keine abschließende Aussage über die Lebens*qualität* getroffen werden kann. Einkommen entsteht zunächst – ökonomisch betrachtet – über den Einsatz der Faktoren Arbeit und Kapital aus

- abhängiger Erwerbsarbeit
- selbstständiger Tätigkeit
- Vermögen und Gewinnen.

Das *Bruttoinlandsprodukt* (BIP) misst den Wert der Produktion von Waren und Dienstleistungen im Inland nach Abzug der Vorleistungen. Es wird zwischen der Entstehungs-, Verwendungs- und Verteilungsseite unterschieden. Die Entstehung errechnet sich als Summe der Bruttowertschöpfung aller Wirtschaftsbereiche zzgl. des Saldos von Gütersteuern abzüglich Gütersubventionen und nach Abzug unterstellter Bankgebühren.

Vom BIP gelangt man zum *Bruttonationaleinkommen* (BNE), indem der Saldo der Primäreinkommen gegenüber dem Ausland abgezogen wird. Die brutto ausgewiesenen Größen unterscheiden sich jeweils von den Nettogrößen durch die Abschreibungen. Aus dem Netto-Nationaleinkommen bzw. Primäreinkommen entsteht nach Abzug der Produktions- und Importabgaben an den Staat und unter Hinzurechnung der Subventionen das *Volkseinkommen.*

- Dieses Volkseinkommen wird in der *primären Verteilung* nach den Funktionen Arbeits- und Kapitaleinsatz zwischen Arbeitnehmerentgelt und Unternehmens- sowie Vermögenseinkommen aufgeteilt. Dieses geschieht u.a. über Tarifverträge und Tarifkonflikte etc.
- Die daraus resultierenden Bruttogewinne und -einkommen unterliegen dann der *sekundären,* staatlichen Umverteilung über das Steuer- bzw. soziale Sicherungssystem. Zunächst zieht der Staat direkte Steuern und Sozialversicherungsabgaben ab, daraus resultieren die Nettogewinne bzw. -einkommen. Dazu kommen auf Haushaltsebene Sozialtransfers bestehend aus *Sozialeinkommen, Sach- und Dienstleistungen.* Nettoeinkommen plus Sozialeinkommen bilden die *verfügba-*

ren Einkommen (ohne Sach- und Dienstleistungen, da diese schwer im Einzelfall zuzuordnen sind). Teils neu, teils wiederbelebt ist die Tendenz, dass der Staat nach Abschluss der sekundären Umverteilung weiter in die Haushaltsbudgets eingreift (*Re-Privatisierung des Sozialen)*, indem er etwa bislang kostenfreie Dienstleistungen einschränkt (Studiengebühren, Lernmittelfreiheit etc.) bzw. Zuzahlungen bei der Inanspruchnahme von Sach- und Dienstleistungen erhöht oder *Zusatzbeiträge* auf die gesetzlich geregelten Sozialabgaben, etwa im Gesundheitswesen, einführt.
- Die letztlich verfügbaren Einkommen werden schließlich *innerfamiliär* entsprechend den Belangen der Haushaltsmitglieder bzw. gemeinsamer oder widerstreitender Zielvorstellungen verteilt. Der Staat ist dabei im Regelfalle nicht beteiligt, allerdings greifen staatlich geregelte Unterhaltsverpflichtungen gegenüber Ehegatten und Kindern. Hinzu kommen private ‚moralische' Verpflichtungen gegenüber anderen privaten Personen.

Über den Bezug bzw. die Verteilungslogik dieser Einkommensarten bilden sich gesellschaftliche Abhängigkeitsverhältnisse heraus. So hat nicht allein die Höhe, sondern auch die Art, wie das Einkommen erzielt wird, entscheidenden Einfluss auf die soziale Stellung eines Menschen. Es ist mit unterschiedlicher gesellschaftlicher Wertschätzung belegt, ob Einkommen aus kontinuierlicher Erwerbsarbeit, aus Kapitalvermögen bzw. -besitz oder aus Unterhaltsleistungen resultiert. Auch werden die mit einem Rechtsanspruch gesicherten und auf vorangegangener Erwerbsarbeit gestützten Transfers der Sozialversicherung (z.B. Renten und Pensionen, Krankengeld) sozial höher bewertet als der Bezug von fürsorgerischen, auf privater und/oder öffentlicher Wohltätigkeit basierenden Unterstützungsleistungen.

In einer Gesellschaft, die sich über Markteinkommen vermittelt, gibt es bestimmte *Einkommensrisiken*. So muss zum einen Erwerbstätigkeit alleine noch kein ausreichendes Einkommensniveau sichern, vielmehr können niedrige Löhne bzw. diskontinuierliche Einnahmen ‚kleiner' Selbständiger und/oder auch durchaus mittlere Einkommen in Kombination mit bestimmten familiären Haushaltskonstellationen gleichwohl immer noch zu (materieller) Unterversorgung führen (*working poor*). Hinzu kommt, dass bestimmte soziale Risiken wie Arbeitslosigkeit, Krankheit und Berufs- bzw. Erwerbsunfähigkeit unmittelbare Auswirkungen auf die Möglichkeit haben, ein ausreichendes Erwerbseinkommen zu erarbeiten. Da finanzielle Sozialtransfers etwa im Falle von Arbeitslosigkeit, Krankheit, Invalidität und Alter in hohem Maße vom Niveau des zuvor erzielten individuellen Markteinkommens abhängen, schlagen sich drittens unzureichende Einkommen auch in einem niedrigeren Niveau der daran gekoppelten Sozialtransfers nieder. Und schließlich hängen die innerfamiliären Transfers letztlich davon ab, dass die Familie/der Haushalt insgesamt ein ausreichendes Markt- bzw. Sozialeinkommen erzielt. Hinzu kommt die Frage, ob und wie die innerfamiliären Verteilungsvorgänge den unterschiedlichen Bedürfnissen und Interessen der Angehörigen dieser Bedarfsgemeinschaft Rechnung tragen.

Die Einkommenspolitik wirkt nicht nur auf die individuellen materiellen Sicherungsspielräume ein. Die Frage, wie Einkommen in einer Gesellschaft entsteht und in welchem Umfang es (um)verteilt wird, ist immer auch normativ besetzt. In diesem Kontext müssen Antworten auf Fragen gesucht werden, ob und wie die Höhe einer individuellen Entlohnung mit der familiären und sozialen Situation des Einkommensbeziehers zusammenpasst bzw. welche Umstände hier einen regulierenden sozialpolitischen Eingriff definieren können. Auch muss geklärt werden, ob und wann eine Entlohnung leistungsgerecht erfolgt. Letzteres ist vor allem im Hinblick auf die nach wie vor unterschiedlichen Einkommensniveaus zwischen männlicher und weiblicher Erwerbsarbeit ein sozialpolitisches Steuerungsproblem (*gender pay gap*).

4.2.2 Instrumente der Einkommens- und Umverteilungspolitik in Deutschland

Auf die Verteilung der Einkommen wirken in Deutschland unterschiedliche Instrumente und Akteure ein. Hierzu zählen

- die Tarifpolitik der Arbeitgeberverbände und Gewerkschaften,
- die staatliche Steuer- und Abgabenpolitik sowie
- das System der sozialen Sicherung.

Die Rolle der Tarifpolitik

In Deutschland gibt es im Gegensatz zu anderen europäischen Staaten (noch) keinen gesetzlich fixierten allgemeinen *Mindestlohn*. Die Regulierung der primären Einkommensverteilung erfolgt im Wesentlichen im Rahmen der durch Paragraph 9 Absatz 3 des Grundgesetzes geschützten *Tarifautonomie*. Ohne staatlichen Eingriff legen die *Arbeitgeberverbände* als Interessensvertretung der Unternehmer sowie die *Gewerkschaften* als Arbeitnehmervertretung in kollektiv wirksamen *Tarifverträgen* nach *Tarifvertragsgesetz* (*TVG*) die (Mindest-)Bedingungen zur Regulation der Arbeits- und Entlohnungsbedingungen fest. Die Tarifverträge können dabei gesetzliche Mindestvorschriften, etwa im Bereich der Arbeitsbedingungen (z.B. Arbeitszeitregelungen) und der Regulation der Arbeitsverhältnisse (z.B. Kündigungsschutz) sowie der sozialen Sicherung (z.B. durch betriebliche Zusatzversorgungen), ergänzen. Allerdings nimmt die *Tarifbindung* der Betriebe seit Jahren ab bzw. wird sie durch Vereinbarungen zwischen Geschäftsleitung und Belegschaftsvertretung auf betrieblicher Ebene aufgeweicht. Laut Angaben des IAB-Betriebspanels arbeiten mehr als ein Drittel der Beschäftigten in West- und mehr als die Hälfte in Ostdeutschland in Betrieben, die sich nicht an Tarifverträgen orientieren.

Ein allgemeiner gesetzlicher Mindestlohn wird seit geraumer Zeit etwa von den Gewerkschaften, aber auch Teilen der politischen Öffentlichkeit gefordert, ist aber bislang in Deutschland nicht durchsetzungsfähig. Mit dem sog. *Entsendegesetz* von

1996 hat allerdings erstmalig der Gesetzgeber bestimmt, dass ausländische Arbeitgeber im Baugewerbe, die Arbeitskräfte nach Deutschland ‚entsenden', nicht die niedrigeren Entlohnungsbedingungen ihrer Herkunftsländern anwenden dürfen, sondern vielmehr die in Deutschland gültigen tarifvertraglichen Mindeststandards beachten müssen. Insofern stellt dieser Eingriff keine Schwächung der Tarifautonomie dar, sondern zielt im Gegenteil auf den Schutz tariflicher Lohnstandards. Derartige Regelungen sind in Übereinstimmung zwischen Arbeitgebern und Gewerkschaften inzwischen auch in einigen anderen Branchen eingeführt worden (Abfallwirtschaft, Bergbau, Briefdienstleistungen, Elektrohandwerk, Gebäudereinigung, Maler- und Lackiererhandwerk sowie Wäscherei- und Pflegedienstleistungen).

Steuerpolitik und Sozialtransfers

Die Regulation der Einkommensverteilung ist eine wichtige sozialpolitische Aufgabenstellung. Sozialpolitik ist dabei vor allem *Einkommensumverteilungspolitik,* bei der über die Bereitstellung von Sozialeinkommen korrigierend auf die Markteinkommen eingewirkt wird. Der *Steuerpolitik* sind zur Erreichung sozialpolitischer Zielsetzungen Grenzen gesetzt. Denn ihre Wirksamkeit setzt das Vorhandensein von (Markt-)Einkommen voraus, das dann steuerlich begünstigt werden kann. Damit erreichen Steuervergünstigungen die Bezieher von Sozialeinkommen in der Regel nur unzureichend.[32] Und schließlich liegt es in der Logik relativ bemessener Steuervorteile, so sie nicht streng degressiv gewährt werden, dass diese im hohen Einkommensbereich zu einer stärkeren absoluten Steuerersparnis führen als im mittleren und unteren Bereich.

Gleichwohl kennt das Steuerrecht eine ganze Anzahl von sozialpolitisch motivierten Steuererleichterungen. Dabei stellt sich durchaus die Frage, ob es sich hierbei tatsächlich um steuerliche Begünstigungen handelt oder ob nicht vielmehr dadurch eine größere Steuergerechtigkeit hergestellt wird, indem die Kosten bestimmter gesellschaftlich erwünschter Lebenslagen bzw. -leistungen (Kindererziehung, Ausbildungszeiten, Unterhaltsleistungen, etc.) bei der Einkommens- bzw. Steuerermittlung berücksichtigt werden. Zu den wichtigsten steuerlichen Freibeträgen und Vergünstigungen gehören:

- Kinder- und Freibeträge bei der auswärtigen Unterbringung von Kindern während der Berufsausbildung,

32 Modelle einer *negativen Einkommensteuer* (Bürgergeld) greifen dieses Problem auf. Das Grundprinzip besteht darin, die bisherigen Sozialtransfers bzw. einen Teil davon in einem (normativ) zu bestimmenden Existenzminimum zusammenzufassen und über die Einkommensteuer gesellschaftlich umzuverteilen. Wird Einkommen oberhalb der Grenze erzielt, greift das Steuersystem, bei Einkommen unterhalb dieser Grenze (negatives Einkommen), soll – so die Vorstellung – etwa über die Finanzverwaltung die Auszahlung des Differenzbetrages erfolgen.

- die Anrechenbarkeit von Aufwendungen für die Berufsausübung (z.B. Werbungskosten für Fahrten zur Arbeitsstelle oder Arbeitsmittel) und den Erhalt der Beschäftigungsfähigkeit (z.B. Fort- und Weiterbildungskosten),
- die steuerliche Anrechenbarkeit erhöhter Sonderausgaben bzw. außergewöhnlicher Belastungen, z.B. durch hohe Krankheitskosten, Unterhaltsleistungen, Betreuungskosten etc.,
- steuerliche Begünstigungen zur Altersvorsorge (z.B. Entgeltumwandlung und Riester- bzw. Rürup-Rente).

Lohn- und Gewinnsteuern in Deutschland 1960-2008

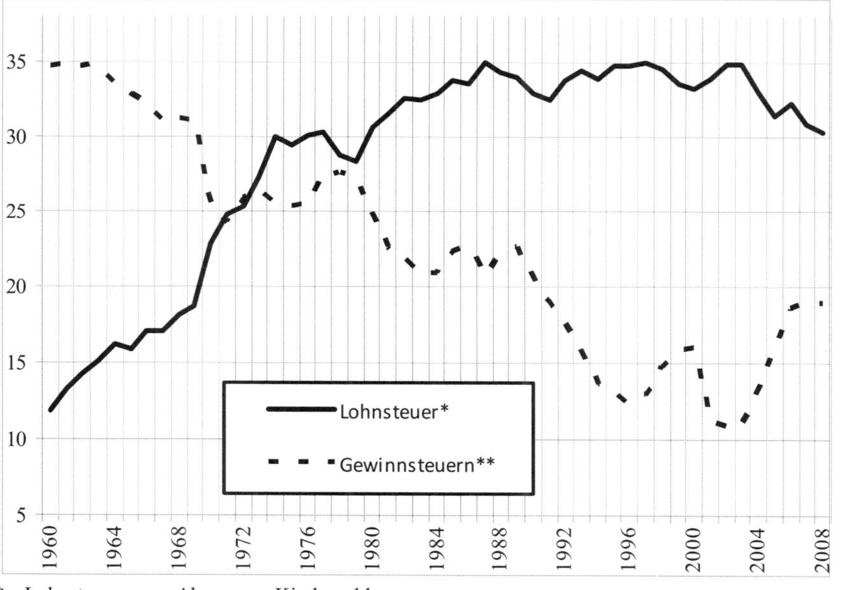

* Lohnsteuern: vor Abzug von Kindergeld

** Gewinnsteuern: kassenmäßige Einnahmen aus veranlagter EST, nicht veranlagte Steuer v. Ertrag, KöSt nach Abzug von Erstattungen des Bundeszentralamtes für Steuern, GewSt, nicht erfasst: Zinsabschlag

Quelle: Statistisches Bundesamt, BMF: Finanznachrichten (Zusammenstellung und Berechnung: Dieter Eißel)

Die gesellschaftspolitischen Wirkungen von Steuererleichterungen können normativ stark umstritten sein. So tauchen in der sozialpolitischen Diskussion immer wieder Forderungen auf, die steuerliche Privilegierung der Ehegatten (*Ehegattensplitting*) zugunsten einer auf das tatsächliche Vorhandensein von Kindern abzielenden Förderung umzustellen. Andere Sondertatbestände wie etwa bei der Ausgestaltung des

Mehrwertsteuersatzes sind sozialpolitisch ebenfalls umstritten. So folgt es nicht unmittelbar einer nachvollziehbaren Logik, wenn für Tierfutter der ermäßigte Steuersatz von 7 Prozent und für Babynahrung der normale von 19 Prozent angelegt wird.

Insgesamt zielte die steuerpolitische Diskussion der letzten Jahre jedoch auf eine Verringerung der direkten Steuerbelastung der Bürgerinnen und Bürger – mit allerdings sehr unterschiedlichen Verteilungswirkungen. Im längeren Trend zeigt sich bei der Zusammensetzung des *Gesamtsteueraufkommens* eine deutliche Verschiebung zu Lasten der Lohnsteuerzahler bei gleichzeitiger Entlastung der Gewinnsteuern. Hatten die *Gewinnsteuern* (Körperschaftssteuer für Kapitalgesellschaften, Gewerbesteuer und veranlagte Einkommensteuer) im Jahr 1960 noch einen Anteil von 34,6 Prozent am gesamten Steueraufkommen, so sank dieser in Etappen bis 1980 auf 24,7 Prozent, bis 1990 auf 20,4 Prozent und bis 2005 auf 11,9 Prozent. Parallel dazu ist der Anteil der *Lohnsteuer* von 1960 bis 2008 von 11,8 über 30,6 (1980), 32,9 (1990) auf schließlich 34,9 Prozent (2003) angestiegen. Als Folge des starken Anstiegs der Gewinne bei gleichzeitig rückläufiger Lohnentwicklung (bereinigte Lohnquote) ist der Anteil der Gewinnsteuern am Gesamtsteuereinkommen im Jahr 2008 auf 15,9 Prozent gestiegen, liegt damit aber deutlich unterhalb der Hälfte dessen, was er 1960 betragen hat. Im Gegenzug ist der Anteil der Lohnsteuer wieder leicht gefallen, auf 30,3 Prozent im Jahr 2008 – damit ist er aber immer noch knapp doppelt so hoch wie 1960.

Dies hat unterschiedliche Rückwirkungen auf die Entwicklungsperspektiven des Sozialen Sicherungssystems. Im positiven Fall befördern betriebliche und private Steuererleichterungen das gesamtwirtschaftliche Wachstum und führen zu einem insgesamt höheren Beschäftigungsstand und Steueraufkommen. Dies setzt allerdings voraus, dass zum einen die Unternehmen Investitionen vor allem in Sach- und nicht in Finanzanlagen tätigen, ihre Steuerpflicht nicht in Steueroasen verlagern und zugleich eine moderate, die Massenkaufkraft stützende Lohnpolitik betreiben. Zum zweiten müssen die Haushalte das steuerliche Mehreinkommen tatsächlich in den Konsum und nicht in ihre *Sparquote* fließen lassen – was insbesondere bei Haushalten mit höheren Einkommen zumindest fraglich ist. Und zum dritten darf der Staat steuerliche Erleichterungen nicht durch eine Erhöhung der Abgabenlast in anderen Bereichen (z.B. Sozialabgaben) wieder abschöpfen. Ohne diese Begleitfaktoren führen Steuererleichterungen im dann negativen Fall in erster Linie zu Mindereinnahmen des Staates. Da zugleich im Rahmen der Europäischen Wirtschafts- und Währungsunion die Möglichkeiten der Verschuldung der öffentlichen Haushalte begrenzt wurden (*Defizitkriterium des Maastricht-Vertrages*), erzwingt eine Steuersenkungspolitik – zumindest kurzfristig – gesamtsstaatliche Ausgabenkürzungen, die in der Regel vor allem den Sozialbereich betreffen, was dann wieder auf die privaten Haushalte zurück schlägt. Im Sozialbericht 2004 des Landes Nordrhein-Westfalen wurde diese Verbindung von privatem Reichtum und öffentlicher Armut erstmals quasi regierungsamtlich festgestellt.

Sozialtransfers weichen die Abhängigkeiten eines Individuums von der Erwerbsarbeit auf (*Dekommodifizierung*). Zum Teil gleichen sie – wie beim Kindergeld – auch aus, dass der steuerliche Entlastungseffekt bei niedrigen und mittleren Einkommen zu gering ausfällt, so dass diese steuerliche Ermäßigung durch geldliche Leistungen ‚aufgestockt' wird. Allerdings bleibt in einem auf das Äquivalenzprinzip ausgerichteten Sozialversicherungssystem der Lebensstandard im Wesentlichen eine einkommensabhängige Größe. Denn vor allem die Art (sozialversicherungspflichtig oder nicht) und die Höhe des Einkommens bestimmen in Deutschland den Zugang zu und die Höhe von Sozialleistungen.

Das Sozialeinkommen wird überwiegend durch direkte Geldtransfers zur Verfügung gestellt. Daneben gehen auch von den sozialstaatlichen Sach- und Dienstleistungen Einkommenswirkungen aus. So entstehen durch die Inanspruchnahme des Gesundheitswesens geldwerte Vorteile, wenn außer für die Versicherten auch für deren familienversicherte Angehörige Behandlungskosten übernommen werden.

Allgemeine sozialpolitische Folgewirkungen der Einkommensdifferenzierung

Die Bundesrepublik Deutschland weist insgesamt eine breit gefächerte Lohn- und Gehaltsstruktur auf. Die Löhne und Gehälter unterliegen dabei einer

- intersektoralen (z.B. Tarifdifferenz zwischen Metall- und Textilindustrie),
- interregionalen (z.B. reales Lohngefälle zwischen Ost- und Westdeutschland),
- qualifikationsbezogenen (z.B. Eingruppierungsunterschiede nach unterschiedlichen Bildungsabschlüssen) sowie einer
- geschlechtsspezifischen (unterschiedliche Entlohnung von Männern und Frauen)

Differenzierung. Während sich die intersektorale, interregionale und qualifikationsbezogene Lohndifferenzierung vor allem auf ökonomische Zusammenhänge zurückführen lässt, resultiert die geschlechtsspezifische Verteilung der Arbeitseinkommen im Wesentlichen aus einer versteckten, in den Lebenszusammenhängen der Frauen liegenden Diskriminierung am Arbeitsmarkt. Die zu konstatierende überproportionale Frauenerwerbsquote im Niedriglohnsektor hängt damit zusammen, dass Frauen

- über frauentypische Berufsmuster bei der Erstausbildung behindert,
- durch die Familienarbeit an einer kontinuierlichen Erwerbsbiographie gehindert, sowie
- in Leitungspositionen unterrepräsentiert sind.

Traditionelle Rollenmuster führen häufig dazu, dass die Frauenerwerbstätigkeit immer noch als *Zuverdienst* zum männlichen Erwerbseinkommen (*Familieneinkommen*) angesehen wird, obgleich Frauen immer mehr eigenständig für ihren Lebensunterhalt aufkommen wollen bzw. müssen. Nationale und internationale Untersuchungen beziffern den Lohnabstand von Frauen zu vergleichbaren Männereinkommen für die Bundesrepublik auf 23 Prozent (2008). Deutschland nimmt mit diesem Wert innerhalb der Europäischen Union gegenüber den skandinavischen Ländern, Frankreich und Großbritannien eine Art – negative – Spitzenposition ein, obwohl auch in diesen Ländern Frauen immer noch bei gleicher Arbeit weniger verdienen.

Einkommen aus dem Sozialversicherungssystem soll den Ausfall von Erwerbseinkommen ausgleichen (Lohnersatzleistungen; *Kompensationsfunktion*). Dabei werden die Statusunterschiede während des Erwerbslebens beim Sozialleistungsbezug fortgesetzt. Vor allem der dauerhafte Verbleib im Niedriglohnbereich zieht problematische Versorgungslagen im Leistungsfall nach sich. Und es sind wieder insbesondere die Frauen, die diskontinuierliche Erwerbsverläufe und damit ein deutlich reduziertes Lebenseinkommen aufweisen. Denn aus sozialversicherungstechnischer Sicht begründet die hauptsächlich von ihnen erbrachte unentgeltliche Familienarbeit – sieht man von der Anrechnung der Kindererziehungszeiten in der Rentenversicherung, der beitragsfreien Familienversicherung nicht erwerbstätiger Ehefrauen sowie den Regelungen der Pflegeversicherung für private Pflegepersonen einmal ab – keinen Anspruch auf materielle Unterstützung. Etwaige Sozialversicherungsansprüche der Frauen materialisieren sich so entweder in Abhängigkeit vom Erwerbseinkommen des Ehegatten oder sie resultieren aus dem durchschnittlich deutlich niedrigeren eigenen Erwerbseinkommen. Damit ergeben sich vor allem im Geldleistungsbezug (Rente, Kranken- und Arbeitslosengeld) deutliche geschlechtsspezifische Nachteile.

4.2.3 Verteilung in Deutschland: Prozesse und Ergebnisse

Einkommen und soziale Ausgrenzung

Vermittelt über die Erwerbsarbeit partizipiert ein großer Teil der Wohnbevölkerung in Deutschland am erwirtschafteten Wohlstand. Allerdings bleiben vor allem als Folge der nun schon lange Zeit anhaltenden Massenarbeitslosigkeit zunehmend Menschen dauerhaft von der materiellen Teilhabe in unserer Gesellschaft ausgeschlossen. Auch bestimmte Lebensphasen wie z.B. Erziehungs- oder Ausbildungszeiten sind häufig mit einer prekären Einkommenssituation verbunden. Damit stellt sich die Frage, welche bzw. wie viele Menschen aus diesem Wohlstandsmodell warum und mit welchen Perspektiven ausgegrenzt sind. Die Armutsforschung versucht, zur Beantwortung dieser Fragen Kriterien herauszubilden.

Die *absolute Armutsgrenze* definiert einen minimalen Überlebensstandard, der zur Sicherung der physischen Existenz eines Menschen unabdingbar ist. Im Allgemeinen wird dieser Grenze in der Bundesrepublik wenig Bedeutung beigemessen, wenngleich nicht außer Acht gelassen werden sollte, dass Vertreterinnen und Vertreter von Betroffeneninitiativen immer wieder auf einen zunehmenden Anteil von Menschen aufmerksam machen, die von keinem (öffentlichen) Hilfsangebot mehr erreicht werden, am Rande der physischen Existenz leben und sich größtenteils einer statistischen Erfassung entziehen. Derartige Lebenslagen können dann durchaus im Widerspruch zum grundgesetzlichen Auftrag zur Sicherung der Menschenwürde stehen bzw. sich am Rande der absoluten Armut bewegen.

Konzeptionen zur Erfassung von Armut und sozialer Ausgrenzung

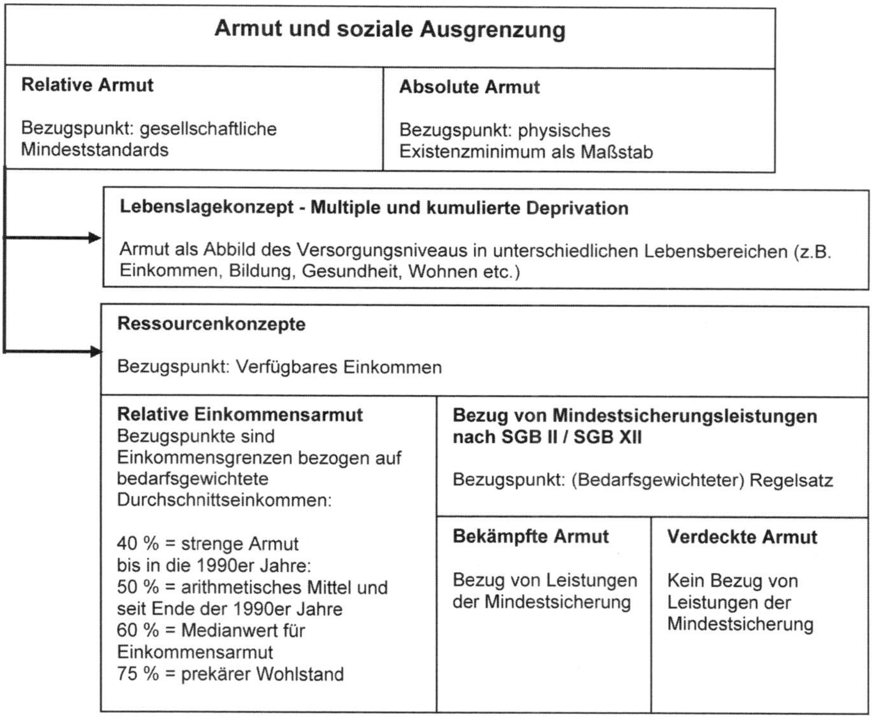

Quelle: eigene Zusammenstellung

Im Mittelpunkt der Debatte steht ein *relativer Armutsbegriff*, der Armut als eine Form sozialer Ausgrenzung definiert und in Bezug zum durchschnittlichen Lebensstandard der Gesellschaft setzt. Hier kann auf die Armutsdefinition der Europäischen Union zurückgegriffen werden. Als arm galt lange Zeit derjenige Haushalt, dessen Einkommen – nach Haushaltsgröße gewichtet – 50 Prozent des arithmetischen nationalen Mittelwertes aller Haushaltseinkommen unterschritt. Davon wurden dann zwei weitere Grenzwerte abgesetzt, einmal nach oben – bei 60 Prozent – die *milde Armut* bzw. nach unten – 40 Prozent – die *strenge Armut*. Bei dem arithmetischen Mittel bewirken die hohen Einkommen allerdings, dass ca. 60 Prozent der Haushalte unterhalb dieses Durchschnittswertes liegen. Deshalb verwendet die Europäische Kommission nunmehr als Armutsrisikogrenze die 60-Prozent-Marke des nationalen, nach Haushaltsgröße gewichteten *Median*einkommens. Dieser Wert liegt genau in der

Mitte zwischen der unteren und der oberen Hälfte aller Bezieher eines Haushaltseinkommens.

Die Frage, ob in Deutschland auf dieser statistischen Basis Armut existiert, wird sozialpolitisch kontrovers diskutiert. Im politischen Raum weisen in erster Linie die Vertreter der jeweiligen Regierungsparteien darauf hin, dass die Leistungen der *Sozialhilfe*, die gemäß Paragraph 1 Absatz 2 Sozialgesetzbuch XII „die Führung eines Lebens (...) ermöglichen, das der Würde des Menschen entspricht", ein *soziokulturelles Existenzminimum* sichern. Armut wird in diesem Kontext als *bekämpfte Armut* verstanden. Im SGB II *Grundsicherung für Arbeitssuchende* fehlt eine derartige gesetzliche Selbstverpflichtung. Da das SGB XII aber auch für das nach SGB II geleistete Arbeitslosengeld II/Sozialgeld als Referenzsystem gilt, kann hier implizit der gleiche normative (Bedarfsdeckungs-)Anspruch unterstellt werden. Die parlamentarischen Oppositionsparteien gleich welcher Couleur neigen hingegen dazu, Verteilungsdefizite zu benennen, um daraus politisches Kapital zu schlagen.

Empirisch betrachtet, unterstellt die Interventionsschwelle des SGB XII – damit auch des SGB II – gleichwohl einen relativen Armutsbegriff, denn je nach Haushaltsgröße oszillieren die Leistungen des Sozialamtes bzw. der Träger der Grundsicherung nach SGB II um die alte 50-Prozent-Grenze; bei kleineren Haushalten darunter, bei größeren Haushaltseinheiten knapp darüber. Allerdings macht der Streit um bekämpfte oder nicht bekämpfte Armut im Zusammenhang mit den Leistungen des SGB XII und SGB II schon deshalb keinen Sinn, wäre doch jemand, der nur über einen Euro weniger als beim Sozialhilfesatz bzw. Arbeitslosengeld II verfügt, dann als arm einzustufen – arm oder nicht arm: Eine Frage der Differenz von einem Euro?

Diese definitorischen Auseinandersetzungen weisen noch auf einen anderen Punkt. In unserer Gesellschaft bestimmen offenbar nicht allein die finanziellen Ressourcen die Partizipationsmöglichkeiten eines Individuums. Vielmehr determiniert die Ausstattung in unterschiedlichen Lebensbereichen den Grad der gesellschaftlichen Teilhabe. *Gerhard Weißer* versuchte bereits im Jahr 1956 diesem erweiterten Armutsverständnis mit dem Entwurf eines *Lebenslagekonzeptes* Rechnung zu tragen, woraus sich in der Zwischenzeit Konzepte der *multiplen* bzw. *kumulierten Deprivation* oder der *sozialen Lebenslaufforschung* entwickelt haben. Armut und soziale Ausgrenzung sind demnach nicht nur von ökonomischen, sondern auch von ökologischen, politischen, sozialen, kulturellen, psychischen und physischen Rahmenbedingungen abhängig. Dabei lassen sich mit *Ingeborg Nahnsen* mindestens fünf *materielle* bzw. *immaterielle* Einzelspielräume beschreiben, die die individuellen die „Teilhabe- und Verwirklichungschancen" (*Amartya Sen*) eines Menschen direkt beeinflussen:

- *Versorgungs- und Einkommensspielraum* als Grad der Versorgung mit Gütern und Dienstleistungen;
- *Kontakt- und Kooperationsspielraum* als Möglichkeit zur (sozialen) Kommunikation und Interaktion;
- *Lern- und Erfahrungsspielraum* als Möglichkeit zur Entwicklung und Entfaltung von individuellen (Bildungs-)Interessen in Abhängigkeit von häuslicher, schulischer und beruflicher Sozialisation und sozialer und räumlicher Mobilität;

- *Muße- und Regenerationsspielraum* als Möglichkeit zum Ausgleich psychischer und/oder physischer Belastungen durch Arbeits-, Wohn- und Umweltbedingungen;
- *Dispositions- und Partizipationsspielraum* als Grad der Teilnahme, Mitbestimmung und Mitentscheidung in beruflichen wie privaten Lebensbereichen.

Armut und soziale Ausgrenzung haben in Deutschland viele Gesichter. Sie zeigen sich an den Lebenssituationen von einzelnen Individuen bzw. von einzelnen Haushaltsgruppen. Aber auch soziale Gruppen können sozialer Diskriminierung ausgesetzt sein, soziale Isolierung erfahren und damit eine Schwächung traditioneller Formen des sozialen Zusammenhaltes (Familie, Nachbarschaft, soziale Netzwerke) erleiden. Die Armuts- bzw. soziologische Ungleichheitsforschung beschreiben hierbei im Kontext von Sammelbegriffen wie Individualisierung und Pluralisierung eine wachsende Vielfalt an heterogenen, weitgehend in der autonomen Gestaltungshoheit des Einzelnen liegenden Lebenslagen, Milieus und Lebensstilen. In dieser deskriptiv differenzierenden Sichtweise liegt allerdings die Gefahr, dass sich der Blick auf die Wirksamkeit vertikaler Ungleichheitsstrukturen in der Gesellschaft verstellt, sie gleichsam „wegdifferenziert, wegpluralisiert, wegindividualisiert und wegdynamisiert“ werden.[33] Armut und soziale Ausgrenzung sind aber nur über die politökonomische Analyse gesamtgesellschaftlicher Zusammenhänge greifbar. Wobei auch hier gilt: Egal welcher Zugang bzw. welche Kombinationsmöglichkeit der unterschiedlichen Konzepte gewählt wird, das Verständnis von Armut und sozialer Ausgrenzung ist in hohem Maß von unterschiedlichen Werturteilen abhängig. Deshalb ist letztlich jede *Armutsdefinition* politisch-normativer Natur.

4.2.4 Funktionelle und personelle Einkommensverteilung

Einkommensverteilung bzw. -umverteilung ist ein stetiger Prozess, der nie abgeschlossen ist, sich vielmehr regelmäßig in Tarifrunden, gesetzgeberischen Entscheidungen im Sozial- und Steuerrecht sowie in der Anwendung dieser rechtlichen Grundlagen bzw. bei der Gewährung freiwilliger Leistungen fortschreibt. Da die sozialstatistischen Daten der realen Entwicklung im Regelfall stark hinterher hinken, stellen Aussagen zur Verteilungswirkung bzw. zum Verteilungsstand immer nur Momentaufnahmen dar. Umgekehrt sind die hier im Regelfall angesprochenen Verteilungsvorgänge in wichtigen Sektoren doch wieder recht stabil, zumindest über einen mittleren Zeitraum.

Die *funktionelle Einkommensverteilung* beschreibt die Aufteilung zwischen den Faktoren Lohnarbeit und Kapital als Ergebnis der primären Verteilung. Die *tatsächli-*

33 Rainer Geißler: Kein Abschied von Klasse und Schicht. Ideologische Gefahren der deutschen Sozialstrukturanalyse, in: Kölner Zeitschrift für Soziologie und Sozialpsychologie, Jahrgang 48, Heft 2, 1996, S. 319-338

che Bruttolohnquote gibt an, welcher prozentuale Anteil vom zu verteilenden *Volkseinkommen* über die Bruttoeinkommen (inklusive der Arbeitgeberanteile zur Sozialversicherung) an die abhängig Beschäftigten verteilt wurde. Da sich allerdings die Zusammensetzung der Erwerbstätigen im Laufe der Jahre verändert, verfolgt die Sozialstatistik vor allem die *strukturbereinigte Bruttolohnquote*. Hierbei wird die *Arbeitnehmerquote*, also der Anteil der abhängig Beschäftigten an den Erwerbstätigen insgesamt, konstant gehalten (1970 für die alten Bundesländer bzw. 1991 für Gesamtdeutschland). Dies trägt dem Umstand Rechnung, dass die Zahl der abhängig Beschäftigten zu-, die der Selbständigen abnimmt.

Bruttolohnquote in Deutschland 1960-2009 (alle Angaben in Prozent)

Jahr	Tatsächliche Bruttolohnquote	Arbeitnehmerquote	Strukturbereinigte Bruttolohnquote
	- alte Bundesländer -		
1960	60,1	77,2	65,0
1970	67,3	83,4	67,3
1980	75,2	88,3	71,0
1990	69,8	89,6	65,0
1991	70,0	89,6	65,2
	- alte und neue Bundesländer -		
1991	71,0	90,9	71,0
1995	71,4	90,0	72,1
2000	72,2	90,0	72,9
2001	71,8	89,9	72,6
2002	71,6	89,8	72,5
2003.	70,8	89,5	71,9
2004	68,0	89,1	69,4
2005.	66,7	88,8	68,3
2006*	64,6	88,7	66,2
2007*	64,2	88,8	65,7
2008*	65,0	89,0	66,4
2009* 1. Hj.	68,3	89,0	69,8

* Angaben für 2006 bis 2009 vorläufige Ergebnisse, Stand August 2009

Quelle: Volkswirtschaftliche Gesamtrechnung, nach: Claus Schäfer, in: WSI Mitteilungen Heft 12/2009, *S.* 683

In den alten Bundesländern konnten die abhängig Beschäftigten in den 1970er Jahren demnach ihren Anteil am Volkseinkommen ausweiten, doch wurde dieser relative Zuwachs im Verlauf der 1980er Jahren zurückgefahren. Zum Zeitpunkt der Wiedervereinigung der alten mit den neuen Bundesländern standen die abhängig Beschäftigten in Westdeutschland wieder an dem gleichen Punkt wie im Jahr 1960, bevor die Marktwirtschaft in (West-)Deutschland begann, auch für die breiten Einkommensbezieher ‚sozial' zu werden.

Nach Herstellung der deutschen Einheit vergrößerte sich die Arbeitnehmerquote, insgesamt konnten die abhängig Beschäftigten ihren Anteil am Verteilungskuchen – vor allem in Ostdeutschland – vergrößern, 1993 mit dem Spitzenwert von 73,2 Prozent bei der bereinigten Bruttolohnquote. Doch seitdem sinkt diese im Trend wieder, wenn auch nicht kontinuierlich. Dieses heißt: Während der primäre Verteilungsprozess in den alten Bundesländern den Anteil der abhängig Beschäftigten am zur Verfügung stehenden Volkseinkommen in den letzten beiden Jahrzehnten nach unten korrigiert hat, konnten die ostdeutschen abhängig Beschäftigten die Gesamtverteilung zu ihren Gunsten verbessern, doch zeichnen sich aber nunmehr insgesamt Rückgänge ab.

Die *personelle Einkommensverteilung* spiegelt das Ergebnis der Verteilungsvorgänge auf der *individuellen* und der *Haushaltsebene* wider. Dabei können sowohl die Brutto(haushalts)einkommen als auch Netto(haushalts)einkommen und die jeweiligen Werte für die sozialen Gruppen miteinander verglichen und auch *intertemporal* – also im Längsschnitt – betrachtet werden. Um die Einkommenssituation von Haushalten unterschiedlicher Größe miteinander vergleichbar zu machen, werden in der Statistik *Äquivalenzziffern* eingeführt. Damit können unterschiedliche altersbedingte Bedarfe ebenso differenziert berücksichtigt werden wie die Haushaltsersparnis, die sich bei mehrköpfigen Haushalten durch Synergieeffekte in der Haushaltsführung ergibt.

Zusammensetzung der Haushaltseinkommen 1991 und 2008 in Prozent

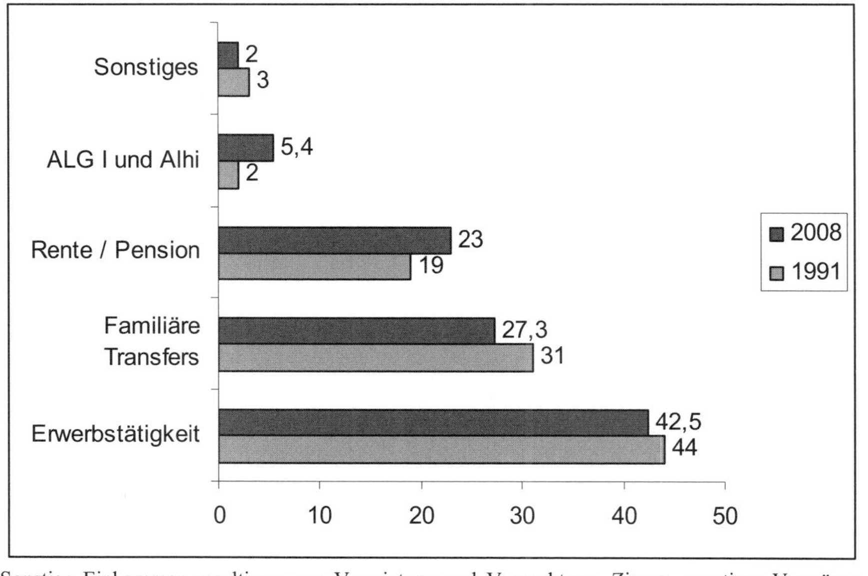

Sonstige Einkommen resultieren aus Vermietung und Verpachtung, Zinsen, sonstiges Vermögen, Sozialhilfebezug nach SGB XII, BAföG etc.). Rundungsbedingte Differenzen.

Quelle: Statistisches Bundesamt, eigene Darstellung

Zwischen den Jahren 1991 und 2008 hat sich in Deutschland die Zusammensetzung der Haushaltseinkommen deutlich verändert. So geht aufgrund der seit den 1980er Jahren manifesten Massenarbeitslosigkeit die Bedeutung der Erwerbsarbeit für die Sicherstellung des Haushaltseinkommens zurück, während sich gleichzeitig die Abhängigkeit von Sozialtransfers (Arbeitslosengeld I bzw. II bzw. vor dem 1. Januar 2005 Arbeitslosen- und Sozialhilfe) deutlich erhöht hat. Die Frühverrentungspolitik der 1990er Jahre zur Bewältigung des Strukturwandels in West- und Ostdeutschland schlägt sich im Bedeutungszuwachs der Renten und Pensionszahlungen ebenso nieder wie die Folgen des demografischen Wandels mit einer zunehmenden Alterung der Bevölkerung. Und schließlich sinkt aufgrund der allgemeinen Beschäftigungs- und Einkommenssituation einerseits die Fähigkeit der Haushalte, kompensierende Familientransfers aufzubringen. Andererseits verbergen sich auch gesellschaftliche Trends, wie eine wachsende Erwerbsbeteiligung der Frauen, eine sinkende Geburtenrate und eine Abnahme von Eheschließungen, was insgesamt zu einem Rückgang der familiären Unterhaltsleistungen beiträgt.

Haushaltsnettoeinkommen der privaten Haushalte in Deutschland (Mittelwert in EUR)

	1985[1]	1989[1]	1993	1997	2001	2005	2006
Äquivalenzeinkommen im Monat[1]							
Nominal (Mean)	802	937	1088	1195	1316	1409	1437
Real (Mean)	1045	1193	1273	1318	1392	1409	1413
Steigerungsrate real (in %)[2]	-	14,2	6,7	3,5	5,6	1,2	0,3
Real (Median)	952	1085	1156	1191	1263	1250	1254
Preisindizes[3]							
Alte Bundesländer	69,7	72,6	83,2	89,7	94,2	100,00	101,7
Neue Bundesländer	-	-	81,6	89,8	94,2	100,00	101,7

1 nur Westdeutschland
2 Prozentuale Steigerungsrate gegenüber dem in der Vorspalte angegebenen Zeitpunkt. Quelle: Destatis 2003.
3 Preisindizes jeweils bezogen auf das Einkommensjahr (Vorjahr).

Mean: Arithmetisches Mittel, Median: Wert der die untere Hälfte der Einkommensbezieher von der oberen trennt.

Quelle: SOEP 1985-2006, Jürgen Angele, Kristina Kott und Julia Weinmann: Einnahmen, Ausgaben und Ausstattung privater Haushalte, private Überschuldung, in: Statistisches Bundesamt, Zentrum für Sozialindikatorenforschung, Wissenschaftszentrum Berlin: Datenreport 2008,[34] Wiesbaden 2008, S. 164

---

34 Das Statistische Bundesamt (Destatis), das Zentrum für Sozialindikatorenforschung (ZUMA) und das Wissenschaftszentrum Berlin (WZB) geben alle zwei Jahre diesen Datenreport heraus. Nach Fertigstel-

Die verfügbaren durchschnittlichen Nettoäquivalenzeinkommen der privaten Haushalte sind monatlich nominal von 802 EUR im Jahr 1985 auf 1.437 im Jahr 2006 gestiegen. Dabei hat es in den 1990er Jahren durchaus noch z.T. beachtliche Zuwachsraten gegeben, doch sinken die realen Einkommen seit 2004. Nimmt man den Median-Wert, so ist das monatliche Nettoäquivalenzeinkommen real von 2003 bis 2006 pro Haushalt um 40 EUR gesunken,[35] von 2005 bis 2006 allerdings wieder leicht um vier EUR gestiegen, aber immer noch unter dem Wert von 2003 liegend. Die Preisindizes in den alten und neuen Bundesländern haben sich seit Ende der 1990er Jahre angeglichen und entwickeln sich seitdem parallel.

Betrachtet man die Verteilung der Einkommensgruppen, so zeigt sich im zeitlichen Ablauf zunächst eine insgesamt relativ konstante Entwicklung der Einkommensungleichheit. Das bedeutet, dass sich die Einkommensanteile zwischen den einzelnen Einkommensgruppen nur geringfügig verschoben haben.

Einkommensungleichheit in Deutschland

	1985[1]	1989[1]	1993	1997	2001	2005	2006
Äquivalenzeinkommen im Monat (real)[1]							
Einkommensanteile in der Bevölkerung							
Ärmste 20%	9,7	10,1	9,9	10,1	9,9	9,4	9,3
Reichste 20%	35,0	34,5	34,9	34,4	34,9	36,1	36,8
Gini	0,254	0,246	0,250	0,241	0,248	0,265	0,273
Äquivalenzeinkommen im Vorjahr (real)							
Gini (Markteinkommen und Renten im Haushalt)	0,332	0,317	0,334	0,351	0,352	0,381	0,396
Gini (Haushaltsnettoeinkommen)	0,267	0,257	0,267	0,268	0,269	0,292	0,309
Gini-Verminderung durch Umverteilung (in %)	19,6	18,9	20,1	23,6	23,6	23,4	22,0

[1] Für die Jahre 1985 bis 1989 nur Westdeutschland

Quelle: SOEP 1985-2006, Jürgen Angele, Kristina Kott und Julia Weinmann: Einnahmen, Ausgaben und Ausstattung privater Haushalte, private Überschuldung, in: Statistisches Bundesamt, Zentrum für Sozialindikatorenforschung, Wissenschaftszentrum Berlin: Datenreport 2008, Wiesbaden 2008, S. 164

Die Tabelle weist auf eine deutliche Spreizung der Einkommensanteile hin, die trotz der Umverteilungswirkungen der Sozialtransfers nicht überwunden werden kann. So

lung dieser 3. Auflage wird der Datenreport 2010 erscheinen. Die jeweiligen Datenreporte sind über das Statistische Bundesamt kostenlos herunterzuladen.

35 Vgl. Datenreport 2006

können im Jahr 2006 die ärmsten 20 Prozent der Bevölkerung lediglich einen unterproportionalen Anteil von 9,3 Prozent am Gesamteinkommen auf sich vereinen. Demgegenüber weisen die 20 Prozent der reichsten Haushalte einen überproportionalen Einkommensanteil von 36,8 Prozent auf. Allerdings hat sich die Ungleichheit nur geringfügig verschärft. Dabei ist allerdings zu bedenken, dass der Gini-Koeffizient als Ungleichheitsmaßstab gleich bleibt, wenn sich die fortlaufende Verteilung entsprechend der zuvor bestehenden Ungleichheit weiterentwickelt, sich folglich in absoluten Zahlen die Spanne zwischen den unteren und der oberen Einkommen sehr wohl weiter öffnet.

Äquivalenzgewichtetes Nettoeinkommen[1)] nach Haushaltgruppen in EUR (1991 und 2005)

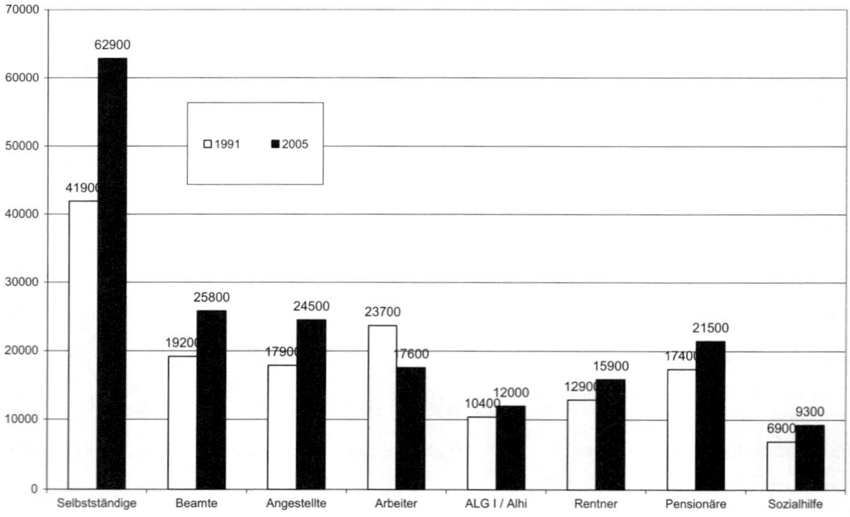

1) Nach der modifizierten OECD-Skala

Anmerkung: Durch die Zusammenlegung der Arbeitslosenhilfe und Sozialhilfe sowie aufgrund geänderter Berechnungsmethoden im Mikrozensus ab 2005 ist für 2005 zurzeit kein differenzierter Ausweis der Nichterwerbstätigenhaushalte möglich. Deshalb basieren die Angaben für die Haushalte von Sozialhilfebeziehern, Pensionären, Rentnern, und Arbeitslosengeld (ALG I) und Arbeitslosenhilfe (Alhi) auf dem Stand 2004.

Quelle: Statistisches Bundesamt

Eine Betrachtung der Verteilung nach *sozialen Gruppen* zeigt, dass sich die Selbständigenhaushalte verteilungspolitisch immer deutlich von den abhängig Beschäftigten absetzen und dass sie trotz eines Rückgangs ihres verteilungspolitischen Vorsprungs in der ersten Hälfte der 1990er Jahre[36] nunmehr den Ausgangspunkt mehr als überschritten haben. Die Zuwächse bei den äquivalenzgewichteten Nettoeinkommen der Selbständigenhaushalte betragen in den Jahren von 1991 bis 2005 ein Drittel, bei den Arbeitslosenhaushalten dagegen nur 15 Prozent.

Die Einkommenspositionen lassen sich auch relativ bezogen auf Einkommenssegmenten bestimmen. Das Sozioökonomische Panel (SOEP) ermöglicht eine zeitnahe Darstellung und Bewertung.

Schichtung der Bevölkerung nach relativen Einkommenspositionen (Bevölkerungsanteile in Prozent)

	Monatliches Haushaltsnettoeinkommen (äquivalenzgewichtet)						
	1985	1989	1993	1997	2001	2005	2006
	in Prozent des Median						
Höherer Wohlstand (>200 %)	3,8	3,6	3,8	3,4	3,9	4,2	4,7
Relativer Wohlstand (150-200%)	7,2	7,3	8,5	7,6	8,5	8,3	8,1
Gehobene Einkommenslage (125-150%)	11,6	11,5	9,8	10,1	9,0	9,8	9,5
Mittlere bis gehobene Einkommenslage (100-125%)	18,5	18,5	18,5	18,3	18,4	16,6	16,1
Untere bis mittlere Einkommenslage (75-100%)	25,8	27,2	27,1	28,8	28,3	26,4	25,2
Prekärer Wohlstand (50-75%)	24,0	23,7	23,6	23,9	22,7	23,9	25,0
Relative Armut (0-50%)	9,1	8,3	8,8	7,9	9,1	10,8	11,4

Quelle: SOEP 1985-2006, Jürgen Angele, Kristina Kott und Julia Weinmann: Einnahmen, Ausgaben und Ausstattung privater Haushalte, private Überschuldung, in: Statistisches Bundesamt, Zentrum für Sozialindikatorenforschung, Wissenschaftszentrum Berlin: Datenreport 2008, Wiesbaden 2008, S. 165

Haushalte mit einem höheren Wohlstand, auch als *Reichtumsgrenze* gefasst, verfügen über mehr als das Doppelte des durchschnittlichen nach Haushaltsgröße gewichteten Nettoeinkommens. Sie machen zusammengenommen einen Anteil von ca. fünf Prozent an der Wohnbevölkerung aus. Die relative Armut, hier umschrieben mit weniger als der Hälfte des äquivalenzgewichteten Haushaltsnettoeinkommens ist in den letzten Jahren angestiegen und hat sich im Jahr 2006 bei einem Wert von über 11 Prozent eingependelt. Es zeichnet sich ab, dass sich die Einführung der neuen Grundsicherung im Alter und für dauerhaft nicht Erwerbsfähige eher armutsvermeidend auswirkt, während die verschärften Anrechnungsmodalitäten und Zumutungskriterien im Rahmen des SGB II eher Armutslagen verschärft.

36 Vgl. Claus Schäfer, WSI-Mitteilungen Heft 1/2004, S. 590

Ökonomie der Armut – Zum Ausmaß sozialer Ausgrenzung

Die bundesdeutsche Gesellschaft ist reich, Reichtum ist sozial gesehen durchaus ein Massenphänomen. Dabei prägen nicht in erster Linie die offiziellen Einkommensmillionäre das Bild vom Reichtum in Deutschland, sondern – folgt man der Einkommens- und Verbrauchsstichprobe aus dem Jahr 2003[37] – die ca. fünf Millionen Personen, die über ein monatliches Nettoäquivalenzeinkommen von 3.268 EUR oder mehr netto verfügen (Reichtumsgrenze: 200 Prozent des Median der Nettoäquivalenzeinkommen). Nach Berechnungen von Irene Becker und Peter Westerheide, die auch das Nettovermögen – durch fiktive Verrentung über die jeweilige Restlebenserwartung – in den Reichtumsindikator einbezogen haben, gehörten 2003 in Deutschland sogar 6,8 Mio. Menschen zu dem als reich einzustufenden Bevölkerungskreis.[38]

Gleichzeitig zum stetig steigenden Wohlstand nimmt in Deutschland allerdings auch die Zahl der Personen zu, die ohne staatliche Hilfe ihr Auskommen nicht gewährleisten können. Damit hat sich die *Verteilungsschieflage* in den letzten Jahren aber insgesamt deutlich zugespitzt. Bis zur Zusammenlegung der Arbeitslosen- und der Sozialhilfe zum 1. Januar 2005 wurde im Kontext der relativen Einkommensarmut vor allem auf die Entwicklung der Sozialhilfestatistik zurückgegriffen. Seit 2005 orientiert sich die Betrachtung an der Entwicklung des ALG II/Sozialgeldbezuges. Die vom Arbeitsmarkt ausgegrenzten Personen sind statistisch gesehen nicht mehr über unterschiedliche Hilfesysteme verteilt, sondern werden durch das SGB II erfasst. Hinzu kommen die Empfängerinnen und Empfänger von Sozialhilfe, von Mindestsicherungsleistungen nach dem Bundsversorgungsgesetz und dem Asylbewerberleistungsgesetz. Es ist davon auszugehen, dass das Ausmaß der (Einkommens-)Armut in Deutschland nunmehr klarer abgebildet wird.

Am Jahresende 2009 haben in Deutschland über acht Millionen Personen Leistungen im Rahmen der Mindestsicherung bezogen. Dieses sind ca. zehn Prozent der Wohnbevölkerung. Vergleicht man dieses mit früheren Relationen zwischen der Armutsrisikoquote und der Sozialhilfequote (die Armutsrisikoquote war im Schnitt ca. doppelt so hoch wie die Sozialhilfequote) so zeigt sich nun in der Tat eine stärkere Übereinstimmung. Liegt die Armutsrisikoquote im Übergang 2009/10 bei ca. 14 Prozent, so weicht diese nicht mehr stark von der Mindestsicherungsquote ab. Die nun noch bestehende ‚Lücke' ist im Wesentlichen auf die unterschiedlichen Niveaus zurückzuführen. Hinzu kommt eine nach wie vor bestehende Dunkelziffer. Denn ein

---

37 Die Einkommens- und Verbrauchsstichprobe wird alle 5 Jahre erhoben, zuletzt im Jahr 2008. Allerdings liegen deren Ergebnisse bei Fertigstellung der 3. Auflage noch nicht vor. Die hier verwendeten Zahlen stammen aus dem 3. Armuts- und Reichtumsbericht der Bundesregierung aus dem Jahr 2008.

38 Der dritte Armuts- und Reichtumsbericht der Bundesregierung. Lebenslagen in Deutschland, Armuts- und Reichtumsberichterstattung der Bundesregierung, Bonn 2008, S. 33 bzw. Deutsches Institut für Wirtschaftsforschung (Markus Grabka), Zentrum für Europäische Wirtschaftsforschung (Peter Westerheide), Richard Hauser und Irene Becker: Integrierte Analyse der Einkommens- und Vermögensverteilung, Abschlussbericht zur Studie im Auftrag des Bundesministeriums für Arbeit und Soziales, Bonn 2008, S. 367

Teil der Hilfebedürftigen löst aus Scham, aus Unkenntnis oder aus Angst vor dem Bewilligungsverfahren mögliche Ansprüche nicht beim Grundsicherungsträger ein. Insbesondere wenn Einkommen geringfügig aufstockende Ansprüche zu erwarten sind, schrecken die zum Teil aufwendigen Antragsverfahren sowie die mit dem Bezug verbundenen Auflagen, Kontrollen und Verpflichtungen ab.

Zahl der Empfänger von Mindestsicherungsleistungen auf der Basis des soziokulturellen Existenzminimums in Deutschland (in 1.000)

	2005	2006	2007	2008	10/2009
Sozialhilfe	272	304	312	325	n/a
Arbeitslosengeld II / Sozialgeld	6.756	7.347	7.241	6.899	6.733
Grundsicherung im Alter und bei Erwerbsminderung	630	682	733	768	n/a
Kriegsopferfürsorge	--	--	--	46	--
Asylbewerberleistungsgesetz (AsylbLG)	211	194	153	128	n/a
Insgesamt	*7.869*	*8.527*	*8.439*	*8.120*	*n/a*
In Prozent der Gesamtbevölkerung	*9,5%*	*10,4%*	*10,3%*	*9,9%*	*n/a*

Quelle: Statistisches Bundesamt: Tabellen zu Sozialhilfe und Grundsicherung im Alter und bei Erwerbsminderung; Bundesagentur für Arbeit: Aktueller Bericht: Grundsicherung für Arbeitsuchende in Zahlen. Dezember 2009; Statistisches Bundesamt: Leistungen an Asylbewerber. Fachserie 13, Reihe 7; eigene Zusammenstellung

Generell ist die Armutsrisikoquote gestiegen. Bei genauerer Betrachtung zeigt sich, dass insbesondere bei Alleinerziehenden und Einpersonenhaushalten ein besonders hohes Armutsrisiko vorliegt. Bei den Einpersonenhaushalten sind es vor allem junge Erwachsene unter 30 Jahren – eine Entwicklung, die sich auch in der alten Sozialhilfestatistik abgebildet hatte. Es ist kaum begründungsbedürftig, dass sich der finanzielle Spielraum von Familien mit Kindern gegenüber kinderlosen deutlich verringert. Dies kann insbesondere bei steigendem Alter der Kinder problematisch werden, wenn deren (materielle) Bedürfnisse zunehmen oder aber wenn externe Faktoren das Familienbudget einschränken. In Folge dessen sind besonders Kinder und Jugendliche von Armut betroffen. Nach Angaben der Bundesagentur für Arbeit im Monatsbericht Februar 2010 lebten im Oktober 2009 allein in den Bedarfsgemeinschaften nach SGB II rund zwei Millionen minderjährige Kinder, darunter 903.000 im Alter von unter sieben Jahren. Insgesamt lebt ca. jedes siebte Kind bzw. jeder siebte Jugendliche unter 18 Jahren in Deutschland unter der Armutsrisikogrenze von 60 Prozent des durchschnittlichen Nettoäquivalenzeinkommens. Auch wenn die Armutspopulation nicht immer die gleiche Personengruppe umfasst, sondern eine *Dynamik* zwischen den Einkommenspositionen besteht, weisen derartige Steigerungen daraufhin, dass das Erleben von Armut für viele Kinder und Jugendliche eine Alltagserfahrung ist.

Lange Zeit galt *Altersarmut* als wesentliche Ursache von relativer Einkommensarmut. Hier haben sich gegenüber den 1960er und 1970er Jahren deutliche sozialpolitische Verbesserungen ergeben, insbesondere aufgrund der *Rente nach Mindesteinkommen*, wodurch jahrelange Lohndiskriminierungen von Frauen ausgeglichen wurden. Hinzu kommen bei nicht wenigen Rentnerinnen und Rentner neben der gesetzlichen Rente zusätzliche Einkommen (z.B. Kapitalerträge, Wohneigentum, betriebliche Zusatzversorgung), auf die sie zurückgreifen können. Somit ist die Altersarmut derzeit noch – im Vergleich zu anderen Gruppen – ein relativ geringes Problem. Allerdings zeigen sich bei den aktuellen Rentenzugängen bereits deutliche Lücken als Folge der nun schon lange anhaltenden Massenarbeitslosigkeit (und brüchiger werdender Familienbiographien) in Deutschland, so dass in der Zukunft auch die Altersarmut wieder ein größeres Problem werden dürfte.

Bevölkerungsanteil und Armutsrisiko nach Haushaltstypen in Prozent

	Bevölkerungsanteil		Armutsrisikoquote[1)]	
	1998	2008	1998	2008
Paarhaushalte:				
Jüngstes Kind 0-3 Jahre	10,8	8,2	11,8	15,4
Jüngstes Kind 4-7 Jahre	8,8	7,5	8,0	8,4
Jüngstes Kind 8-11 Jahre	7,5	6,9	7,0	12,8
Jüngstes Kind 12-16 Jahre	8,3	7,3	6,6	6,2
Kinder über 16 Jahre	11,4	12,0	6,1	7,4
Alleinerziehende:				
Jüngstes Kind 0-3 Jahre	0,5	0,7	46,0	54,9
Jüngstes Kind 4-7 Jahre	1,0	1,1	32,7	42,6
Jüngstes Kind 8-11 Jahre	1,3	1,2	43,9	40,3
Jüngstes Kind 12-16 Jahre	1,3	1,5	32,7	55,6
Kinder über 16 Jahre	2,5	3,3	11,4	21,0
1-Personen-Haushalte:				
Unter 30 Jahre	2,1	2,6	37,9	46,8
30-65 Jahre	7,1	9,3	15,7	19,1
Männer ≥ 65 Jahre	1,0	2,0	11,7	17,9
Frauen ≥ 65 Jahre	6,4	5,6	19,6	19,1
2-Personen-Haushalte:				
Unter 30 Jahre	1,7	1,8	10,0	17,7
30-65 Jahre	14,3	13,3	4,2	5,3
Ältester ≥ 65 Jahre	9,6	13,8	5,7	9,8
Mehrgenerationenhaushalte				
Älteste Person unter 65 Jahren	2,7	1,3	6,8	15,1
Älteste Person ≥ 65 Jahre	1,6	0,7	7,2	8,4
Insgesamt	**100**	**100**	**10,5**	**14,0**

1) Personen mit weniger als 60 Prozent des Median der verfügbaren Einkommen, bedarfsgewichtet je Person in privaten Hausalten

2) Mehr-Generationen-Haushalte und sonstige Haushalte

Quelle: SOEP, Berechnungen des Deutschen Instituts für Wirtschaftsforschung (DIW) nach Wochenbericht Nr. 7/2010

Insgesamt lassen sich signifikante Häufungen bei der Betroffenheit von Armut feststellen, die eher für soziale denn für individuelle Entstehungsursachen von prekären Lebenssituationen bei Einzelpersonen sowie Familien und damit auch den Kindern und Jugendlichen sprechen. Die sich verschärfende Armutsproblematik ist dabei weniger auf strukturelle Änderungen – also einen steigenden Bevölkerungsanteil armutsgefährdeter Personengruppen – zurückzuführen, sondern auf eine „zunehmende Verarmung einzelner der gefährdeten Teilgruppen."[39]

4.2.5 Die Mindestsicherungssysteme in Deutschland

In der Bundesrepublik Deutschland existieren unterschiedliche Instrumente zur Mindestsicherung, die auf erwerbstätige bzw. auf aus unterschiedlichen Gründen nicht erwerbstätige (Alter, Behinderung, Arbeitslosigkeit) Personengruppen ausgerichtet sind. Neben der steuerlichen Freistellung des Existenzminimums bei Einkommen unterscheidet man vier Arten der Mindestsicherung:

- Verbindung von Mindestsicherung und der (Re-)Integration in das Erwerbsleben (SGB II *Grundsicherung für Arbeitssuchende*)
- Sicherung von geldlichen Mindestleistungen ohne eine erwerbsarbeitsbezogene Mitwirkungspflicht (SGB XII *Sozialhilfe*)
- Sicherung des Existenzminimums von Asyl suchenden Personen (*Asylbewerberleistungsgesetz*)
- Fürsorgeleistungen im Rahmen des *Bundesversorgungsgesetzes* bei besonderen Fällen

---

39 Irene Becker: Die Entwicklung von Einkommensverteilung und Einkommensarmut in den alten Bundesländern von 1962 bis 1988, in: Irene Becker und Richard Hauser (Hg.): Einkommensverteilung und Armut. Deutschland auf dem Weg zur Vierfünftel-Gesellschaft?, Frankfurt am Main und New York, 1997, *S.* 59

Bausteine der materiellen (Mindest-)Sicherung in Deutschland

Allgemeines Steuerrecht Einkommensteuergesetz (EStG) mit steuerlicher Freistellung des soziokulturellen Existenzminimums in der Lohn- und Einkommensteuerberechnung durch die Finanzbehörden
Versorgung für besondere Dienst- und Treueverhältnisse Bundesversorgungs- bzw. Opferentschädigungsgesetz Versorgung von Kriegsopfern und Opfern von Gewalttaten mit Anspruch auf eine einkommensunabhängige Grundrente, die sich am Grad der Schwere der Schädigung bemisst.
Sozialversicherung als Solidargemeinschaft der Arbeitnehmer SGB III (Arbeitsförderungsgesetz) und SGB VI (Gesetzliche Rentenversicherung) ALG I und Renten als einkommensabhängig an die sozialversicherungspflichtige Beschäftigung gekoppelte Versicherungsleistung. Leistungshöhe kann aber unterhalb des Mindestsicherungsniveaus der Fürsorge liegen.
Fürsorge als letztes soziales Netz SGB II Grundsicherung für Arbeitssuchende – ALG II / Sozialgeld SGB XII Grundsicherung im Alter und bei Erwerbsminderung Aus dem allgemeinen Steueraufkommen finanziertes letztes soziales Sicherungsnetz (Anspruch dem Grunde nach) Asylbewerberleistungsgesetz (AsylbLG): Unterhalb des soziokulturellen Minimums liegende Geld- und Sachleistungen in den ersten vier Jahren des Aufenthaltes

Das steuerrechtliche Existenzminimum

Um zu vermeiden, dass die steuerliche Belastung der Einkommen einen Anspruch auf existenzsichernde Mindestsicherungsleistungen nach sich zieht, existiert für alle Steuerpflichtigen ein steuerrechtlicher Schutz des Existenzminimums. Nach Rechtsprechung des Bundesverfassungsgerichtes darf die steuerliche Belastung der Einkommen demnach nicht den notwendigen Lebensunterhalt einer einkommensteuerpflichtigen Person und ihrer Familie gefährden. Die Höhe des steuerlich zu schonenden Existenzminimums kann der Gesetzgeber nach eigener Einschätzung festgelegen. In der Praxis orientiert er sich dabei an den Leistungen des Sozialhilferechts nach SGB XII als Referenzsystem. Dies gilt auch nach der Zusammenlegung von Arbeitslosen- und Sozialhilfe im SGB II.

Durch Beschluss des Bundestages vom 2. Juni 1995 muss die Bundesregierung alle zwei Jahre einen Bericht über die Höhe des Existenzminimums von Erwachsenen und Kindern vorlegen. Hierbei wird überprüft, ob die Freibeträge des Einkommensteuerrechtes das Existenzminimum ausreichend berücksichtigen. Die Berechnung des steuerlichen Existenzminimums umfasst die Kosten für den notwendigen Lebensunterhalt des Steuerpflichtigen und seiner Familienangehörigen (berechnet auf

Basis der Regelsätze nach SGB XII), der Unterkunft (berechnet auf Basis der Wohngeldstatistik des Statistischen Bundesamtes), der Heizung (berechnet auf Grundlage der Einkommen- und Verbrauchstichprobe) sowie des Betreuungs- und Erziehungs- oder Ausbildungsbedarfes der Kinder (bemessen an den Freibeträgen des Einkommensteuerrechtes).

Sächliche Existenzminima und steuerliche Freibeträge (in EUR)

	Alleinstehende	Ehepaare	Kinder
Lebensunterhalt	4.368	7.860	2.820
Miete	2.520	4.146	840
Heizkosten	768	972	204
Sächliches Existenzminimum	7.656	12.996	3.864
steuerlicher Freibetrag	**7.664**	**15.329**	**3.648**

Quelle: Deutscher Bundestag: Bericht über die Höhe des Existenzminimums von Erwachsenen und Kindern für das Jahr 2010 (7. Existenzminimumbericht), 2008

Die Sozialhilfe nach SGB XII Sozialhilfe

Das *Bundessozialhilfegesetz* (BSHG) – verabschiedet 1961, in Kraft getreten 1962 – leistet zum einen über die Gewährung der *Hilfe zum Lebensunterhalt* (HzL) einen Einkommensersatz, zum anderen *Hilfen in besonderen Lebenslagen* (HbL), etwa bei Behinderung, Pflegebedürftigkeit oder bei besonderen sozialen Schwierigkeiten etc. Es stellt eine steuerfinanzierte Fürsorgeleistung dar, die der kommunale Sozialstaat (zusammen mit den Leistungen des SGB II *Grundsicherung für Arbeitssuchende*) als letztes Auffangnetz im System der sozialen Sicherung bereitstellt. Bis zur Zusammenlegung der Sozial- und Arbeitslosenhilfe war das BSHG das alleinige ‚letzte Netz' der sozialen Sicherung. Das BSHG selbst wurde am 1. Januar 2005 als Zwölftes Buch in das Sozialgesetzbuch integriert. Gleichzeitig wurde die bisherige systematische Aufteilung von Leistungen in *Hilfen zum Lebensunterhalt* und *Hilfen in besonderen Lebenslagen* aufgegeben, die Leistungsinhalte sind der Sache nach jedoch weitgehend erhalten geblieben. Das Sozialgesetzbuch XII *Sozialhilfe* ist zugleich *Referenzsystem* für die anderen steuerfinanzierten Fürsorgeleistungen wie etwa das Arbeitslosengeld II/Sozialgeld.

Mit der Aufnahme des BSHG in das SGB XII ist der Kreis der Anspruchberechtigten stark eingeschränkt worden. In den Geltungsbereich fallen nur noch nichterwerbsfähige Personen und deren Angehörigen und nach der Eingliederung der Grundsicherung im Alter und bei Erwerbsminderung als Viertes Kapitel in das SGB XII Personen über 65 Jahre sowie dauerhaft voll erwerbsgeminderte (behinderte) Personen. Damit ist die Zahl der Bezieherinnen und Bezieher von Sozialhilfe gegenüber der alten Gesetzeslage deutlich gesunken. Das SGB XII hat jetzt wieder seine ursprüngliche Funktion als einzelfallbezogene Sonderleistung in *kommunaler Trä-*

gerschaft und *Finanzierung* übernommen. Insbesondere bei der Grundsicherung zeigt sich allerdings eine steigende Tendenz der Inanspruchnahme, was entweder auf eine Verringerung der Dunkelziffer zurückzuführen ist – dieses wäre ein beabsichtigter Effekt ihrer Einführung – und/oder ein Anzeichen für eine steigende Altersarmut als Folge eines zu niedrigen Rentenniveaus sein kann.

Nach Paragraph 1 SGB XII ist es Aufgabe der Sozialhilfe, dem Empfänger „die Führung eines Lebens zu ermöglichen, das der Würde des Menschen entspricht." Die Hilfeleistung soll eine kurzfristige Nothilfe sein und die Bezieher dabei unterstützen, „unabhängig von ihr zu leben", zugleich ist damit die Aufforderung an den Leistungsbezieher verbunden, darauf „nach ihren Kräften hinzuarbeiten." Das SGB XII sichert Menschen ab, die ihren Lebensunterhalt nicht durch eigene Erwerbsarbeit bestreiten können. Seinem Wesen nach schafft es dabei für all die sozialen Risiken eine Absicherung, die nicht durch andere Systeme aufgefangen werden, etwa durch die Sozialversicherung, staatliche Versorgungssysteme oder Ansprüche an private Personen (*Nachrangigkeitsprinzip)*. Vor der Leistungserbringung durch den örtlichen Träger der Sozialhilfe erfolgt eine *Bedürftigkeitsprüfung*. Hier werden auch die Ansprüche gegenüber Unterhaltspflichtigen geprüft: der Eltern gegenüber den Kindern und umgekehrt. Bei diesen Verpflichtungen im Rahmen der *Familiensubsidiarität* gibt es zwar keine altersmäßige, aber neuerdings durch höchstrichterliche Rechtssprechung vom finanziellen Volumen her eine Begrenzung. Vorhandenes Vermögen muss vor Inanspruchnahme der Hilfen eingesetzt werden, wobei sowohl im Fall der Hilfe zum Lebensunterhalt wie auch bei der Hilfe in besonderen Lebenslagen ein *Schonvermögen* zurück behalten werden darf. Dabei muss die Sozialhilfe nicht beantragt werden, denn sie ist zu gewähren, sobald dem Träger der Sozialhilfe der Bedarfsfall bekannt wird. Sozialhilfe kann auch im Ausland gewährt werden, allerdings nur für Angehörige von nicht transportfähigen Personen, Opfer hoheitlicher Gewalt im Ausland und emigrierte Opfer des Nationalsozialismus.

Anspruch auf Hilfe zum Lebensunterhalt besteht nach Paragraph 19 Absatz 1 SGB XII, wenn Personen ihren „notwendigen Lebensunterhalt nicht oder nicht ausreichend aus eigenen Kräften und Mitteln, insbesondere aus ihrem Einkommen und Vermögen, beschaffen können." Art, Form und Umfang der Hilfeleistung richten sich immer nach dem Einzelfall (*Individualisierungsprinzip*). Der notwendige Lebensunterhalt umfasst dabei insbesondere die Aufwendungen für Ernährung, Wohnung, Kleidung, Körperpflege, Hausrat, Heizung und die Bedürfnisse des täglichen Lebens, was laut Gesetz ausdrücklich auch eine angemessene Teilhabe am kulturellen Leben einschließt (*Bedarfsdeckungsprinzip*).

Die Hilfe wird in Form des sog. (*Eck-*)*Regelsatzes* gewährt. Dieser wird jährlich von den Landesregierungen zum 1. Juli durch Rechtsverordnung festgesetzt. Die Datengrundlage bilden dabei die Ergebnisse der Einkommens- und Verbrauchsstichprobe (EVS). Dabei können regionale Unterschiede mitberücksichtigt werden. Auf der Basis der EVS 2003 wurden die Regelsätze im Januar 2010 bundesweit auf 359 EUR (Eckregelsatz) festgelegt. Für jeden weiteren Erwachsenen im Haushalt bzw. Jugendlichen ab 14 Jahre werden 287 EUR (80 Prozent vom Eckregelsatz) veranschlagt. Kinder von 6-13 Jahren erhalten danach 251 EUR (70 Prozent), Kleinkinder bis 5 Jahre 215 EUR (60 Prozent).

Zugleich wurden die Regelsätze inhaltlich neu gefasst und enthalten nunmehr in pauschalierter Form den Großteil der bisherigen *einmaligen Leistungen*. Hierdurch fällt für die Hilfebezieher der bis dato notwendige Gang zum Sozialamt für die Beantragung einzelner Hilfen weg. Für besondere Lebensumstände besteht nach Paragraph 30 SGB XII Anspruch auf *Mehrbedarfe* (z.B. bei besonderer Ernährung, Schwangerschaft, Alleinerziehende). Und schließlich sieht Paragraph 31 SGB XII die Gewährung einmaliger Hilfen für besondere Anlässe vor (z.B. Erstausstattung für Wohnung und Bekleidung). Eheähnliche Lebensgemeinschaften werden den Haushalten von Verheirateten gleichgestellt.

Nach Paragraph 29 SGB XII werden die *Kosten für die Unterkunft* übernommen, allerdings im Regelfall nur innerhalb der Grenzen, die sich aus dem *Wohngeldgesetz* ergeben. Zwar sind mit der Einführung des SGB II die bis dahin möglichen *Hilfen zur Arbeit* aus dem SGB XII herausgenommen, gleichwohl kann im Rahmen der Mitwirkungspflichten das Sozialamt Hilfeempfänger, die – vorübergehend – nicht erwerbsfähig sind, auch dazu anhalten, zu arbeiten bzw. sich an berufsvorbereitenden Maßnahmen zu beteiligen. Wenn Leistungsberechtigte durch die Aufnahme einer zumutbaren Tätigkeit eigenes Einkommen erzielen können, sind sie zur Beschäftigungsaufnahme sogar verpflichtet. Um die Leistungsempfänger bei der Überwindung der Bedürftigkeit zu unterstützen, werden im Sinne des Förderns und Forderns die *Aktivierungselemente* durch bessere Beratungsleistungen, gegenseitige schriftliche Vereinbarungen (Förderplanverfahren) und die Bereitstellung von Tagesbetreuungsplätzen für die Kinder Alleinerziehender gestärkt (Paragraph 11 SGB XII). Andererseits können nach Paragraph 39 SGB XII die Leistungen auch in Stufen von 25 Prozent gekürzt werden, wenn die Hilfeempfänger entgegen ihrer Verpflichtung die Aufnahme einer Tätigkeit oder die Teilnahme an einer vorbereitenden Maßnahme ablehnen.

Die Grundsicherung bei Alter und dauerhafter Erwerbsunfähigkeit

Das Grundsicherungsgesetz (GSiG) wurde im Jahr 2003 beschlossen, um durch eine Erhöhung der Grenzen für den Rückgriff auf die Einkommen der Kinder bzw. der Eltern auf 100.000 EUR im Jahr einerseits vor allem ältere Menschen mit kleinen Rentenzahlungen aus der *'verschämten Armut'* zu holen und andererseits behinderten Menschen (dauerhaft voll erwerbsgeminderten Personen) gegenüber deren Eltern bzw. der öffentlichen Hand eine eigenständigere Rechtsposition zu geben. Das Gesetz ist seit dem 1. Januar 2005 in inhaltlich unveränderter Form als Viertes Kapitel in das Zwölfte Sozialgesetzbuch integriert. Damit gibt es keinen eigenen Träger der Grundsicherung mehr, für die Erbringung ist der örtliche Sozialhilfeträger zuständig. Die Höhe der Leistungen folgt den Regeln der Sozialhilfe nach SGB XII.

Nach den aktuellen Zahlen des Statistischen Bundesamtes erhielten am 31. Dezember 2008 ca. 768.000 Menschen Leistungen der Grundsicherung im Alter und bei Erwerbsminderung. Das entspricht gegenüber dem Jahr 2003 mit 438.831 Leistungsempfängern einer Steigerung um fast 75 Prozent. Ungefähr 358.000 Menschen im Alter zwischen 18 und 64 Jahren haben wegen ihrer dauerhaften Erwerbsunfähigkeit die neue Leistung bezogen (ca. 47 Prozent der Gesamtempfänger); rund 410.000 Menschen waren bereits über 65 Jahren. Damit bezogen im Jahr 2008 rund 2,6 Prozent (2003: 1,9 Prozent) aller Menschen über 65 Jahren Leistungen der Grundsicherung im Alter bzw. bei Erwerbsminderung.

Weitere Hilfen nach SGB XII Sozialhilfe

Im Rahmen der *Hilfen zur Gesundheit* nach den Paragraphen 47 bis 52 SGB XII werden für Personen, die nicht dem Schutz der Gesetzlichen oder Privaten Krankenversicherung unterliegen, Hilfen gewährt, die entweder präventiv oder kurativ geeignet sind, eine Krankheit oder sonstigen gesundheitlichen Schaden abzuwenden. So können z.B. die Kosten für Vorsorgeuntersuchungen oder Kuren bzw. einer stationären oder ambulanten ärztlichen und zahnärztlichen Behandlung übernommen werden. Auch die Kosten für notwendige Medikamente bzw. sonstige medizinische Hilfsmittel sind erstattungsfähig. Nach Paragraph 48 SGB XII und Paragraph 264 SGB V (Gesetzliche Krankenversicherung, GKV) werden die Leistungen zur Gesundheits- und Krankenhilfe seit dem 1. Januar 2004 aber nur noch nachrangig gegenüber der GKV gewährt, denn Sozialhilfebezieher/-innen müssen nunmehr in eine gesetzliche Krankenkasse aufgenommen werden. Damit unterstehen sie wie jede(r) Pflichtversicherte dem Leistungsspektrum der GKV und erhalten eine eigene Versichertenkarte.

Die *Eingliederungshilfen für behinderte und pflegebedürftige Menschen* nach den Paragraphen 53 bis 60 SGB XII richten sich im Umfang nach den Bestimmungen des SGB IX (Rehabilitation und Teilhabe behinderter Menschen). Mit Paragraph 57 SGB XII ist die Möglichkeit geschaffen worden, die Leistungen in Form eines trägerübergreifenden *Persönlichen Budgets* zu erhalten. Hierbei handelt es sich um eine Geldleistung, mit der bestimmte Betreuungsleistungen individuell ausgestaltet und bezahlt werden können.

Im Rahmen der *Hilfe zur Pflege* werden nach den Paragraphen 61 bis 66 SGB XII für die Personen, die nicht durch die Gesetzliche Pflegeversicherung erreicht werden, analoge Hilfeleistungen (ambulante bzw. (teil-)stationäre Pflege) zur Verfügung gestellt.

Nach den Paragraphen 67 bis 69 SGB XII werden *Hilfen zur Überwindung besonderer sozialer Schwierigkeiten* erbracht. Sie richten sich an Personen, bei denen besondere Lebensverhältnisse mit sozialen Schwierigkeiten verbunden sind. Zum Hilfeangebot gehören Maßnahmen zur Ausbildung, Erlangung und Sicherung eines Arbeitsplatzes. Hierzu zählen z.B. Arbeitsmittel, die dem Aufbau bzw. der Sicherung des Lebensunterhaltes dienlich sind. Allerdings sind die Leistungen des *Arbeitsförde-*

rungsgesetzes vorrangig auszuschöpfen. Das Bundessozialgericht hat hierbei in einer Grundsatzentscheidung festgestellt, dass auch Personen, die keinen festen Wohnsitz haben, aber ansonsten die Voraussetzungen des SGB II erfüllen, Anspruch auf die Grundsicherung bei Arbeitslosigkeit haben. Außerdem können Leistungen zur Erhaltung bzw. Beschaffung einer Wohnung gewährt werden.

Die Paragraphen 70 bis 74 SGB XII regeln die *Hilfen in anderen Lebenslagen.* Hierzu zählt die Altenhilfe, die die Teilhabe älterer Menschen am gesellschaftlichen Leben sichern, eine altersgerechte Ausstattung der Wohnung ermöglichen sowie durch ein umfassendes Beratungsangebot den Zugang zu altersgerechten Dienstleistungen unterstützen soll. Die Leistungen im Rahmen der *Blindenhilfe* werden hier ebenso geführt wie die *Übernahme der Bestattungskosten.*

Das Asylbewerberleistungsgesetz

Das *Asylbewerberleistungsgesetz* (AsylbLG) ist ein Sondersystem der Mindestsicherung. Träger ist der örtliche bzw. überörtliche Sozialhilfeträger. Mit dem AsylbLG ist der Zugang zu Mindestsicherungsleistungen für Asylbewerber in den ersten vier Jahren ihres Aufenthaltes in Deutschland seit 1993 deutlich eingeschränkt (Paragraph 2 Abs. 1 AsylbLG) worden. Sie haben keinen Anspruch auf Leistungen nach SGB XII, sondern erhalten gekürzte Sachleistungen sowie ein monatliches Taschengeld in Höhe von 20,45 EUR für Kinder und Jugendliche bis 14 Jahren und 40,90 EUR für Personen ab 15 Jahren. Als Grundversorgung werden Sachleistungen für den notwendigen Bedarf an Nahrungsmitteln, Unterkunft, Kleidung und Hygieneartikeln gewährt. Die Erbringung dieser Leistungen als Geldzahlung bzw. Wertgutschein ist nur in Ausnahmefällen möglich. Die medizinische Versorgung ist auf akute Erkrankungen und Schmerzzustände beschränkt. Für arbeitsfähige, nicht erwerbstätige Leistungsbezieher besteht die Pflicht zur Annahme einer angebotenen Arbeitsgelegenheit ohne arbeitsvertragliche Grundlage. Und schließlich muss eventuell verfügbares Einkommen (unter Berücksichtigung von Freibeträgen) und Vermögen vor Inanspruchnahme des Asylbewerberleitungsgesetzes zur Sicherung des eigenen Lebensunterhaltes eingesetzt werden.

Die Zahl der Leistungsbezieher nach dem Asylbewerberleistungsgesetz geht seit Jahren kontinuierlich zurück, bundesweit von absolut 211.000 im Jahr 2005 auf 128.000 im Jahr 2008. Gegenüber dem Höchststand im Jahr 1996 mit 460.000 Leistungsbeziehern hat sich in den letzten zehn Jahren deren Anzahl also auf etwas mehr als ein Viertel reduziert. Parallel zur Entwicklung der Zahl der Empfängerinnen und Empfänger verläuft die Kostenentwicklung. Lagen die Bruttoausgaben (ohne Erstattungen anderer Sozialleistungsträger) im Jahr 1996 noch bei 2,9 Mrd. EUR, so sanken diese im Jahr 2008 auf 842 Millionen. Einer der Gründe für diesen Kostenrückgang liegt auch darin, dass die Leistungen für Asylbewerber bislang nicht ein einziges Mal angehoben worden sind, so dass deren Geldwert – im Vergleich zu 1993 – inzwischen faktisch um rund 28 Prozent gesunken.

Das Bundesversorgungs- bzw. Opferentschädigungsgesetz

Bei den Sicherungsleistungen nach dem *Bundesversorgungsgesetz* geht es vor allem um die Gewährung von Sach- und Dienstleistungen für Menschen, die in Ausübung eines militärischen Dienstes (nach deutschem Wehrrecht) oder eines zivilen Ersatzdienstes zu Schaden gekommen sind. Nach dem *Opferentschädigungsgesetz* werden Leistungen für Menschen erbracht, die Opfer einer Gewalttat geworden sind. Nach beiden Gesetzen können auch Leistungen für Hinterbliebene erbracht werden. Grundsätzlich können auch Ausländer eine Leistung nach den Vorschriften der beiden Gesetze erhalten. Die Leistungen des Bundesversorgungsgesetzes umfassen medizinische und rehabilitative Dienstleistungen, Rentenzahlungen an die geschädigte Person bzw. deren Hinterbliebene und ein Bestattungsgeld. Ab einem Schädigungsgrad von 30 Prozent wird eine *Grundrente* als Entschädigung für die Beeinträchtigung der körperlichen Unversehrtheit und nicht als Einkommensersatz (d. h. ohne Anrechnung weiterer Einkommen) bezahlt. Sie beträgt 120 EUR (alte Bundesländer) und 106 EUR (neue Bundesländer). Dieser Betrag steigt dann mit dem Grad der Schädigung in 10-Prozentschritten auf max. 631 bzw. 556 EUR an. Ab einem Grad der Schädigung von 50 Prozent kann als einkommensabhängige Leistung eine *Ausgleichsrente* beantragt werden. Diese dient dem Einkommensersatz und ist deshalb auch in ihrer Höhe vom Einkommen des Betroffenen abhängig. Weitere ergänzende Leistungen stellen die Schwerstbeschädigtenzulage, der Berufsschadensausgleich sowie der Ehegattenzuschlag dar.

Insgesamt sind die Zahlen der Versorgungsempfänger stark rückläufig. Im Jahr 1952 erhielten – als unmittelbare Folge des II. Weltkrieges – noch rund 4,4 Millionen Betroffene, davon rund 1,1 Millionen Witwen/Witwer und 1,4 Millionen Waisen – eine entsprechende Versorgungsleistung. Im Jahr 2008 gab es noch 362.519 Versorgungsempfänger – davon rund 195.000 Witwen/Witwer und 7.400 Waisen.[40]

Das Arbeitslosengeld II / Sozialgeld nach SGB II

Auch nach der am 1. Januar 2005 in Kraft getretenen Neuordnung der Sozial- und Arbeitslosenhilfe für Personen, die über kein existenzsicherndes Einkommen verfügen, ist der Zugang zu den Mindestsicherungsleistungen weiterhin generell gewährleistet. Während aber bislang die kommunal getragene Sozialhilfe immer mehr Auffangbecken für die Personen wurde, die keine oder nicht länger Ansprüche aus der

40 Bundesministerium für Arbeit und Soziales (Hg.): Übersicht über das Sozialrecht, Ausgabe 2009, Berlin, S. 1001ff.

Arbeitslosenversicherung realisieren konnten, differenziert das neue Leistungsrecht im Bereich der Mindestsicherung nun anhand der grundsätzlichen Erwerbsfähigkeit einer Person und nicht länger nach leistungsrechtlichen Anwartschaften in der Arbeitslosenversicherung. Unabhängig von der Frage, ob die neue Grundsicherung für Arbeitssuchende nach SGB II eine ausreichende materielle Unterstützung darstellt und für eine rasche Integration in den Arbeitsmarkt geeignet ist, bleibt gleichwohl festzuhalten, dass jetzt die Folgekosten der lang anhaltenden Massenarbeitslosigkeit nicht länger in den kommunalen (Sozialhilfe-)Haushalten aufgefangen werden müssen. Durch die Finanzierung des ALG II aus dem allgemeinen Steueraufkommen des Bundes ergibt sich hier eine breitere gesellschaftliche Lastenverteilung.

Dem Ansatz der Aktivierung und des Förderns und Forderns staatlicher Sozialpolitik folgend, haben jetzt auch die Personengruppen Anspruch auf Leistungen der aktiven Arbeitsmarktpolitik nach dem SGB III (*Arbeitsförderungsgesetz)*, die bislang durch die Zuordnung in die Sozialhilfe (BSHG/SGB XII) von diesen Instrumenten ausgeschlossen und allein auf kommunale Beschäftigungsförderung verwiesen waren. Zugleich ist die materielle Leistungserbringung durch Pauschalisierungen des Regelsatzes übersichtlicher und einfacher, in nicht wenigen Fällen früherer Arbeitslosenhilfebezieher aber auch niedriger geworden. Dies gilt insbesondere in den Fällen, in denen wegen des Partnereinkommens kein Anspruch auf die neue Mindestsicherungsleistungen für Erwerbsfähige und deren Angehörige nach SGB II (ALG II) besteht. In der Praxis erweisen sich die Pauschalierungen oftmals als zu unflexibel, wenn es darum geht auf Notlagen und Härtefälle angemessen zu reagieren. Darüber hinaus erfordern pauschale Leistungen ein hohes Maß an planerischer und hauswirtschaftlicher Kompetenz sowie an Selbstdisziplin – mithin von Eigenschaften, die häufig bei den besonders benachteiligten Personengruppen in manchen Fällen eher unterausgeprägt sind (zu den Detailregelungen vgl. Kap. Arbeit und Arbeitsschutz). Auch helfen pauschalierte Beträge nicht, wenn sie faktisch zur Kompensation unzureichend angepasster Regelsätze benutzt werden müssen.

Mit der Zusammenlegung der Arbeitslosen- und Sozialhilfe zum 1. Januar 2005 bekommt die Mindestsicherung für Arbeitssuchende und ihre Angehörigen (ALG II) einen besonderen Stellenwert. Bezogen auf die Zahl der Empfängerrinnen und Empfänger stellt sie nunmehr die Transferleistung mit dem am Abstand größten Wirkungskreis dar. War in der Vergangenheit in der Armutsforschung die Entwicklung der Sozialhilfe nach BSHG ein zentraler Indikator zur Bewertung sozialer Ausgrenzungstatbestände, wird hier in Zukunft die Inanspruchnahme von Arbeitslosengeld II und Sozialgeld im Mittelpunkt stehen.

Zur Angemessenheit der Mindestsicherungsleistungen

Mit den Grundsicherungsleistungen nach SGB XII und SGB II soll das soziokulturelle Existenzminimum der Betroffenen abgedeckt werden. Dies ist ausdrücklich mehr, als eine reine Sicherstellung des physischen Überlebens und folgt dem grundgesetzlich geschützten Sozialstaatspostulat und dem Schutz der Menschenwürde. Gleichwohl wird die Frage, ob die Höhe der Regelsätze und Sonderbedarfe tatsächlich geeignet ist, soziale Inklusion zu gewährleisten, immer wieder kontrovers diskutiert.

Mit Einführung des ALG II zu Beginn des Jahres 2005 ist es zunächst zu einer drastischen Zunahme der Zahl der Personen gekommen, die auf dem Niveau der Mindestsicherung leben müssen. Hierbei ist zu beachten, dass sich für die von der Arbeitslosenhilfe in das ALG II übergeleiteten Personen in zweifacher Hinsicht Leistungskürzungen ergeben konnten. So kann erstens das ALG II niedriger sein, als die vormals bezogene Arbeitslosenhilfe, deren Höhe Bezug zum ursprünglichen Nettoverdienst hatte. Zweitens wurden die Bestimmungen zur Anrechung des Partnereinkommens bei der Gewährung von ALG II verschärft, mit der Folge, dass in nicht wenigen Fällen ein eigener Leistungsanspruch auf ALG II zumindest teilweise verfallen ist. Setzt man die Leistungen des Mindestsicherungssystem in Bezug zu den Armutsrisikogrenzen, so bewegen sich die betroffenen Haushalte im Regelfall auf einem Niveau, das – je nach Basiswert für die Armutsrisikoschwelle von 60 Prozent des Medianeinkommens – unterhalb dieser 60 Prozent-Grenze liegt. Allein die Daten des Europäischen Statistikamtes liefern für Alleinerziehende mit einem Kind unter sieben Jahren bzw. für Alleinerziehende mit zwei Kindern (7 und 14 Jahre) ein Sicherungsniveau oberhalb der Armutsgrenze. Diese Abweichungen liegen darin begründet, dass die für die Armutsforschung relevanten Datenquellen (Statistics on Income and Living Conditions (EU-SILC) des Europäischen Statistikamtes (EUROSTAT), Einkommen- und Verbrauchstichprobe (EVS) des Statistischen Bundesamtes, Sozio-ökonomisches Panel (SOEP) des Deutschen Institutes für Wirtschaftsforschung (DIW)) sich u.a. hinsichtlich ihrer Erhebungsmethoden, Periodizitäten sowie der erfassten Personenkreise unterscheiden und damit unterschiedliche Armutsrisikogrenzen bzw. Armutsgrenzen liefern. Für 2008 liegt die Armutsgrenze für einen Alleinstehenden laut EU-SILC bei 781 EUR, laut EVS bei 980 EUR und laut SOEP bei 880 EUR. Das in Deutschland etablierte Mindestsicherungssystem wirkt damit zwar einerseits flächendeckend, denn jeder Hilfesuchende hat ein Anrecht zumindest auf den unerlässlichen Lebensunterhalt, im Regelfall sogar auf die Gewährung des soziokulturellen Existenzminimums. Sozialstatistisch gesehen ist diese Mindestsicherung aber andererseits nicht armutsfest. Die Höhe der Transferleistungen reicht nicht aus, um die betroffenen Haushalte über die Armutsrisikogrenze zu heben. Hinzu kommt, dass sich gleichzeitig in der Gesellschaft eine soziale Schicht herausbildet, die fast vollständig aus den Austauschbeziehungen der Gesellschaft ausgegrenzt ist. Eine Studie der Friedrich-Ebert-Stiftung hat dafür den Begriff vom „abgehängten Prekariat" eingeführt.[41] Zahlen des Sozioökonomischen Panels bestätigen diese soziale Segmentierung. Zugleich wird deutlich, dass diese in „verfestigter Armut" lebende unterste soziale Schicht etwa acht Prozent der Bevölkerung ausmacht und im Durchschnitt über ein Einkommen verfügt, das lediglich bei 43 Prozent des äquivalenzgewichteten Medianeinkommens liegt. Nach sozialen Gruppen diffe-

41 Friedrich-Ebert-Stiftung: Gesellschaft im Reformprozess, Berlin 2006.

renziert ist das Risiko, in verfestigter Armut zu leben, besonders bei den einfachen Arbeitern, aber selbst bei Facharbeitern noch überdurchschnittlich groß, während obere soziale Gruppen nur marginal davon betroffen sind.[42]

Von daher ist es nicht verwunderlich, dass sich neben der öffentlichen Mindestsicherungssicherung zunehmend private bzw. wohlfahrtsverbandliche Hilfesysteme etablieren, die versuchen, die Lücke zwischen öffentlicher Unterstützung und nicht gedecktem existenzminimalen Bedarf zu schließen. So gibt es in Deutschland immer mehr sog. ‚Tafeln' (1994: 7 und 2010: 860 Angebote), bei denen Hilfebedürftige mit Lebensmitteln versorgt werden, die zuvor gespendet worden sind: Supermärkte geben verderbliche Waren kurz vor dem Verfall des Verbrauchsdatums ab, private Haushalte kaufen bestimmte haltbare Lebensmittel ein und spenden diese. Einige dieser Tafeln haben sich inzwischen auf den Bedarf von Kindern spezialisiert. Daneben sind weitere Hilfeeinrichtungen entstanden, etwa Suppenküchen, bei denen Hilfebedürftige mit einer warmen Mahlzeit versorgt werden können. In sog. Sozialkaufhäusern können gegen ein geringes Entgelt oder gegen einen Berechtigungsschein Gegenstände der Wohnungseinrichtung und andere einfache längerfristige Verbrauchsgüter erworben werden (etwa Kinderfahrrad). Träger dieser Tafeln, Suppenküchen und Sozialkaufhäusern etc. sind häufig Einrichtungen der freien Wohlfahrtspflege, der Kirchen oder Privatpersonen.

Nicht zuletzt vor diesem Hintergrund hat der Deutsche Paritätische Wohlfahrtsverband (DPWV) in mehreren Expertisen und Stellungnahmen darauf hingewiesen, dass zum einen die Regelsätze des ALG II (und damit auch der Sozialhilfe nach SGB XII) zu niedrig bemessen sind, um das soziokulturelle Minimum zu gewährleisten. Ausgehend vom einstigen Eckregelsatz von 345 EUR errechnete der DPWV eine Unterdeckung von 67 EUR oder 19 Prozent. Die Bundestagsfraktion ‚Die Linke' hielt sogar eine Anhebung um 75 EUR für erforderlich. Bei einer Anhebung würden sich zumindest für die Sozialhilfe Konflikte mit dem Lohnabstandsgebot nach Paragraph 28 Abs. 4 SGB XII ergeben, weil deren Leistungen dann über den durchschnittlichen Einkommen unterer Lohn- und Gehaltsgruppen (West) liegen würden. Das Arbeitslosengeld II nach SGB II kennt zwar keine Lohnabstandsregelung, da das SGB XII aber als Referenzsystem gilt, greift die gleiche Logik. Im Ergebnis führt der Weg zu höheren Regelsätzen also nur über eine geänderte Lohnpolitik der Tarifpartner, eine Aufweichung des Lohnabstandsgebotes und/oder eine Mindestlohngesetzgebung.

Zwar teilt die Bundesregierung nicht die Kritik des DPWV an der Berechnung und Höhe der Regelsätze in SGB XII und SGB II, gleichwohl lässt sich auch auf regierungsamtlicher Ebene ein Einstellungswandel bezogen auf die soziale Integrationskraft der Mindestsicherungsleistungen nach SGB XII und SGB II feststellen. Galt vor allem in den 1970er und 1980er Jahren der Bezug von Sozialhilfe noch als ‚bekämpfte Armut', so stellte der 2. Nationale Armuts- und Reichtumsbericht in dem Eingeständnis, dass „Armutsrisiken auch die Mitte der Gesellschaft bedrohen können", soziale Ungleichheit „eine Tatsache" und „in manchen Bereichen in den letzten

42 Deutsches Institut für Wirtschaftsforschung: Wochenbericht Nr. 12/2007, S. 179 und 181

Jahren gewachsen“ klar heraus, dass Mindestsicherungsleistungen vor allem auf die Überwindung kurzfristiger Notlagen ausgerichtet sind, ihr längerfristiger Bezug jedoch Armut und soziale Ausgrenzung nur unzureichend entgegenwirken kann.

Das Bundesverfassungsgericht hat am 9. Februar 2010 in einem Grundsatzurteil die intransparente Berechnungsmethode der Bedarfssätze als verfassungswidrig verworfen. Das Gericht hat dabei nicht die Bedarfssätze selbst als zu niedrig bewertet, sondern vielmehr das Verfahren bemängelt, wie diese zustande kommen. Insbesondere hat das Gericht kritisiert, dass die speziellen Bedarfe von Kindern lediglich als Prozentsatz eines Erwachsenen kalkuliert werden. Ausgaben für Bildung etwa wurden nicht berücksichtigt, ohne dass der Gesetzgeber dies begründet hätte. Werden solche Kosten jedoch nicht berücksichtigt droht laut Gericht „hilfebedürftigen Kindern der Ausschluss von Lebenschancen, weil sie ohne den Erwerb der notwendigen Schulmaterialien, wie Schulbücher, Schulhefte oder Taschenrechner, die Schule nicht erfolgreich besuchen können.“[43] Der Gesetzgeber ist aufgefordert, bis zum 1. Januar 2011 ein transparentes und sachgerechtes Verfahren einzuführen, das den Anspruch realitätsgerecht und nachvollziehbar auf der Grundlage verlässlicher Zahlen und schlüssiger Berechnungsverfahren bemisst. Dieses betrifft auch die Anpassung der Regelsätze innerhalb des Fünfjahres-Zeitraums zwischen zwei Einkommens- und Verbrauchsstichproben. Das Gericht hat die bisherige Praxis verworfen, dafür die von der Lohnentwicklung abhängige Rentenanpassung zu nehmen. Stattdessen müsse die Preisentwicklung berücksichtigt werden, um so das Verbrauchsniveau zu sichern. Bei „unabweisbarem, laufendem, nicht nur einmaligem und besonderem Bedarf“ muss zudem mit sofortiger Wirkung ein zusätzlicher Leistungsanspruch eingeräumt werden.[44] Eine Woche nach dem Urteil hat das Bundesarbeitsministerium einen entsprechenden Leistungskatalog für Härtefälle vorgelegt, der beispielsweise vom Paritätischen Wohlfahrtsverband bereits als zu restriktiv bezeichnet worden ist.

Die Konsequenzen für die allgemeinen Regelsätze sind nur teilweise absehbar. Einerseits hat das Gericht nicht die konkrete Höhe der Bedarfssätze bemängelt. Ob ein neues Verfahren, dass den Anforderungen des Gerichts genügt, zu einer generellen Anhebung der Beitragssätze führt, lässt sich nicht voraussagen. Andererseits decken die derzeitigen Regelleistungen insbesondere die spezifischen Bedarfe von Schulkindern nicht ab. Hier wird es wahrscheinlich zu Regelsatzerhöhungen kommen. Das Urteil kann insoweit als wegweisend bezeichnet werden, als dass der Gesetzgeber bei der Ausgestaltung aller Mindestsicherungssysteme künftig umfassend darlegen muss, wie er die Bedarfe berechnet. Großzügige Schätzungen und insbesondere rein politische Festlegungen sind damit in Zukunft nicht mehr möglich. Gleichwohl kann nicht ohne weiteres davon ausgegangen werden kann, dass die Lücke zwischen soziokulturellem Existenzminimum und Armutsgrenzen geschlossen werden wird. Ferner basieren Maßstäbe für den unabdingbaren Bedarf immer auf

43 Bundesverfassungsgericht, Entscheidungen 1 BvL 1/09, 1 BvL 3/09, 1 BvL 4/09.
44 Bundesverfassungsgericht, Entscheidungen 1 BvL 1/09, 1 BvL 3/09, 1 BvL 4/09, Nummer 192.

Wertentscheidungen, über die politisch gerungen und über die politisch entschieden werden muss – auf einer möglichst nachvollziehbaren Datenbasis!

Kostenentwicklung im SGB XII Sozialhilfe und SGB II Grundsicherung für Arbeitssuchende

Die *Kosten der Sozialhilfe* müssen im Wesentlichen von den Kommunen aufgebracht werden. Zum 1. Januar 2005 sind mit der Zusammenlegung von Teilen der Sozialhilfe und der Arbeitslosenhilfe im Arbeitslosengeld II gravierende Veränderungen vorgenommen worden. Retrospektiv für die Zeit bis 2004 lässt sich festhalten,, dass seit dem Jahr 1980 die Kosten für die Hilfe zum Lebensunterhalt stärker als die kommunalen Einnahmen angestiegen sind und viele Gemeinden versuchten, den Anstieg durch rigidere Vergabepraktiken und den abschreckenden Einsatz von „Hilfen zur Arbeit" abzumildern. Im Zusammenspiel mit gesetzlichen Leistungseinschnitten (*Asylbewerberleistungsgesetz*) bzw. durch die Einführung der Sozialen Pflegeversicherung (Sozialgesetzbuch XI) im Jahr 1995 ist es in der Vergangenheit zwar zu Einspareffekten gekommen. Sieht man aber von einer rückläufigen Ausgabenentwicklung bei den Hilfen zum Lebensunterhalt in den Jahren 1994 sowie zwischen 1999 bis 2001 und bei den Hilfen in besonderen Lebenslagen zwischen den Jahren 1995 bis 1998 ab, so ist insgesamt der Trend steigender Ausgaben seit Einführung des Bundessozialhilfegesetzes nie wirkungsvoll durchbrochen worden. Im Jahr 2004 wurden in Deutschland insgesamt 26,351 Mrd. EUR (brutto) für die Leistungserbringung im damaligen BSHG aufgewendet. Dem standen Einnahmen in Höhe von 3,376 Mrd. EUR gegenüber, die den Sozialhilfeträgern im Wesentlichen von anderen Sozialleistungsträgern zu geflossen sind. Netto beliefen sich die gesamten Ausgaben damit auf 22,974 Mrd. EUR. Von den gesamten Sozialhilfeausgaben (brutto) entfielen im Jahr 2004 etwa 9,980 Mrd. EUR auf die laufende Hilfe zum Lebensunterhalt. Den nach wie vor größten Kostenblock belegen die Hilfen in besonderen Lebenslagen. Im Jahr 2004 beliefen sich die Bruttoausgaben auf 16,370 Mrd. EUR.

Die Ausgaben sind seit dem Jahr 2005 deutlich zurückgegangen, steigen aber wieder leicht an. Im Jahr 2008 fielen Ausgaben in Höhe von insgesamt 21,13 Mrd. EUR an. Allerdings beliefen sich die Ausgaben für die Hilfen zum Lebensunterhalt nun nur noch auf 1 Mrd. EUR, deutlich höher fallen die Ausgaben für die Grundsicherung in Höhe von 3,5 Mrd. EUR aus. Den größten Ausgabenblock stellen die Eingliederungshilfen für behinderte Menschen dar (12 Mrd. EUR), hinzu kommen 3,2 Mrd. EUR für Hilfen zur Pflege. Den Ausgaben stehen 2,3 Mrd. EUR Einnahmen gegenüber, so dass netto von den Kommunen 18,8 Mrd. EUR aufzubringen waren.

Leistungsempfänger nach SGB III und SGB II

	2010		
Gesamtdeutschland	April	März	Februar
Arbeitsmarktstatistik			
Arbeitslose insgesamt	3.406.344	3.567.944	3.643.381
davon im SGB II	2.263.685	2.279.626	2.283.051
davon im SGB III	1.142.659	1.288.318	1.360.330
Eckdaten für das SGB II *Grundsicherung für Arbeitssuchende*			
Bedarfsgemeinschaften Bestand	3.696.939	3.653.082	3.618.328
Personen in Bedarfsgemeinschaften	6.942.472	6.867.923	6.808.793
Erwerbsfähige Hilfebedürftige Bestand	5.073.954	5.016.361	4.968.070
Nicht erwerbsfähige Hilfebedürftige Bestand (in der Regel minderjährige Kinder)	1.868.518	1.851.562	1.840.724
	2009		
Gesamtdeutschland	Dezember	November	Oktober
Arbeitslosigkeit und Hilfebedürftigkeit im SGB II *Grundsicherung für Arbeitssuchende*			
Erwerbsfähige Hilfebedürftige	4.906.916	4.883.428	4.895.583
davon: Arbeitslose	2.091.067	2.056.087	2.062.391
Nicht Arbeitslose	2.815.849	2.827.341	2.833.192
Erwerbstätige Leistungsbezieher davon:	1.368.159	1.362.684	1.367.373
mit Bruttoeinkommen <=400 EUR	715.074	711.454	709.023
mit Bruttoeinkommen > 400 <= 800 EUR	231.941	230.210	233.801
mit Bruttoeinkommen > 800 EUR	310.300	311.354	315.313
Aufstocker (gleichzeitiger Bezug von ALG I und II)	120.450	114.121	113.684
Erwerbsfähige in arbeitsmarktpolitischen Maßnahmen	516.998	529.281	520.908
Leistungen je Bedarfsgemeinschaft in EUR	853,67	853,47	855,92

Quelle: Bundesagentur für Arbeit: Grundsicherung für Arbeitssuchende in Zahlen. Monatsbericht April 2010, Nürnberg 2010, eigene Zusammenstellung

Während im SGB XII die Kosten gesunken sind, ist im SGB II eine gegenläufige Entwicklung zu beobachten. Seit der Zusammenlegung ist die Zahl der Hilfeempfänger stark angestiegen und verbleibt bislang, bei leichten Schwankungen, auf einem hohen Niveau. Das ist aber keine Folge des neuen Fürsorgesystems an sich sondern vielmehr den ursprünglich viel zu optimistischen Einschätzungen bezüglich der Beschäftigungswirkung der rot-grünen Arbeitsmarktreformen geschuldet. Insofern ist die Kostenentwicklung der Grundsicherung ein Indiz für das Versagen der Förderinstrumente angesichts eines Arbeitsmarktes, der die Grenze seiner Aufnahmefähigkeit offenbar gerade für die Problemgruppen am Arbeitsmarkt erreicht. Hinzu kommt, dass rund 1,4 Millionen Hilfeempfänger trotz Erwerbsarbeit aufgrund zu niedriger Entlohnung nicht aus dem ALG-II-Bezug finden (*working poor*).

Parallel zu der konstant hohen Zahl der Empfänger entwickeln sich auch die damit verbundenen Kosten: Entgegen den ursprünglichen Berechnungen mussten deshalb im Jahr 2005 statt der veranschlagten 14 Mrd. EUR rund 22,4 Mrd. EUR für das Arbeitslosengeld II aufgewendet werden. Addiert man die Kosten für Unterkunft, Integration und Verwaltung hinzu, ergeben sich Gesamtausgaben in Höhe von 38,5 Mrd. EUR. Auch in den Folgejahren haben sich die Kosten der Mindestsicherung auf einem ähnlichen Niveau eingependelt, wobei aufgrund der schlechten konjunkturellen Lage im Jahr 2006 über 40 Mrd. EUR für das SGB II *Grundsicherung für Arbeitssuchende* aufgewendet werden mussten. Im Zuge der im Jahr 2008 beginnenden Wirtschafts- und Finanzkrise konnten die Arbeitslosenzahlen zwar durch den intensiven Einsatz der Kurzarbeit zunächst relativ konstant gehalten werden. Durch die gleichwohl anziehende Arbeitslosigkeit muss für die Jahre 2009 und 2010 aber nicht nur im Gesamthaushalt der BA wegen der Kurzarbeit, sondern auch im Bereich der Mindestsicherung wieder mit ansteigenden Ausgaben gerechnet werden.

Kosten der Arbeitslosigkeit nach altem und neuem Fürsorgerecht

Kosten pro Jahr in Mrd. EUR für:	Altes Recht	Neues Recht (ohne Optionskommunen)			
	2004	2005	2006	2007	2008
Wohngeld für Erwerbsfähige bzw. Kosten der Unterkunft	4,0	10,4	11,7	11,7	11,3
Verwaltungskosten	2,5	2,6	3,1	3,2	3,3
Arbeitslosenhilfe	18,8	---	--	--	--
Sozialhilfe für Erwerbsfähige	7,8	---	--	--	--
Arbeitslosengeld II	---	22,4	23,0	19,8	18,9
Eingliederungsleistungen	5,5	3,1	3,8	4,2	4,7
Gesamtkosten	38,6	38,5	41,7	38,9	38,2

Quelle: Angaben der Bundesregierung nach DER SPIEGEL Heft 22/2006, S. 31 und Bundesagentur für Arbeit (Hg.): SGB II Sozialgesetzbuch Zweites Buch Grundsicherung für Arbeitssuchende. Jahresbericht 2008, Nürnberg 2009, S. 22

Während die Betrachtung der Gesamtausgaben keine signifikanten Unterschiede zwischen altem und neuem Recht aufweist, zeigen sich bei Betrachtung der Leistungsausgaben für die Jahre 2004 und 2005 durchaus Verschiebungen. Nach Angaben der Bundesregierung betrugen die Kosten der Arbeitslosen- und Sozialhilfe im Jahr 2004 zusammen 26,6 Mrd. EUR für jahresdurchschnittlich 4,4 Millionen Arbeitslose. Im Jahr 2005 wurden trotz höherer jahresdurchschnittlicher Arbeitslosigkeit von 4,9 Millionen Personen aber nur 22,4 Mrd. EUR für das ALG II/Sozialgeld verausgabt. Wären die Betroffenen also nach altem Recht zu bezahlen, wären die Kosten deutlich höher ausgefallen. Zugleich fällt die Verdreifachung der Unterkunftskosten auf. Dahinter verbirgt sich die zunehmende Zahl von Bedarfsgemeinschaften. Und schließlich drittens ist festzustellen, dass trotz des Anspruches auf verstärktes Fördern, die Ausgaben für Eingliederungsleistungen in den ersten Jahren nach der Reform zurück gefahren wurden und bis heute nicht das Niveau von 2004 erreicht haben.

Gleichwohl ist festzustellen, dass vom Bezug des ALG II offensichtlich eine niedrigere stigmatisierende Wirkung ausgeht als von der alten Sozialhilfe. So hat sich wohl eine Vielzahl von Personen mit ergänzenden Ansprüchen bei den Trägern der Grundsicherung gemeldet, die vorher nicht bei den Sozialämtern vorstellig wurden. Auch haben unerwartet viele Bezieher von Niedrigeinkommen aufstockende Hilfen beantragt. Statt der erwarteten 200.000 machen inzwischen rund 1,4 Millionen Personen ihre ergänzenden Ansprüche geltend.

Ein weiterer Grund für die Kostensteigerungen nach dem Übergang zum neuen Grundsicherungsrecht wurde in der im Vergleich zur alten Sozialhilfe zunächst großzügigeren Regelung zur Gründung einer eigenen Bedarfsgemeinschaft für unter 25-Jährige vermutet. Tatsächlich stieg die Zahl der Bedarfsgemeinschaften zwischen Januar und September 2005 bundesweit um 16,1 Prozent, die der Ein-Personen-Haushalte um 19,2 Prozent an. Unbekannt ist allerdings, inwieweit dieser Zuwachs auf Jugendliche unter 25 Jahren zurück zu führen ist, die den elterlichen Haushalt verlassen wollten. Gleichwohl hat die Bundesregierung reagiert und faktisch die Wiedereinführung der Unterhaltspflicht von Eltern analog zur alten Sozialhilfe beschlossen. Demnach haben junge Arbeitslose unter 25 Jahren ohne abgeschlossene Berufsausbildung keinen Anspruch auf SGB II, wenn sie von zu Hause ausziehen wollen. Ausnahmen kann der Träger der Grundsicherung gewähren, es gibt aber keinen originären Rechtsanspruch mehr.

4.3 Jugend, Familie, Haushalt und Lebensgemeinschaft

4.3.1 Systematischer Stellenwert von Familie, Haushalt und Lebensgemeinschaft

Nicht nur in konservativen Familienbildern gilt die intakte eheliche, heterosexuelle Lebensgemeinschaft mit Kindern als Synonym für *Familie* und als *Keimzelle des Staates*. In dieser Vorstellung ist die Familie der Ort, an dem Kinder geboren werden sowie die physische und psychische Gesundheit der Familienangehörigen sichergestellt werden soll. Sie ist damit der zentrale Ort für *Regeneration* und *Reproduktion*, der den gesellschaftlichen Status quo garantiert. Aufgrund dieser zentralen gesellschaftlichen Bedeutung stellt das Grundgesetz der Bundesrepublik die Familie unter einen besonderen staatlichen Schutz. Zugleich gehört es zu unserem Wertekanon, dass die Pflege und Erziehung der Kinder „das natürliche Recht" und die „zuvörderst obliegende Pflicht" der Eltern ist (Artikel 6 Absatz 2 GG). In Absatz 3 wird ausdrücklich den Müttern zudem der „Anspruch auf den Schutz und die Fürsorge der Gemeinschaft" garantiert. Das Grundgesetz schützt die elterlichen Rechte gegenüber dem Kind, bindet diese aber an das Kindeswohl und behält dem Staat eine Kontrollfunktion (*Wächteramt*) vor. Ein ausdrückliches originäres Recht der Kinder auf eine umfassende kindergerechte Entwicklung enthält es allerdings (anders als etwa die

UN-Kinderrechtskonvention oder das Achte Buch Sozialgesetzbuch – SGB VIII *Kinder- und Jugendhilfegesetz*) nicht.

Aus dem Grundgesetz leiten sich gesellschaftliche Funktionszuschreibungen an die Familie ab. Übertragen in ein erweitertes familienpolitisches Verständnis sind damit die wichtigsten Funktionen der Familie definiert als:

- Sozialisationsfunktion durch Erziehungsleistungen

Familie ist eine wichtige Erziehungsinstanz in der Gesellschaft. In ihr werden Normen, Werte, Einstellungen und Verhaltensmuster transportiert. In der (schichtspezifischen) Vermittlung kognitiver, emotionaler, materieller und kultureller Ressourcen beeinflusst die familiäre Sozialisation entscheidend die Lebenschancen der Kinder.

- intrafamiliäre und intergenerative Versorgungs- und Sicherungsfunktion

Familiäre Strukturen gewährleisten nicht nur die Betreuung und Erziehung der Kinder, in ihnen werden auch zwischen den Generationen vielfältige wechselseitige Pflege-, (materielle) Unterstützungs- und Betreuungsleistungen erbracht. Familiäre Netzwerke ersetzen damit nicht selten fehlende oder unzureichende öffentliche Hilfs- und Betreuungsangebote (z.B. Kinderbetreuung) bzw. werden bewusst als Alternative zu sozialen Dienstleistungen aktiviert.

- Ort der physischen und psychischen Regeneration

Gegenüber der durchrationalisierten Arbeitswelt soll die Familie ein regenerativer Rückzugsraum sein, der emotionale Entlastung und Geborgenheit gewährt. Reale familiäre Lebensbedingungen (Wohnungsgröße, Einkommen, Umwelt) stehen nicht selten dieser Anforderung entgegen, weshalb Partnerschaftskonflikte zu einer zusätzlichen emotionalen und physischen Belastung werden können.

- Sicherung der demographischen Basis der Gesellschaft

Zusammen mit den *Migrationsbewegungen* gilt die *Geburtenrate* als wichtige Grundlage für eine ausgewogene Zusammensetzung der Altersstruktur einer Gesellschaft. Ob allerdings eine konstante Bevölkerungsgröße als anzustrebendes Optimum anzusehen ist, bleibt umstritten. Prägend für die reale demografische Entwicklung Deutschlands waren in den vergangenen zwei Jahrhunderten beides: Zunahme durch Migration und Geburtenzuwachs sowie Einbrüche innerhalb einzelner Geburtskohorten und der Bevölkerungsgröße insgesamt.

Aufgrund der konstitutiven Bedeutung von Familie für die gesamte Gesellschaft ist deren Schutz und Förderung eine zentrale sozialpolitische Aufgabenstellung. Familienpolitik zielt dabei auf eine Sicherung und Stärkung der materiellen und sozialen Ressourcen von Familien, Kindern und Jugendlichen. Sie muss sich dabei auf unterschiedliche Lebensphasen, Lebenslagen und Familienformen einstellen. Gleichzeitig bewegt sie sich in einem Interessensgeflecht, das durch die Bedürfnisse der Lebenspartner sowie der Kinder geprägt ist, wobei zu beachten ist, dass die Interessenslagen zwischen den Familien bzw. unter den Familienmitgliedern nicht immer deckungsgleich sein müssen.

Familienpolitik ist damit aber weder ein inhaltlich noch institutionell oder sozialpolitisch klar eingrenzbares Politikfeld. Sie ist sowohl explizite Fachpolitik (etwa im Familienrecht), als auch ein gesellschaftspolitisches *Querschnittsthema*, das in vielfältige Lebens- und Sicherungsbereiche einwirkt (z.B. in den Bereichen Einkommen, Wohnen, Bildung).

Bedeutungswandel von Familie

Die familienpolitische Debatte der letzten drei Jahrzehnte beschäftigte sich u.a. mit der Frage, inwieweit sich durch den gesellschaftlichen Wandel die Strukturen familiären Zusammenlebens verändern. Stichworte wie *Risikogesellschaft* (*Ulrich Beck*) oder *Erlebnisgesellschaft* (*Gerhard Schulze*) sollen einen Modernisierungsprozess beschreiben, in dem sich die Konturen der Industriegesellschaft zunehmend auflösen und ein neuer „*Modus der Vergesellschaftung*“[45] gedacht werden muss. Dieser zeichnet sich durch eine Neudefinition des Verhältnisses von Individuum und Gesellschaft aus, indem sich traditionelle Formen des Zusammenlebens in einer Welle des Hedonismus, als der Suche nach individuellem Glück, auflösen. Bei dieser Sichtweise wird die Familie häufig systematisch ausgeblendet. Denn der Bedeutungswandel der Familie lässt sich nicht allein in individualisierender Weise auf geänderte Präferenzen der Menschen zurückführen, sondern ist auch durch eine *strukturelle Rücksichtslosigkeit* der Gesellschaft gegenüber der Familie bedingt. Sowohl die Arbeitswelt, als auch staatliche Institutionen sowie Bedingungen des öffentlichen Lebens betrachten den Umstand, dass Menschen auch in familiäre Kontexte eingebunden sind, häufig als reine Privatsache. Kennzeichnend hierfür ist eine auf Familienbelange keine Rücksicht nehmende Ausgestaltung von Arbeitsbedingungen und Individuallöhnen ohne familienbezogene Bestandteile oder hinreichende sozialstaatliche Äquivalente (etwa Kindergeld) ebenso wie eine auf das Individuum zentrierte Schul- und Kinderbetreuungsinfrastruktur, die auf Zeitbedarfe von Eltern häufig keine Rücksicht nimmt. Insgesamt sind die gesellschaftlichen Verhältnisse zunehmend so angelegt, dass sie Kinder und Senioren in Sonderumwelten wie Spielplätze und spezielle Einrichtungen verweisen. Die gesellschaftliche Indifferenz gegenüber familiären Belangen erschwert so die Gründung und Lebensführung von Familien ebenso, wie die einseitige Delegation familiärer Lasten und Leistungen an Frauen.[46]

Gleichzeitig bleiben familiäre Strukturen aber der wichtigste *soziale Nahraum* für Erwachsene ebenso wie für Kinder und Jugendliche. Diese Nahräume weisen durch-

---

45 vgl. Ulrich Beck: Risikogesellschaft. Auf dem Weg in eine andere Moderne, Frankfurt am Main 1986, S. 205; Gerhard Schulze: Erlebnisgesellschaft, Frankfurt am Main und New York 1992

46 Bundesministerium für Familie, Senioren, Frauen und Jugend (Hg.): Fünfter Familienbericht: Familien und Familienpolitik im geeinten Deutschland – Zukunft des Humanvermögens, Bonn 1995

lässige Grenzen auf. Auch kann sich im zeitlichen Verlauf die Bedeutung zwischen den einzelnen Netzwerkstrukturen für das Individuum verändern. Mit zunehmendem Alter wächst die Anzahl und Dichte der sozialen Nahräume und deren Ortsgebundenheit verliert durch zunehmende Mobilität(-serfordernisse) an Bedeutung. Gesellschaftliche Veränderungsprozesse, die zu einer Ausdifferenzierung und Pluralisierung von Lebensstilen führen, wirken selbstverständlich auf die Struktur der sozialen Nahräume ein. Auch erleben die Menschen durch nationale wie internationale Migration das Aufeinandertreffen unterschiedlicher Funktionslogiken in den sozialen Umfeldern. Unterschiedliche kulturelle Erfahrungen, Sozialisations- und Wertmuster können sehr unterschiedliche Binnenstrukturen in den Nahräumen nach sich ziehen. In der Folge haben sich auch für das Verständnis von Familie Veränderungen ergeben. Die klassische mittelschichtorientierte, vierköpfige Familie mit traditionellem Erwerbsmuster und Rollenverhalten hat an gesellschaftsprägendem Einfluss verloren. Sie ist durch vielfältige Formen des Zusammenlebens von Eltern und Kindern ergänzt worden: (Ehe-)Paare mit ein oder mehreren Kindern, Haushalte allein Erziehender, Drei- und Viergenerationenhaushalte, gleichgeschlechtliche Partnerschaften mit oder ohne Kinder, *Patch-work*-Familien, bei denen Eltern neue Beziehungen eingehen und ihre Kinder ‚einbringen', gemischtnationale Familien, Familien mit Migrations- und/oder Fluchterfahrungen.

Die Aufzählung zeigt bereits, dass sich mit diesen pluralisierten Lebensformen das Familienmodell als Organisationsform gesellschaftlichen Zusammenlebens offenbar keineswegs überholt hat. Individualisierung und Hedonismus in der Erlebnisgesellschaft haben bislang nicht zu einer *Single*-isierung der Gesellschaft geführt. Zwar unterliegen die Formen des Zusammenlebens zunehmend einem in den situativen Lebenszusammenhängen begründeten Wandel, aber nach wie vor lebt die überwiegende Mehrzahl der Menschen in Deutschland zumindest zeitweise in Partnerschaften und Ehen.

Im Jahr 2008 lebten immerhin noch 73 Prozent (Westdeutschland = 77 Prozent, Ostdeutschland = 55 Prozent) der minderjährigen Kinder im Haushalt mit ihren verheirateten Eltern bzw. Stiefeltern zusammen. Damit wachsen zumindest in den alten Bundesländern nach wie vor gut drei Viertel aller Kinder und Jugendlichen in einer mehr oder weniger traditionellen Familienform auf. Von allen Kindern unter 18 Jahren lebten 2005 nur ca. ein Viertel ohne weitere Geschwister im Haushalt, etwa die Hälfte hingegen mit einem Geschwister und ein weiteres Viertel mit zwei und mehr Geschwistern. Auch der Zusammenhalt zwischen den Generationen löst sich nicht strukturell auf. So lebten im Jahr 2005 zwar nur in sieben Prozent der Haushalte Senioren gemeinsam mit Jüngeren und nur in einem Prozent der Haushalte drei oder mehr Generationen zusammen, doch Befragungen zu Wohnentfernungen zeigen, dass über die Hälfte der erwachsenen Kinder und Eltern im gleichen Ort, in der Nachbarschaft oder sogar im selben Haus leben. Und schließlich haben noch immer etwa 70 Prozent der Frauen sowie ca. 50 Prozent der Männer im Alter von 30 bis 34 Jahren bereits geheiratet.

Allerdings ändern sich Inhalt und Form des familiären Zusammenseins. Inzwischen leben in weniger als der Hälfte der Ehen aktuell auch Kinder mit im Haushalt. Im Jahr 2008 waren 17 Prozent im Westen und 26 Prozent aller Familienhaushalte in Ostdeutschland solche von Alleinerziehenden; sechs Prozent (West) und 19 Prozent (Ost) waren solche nichtehelicher oder gleichgeschlechtlicher Lebensgemeinschaften. Familie und auch Ehe sind zunehmend transitorische Zustände. So werden nicht nur über 30 Prozent der Ehen in Deutschland wieder geschieden, auch nimmt in Ostdeutschland die Zahl allein Erziehender sowie von Familien mit lediglich einem Kind deutlich zu. Damit verändert sich auf lange Sicht auch die Gestalt familiärer Netzwerkbeziehungen insgesamt, denn wo keine Geschwister sind, da gibt es später auch keine Tanten und Onkel. Angesichts dieser Vielfalt und Verläufe von Familie kann Familie weder einseitig als „Institution" (Familienpolitik als Institutionenpolitik) begriffen, noch darf der Blick lediglich auf einzelne Mitglieder von Familien (Familienpolitik als Familienmitgliederpolitik) gerichtet werden. Familie ist heute in erster Linie *als alltägliche Herstellungsleistung* und *Prozess* angemessen zu begreifen.[47]

Die Heterogenisierung der familiären Lebensformen befördert einerseits einen Bedeutungsverlust der familiären Herkunft für die soziale Stellung von Kindern und Jugendlichen in der Gesellschaft. Lebensformen, die vor zwanzig Jahren noch gesellschaftlich stigmatisiert waren, gehören heute zum akzeptierten Erlebensalltag. Andererseits weisen empirische Untersuchungen auf den entscheidenden Einfluss gerade der Familie auf die Ausbildung der ökonomischen, sozialen und kulturellen Ressourcen von Kindern und Jugendlichen hin. Vor allem das Bildungsmilieu der Herkunftsfamilie determiniert die Lebenschancen der Kinder und zwar in unterschiedlichsten Lebensbereichen. So ist über die Bildungspartizipation auch der Gesundheitsstatus und das individuelle Gesundheitsverhalten schichtenspezifisch ausgeprägt.

Auch wenn die eheliche Kleinfamilie als Familienform an gesellschaftlicher Dominanz verliert, so erfüllen die familiären Lebensformen nach wie vor ihre soziale Funktion in der Erziehung und Sozialisation von Kindern und Jugendlichen. Aufgrund des gesellschaftlichen Wandels haben die Familien dabei aber eher einen höheren als niedrigeren Unterstützungs- und Ergänzungsbedarf. Erwartungen, dass die Sorgeberechtigten naturgegeben und ohne weitere Voraussetzungen ihrer Elternrolle gerecht werden könnten, brechen sich an der Lebensrealität vieler Familien. Zerrüttete, von Auflösung bedrohte Familien, Gewalt gegen Ehepartner und Kinder, sexueller Missbrauch, die Flucht von Kindern und Jugendlichen aus ihren Elternhäusern (*Straßenkinder*), Drogenkonsum und Delinquenz, Schulschwänzen und Leistungsverweigerung sind Schlaglichter auf soziale Problemlagen, die die Lösungskompetenzen vieler Familien in komplexer und sich immer schneller verändernden Lebenswelten offensichtlich überfordern. Familien mit strukturellen Erziehungsdefiziten bzw. situativen Überforderungssyndromen brauchen ergänzende Bildungs- und Beratungsleistungen und umfassend unterstützende Kinder- und Jugendhilfeangebote.

---

47 Bundesministerium für Familie, Senioren, Frauen und Jugend (Hg.): Siebter Familienbericht: Familie zwischen Flexibilität und Verlässlichkeit – Perspektiven für eine lebenslaufbezogene Familienpolitik, Berlin 2006.

Aber auch Familien ohne diese besonders gravierenden Schwierigkeiten sind auf staatliche Unterstützungsleistungen angewiesen. Dies gilt insbesondere für die Ausstattung mit Betreuungsplätzen zur besseren Vereinbarkeit von Familie und Beruf, aber auch für Einkommen ergänzende (insbesondere Kindergeld) bzw. ersetzende Leistungen bei Geburt eines Kindes, wenn dadurch ein Teil das Familieneinkommens vorübergehend wegfällt (Erziehungs- bzw. Elterngeld).

4.3.2 Familienpolitik als Aufgabe der Sozialpolitik

Familienpolitische Sicherungsleistungen beziehen sich im Wesentlichen auf *ehebezogene* sowie im weitesten Sinne *familien- bzw. kinderbezogene* Dienst-, Sach- und Geldleistungen.

Ehebezogene Leistungen

Das soziale Sicherungssystem in Deutschland basiert in seiner Logik bis heute auf der Vorstellung einer traditionellen Arbeitsteilung zwischen Mann und Frau. Während der Mann den Familienunterhalt durch eine kontinuierliche Vollzeitbeschäftigung verdient, ist die nicht oder nur phasenweise und teilzeitberufstätige Ehefrau für Haushalt und Kindererziehung zuständig. Damit erwirbt aber nur der Ehemann einen umfassenden sozialversicherungsrechtlichen Schutz. Die Frau ist abhängig von den *Unterhaltsleistungen* des Ehemanns, womit deren Existenzsicherung abhängig vom Arbeits- und Sozialeinkommen des Mannes ist.

Obwohl Ehe und Familie heute nicht mehr in eins gesetzt werden können, geht die Sozial- und Familienpolitik bei wichtigen Regelungen immer noch von diesem Konstrukt aus. So besteht in der Familien- und Steuerpolitik:

- Anspruch auf *Witwen- und Witwerrente*: Stirbt der Ehepartner, so kann die Witwe/der Witwer bei fehlenden/geringen eigenen Einkünften aus der Gesetzlichen Rentenversicherung eine Hinterbliebenenrente in Höhe von 55 Prozent der Rentenansprüche des Ehepartners sowie einen Zuschlag für erzogene Kinder erhalten, je nach Sachlage von der Alters- oder von der Berufsunfähigkeitsrente (Große und Kleine Witwen-/Witwerrente). Damit resultieren die Ansprüche kaum aus der Anerkennung kindbedingter Nichterwerbstätigkeit, sondern aus dem Status der (Versorger-)Ehe und den Anwartschaften, die der sozialversicherungspflichtig beschäftigte Lebenspartner erworben hat.
- Anspruch auf *Familienversicherung*: Nicht oder nur geringfügig erwerbstätige Ehepartner sind über die Gesetzliche Kranken- und Pflegeversicherung des sozialversicherungspflichtig beschäftigten Ehepartners kostenlos kranken- und pflegeversichert. Sie haben Anspruch auf alle Leistungen außer dem (lohnabhängigen) Krankengeld.

- Anspruch auf *Ehegattensplitting*: Verheiratete werden mit ihren Einkommen bei der Einkommensteuer nicht individuell, sondern gemeinsam veranlagt. Dabei wird unterstellt, dass jeder Ehepartner genau die Hälfte des Gesamteinkommens aufbringt. Diese Einkommenshälften werden dann mit dem entsprechenden Steuersatz für Ledige belegt. Je größer die Einkommensdifferenz zwischen den Ehepartnern ist, umso größer die steuerliche Ersparnis.

Alle drei Regelungen zielen de facto vor allem auf voll erwerbstätige Ehemänner und nicht, kaum oder lediglich phasenweise erwerbstätige Ehefrauen. Diese Rollenverteilung hat empirisch und auch normativ in den Wünschen vor allem der Bevölkerung jüngeren und mittleren Alters mittlerweile deutlich an Bedeutung verloren. Ihre Prägekraft für Einkommens- und soziale Sicherungsverläufe wirkt allerdings insbesondere in Westdeutschland in den Biografien der älteren Bevölkerung fort.

Für die ehebezogenen Leistungen werden beträchtliche finanzielle Mittel aufgewendet. So zahlen die Beitragszahler für die beitragsfreie Mitversicherung von Ehepartnern in der Gesetzlichen Krankenversicherung etwa 10 Mrd. EUR und für die Witwen-/Witwerrente in der Gesetzlichen Rentenversicherung ca. 34 Mrd. EUR jährlich. Insgesamt stellt sich angesichts der Tatsache, dass erstens die Zahl allein Erziehender sowie nichtehelicher Lebensgemeinschaften tmit Kindern steigt, zweitens heute deutlich mehr verheiratete Frauen kinderlos bleiben als in früheren Jahrzehnten und drittens sich für berufstätige Mütter die Phase der Kindererziehungszeiten tendenziell verkürzt, die Frage nach der Sinnhaftigkeit lediglich an den Status der Ehe anknüpfender familienpolitischer Leistungen. Es wird problematisiert, dass heute sozialversicherungspflichtig beschäftigte Ehefrauen und Mütter Leistungen an nicht erwerbstätige, nicht (mehr) kindererziehende Frauen aus ihren Beiträgen mitfinanzieren.

Ebenfalls normativ stark umstritten ist das *Ehegattensplitting*. Insgesamt gehen dem Staat durch die Subventionierung der Ehe jährlich etwa 22 Mrd. EUR an Steuereinnahmen verloren. Bis in die 1950er Jahre wurde in der Einkommensteuer das Einkommen beider Ehepartner addiert und diese (progressionsrelevant höhere) Gesamtsumme in grundgesetzwidriger Weise gemeinsam versteuert, da sie verheiratete gegenüber ledigen Paaren benachteiligte. Umgesetzt wurde die vom Bundesverfassungsgericht der Politik auferlegte Änderung des Steuerrechts in Form des heute geltenden Ehegattensplittings. Dies stellt allerdings eine Überkompensation der vormaligen Benachteiligung dar. Das Splitting wirkt umso mehr, je höher das Einkommen ist und je ungleicher dabei die Einkommensverhältnisse von Mann und Frau sind. Das Splitting führt zwar dazu, dass verheiratete Doppelverdiener nicht länger gegenüber unverheirateten benachteiligt sind, es führt aber auch dazu, dass es für ein besonders gut verdienendes Paar, in der vornehmlich oder nur *ein* Partner das Einkommen erzielt, nun nicht etwa nur unerheblich wäre, ob es verheiratet ist oder nicht. Der Ehestatus wirkt sich nun vielmehr steuerlich besonders günstig aus.

Reformvorschläge zielen daher auf eine individuelle Besteuerung auch bei Ehepartnern, bei der allerdings ein doppelter übertragbarer Grundfreibetrag anstelle des Splittings dem Umstand Rechnung zu tragen hätte, dass beide Ehepartner einander unbedingt zum Unterhalt verpflichtet sind. Derartige Änderungen könnten erhebliche Summen etwa für die staatliche Förderung von Angeboten für Kinder freimachen, die es de facto insbesondere Frauen besser ermöglichen, Familien- und Erwerbsarbeit so zu kombinieren, dass eine eigenständige materielle Existenzsicherung erreicht werden kann. Befürworter der Ehegattensplittings argumentieren hingegen, dass sich die Verteilung der Erwerbstätigkeit unter den Ehepartnern nicht steuerlich auswirken soll, die Alleinverdienerehe über das Splitting also einer Doppelverdienerehe gleichen Gesamteinkommens steuerlich gleichgestellt werden soll.

Familien- bzw. kinderbezogene Leistungen

Familien erbringen in der Erziehung der Kinder für die Gesellschaft wichtige *Leistungen*, für die ihnen andererseits wiederum (materielle) *Lasten* entstehen: Eingeschränkte Verdienstmöglichkeiten bei Kindererziehung, erhöhte Ausgaben für den Lebensunterhalt, andere Ansprüche an das Wohnumfeld, Kosten für Schule und Ausbildung, Kosten für die Kinderbetreuung und andere Dinge mehr. Gerade im unteren Einkommensbereich können diese Aufwendungen und Einschränkungen (materielle) Unterversorgungslagen hervorrufen, für deren teilweise Kompensation unterschiedliche Geld-, Sach- und Dienstleistungen bereitgestellt werden:

Im weiteren Sinne können unter *Familienlastenausgleich* alle Steuerermäßigungen und sozialpolitischen Leistungen subsumiert werden, die als Ausgleich für die finanziellen Lasten für Unterhalt, Betreuung, Erziehung und Ausbildung von Kindern gewährt werden. Da all diese Lasten zugleich Leistungen der Familien für die Gesellschaft darstellen, wird auch vom *Familienleistungsausgleich* gesprochen. Im engeren Sinn wird mit dem Familienlastenausgleich das System aus *Kindergeld* und *steuerlichen Kinderfreibeträgen* erfasst. Hiermit soll zwei Gerechtigkeitsprinzipien Geltung verschafft werden:

- Das Bundesverfassungsgericht hat sich mehrfach für einen *horizontalen Lastenausgleich* ausgesprochen: Es soll erreicht werden, dass innerhalb gleicher Einkommensgruppen ein Ausgleich der durch Kinder verursachten Schwächung der wirtschaftlichen Leistungskraft erreicht wird. Dem entsprechen steuerliche Freibeträge (*Steuergerechtigkeit*). Dabei hat das Bundesverfassungsgericht den Gesetzgeber verpflichtet, das Existenzminimum von Kindern nicht nur sächlich zu definieren, sondern auch den Betreuungs- und Erziehungs- sowie den Ausbildungsbedarf mit einzubeziehen.
- Daneben gibt es den Grundsatz des *vertikalen Lastenausgleichs* zwischen Familien unterschiedlicher Einkommenslage: Die hier angestrebte *Bedarfsgerechtigkeit* des Familienlastenausgleichs kann über Steuerfreibeträge nicht erreicht werden. Ihr entsprechen vielmehr ein für alle Kinder gleich hohes Kindergeld sowie ggf. ein *Kindergeldzuschlag* für gering verdienende Familien.

Mit der Neuregelung des Familienlastenausgleichs im Jahr 1996 sind diese Elemente zusammengeführt worden, zumal das Bundesverfassungsgericht eine Diskriminierung der besser gestellten Haushalte untersagt hat: Kindergeld und Kinderfreibeträge werden entsprechend dem *Günstigkeitsprinzip* gegeneinander aufgerechnet, damit die für den einzelnen Haushalt beste Entlastung herauskommt. Damit enthält das Kindergeld mit steigendem Einkommen einen immer höheren Anteil Rückerstattung aufgrund kindbedingter Unterhaltkosten zuviel gezahlter Steuern, ist also keine reine Sozialleistung.

Das Kindergeld nach *Bundeskindergeldgesetz* (BKGG) beträgt seit 2010 pro Monat für die ersten beiden Kinder 184 EUR, für das dritte Kind 190 EUR sowie 215 EUR für das vierte und jedes weitere Kind. Der Kinderfreibetrag liegt bei 4.368 EUR im Jahr. Daneben fasst ein weiterer Freibetrag in Höhe von 2.640 EUR pro Jahr Aufwendungen der Haushalte für Betreuung und Erziehung bzw. Ausbildung zusammen (Stand 1. Januar 2010). Entsprechend dem *Günstigkeitsprinzip* werden die tatsächlichen Steuerersparnisse mit dem Kindergeld verrechnet.

Tatsächlich erhält die weit überwiegende Zahl der Eltern (ca. 90 Prozent) nur das Kindergeld, weil sich die steuerlichen Entlastungen nur für Bezieher besonders hoher Einkommen rechnen. So bleibt (auf Monatsbasis dargestellt) selbst beim höchsten Einkommenssteuersatz von 45 Prozent der Freibetrag für das sächliche Existenzminimum des Kindes mit 45 Prozent von 364 EUR = 163,80 EUR noch unter dem Kindergeldbetrag für das erste und zweite Kind von 184 EUR; erst durch die Addition des Freibetrags für Betreuung und Erziehung bzw. für den Ausbildungsbedarf (= gesamt 584 EUR) ergibt sich beim höchsten Steuersatz ein Vorteil gegenüber dem Kindergeld (262,80 EUR Freibetrag gegenüber 184 EUR Kindergeld).

Kinderfreibeträge und Kindergeld (monatlich in EUR)

		Alleinstehende	Ehepaare	Kinder
Zeile 2	SGB II/XII Regelsatz	364	655	235
Zeile 3	Kosten der Unterkunft	210	347	70
Zeile 4	Heizkosten	64	81	17
Zeile 5	sächliches Existenzminimum (Summe Zeile 2-4)	638	1.083	322
Zeile 6	steuerlicher Freibetrag für das sächliche Existenzminimum	652,83	1.305,67	364
Zeile 7	steuerl. Freibetrag für Betreuungs- und Erziehungs- oder Ausbildungsbedarf von Kindern			220
Zeile 8	gesamt (Zeile 6 und 7)			584

Quelle, nach: Bundesregierung (2008): Siebenter Existenzminimumbericht für das Jahr 2010, aktualisiert um die Neuregelungen des Wachstumsbeschleunigungsgesetzes für das Jahr 2010.

Die Kosten für die Ausbildung der Kinder sind in den Freibetrag für Betreuung und Erziehung einbezogen. Nur bei auswärtiger Unterbringung volljähriger Kinder wird ein steuerlicher Freibetrag von 924 EUR pro Jahr gewährt, der nicht dem allgemeinen Familienlastenausgleich zugerechnet und deshalb auch nicht mit dem Kindergeld verrechnet wird.

Um die Erwerbstätigkeit von Frauen zu fördern und Privathaushalte als Arbeitgeber für regulär beschäftigte Tageseltern zu gewinnen, sind seit 2006 außerhalb des Familienlastenausgleichs zusätzlich erwerbsbedingte Kinderbetreuungskosten bis zum 14. Lebensjahr eines Kindes zu zwei Dritteln von maximal 6.000 EUR jährlich steuerlich absetzbar.

Der Familienlastenausgleich kennt keine automatische Dynamisierung des Kindergeldes bzw. der Steuerfreibeträge. Die Anpassung der Leistungen erfolgt per Bundesgesetz. Die Höhe des Kindergeldes ist sozialpolitisch umstritten, da sie nur gut die Hälfte der Mindestunterhaltskosten eines Kindes abdeckt. Dabei kann nachgewiesen werden, dass bereits das bestehende Kindergeld für die Vermeidung von Armut bei Kindern eine wichtige Rolle spielt, die noch stärker greifen könnte, wenn das Kindergeld weiter erhöht und regelmäßig an die realen Ausgaben für Kinder angepasst werden würde. Angesichts der hohen Kosten, die für die öffentliche Hand mit jeder Kindergelderhöhung verbunden sind, wird alternativ diskutiert, Kindergeldleistungen gezielt für Bezieher unterer Einkommen zu erhöhen. Der im Jahr 2005 im Zuge der Hartz-Gesetzgebung eingeführte *Kinderzuschlag* zum Kindergeld in Höhe von maximal 140 EUR stellt eine solche Maßnahme dar, die bislang jedoch nur wenige Familien erreicht und überdies mit hohem Verwaltungsaufwand verbunden ist.

Im Ergebnis werden durch den Familienlastenausgleich derzeit besonders einkommensarme Familien lediglich auf Sozialhilfeniveau gesichert (das Kindergeld wird voll auf Leistungen des SGB II und SGB XII angerechnet). Wenigen Familien knapp oberhalb der Sozialhilfeschwelle wird mit dem Kinderzuschlag eine Zusatzleistung zugestanden. Besonders einkommensstarke Familien profitieren von den steuerlichen Kinderfreibeträgen (und bei Ehe kombiniert mit dem Alleinverdienermodell vom Ehegattensplitting). Für die große Mehrheit der Familien bleibt steuerrechtlich und bezogen auf soziale Geldleistungen hingegen das Kindergeld die zentrale Leistung.

Das Sozialgesetzbuch VIII Kinder- und Jugendhilfegesetz als System inhaltlich gezielter und zeitlich begrenzter Förderleistungen

Das heutige im Juni 1990 eingeführte Kinder- und Jugendhilfegesetz wurde 1996 als Achtes Gesetzbuch in das Sozialgesetzbuch überführt. Es basiert auf dem *Reichsjugendwohlfahrtsgesetz* (RJWG) vom 9. Juli 1922 bzw. auf dem *Jugendwohlfahrtsgesetz* (JWG) vom 11. August 1961. Das RJWG war insofern von entscheidender Bedeutung, als es erstens jedem Kind ein Recht auf Erziehung zusprach, zweitens Erziehungsrecht und -pflicht der Eltern im Verhältnis zur privaten Jugendhilfe und den Eingriffsrechten des Staates bestimmte und drittens den Aufbau der Jugendwohlfahrtsbehörden zur Folge hatte. Gleichwohl standen in der Ausführungspraxis des

RJWG wie des JWG die ordnungsrechtlich fürsorgerischen Eingriffe in die Familien im Vordergrund.

Nach SGB VIII hat jeder junger Mensch ein Recht auf Förderung seiner Entwicklung und Erziehung zu einer eigenverantwortlichen und gemeinschaftsfähigen Person. Dabei ist es Aufgabe des Gesetzes, die individuelle und soziale Entwicklung der Kinder und Jugendlichen zu fördern und die Eltern bei der Erziehung zu beraten und zu unterstützen. Unter ausdrücklicher Einbeziehung der Wünsche der Kinder sollen die gesetzlichen Leistungen im Ergebnis dazu beitragen, positive Lebensbedingungen für junge Menschen und ihre Familien sowie eine kinder- und familienfreundliche Umwelt zu schaffen bzw. zu erhalten. Das SGB VIII ist über die Betonung der *Jugendarbeit* (außerschulische Jugendbildung sowie Sport-, Spiel- und Freizeitförderung bei freien Trägern, in Jugendverbänden und Jugendgruppen), der *Jugendsozialarbeit* (sozialarbeiterische bzw. pädagogische Betreuung zum Ausgleich sozialer Benachteiligungen bzw. individueller Beeinträchtigungen in verschiedenen Lebenslagen und Erziehungssituationen) sowie der *Familienbildung, -beratung und -erholung* stark präventiv ausgerichtet. Es bietet in erster Linie persönliche und erzieherische Dienstleistungen an, materielle Transfers stehen ebenso im Hintergrund wie ordnungspolitische Eingriffe in die Familien. Letztere gewannen allerdings nach zahlreichen gravierenden Fällen von Kindesvernachlässigung mit dem 2005 ergänzten Paragraphen 8a zum Schutzauftrag bei Kindeswohlgefährdung wieder an Bedeutung.

Die Jugendämter der Kommunen und Kreise sind zuständig für die Finanzierung und Leistungsbereitstellung, wobei die Angebote selbst in der Regel durch freie Träger erbracht werden. Rechtsansprüche bestehen nur für einige Leistungsbereiche wie die Versorgung mit Kindergartenplätzen oder die Hilfen zur Erziehung. Zwar besteht die Verpflichtung der öffentlichen Hand, Jugendhilfeleistungen bereit zu stellen, das SGB VIII sieht hierbei jedoch ausdrücklich landesrechtliche Vorbehalte vor, so dass Struktur, Qualität und Umfang der Angebote in der Bundesrepublik stark variieren. Die Föderalismusreform von 2006 hat dies weiter befördert.

Die *Leistungen* des Kinder- und Jugendhilfegesetzes ergeben sich aus Paragraph 2 Absatz 2 SGB VIII:

- Angebote der Jugendarbeit, der Jugendsozialarbeit und des erzieherischen Kinder- und Jugendschutzes,
- Angebote zur Förderung der Erziehung in der Familie,
- Angebote zur Förderung von Kindern in Tageseinrichtungen und in der Tagespflege,
- Hilfe zur Erziehung und ergänzende Leistungen,
- Hilfe für seelisch behinderte Kinder und Jugendliche und ergänzende Leistungen,
- Hilfe für junge Volljährige und Nachbetreuung.

Zu den *anderen Aufgaben* der Jugendhilfe gehören nach Paragraph 2 Absatz 3 SGB VIII vor allem Aufgaben zur Sicherung der Kinderrechte bzw. ordnungspolitische Eingriffe in die Rechte der Eltern. Dies umfasst u.a.

- die Inobhutnahme von Kindern und Jugendlichen,
- die Mitwirkung in Verfahren vor den Familiengerichten,
- die Beratung und Belehrung in Adoptionsangelegenheiten,
- Amtspflegschaft und Amtsvormundschaft, Beistandschaft und Gegenvormundschaft des Jugendamtes.

Der Rechtsanspruch auf einen Kindergartenplatz

Die Vereinbarkeit von Familie und Beruf ist häufig vor allem ein Problem der ungelösten Kinderbetreuung. Eine umso größere familienpolitische Bedeutung kommt dem seit 1. Januar 1999 gültigen uneingeschränkten Rechtsanspruch auf einen Kindergartenplatz zu (Paragraph 24 SGB VIII). Durch die gesetzliche Neuregelung hat nun jedes Kind vom vollendeten dritten Lebensjahr an bis zum Tag des Schuleintritts einen Anspruch auf Unterbringung in einer Tageseinrichtung, deren Auftrag gemäß dem SGB VIII nicht allein in der Betreuung, sondern auch in der Erziehung und Bildung der Kinder liegt. Allerdings sind die üblichen starren Öffnungszeiten der Kindergärten häufig nicht geeignet, einer vollen und oft nicht einmal einer Teilzeitbeschäftigung nachzugehen.

Benötigt werden Ganztagsangebote auch für Kinder unter drei bzw. über sechs Jahren. Diese fehlen bislang häufig in Westdeutschland. Ab Oktober 2010 haben nach Maßgabe des Paragraph 24a SGB VIII nun aber zumindest Kinder unter drei Jahren einen Rechtsanspruch auf ein Betreuungsangebot, so die Eltern erwerbstätig sind oder diese aufnehmen, sich in schulischer oder beruflicher Ausbildung oder im Studium befinden, Eingliederungsleistungen in Arbeit nach dem SGB II erhalten oder deren Wohl ohne ein Betreuungsangebot nicht gewährleistet ist. Ab dem 1. August 2013 gelten diese Bedingungen gemäß des Kinderförderungsgesetzes von 2008 für Kinder unter einem Jahr, während der bislang nur für Kinder über drei Jahren geltende unkonditionierte Rechtsanspruch auf ein- und zweijährige Kinder ausgeweitet wird.

Im Ergebnis zeigt sich, dass die neuen Bundesländer als Erbe aus DDR-Zeiten über ein vergleichsweise gut ausgebautes Betreuungsangebot verfügen, während die alten Bundesländer bislang im nationalen wie internationalen Vergleich durch eine erhebliche Unterversorgung auffallen. Hier fördert die staatliche familienpolitische Infrastrukturpolitik derzeit noch eher die klassische Rollenverteilung in der Familie bzw. werden das Betreuungsproblem und seine Kosten weitgehend privatisiert. Es hat sich deshalb konkurrierend zu öffentlichen Angeboten ein privater ‚Betreuungsmarkt' etabliert, der sozial sehr selektiv wirkt, weil er vor allem besser verdienende Eltern gegen privat aufzubringende Bezahlung von Betreuungsaufgaben entlastet. Mit der Ausweitung des Rechtsanspruches auf Kinderbetreuung für Kinder unter drei Jahren ab 2013 setzt sich nun aber auch in Westdeutschland der allmähliche Abschied vom Phasenmodell der Vereinbarkeit von Familie und Beruf (mehrjährige Erwerbsunterbrechung der Frau bei Geburt eines Kindes) weiter fort, auch wenn über die Garantie allein eines Halbtagesplatzes auch 2013 kaum der Gesamtbedarf abgedeckt sein dürfte.

Sondertatbestände in der sozialen Sicherung Alleinerziehender

Besondere gesetzliche Vorschriften zielen auf eine materielle Besserstellung allein erziehender Mütter und Väter. Mit dem Gesetz zur Sicherung des Unterhalts von Kindern alleinstehender Mütter und Väter durch Unterhaltsvorschüsse oder -ausfallleistungen (*Unterhaltsvorschussgesetz*) wird der Tatsache Rechnung getragen, dass nach einer Ehescheidung bzw. Trennung häufig der unterhaltspflichtige Partner seinen Zahlungsverpflichtungen gegenüber dem anspruchsberechtigen Kind nicht nachkommt. Um daraus resultierende finanzielle Belastungen zu mindern, kann Kindern bis zum 12. Lebensjahr für maximal 72 Monate ein *Mindestunterhalt* bezahlt werden, dieser beträgt mit Stand vom 1. Januar 2010 monatlich für Kinder unter sechs Jahren 133 EUR, für Kinder zwischen sechs und zwölf Jahren 180 EUR.

Zu diesen Beträgen addiert sich noch das Kindergeld beziehungsweise kommen (übertragene) steuerliche Kinderfreibetrage hinzu. Finanziert vom Bund werden die Leistungen über die Unterhaltsvorschusskassen der kommunalen Jugendämter gewährt. Da das Unterhaltsvorschussgesetz den unterhaltspflichtigen Elternteil nicht aus der Leistungspflicht entlässt, gehört es auch zu deren Aufgaben, die geleisteten Zahlungen bei dem zahlungspflichtigen Elternteil wieder einzufordern (*Rückgriff*).

Der besonderen sozialen und materiellen Situation von Alleinerziehenden wird im SGB II *Grundsicherung für Arbeitssuchende* und im SGB XII *Sozialhilfe* durch gleichlautende Sondertatbestände Rechnung getragen:

- So ist die *Familiensubsidiarität* dadurch eingeschränkt, dass die Eltern von Alleinerziehenden bis zur Vollendung des sechsten Lebensjahres des Kindes nicht zu Unterhaltsleistungen herangezogen werden dürfen.
- Alleinerziehenden mit einem Kind unter 7 Jahren bzw. mit zwei oder drei Kindern unter 16 Jahren steht ein Mehrbedarfszuschlag von 36 Prozent auf den Regelsatz zu. Bei mehr oder älteren Kindern wird ein Zuschlag von 12 Prozent je Kind gezahlt (insgesamt max. 60 Prozent).

Diesen Sonderleistungen stehen auch Einschränkungen gegenüber. Nachdem das Bundesverfassungsgericht die Regelungen zu den Haushaltsfreibeträgen für Alleinerziehende als verfassungswidrig erklärt hat, wurden diese sukzessive abgeschmolzen. Dies soll durch die Entlastungen für Betreuung sowie Erziehung im Familienlastenausgleich kompensiert werden, was allerdings bei vielen Alleinerziehenden de facto aufgrund der hohen Sozialhilfeempfängerquote bzw. des niedrigen durchschnittlichen Haushaltseinkommens in dieser Zielgruppe fraglich erscheint.

Kindererziehungszeiten, Elterngeld und Elternzeit

Seit dem Rentenreformgesetz 1992 werden *Kindererziehungszeiten* in der Gesetzlichen Rentenversicherung als Pflichtbeitragszeiten anerkannt. Für Kinder, die vor 1992 geboren wurden, wird ein Jahr, für Kinder ab 1992 werden drei Jahre in Höhe des Durchschnittsentgelts aller Versicherten als fiktives eigenes Einkommen angerechnet. Damit können wahlweise Mütter oder Väter Zeiten in ihrer Rentenbiographie ausgleichen, in denen sie wegen der Kindererziehung über ein geringeres bzw. kein Einkommen verfügten. Da die Kindererziehungszeiten additiv zu einem möglichen Erwerbseinkommen in diesen drei Jahren angerechnet werden, erhöhen sie später in jedem Fall den Rentenanspruch. Diese Regelung gilt auch für Frauen und Männer, die nicht verheiratet sind, aber Kinder erziehen, ebenso wie für Alleinerziehende.

Im Jahr 2007 löste das *Elterngeld* das seit 1986 bestehende *Erziehungsgeld* ab, das (bei mehrfach veränderten Einkommensgrenzen) in seiner Leistungshöhe von 300 EUR über 20 Jahre unverändert bestand. Es sollte als einkommensabhängige Leistung des Bundes in unteren Einkommensgruppen einen Beitrag zu den Kosten der Kindererziehung in den ersten beiden Lebensjahren des Kindes leisten. Das Elterngeld hingegen ist nun als Lohnersatzleistung angelegt. Analog zum ALG I beträgt es 67 Prozent des letzten Gehalts, bis maximal einem Auszahlungsbetrag von 1.800 EUR. Unterhalb von 1.000 EUR Nettoerwerbseinkommen steigt die Lohnersatzrate schrittweise von 67 Prozent (bei 1.000 EUR Einkommen) auf bis zu 100 Prozent (bei 340 EUR Einkommen). Damit wurde ein grundlegender Systemwechsel vollzogen. An die Stelle der Pauschalleistung mit engen Einkommensgrenzen trat nach skandinavischem Vorbild eine Leistung, die für alle jungen Eltern im ersten Jahr nach Geburt des Kindes herbe Einkommenseinbrüche aufgrund von Erwerbsunterbrechung oder -reduzierung auf maximal 30 Stunden/Woche vermeiden soll. Flankiert wird der Lohnersatz durch ein Mindestelterngeld von 300 EUR für zuvor nicht erwerbstätige Eltern. Das Mindest*elterngeld* wird bei ALG II- und Sozialhilfebeziehern nicht als eigenes Einkommen auf die Regelleistung angerechnet. Daraus ergibt sich hier für die Dauer der Elterngeldzahlung ein relativ gesehen günstiges Einkommensniveau. Umgekehrt trifft diese Bezieher von Mindestsicherungsleistungen die mit der Ablösung des Erziehungsgeldes durch das Elterngeld verbundene verkürzte Bezugszeit von ehedem maximal zwei auf nun ein Jahr in besonderem Maße, da gerade sie zu den Leistungsempfängerinnen (selten: Leistungsempfängern) gehörten.

De facto erhalten 32 Prozent der Eltern (Frauen = 33,2 / Männer 21,7 Prozent) lediglich das Mindestelterngeld. Die 67 Prozent Einkommensersatz (ohne Aufstockung wegen Verdiensten unter 1.000 EUR) beziehen nur 16,2 Prozent der Eltern (Frauen = 12,9 / Männer = 44,5 Prozent).[48] Der mögliche Bezugszeitraum erhöht sich von 12 auf 14 Monate, wenn beide Elternteile ihre Erwerbstätigkeit aufgrund der Kindererziehung vermindern oder unterbrechen (sog. *Partnermonate*). Auch nach

48 Bundesregierung (2008): Antwort der Bundesregierung auf die kleine Anfrage (...) der Fraktion Die Linke. Bundestagsdrucksache 16/9215 vom 20. Mai 2008. S. 2f.

einer ersten Reform des Bundeselterngeld- und Elternzeitgesetzes (BEEG) im Jahr 2008 bleiben die Konditionen zur Inanspruchnahme des Elterngeldes durch beide Elternteile in paralleler Teilzeit (statt nacheinander Vollzeit) unbefriedigend gelöst. Die Konstruktion sogenannter Elterngeldmonate führt hier zu ihrem Verbrauch des Anspruchs in nur sieben (statt 14) Monaten.

Mit der Revision 2008 eingeführt wurde eine sogenannte *Großelternzeit* zur Betreuung des Kindes in Vertretung seiner Eltern, freilich ohne auch den Bezug des Elterngeldes für Großeltern zu ermöglichen. Grundlegend für die Regelungen zur *Elternzeit* (vormals Erziehungsurlaub) ist eine Gesetzesänderung aus dem Jahr 2001, mit der die Vereinbarkeit von Familie und Beruf erleichtert werden sollte und größere Spielräume für eine (gleichzeitige) Kinderbetreuung durch beide Elternteile eröffnet wurden. Anspruch auf Elternzeit haben Mütter und Väter, die in einem Arbeitsverhältnis stehen. Die Elternzeit ist auf maximal drei Jahre pro Kind begrenzt. Während der Elternzeit kann der Arbeitgeber den Arbeitsvertrag nicht kündigen. Die Elternzeit kann zwischen den (berufstätigen) Eltern frei aufgeteilt, aber auch gemeinsam genommen werden. Im Extremfall können beide Elternteile damit gleichzeitig die vollen drei Jahre in Anspruch nehmen. Während der Elternzeit besteht zudem ein Rechtsanspruch auf Teilzeitarbeit im Umfang bis zu maximal 30 Stunden pro Woche. Im Anschluss an die Elternzeit besteht das Recht auf Rückkehr zu der Arbeitszeit, die vor Beginn der Elternzeit galt. Mindestbeschäftigtenzahlen (i.d.R. mehr als 15 Arbeitnehmer) und die Möglichkeit, dringende betriebliche Gründe geltend zu machen, begrenzen für kleine Unternehmen ihre Verpflichtungen zur Gewährung von Elternzeit.

Wohngeld und sonstige Transfers

Das *Wohngeld* ist keine rein familienspezifische Sozialleistung. Gleichwohl zeigt sich gerade in mittleren und großen Städten, dass vor allem Familien mit Kindern Schwierigkeiten haben, einen angemessenen und zugleich bezahlbaren Wohnraum zu finden. Bei Haushalten mit niedrigen Sozial- bzw. Erwerbseinkommen zeigt sich zudem, dass hier der Anteil der Wohnkosten an den Gesamtausgaben des Haushaltes überdurchschnittlich hoch ist.

Die Leistungen des Wohngeldgesetzes richten sich nach Tabellenwerten, die die Größe des Haushaltes, die Höhe des Haushaltseinkommens und der bezuschussungsfähigen Miete (seit 2009 zuzüglich eines Heizkostenbetrages) berücksichtigen. Liegt das Einkommen unterhalb des nach den persönlichen Verhältnissen berechneten zumutbaren Höchstbetrages, wird ein Mietzuschuss gewährt.

Durch die Einführung des Arbeitslosengeldes II sind etliche Hilfeberechtigte vom Wohngeldbezug in den Rechtskreis des SGB II übergegangen, mit der Folge drastisch sinkender Gesamtausgaben für das Wohngeld (2004 = circa 5,2 Mrd. EUR, 2005 = etwa 1,2 Mrd. EUR). Durch Reform des Wohngeldes zum 1. Januar 2009 sind mit der Steigerung der Zahl der Wohngeldempfänger von ca. 570.000 (2008) auf mehr als 800.000 (2009) und durch Verbesserung der Leistungen auch die Kosten nach zwischenzeitlichem weiteren Rückgang nun wieder gestiegen, wenn auch auf niedrigem Niveau (von 730 Millionen EUR 2008 auf ca. 1,6 Mrd. EUR in 2009). Eine wichtige Neuerung der Wohngeldreform 2009 war dabei die Berücksichtigung von Haushaltsmitgliedern auch jenseits der Kernfamilie, so sie eine Wohn- und Wirtschaftsgemeinschaft bilden. Während die Finanzierung des Wohngeldes hälftig durch den Bund und die Länder erfolgt, obliegt die Durchführung den kreisfreien Städten und Landkreisen, die hierfür besondere Wohngeldstellen einrichten.

Insbesondere im Bereich der kinderbezogenen Leistungen existiert noch eine Vielzahl weiterer Bestimmungen für *sonstige Transferleistungen*:

- die beitragsfreie Familienversicherung für Kinder in der Gesetzlichen Kranken- und Pflegeversicherung sowie Zuzahlungsbefreiungen für Kinder im Krankheitsfall,
- die beitragsfreie, aus den Ansprüchen der Eltern abgeleitete Hinterbliebenenversorgung für Kinder in der Gesetzlichen Renten- und Unfallversicherung,
- der gesetzliche Unfallversicherungsschutz in Kinderbetreuung, Schule und (Hochschul-)Ausbildung,
- die Ausbildungsfinanzierung und -förderung nach Bundesausbildungsförderungsgesetz (BAföG),
- die Berücksichtigung von Kindern bei der Berechnung von Sozialleistungen, z.B. bei den Lohnersatzleistungen nach Sozialgesetzbuch III.

4.3.3 Grenzen der Familienpolitik

Immer wiederkehrend wird in Politik und Gesellschaft ein besonderer familienpolitischer Handlungsbedarf angemahnt, um der gesellschaftlichen wie (sozial-)politischen Geringschätzung der Sozialisationsleistung der Familien entgegenzuwirken. In den letzten Jahren hat es durch die rot-grünen Bundesregierungen und die Große Koalition mindestens nominale (Kindergeld, Wohngeld) und auch reale Verbesserungen familienpolitischer Geldleistungen (Einführung des Elterngeldes und des Kinderzuschlags) für viele Familien gegeben. Auch die Bemühungen um den Ausbau familienpolitischer Dienstleistungen (Krippen, Ganztagsschulen) sind beachtlich. Gleichwohl wird nach wie vor davon ausgegangen, dass Familien im Wesentlichen aus sich selbst heraus in der Lage seien, die vielfältigen Erziehungs- und Sozialisationsaufgaben, die der gesellschaftliche Wandel hervorruft, angemessen bearbeiten zu können. Angebote zur Familienbildung und Familienerholung sowie die Förderung offener und verbandlicher Kinder- und Jugendarbeit genießen seit etlichen Jahren zumindest auf der Bundesebene keine nennenswerte politische Aufmerksamkeit mehr. Bundes- und Landesmodellprogramme zu Mehrgenerationenhäusern, Familienzentren und Lokalen

Bündnissen für Familien[49] können kaum darüber hinwegtäuschen, dass hier lokal und regional unterschiedlich zum Teil Förder- und Angebotsstrukturen in beträchtlichem Ausmaß erodieren. Sichtbar werden hier auch Inkonsistenzen einer Familienpolitik im politischen Mehrebenensystem, etwa wenn auf der Bundesebene ein Prioritätenwechsel weg von Investitionen in materielle familienpolitische Leistungen hin zu Sach- und Dienstleistungen gefordert wird, während auf Länder- und kommunaler Ebene die Inanspruchnahme etwa von Bildungsleistungen für Familien zum Teil signifikant verteuert wird (Erhöhung von Elternbeiträgen bei Kindertagesstätten, Abschaffung der Lehrmittelfreiheit, Einführung von Studiengebühren) oder Angebote schlicht wegfallen (Schließung von Jugend- und Bürgerhäusern, Schwimmbädern und Bibliotheken, Wegfall von Jugend-, Familien- und Seniorenfreizeiten). Das Zusammenwirken der Familienpolitiken verschiedener politischer Ebenen stellt sich damit an manchen Orten der Bundesrepublik für Familien in der Summe als Tendenz zur *Refamiliarisierung* familienbedingter Kosten und als ein Abbau familienfreundlicher sozialer Infrastruktur dar.

Die Herausforderungen, vor denen auch und gerade Familien mit Migrationshintergrund stehen, beschreibt der Elfte Kinder- und Jugendbericht des Bundesministeriums für Familie, Senioren, Frauen und Jugend (BMFSFJ) wie folgt:

- Vermittlung eines tragfähigen Werte- und Normensystems angesichts einer Pluralisierung von Wertvorstellungen,
- Vorbereitung auf einen kompetenten Umgang mit den Angeboten der Konsum- und Medienwelt im Kontext einer immer stärker medial geprägten und in Marktzusammenhängen eingebundenen Jugendphase,
- Schul- und Berufswahl vor dem Hintergrund eines Bedeutungszuwachses von Bildung bei gleichzeitig abnehmender Integrationskraft von Bildungsabschlüssen.[50]

Während also einerseits eine wachsende Verunsicherung über die Planbarkeit von Lebenswegen in einer sich politisch und sozial entgrenzenden Welt konstatiert wird, fehlt es andererseits an einer Diskussion darüber, wie die Kompetenzen und Fähigkeiten, die zur Orientierung in der neuen Lebenswelt nötig sind, erworben werden können. Ein Teufelskreis zeichnet sich ab, wenn fehlende familienpolitische Unterstützungsangebote bzw. mangelnde Nachfrage von bestehenden Hilfsangeboten Familien letztlich alleine lassen und damit die Kinder an die mit Familiengründung und verantwortungsbewusster Wahrnehmung der eigenen Elternrolle verbundenen Aufgaben und Herausforderungen nicht herangeführt werden.

Um bei den Familien ansetzend ein Stück mehr Chancengleichheit und soziale Gerechtigkeit zu schaffen, gilt eingedenk etwa der Hartz-Gesetzgebung (die die Zahl der von Armut betroffenen Kinder massiv erhöht hat) nach wie vor, was im Zehnten

49 Siehe www.mehrgenerationenhaeuser.de, www.familienzentrum.nrw.de, www.lokale-buendnisse-fuer-familie.de.

50 BMFSFJ (Hg.): Elfter Kinder- und Jugendbericht. Bericht über die Lebenssituation junger Menschen und die Leistungen der Kinder- und Jugendhilfe in Deutschland, Berlin 2002, S. 125

Kinder- und Jugendbericht resümierend empfohlen wurde: „Familien brauchen gesicherte und vorhersehbare Rahmenbedingungen für ein Leben ohne andauernde Sorge um eine Verschlechterung der familiären Existenzbedingungen. Gegen diesen Grundsatz ist in den vergangenen anderthalb Jahrzehnten immer wieder verstoßen worden, weil viele Änderungen (...) zu Lasten der Familie gegangen sind. Kinder und ihre Familien sind (...) eine Gruppe der Bevölkerung, die nicht etwas abzugeben hat, sondern in den Verteilungsprozessen massiv zusätzlich berücksichtigt werden muß.“[51] Dabei gilt allerdings, dass Familien keine homogene soziale Gruppe sind, sondern das Spektrum der Einkommens- und Lebenslagen der Gesamtbevölkerung spiegeln. Dies erklärt zum Teil den schwachen gesellschaftlichen Organisationsgrad von Familieninteressen und verweist darauf, dass auch bei der Formulierung familienpolitischen Reformbedarfs normative Werturteile und soziale Interessen widerstreiten.

4.4 Gesundheit und Pflege

4.4.1 Systematischer Stellenwert von Gesundheit

Fragen der Gesundheit sind in unserer Gesellschaft allgegenwärtig. Die Pharma- und medizintechnische Industrie unternimmt große Anstrengungen, immer neue bzw. modifizierte therapeutische Methoden und Arzneimittel, die geeignet sein sollen, das Leben der Menschen zu verbessern, auf dem Gesundheitsmarkt zu platzieren. Hierbei ergeben sich immer wieder gesundheits- und gesellschaftspolitische Kontroversen über das medizinisch Wünsch- bzw. Machbare einerseits und das ethisch Vertretbare andererseits. Diskutiert wird zum Beispiel der Einsatz der Gentechnik, der pränatalen Diagnostik, die Grenzen der Intensivmedizin, aber auch der Umgang mit passiver oder gar aktiver Sterbehilfe. Zugleich wird das Leitmotiv vom in allen Lebensphasen aktiven, dynamischen und gesunden Menschen als individuellem wie sozialem Sollzustand in Werbung, Funk und Fernsehen täglich propagiert. Gesundheit wird damit funktional zur Leistungs- und Arbeitsfähigkeit gesetzt. Ein gesundheitlich nicht beeinträchtigtes Leben gilt folglich auch den meisten Menschen als wichtigstes soziales Gut, ist es doch Basis für gesellschaftliche Integration, soziales Wohlergehen und individuelle Selbstentfaltung.

Dabei ist gar nicht so einfach zu definieren, was denn nun *Krank- bzw. Gesundsein* bedeutet. Beide Zustände sind wissenschaftlich nicht objektiv messbar. Definitionen von Krankheit bilden sich über medizinische Auffassungen bzw. unterschiedliche Lehrmeinungen über die Entstehung und Wirkungsweise von Krankheiten aus. Diese sind wiederum durch das jeweilige Normen- und Wertesystem geprägt, wes-

---

51 vgl. Deutscher Bundestag (Hg.): Bericht über die Lebenssituation von Kindern und die Leistungen der Kinderhilfen in Deutschland – Zehnter Kinder- und Jugendbericht –, Drucksache 13/11368, 13. Wahlperiode, Bonn 1998, S. 93

halb sich in unterschiedlichen Kulturkreisen sehr differenzierte Verständnisformen von Krankheit und folglich auch von Therapie zeigen. Aber auch innerhalb einer Gesellschaft ergibt sich durch Lebens- und Arbeitsbedingungen, soziales Umfeld und Bildungsstand ein schichtenspezifisch variierendes Krankheitsverständnis, was wiederum Ursachen und Auftretenshäufigkeit von Krankheit (*Morbidität*) bzw. Sterblichkeit (*Mortalität*) in spezifischer Weise beeinflusst.

Die Weltgesundheitsorganisation (WHO) hat ein sehr umfassendes Verständnis von Gesundheit formuliert: „Gesundheit ist ein Zustand vollständigen physischen, geistigen und sozialen Wohlbefindens und nicht die bloße Abwesenheit von Krankheit und Gebrechlichkeit. Der Genuss des höchsten erreichbaren Niveaus von Gesundheit ist eines der fundamentalen Rechte jedes Menschen ohne Unterschiede von Rasse, Religion, politischer Überzeugung, ökonomischer und sozialer Stellung." Gesundheit wird damit in den Rang eines Grundrechtes erhoben, es muss allerdings offen bleiben, wieweit dieses Recht etwa durch individuelles, durch soziales und/ oder durch politisches Handeln realisiert werden kann bzw. was daraus folgt, wenn dieses nicht geschieht. Wichtig an dieser Definition aus dem Jahr 1948 ist allerdings, dass Politik und Gesellschaft gehalten sind, eine Beeinträchtigung oder gar Gefährdung von Gesundheit im Rahmen ihrer Möglichkeiten abzuhalten und schon gar nicht bewusst herbeizuführen.

Grundsätzlich hat die *Gesetzliche Krankenversicherung* nach Paragraph 1 Sozialgesetzbuch V (SGB V) die Aufgabe, die Gesundheit der Versicherten zu erhalten, wiederherzustellen oder ihren Gesundheitszustand zu bessern. Dabei sind die Versicherten für ihre Gesundheit ausdrücklich mitverantwortlich. Durch eine gesundheitsbewusste Lebensführung, die Beteiligung an Vorsorgemaßnahmen sowie die aktive Mitwirkung an Krankenbehandlung und Rehabilitation sollen sie dazu beitragen, den Eintritt von Krankheit und Behinderung zu vermeiden oder deren Folgen zu überwinden. Die Krankenkassen haben dabei den Auftrag durch Aufklärung, Beratung und Leistungen zu helfen und auf gesunde Lebensverhältnisse hinzuwirken. In Deutschland orientiert sich der Krankheitsbegriff an den von der Sozialrechtssprechung (*Bundessozialgericht*) in unterschiedlichen Urteilen der Jahre 1967, 1972 und 1975 entwickelten Kriterien. Ein Leistungsanspruch auf Krankenbehandlung im Sinne der Gesetzlichen Krankenversicherung liegt dann vor, wenn:

- ein regelwidriger körperlicher, geistiger oder seelischer Zustand eine (medizinische) Leistungserbringung erfordert, um Schmerzen oder Beschwerden zu verhindern, zu beheben oder zu lindern;
- eine Krankheit erkannt (Vorsorge, Prävention) bzw. die Beeinträchtigung der gesellschaftlichen Teilhabe durch eine Krankheit so gering wie möglich gehalten werden soll;
- die Arbeitsfähigkeit eines Versicherten wieder hergestellt, erhalten oder im Hinblick auf die Zukunft positiv beeinflusst werden soll.

Krankheit bzw. Kranksein ist die Folge komplexer Verursachungszusammenhänge zwischen individuellen Dispositionen (einschließlich lebensgeschichtlich erworbenen psychischen Erlebnis- und Verarbeitungsmöglichkeiten von psychosozialen Belastungen und Konflikten) sowie belastenden Umweltfaktoren aus den Lebens- und Arbeitsbedingungen. Individuelle Disposition und soziale Umweltfaktoren bestimmen die persönliche Lebensweise und wirken auf das Gesund- bzw. Kranksein zurück.

Gesundheitspolitik ist aber nicht nur eine Frage der Beseitigung bzw. Verhinderung von Krankheit. Der medizinische Fortschritt und die allgemein verbesserten Lebens- und Arbeitsbedingungen haben zur Folge, dass die Lebenserwartung kontinuierlich ansteigt (*Demografie*). Damit steigt allerdings auch das Risiko, aufgrund von Krankheit bzw. degenerativen Alterserscheinungen auf hauswirtschaftliche Versorgung bzw. (medizinische) Pflege angewiesen zu sein. Gleichzeitig nimmt die Zahl derer ab, die – sei es im familiären Verbund, sei es als Nachbarn – in der Lage sind, die Pflege gewissermaßen ‚nebenbei' mit zu erledigen. Daneben gibt es *behinderte Menschen*, die aufgrund ihres körperlichen oder geistigen Zustandes ebenfalls der (dauerhaften) Betreuung in Pflegeeinrichtungen bedürfen.

Angesichts der hohen Bedeutung, die *Gesundheit* und *menschenwürdige Pflege* im Alter und bei Behinderung für die Bürgerinnen und Bürger, aber auch für die Wirtschaft hat, ist staatliche Gesundheitspolitik gefordert, Maßnahmen zu ergreifen, die dem Erhalt oder der Wiederherstellung von Gesundheit, der Sicherung des materiellen Lebensunterhalts im Falle von Krankheit, Arbeitsunfähigkeit und Erwerbsunfähigkeit sowie der Absicherung gegen das Pflegerisiko dienen. Eine ausdifferenzierte *Gesundheitsberichterstattung* dient dabei als Grundlage der Entscheidungsfindung in gesundheitspolitischen Fragen. In einem umfassenderen Politikansatz bezieht die Gesundheitspolitik auch Fragen des *Arbeitsschutzes* und der *Umweltpolitik* ein.

4.4.2 Lebenslagen und gesundheitlicher Status in Deutschland

Die historische Betrachtung zeigt, wie sich die Krankheitsrisiken in einer Gesellschaft deutlich verschieben können. So hat sich in den letzten hundert Jahren das *Krankheitspanorama*, das die Häufigkeit einzelner Krankheiten und deren Bedeutung für die Sterblichkeit beschreibt, signifikant verändert. Im 19. Jahrhundert waren vor allem *Infektionskrankheiten* wie Tuberkulose, Diphtherie und Meningitis sowie Seuchen (Cholera, Pocken) für den Tod zahlreicher Menschen verantwortlich. Über präventive Maßnahmen wie verbesserte hygienische Bedingungen, Reihenimpfungen und schließlich die Entdeckung des Antibiotikums Penicillin haben diese Krankheiten ihren Schrecken verloren. An die Stelle von Infektionen, Mangelernährung und körperlicher Überlastung sind in den modernen Industriegesellschaften die *chronisch degenerativen Krankheitsfolgen* von Stoffwechsel-, Herz-Kreislauf- und Tumorerkrankungen sowie psychische Störungen getreten.

Die Verteilung von Morbidität und Mortalität ist regional, demografisch, und geschlechts- und schichtspezifisch stark differenziert. So zeigen sich in Ballungsräumen und Industriezentren höhere Gesundheitsgefährdungen. Mit steigendem Lebensalter nimmt das Risiko zu erkranken ebenfalls deutlich zu *(Multimorbidität)*. Und schließlich zeigt sich ein Zusammenhang von sozialer Lage und gesundheitlichen Risiken (siehe Abbildung auf der vorherigen Seite).

Lebenslagen und gesundheitliche Ungleichheit

Quelle: Bäcker, Gerhard, u.a.: Sozialpolitik und soziale Lage in Deutschland, Band 2, 4. Aufl., Wiesbaden 2008, S. 107

Die Lebenslage eines Individuums beeinflusst nicht nur die gesundheitliche Belastung – so ist der Krankenstand um so niedriger, je höher die Qualifikation des Arbeitnehmers ist – auch das gesundheitsrelevante Verhalten ist von der materiellen Ausstattung und vom Bildungsstand abhängig. Dies schlägt sich dann wiederum in einer Korrelation der Einkommen und Lebenserwartung nieder. Nach einer Untersuchung des Kölner Instituts für Gesundheitsökonomie und klinische Epidemiologie lag die durchschnittliche Lebenserwartung von Männern mit einem durchschnittlichen monatlichen Bruttoeinkommen von weniger als 1.500 EUR bei 71,1 Jahren (Frauen: 78,4 Jahre). Über die Einkommensgruppen hinweg steigt diese dann kontinuierlich auf 80 Jahre (Frauen: 87,2 Jahre) bei einem Einkommen von über 4.500 EUR. Ein ähnliches Bild ergibt sich, wenn der Zusammenhang von Einkommen und den Jahren in erlebter Rente heran gezogen werden. Im Einkommensbereich unter 1.500 monatlichem Brutto erleben die Männer im Schnitt 10,8 Jahre im Rentenbezug, in der Einkommensgruppe über 4.500 EUR sind es 18,2 Jahre – also eine fast 70 Prozent längere Phase.[52]

Insgesamt ist die Datenbasis in diesem Bereich allerdings noch lückenhaft. Zwischen 1984 und 1991 wurden zwar drei *Nationale Gesundheitssurveys* in Form repräsentativer Stichproben durchgeführt, die sich jedoch vor allem auf die Analyse der Herz-Kreislauf-Erkrankungen spezialisierten. Erst im Jahr 1998 wurde der erste umfassende Gesundheitsbericht für Deutschland vorgelegt und mit der Forderung nach einer kontinuierlichen Fortsetzung (Monitoring) verbunden. Dieses wurde dann im Jahr 2006 mit dem zweiten nationalen Gesundheitsbericht eingelöst. Seit dem Jahr 2004 unterhält das Statistische Bundesamt zudem ein umfassendes, datenbankgestütztes und über das Internet zugängliches Informationssystem zur Gesundheitsberichterstattung, das laufend ergänzt und erweitert wird.[53] Die Ergebnisse der Gesundheitsberichterstattung unterstützen ebenfalls die These der Abhängigkeit von Krankheit und sozialer Situation. Das deutsche Gesundheitswesen ist nach wie vor in einem hohen Maße schichtenspezifisch und ethnisch vorgeprägt. Die im Individuum angelegten Gesundheitsrisiken bzw. krankheitsfördernden Prädispositionen treffen durch diesen strukturellen Zusammenhang dann wiederum auf schichtspezifisch verteilte Muster im gesundheitsgefährdenden Verhalten sowie daran anschließend beim Zugang zu den (medizinischen) Präventions- bzw. Kompensationsmöglichkeiten. Exemplarisch führt der Gesundheitsbericht 2006 hierzu aus, dass auf der Ebene der Symptomwahrnehmung bzw. der Gesundheitsbewusstseins, des Einsatzes diagnostischer Mittel, der einzuschlagenden Therapien und der Nachsorge sozial selektive Momente wirksam sind, mit dem Ergebnis eines deutschlandweit deutlich schlechteren gesundheitlichen Status und einer geringeren Lebenserwartung im unteren sozialen Segment.[54] An konkreten Krankheitsbildern zeigt sich beispielsweise:

- Auf die *Fettleibigkeit* (Adipositas), die als entscheidender Risikofaktor für *Zivilisationskrankheiten* – wie Diabetes, Herz-Kreislauferkrankungen, Schlaganfall, Atemnot, mechanische Überbelastung, psychische Probleme bis hin zur sozialen Isolation – gilt, haben soziodemographische Merkmale einen entscheidenden

52 Institut für Gesundheitsökonomie und klinische Epidemiologie: Zusammenhang zwischen Einkommen und Lebenserwartung, Köln 2006

53 Gefördert durch die Bundesministerien für Gesundheit sowie Bildung und Forschung hat das Statistische Bundesamt in Zusammenarbeit mit dem Robert Koch-Institut die Datenbank als kontinuierliche Gesundheitsberichterstattung des Bundes aufgebaut (www.gbe-bund.de).

54 Robert-Koch-Institut: Gesundheitsberichterstattung des Bundes. Gesundheit in Deutschland, Berlin 2006; vgl. auch: Robert-Koch-Institut: 20 Jahre nach dem Fall der Mauer: Wie hat sich die Gesundheit in Deutschland entwickelt?, in: Beiträge zur Gesundheitsberichterstattung des Bundes, Berlin 2009

Einfluss. Denn mit einem hohen Familiennettoeinkommen, einem hohen Schulabschluss sowie Berufstätigkeit tritt Fettleibigkeit weniger häufig auf.

- Der *Alkohol- und Tabakkonsum* stellt in Deutschland das herausragende Suchtproblem dar. Neben den körperlichen Gesundheitsfolgen wie Herz-Kreislauf- und Leberschädigungen, Atemwegs- sowie Tumorerkrankungen spielt hier vor allem die psychische Abhängigkeit eine besondere Rolle. Alkohol- und Tabakkonsum sind in allen Bereichen des gesellschaftlichen Lebens anzutreffen, gleichwohl lassen sich bestimmte Problemgruppen (z.B. Kinder und Jugendliche) und schichtspezifische Risikopotenziale erkennen, die eng mit den unterschiedlichen Bearbeitungs- und Kompensationsressourcen einzelner Bevölkerungsgruppen bzw. -schichten zusammenhängen.
- Die *Inanspruchnahme von Vorsorgeuntersuchungen* korreliert deutlich mit dem sozialen Status. Bei Kindern und Jugendlichen zeigen sich die Zusammenhänge von sozialer Herkunft und Krankheitsentwicklung in physischen, psychischen und kognitiven Entwicklungsverzögerungen, einem ungünstigen Gesundheitsverhalten und einem damit einhergehenden schlechteren Gesundheitszustand. Gleiches zeigt sich auch bei der *Zahngesundheit*, die ebenfalls schichtabhängige Verteilungsmuster aufweist.
- *Langzeitarbeitslosigkeit* und *materielle Unterversorgung* (Armut) zeitigen nicht nur soziale Folgen, sondern sind auch ursächlich für eine erhöhte Anfälligkeit bei Krankheiten des Kreislauf- und Verdauungssystems, vor allem aber bei psychischen und Verhaltensstörungen.
- *Alleinerziehende* sind gegenüber Paaren mit Kindern aufgrund der durchschnittlich schlechteren ökonomischen Situation sowie subjektiv höheren Belastungen durch die alleinige Haushaltsführung, Kindererziehung und Aufbringung des Lebensunterhaltes eine physisch und psychisch stark belastete gesellschaftliche Gruppe, die einen schlechteren Gesundheitszustand und ein stärker beeinträchtigtes subjektives Wohlbefinden aufweist. So leiden alleinerziehende Mütter deutlich häufiger an Migräne und psychischen Befindlichkeitsstörungen als verheiratete, Kinder erziehende Frauen.
- Gesundes *Älterwerden* ist nicht allein eine Frage der körperlichen und seelischen Konstitution, sondern ein komplexer, multidimensionaler Prozess, auf den allgemeine gesellschaftliche Rahmenbedingungen, soziale Beziehungen, die materielle Ausstattung, Wohnbedingungen, ökologische und infrastrukturelle Faktoren einwirken. Die Ausstattung in diesen Bereichen ist aber sehr stark von der vorangegangenen Erwerbsbiographie und dem Bildungsstand abhängig, sodass sich auch hier eine soziale Ungleichverteilung in der Ausstattung und damit ein schichtspezifisches Krankheits- und Ausgrenzungsrisiko ergibt.

4.4.3 Felder und Leistungen der Gesundheitspolitik

Die Vielschichtigkeit der Wirkebenen, die Komplexität der Ursachenzusammenhänge sowie die gesellschaftlich allumfassende Betroffenheit machen die Gesundheitspolitik zu einer *Querschnittsaufgabe*, die unterschiedliche Politikfelder einschließt. Im Mittelpunkt einer sozialpolitischen Betrachtung stehen dabei vor allem die Leistungsbereiche und Träger:

- Ambulantes, teilstationäres und stationäres Gesundheitsversorgungssystem

Die zentrale Aufgabe des Gesundheitswesens ist die Wiederherstellung der Gesundheit. Hierzu steht ein differenziertes System aus medizinischen Berufsgruppen und Einrichtungen zur Verfügung, das durch Kuration, Rehabilitation und Prävention Krankheit heilen, lindern bzw. in der Entstehung verhindern soll. Hauptzentren sind der *ambulante Sektor* mit den *niedergelassenen (Zahn-)Ärzten,* der *stationäre Bereich* der *Krankenhaus*versorgung sowie *teilstationäre Einrichtungen* (z.B. Tageskliniken). Daneben existieren Einrichtungen zur Rehabilitation (Kuranstalten) sowie für allgemeine soziale Dienstleistungen (z.B. Sozialstationen).

Träger der Gesundheitssicherung

- Gesetzliche Krankenversicherung (GKV, SGB V)

Insbesondere die GKV übernimmt wegen ihrer großen Reichweite als wichtigstes Finanzierungsinstrument im Gesundheitswesen eine zentrale Sicherungs- und Lenkungsfunktion bei der Bereitstellung der Geld-, Sach- und Dienstleistungen sowie der medizinischen Infrastruktur.

- Private Krankenversicherung (PKV)

Neben der gesetzlichen Krankenversicherung gibt es privatwirtschaftlich organisierte Versicherungsunternehmen mit je nach gewünschtem Umfang der eingeschlossenen Leistungen abgestuften Versicherungstarifen.

- Gesetzliche Pflegeversicherung (SGB XI)

Da in der Krankenversicherung Pflegeleistungen nur dann finanziert werden, wenn sie mit medizinischen Behandlungsleistungen einhergehen, schließt die Pflegeversicherung hier eine wichtige Versorgungslücke. Denn durch die demografische Entwicklung (steigender Anteil alter Menschen) bei sich gleichzeitig verändernden familiären Hilfestrukturen, ist ein wachsender Anteil der Bevölkerung auch ohne akute medizinische Indikation auf pflegerische bzw. hauswirtschaftliche Leistungen zum Erhalt eines menschenwürdigen Daseins angewiesen. Aus der Pflegeversicherung wird die *ambulante Pflege*, die *privat* oder von *professionellen Pflegediensten* erbracht wird, sowie die *stationäre Pflege* in Pflegeheimen (co-)finanziert.

- Weitere gesetzliche Sozialversicherungen

Aufgrund des *Kausalitätsprinzips* werden in der Sozialversicherung gesundheitspolitische Leistungen aber nicht nur durch die gesetzlichen wie privaten Kranken- und Pflegekassen erbracht. Auch über die Gesetzliche Unfall- sowie Rentenversicherung werden Heilbehandlungskosten und rehabilitative Maßnahmen finanziert.

- Staat, Länder und Gemeinden

Auch der Staat erbringt über die Kriegs- und Gewaltopferversorgung medizinische und materielle *Versorgungs*leistungen. Hinzu kommen Beihilfen für Beamte. Des Weiteren werden im Rahmen des SGB XII *Fürsorge*leistungen in Form der Krankenhilfe erbracht.

- Öffentlicher Gesundheitsdienst

Neben den gesetzlichen und privaten Kranken- bzw. Pflegeversicherungen kommt dem Öffentlichen Gesundheitsdienst insbesondere die Aufgabe zu, einmal allgemein präventive Maßnahmen zu ergreifen (Schul(zahn)ärztliche Untersuchung, Reihenimpfungen etc.), zum anderen in amtlichen Verfahren gesundheitlich zu gutachten (etwa bei Adoptionen, Frühpensionierungen bei Beamten etc.).

- Private Haushalte

Nicht zuletzt müssen zahlreiche gesundheitsrelevante Leistungen durch die Betroffenen *privat* finanziert werden (Selbstmedikation, Praxisgebühr und Zuzahlungen, Selbsthilfe, nicht im Leistungskatalog der gesetzlichen und/oder privaten Krankenversicherung enthaltene Leistungen wie etwa die von Heilpraktikern usw.).

(1) SGB V Die Gesetzliche Krankenversicherung (GKV)

Im Zuge der Bismarckschen Sozialgesetzgebung ist die Gesetzliche Krankenversicherung im Jahr 1883 mit dem *Gesetz, betreffend die Krankenversicherung der Arbeiter (Krankenversicherungsgesetz*, KVG) eingeführt worden. Waren zu Beginn lediglich die Industriearbeiter in die GKV einbezogen, so unterliegen heute fast alle abhängig Beschäftigten der *gesetzlichen Versicherungspflicht*, es sei denn, sie überschreiten mit ihrem Bruttoeinkommen die *Versicherungspflichtgrenze* (2010 in West und Ost: 4.162,50 EUR). In diesem Fall besteht Wahlfreiheit zwischen der freiwilligen Versicherung in der GKV oder dem Abschluss einer privaten Krankenversicherung (PKV). Des Weiteren sind Rentner, Studierende, Arbeitslose, die Arbeitslosenunterstützung erhalten, Behinderte in geschützten Einrichtungen u.a.m. pflichtversichert. Seit dem 1. April 2003 müssen Arbeitgeber auch für Beschäftigte mit Mini- bzw. Midi-Jobs Krankenversicherungsbeiträge abführen. Unterhaltsberechtigte Familienangehörige sind entsprechend dem in der GKV besonders ausgeprägten *Solidarprinzip* über die beitragsfreie *Familienversicherung* abgesichert.

Mit dem *GKV-Wettbewerbsstärkungsgesetz*, das zum 1. April 2007 in Kraft getreten ist, besteht erstmals in der gesetzlichen Krankenversicherung eine *allgemeine Versicherungspflicht* für alle Beschäftigten in Deutschland. Mit Wirkung vom 1. Januar 2009 wurde diese auch auf die privaten Krankenversicherer ausgeweitet, so dass diese nunmehr verpflichtet sind, einen allgemeinen Basistarif anzubieten. In der Folge ist die Zahl der nichtversicherten Personen von schätzungsweise 300.000 in 2007 auf etwa 90.000 in 2008 deutlich zurückgegangen. Gleichwohl fallen weiterhin bestimmte Personengruppen aus jeglichem Versicherungsschutz heraus. So stellt der Zugang zur gesundheitlichen Versorgung von Selbständigen in prekärer wirtschaftlicher Situation ein Problem dar. Dies liegt zum einen daran, dass bei (Wieder-)Eintritt in die Krankenversicherung rückwirkend bis zum 1. April 2007 nicht gezahlte Beiträge nachbezahlt werden müssen. Dies kann sich im Einzelfall auf vierstellige Beträge summieren. Die Arbeitsgemeinschaft der Spitzenverbände der gesetzlichen Krankenkassen beziffert den Beitragsrückstand bei den Rückkehrern für den Zeitraum von April 2007 bis April 2008 auf rund 97 Millionen EUR. Zum anderen können Versicherte zwar nicht wegen eines Beitragsrückstandes aus dem Vertrag gekündigt werden, allerdings ruht nach zwei nicht bezahlten Monatsbeiträgen der Versicherungsschutz und damit die Leistungspflicht der Krankenkasse, was faktisch auf einen Zustand der Nichtversicherung hinaus läuft.[55]

Zum Stichtag 1. Juli 2009 waren etwa 70 Millionen Menschen in der GKV versichert, was rund 85 Prozent der Wohnbevölkerung in der Bundesrepublik Deutschland entspricht. Davon waren rund 27 Prozent familienversicherte Mitglieder (= ca. 19 Millionen Personen) und weitere 26 Prozent pflichtversicherte Rentner/-innen bzw. deren mitversicherten Familienangehörigen (= 18,1 Millionen Personen). Auch die Bezieherinnen und -bezieher von Leistungen der Mindestsicherungssysteme (ALG II, Sozialgeld, Sozialhilfe) sind entweder krankenversichert oder aber haben einen Anspruch auf die Leistungen des SGB V, mit Ausnahme des Krankengeldes. Seit 2004 sind die Sozialhilfeempfängerinnen und -empfänger in gleicher Weise mit einer Versichertenkarte ausgestattet.

Eine Sonderstellung nehmen *Beamte* ein, die im Regelfall nicht, bzw. wenn, dann nur freiwillig in der GKV versichert sind. Sie erhalten einen Teil ihrer Krankheitskosten durch die *staatliche Beihilfe* erstattet, wobei sich die Höhe der Kostenübernahme nach der individuellen familiären Situation richtet. Zur Deckung der nicht erstattungsfähigen Kostenanteile müssen sich Beamte privat versichern.

55 Sebastian Knoppik: Ohne Chipkarte ein Risikopatient, in: Süddeutsche Zeitung vom 7./8. Februar 2009, S. V2/9

Träger und Finanzierung der GKV

Träger der GKV sind die 166 gesetzlichen Krankenkassen (Stand: April 2010), die teils betrieblich, teils lokal, teils regional, teils bundesweit und teils auf bestimmte Personenkreise ausgerichtet sind. Erst im Jahr 1992 wurde mit dem *Gesundheitsstrukturgesetz* für die Versicherten die Möglichkeit der freien Kassenwahl eröffnet. Wirksam wurde diese Öffnung allerdings erst nach einer Übergangsfrist von vier Jahren im Jahr 1996. Bis dahin erfolgte die Aufnahme in die einzelnen Kassen nach berufsgruppenspezifischen Merkmalen wie z.B. der Trennung von Angestellten und Arbeitern. Infolgedessen haben die Betriebs- und Ersatzkrankenkassen oft noch eine relativ gute Ertragslage, weil sie bis zur Öffnung des Kassenzutritts vor allem auf Personengruppen mit geringen gesundheitlichen Risiken und hohen Einkommen ausgerichtet waren, während umgekehrt die Allgemeinen Ortskrankenkassen (AOK) häufig eine ungünstige Mitgliederstruktur aufweisen, weil sie seit jeher verpflichtet waren, alle Beitrittswilligen aufzunehmen. Aus diesem Grund unterschieden sich nach der Öffnung die Beitragssätze beachtlich. Im Jahr 1994 wurde deshalb ein bundesweiter kassenartenübergreifender *Risikostrukturausgleich* eingeführt. Die bessergestellten Kassen müssen seitdem Ausgleichszahlungen an jene richten, die eine ungünstigere *Versichertenstruktur* – und damit höhere Kosten – haben.

Finanziert werden Leistungen der GKV durch *Mitgliedsbeiträge*, aus denen im *Umlageverfahren* die laufenden Ausgaben im Abrechnungszeitraum abgedeckt werden müssen. Es werden keine auf das individuelle Versicherungs- bzw. Krankheitsrisiko des Beitragspflichtigen bezogenen Reserven angelegt. Bis zur Einführung des sog. *Gesundheitsfonds* am 1. Januar 2009 wurde die Höhe der Beiträge dabei von den Krankenkassen selbst bestimmt, wobei sie sich nach den zu erwartenden Ausgaben zu richten hatten. Hierzu stellten alle Krankenkassen Haushaltspläne auf, die von den Aufsichtsbehörden des Bundes und der Länder geprüft, genehmigt und schließlich auch kontrolliert wurden. Mit dem *Gesetz zur Stärkung des Wettbewerbs in der gesetzlichen Krankenversicherung* wird der Beitragssatz für den Gesundheitsfonds nun per Rechtsverordnung der Bundesregierung festgesetzt und gilt damit für alle gesetzlichen Krankenkassen gleichermaßen. Seit dem 1. Juli 2009 beträgt er 14 Prozent vom Bruttoeinkommen. Diesen teilen sich Arbeitgeber und Arbeitnehmer je zur Hälfte (*paritätische Mittelaufbringung*). Zusätzlich zum Krankenkassenbeitrag wird ein nur von den Arbeitnehmer/-innen zu tragender Sonderbeitrag von 0,9 Prozent erhoben. Dieser dient der Refinanzierung der Kosten für Zahnersatz und Krankengeld. Faktisch liegt der Gesamtbeitragssatz somit bei 14,9 Prozent, wovon 7,9 Prozent auf den Arbeitnehmer- und 7 Prozent auf den Arbeitgeberanteil entfallen. Der Beitragssatz wird allerdings maximal bis zur bundeseinheitlich festgelegten *Beitragsbemessungsgrenze* von 3.750 EUR Bruttoentgelt pro Monat erhoben. Daraus errechnet sich ein maximaler Gesamtbeitrag von 558,75 EUR pro Monat.

Rentner/-innen sind in der GKV entweder pflichtversicherte oder freiwillige Mitglieder. Als freiwillig Versicherte bezahlen sie auf ihre gesetzliche Rente plus etwaige Versorgungsbezüge (z.B. Betriebsrenten) 14,9 Prozent, auf jede weitere Einkommensart (z.B. Miete, Kapitaleinkommen, private Renten) 14,3 Prozent. Für pflichtversicherte Rentner/-innen entfällt hingegen die Beitragspflicht auf die sonstigen Einkünfte. Die gesetzliche Rentenversicherung (GRV) trägt dabei nach Paragraph 249a SGB V die Hälfte der nach der Rente zu bemessenden Beiträge nach dem um 0,9 Beitragssatzpunkte verminderten allgemeinen Beitragssatz.

Studierende sind in der Regel bis zum 25. Lebensjahr familienversichert oder bezahlen einen bundeseinheitlich festgelegten, monatlichen Beitragssatz von 63,38 EUR (Kinderlose: 64,66 EUR).

Wer sich in der GKV *freiwillig* versichert (z.B. Selbstständige) bezahlt einen ermäßigten Satz von 14,3 Prozent ohne und 14,9 Prozent mit Krankengeldanspruch. Der Beitrag liegt dann zwischen 274,02 und max. 558,75 EUR. Ein Sonderfall der freiwilligen Versicherung ergibt sich bei den Minijobs mit einem Einkommen von bis zu 400 EUR pro Monat. Trotz der Pauschalzahlung des Arbeitgebers entsteht nämlich kein eigenständiges Versicherungsverhältnis sondern lediglich ein Anspruch auf Lohnfortzahlung im Krankheitsfall. Wenn ein Minijobber also nicht über seine Hauptbeschäftigung oder den/die Lebenspartner/-in kranken- bzw. familienversichert ist, muss er/sie sich deshalb zum Mindestbeitrag freiwillig versichern. Dieser beträgt rund 125 EUR pro Monat. Erst in der sog. Gleitzone ab 400,01 EUR monatlichem Bruttoeinkommen begründet die – dann nach Einkommenshöhe gestaffelte – Beitragszahlung auch ein eigenes Versicherungsverhältnis.

Die Krankenkassen selbst erhalten aus dem *Gesundheits*fonds für ihre Mitglieder eine *Kostenpauschale* erstattet, die im Sinne des *Risikostrukturausgleichs* das Alter, die Krankheiten und das Geschlecht der Versicherten berücksichtigt. Kann eine Kasse ihre Ausgaben nicht mit diesen Pauschalen decken, hat sie das Recht, Zusatzbeiträge zu erheben. Dabei sind acht Euro Aufschlag pro Monat ohne gesonderte Einkommensprüfung möglich. Reicht auch dieses nicht aus, kann die Kasse den Zuschlag auf bis zu ein Prozent des sozialversicherungspflichtigen Haushaltseinkommens erhöhen. Im Gegenzug wird den Versicherten ein Sonderkündigungsrecht eingeräumt, wenn ihre Krankenkasse von diesem Refinanzierungsinstrument Gebrauch macht. Wenn eine Krankenkasse hingegen in der Lage ist, einen Überschuss zu erwirtschaften, kann sie diesen an ihre Mitglieder anteilig zurückerstatten.

In den Gesundheitsfonds wird zudem ein *Bundeszuschuss* aus dem allgemeinen Steueraufkommen eingezahlt. Damit soll die Solidargemeinschaft der sozialversicherungspflichtig Beschäftigten von den Kosten der Familienversicherung für Kinder entlastet werden, da es sich hierbei vorrangig um ein gesamtgesellschaftlich relevantes Instrument der Familienförderung und weniger um eine unmittelbare Gesundheitsausgabe handelt. Im Jahr 2010 liegt dieser Bundeszuschuss bei 11,8 Mrd. EUR. In jährlichen Schritten von 1,5 Mrd. EUR soll er auf 14 Mrd. EUR anwachsen (Paragraph 221 SGB V). Hinzu kommt für 2010 eine einmalige Aufstockung in Höhe von 3,9 Mrd. EUR zum Ausgleich der Beitragsausfälle durch die Finanz- und Wirtschaftskrise (*Sozialversicherungsstabilisierungsgesetz* vom 14. April 2010).

In der Gesetzlichen Krankenversicherung gilt weiterhin das *Selbstverwaltungsprinzip*. Dabei definiert der Staat die Rahmenbedingungen und Aufgaben, innerhalb derer die Selbstverwaltungsorgane für eine eigenständige Erfüllung sorgen. Zur Steuerung des Leistungsangebotes und der Kosten schließen die Krankenkassen Verträge mit den *Kassenärztlichen Vereinigungen* (KV) als Selbstverwaltungsorgan der (Kassen-)Ärzteschaft und den Krankenhäusern. Krankenkassen und Kassenärztliche Vereinigungen sind im Rahmen ihres *Sicherstellungsauftrages* verpflichtet, eine ausreichende ärztliche Versorgung der Bevölkerung zu garantieren. Auf Bundesebene schließt die Kassenärztliche Bundesvereinigung (KBV) mit den Spitzenverbänden der Krankenkassen Vereinbarungen über die Organisation und Umsetzung der vertragsärztlichen Versorgung in Deutschland ab. Auf der Ebene der Bundesländer treffen die regionalen Kassenärztlichen Vereinigungen und Krankenkassenvertretungen die Vereinbarungen über die Vergütung ärztlicher Leistungen, die dann über die Kassenärztlichen Vereinigungen an ihre Mitglieder verteilt werden. Jeder kassenärztlich zugelassene Arzt ist automatisch Mitglied einer KV. Dieses System gilt analog für die Zahnärzte.

Leistungserbringung in der GKV

Trotz der Vielzahl der Krankenkassen sind die erbrachten Geld-, Sach- und Dienstleistungen weitgehend identisch, da das SGB V den Rahmen für den Leistungskatalog gesetzlich vorgibt. Der *Gemeinsame Bundesausschuss* – bestehend aus den Kassenärztlichen Bundesvereinigungen, der Deutschen Krankenhausgesellschaft (DKG) und dem Spitzenverband Bund der Krankenkassen – setzt diese Rahmenvorgaben dann in konkrete, wiederum für die Kassen bzw. die Leistungserbringer verbindliche *Regelleistungen* um. Allerdings haben die gesetzlichen Krankenkassen seit der Gesundheitsreform 2007 erweiterte Spielräume für die Ausgestaltung von Wahltarifen bekommen.

Das Leistungsspektrum umfasst nach den Vorgaben des SGB V im Wesentlichen:

- *präventive Gesundheitsleistungen* wie Früherkennung und Vorsorgeuntersuchungen, zahnärztliche Prophylaxe (Gruppen- und Individualprophylaxe) und Schutzimpfungen, Vorsorgekuren für Mütter sowie die Unterstützung von Selbsthilfegruppen mit gesundheitsfördernder oder rehabilitativer Ausrichtung. In diesen Bereich gehört auch der Anspruch auf ärztliche Beratung über Fragen der Empfängnisverhütung sowie auf Leistungen bei einer nicht rechtswidrigen Sterilisation sowie einem Schwangerschaftsabbruch.
- die *Krankenbehandlung*, erbracht in Form der:
  - *ärztlichen* und *zahnärztlichen Behandlung* einschließlich der Versorgung mit Zahnersatz, die im Prinzip zeitlich unbegrenzt in Anspruch genommen und nach ärztlicher Verordnung durch Leistungen der Heil- und Hilfsberufe (z.B. Logopädie, Krankengymnastik, etc.) ergänzt werden kann. Zum

Leistungsspektrum zählen ebenfalls medizinische Maßnahmen zur künstlichen Befruchtung.
  - Versorgung mit *Arznei-, Verbands-, Heil-* und *Hilfsmitteln.* Allerdings sind nach Paragraph 34 SGB V bestimmte Arznei-, Heil- und Hilfsmittel von der Erstattungsfähigkeit ausgenommen.
  - *häuslichen Krankenpflege* sowie *haushaltswirtschaftlichen Versorgung,* wenn eine Krankenhausbehandlung zwar geboten, aber nicht durchführbar ist bzw. sie durch die häusliche Pflege vermieden oder verkürzt werden kann.
  - *teilstationären* bzw. *vollstationären Krankenhausbehandlung,* wenn ein Behandlungsziel nicht durch eine ambulante Behandlung bei einem niedergelassenen (Fach-)Arzt erreicht werden kann.
  - medizinischen und ergänzenden Leistungen zur *Rehabilitation* sowie zur *Belastungserprobung* und *Arbeitstherapie.*
- die Zahlung von *Krankengeld* als eine *Lohnersatzleistung*, die im Anschluss an die *Lohnfortzahlung* des Arbeitgebers (*Entgeltfortzahlungsgesetz*, EFZG) einsetzt. Während hierbei in den ersten sechs Wochen Anspruch auf das volle Arbeitsentgelt besteht, beträgt das Krankengeld, das auch Arbeitslose beziehen können, lediglich 70 Prozent des regelmäßigen *Brutto*arbeitseinkommens, maximal jedoch 90 Prozent des Nettoeinkommens. Das Krankengeld ist sozialabgabenpflichtig, wobei sich der Arbeitnehmer und die Krankenkasse die Beiträge je hälftig teilen. Für dieselbe Krankheit gilt innerhalb von drei Jahren eine Höchstbezugsdauer von 78 Wochen.
- *Kinderkrankengeld* kann in Anspruch genommen werden, wenn Kinder unter 12 Jahren durch die Eltern gepflegt werden müssen. Pro Elternteil besteht Anspruch auf zehn Tage (Alleinerziehende: 20 Tage), bei mehreren Kinder ist der Anspruch kalenderjährlich auf max. 25 Tage (50 Tage) begrenzt.
- das *Mutterschaftsgeld* erhalten nur Frauen, die freiwillig- oder pflichtversicherte Mitglieder sind und einen Anspruch auf Zahlung von Krankengeld haben. Während der arbeitsrechtlichen Schutzfrist für werdende Mütter, die sechs Wochen vor und acht Wochen nach der Entbindung (Früh- und Mehrlingsgeburten: 12 Wochen) eine Beschäftigung ausschließt, besteht Anspruch auf Mutterschaftsgeld, das von der Krankenkasse gezahlt wird. Es berechnet sich am Nettogehalt der letzten drei Monate und beträgt maximal 13 EUR pro Tag. Eine (mögliche) Differenz zum tatsächlichen Nettoeinkommen wird durch den Arbeitgeber aufgestockt. Für privat- oder nichtversicherte Arbeitnehmerinnen wird ein einmaliges Mutterschaftsgeld vom Bundesversicherungsamt in Höhe von insgesamt 210 EUR aus Steuermitteln gezahlt.

In der GKV gilt ein am medizinischen Bedarf orientiertes *Sachleistungsprinzip*: Der Versicherte erhält die Leistungen im Gesundheitswesen unmittelbar als Dienst- oder Sachleistung zur Verfügung gestellt. Der Umfang der Leistungen richtet sich dabei ausschließlich nach der medizinischen Notwendigkeit und ist unabhängig von der

Höhe des geleisteten Beitrages. Allerdings durchlöchern Streichungen im Leistungskatalog des SGB V bzw. umfangreiche *Zuzahlungen* der Versicherten für Praxisgebühr (zehn EUR im Quartal), Arznei-, Heil- und Hilfsmittel (zehn Prozent des Preises, zzgl. zehn EUR pro Verordnung bei Hilfsmitteln), Krankenhausbesuch (zehn EUR pro Tag für max. 28 Tage) und Zahnersatz (zwischen 35 und 50 Prozent je nach Grad der eigenen Zahnvorsorge) u.a.m. nicht nur das Sachleistungsprinzip, sondern auch die paritätische Beitragszahlung. Die Zuzahlungen sind jedoch pro Jahr auf 2 Prozent (bei chronisch Kranken 1 Prozent) der jährlichen Bruttoeinnahmen zum Lebensunterhalt begrenzt (Paragraph 62 SGB V). Wird diese Grenze überschritten, erfolgt auf Antrag für den Rest des Kalenderjahres eine Zuzahlungsbefreiung durch die Krankenkasse. Darüber hinaus legt der GKV-Spitzenverband 14-tägig eine neue Liste mit zuzahlungsbefreiten Arzneimitteln vor.

Abgesehen vom *Krankengeld*, das als Lohnersatzleistung nur an beitragspflichtige Mitglieder ausgezahlt werden kann und dem Äquivalenzprinzip folgend an der Lohnhöhe orientiert ist, erhalten alle Familienversicherten die gleichen Leistungen wie die Versicherten selbst (*Solidarprinzip*).

(2) Die Private Krankenversicherung (PKV)

Neben der GKV gibt es in der *Privaten Krankenversicherung* (PKV) etwa 80 privatwirtschaftlich organisierte Versicherungsunternehmen. Diese unterliegen im Rahmen der allgemeinen staatlichen Aufsicht über das private Versicherungswesen der staatlichen Kontrolle. Die gesetzliche Grundlage ist das *Versicherungsvertragsgesetz* aus dem Jahr 1908.

Im 1. Halbjahr 2009 waren 8,74 Millionen Personen in der PKV *vollversichert*, was rund zehn Prozent der gesamten Wohnbevölkerung entspricht. Daneben können über die Privaten Krankenversicherungen besondere ergänzende Leistungen versichert werden, die auch den Mitgliedern der Gesetzlichen Krankenversicherung offen stehen (etwa *Zusatzversicherungen* für das Krankenhaus, Zahnersatz, etc.). In diesem Geschäftsfeld hat die PKV rund 21 Millionen Kunden versichert.

Die privaten Krankenversicherungen decken nahezu das gleiche *Leistungsspektrum* wie die GKV ab. Allerdings besteht eine höhere *Wahlfreiheit* für die Versicherten. Somit können sie einzelne Risiken ein- bzw. ausschließen und damit die Beitragshöhe mitbestimmen. Die *Leistungserbringung* und *Finanzierung* erfolgt dabei nach anderen Grundsätzen als in der GKV. In der PKV dominiert das *Äquivalenzprinzip* in Verbindung mit dem *Anwartschaftsdeckungs-* bzw. *Kapitaldeckungsverfahren*. Dabei beinhalten die von den Versicherten zu zahlenden Beiträge neben einem *Beitragsanteil* für die laufenden Krankheitskosten einen *Rückstellungsanteil*, mit dem die im Alter wachsenden Krankheitsaufwendungen vorfinanziert werden. Diese Rückstellungsanteile werden in der *Deckungsrückstellung* – auch *Alterungsrückstellung* genannt – verzinslich angesammelt. Wenn die altersbedingt zunehmenden Krankheitskosten durch den laufend gezahlten Beitrag nicht mehr gedeckt werden, wird die Deckungsrückstellung nach und nach abgebaut, um die Differenz zwischen benötigtem und gezahltem Beitrag auszugleichen.

Die *Beiträge* in der PKV bemessen sich also nicht wie in der GKV anhand des jährlich zu erwartenden Kostenvolumens, sondern sind nach *Leistungstarifen* gestaffelt, die anhand des individuellen *Gesundheitsrisikos* ermittelt werden. Gilt eine Person aufgrund ihrer persönlichen Krankengeschichte als Hochrisikopatient, kann eine Aufnahme in die PKV verweigert werden. Auch in der PKV teilen sich Arbeitgeber und abhängig beschäftigte Arbeitnehmer den Versicherungsbeitrag hälftig, wobei die Erstattungsgrenze bei 50 Prozent des durchschnittlichen Höchstsatzes der GKV liegt. Selbstständige und Freiberufler wie auch Beamte tragen dagegen ihre Beiträge selbst.

Da es in der PKV keine beitragsfreie Familienversicherung gibt, muss bei sich ändernden familiären Konstellationen (Heirat, Kinder, Tod) das Versicherungsverhältnis verändert werden, da jede Person einzeln zu versichern ist.

Auch in der PKV gilt seit dem 1. April 2007 eine Versicherungspflicht. Damit ist die Freiheit der privaten Krankenkassen, Kunden abzulehnen eingeschränkt worden. Hierzu wurden die Versicherer gesetzlich verpflichtet, einen sog. *Standard- bzw. Basistarif* einzuführen, auf den keine Risikozuschläge erhoben werden dürfen (*Kontrahierungszwang*). Der Beitragssatz im Basistarif darf zudem den GKV-Höchstsatz nicht überschreiten. Seit dem 1. Januar 2009 können alle privat Versicherten in den Basistarif ihres Versicherers wechseln – etwa wenn der Beitrag über den GKV-Satz steigt. Zugleich können alle ab dem 1. Januar 2009 neu in der PKV vollversicherten Kunden in den Basistarif jedes anderen privaten Versicherers wechseln und dabei die Altersrückstellungen mitnehmen. Hierdurch wird nunmehr auch der Wettbewerb zwischen den Versicherern forciert, da die Altersrückstellung jetzt nicht mehr neu aufgebaut werden muss, was in der Vergangenheit die Beiträge beim Versicherungswechsel massiv erhöhte.

Die Abrechnung der erbrachten medizinischen Leistungen erfolgt nach dem *Kostenerstattungsprinzip*. Dabei tritt der Versicherte gegenüber dem Leistungserbringer in Vorlage und rechnet anschließend mit der Versicherung die nach seinem Tarif tatsächlich erstattungsfähigen Kosten ab. Die privaten Versicherungsunternehmen treten auf diese Weise mit den Leistungserbringern nicht in vertragliche Beziehungen. Sie haben deshalb auch kaum direkte Steuerungsmöglichkeiten in Bezug auf Qualität, Quantität und Kostenentwicklung im Gesundheitswesen.

Wer sich in der PKV krankenversichert, hat in der Regel keine *Rückkehrmöglichkeit* in die GKV, es sei denn, das Einkommen sinkt wieder unter die Versicherungspflichtgrenze (z.B. durch Arbeitslosigkeit oder Einkommenskürzungen). Damit soll verhindert werden, dass Versicherte in jungen Jahren von den dann in der Regel niedrigeren Beiträgen der PKV profitieren, um dann im Alter, wenn die gesetzlichen Kassen günstiger sind, wieder in die GKV zurück zu kehren.

(3) SGB XI Die Gesetzliche Pflegeversicherung (GPV)

Die *Gesetzliche* oder auch *Soziale Pflegeversicherung* (GPV) ist in der Bundesrepublik Deutschland erst im Jahr 1994 eingerichtet worden. Auch wenn sie organisatorisch von den Trägern der Krankenversicherung verwaltet wird, bildet sie einen eigenständigen, fünften Zweig der Sozialversicherung.

Ihre Einführung ist eine Reaktion auf zwei gesellschaftliche Tendenzen: Zum einen steigt die Zahl der Hochbetagten und der chronisch Kranken in unserer Gesellschaft. Bei Inkrafttreten der Pflegeversicherung waren in Deutschland rund 1,6 Millionen Menschen pflegebedürftig wovon etwa 420.000 in Heimen lebten. Für das Jahr 2010 wird mit einem zahlenmäßigen Anstieg auf 2,4 Millionen Personen gerechnet (davon ca. 1,7 Millionen teilstationär bzw. ambulant; 0,7 Millionen vollstationär). Zum anderen verringert sich die Zahl derer, die – sei es im familiären Verbund, sei es als Nachbarn – in der Lage oder bereit sind, die Pflege in privaten sozialen Netzwerkbezügen zu leisten.

Diese Entwicklung war und ist mit erheblichen finanziellen Aufwendungen verbunden, zumal sich die Renten und die Kosten für stationäre Pflege höchst ungleich entwickelt haben: Zwischen 1980 und 1993 – also vor Einführung der Pflegeversicherung sind die durchschnittlichen Renten nominal nur um 32 Prozent, die Kosten für einen Pflegeplatz aber um 57 Prozent gestiegen, sodass immer mehr pflegebedürftige Rentner/-innen *Hilfen zur Pflege* im Rahmen der Sozialhilfe in Anspruch nehmen mussten, 1993 waren dies 660.000 Personen, davon 394.000 in stationären Einrichtungen. Die Kommunen als Träger der Sozialhilfe waren folglich mit ständig steigenden Kosten belastet, die ihren Handlungsspielraum bei anderen kommunalen sozialen Aufgaben in erheblichem Maße einengten. Die kommunale Sozialhilfe ist aber als Ausfallbürge für die Risiken geschaffen worden, die gerade nicht standardisierbar und deshalb von den Regelsicherungssystemen nicht erfassbar sind. Nicht zuletzt vor dem Hintergrund des demografischen Wandels und der sich verlängernden Lebenserwartung ist die Pflegebedürftigkeit jedoch längst ein zentrales, standardisierbares Lebensrisiko geworden. Und auch wenn ein Teil der Pflegeausgaben durch Einnahmen (etwa: Kostenersatz von Angehörigen und/oder bei Erbschaften) wieder ausgeglichen wurde, hatten die Kommunen gleichwohl den größten Teil der Aufwendungen für stationäre Pflege zu tragen. Sie übernahmen damit immer mehr eine Art Regelversorgung pflegebedürftiger Menschen.

Dennoch wird das Pflegerisiko auch nach Einführung der Pflegeversicherung immer noch in hohem Maße vor allem privat getragen. Nur rund jeder dritte Pflegehaushalt greift auf professionelle Pflegedienste zurück. Angesichts absehbarer demografischer Veränderungen wird sich das Verhältnis zwischen Pflegebedürftigen und Pflegefähigen weiter verschlechtern, zumindest wird der Bedarf an Fremdhilfe zunehmen, weil Pflegeleistungen in Familien in der Regel von älteren Menschen für ältere Menschen und weniger intergenerativ erbracht werden.

Leistungsspektrum der GPV

Mit den Leistungen der GPV sollte zum einen eine Kostenentlastung der kommunalen Sozialhilfeträger erreicht, zum anderen dem Pflegebedürftigen möglichst lange eine eigenständige und selbstbestimmte Lebensführung ermöglicht werden. Sie unterscheidet zwischen Leistungen für die *häusliche* und die *stationäre Pflege*:

- *häusliche Pflege* (seit dem 1. April 1995)
  Bei der Leistungserbringung in der *ambulanten Versorgung* unterscheidet man:
  - *Pflegesachleistungen*, die durch professionelle soziale Dienste (ambulante Pflegedienste und Sozialstationen) erbracht werden. Die Pflegesachleistungen umfassen die *Grundpflege* sowie die *hauswirtschaftliche Versorgung*.
  - *Pflegegeld*: Wird die häusliche Pflege durch Privatpersonen (Familienangehörige, Nachbarn, Freunde) erbracht, besteht Anspruch auf ein Pflegegeld.
- *stationäre Pflege* (seit dem 1. Juli 1996)
  Das SGB XI unterscheidet bei Unterbringung in entsprechenden Einrichtungen der Altenhilfe (Alters- und Pflegeheime) zwischen den Kosten, die der Pflegebedürftige selbst aufzubringen hat, weil er diese, gleich ob pflegebedürftig oder nicht, zu bestreiten hat – nämlich die Kosten für Unterkunft und Verpflegung (*Hotelkosten*) –, und den *pflegebedingten Kosten*, für die die Pflegeversicherung Leistungen erbringt.

Auch wenn bezüglich der Inanspruchnahme häuslicher oder stationärer Pflegeleistungen im Grundsatz eine Wahlmöglichkeit besteht, zielt die Pflegeversicherung vorrangig auf die häusliche und damit auf die Vermeidung stationärer Pflege.

Seit der Pflegereform 2008 besteht auch die Möglichkeit der *Pflegezeit*. Wer einen pflegebedürftigen Angehörigen (mindestens Pflegestufe I) selbst pflegen will, hat für die Dauer von bis zu sechs Monaten Anspruch auf unbezahlte, sozialversicherte Freistellung von der Arbeit. Wenn während der Pflegezeit keine Möglichkeit zur Familienversicherung besteht, gewährt die Pflegekasse Zuschüsse zu einer freiwilligen Kranken- bzw. Pflegeversicherung. Darüber hinaus werden Beiträge zur Renten- und Arbeitslosenversicherung erbracht. Wird ein naher Angehöriger akut pflegebedürftig, besteht das Recht auf *kurzzeitige Freistellung*. Bis zu zehn Arbeitstage können – unter Fortbestand der Sozialversicherung – unbezahlt in Anspruch genommen werden, um für die/den Angehörige(n) die Pflegesituation zu organisieren oder die pflegerische Versorgung in dieser Zeit selbst sicherzustellen.

Leistungen der Pflegeversicherung seit 1. Januar 2010

Die ab 1. Januar 2012 gültigen Sätze sind in Klammern ausgewiesen.		Pflegestufe		
		I	II	III
Häusliche Pflege	Pflegesachleistung bis EUR monatlich Härtefälle:	440 (450)	1.040 (1.100)	1.432 (1.510) 1.918 (1.198))
	Pflegegeld EUR monatlich	225 (235)	430 (440)	685 (700)
Pflegevertretung: - durch nahe Angehörige [1] - durch sonstige Personen	Pflegeaufwendungen für bis zu vier Wochen im Jahr bis EUR	225 (235) 1.510 (1.550)	430 (440) 1.510 (1.550)	685 (700) 1.510 (1.550)
Kurzzeitpflege	bis EUR im Jahr	1.510 (1.550)		
Teilstationäre Tages- und Nachtpflege [2]	bis EUR im Jahr	440 (450)	1.040 (1.100)	1.510 (1.550)
Ergänzende Leistungen für Pflegebedürftige mit erheblichem allgemeinen Pflegebedarf	Leistungsbetrag bis EUR jährlich	Grundbetrag bis zu 1.200 EUR Erhöhter Betrag bis zu 2.400 EUR ***(gilt auch für Pflegestufe 0)***		
Vollstationäre Pflege	Pflegeaufwendungen pauschal EUR pro Monat Härtefälle	1.023 (1.023)	1.279 (1.279)	1.510 (1.550) 1.825 (1.918)
Pflege in vollstationären Einrichtungen der Hilfe für behinderte Menschen	Pflegeaufwendungen in Höhe von	10 Prozent des Heimentgelts, max. 256 EUR monatlich		
für Verbrauch bestimmte Pflegehilfsmittel	monatlich in EUR	31		
technische Hilfsmittel	in Höhe von	100 Prozent der Kosten, Zuzahlung von 10 Prozent (max. 25 EUR) Selbstbeteiligung möglich. Pflegehilfsmittel werden vorrangig leihweise und damit zuzahlungsfrei zu Verfügung gestellt.		
Maßnahmen zur Verbesserung des Wohnumfeldes	in Höhe von bis zu	2.557 EUR je Maßnahme mit angemessener Selbstbeteiligung		
Zahlung von Rentenversicherungsbeiträgen für Pflegepersonen	je nach Umfang der Pflegetätigkeit [3] bis EUR monatlich	133,73 (Ost: 113,30)	267,46 (Ost: 226,59)	401,18 (Ost: 339,89)
Zahlung von Beiträgen zur Arbeitslosenversicherung für Pflegepersonen bei Pflegezeit	monatlich in EUR	7,06 (Ost: 5,98)		
Zahlung von Beiträgen zur Kranken- und Pflegeversicherung für Pflegepersonen bei Pflegezeit	bis zu monatlich in EUR	130,20 (Krankenversicherung) 16,38 (Pflegeversicherung)		

[1] Auf Nachweis werden den ehrenamtlichen Pflegepersonen in allen drei Pflegestufen notwendige Aufwendungen bis zum Höchstbetrag für sonstige Personen erstattet (z.B. Verdienstausfall, Fahrtkosten etc).

[2] Neben dem Anspruch auf Tagespflege bleibt ein hälftiger Anspruch auf die jeweilige ambulante Pflegesachleistung oder das Pflegegeld erhalten.

[3] Bei wenigstens 14 Stunden Pflegetätigkeit pro Woche, wenn die Pflegeperson keiner Beschäftigung von über 30 Stunden nachgeht und sie noch keine Vollrente wegen Alters bezieht. Ein Jahr Pflegetätigkeit erbringt so einen monatlichen Rentenanspruch zwischen 7,10 und 21,31 EUR (West) bzw. 6,34 und 19,01 EUR (Ost).

Quellen: Bundesministerium für Gesundheit: Leistungsansprüche der Versicherten an die Pflegeversicherung im Überblick, Stand: Februar 2009; Bundesministerium für Gesundheit: Zahlen und Fakten zur Pflegeversicherung (07/09), Berlin 2010

Die Leistungen der Gesetzlichen Pflegeversicherung werden als Sach- und/oder Geldleistungen für die häusliche, teilstationäre und stationäre Pflege erbracht. Deren Höhe staffelt sich nach dem *Grad der Pflegebedürftigkeit*:

- Pflegestufe 0 beschreibt eine erheblich *eingeschränkte Alltagskompetenz*, die aber noch nicht für eine Einstufung in Pflegestufe I ausreicht (z.B. psychisch kranke, behinderte oder demenziell erkrankte Menschen).
- Pflegestufe I beschreibt eine *erhebliche Pflegebedürftigkeit*, bei der mindestens einmal täglich ein Bedarf an Hilfe besteht;
- Pflegestufe II meint *Schwerpflegebedürftigkeit* und geht von einem Hilfebedarf von dreimal täglich aus;
- Pflegestufe III bedeutet *Schwerstpflegebedürftigkeit* und einen Bedarf an Hilfe rund um die Uhr.

Mit den Pflegestufen ist auch der jeweilige *Zeitaufwand*, den ein pflegender Angehöriger bzw. eine nicht als professionelle Pflegekraft ausgebildete Person für die *Grundpflege* (Körperpflege, Ernährung, Mobilität) und die *hauswirtschaftliche Versorgung* benötigt, festgelegt. So muss die Pflegebedürftigkeit wöchentlich im Tagesdurchschnitt

- in der Pflegestufe I mindestens 90 Minuten betragen, davon mehr als 45 Minuten für die Grundpflege;
- in der Pflegestufe II mindestens drei Stunden betragen, davon mindestens zwei Stunden für die Grundpflege;
- in der Pflegestufe III mindestens fünf Stunden betragen, davon mindestens vier Stunden für die Grundpflege.

Der Zeitbedarf wird vom Medizinischen Dienst der Krankenkassen (MDK) überprüft, der dabei für die Grundpflege von sog. *Orientierungswerten* (z.B. Ganzkörperwäsche 20-25 Minuten; Kämmen 1-3 Minuten; Mittagessen 15-20 Minuten etc.) ausgeht.

Finanzierung der GPV

Versichert sind in der GPV alle *krankenversicherungspflichtigen Personen* sowie deren Kinder und Ehepartner (*Solidarprinzip*), wobei die Versicherungspflicht- und die Beitragsbemessungsgrenze der Gesetzlichen Krankenversicherung gelten. Mitglieder einer privaten Krankenkasse (PKV) müssen eine private Pflegeversicherung abschließen.

Für die gesetzliche Pflegeversicherung gilt ein bundeseinheitlicher *Beitragssatz* von 1,95 Prozent des Bruttoeinkommens. Seit dem 1. Januar 2005 müssen alle kinderlosen Mitglieder der (gesetzlichen) Pflegeversicherung einen Beitragszuschlag von 0,25 Prozent entrichten. Dies gilt auch für nach dem 1. Januar 1940 geborene Rentner/-innen

(*Kinderberücksichtigungsgesetz*). Die Empfänger/-innen der Grundsicherung für Arbeitsuchende (SGB II) bzw. der Grundsicherung bei Alter oder dauerhafter Erwerbsunfähigkeit (SGB XII) sind mit in die GPV eingeschlossen. Für die Bezieher von Arbeitslosengeld I (SGB III *Arbeitsförderungsgesetz*) überweist die Bundesagentur für Arbeit einen Pauschalbeitrag in Höhe von 20 Millionen EUR pro Jahr an die Pflegekassen.

Die Finanzierung folgt dem *Umlageverfahren,* wobei ein Bundeszuschuss oder eine Bundesgarantie wie in der Gesetzlichen Rentenversicherung zur Deckung etwaiger Defizite nicht vorgesehen ist. Anders als in der Gesetzlichen Krankenversicherung haben die Träger der Pflegeversicherung nicht die Möglichkeit, den Beitragssatz parallel etwa zu steigenden Ausgaben bzw. zu neuen Aufgabenstellungen anzuheben. Dies soll eine stetige Beitragssatzsteigerung wie etwa bei der GKV ausschließen.

Zwar kennt die Pflegeversicherung die *paritätische Beitragsteilung* zwischen Arbeitgebern und Arbeitnehmern, jedoch wird der Kostenanteil der Arbeitgeber durch Streichung eines arbeitsfreien Feiertages kompensiert. In den Bundesländern, die auf diesen Ausgleich verzichteten, tragen die Arbeitnehmer den vollen Beitragssatz.

Systematische Probleme und Perspektiven der GPV

Mit der Pflegeversicherung ist ein wichtiger Schritt zur Absicherung des Pflegerisikos geleistet. Sie hat die kommunalen Sozialhilfeträger deutlich entlastet, zugleich vor allem im ambulanten Bereich die Zahl der auf Sozialhilfe angewiesenen Pflegebedürftigen abgesenkt und für eine verbesserte materielle und sozialrechtliche Absicherung privater Pflegepersonen gesorgt.

Im Gegensatz zur GKV ist die GPV aber keine *Vollkostenversicherung*, die Gewährung der Sach- und Geldleistungen unterliegt nicht dem Bedarfsprinzip, wie dies bei der Gesetzlichen Krankenversicherung der Fall ist. Damit bestimmt ausschließlich das vorhandene, gesetzlich festgeschriebene Beitragsaufkommen der Pflegeversicherung Rahmen und inhaltliche Begrenzung der Leistungen dieses Zweiges der Sozialversicherung. Das Gesetz legt den *Begriff der Pflegebedürftigkeit* und damit Art und Höhe der Geld- und Sachleistungen fest. Hierdurch kann die Pflegeversicherung kaum auf sich ändernde Pflegeerfordernisse bzw. bereits bestehende Unterversorgungen (z.B. bei Demenzkranken, Menschen mit besonderen Behinderungen) reagieren.

Nach Angaben des Bundesministeriums für Gesundheit (BMG) bezogen zum 31. Dezember 2008 etwa 1,43 Millionen Personen *Leistungen für ambulante* und 680.000 Personen *Leistungen für stationäre Pflege* im Rahmen der Pflegeversicherung, zusammen also etwas mehr 2,1 Millionen Personen. 54,8 Prozent davon sind in Pflegestufe I, weitere 33,7 Prozent in Pflegestufe II und 12,5 Prozent in Pflegestufe III eingruppiert. Insgesamt hat die GPV hierfür etwa 18,2 Mrd. EUR aufgewendet, wovon 8,9 Mrd. für die ambulante Pflege und 9,3 Mrd. EUR für die stationäre Pflege anfielen.[56] Bis zum Jahr 1998 sind die Reserven der GPV angewachsen, seit 1999 ist jedoch mit Ausnahme der Jahre 2006 und 2008 ein Ausgabenüberschuss zu verzeichnen. Allerdings liegen die Reserven der GPV immer noch über dem Ausgangsniveau des Jahres 1995.

Ausgaben der Gesetzlichen Pflegeversicherung nach Leistungen und Einnahme-/ Ausgabeüberschuss 1995-2008

	Ausgaben in Mrd. EUR						
		Leistungsausgaben					Verwaltung und Sonstiges
	insgesamt	insgesamt	Pflegegeld	Pflegesachleistungen	vollstationäre Pflege	übrige Leistungen	
1995	4,97	4,42	3,04	0,69	0,00	0,70	0,55
1996	10,86	10,25	4,44	1,54	2,69	1,58	0,61
1997	15,14	14,34	4,32	1,77	6,41	1,84	0,79
1998	15,88	15,07	4,28	1,99	6,84	1,97	0,82
1999	16,35	15,55	4,24	2,13	7,18	1,99	0,80
2000	16,67	15,86	4,18	2,23	7,48	1,98	0,82
2001	16,87	16,03	4,11	2,29	7,75	1,87	0,84
2002	17,36	16,47	4,18	2,37	8,00	1,92	0,85
2003	17,56	16,64	4,11	2,38	8,20	1,95	0,91
2004	17,69	16,77	4,08	2,37	8,35	1,97	0,92
2005	17,86	16,98	4,05	2,40	8,52	2,01	0,88
2006	18,03	17,14	4,02	2,42	8,67	2,03	0,62
2007	18,34	17,45	4,03	2,47	8,83	2,12	0,62
2008	19,14	18,20	4,24	2,60	9,05	2,31	0,65

Einnahmen-/Ausgabenrechnung in Mrd. EUR													
1995	1996	1997	1998	1999	2000	2001	2002	2003	2004	2005	2006	2007	2008
Einnahmeüberschuss:													
3,44	1,18	0,8	0,13								0,45		0,63
Ausgabeüberschuss:													
				0,03	0,13	0,06	0,38	0,69	0,82	0,36		0,32	
Mittelbestand am Jahresende in Mrd. Euro													
2,87	4,05	4,86	4,99	4,95	4,82	4,76	4,93	4,24	3,42	3,05	3,50	3,18	3,81

Quelle: Bundesministerium für Gesundheit, eigene Zusammenstellung, z.T. eigene Berechnungen

Das Leistungsvolumen der GPV hat insbesondere die Sozialhilfeträger von Kosten entlastet, gleichzeitig verblieben erhebliche Kosten bei den privaten Haushalten, weil etwa bei stationärer Unterbringung die sog. *Hotelkosten* für Unterkunft und Verpflegung von dem Pflegebedürftigen selbst zu bezahlen sind. Der Versuch des Gesetzgebers den Beitragssatz in Höhe von 1,95 Prozent des Bruttoeinkommens (2,2 Prozent für Kinderlose) festzuschreiben, schafft perspektivisch neue Probleme. Angesichts des Fortschritts bei der Finanzierung des Pflegerisikos wurde es mit Blick auf die öffentliche Kassenlage sowie auf die allgemeine wirtschaftliche Entwicklung unterlassen, aktuelle und zukünftige Risikoentwicklungen und Pflegebedarfe weiterhin zufriedenstellend zu regeln.

56 Bundesministerium für Gesundheit (Hg.): Zahlen und Fakten zur Pflegeversicherung, Berlin 2009

Hilfen zur Pflege nach SGB XII *Grundsicherung für nichterwerbsfähige Personen und Menschen über 65 Jahren* (1995-2008)

	Außerhalb von Einrichtungen		Innerhalb von Einrichtungen	
	Anzahl Hilfeempfän-ger/-innen	Netto-Ausgaben pro Kopf in EUR	Anzahl Hilfeempfän-ger/-innen	Netto-Ausgaben pro Kopf in EUR
1995	213.936	2.382	364.773	15.775
1996	94.537	3.918	332.823	13.378
1997	87.539	4.289	241.586	8.830
1998	85.387	4.571	204.882	9.244
1999	81.941	4.843	228.886	8.402
2000	79.558	5.182	245.680	7.716
2001	83.277	5.277	249.462	7.655
2002	85.779	5.522	228.789	8.513
2003	86.625	5.944	237.647	8.018
2004	88.805	5.914	241.169	8.243
2005	79.738	n.a.	262.056	n.a.
2006	89.535	6.712	279.597	6.899
2007	91.792	6.793	269.372	7.582
2008	110.470	6.035	290.730	7.170

Die Ausgaben pro Kopf lassen sich aufgrund Umstellungen bei der statistischen Erfassung für 2005 nicht ausweisen.

Quellen: Statistisches Bundesamt: Sozialleistungen, Fachserie 13, Reihe 2. Sozialhilfe – Hilfe in besonderen Lebenslagen, Wiesbaden 2006 und Statistisches Bundesamt: Wirtschaft und Statistik, div. Jahrgänge und eigene Berechnungen.

Gleichwohl kommt es auch in den kommunalen Haushalten wieder zu Mehrbelastungen. Nachdem zwischen 1995 bis 2000 die Zahl der Personen, die *außerhalb von Einrichtungen* im Rahmen der Hilfen zur Pflege Unterstützungen bezogen haben, von 213.936 auf 79.558 Empfängerinnen und Empfänger gesunken ist, steigt ihr Anteil seitdem wieder kontinuierlich an. Zugleich steigen aber auch die Ausgaben pro Kopf an. Im Ergebnis führt dies im Jahr 2008 trotz eines Rückgangs der Empfängerzahlen um über 50 Prozent zu einem Anstieg der Netto-Ausgaben pro Kopf bei den Hilfen zur Pflege außerhalb von Einrichtungen um mehr als das Zweieinhalbfache (bezogen auf 1995). Auch bei den *Hilfen zur Pflege in Einrichtungen* steigen die Empfängerzahlen in den letzten Jahren wieder an. Gleichwohl entwickeln sich die Kosten pro Kopf hier nach wie vor rückläufig. So mussten die Sozialhilfeträger im Jahr 2008 gegenüber 1995 pro Kopf nur knapp 46 Prozent der Kosten in diesem Bereich aufwenden. Im Vergleich zum Jahr 1995 sparen die Träger der Sozialhilfe damit im Jahr 2008 rund 3,7 Mrd. EUR.

Insgesamt werden die Kosten der Pflege zumindest in Teilen damit auch wieder stärker (re-)privatisiert. Letzteres kommt insbesondere dadurch zum Ausdruck, dass die Bruttoausgaben der Sozialhilfeträger in den letzten Jahren kontinuierlich angestiegen sind. Da die die Hilfen zur Pflege nach SGB XII jedoch eine Fürsorgeleistung darstellen, werden Einkommen und Vermögen der Empfänger/-innen im Rahmen der Bedürftigkeitsprüfung – unter Beachtung bestimmter Freigrenzen – bei der Inanspruchnahme der Leistung angerechnet, was zu einer Kostendämpfung bei den Sozialhilfeträgern führt. So lagen im Jahr 2008 die Einnahmen der Sozialhilfeträger bei den Hilfen außerhalb von Einrichtungen bei 18,1 Millionen EUR und bei den Hilfen innerhalb von Einrichtungen bei 492,3 Millionen EUR.

Diese Mehrbelastungen der privaten Haushalte und der Kommunen haben unterschiedliche Gründe. So liegen in der Pflegeversicherung die Leistungen – gerade im stationären Bereich – deutlich unter den tatsächlich anfallenden Pflegekosten. Der Verzicht auf eine automatische Dynamisierung in der Pflegeversicherung führt so schon allein durch die tarifbedingten Personalkostensteigerungen zu einer wachsenden Unterdeckung zwischen Pflegekosten und Versicherungsleistungen. Im Bereich der ambulanten Versorgung schlägt sich dieser Effekt ebenso nieder wie bei den pflegenden Angehörigen, deren Eigenanteile an den Pflegeleistungen durch allgemeine Kostensteigerungen stetig wachsen.

Die demografische Entwicklung lässt für die Zukunft eine dynamische Nachfrageentwicklung im Bereich der Pflegeversicherung erwarten. Nach Berechnungen des Deutschen Instituts für Wirtschaftsforschung (DIW) wird bis zum Jahr 2020 die Zahl der Heimbewohner um 57 Prozent, die der ambulanten Pflegefälle um 50 Prozent steigen. In dem Maß, wie außerfamiliäre Versorgungsformen an Bedeutung gewinnen, wird also die Kostenbelastung der Pflegeversicherung zunehmen. Bleibt es unter diesen Rahmenbedingungen bei einem festgelegten Beitragssatz zur Pflegeversicherung und wird sich aufgrund von Massenarbeitslosigkeit zugleich die Zahl der Beitragszahler nicht nennenswert steigern lassen, droht die Pflegeversicherung bei der Finanzierung des Pflegerisikos zunehmend an Bedeutung zu verlieren.

4.4.4 Reform- und politischer Handlungsbedarf im Gesundheitswesen

Leistungsfähigkeit des Gesundheitswesens

In der fachwissenschaftlichen Diskussion in Deutschland besteht zwar ein weit verbreiteter Konsens, dass das deutsche Gesundheitssystem in der Vergangenheit ein insgesamt hohes Versorgungsniveau garantiert hat. Dies schließt allerdings nicht aus, dass eine Lücke zwischen dem Mitteleinsatz und den Ergebnissen des Gesundheitswesens besteht. Es zeigen sich im internationalen Vergleich Erosionsprozesse bei der Behandlungsqualität einerseits und Fehlentwicklungen bei der Ausgabenstruktur andererseits. Während der erste Aspekt also vor allem auf eine Diskussion um Qualitätssicherung im Gesundheitswesen einschließlich Pflege sowie den sinnvollen Einsatz der für den therapeutischen wie präventiven Einsatz zur Verfügung stehenden Mittel zielt, fragt der zweite nach den spezifischen Rahmenbedingungen und der Finanzierbarkeit der GKV und der Pflegeversicherung in Deutschland.

Immer wieder wird in der Öffentlichkeit gefragt, ob die mit dem Gesundheitssystem erreichten Effekte den erbrachten Kostenaufwand rechtfertigen. So sind die Gesundheitsausgaben pro Kopf von 3.080 EUR in 2007 auf 3.210 EUR in 2008 gestiegen. Zieht man die OECD Health Data 2009 heran, dann haben im europäischen Vergleich nur die Niederlande, Österreich, Frankreich und Belgien höhere Gesundheitsausgaben als Deutschland. Hier zeigt sich ein deutlich unterschiedliches Ausgabenverhalten, dem nicht automatisch eine höhere Qualität in der Versorgungslage gegenüber steht. Denn vergleichende Studien weisen darauf hin, dass die Qualität bzw. die Ergebnisse des deutschen Gesundheitswesen nicht immer in Relation zum Mitteleinsatz stehen. So fasste der Sachverständigenrat für das Gesundheitswesen die Ergebnisse damit kurz zusammen, dass das deutsche Gesundheitssystem nicht das leiste, was es leisten könne.

Kostenentwicklung im Gesundheitswesen

Die Diskussion um die Ausgaben im Gesundheitswesen ist in immer kürzeren Abständen von Hinweisen auf eine *Kostenexplosion* gekennzeichnet. Und tatsächlich sind die durchschnittlichen monatlichen Beitragssätze zwischen dem Jahr 1970 von 8,2 auf nunmehr mit dem Gesundheitsfonds einheitlich festgelegten 14,9 Prozent angestiegen. Nach Angaben des Statistischen Bundesamtes stiegen dabei zwischen dem Jahr 1992 und 2008 die Gesamtausgaben nominal – also in den jeweiligen Preisen – im Gesundheitswesen auf 263,2 Mrd. EUR. Bezogen auf das Jahr 1992 ist das ein Anstieg von rund Zweidritteln. Dabei sind die von den Krankenkassen erbrachten Einkommensleistungen in Höhe von 63,4 Mrd. EUR noch nicht berücksichtigt. Diese Entwicklung verursacht immer wieder hektische politische Versuche, durch gesetzliche Änderungen das Beitragsniveau in der GKV stabil zu halten. Setzt man die Entwicklung der Gesamtausgaben im Gesundheitswesen allerdings in Bezug zur Entwicklung der Wirtschaftskraft in Deutschland, zeigt sich trotz aller Aufgeregtheit eine erstaunliche Kontinuität der Ausgabenentwicklung. Nach Angaben des Statistischen Bundesamtes stiegen die Gesundheitsausgaben gemessen als Anteil am Bruttoinlandsprodukt (BIP)[57] zwischen 1992 bis 2008 von 9,6 Prozent auf 10,5 Prozent. Angesichts dieser eher geringen Schwankungsbreite von 0,9 Prozent zwischen 1992 und 2008 hat die Kostenentwicklung im Gesundheitswesen offenbar im Wesentlichen mit der gesamtwirtschaftlichen Entwicklung Schritt gehalten. Betrachtet man allerdings die Gesundheitsausgaben pro Kopf dann steigen diese im gleichen Zeitraum um mehr als das 1,5fache von 1.960 auf 3.210 EUR.

So ist mit dieser Grundaussage die Kostenentwicklung auch noch nicht hinreichend erklärt. Als problematisch erweist sich nämlich, dass sich die Refinanzierungsbasis der GKV langsamer entwickelt als der Wert der produzierten Güter und Dienstleistungen. Zwischen den Jahren 1970 und 1980 stieg die *Grundlohnsumme* (Summe der sozialversicherungspflichtigen Löhne und Gehälter) in den alten Bundesländern noch um 9,2 Prozent. Seit 2003 stagniert die Entwicklung dagegen. Im aktuellen Bericht des Schätzerkreises zur Entwicklung der Einnahmen und Ausgaben in der GKV wird für 2009 mit einem Anstieg der Grundlohnsumme von 0,6 Prozent und für 2010

57 Bruttoinlandsprodukt (BIP) = Summe aller produzierten Waren und Dienstleistungen einer Berichtsperiode (ohne Vorleistungen).

mit 0,4 Prozent gerechnet. Der Anteil der Grundlohnsumme am Bruttoinlandsprodukt hat sich seit Mitte der 1970er kontinuierlich verringert. Seit Mitte der 1980er Jahre nimmt der Anteil der Löhne und Gehälter am *Volkseinkommen* ab – mit dem Effekt, dass natürlich auch die Gesundheitsausgaben aus einer kleiner werdenden *Arbeitnehmereinkommensquote* finanziert werden müssen. In der GKV führt dies dazu, dass die durchschnittlichen Lohnsteigerungen der Versicherten unter den Steigerungsraten der Pro-Kopf-Ausgaben liegen. Wenn dann noch in Rechnung gestellt wird, dass durch die Massenarbeitslosigkeit und Flexibilisierungen am Arbeitsmarkt auch die Anzahl der sozialversicherungspflichtigen Beitragszahler/-innen sinkt, kommt es in der GKV zu einem Einnahmeausfall, der mit steigenden Beitragssätzen kompensiert werden muss, wenn das Niveau der Versorgung aufrecht erhalten bleiben soll bzw. wenn nicht ausreichendes (qualitativ neutrales) Einsparpotenzial auf der Ausgabenseite gefunden wird.

Betrachtet man die *Ausgaben für Gesundheit einschließlich Pflege* differenziert nach Ausgabenträgern, dann zeigen sich im Zeitraum zwischen 1995 und 2008 weitere Verschiebungen. Zunächst einmal sind die Kosten in diesem Zeitraum um 76,7 Mrd. EUR von 186,3 auf 263 Mrd. EUR gestiegen. Das entspricht einer Steigerung von 41,2 Prozent über 13 Jahre.

Ausgaben für Gesundheit nach Ausgabenträgern (in Mrd. EUR)

	1995	2000	2001	2002	2003	2004	2005	2006	2007	2008
Öffentliche Haushalte	19.9	13,6	14,2	14,3	14,4	14,0	13,6	13,1	13,0	13,0
Gesetzliche Krankenversicherung	112,5	123,9	128,4	132,9	135,6	131,6	135,9	139,8	145,4	151,5
Soziale Pflegeversicherung	5,3	16,7	16,9	17,3	17,5	17,6	17,9	18,1	18,4	19,1
Gesetzliche Rentenversicherung	4,4	3,5	3,6	3,7	3,7	3,6	3,6	3,6	3,7	3,8
Gesetzliche Unfallversicherung	3,4	3,7	3,7	3,9	3,9	3,9	4,0	4,1	4,1	4,2
Private Krankenversicherung	14,3	17,6	18,4	19,5	20,4	21,1	22,0	22,5	23,5	24,9
Arbeitgeber	7,8	8,7	9,2	9,4	9,7	9,9	10,1	10,4	10,7	11,2
Private Haushalte / Private Organisationen ohne Erwerbszweck[1)]	18,7	24,4	25,7	26,9	28,3	32,0	32,6	33,8	34,7	35,3
jeweilige jährliche Gesamtausgaben in Mrd. EUR	186,3	212,1	220,1	227,9	233,5	233,7	239,7	245,4	253,3	263,0

[1)] Private Organisationen ohne Erwerbszweck sind z.B. politische Parteien, Gewerkschaften, Kirchen, Wohlfahrtsverbände, Vereine usw.

Quelle: Statistisches Bundesamt, eigene Zusammenstellung und Berechnung

Während vor der Einführung der Pflegeversicherung im Jahr 1995 die Aufteilung der Kosten zwischen den jeweiligen Ausgabenträgern der GKV im Zeitverlauf moderat schwankte, verändert sich dies mit der Einführung der GPV als 5. Säule der Sozialversicherung deutlicher.

So schlagen sich bei den *öffentlichen Haushalten* die Einsparungen für die Hilfen zur Pflege nach SGB XII am deutlichsten nieder. Deren Anteil an den Gesamtausgaben sank zwischen 1995 bis 2008 um 6,9 Mrd. EUR. Der *Anteil der Arbeitgeber* an den Gesamtausgaben ist von 1995 bis 2008 um 3,4 Mrd. EUR bzw. 43,5 Prozent gestiegen. Dabei lag der Anteil der Arbeitgeber an den Gesamtkosten relativ konstant bei 4,2 Prozent. Hinzu kommt, dass die Arbeitgeber auch bei den Ausgaben für die Einkommensleistungen entlastet wurden. Zwischen 1995 und 2006 sparen sie hier 2,3 Mrd. EUR ein. Die *Anteile der private Haushalte* und der privaten Organisationen ohne Erwerbszweck) sind im Vergleichszeitraum 1995 bis 2008 dagegen mit 88,7 Prozent mehr als doppelt so stark angestiegen. Dies bedeutet absolut eine Mehrbelastung von etwa 17 Mrd. EUR. Offenbar findet durch die Einführung der Gesetzlichen Pflegeversicherung sowie den Einschränkungen im Leistungskatalog der GKV und die kontinuierliche Ausweitung der Zuzahlungen eine deutliche Verlagerung der Ausgaben von den öffentlichen Haushalten und den Arbeitgebern hin zu den privaten Haushalten statt.

Die Kostendämpfungsgesetze im Gesundheitswesen

Das Gesundheitswesen wird in immer kürzeren Abständen mit Kostensteigerungen konfrontiert, die den vorhandenen Finanzspielraum übersteigen. Konnten die Krankenkassen in den Jahren 2004 mit vier Mrd. und 2005 mit 1,8 Mrd. aufgrund der Kostendämpfungsgesetze noch Überschüsse erzielen, warnte etwa die Deutsche Angestellten Krankenkasse (DAK) für 2010 vor einer Unterdeckung von rund 11 Mrd. EUR. Die Kassenlage in der Gesetzlichen Krankenversicherung ist dabei vor allem abhängig von der Entwicklung am Arbeitsmarkt. Denn der Stand der sozialversicherungspflichtigen Beschäftigung und die Lohnpolitik haben eine unmittelbare Wirkung auf die Einnahmen: 100.000 neue Mitglieder bedeuten eine Einnahmesteigerung von 323 Millionen EUR und ein Prozentpunkt mehr Lohn erbringt 1,5 Mrd. Mehreinnahmen. Am stärksten schlägt die gleichmäßige Belastung aller Versicherten zu Buche. So lassen sich mit einer Erhöhung des Beitragssatzes um einen Prozentpunkt zusätzliche 10,5 Mrd. EUR einnehmen. Aber auch die Ausgabenseite ist von Bedeutung, denn eine Kostensteigerung von nur einem Prozentpunkt zieht absolut höhere Ausgaben von 1,7 Mrd. nach sich.

Mit Hilfe von *Kostendämpfungsgesetzen* wird seit dem Jahr 1977 versucht, Beitragssatzstabilität durch eine einnahmeorientierte Ausgabenpolitik zu erreichen. In den 1990er Jahren vollzog sich die *Gesundheitsreform* in drei Stufen mit folgenden Schwerpunkten:

- Budgetierung von Leistungen,
- Einführung von Wettbewerbsstrukturen in der GKV und bei den Leistungsanbietern,
- Zuzahlungsregelungen zur Ausgabenbegrenzung,

- Streichungen im Leistungskatalog und
- Übertragung von Strukturmerkmalen der PKV in die GKV.

Die erste Stufe der Gesundheitsreform trat im Jahr 1989 mit dem *Gesundheitsreformgesetz* (GRG) in Kraft. Kosteneinsparungen wurden im Wesentlichen durch den Ausbau von Zuzahlungen und die Streichung von Leistungen erzielt. Zugleich wurden Festbeträge für zahlreiche Medikamente und Hilfsmittel eingeführt und die Vorsorge gestärkt. Gleichwohl ließ sich die Kostenentwicklung innerhalb der GKV nur kurzfristig bremsen.

Mit dem *Gesundheitsstrukturgesetz* (GSG) aus dem Jahr 1992 konnten in der zweiten Stufe die Kosten dann tatsächlich abgesenkt und die Kassen in die Lage versetzt werden, aufgelaufene Defizite abzutragen. Neu war dabei der Ansatz, die Kostenentwicklung durch eine strikte, wenn auch zeitlich befristete *Budgetierung* bei den Ausgaben der Leistungserbringer zu regeln. So wurden die Kostenzuwächse im Krankenhausbereich und in der ambulanten Versorgung an die Entwicklung der Grundlöhne, die ja die Basis der Beitragseinnahmen darstellen, gekoppelt und die Honorare der Zahnärzte gesenkt.

Schließlich zielten Einzelmaßnahmen, wie etwa Fallpauschalen im Krankenhaus, die Vereinbarung von Wirtschaftlichkeitsprüfungen, Richtgrößen für Arznei- und Heilmittel oder eine *Positivliste* für Arzneimittel (Katalog der über die Krankenkassen erstattungsfähigen Präparate), auf strukturelle Veränderungen.

Seit dem Jahr 1997 kommt es durch die schrittweise Umsetzung der dritten Stufe der Gesundheitsreform zu einem weiteren Ausbau der bereits eingeführten Wettbewerbselemente. Erhebliche Leistungskürzungen zu Lasten der Versicherten wurden realisiert (z.B. Kürzung des Krankengeldes), ganze Versorgungsbereiche gestrichen. Die Ausgabenentwicklung wurde in der ambulanten Versorgung durch die Rücknahme der Budgetierung und bei den Arzneimitteln durch die Streichung der Positivliste wieder freigegeben.

Gleichzeitig wurden u.a. durch die Erhöhung und Dynamisierung der Zuzahlungsregelungen Abstriche bei der paritätischen Finanzierung der GKV vorgenommen. Dass mit dem Regierungswechsel im Jahr 1998 Teile dieser Reform wieder revidiert wurden, war nur ein kurzfristiger Versuch, die solidarischen Elemente des Gesundheitssystems zu stärken. Die Erosion der Refinanzierungsbasis ließ sich so nicht stoppen. Im Gegenteil haben sich die rot-grüne Bundesregierung und die CDU/CSU-Bundestagsfraktion im Juli 2003 auf einen gemeinsamen Gesetzentwurf geeinigt, um den durchschnittlichen Krankenkassenbeitrag von etwa 14,5 auf 13 Prozent zu senken.

Während dieser Gesetzesvorschlag der Bundesregierung noch strukturelle Änderungen im Gesundheitswesen vorsah – unter anderem sollte mittels eines neu zu schaffenden Bundesinstitutes für überprüfbare Qualitätsstandards und Behandlungsrichtlinien sowie für eine Stärkung des Hausarztes in der Versorgungslandschaft gesorgt werden –, blieb am Ende mit dem *Gesetz zur Modernisierung der gesetzlichen Krankenversicherung (GMG)*, das am 1. Januar 2004 in Kraft trat, einmal mehr eine *Kostenreform* übrig, die vor allem die Zuzahlungen und Befreiungsregeln überarbeitete und weitere Eigenbeteiligungen der Versicherten vorsieht. Die wichtigsten Veränderungen sind:

- Entgegen ursprünglicher Planungen ist der Zahnersatz im Leistungskatalog der GKV geblieben. Es werden allerdings nur noch sog. *befundbezogene Festzuschüsse* zu den Behandlungskosten gewährt, die nicht mehr die medizinisch notwendige Versorgung im Einzelfall sondern nur noch diejenige, die in der Mehrzahl der Fälle angewandt wird, abdecken. Die Höhe der befundbezogenen Festzuschüsse beträgt 50 Prozent der für die Regelversorgung notwendigen Leistungen.
- Seit dem Jahr 2006 wird das *Krankengeld* vollständig durch die Versichertenbeiträge der Arbeitnehmer finanziert, sie übernehmen den bisherigen Arbeitgeberanteil von 0,35 Prozent.
- Die *Zuzahlungsregelungen* wurden verschärft.
- *Streichungen* im Leistungskatalog beziehen sich vor allem auf die Erstattung
    - von Fahrtkosten für Arztbesuche,
    - des Sterbe- und Entbindungsgeldes,
    - von Sterilisationskosten aus nicht-medizinischen Gründen und die künstliche Befruchtung sowie
    - von Brillen und Sehhilfen.
- *Ärzte* müssen sich künftig regelmäßig fortbilden und ihre Honorare werden auf feste Preise umgestellt.
- Für *Pharmaunternehmen* und *Apotheken* ändert sich die Preisfestlegung neuer sowie rezeptfreier Medikamente, zudem werden Versandapotheken zugelassen.

Mit dem *Arzneimittelversorgungswirtschaftlichkeitsgesetz (AVWG)* vom 1. Mai 2006 wurde dann im weiteren Verlauf der Versuch unternommen, die steigenden Kosten für Arzneimittel zu stoppen. Für die GKV wurde ein zweijähriger Preisstopp für Medikamente eingeführt, die Möglichkeit von Rabattverträgen zwischen Krankenkassen und Pharmaunternehmen eröffnet sowie eine Zuzahlungsbefreiung für Medikamente, die für 30 Prozent unter dem Festbetragspreis angeboten werden, umgesetzt.

Mit dem zum 1. April 2007 in Kraft getretenen *Gesetz zur Stärkung des Wettbewerbs in der gesetzlichen Krankenversicherung (GKV-WSG)* ist die Einführung der allgemeinen Krankenversicherungspflicht zum 1. Januar 2009 ebenso verbunden, wie die Einführung des Gesundheitsfonds. Der Leistungskatalog wurde um Kuren und Impfungen erweitert und die Angebote der Palliativmedizin ausgebaut. Zudem dürfen die gesetzlichen Krankenkassen jetzt auch Wahltarife einführen. Bei den privaten Krankenkassen wurden – wie oben beschrieben – die Wettbewerbselemente gestärkt (Kontrahierungszwang, Mitnahme der Altersrückstellungen)

Mit dem *Gesetz zur strukturellen Weiterentwicklung der Pflegeversicherung (PfWG)*, das zum 1. Juli 2008 in Kraft getreten ist, werden schrittweise die Leistungssätze der GPV bis zum Jahr 2012 angehoben. Zugleich werden die Leistungen für demenziell erkrankte Menschen verbessert. Die Beratungsleistungen sollen durch den Aufbau von bundesweit 4.000 Pflegestützpunkten verbessert werden. Die Pflegezeit für Arbeitnehmer/-innen, die einen nahen Angehörigen pflegen möchten wurde eingeführt und der Beitragssatz von 1,7 auf 1,95 Prozent (Kinderlose 2,2 Prozent) des Bruttolohnes erhöht.

Strukturelle Probleme im Gesundheitswesen

Betrachtet man die Abfolge der Gesundheitsreformen dann fällt eine einseitige Konzentration auf Einschnitte in der Leistungserbringung auf. Damit werden aber die strukturellen Problemen im Gesundheitswesen durch die Gesundheitspolitik nur unzureichend abgedeckt: Zum einen hat sich das Spektrum der gesundheitlichen Risiken und Erkrankungen von ehedem mehr infektiösen Erkrankungen hin zu chronischen Leiden verlagert. Es herrschen Krankheiten vor, deren Behandlung langwierig und kostspielig ist. Um gegen diese sog. *Zivilisationskrankheiten* präventiv vorgehen zu können, bedürfte es zweitens tiefer Eingriffe in die Arbeits- und Lebenszusammenhänge. Nur so könnte auch die sozial ungleiche Verteilung von Krankheitsrisiken verändert werden. Doch gerade hieran scheitern bislang alle Versuche staatlicher Politik. Dies betrifft auch Korrekturen an der in hohem Maße schichtenspezifisch vorgeprägten Inanspruchnahme gesundheitlicher Leistungen bzw. die Überprüfung, welche therapeutische Behandlung tatsächlich vorgenommen wird und welche nicht. Und schließlich ist drittens kaum ein anderer Bereich der Sozialversicherung derartig von privatwirtschaftlichen Interessen beherrscht wie das Gesundheitswesen.

Seit Jahren werden vor allem marktorientierte Steuerungsmechanismen für das Gesundheitswesen diskutiert und über die diversen Gesundheitsreformen auch umgesetzt. Diese sollen sowohl die Überversorgung als auch den Missbrauch bei der Inanspruchnahme von Leistungen wirksam eindämmen, die Qualität der Versorgung verbessern und gleichzeitig Kosten sparen. Die Grundthese dieser Ansätze lautet, dass voller Gesundheitsschutz bei den Versicherten zu einer *Vollkaskomentalität* und zu *Anspruchsdenken* führe. Dies wiederum impliziere den Anreiz, die eigenen Beiträge durch eine intensive Nutzung von Versicherungsleistungen voll auszuschöpfen. Verstärkter Wettbewerb zwischen den Leistungsanbietern einerseits und zwischen den Krankenkassen andererseits sowie eine Ausweitung der PKV sollen hingegen Anreize für ein wirtschaftlicheres Verhalten der Versicherten fördern. Preissteigerungen bei den Gesundheitsleistungen sollen zu einem Nachfragerückgang und damit zur Beitragsstabilität führen.

Fraglich ist aber, ob dieser Rückgang, der bei den Leistungserbringern ja zu Einkommenseinbußen führen würde, nicht sofort mit einer mengenmäßigen Ausweitung von Leistungen beantwortet werden würde. Denn nach wie vor ist der *Arzt* die zentrale Steuerungsinstanz in unserem Gesundheitswesen: Er stellt nicht nur die Diagnose und legt die Therapie fest sondern bestimmt damit auch maßgeblich die Höhe der Gesundheitsausgaben pro Patient. Die Gesetzliche Krankenversicherung verpflichtet die Ärzte und alle anderen privaten und öffentlichen Anbieter im Gesundheitswesen auf das *Wirtschaftlichkeitsgebot*, wonach bei vorhandenen Alternativen die günstigere, gleichwohl zweckmäßige und ausreichende Leistung verordnet werden soll. Nach Ansicht von Experten bestehen Zweifel, ob diesem Gebot immer und in ausreichendem Maße gefolgt wird. Hinzu kommt, dass ein intransparentes Leistungs- und Vergütungssystem bei den Leistungserbringern wie den Patienten für betrügerische Absichten missbraucht wird. Im Jahr 2004/2005 wurden von den Sozialversicherungsträgern 13.608 Betrugsfälle bearbeitet, von denen allerdings nur in 2,4 Prozent der Fälle auch Strafanzeige gestellt wurde.

Auch eine Umstellung der Finanzierung der Krankenversicherung löst das Problem steigender Gesundheitsausgaben nicht. Denn während z.B. die Apotheken den Gesetzlichen Krankenkassen bei verschreibungspflichtigen Arzneimitteln Rabatte einräumen (müssen), entfällt dies bei privat Versicherten. Auch sind die Honorarsätze der Ärzte höher als im Rahmen der GKV. Dies hat zur Folge, dass der Leistungszuwachs pro Patient in der PKV in den letzten Jahren deutlich höher gewesen ist als in der GKV. Auch wenn dem Kapitaldeckungsverfahren – gerade in der politischen Debatte – immer wieder gegenüber dem Umlageverfahren eine höhere Krisenfestigkeit und ein effizienterer Mitteleinsatz attestiert werden, zeigt die Beitragsentwicklung der PKV, dass deren Einnahmen ebenfalls hinter den Ausgaben hinterherhinken, die Beiträge für die privat Versicherten folglich immer stärker ansteigen. Dies gilt dann wegen der individuellen Beitragsbemessung vor allem für bestimmte Risikogruppen wie etwa ältere Versicherte oder chronisch kranke Menschen.

Privatisierungs- bzw. Zuzahlungsmodelle sind damit aber vor allem eine *Kostenverschiebung* von den Krankenversicherern auf die Versicherten. Der internationale Vergleich zeigt, dass von ihnen denn auch nur ein geringer Steuerungseffekt auf die Nachfrage nach Gesundheitsleistungen ausgeht. Es findet keine reale Ausgabensenkung statt, sondern eine Umverteilung finanzieller Belastungen. Während die Versicherten mehr Geld für Gesundheit aufwenden müssen, reduzieren die gesetzlichen wie die privaten Krankenkassen ihre Ausgaben und werden die Arbeitgeber im Rahmen der paritätischen Beitragsfinanzierung entlastet.

Die Entwicklung des Gesundheitswesens war lange Zeit durch einen breiten gesellschaftlichen Konsens darüber gekennzeichnet, dass *allen* Bürgerinnen und Bürgern im Krankheitsfall die zur Heilung bzw. Linderung der Erkrankung notwendigen Dienst- und Sachleistungen zur Verfügung gestellt werden sollen. Nach etwa zwanzigjähriger kontroverser sozialpolitischer Debatte wurde dieser Konsens auch auf den Bereich Pflege ausgeweitet. Dieses Ziel kann aber nur erreicht werden, wenn die Nachfrage nach Gesundheitsleistungen nicht von der materiellen Situation des Einzelnen abhängig gemacht und gleichzeitig die Verwendungsseite der Gesundheitsausgaben kritisch reflektiert wird. So ist es nicht nur Zufall bzw. Folge der ökonomischen Entwicklung, wenn den niedergelassenen Ärzten (mitten in der Wirtschaftskrise) zum 1. Januar 2009 der Honorartopf um 2,7 Mrd. EUR erhöht wird und die Bundesregierung dann im Juli des gleichen Jahres ein Defizit von 2,9 Mrd. EUR für die gesetzliche Krankenversicherung erwartet. Hier stellt sich die Frage, wie notwendige Konsolidierungslasten zwischen den Leistungsanbietern und den Beitragszahlern gerechter verteilt werden können. Dieses impliziert dann auch die kritische Reflexion der Verteilungsströme zwischen den einzelnen Akteuren bzw. Leistungsanbietern im Gesundheitswesen inklusive der Frage wie zeitgemäß die bestehende Vielfalt eigenständiger Krankenkassen angesichts von nahezu einheitlichem Leistungskatalog und zentraler Mittelverwaltung über den Gesundheitsfonds noch ist.

Bürgerversicherung oder Kopfpauschale: Reformkonzepte für die Zukunft

Die Fragen nach der Ausstattung und der Bereitstellung materieller Ressourcen für das Gesundheitssystem lassen sich kaum auf der Steuerungs- und Instrumentenebene allein lösen. Wie viel Gesundheit für welche Personenkreise zu welchen Bedingungen bereitgestellt werden soll, ist abhängig von den gesellschaftlichen Zielsetzungen und damit eine politische Frage. Das deutsche Gesundheitssystem gewährt insgesamt ein hohes medizinisches und soziales Versorgungsniveau. Unterschiedliche Gesundheitsrisiken ergeben sich weniger aus dem Gesundheitssystem selbst, sondern sind eher Folge ungleicher Verteilung sozialer Risiken (im Erwerbsleben und im privaten Bereich), ökonomischer Ressourcen und unterschiedlicher Bildungsniveaus in der Bevölkerung.

Reformansätze sollten deshalb zukünftig weniger darauf abzielen, das Sachleistungs- und Solidarprinzip weiter aufzuweichen, sondern die Steuerungskompetenzen der Krankenkassen als Kontrollinstanz zu schärfen. Dazu bedarf es der Budgetierung der Ausgaben bei den Leistungserbringern und der Mobilisierung von Wirtschaftlichkeitsreserven. Zugleich wird darüber nachzudenken sein, wie eine Beitragsreform zu einer Verbreiterung der Einnahmeseite führen kann, ohne dabei die paritätische Finanzierung in Frage zu stellen. Und schließlich müssen in den einzelnen Leistungsbereichen Reformen umgesetzt werden, die eine bessere Integration der vorhandenen ambulanten und stationären Angebote garantieren sowie Versorgungslücken schließen helfen.

Deutlich ist dabei, dass bestehende und zukünftige Finanzierungsprobleme nicht bloß über eine Ausweitung des finanziellen Volumens gelöst werden können. Es besteht nicht nur stets eine starke Mittelkonkurrenz schon innerhalb des großen Bereichs sozialer Aufwendungen, sondern auch zwischen den Sozialausgaben und anderen öffentlichen sowie privaten Ausgaben. Auch sind private Ressourcen in angemessener Weise bei der Lösung sozialer Problemlagen einzubeziehen. Allerdings verkürzen nicht wenige Vertreter aus Gesellschaft und Politik diese Problemzusammenhänge auf eine vorrangige Infragestellung der Strukturen einer sozialen Gesundheits- und Pflegeversorgung und kündigen damit den eingangs zitierten Konsens auf.

In der aktuellen Debatte um die strukturelle Reform der Refinanzierung der GKV werden von den politischen Parteien und Interessensträgern unterschiedliche Modelle diskutiert:

- Die CDU favorisiert im Rahmen einer umfassenden Einkommensteuerreform die einheitliche *Gesundheitsprämie* (Kopfpauschale) für jeden Erwachsenen.

Das bedeutet auch die Beamten, Selbstständige und Freiberufler zahlen unabhängig von ihrem Einkommen eine Pauschale als Krankenkassenbeitrag. Die Höhe der Prämie ist von den einzelnen Krankenkassen festzulegen. Zentrales Ziel ist es, die Einnahmen der gesetzlichen Krankenversicherung von den Löhnen zu entkoppeln. Als sozialer Ausgleich sollen die Beiträge für Kinder und einkommensschwache Personen aus Steuermitteln finanziert werden. Die Leistungen des Gesundheitssystems sollen sich auf dem gegenwärtigen Stand des Leistungskataloges bewegen, freiwillige private Zusatzversicherungen sind vorgesehen. Zudem soll die häusliche Pflege gestärkt werden. Im Hinblick auf die demografische Entwicklung soll sich die Gesundheitsprämie aus einem *Grundbeitrag* für die Finanzierung der aktuellen medizinischen Leistungen und einem *Vorsorgebeitrag* als finanziellem Puffer für steigende Gesundheitskosten im Alter zusammensetzen. Der bisher im Rahmen der paritätischen Mittelaufbringung erbrachte Arbeitsgeberbeitrag fällt weg. Er wird einmalig festgelegt und als (zu versteuernder) Bestandteil der Löhne und Gehälter ausgezahlt. Renten und andere Lohnersatzleistungen sollen ebenfalls um einen (dann fiktiven) Arbeitgeberanteil angehoben werden.

- Die CSU hält im Grundsatz an dem bestehenden Umlageverfahren fest. Eine Mischung aus mehr Eigenverantwortung der Patienten sowie Anreizen für wirtschaftlicheres und sparsameres Verhalten der Leistungserbringer soll Einnahmen und Ausgaben langfristig in der Balance halten.
- Die FDP fordert im Grundsatz eine *private Pflichtversicherung* für Regelleistungen der GKV und GPV. Die Sozialleistungen sollen in einem *Bürgergeld* (negative Einkommensteuer) gebündelt, die Gesundheitskosten dieser Personen durch staatliche Zuschüsse abgedeckt werden.
- Die SPD, Bündnis 90/Die Grünen und DIE LINKE wollen – in unterschiedlicher Detailausführung – eine *Bürgerversicherung* für die GKV und GPV einführen. Wichtigste Elemente sind die Ausweitung des *Versichertenkreises* auf alle Bürgerinnen und Bürger, also auch Beamte, Selbstständige und Freiberufler, die *Ausweitung der Beitragsbasis* um Miet-, Zins- und Kapitaleinkünfte sowie die *Erhöhung der Beitragsbemessungsgrenze*. Zentrales Ziel ist eine Kostenentlastung durch die breitere gesellschaftliche Verteilung der Gesundheitskosten. Der alleinigen Finanzierung des Solidarsystems durch Löhne und Gehälter (bis zur Versicherungspflichtgrenze) soll durch die stärkere Einbindung insbesondere von Selbstständigen, Gutverdienenden und die Berücksichtigung von Kapitalerträgen und Vermögen stärker entgegen gewirkt werden. Die Beitragshöhe selbst bleibt abhängig von der Höhe des Einkommens. Die Versicherungspflichtgrenze, ab der Wahlfreiheit zwischen Privater und Gesetzlicher Krankenversicherung besteht, entfällt.[58] Um zu vermeiden, dass durch die Bürgerversicherung letztlich nur eine vorübergehende Kostenentlastung eintritt, sol-

58 Wolfgang Rudzio: Das politische System der Bundesrepublik Deutschland, 7. Aufl., Wiesbaden 2006, S. 121

len strukturelle Reformen im Gesundheitswesen die Umstellung vorbereiten und begleiten. Hierzu zählen u.a. der Abbau von Überkapazitäten in den einzelnen Versorgungsbereichen, die bessere Nutzung der eingesetzten Ressourcen durch flexiblere Übergänge und mehr Wettbewerb zwischen ambulantem und stationärem Bereich, ein einfaches pauschaliertes Vergütungssystem für Ärzte, das Anreize zur Leistungsausweitung einschränkt sowie eine Vereinfachung der Verwaltungsstrukturen im Gesundheitswesen.

Auch wenn sich die ehemaligen Regierungspartner der Großen Koalition aus CDU/CSU und SPD vom Grundsatz her einig waren, dass die Finanzierung des Gesundheitssystems mittel- und langfristig auf eine breitere Basis gestellt werden soll, konnte sich im parlamentarischen Prozess keines der genannten Konzepte durchsetzen. Als Kompromiss wurde schließlich der *Gesundheits*fonds eingeführt, über den nunmehr steuer- und beitragsfinanzierte Anteile zusammen geführt sind. Und auch in der aktuellen Regierungskoalition aus Unionsparteien und FDP wird der politische über die Refinanzierung durch Kopfpauschale oder betragsgestütztes Umlageverfahren mit bislang offenem Ende weiter geführt.

4.5 Alter und Alterssicherung

4.5.1 Systematischer Stellenwert von Alter und Alterssicherung

Der Übergang von agrarisch-feudalen Versorgungssystemen zur Industriegesellschaft des späten 18. und frühen 19. Jahrhunderts setzte in Deutschland einen demografischen und gesellschaftlichen Wandel in Gang, in dem insbesondere die nicht (mehr) erwerbsfähigen Menschen – sei es durch Krankheit, Invalidität oder eben das Alter – existenziellen sozialen Ausgrenzungsrisiken ausgesetzt waren. Stand im agrarischen Feudalsystem bzw. in ständisch organisierten städtischen Gesellschaften der *Verfügungsgewalt* über die Arbeits- und Ertragskraft der Bauern und Handwerker immer auch eine *Versorgungspflicht* seitens der Feudal- bzw. Zunftherren gegenüber, hob sich in der Industriegesellschaft diese wechselseitige Verpflichtung zunehmend auf. Es entstand eine Lücke, die sich erst schloss, als die Alterssicherung zentraler Bereich der staatlichen Sozialpolitik wurde. Mit dem im Jahr 1889 verabschiedeten *Gesetz, betreffend die Invaliditäts- und Alterssicherung* wurde die Sicherungsfunktion für alte, vorwiegend aber invalide Menschen aus der Privatsphäre gelöst und in einen gesetzlichen Anspruch an die Rentenversicherung überführt. Damit war auch in der Industriegesellschaft ein entscheidender Schritt dafür getan, *Erwerbs*- und *Nichterwerbsphase* (*Ruhestand*) deutlicher voneinander zu trennen und die materielle Versorgung der alten Menschen ab einer bestimmten Altersgrenze unabhängig von der Erwerbsarbeit zu gestalten, den Grad der Altersversorgung zugleich wieder an die Erwerbsbiographie bindend (*Bismarcksche Sozialgesetzgebung*). Heute gehört die Entscheidung, den Zwang zur Erwerbstätigkeit für ältere Menschen aufzuheben, zum Kernbestand unseres gesellschaftlichen Grundkonsenses, wenngleich der Anspruch an die Gesetzliche Rentenversicherung auf *Lebensstandardsicherung* im Zuge der Diskussionen über die Finanzierbarkeit eines umlagefinanzierten Rentensystems sukzessive zugunsten der Förderung individueller Alterssicherungsleistungen (sog. *Riester-Rente*) aufgegeben wird. Gleichwohl bleibt die Alterssicherung bis heute der ausgabenintensivste Sozialversicherungszweig. So wurden im Jahr 2007 laut Alterssicherungsbericht 2008 rund 237 Mrd. EUR für die Gesetzliche Rentenversicherung aufgewendet.

Die Mehrzahl der Rentenbezieher ist vom Rententransfer existenziell abhängig, weil alternative Einkommensquellen fehlen. Hieraus ergibt sich im Rentenversicherungssystem ein enges, zugleich sensibles gesellschaftliches Vertrauensverhältnis. Dennoch werden in der politischen Diskussion die Interessenspositionen der jungen, erwerbstätigen Generation vor allem in der Frage der Höhe von Sozialversicherungsbeiträgen zur Altersvorsorge immer wieder gegen die der Ruheständler instrumentalisiert und eine stärkere Entlastung über die forcierte Eigenbeteilung der Rentner gefordert. Hier werden soziale Interdependenzen häufig verkürzt wahrgenommen. So ist zum einen der Lebensstandard der jungen Generation Folge der Lebensleistung der heute alten Menschen und wäre ohne deren Beitrag kaum zu realisieren. Zum anderen ist die Sicherung des Lebensunterhaltes der Rentner und Pensionäre unaufhebbar mit Finanztransfers von der jüngeren an die ältere Generation verbunden – sei es, weil eine direkte Beziehung als Beitragszahler und Leistungsempfänger (*Umlageverfahren im Generationenvertrag*) besteht, sei es, weil die jüngere Generation als Nachfrager für im *Kapitaldeckungsverfahren* privat gespartes Kapital oder als Käufer von Wohneigentum bzw. anderen Vermögensbeständen auftreten muss.

Altern ist ein *multidimensionaler Entwicklungsprozess*, in dem ungleiche Lebens- und Interessenslagen auf *individuelle*, *gesellschaftliche* und *institutionelle* Rahmensetzungen zur Ausgestaltung der Alterssicherung treffen. Sie bestimmen damit den je individuellen Teilhabegrad im Alter mit:

- Auf der *individuellen Ebene* gehören zur Alterssicherung alle Maßnahmen, die den Lebensunterhalt im Alter sicherstellen. Die sozialen Risiken eines Individuums resultieren dabei aus einer Vielzahl unterschiedlicher Faktoren:
  - dem Verlauf der Erwerbsbiographie als wichtigster Determinante für die Höhe der Altersbezüge;
  - dem aus dem unterschiedlichen Spielraum bzw. (Spar-)Willen resultierenden Grad der privaten Daseinsvorsorge,
  - dem Zugang zu einem altersgerechten Wohnraum bzw. -umfeld,
  - der Versorgung mit altersnotwendigen Dienst- und Sachleistungen in Pflege und Freizeit sowie
  - individuellen biologischen und psychologischen Dispositionen, die den Gesundheitszustand (prä)disponieren.
- Auf der *gesellschaftlichen Ebene* bestimmt sich der Grad der Teilhabe alter Menschen vor allem über den sozialen Konsens in der:

- *Verteilungsfrage* des Sozialprodukts zwischen den Generationen. Hierbei ist nicht nur der materielle Transfer in Form der Rentenzahlungen zu beachten, auch die Versorgung mit Sach- und Dienstleistungen sowie der Anspruch auf medizinische und pflegerische Hilfen entscheiden sich hier.
- *Finanzierungsfrage* der Sozialleistungsansprüche älterer Menschen. Dabei steht die Frage der Kostenverteilung, also des Verhältnisses von Eigenleistung, intergenerativer Umverteilung zwischen Erwerbstätigen und Rentnern und steuerfinanzierter Umverteilung im Mittelpunkt.
- *Produktionsfrage,* d.h. in der Frage, wie in Zukunft das Volkseinkommen erwirtschaftet wird bzw. nach welchem Modus die Finanzierung der Alterssicherung erfolgen soll. So wurden die Rentner in der Vergangenheit immer jünger, umgekehrt stellt ein fortgeschrittenes Lebensalter ein deutliches Einstellungshindernis dar. Zugleich weisen demografische Projektionen darauf hin, dass das Erwerbspersonenpotenzial langfristig sinken wird. Es stellt sich die strategische Frage, wie über eine Neugestaltung der Lebensarbeitszeit auch ältere Menschen wieder in den Produktionsprozess eingebunden werden können, aber auch, welche Beschäftigungseffekte von ihnen als Nachfrager bestimmter Sach- und Dienstleistungen ausgehen.

- Die *institutionelle Ebene* der Alterssicherung beschreibt das System der Leistungen. Hierzu zählen die ambulanten und stationären Einrichtungen der Alten(pflege)hilfe ebenso wie die Träger der gesetzlichen und privaten Rentenversicherung sowie der Beamtenversorgung. In der Bundesrepublik Deutschland existiert kein *Einheitssystem*. Mit dem *Rentenreformgesetz* (RRG) aus dem Jahr 1992 wurden zwar die Regelungen für die Arbeiter-, Angestellten- und die knappschaftliche Rentenversicherung im *Sozialgesetzbuch VI* (*Gesetzliche Rentenversicherung*) zusammengefasst, gleichwohl bleiben für die *Beamtenversorgung* oder das *Fremdrentengesetz* (FRG von 1960) besondere rechtliche Bestimmungen bestehen.[59] So ergeben sich trotz vergleichbarer sozialer Ausgangsbedingungen für einzelne Personengruppen zum Teil sehr unterschiedliche Versorgungsniveaus.

Auch wenn die Finanzierbarkeit und Verlässlichkeit des Rentensystems („*Die Rente ist sicher*") in der politischen wie gesellschaftlichen Debatte zentrale Themen sind, so ist *Alterspolitik* doch vielmehr ein sozialpolitisches Querschnittsthema, das

- die Einkommensgestaltung im Alter,
- die Finanzierung der Geld-, Sach- und Dienstleistungen,
- eine altersgerechte gesundheits- und pflegeorientierte Versorgung,
- städteplanerische und sozialräumliche Aspekte umfasst, aber auch

59 Das Fremdrentengesetz hat die Rentenansprüche der seit Ende des Zweiten Weltkriegs aus den damaligen deutschen Ostgebieten und den Ländern Osteuropas in die Bundesrepublik Deutschland gekommenen Vertriebenen und Aussiedlern geregelt. Mit Öffnung der Grenzen nach Osteuropa nach dem Fall der Mauer erfolgen rentenrechtliche Regelungen nicht mehr nach diesem Sondergesetz, sondern im Rahmen der allgemeinen Bestimmungen des SGB VI.

- arbeitsmarkt- und migrationspolitische Fragen sowie
- sozialethische Herausforderungen an ein menschenwürdiges Altern

impliziert.

Altersaufbau der Bevölkerung

Seit Mitte der 1955er Jahre hat sich die Altersstruktur in Deutschland kontinuierlich verschoben. Die Bevölkerungsstrukturanalyse des Statistischen Bundesamtes zeigt, dass zwischen 1955 und 2008 der Anteil der bis 19-jährigen um etwa elf Prozentpunkte abgenommen hat. Gleichzeitig stieg der Anteil der 60-jährigen und Älteren in fast identischem Umfang. In der Folge nahm der *Jugendquotient* (berechnet als Anteil der unter 20-jährigen bezogen auf die Gruppe der 20 bis 60-jährigen) stetig ab, während der *Altersquotient* (berechnet als Anteil der Gruppe der über 60-jährigen bezogen auf die Gruppe der 20 bis 60-jährigen) parallel dazu anstieg.

Entwicklung der Bevölkerung Deutschlands von 1955-2008 und Hochrechnung für 2020-2060

		Davon im Alter von ... bis ... Jahren			auf 100 20 bis unter 60-jährige kommen ...	
	Gesamtbevölkerung in 1000	bis 19	20-59	≥ 60	... unter 20-jährige = Jugendquotient	... 60-jährige und älter = Altersquotient
		in Prozent				
1955	70 945	30,2	54,2	15,6	55,6	28,8
1965	75 591	28,6	52,7	18,6	54,3	35,4
1975	78 882	29,1	50,4	20,5	57,7	40,6
1985	77 709	24,2	55,9	19,9	43,3	35,6
1995	81 539	21,5	57,4	21,0	37,3	35,8
2000	82 163	21,3	55,7	23,0	38,3	41,3
2002	82 440	20,9	55,0	24,1	38,1	43,9
2008	82 002	19,0	55,4	25,6	34,4	46,1
		Projektion der Altersstruktur 2020-2050 (31.12. des Jahres)				
2020	80 437	17,0	52,4	30,5	32,5	58,3
2030	79 025	16,7	47,1	36,2	35,5	76,8
2040	76 757	16,1	46,6	37,3	34,6	79,9
2050	73 608	15,6	45,5	38,9	34,2	85,4
2060	70 120	15,7	45,1	39,2	34,8	87,0

Annahmen der Projektion: Geburtenhäufigkeit annähernd konstant, langfristiger Migrationssaldo plus 200.000; mittlere Zunahme der Lebenserwartung

Quelle: Statistisches Bundesamt (Hg.): Bevölkerung Deutschlands bis 2060. 12. Koordinierte Bevölkerungsvorausberechnung, Wiesbaden 2009, *S.* 40

Einen geradezu dramatischen Wandel erwarten die Bevölkerungsforscher für die kommenden drei Jahrzehnte, in denen sich diese strukturellen Verschiebungen noch wesentlich deutlicher abzeichnen sollen. Dabei wird erwartet, dass nicht nur der

Anteil der Personen von 60 und mehr Jahren ansteigt, sondern zugleich in dieser Gruppe der Anteil der Hochbetagten (≥ 80 Jahre) immer weiter zu nehmen wird. Nimmt man das Jahr 2008 (Index = 100) als Basis, wird sich diese Gruppe im Jahr 2040 auf über 8,1 Millionen Personen verdoppelt haben (Index = 200,3). Zudem nimmt der Anteil der erwerbsfähigen Bevölkerung deutlich ab. Gegenüber dem Jahr 2008 (Index = 100) erwartet das Statistische Bundesamt hier bis 2060 einen Rückgang dieser Altersgruppe an der Gesamtbevölkerung von 27 Prozentpunkten.

Struktur der Bevölkerung im erwerbsfähigen Alter 2020-2060

	Jeweiliger Anteil an der Bevölkerung im Erwerbsalter (in Prozent)			Index gesamt
	20 bis unter 30 Jahre	30 bis unter 50 Jahre	50 bis unter 65 Jahre	2008 = 100
2020	18,1	41,7	40,2	96,8
2040	18,7	44,1	37,3	81,6
2060	18,5	44,9	36,5	73,0

Annahmen: Geburtenhäufigkeit annähernd konstant, langfristig positiver Migrationssaldo von 200.000; mittlere Zunahme der Lebenserwartung (Basis: 31.12.2008)

Quelle: Statistisches Bundesamt (Hg.): Bevölkerung Deutschlands bis 2060. 12. Koordinierte Bevölkerungsvorausberechnung, Wiesbaden 2009, *S.* 44

Nach den Hochrechnungen des Statistischen Bundesamtes für das Jahr 2060 ist insgesamt von einer steigenden Lebenserwartung bei gleichzeitigem Rückgang der Bevölkerungszahl auszugehen, weil die prognostizierte negative natürliche Bevölkerungsentwicklung (Geburten- und Sterberate) nicht durch einen positiven Wanderungssaldo auszugleichen sein wird. Damit wird die Bevölkerung in Deutschland nicht nur älter, sondern in der Tendenz auch weniger, was wiederum zur Folge haben wird, dass immer weniger Menschen die materielle wie physische Versorgung einer wachsenden Zahl alter und sehr alter Menschen absichern müssen.

Diese *chronologisch-demografische Alterung* wird durch eine forcierte *funktionale Alterung* begleitet, die die Entwertung von Erfahrungen und Fähigkeiten älterer Beschäftigter durch Ausgliederung aus dem Produktionsprozess beschreibt. Verfolgte die *Frühverrentung* bis Anfang der 1980er Jahre noch vorwiegend soziale und gesundheitspolitische Ziele, erfahren ältere Mitarbeiter im Laufe der 1980er Jahre am Arbeitsmarkt zunehmend einen Verdrängungs- und Konkurrenzdruck. Vorruhestandsregelungen reflektieren nicht mehr eine Humanisierung der Arbeitswelt, sondern werden beschäftigungspolitisches Instrument zur Begleitung des (industriellen) Strukturwandels in den alten und zur sozialen Abfederung des wirtschaftlichen Zusammenbruchs ganzer Regionen in den neuen Bundesländern.

4.5.2 Säulen der Alterssicherung

Alterssicherung ist eine Mischung aus staatlicher, betrieblicher und privater Daseinsvorsorge. Dementsprechend basiert das Alterssicherungssystem in Deutschland auf *drei Säulen*:[60]

- Die Gesetzliche Rentenversicherung (GRV) ist die *erste Säule* der Alterssicherung. Sie umfasst die *Regelsysteme der Rentenversicherung* und ist als einer der wichtigsten Zweige der Sozialversicherung ein zentrales Element des Sozialstaates. Neben der *Versicherungspflicht* für alle Arbeiter und Angestellte (incl. Auszubildende) und bestimmte Gruppen der freiberuflich bzw. selbständig Tätigen besteht zudem die Möglichkeit der *freiwilligen Versicherung*. Des Weiteren sind geringfügig Beschäftigte, Wehr- und Zivildienstleistende und solche Personen in der GRV pflichtversichert, die Lohnersatzleistungen beziehen – zum Beispiel Krankengeld oder Arbeitslosengeld. Und schließlich stehen neben den Versicherten auch Familienangehörige mittelbar unter dem Schutz der GRV. So werden auch die Zeiten der Kindererziehung bzw. der nicht erwerbsmäßigen Pflege von Angehörigen in der GRV anerkannt (Paragraphen 1-5 und 7 SGB VI). Über die Regelsysteme werden nach Erfüllung bestimmter versicherungsrechtlicher und persönlicher Voraussetzungen die unterschiedlichen *Rentenarten* gewährt. Bezogen auf den *Kreis der Pflichtversicherten* kann unterschieden werden zwischen der:

(1) *Gesetzlichen Rentenversicherung* (Sozialgesetzbuch (SGB) VI), in der alle abhängig beschäftigten Arbeiter und Angestellten sowie bestimmte Gruppen von Selbstständigen versichert sind. Seit dem 1. Oktober 2005 sind alle Rentenversicherungsträger unter einem gemeinsamen Dach als *Deutsche Rentenversicherung* zusammengeschlossen. Damit wird auch die Trennung zwischen Angestellten und Arbeitern aufgehoben. Gleichwohl bleiben alle Rentnerinnen und Rentner und der Großteil der Beitragszahlenden bei dem Träger, der bislang das Beitragskonto geführt bzw. die Rente ausbezahlt hat. Unter dem Dach der Deutschen Rentenversicherung treten drei Organisationsstrukturen auf:
   - die *Deutsche Rentenversicherung Bund* als Zusammenschluss des Verbandes Deutscher Rentenversicherungsträger und der Bundesversicherungsanstalt für Angestellte
   - die *Deutsche Rentenversicherung Knappschaft-Bahn-See* als Zusammenschluss der Bundesknappschaft für Bergleute, der Bahnversicherungsanstalt und der Seekasse

---

60 Die jeweils aktuellsten Daten zur GRV finden sich im jährlich vom Bundesministerium für Arbeit und Soziales im Auftrag der Bundesregierung herausgegebenen *Rentenversicherungsbericht* (aktuell: 2009) sowie im einmal pro Legislaturperiode veröffentlichten *Alterssicherungsbericht* (aktuell: 2008), der sich dann auf die jeweils aktuellen Daten der *Alterssicherung in Deutschland* (ASID; aktuell: 2007) bezieht. Sofern nicht anders ausgewiesen, beziehen sich die Daten in diesem Abschnitt jeweils auf diese drei Quellen.

- die *Deutsche Rentenversicherung Regional* als Zusammenschluss einiger Landesversicherungsanstalten zu deutlich größeren Regionalträgern.

Als *Körperschaften des öffentlichen Rechts* handeln sie in eigener sachlicher und finanzieller Verantwortung und unterliegen dabei der Rechtsaufsicht staatlicher Aufsichtsbehörden (*Selbstverwaltung*). Insgesamt waren damit laut Rentenversicherungsbericht 2009 der Bundesregierung am 31. Dezember 2007 rund 35 Millionen Personen in der Gesetzlichen Rentenversicherung aktiv versichert. Von den insgesamt etwa 20,2 Millionen Rentner/-innen erhielten zum Stichtag 1. Juli 2007 rund 16,8 Millionen Rentner/-innen im Alter von 65 und mehr Jahren Leistungen aus der GRV. Laut Alterssicherungsbericht 2008 der Bundesregierung wurden dabei im Jahr 2007 rund 166 Mrd. EUR an Alterssicherungsleistungen für diesen Personenkreis erbracht.

(2) *Alterssicherung von Selbstständigen und Freiberuflern.* Die Versicherungspflicht bzw. -zuständigkeit ist hier nicht einheitlich geregelt. Hinzu kommt, dass unter bestimmten Voraussetzungen die Befreiung von der Versicherungspflicht möglich ist (Paragraph 6 SGB VI). Es bestehen für unterschiedliche Berufsgruppen differenzierte Vorschriften:
   - *Handwerker* in einem nach der *Handwerkerordnung* (HWO) zulassungspflichtigen Bereich (z.B. Bäcker, Elektriker, etc.) bzw. Personen, die in einem zulassungsfreien Handwerk bei den Handwerkerkammern eingetragen sind (*Handwerkerrolle*), unterliegen der Pflichtversicherung in der Gesetzlichen Rentenversicherung. Generell nicht versicherungspflichtig sind Selbständige, die ausschließlich in einem handwerkerähnlichen Gewerbe tätig sind.
   - *Landwirte* sind seit dem Jahr 1957 durch das *Gesetz zur Altershilfe für Landwirte* (GAL) in einer der neun landwirtschaftlichen Alterskassen pflichtversichert, die im *Gesamtverband der landwirtschaftlichen Alterskassen* organisatorisch zusammengefasst sind. In der Alterssicherung der Landwirte waren 2007 rund 286.000 Versicherte und rund 578.000 Rentner/-innen erfasst. Insgesamt wurden etwa 3 Mrd. EUR für Alterssicherungsleistungen erbracht. Finanziert werden diese durch Beitragszahlungen der Versicherten, vor allem aber durch einen Bundeszuschuss von etwa 77 Prozent der Gesamteinnahmen.
   - *Selbstständige* (*freie Berufe*) können in sog. *arbeitnehmerähnlichen Berufen* (selbständige Lehrer, Erzieherinnen, Hebammen, etc.) in der GRV pflichtversichert sein. Selbstständige in sog. *kammerfähigen Berufen* (z.B. Ärzte, Apotheker, Architekten, Rechtsanwälte) sind in den berufsständisch organisierten Versorgungswerken pflichtversichert. *Sonstige Freiberufler* sind in der Wahl der Alterssicherung ungebunden, können sich aber in der GRV freiwillig versichern.

  - *Künstler, Publizisten und Journalisten* sind seit dem Jahr 1985 durch das *Künstlersozialversicherungsgesetz* (KSVG) über die Rentenversicherer der Angestellten oder Arbeiter versichert. Die Künstlersozialversicherung hatte im Jahr 2007 knapp 158.000 Versicherte. Sie gilt nicht als eigener Leistungsträger, weshalb auch keine gesonderte Erfassung ihrer Leistungsarten, Ausgaben und durchschnittlichen Zahlbeträge erfolgt. Auch die Zahl der Rentner/-innen ist entsprechend in die GRV eingerechnet. Die Finanzierung setzt sich zusammen aus Beiträgen, der Künstlersozialabgabe und einem Bundeszuschuss, der 2007 bei rund 119 Millionen EUR lag.

- Die *zweite Säule* besteht zum einen aus *betrieblichen Zusatzleistungen*, die entweder freiwillig oder durch Tarifverträge geregelt werden. Das *Betriebsrentengesetz* aus dem Jahr 1974 regelt Fragen der Unverfallbarkeit von Anwartschaften, der Insolvenzsicherung sowie der Inflationssicherung. Leistungen dieser betrieblichen Renten bilden kein Parallelsystem zum Aufbau einer eigenständigen Rente, sondern stocken die Leistungen der GRV auf.

  Zum anderen bestehen für die Beschäftigten des öffentlichen Dienstes ebenfalls *Zusatzversorgungskassen* für die ergänzende Alters- und Hinterbliebenenversorgung (ZÖD). Hierzu zählt zum einen die *Versorgungsanstalt des Bundes und der Länder* (VBL), die im Jahr 2006 rund 1,8 Millionen Pflichtversicherte und ein Ausgabenvolumen von rund 4,2 Mrd. EUR für 868.000 65-jährige und ältere Leistungsempfänger/-innen umfasste. Zum zweiten besteht die *Arbeitsgemeinschaft kommunale und kirchliche Altersversorgung* (AKA), die etwa 3,1 Millionen Pflichtversicherte umfasst und 2006 knapp 4 Mrd. EUR an Alterssicherungsleistungen für 790.000 65-jährige und ältere Leistungsempfänger/-innen erbrachte. Zum dritten existiert noch die seit dem 1. Oktober 2005 unter dem Dach der Deutschen Rentenversicherung Knappschaft-Bahn-See eingebundene *Bahnversicherungsanstalt Abteilung B* mit rund 52.000 Pflichtversicherten sowie rund 134.000 65-jährigen und älteren Leistungsempfänger/-innen (Stand 2006). Nach den aktuell im Alterssicherungsbericht verfügbaren Daten wurden zuletzt Leistungsausgaben in Höhe von ca. 630 Millionen EUR (Stand 2003) aufgebracht.

- Der *privaten Vorsorge* als *dritter Säule* kommt eine wachsende Bedeutung zu, wobei die Abgrenzung zwischen Vermögensbildung und Altersvorsorge schwierig ist. Im Allgemeinen zählen zur privaten Altersvorsorge Kapital bildende Lebensversicherungen, Zinseinkünfte aus Geldvermögen, Einnahmen aus Vermietung und Verpachtung, aber auch der geldwerte Vorteil von selbstgenutztem Wohneigentum. Einen deutlichen Schub bekam die private Vorsorge durch das im Jahr 2001 beschlossene *Altersvermögensgesetz* (AVmG). Damit wurde die sog. *Riester-Rente* eingeführt, die als Ergänzung zu den Rentenleistungen der GRV eine kapitalgedeckte private Geldanlage darstellt und über staatliche Zuschüsse vor allem die private Altersvorsorge von Familien mit Kindern unterstützen soll.

Für die rund 1,8 Millionen *Beamtinnen und Beamte* besteht keine Versicherungspflicht in der Sozialversicherung. Für diesen Personenkreis existieren eigene *Versorgungssysteme*. Die Beamtenpensionen werden deshalb auch nicht aus Versicherten- und Arbeitgeberbeiträgen sondern aus dem allgemeinen Steueraufkommen des jeweiligen Dienstherrn finanziert. Die Pensionen sollen eine dem Amt angemessene Versorgung gewährleisten. Im Jahr 2006 wurden für die etwa eine Million 65-jährigen und älteren Versorgungsempfänger/-innen aus dem Bereich des unmittelbaren öffentlichen Dienstes (Bund, Länder, Gemeinden, Bahn und Post) rund 34 Mrd. EUR an Pensionszahlungen aufgewendet.

Finanzierung und Leistungsprinzipien der Gesetzlichen Rentenversicherung (SGB VI)

Der *Beitragssatz* zur gesetzlichen Rentenversicherung liegt seit dem 1. Januar 2007 bei 19,9 Prozent des Bruttoverdienstes. Er wird bis zur *Beitragsbemessungsgrenze* von 5.500 EUR monatlich West (Ost: 4.650 EUR) erhoben. Die Beiträge werden von den Arbeitgebern und Arbeitnehmer paritätisch aufgebracht. In der knappschaftlichen Versicherung für Bergleute liegt der Beitragssatz bei 26,4 Prozent, wovon die Arbeitgeber 16,45 und die Arbeitnehmer 9,95 Prozent tragen. Die Beitragsbemessungsgrenze liegt hier bei 6.800 EUR West (Ost: 5.700 EUR). Für Mini-Jobs bis 400 EUR monatlichem Einkommen bezahlt der Arbeitgeber pauschal Rentenversicherungsbeitrag von 15 Prozent (Haushaltsnahe Dienste: fünf Prozent). Als Faustregel gilt, dass ein Jahr Mini-Job einen Rentenanspruch von 4,25 EUR pro Monat nach sich zieht. Für die Midi-Jobs zwischen 400,01 bis 800 EUR gilt eine sog. Gleitzonenregelung, in der die Sozialversicherungsbeiträge mit dem Einkommen wachsen. Grundsätzlich gilt aber, dass erst mit Erreichen des vollen Beitragssatzes das gesamte Leistungsspektrum der GRV in Anspruch genommen werden kann. Die Mini- wie Midi-Jobber haben deshalb die Möglichkeit, ihren Rentenversicherungsbeitrag freiwillig aufzustocken bzw. auf die Anwendung der Gleitzonenberechnung zu verzichten. Sie haben bei dann voller Beitragsleistung z.B. auch Anspruch auf Rehabilitationsleistungen, eine Rente wegen verminderter Erwerbsfähigkeit oder ein vorgezogene Altersrente.

Die Leistungen für die Funktionen Alter und Hinterbliebene im Sozialbudget 2008 betrugen insgesamt geschätzte 281,6 Mrd. EUR. Das sind rund 40,5 Prozent der gesamten Sozialleistungsausgaben. Gegenüber dem Jahr 2002 sind die Ausgaben damit zwar um 8,2 Prozent gestiegen, aufgrund des Wirtschaftswachstums der Vorkrisenjahre ist der Anteil am Bruttoinlandsprodukt (BIP) gleichwohl von 12,1 auf 11,3 Prozent gesunken.[61]

Die GRV soll den Rentenbeziehern nicht nur ein soziokulturelles Minimum wie etwa die Sozialhilfe, sondern nach einem langen Erwerbsarbeitsleben eine gleichbe-

61 Bundesministerium für Arbeit und Soziales (Hg.): Sozialbericht 2009, Berlin 2009, S. 258

rechtigte Teilhabe am gesamtwirtschaftlichen Wohlstand garantieren (*Lebensstandardsicherung*). Diesem Sicherungsverständnis konnte die GRV allerdings erst mit der Rentenreform von 1957 gerecht werden. Seit dem damals eingeführten *Umlageverfahren* (Paragraph 153 SGB VI) werden die laufenden Renten aus den *Beitragszahlungen* der Versicherten finanziert (*Generationenvertrag*), ggf. durch Entnahmen aus der *Nachhaltigkeitsrücklage* (auch: Schwankungsreserve), die in einem gesetzlichen Korridor von 0,2 bis 1,5 der Monatsausgaben anzulegen ist (Paragraph 216 SGB VI) und einem *steuerfinanzierten Bundeszuschuss*. Er dient als Ausgleich für Kosten, die von der Gesetzlichen Rentenversicherung im allgemeinen gesellschaftlichen Interesse erbracht werden (z.B. Kindererziehungszeiten, Ausbildungszeiten, Militär- und Ersatzdienst etc.) und wird aus dem allgemeinen Steueraufkommen des Bundeshaushaltes finanziert. Betrachtet man die prozentuale Aufteilung setzen sich die *Einnahmen* der GRV zu knapp Dreivierteln aus den *Beiträgen der Arbeitgeber und Arbeitnehmer* sowie zu etwas mehr als einem Viertel aus dem *Bundeszuschuss* zusammen. Im Jahr 2007 lag der Bundeszuschuss bei rund 62,2 Mrd. EUR. Ein knappes weiteres Prozent der Einnahmen entstammt aus den *sonstigen Finanzierungsmitteln*. Bei den *Ausgaben* der GRV dominieren die Rentenzahlungen. In 2007 entfielen rund 166 Mrd. von den 237 Mrd. EUR Gesamtausgaben auf die Alterssicherungsleistungen für 65-jährige und ältere Leistungsempfänger/-innen. Sollten die Rentenversicherungsträger einmal nicht in der Lage sein, die Ausgaben über die Einnahmen im Umlageverfahren zu decken, greift nach Paragraph 214 SGB VI die sog. *Bundesgarantie*. Damit sichert der Bund durch ein Darlehn die Zahlungsfähigkeit der Rententräger ab.

Um einerseits die inflationsbedingte Entwertung der Renten zu vermeiden und die Rentner andererseits an der allgemeinen Wohlstandsentwicklung zu beteiligen, wird der Rentenwert jährlich zum 1. Juli eines Jahres entsprechend der Entwicklung der Bruttolöhne bzw. -Bruttogehälter je Arbeitnehmer/-in angepasst (*Dynamisierung der Renten*). Auf Basis der Volkswirtschaftlichen Gesamtrechnung (VGR) bereinigt das Statistische Bundesamt die Lohn- und Gehaltssumme um die Anteile, auf die keine Rentenversicherungsbeiträge entrichtet werden, weil sie z.B. oberhalb der Beitragsbemessungsgrenze liegen oder die von Beamten stammen. Auf diese Weise wird sichergestellt, das die Renten entsprechend den tatsächlich versicherten Löhnen und Gehältern angepasst werden. Mit dem *RV-Nachhaltigkeitsgesetz* (2004) gehen zwei weitere Faktoren in die Berechnung der Rentenanpassung ein. Mit dem *Faktor für die Veränderung des Beitragssatzes zur allgemeinen Rentenversicherung und des Altersvorsorgeanteils* werden quasi die privaten Altersvorsorgeaufwendungen der erwerbstätigen Arbeitnehmer/-innen anpassungsdämpfend aus der Lohn- und Gehaltssumme herausgerechnet, da diese Anteile ja nicht dem freien Konsum unterliegen. Der *Nachhaltigkeitsfaktor* wiederum stellt eine zahlenmäßige Relation zwischen den Rentner/-innen und den Beitragszahler/-innen her. Steigt die Zahl der Rentenempfänger/-innen im Verhältnis zu den Beitragszahler/-innen fällt die Rentenanpassung niedriger – im umgekehrten Fall höher – aus. Durch eine gleichzeitig eingeführte *Schutzklausel* wird vermieden, dass es durch einen der beiden Faktoren zu einer Kürzung der Renten kommen kann. Der Bundestag hat diese Schutzklausel mit Wirkung vom 1. Juni 2009 auch auf die Lohnentwicklung ausgeweitet, so dass es faktisch zu keiner Kürzung der Renten mehr kommen kann. Allerdings werden ggf. unterbliebene Rentenkürzungen ab dem Jahr 2011 mit zukünftigen Rentensteigerungen verrechnet.

In der GRV ist keine bedarfsbezogene Rentenberechnung vorgesehen. Die Rentenhöhe orientiert sich überwiegend am *Äquivalenzprinzip* und damit an der Höhe und der Dauer der Beitragszahlung. Insgesamt war es das Ziel, dass ein Rentner nach 45-jähriger Erwerbstätigkeit und mit einem durchschnittlichen Arbeitseinkommen bei Renteneintritt ca. 70 Prozent des durchschnittlichen Nettoeinkommens als Rente bekommen sollte (*Eckrentner*). Rentenzahlbeträge unterhalb der Regelsätze der Mindestsicherungssysteme im SGB II bzw. SGB XII liegen gleichwohl in der Logik des Systems. Hinzu kommt, dass mit der Einführung der kapitalgedeckten Privatvorsorge durch die Rentenreform 2001 das gesetzliche Rentenniveau schrittweise absinkt. Nach den Modellrechnungen im Rentenversicherungsbericht 2009 steigen die Renten bis zum Jahr 2023 zwar mit einer durchschnittlichen jährlichen Steigerungsrate von etwa 1,6 Prozent um etwa ein Viertel an. Das Sicherungsniveau der GRV (vor Steuern) sinkt dabei aber von 50,5 Prozent im Jahr 2008 auf 46,2 Prozent im Jahr 2023 ab.

Versorgungsniveau im Alter für Rentenzugang aus GRV-Rente und geförderter zusätzlicher privater Altersvorsorge (Riester-Rente)

Jahr	Beitragssatz zur GRV in Prozent	Brutto-standardrente in EUR	Sicherungs-niveau vor Steuern in Prozent	Anspruch Riester-Rente in EUR	Gesamtversor-gungsniveau vor Steuern
2008	19,9	1.195	50,5	0	50,5
2010	19,9	1.224	52,3	33	53,7
2015	19,8	1.271	48,1	69	50,7
2020	19,4	1.438	47,0	118	50,8
2023	20,6	1.533	46,2	154	50,8

Annahmen: Rechnung für Standardrentner mit 45 Jahren Beitragszahlung aus Durchschnittsverdienst. Aufwand private Altersvorsorge ab 2008 mit 4 Prozent. Verzinsung der Riester-Rente mit 4 Prozent p.a. und 10 Prozent Verwaltungskosten. Riester-Rente wird in der Auszahlungsphase wie Rente aus der GRV angepasst. Für Rentenzugänge vor 2010 wird kein Riester-Vertrag unterstellt.

Quelle: Bundesministerium für Arbeit und Soziales (Hg.): Rentensicherungsbericht 2009, Berlin 2009, *S.* 23

Auch wenn sich das Sicherungsniveau vor Steuern nach jetzigem Berechnungsstand im Rahmen der im Gesetz vorgesehenen Grenzwerte von 46 Prozent bis zum Jahr 2020 und von 43 Prozent bis zum Jahr 2030 bewegen wird, wird gleichwohl deutlich, dass sich die GRV durch die mit der Einführung der privaten Vorsorge verbundenen Absenkung des Rentenniveaus schrittweise von einer den Lebensstandard sichernden *Lohnersatzfunktion* entfernt. In Zukunft kann allein über die Kombination der Riester-Rente und weiterer ergänzender privater Vorsorge ein den Lebensstandard sicherndes Versorgungsniveau erreicht werden.

Leistungsspektrum der Gesetzlichen Rentenversicherung

Die gesetzliche Rentenversicherung unterscheidet

- Leistungen zur *Teilhabe am Arbeitsleben* und zur *Rehabilitation* (Paragraphen 9ff. SGB VI):

  Die GRV ist einer der wichtigsten Träger von Rehabilitationsmaßnahmen. Es handelt sich dabei in erster Linie um medizinische Leistungen, die auf die Wiederherstellung einer (vorübergehenden) Erwerbseinschränkung zielen, um damit einen vorzeitigen Renteneintritt zu verhindern. Gleichzeitig können im Rahmen der GRV auch Leistungen des SGB IX *Rehabilitation und Teilhabe behinderter Menschen* übernommen werden, die auf die Herstellung bzw. den Erhalt der Erwerbsfähigkeit behinderter Menschen zielen.

  Während der Teilnahme an den Rehabilitations- bzw. Eingliederungsmaßnahmen besteht Anspruch auf ein *Übergangsgeld* in Höhe von 80 Prozent des durchschnittlichen Einkommens der letzten zwölf Monate.

  Um die Leistungen beanspruchen zu können, müssen bestimmte *Anwartschaftszeiten* in der GRV durch eine sozialversicherungspflichtige Beschäftigung erbracht sein (Paragraph 11 SGB VI):
  - *Leistungen zur Teilhabe* werden gewährt, wenn eine Person die Wartezeit von 15 Jahren erfüllt oder eine Rente wegen verminderter Erwerbsfähigkeit bezieht.
  - *Leistungen zur Rehabilitation* werden u.a. gewährt, wenn zum Zeitpunkt der Antragstellung eine versicherungspflichtige Beschäftigung ausgeübt wird, die Person arbeitslos ist oder innerhalb der letzten zwei Jahre vor Antragstellung mindestens sechs beitragspflichtige Kalendermonate erbracht hat.

- *Rentenzahlungen* (Paragraphen 33ff. SGB VI):
  Grundsätzlich kann eine Rente nur nach Antragstellung bei dem zuständigen Rentenversicherungsträger bewilligt und ausgezahlt werden. Dabei muss die für die jeweilige Rente erforderliche Mindestversicherungszeit (*Wartezeit*) nach Paragraph 50 SGB VI erfüllt sein, Die Wartezeit umfasst rentenrechtlich relevante Zeiten, in denen Beiträge (Pflicht- oder freiwillige Beiträge) gezahlt worden sind. Diesen Beitragszeiten werden auch solche gleichgestellt, für die Pflichtbeiträge nach besonderen Vorschriften als gezahlt gelten (z.B. Ersatzzeiten) oder Zeiten, für die Entgeltpunkte gut geschrieben werden wie z.B. bei Kindererziehungszeiten. Daneben gibt es besondere Wartezeiten für einzelne Rentenarten wie z.B. die Altersrente für langjährig Versicherte. Bei den *rentenrechtlichen Zeiten* unterscheidet das Gesetz nach

  - *Beitragszeiten* (Pflicht- und freiwillige Beiträge). Hierzu zählen auch die *Kindererziehungszeiten* (für Kinder, die bis 1984 geboren wurden, je ein Jahr, für Kinder ab 1984 drei Jahre)

- Ersatzzeiten (Zeiten ohne Beitragsleistung, z.B. bei Kriegsgefangenschaft, NS-Verfolgung, Haft und Verfolgung in der DDR)
- *Anrechungszeiten* (Zeiten ohne Beitragsleistung, z.B. bei schulischer Ausbildung nach dem 17. Lebensjahr, Arbeitslosigkeit, Arbeitsunfähigkeit wegen Krankheit)
- *Berücksichtigungszeiten* (Kindererziehungszeiten bis zur Vollendung des 10. Lebensjahres des Kindes)
- *Zurechnungszeiten* (tritt eine Rente wegen Erwerbsminderung ein, werden die Jahre vom Eintritt der Erwerbsunfähigkeit bis zum 60. Lebensjahr als (fiktive) Erwerbsarbeitszeit rentensteigernd in die Rentenberechnung einbezogen)
- *Versorgungsausgleich* (Aufteilung der während einer Ehe erworbenen Renten- und Versorgungsanwartschaften auf beide Ehegatten zu gleichen Teilen im Falle einer Scheidung)

Die Wartezeiten setzen sich aus unterschiedlichen anrechenbaren Faktoren zusammen. So werden in der allgemeinen Wartezeit von fünf, zehn und 15 Jahren die Beitrags- und Ersatzzeiten sowie Monate aus dem Versorgungsausgleich und aus geringfügiger Beschäftigung (Mini- und Midi-Job) berücksichtigt, sofern die Pflichtbeiträge des Arbeitgebers durch den/die Versicherte(n) aufgestockt worden sind. Für die Wartezeit von 35 Jahren können noch zusätzlich die *Anrechnungs-*, *Berücksichtigungs-* und *Zurechnungszeiten* geltend gemacht werden. Die Wartezeiten begründen dann den Anspruch auf eine der *drei Rentenformen* im SGB VI. Die jeweilige Zuordnung bzw. der Rentenbezug selbst ist dann wieder an versicherungsrechtliche und individuelle Voraussetzungen gebunden.

Grundsätzlich unterliegen Rentner/-innen mit ihren Einnahmen der Versicherungspflicht in der *Gesetzlichen Kranken- und Pflegeversicherung der Rentner* (KVdR/ PVdR). Der Beitragssatz in der Krankenversicherung beträgt 14,9 Prozent, wobei der Rentenversicherungsträger davon sieben Prozent übernimmt. Die Beiträge für die Krankenversicherung werden vom Rentenversicherungsträger einbehalten und an die entsprechende Krankenkasse überwiesen. Erhebt eine Krankenkasse einen Zusatzbeitrag, muss dieser von dem Rentenempfänger direkt an die Kasse bezahlt werden. Die Beiträge zur Pflegeversicherung tragen die Rentner/-innen dagegen in voller Höhe selbst. Dabei gilt der gleiche Beitragsatz wie für Beschäftigte von 1,95 Prozent (Kinderlose: 2,2 Prozent).

Am 6. März 2002 hat das Bundesverfassungsgericht entschieden, dass die unterschiedliche Besteuerung von Beamtenpensionen und Renten aus der GRV dem Gleichheitsgrundsatz nach Art. 3 GG widersprechen. Seit dem 1. Januar 2005 ist deshalb das *Alterseinkünftegesetz* (AltEinkG) in Kraft. Mit einer langjährigen Stufenregelung werden seitdem die Rentenversicherungsbeiträge der Arbeitnehmer/-innen Stück für Stück steuerfrei gestellt. Parallel dazu werden die Renten immer stärker besteuert (*nachgelagerte Besteuerung*). Mit einem Rentenbeginn ab dem Jahr 2040 werden die Renten voll zu versteuern sein.

(a) Erreichen der Altersgrenze (Altersrenten)

Der abschlagfreie Anspruch auf eine *Regelaltersrente* entsteht, wenn die entsprechende *Altersgrenze* erreicht und die *allgemeine Wartezeit* von 60 Monaten erfüllt ist. Fehlen Beitragszeiten, ist entweder eine Beitragserstattung oder eine weitere Zahlung von freiwilligen Beiträgen möglich. Mit dem *Rentenreformgesetz* von 1992 und dem *Rentenversicherungs-Nachhaltigkeitsgesetz* vom 3. Dezember 2003 wurde begonnen, die Altersgrenzen für den Rentenbezug stufenweise auf 65 Jahre anzuheben. Mit dem *RV-Altersgrenzenanpassungsgesetz* vom 20. April 2007 wird diese Politik verlängert (Rente mit 67). In der Folge steigt die *Altersgrenze* für eine abschlagfreie Altersrente beginnend mit dem Jahr 2012 bis 2029 stufenweise von 65 auf 67 Jahre weiter. In der Übergangszeit ergeben sich damit je nach Geburtsjahrgang vom 65. Lebensjahr an ansteigende Regelaltersgrenzen. Allerdings bestehen zahlreiche *Vertrauensschutzregeln*, sodass hier eine individuelle Umsetzungspraxis entsteht.

Es muss aber nicht in jedem Fall bis zum Erreichen der Altersgrenze gewartet werden, denn unter bestimmten Umständen ist auch ein *vorzeitiger Rentenbezug* möglich. Dabei kann es dann allerdings zu einem gekürzten Rentenbetrag kommen. Mit der neuen Rechtslage ergeben sich beim vorzeitigen Altersrentenbezug folgende Varianten:

- Die *Altersrente für besonders langjährig Versicherte* kann trotz der Anhebung der Regelaltersgrenzen nach Vollendung des 65. Lebensjahres abschlagfrei in Anspruch genommen werden, wenn gleichzeitig 45 Jahre mit Pflichtbeiträgen nachgewiesen werden können (incl. Pflege- und Kindererziehungszeiten). Dieser Rentenart kann nicht vorzeitig beantragt werden.
- Die Altersgrenze für die abschlagfreie *Altersrente für langjährig Versicherte* wird – beginnend mit dem Geburtsjahrgang 1949 – stufenweise von 65 auf 67 Jahre erhöht. Eine vorzeitige Inanspruchnahme ist ab dem 63. Lebensjahr möglich, wird allerdings mit einem Rentenabschlag von 0,3 Prozent pro Monat vorzeitigem Renteneintritt belegt. Wer von dem Renteneintritt mit 63 Jahren Gebrauch macht, muss dann in der Endstufe einen dauerhaften Rentenabschlag von 14,4 Prozent realisieren.
- Die Regelaltersgrenze für die *Altersrente für Schwerbehinderte* (Wartezeit: 35 Beitragsjahre) wird stufenweise von 63 auf 65 Jahre angehoben. Die Altergrenze für den frühesten möglichen Bezug verschiebt sich gleichzeitig von 60 auf 62 Jahre. Wenn die Rente dann mit 62 Jahren in Anspruch genommen wird, ergibt sich ein Rentenabschlag von 10,8 Prozent.

Das *RV-Altersgrenzenanpassungsgesetz* sieht für bestimmte Personengruppen bzw. Geburtsjahrgänge einen Vertrauensschutz vor, so dass in bestimmten Fällen die alte Rechtslage weiter Bestand hat. So gilt für Personen, die vor 1952 geboren wurden:

- Mit vollendetem 60. Lebensjahr ist für Personen, die vor 1946 geboren wurden der Bezug einer Altersrente wegen *Arbeitslosigkeit* bzw. nach *Altersteilzeitarbeit* möglich. Für die Geburtsjahrgänge 1946 bis 1951 wurde die Altersgrenze in Monatsschritten auf das 63. Lebensjahr angehoben. Der Antragsteller muss nicht nur bei Rentenbeginn arbeitslos, sondern auch nach Vollendung von 58,5 Jahren mindestens ein Jahr arbeitslos gewesen sein. Innerhalb der letzten zehn Jahre vor Rentenbeginn müssen mindestens acht Jahre mit Pflichtbeitragszeiten erbracht worden und eine Wartezeit von 15 Jahren erfüllt sein. Bei einer *Rente wegen Altersteilzeitarbeit* müssen statt der Arbeitslosigkeit mindestens 24 Monate Altersteilzeitarbeit nachgewiesen werden.

- Die *Altersrente für Frauen* kann mit dem vollendeten 60. Lebensjahr beantragt werden, wenn nach Vollendung des 40. Lebensjahres mindestens 10 Jahre mit Pflichtbeiträgen zurückgelegt wurden und eine Wartezeit von insgesamt 15 Jahren vorliegt.

Grundsätzlich gilt, dass eine *vorzeitige Altersrente* als *Voll-* oder *Teilrente* in Anspruch genommen und mit einem Nebenverdienst kombiniert werden kann. Hierbei sind allerdings einkommensabhängige *Hinzuverdienstgrenzen* zu beachten. Mit steigender Rentenhöhe steigen diese zunächst an. Wird die jeweilige Regelaltersgrenze erreicht, fallen sie ganz weg, so dass ab diesem Zeitpunkt dann der komplette Zuverdienst anrechnungsfrei bleibt.

Hinzuverdienstgrenzen in EUR (Stand 1. Januar 2010):

Rentenart	alte Bundesländer	Neue Bundesländer
1/3-Teilrente	958,13	849,98
1/2-Teilrente	728,18	645,99
2/3-Teilrente	498,23	441,99
Vollrente	400	400

Quelle: Deutsche Rentenversicherung (www.deutsche-rentenversicherung.de)

(b) Rente wegen Erwerbsminderung

Die Regelungen für Renten wegen Erwerbsminderung wurden zum 31. Dezember 2000 geändert. Personen, die vor dem 1. Februar 1961 geboren wurden, haben nach wie vor Anspruch auf eine *Rente wegen teilweiser Erwerbsminderung bei Berufsunfähigkeit.* Hierzu müssen sie in den letzten fünf Jahren vor Eintritt der Erwerbsminderung drei Jahre Pflichtbeiträge geleistet haben und die allgemeine Wartezeit von fünf Jahren erfüllen. Für Bergleute gelten nach Paragraph 45 SGB VI weitere Sonderregelungen.

Für alle später geborenen Personen gelten die Regelungen für die *Renten wegen teilweiser bzw. voller Erwerbsminderung.* Eine Person ist nach Sozialgesetzbuch XI dann *teilweise erwerbsgemindert*, wenn sie wegen Krankheit oder Behinderung auf nicht absehbare Zeit außerstande ist, unter den üblichen Bedingungen des Arbeitsmarktes mindestens sechs Stunden täglich erwerbstätig zu sein. *Volle Erwerbsminde-*

rung tritt ein, wenn nicht mindestens drei Stunden täglich gearbeitet werden kann. Die Regelungen gelten ausdrücklich unabhängig von der jeweiligen Lage am Arbeitsmarkt. Die *Rente bei teilweiser Erwerbsminderung* soll die Lohnminderung ausleichen, die durch die gesundheitliche Dauerbeeinträchtigung entsteht. Nach Möglichkeit soll deshalb zumindest ergänzend einer Teilzeitarbeit nachgegangen werden. Die *Rente bei voller Erwerbsminderung* soll dagegen den Verdienstausfall ersetzen, wenn dauerhaft keine Erwerbsarbeit mehr möglich ist. Die Wartezeit beträgt in beiden Fällen fünf Jahre, zudem müssen in den letzten fünf Jahren vor Eintritt der Erwerbsminderung drei Jahre mit Pflichtbeiträgen nachgewiesen werden.

(c) Tod des Versicherten (Hinterbliebenenrenten)

Bei der Hinterbliebenenversorgung tritt die GRV gleichsam an die Stelle des nach Bürgerlichem Gesetzbuch (BGB) verstorbenen Unterhaltsverpflichteten (*Solidarprinzip*). Es ist zwischen der *Kleinen* und der *Großen Witwen-/Witwerrente* einerseits und der (Halb-)*Waisenrente* für Kinder andererseits zu unterscheiden. Ein hinterbliebener Ehepartner, der nicht wieder heiratet, hat Anspruch auf eine *Kleine Witwen-/Witwerrente*, wenn der verstorbene Partner die allgemeine Wartezeit von fünf Jahren erfüllt hatte. Der Anspruch auf die *Große* Witwen-/Witwerrente entsteht ebenfalls bei erfüllter allgemeiner Wartezeit. Zudem muss in dem Haushalt entweder ein noch nicht volljähriges Kind erzogen werden, der Hinterbliebene das 45. Lebensjahr überschritten haben oder erwerbsgemindert sind. Analog zur Regelaltersrente ändert sich auch für die große Witwen-/Witwerrente die Altergrenze. Beginnend mit dem 30. Dezember 2011 wird sie stufenweise bis 2029 von 45 auf 47 Jahre angehoben. Ist der Tod des Ehegatten durch einen Arbeitsunfall bzw. während des Wehr- oder Zivildienstes eingetreten, genügt bereits ein Pflichtbeitrag zur Erfüllung der Wartezeit. In allen anderen Fällen greift die *Kleine Witwen-/Witwerrente*. Hat eine Ehe nicht mindestens ein Jahr gedauert, besteht kein Anspruch auf Hinterbliebenenversorgung, es sei denn, es ist den Umständen nach offensichtlich, dass die Ehe nicht lediglich geschlossen wurde, um einen entsprechenden Anspruch zu begründen.

Die Leistungen der Witwenrenten richten sich nach der Rente wegen voller Erwerbsminderung des/der Verstorbenen und betragen 55 bzw. 25 Prozent des Zahlbetrages für den Versicherten/die Versicherte.[62] Die oberhalb eines monatlichen Freibetrages (718,08 EUR West/637,03 EUR Ost plus 152,32 EUR West/135,13 EUR Ost für jedes waisenrentenberechtigte Kind) liegenden anderen Einkünfte der Witwe bzw. des Witwers werden mit 40 Prozent angerechnet.

Anspruch auf *Halb-/Vollwaisenrente* besteht nach dem Tod eines oder beider Elternteile, wenn diese die allgemeine Wartezeit und mindestens einen Pflichtbeitrag

62 Bei Ehepaaren, die vor dem 31. Dezember 2001 geheiratet haben, beträgt die Hinterbliebenenrente noch 60 Prozent der Rente wegen voller Erwerbsminderung. Bei Ehepaaren, die nach dem 31. Januar 2002 geheiratet haben, ist der Bezug der kleinen Witwen-/Witwerrente auf 24 Monate begrenzt.

erbracht haben. Der Rentenanspruch besteht bis zum 18. Lebensjahr, kann aber z.B. durch Zeiten der Ausbildung bis maximal zur Vollendung des 27. Lebensjahres verlängert werden. Mit der Volljährigkeit wird eigenes Einkommen, das über dem monatlichen Freibetrag von 478,72 EUR (Ost: 424,69 EUR) liegt zu 40 Prozent auf die Waisenrente angerechnet.

Übersicht zu den Rentenarten nach SGB VI
(Gesetzliche Rentenversicherung)

Paragraph 33

Rentenarten

(1) Renten werden geleistet aufgrund von Alter, verminderter Erwerbsfähigkeit oder Tod.

(2) **Rente aufgrund von Alter** wird geleistet als
1. Regelaltersrente,
2. Altersrente für langjährig Versicherte,
3. Altersrente für schwerbehinderte Menschen,
4. Altersrente für langjährig unter Tage beschäftigte Bergleute

sowie nach den Vorschriften des Fünften Kapitels als
5. Altersrente wegen Arbeitslosigkeit oder nach Altersteilzeitarbeit sowie
6. Altersrente für Frauen.

(3) **Rente aufgrund von verminderter Erwerbsfähigkeit** wird geleistet als
1. Rente wegen teilweiser Erwerbsminderung,
2. Rente wegen voller Erwerbsminderung,
3. Rente für Bergleute

sowie nach den Vorschriften des Fünften Kapitels als
4. Rente wegen Berufsunfähigkeit sowie
5. Rente wegen Erwerbsunfähigkeit.

(4) **Rente aufgrund von Tod** wird geleistet als
1. Kleine Witwenrente oder Witwerrente,
2. Große Witwenrente oder Witwerrente,
3. Erziehungsrente sowie
4. Waisenrente.

(5) Nach den Vorschriften des Fünften Kapitels werden auch die Knappschaftsausgleichsleistungen, Renten wegen teilweiser Erwerbsminderung bei Berufsunfähigkeit sowie Witwen- und Witwerrenten an vor dem 1. Juli 1977 geschiedene Ehegatten geleistet.

Rentenberechnung

Die Höhe einer Rente berechnet sich nach der *Rentenformel*. Der monatliche Zahlbetrag ergibt sich dabei aus der Multiplikation von vier Faktoren:

- Rentenartfaktor

Hierbei handelt es sich um einen festgelegten Faktor, der das Sicherungsziel der Rentenart im Verhältnis zu einer Altersrente bestimmt. Der Rentenartfaktor beträgt z.B. bei:

Altersrenten	1,0
Rente wegen teilweiser Erwerbsminderung	0,5
Rente wegen voller Erwerbsminderung	1,0
Rente wegen Berufsunfähigkeit	0,6667
Rente wegen Erwerbsunfähigkeit	1,0
Erziehungsrenten	1,0
Großen Witwen/Witwerrenten	1,0 (nach drei Monaten: 0,6/0,55)
Kleinen Witwen/Witwerrente	1,0 (nach drei Monaten: 0,25)
Halb-/Vollwaisenrente	0,1/0,2

- Zugangsfaktor

Der Zugangsfaktor beträgt in der Regel 1,0. Wenn eine Rente trotz erfüllter Wartezeit nicht in Anspruch genommen wird, erhöht er sich um jeden zusätzlichen Monat um 0,005. Wird dagegen die Rente vor Erreichen der Regelaltersgrenze beantragt kürzt sich der Faktor pro vorgezogenen Monat um 0,003. Dies entspricht einer Rentenerhöhung von 0,5 Prozent bzw. einer Rentenkürzung von 0,3 Prozent pro Monat.

- persönliche Entgeltpunkte

Die Entgeltpunkte sind so etwas wie der Spiegel des Erwerbslebens eines Versicherten. Die Höhe der Entgeltpunkte ergibt sich zum einen aus dem Verhältnis des eigenen Einkommens zu dem Durchschnittseinkommen aller Versicherten. Für das Jahr 2010 ist das Durchschnittsentgelt auf 32.003 EUR festgelegt. Hat jemand exakt diese Summe als Jahreseinkommen bezogen, erhält er hierfür einen Entgeltpunkt. Hat er in diesem Jahr 16.001,50 EUR Einkommen erzielt, liegt der Entgeltpunkt bei 0,5. Eine Person, die genau auf der Beitragbemessungsgrenze (2010: 5.500 (West) bzw. 4.650 (Ost) EUR/Monat) oder darüber hinaus verdient, erhält mit 2,06 (West) bzw. 1,74 (Ost) die maximal möglichen Entgeltpunkte für dieses Jahr.

Entgeltpunkte können zum anderen auch für beitragsfreie Zeiten und aus Zuschlägen für beitragsgeminderte Zeiten entstehen (z.B. Ausfallzeiten als Zeiten der schulischen und/oder Ausbildung an Hochschulen). Sie können sich aus Zu- oder Abschlägen aus einem Versorgungsausgleich oder aus Zuschlägen für Beiträge aus versicherungsfreier geringfügiger Beschäftigung ergeben. Bei Renten wegen Erwerbsminderung gleichen Zurechnungszeiten für den Zeitraum zwischen Schadeneintritt und dem 60. Lebensjahr aus, dass jemand nicht mehr in der Lage ist, länger einer Erwerbsarbeit nachzugehen, um so seine Rentenansprüche weiter aufzubauen (*Solidarprinzip*).

- aktueller Rentenwert

Der aktuelle Rentenwert ist der Betrag, der einer monatlichen Altersrente in der Areiter- und Angestelltenversicherung entspricht, wenn für ein Kalenderjahr Beiträge aufgrund des Durchschnittsentgelts gezahlt worden sind. Seit dem Jahr 1972 wird der Wert immer zum 1. Juli eines Jahres durch die Bundesregierung nach Zustimmung des Bundesrates festgelegt. Zum 1. Juli 2009 liegt er im Westen bei 27,20 EUR (Ost: 24,13 EUR). Durch die Erhöhung (theoretisch auch Senkung) des aktuellen Rentenwertes wird die Rente an die Veränderung der Löhne und Gehälter angepasst (*Dynamisierung*).

Mit dem *Renten-Überleitungsgesetz* (RÜG), das zum 1. Januar 1992 in Kraft getreten ist, werden die beitragspflichtigen Einkommen der Beschäftigten in Ostdeutschland mit einem Zurechnungsfaktor von 1,1868 (Stand: 2009) multipliziert. Damit soll ein Ausgleich geschaffen werden, dass das Lohnniveau in Ostdeutschland nach wie vor niedriger ist, die Berechnung der Entgeltpunkte aber auf das gesamtdeutsche Durchschnittseinkommen bezogen wird. Im Ergebnis werden die ostdeutschen Einkommen so um rund 18,7 Prozent höher bewertet als in Westdeutschland. Die Folge ist, dass etwa im Jahr 2010 ein Einkommen (West) von 32.003 EUR mit einem Entgeltpunkt berechnet wird (Stand: 2010), in Ostdeutschland dafür aber 1,1868 Entgeltpunkt zugeschrieben werden. Allerdings ist dafür der *aktuelle Rentenwert* in Ostdeutschland niedriger. Dennoch erzielen Arbeitnehmer-/innen in Ostdeutschland bei gleichem Arbeitslohn einen geldwerten Vorteil. Im Beispiel vom Durchschnittsverdienst mit 32.003 EUR entsteht durch den einen Entgeltpunkt in Westdeutschland ein Rentenanspruch von 27,20 EUR. Da der genau gleiche Verdienst in Ostdeutschland aber mit 1,1868 Entgeltpunkte zu Buche schlägt, liegt der Rentenanspruch hier bei 28,64 EUR (plus 5,2 Prozent).

Für einen *Eckrentner*, der 45 Jahre lang exakt das durchschnittliche Jahreseinkommen der jeweils versicherungspflichtigen Erwerbstätigen verdient hat (= 45 Entgeltpunkte West = 53,04 Entgeltpunkte Ost), mit 65 Jahren (= Zugangsfaktor 1,0) in die Regelaltersrente (= Rentenartfaktor 1,0) geht und keine weiteren Entgeltpunkte, z.B. durch Kinderziehungszeiten, geltend machen kann, errechnet sich aktuell folgende *Eckrente*:

Rentenartfaktor x	Zugangsfaktor x	Entgeltpunkte x	aktueller Rentenwert =	monatliche Rente
1,0 x	1,0 x	45 x	27,20 EUR (West) =	1.175,87 EUR
1,0 x	1,0 x	53,406 x	24,13 EUR (Ost) =	1.288,69 EUR
1,0 x	1,0 x	45 x	24,13 EUR (Ost) =	1.085,85 EUR

Altersvermögensgesetz (AVmG, Riester-Rente) und Rürup-Rente

Neben der Gesetzlichen Alterssicherung und möglichen betrieblichen Zusatzleistungen ist die Qualität des Lebensstandards im Alter auch von der *privaten Daseinsvorsorge* abhängig. Dabei verfügen die Rentnerhaushalte über sehr ungleich verteilte Ressourcen:

- Auf Grund der ungleich verteilten Einkommensschichtung in der Erwerbsphase variiert die Möglichkeit, zusätzlich zur gesetzlichen Altersversicherung etwas für das Alter zur Seite zu legen. Die sozialstatistisch ausgewiesenen Sparquoten korrelieren positiv mit der Einkommenshöhe.
- Auch gibt es Unterschiede bei der Bereitschaft zu sparen, also die Entscheidung, in jungen Jahren für das Alter Konsumverzicht zu üben.

Unter dem Eindruck demografischer Prognosen und aufgrund der ungünstigen Entwicklung vor allem am ostdeutschen Arbeitsmarkt sowie den davon abgeleiteten Problemen für die Finanzierung des Rentensystems durch das bestehende Umlageverfahren wurde mit der im Jahr 2001 beschlossenen Rentenreform ein *Systemwechsel* in der staatlichen Alterssicherungspolitik eingeleitet. Mit dem zum 1. Januar 2002 in Kraft getretenen *Altersvermögensgesetz* (AVmG) wurde nach den Worten des damaligen Arbeitsministers *Walter Riester* das „größte Altersvermögensprogramm aller Zeiten“ zum Aufbau einer zusätzlichen *kapitalgedeckten Altersvorsorge* in Gang gesetzt. Die *dritte Säule* der Alterssicherung soll gestärkt werden. Gleichzeitig wird über die Ausweitung der privaten Vorsorge das Prinzip der paritätischen Beitragsaufbringung durch Arbeitgeber und Arbeitnehmer ausgehöhlt, zumindest wenn man sie auf die Sicherstellung des alten Rentenniveaus bezieht.

In der schrittweisen Umsetzung der Förderung wurde bis zum Erreichen der Endstufe im Jahr 2008 der private Vermögensaufbau am Kapitalmarkt bzw. über die betrieblichen Altersvorsorgesysteme mit insgesamt 20 Mrd. EUR gefördert. Parallel mit der Einführung sinkt das Leistungsniveau in der GRV. Eine *Niveausicherungsklausel* soll sicherstellen, dass die Rentenleistungen der GRV nicht unter 67 Prozent der durchschnittlichen Nettoentgelte fallen.

Leistungen der Riester-Rente können alle in der gesetzlichen Rentenversicherung versicherten Personen sowie Beamte in Anspruch nehmen. Selbständige werden nur dann gefördert, wenn sie selbst Pflichtbeiträge zur GRV bezahlen oder wenn der/die Ehegatte/-in zum geförderten Personenkreis zählt. Hierfür genügt bereits eine geringfügige Beschäftigung, wenn gleichzeitig auf Versicherungsfreiheit in der GRV verzichtet wird. Alternativ können Selbständige die sog. *Rürup*-Rente beantragen. Hierbei handelt es sich ebenfalls um eine private Rente, die allerdings nicht über Zulagen, sondern über den *Sonderabgaben*abzug in der Steuererklärung begünstigt wird. Die gewählte Anlageform kann der betrieblichen Altersvorsorge angegliedert sein (z.B. Pensionskassen und -fonds, Direktversicherungen) oder am privaten Kapitalmarkt in Form von Rentenversicherungen, Fonds- oder Banksparplänen erfolgen. Die Versicherungen müssen bestimmte Kriterien erfüllen, damit sie bezuschusst werden können. So ist die Leistungserbringung an den Beginn der Altersrente des Anlegers gebunden und darf nur in Form einer lebenslang steigenden oder gleichbleibenden monatlichen Rentenzahlung erbracht werden (*Altersvorsorgeverträge-Zertifizierungsgesetzes* (AltZertG)). Zum 29. Juli 2008 ist das *Gesetz zur verbesserten Einbeziehung der selbstgenutzten Wohnimmobilie in die geförderte Altersvorsorge* (Eigenheimrentengesetz – EigRentG) in Kraft getreten. Damit kann das geförderte Altersvorsorgekapital auch für die Finanzierung einer selbstgenutzten Immobilie genutzt werden. Zudem können entsprechende Tilgungsleistungen für Baudarlehn steuerlich gefördert werden. Bis zum 30. Juni 2009 sind insgesamt über 12,9 Millionen Verträge für die private Altersvorsorge abgeschlossen worden.

Staatliche Förderung der privaten Altersvorsorge in EUR

	Altersvorsorgeaufwand	Mindesteigenbeitrag			Grundzulage bis zu:	Zulage je Kind bis zu	Steuerlicher Sonderausgabenabzug
		ohne Kinder	mit 1 Kind	2 und mehr Kinder			
2002	1 Prozent	45	38	30	38	46	525
2003	1 Prozent	45	38	30	38	46	525
2004	2 Prozent	45	38	30	76	92	1.050
2005	2 Prozent	90	75	60	76	92	1.050
2006	3 Prozent	90	75	60	114	138	1.575
2007	3 Prozent	90	75	60	114	138	1.575
seit 2008	4 Prozent	90	75	60	154[2]	185 / 300[1]	2.100

Altersvorsorgeaufwand: in Prozent des jährlichen Bruttoeinkommens (max. bis zur Beitragsbemessungsgrenze); setzt sich zusammen aus Eigenbeiträgen und allen zustehenden Zulagen
Grundzulage: Wenn nur ein steuer- und versicherungspflichtiges Einkommen vorliegt, aber der Mindesteigenbeitrag geleistet wird, sind bei Ehepaaren beide Partner zulageberechtigt.
Höhe der Zulage: Die vollen Zulagen werden nur gewährt, wenn der volle Altersvorsorgeaufwand erbracht wird.
1) 185 EUR für vor 2008 geborene Kinder und 300 EUR für nach 2007 geborene Kinder
2) Bei Ehepaaren, die beide einen Vorsorgevertrag haben, verdoppelt sich die Grundzulage

Um die staatlichen Zulagen in voller Höhe zu erhalten, muss der mit dem Gesetz geforderte *Altervorsorgeaufwand*, der sich aus den Eigenbeiträgen des Anlegers und den ihm zustehenden Zulagen zusammensetzt, erbracht werden. Sollte dieser Betrag bereits durch die Zulagen abgedeckt sein, muss dennoch ein *Mindesteigenbeitrag* (*Sockelbeitrag*) eingezahlt werden, so dass die Förderung in jedem Fall an eine finanzielle Eigenleistung gebunden ist.

Beitragszahlung und Zulagen können zudem als *Sonderausgaben* in der Steuererklärung geltend gemacht werden. Ist die Steuerersparnis dabei höher als die Zulagen, wird die Differenz dem Steuerpflichtigen gutgeschrieben.

Generell sind die Zulagen Pauschalbeträge, deren Höhe vom individuellen Einkommen unabhängig ist. Sie werden von der Deutschen Rentenversicherung direkt dem förderfähigen Altersvorsorgevertrag gutgeschrieben. Die relative Förderrate ist umso höher, je niedriger das zugrunde liegende Einkommen ist. Auch liegen die

Kinderzulagen bereits vom ersten Kind an über der Grundzulage. Zugleich entwickelt sich der Sockelbetrag für die Eigenleistung mit der Kinderzahl degressiv, so dass im Ergebnis eine besondere Förderung von Familien mit Kindern resultiert.

Soziale Grundsicherung im Alter und bei Erwerbsminderung (4. Kapitel SGB XII Sozialhilfe)

Zahlreiche Kleinstrenten in der GRV sind auf eine kurze Phase der Erwerbstätigkeit als Angestellte oder als Arbeiter bei Personen zurückzuführen, die später Beamte und/oder Selbständige geworden sind. Angesichts der lang anhaltenden Massenarbeitslosigkeit, dem geringen Lohnanstieg, Patchwork artigen Erwerbsbiographien – also dem häufigen Arbeitsplatzwechsel unter Einschluss von Phasen der Arbeitslosigkeit im Erwerbsleben – u.a.m. ist aber damit zu rechnen, dass in Zukunft bei nicht wenigen Erwerbstätigen die Rentenanwartschaften geringer ausfallen werden als in zurückliegenden Jahrzehnten. Gleichzeitig machen vor allem ältere Menschen mit Renten unterhalb des Sozialhilfeniveaus ihre ergänzenden Ansprüche nach dem SGB XII *Sozialhilfegesetz* nicht geltend – sei es aus Unwissenheit, Scham oder wegen der Sorge, die eigenen Kinder würden im Zuge der Familiensubsidiarität zum Unterhaltsrückgriff durch das Sozialamt herangezogen.

Am 1. Januar 2003 ist zur materiellen Absicherung dieses Personenkreises das *Grundsicherungsgesetz im Alter und bei Erwerbsminderung* (GsiG) in Kraft getreten und zwei Jahre später inhaltlich unverändert als Viertes Kapitel in das SGB XII *Sozialhilfe* integriert worden. Antragsberechtigt sind alle hilfebedürftigen Personen, die die Regelaltersgrenze der GRV erreicht haben sowie aus medizinischen Gründen dauerhaft voll erwerbsgeminderte Personen ab 18 Jahren. Durch die Einführung der Rente mit 67 steigt die Altersgrenze ebenfalls in Schritten von 65 auf 67 Jahre an (Paragraph 41 Abs. 2 SGB XII). Der Bezug einer Rente oder das Bestehen einer Rentenberechtigung ist nicht erforderlich. Es besteht jedoch eine *Informationspflicht* der Rentenversicherungsträger gegenüber den (aktuellen) Rentenbeziehern, die Anspruch auf Leistungen der Grundsicherung haben könnten. Sie müssen auf die Möglichkeit einer bedarfsabhängigen Grundsicherung hingewiesen werden.

Träger der Grundsicherung, deren Leistungen der Sozialhilfe nach SGB XII entsprechen, sind die Landkreise und kreisfreien Städte. Die Finanzierung erfolgt aus Steuermitteln, wobei der Bund über das *Wohngeldgesetz* den Ländern einen Teil der Kosten ausgleicht, die durch die Besonderheiten des GsiG gegenüber dem SGB XII entstehen.

Die Grundsicherung ist keine Versicherungsleistung, stellt also keine *Ersatz-* oder *Mindestrente*, sondern eine *bedarfsabhängige Fürsorgeleistung* dar, bei der eigenes Einkommen und Vermögen anspruchsmindernd (*Bedürftigkeitsprüfung*) berücksichtigt werden. Abweichend von den Regelungen des SGB XII *Sozialhilfe* gilt dabei allerdings:

- ein *eingeschränkter Unterhaltsrückgriff*: Liegt das Einkommen unterhaltspflichtiger Kinder oder Eltern unter 100.000 EUR pro Jahr, sind diese von der Unterhaltspflicht befreit. Wird die Einkommensgrenze überschritten, verfällt der Anspruch nach dem 4. Kapitel. Alternativ kann dann nach SGB XII *Sozialhilfe* mit allerdings vollem Unterhaltsrückgriff beantragt werden.
- Die *Vermutungsregel* nach Paragraph 36 SGB XII *Sozialhilfe* ist für das 4. Kapitel SGB XII *Grundsicherung im Alter und bei Erwerbsminderung* aufgehoben. Dies bedeutet den Verzicht auf die Annahme, dass Antragsberechtigte von ihren im Haushalt lebenden Angehörigen Unterhaltsleistungen beziehen, was wiederum den Sozialhilfeanspruch reduzieren kann. Hiervon profitieren insbesondere junge erwerbsgeminderte Personen, die einen originären Leistungsanspruch bekommen und nicht länger aus Gründen der finanziellen Entlastung der Angehörigen in eine stationäre Einrichtung gehen müssen.

Wer seine Bedürftigkeit innerhalb der letzten zehn Jahre grob fahrlässig oder vorsätzlich herbeigeführt hat, indem z.B. Rücklagen zur Alterssicherung verschenkt wurden, hat keinen Anspruch auf Grundsicherung.

4.5.3 Alterssicherung und Lebenslage

Laut Rentenversicherungsbericht 2009 der Bundesregierung wurden am 1. Juli 2008 in der gesetzlichen Rentenversicherung rund 24,7 Millionen Renten an etwa 20,3 Millionen Rentnerinnen und Rentner ausbezahlt. Knapp 76 Prozent dieser Renten werden als *Versichertenrenten* (Renten wegen verminderter Erwerbsfähigkeit und Rente wegen Alter), 21,2 Prozent als Witwen- bzw. Witwerrente und 1,5 Prozent als Waisenrenten ausbezahlt. Durch die Versicherungspflicht erreicht die GRV einen hohen Abdeckungsgrad. So bleiben, nach ergänzenden Angaben im Alterssicherungsbericht 2008, bezogen auf alle Personen ab 65 Jahren nur sieben Prozent ohne eigene Leistungen aus einem Alterssicherungssystem, wobei Frauen mit elf Prozent deutlich häufiger ohne eigenen Rentenanspruch bleiben als Männer mit zwei Prozent. Berücksichtigt man zusätzlich die Hinterbliebenenrenten, dann sinkt der Anteil der nicht versorgten Personen auf vier Prozent ohne Absicherung im Rentensystem. Hierbei handelt es sich fast ausschließlich um verheiratete Frauen aus den alten Bundesländern.

Innerhalb der Gesetzlichen Rentenversicherung können auch *Mehrfachrenten* bezogen werden, die vor allem aus der Kombination der eigenen Altersrente mit einer Leistung aus der Hinterbliebenenversorgung, aber auch aus den Ansprüchen gegenüber unterschiedlichen Rentenversicherungsträgern entstehen. Am 1. Juli 2008 waren dies 19,6 Prozent der Rentenbezieherinnen und -bezieher oder rund vier Millionen Personen. In der Praxis beziehen fast ausschließlich Frauen Mehrfachrenten (89,7 Prozent), da Männer erst seit dem Jahr 1986 überhaupt einen Anspruch im Hinterbliebenenrecht geltend machen können und dieser zudem noch einer Einkommensanrechnung unterliegt, was in der Mehrzahl der Fälle in der Praxis nicht zur Zahlung einer Witwerrente führt.

Die durchschnittlichen Rentenbeträge differieren beträchtlich. Auch wenn nach der Zusammenführung der Arbeiter- und Angestelltenversicherung in der Deutschen Rentenversicherung keine getrennte statistische Erfassung mehr erfolgt, ist zunächst festzustellen, dass als Folge des unterschiedlichen Lohnniveaus die Renten zwischen Arbeitern und Angestellten bzw. unterschiedlichen Lohn- und Gehaltsgruppen deutlich voneinander abweichen.

Durchschnittlicher Gesamtrentenzahlbetrag der laufenden Renten in EUR
(Stand: 1. Juli 2008)

Art der Rentner	durchschnittlicher Gesamtrentenzahlbetrag in EUR pro Monat					
	Alte Länder		Neue Länder		Deutschland	
	Männer	Frauen	Männer	Frauen	Männer	Frauen
Mehrfachrentner	1.162,75	1.016,86	1.287,59	1.221,54	1.204,52	698,00
Einzelrentner mit Renten wegen:	948,58	503,69	981,00	673,91	954,17	537,65
verminderter Erwerbsfähigkeit	762,99	658,18	640,79	653,23	733,09	656,86
Alter	975,74	500,40	1.045,70	701,04	988,45	543,49
Tod (ohne Waisenrente)	257,23	451,80	330,21	415,28	277,56	448,37
Rentner insgesamt	957,13	656,16	1.006,21	856,99	966,75	698,00
Männer und Frauen gesamt	784,33		917,80		811,44	

Anmerkung: Berechnung nach dem Personenkonzept: Die je Rentner geleisteten Renten wurden zu einem Gesamtrentenzahlbetrag zusammengefasst, der Eigenbeitrag der Rentner zur Kranken- und Pflegeversicherung abgezogen.

Quelle: eigene Zusammenstellung nach Rentenversicherungsbericht 2009 der Bundesregierung gemäß Paragraph 154 SGB VI, Berlin 2006, *S.* 50ff.

Am 1. Juli 2008 bezogen die männlichen Rentner in den alten Bundesländern eine durchschnittliche Rente aus der GRV in Höhe von 957,13 EUR, wobei der durchschnittliche Zahlbetrag in den neuen Ländern mit 1.006,21 EUR rund 49 EUR höher als im Westen liegt. Bei den Frauen liegt die entsprechende durchschnittliche Rentenleistung bei 698 EUR, wobei die Rentnerinnen in Ostdeutschland mit 856,99 EUR deutlich darüber, die Bezieherinnen im Westen mit 656,16 EUR deutlich darunter liegen. Während die (Tarif-)Löhne in den neuen Bundesländern noch nicht durchgängig auf dem Niveau der alten Bundesländer angekommen sind, können sich gleichwohl die ostdeutschen Altersrentnerinnen und Rentner zu den Gewinnern im Verteilungsstreit unmittelbar nach der Wiedervereinigung zählen. Sie profitierten in besonderem Maß von Übergangsregelungen, mit deren Hilfe das Grundversorgungssystem der DDR an die Gesetzliche Rentenversicherung herangeführt wurde. Zugleich weisen sie im Durchschnitt aber auch deutlich längere *Erwerbsbiographien* auf. So haben Männer in Ostdeutschland durchschnittlich 4,8 und Frauen sogar 11,5

Jahre längere rentenrechtliche Zeiten (Stand: 31. Dezember 2008). Zudem ist in Rechnung zu stellen, dass die ostdeutschen Rentner wesentlich stärker als ihre westdeutschen Altersgenossen von den Zahlungen der GRV abhängig sind. So haben sie in der Regel kaum Ansprüche aus der betrieblichen Zusatzversorgung bzw. den Zusatzversorgungskassen des öffentlichen Dienstes. Auch waren in der DDR die Spielräume enger, in vergleichbarer Weise privates Vermögen ansparen zu können. Diese Disparitäten werden sich aufgrund der lang anhaltenden Massenarbeitslosigkeit in Ostdeutschland zukünftig eher verstärken und nachhaltig negativ auf die soziale Situation der kommenden Rentnergenerationen auswirken.

Auch innerhalb der jeweiligen Versicherungszweige gibt es erhebliche Differenzen. So liegen die Renten wegen verminderter Erwerbsfähigkeit vor allem bei den Männern deutlich unter der Altersrente und die durchschnittlichen Renten der Frauen liegen erheblich niedriger als entsprechende Leistungen für die Männer. Nur wenn Frauen als Mehrfachrentnerinnen einen abgeleiteten Rentenanspruch gegenüber dem (verstorbenen) Ehemann haben, erzielen sie einen durchschnittlichen Rentenzahlbetrag, der in etwa einer männlichen Alterseinzelrente entspricht. In allen anderen Fällen reichen die Anwartschaften einer (durchschnittlichen) weiblichen Erwerbsbiographie nicht aus, um ein vergleichbares Sicherungsniveau zu erreichen. Ganz offensichtlich können die die Renten aufstockenden Leistungen (z.B. Kindererziehungszeiten) strukturelle Benachteiligungen im Erwerbsleben von Frauen, die vor allem aus der Kombination von Familien- und Erwerbsarbeit resultieren, nicht ausreichend kompensieren.

Zum 1. Juli 2008 hatten 15,1 Prozent der Männer, aber 41,5 Prozent der Frauen Anspruch auf eine eigene Alterseinzelrente bis maximal 450 EUR pro Monat. Und während 44,7 Prozent der Männer eine Rente zwischen 1.050 und 1.650 EUR bezogen, erreichten dieses Segment lediglich 6,8 Prozent der Frauen. Die Ungleichverteilung der Rentenhöhen zwischen den Geschlechtern gleicht sich dann aus, wenn Frauen einen Anspruch auf Witwenrente haben. Rund 1,3 Millionen Rentnerinnen beziehen zum 1. Juli 2008 eine Rente wegen Todes. Allerdings liegt die Rentenhöhe von 51 Prozent dieser Renten bei einem Auszahlbetrag von max. 450 EUR. Bei den Niedrigalterseinkünften ist zu berücksichtigen, dass diese Personen zunächst in der Gesetzlichen Rentenversicherung pflichtversichert gewesen sein können, im späteren Berufsleben dann aber entweder als Beamte oder als Selbständige nicht mehr der Versicherungspflicht unterlagen und nun ergänzend zu der niedrigen Rente aus der GRV Ansprüche auf Beamtenpensionen oder aus der privaten Altersvorsorge haben.

Die Höhe der monatlichen Regelrentenzahlung lässt also keine abschließende Aussage über das Gesamteinkommen eines Rentners bzw. eines Rentnerhaushaltes zu. Bezogen auf die Personen über 65 Jahre weist der Alterssicherungsbericht 2008 auf Basis der repräsentativen Studie *Alterssicherung in Deutschland* (AsiD) für das Jahr 2007 aus, dass die Ehepaare in den alten Ländern über ein monatliches Nettoeinkommen von 2.350 EUR (1.937 EUR Ost), und alleinstehende Männer von 1.292 EUR (1.160 EUR Ost) verfügen.

Anzahl der Rentner/-innen nach dem monatlichen Gesamtrentenzahlbetrag und dem Geschlecht in der Gesetzlichen Rentenversicherung (Stand: 1. Juli 2008)

Zahlbetrag in EUR/Monat von ... bis unter ...	Einzelrentner/-innen im				Mehrfachrentner/-innen	
	Altersrentenbezug		Renten wegen Todes (ohne Waisenrente)			
			Gesamtdeutschland			
	Männer	Frauen	Männer	Frauen	Männer	Frauen
unter 150	419.525	708.613	26.709	263.633	1.427	11.249
150-450	677.527	1.849.096	48.246	409.967	14.385	188.051
450-750	843.158	2.059.695	14.958	439.549	28.095	471476
750-1.050	1.711.342	1.108.324	797	177.723	66.889	965.508
1.050-1.350	2.057.916	342.796	23	25.187	159.137	1.181.836
1.350-1.650	1.184.546	77.564	2	3.405	112.819	577.184
1.650-1.950	309.037	8.199	-	496	26.046	124.846
1.950-2.100	18.021	444	-	9	2.840	17.038
über 2.100	24.907	218	-	9	1.506	12.178
Gesamt	7.245.979	6.154.949	90.735	1.319.978	413.444	3.579.462
			Westdeutschland			
	Männer	Frauen	Männer	Frauen	Männer	Frauen
unter 150	414.739	699.764	22.930	246.598	1.383	10.953
150-450	667.737	1.715.330	32.301	256.726	14.245	185.263
450-750	700.948	1.337.881	9.493	394.358	26.894	444.133
750-1.050	1.137.080	751.868	713	169.980	49.798	842.216
1.050-1.350	1.665.146	255.029	22	24.408	88.473	776.428
1.350-1.650	1.021.954	65.187	2	3.306	73.964	389.040
1.650-1.950	283.263	7.357	-	488	17.510	80.368
1.950-2.100	15.985	412	-	9	1.852	13.039
über 2.100	22.636	210	-	9	1.002	10.350
Gesamt	5.929.488	4.833.038	65.461	1.195.862	275.121	2.761.790
			Ostdeutschland			
	Männer	Frauen	Männer	Frauen	Männer	Frauen
unter 150	4.786	8.849	3.779	17.035	44	296
150-450	9.791	133.766	15.945	53.241	140	2.788
450-750	142.210	721.814	5.465	45.311	1.201	27.343
750-1.050	574.262	356.456	84	7.743	17.391	153.388
1.050-1.350	392.770	87.777	1	779	70.664	405.408
1.350-1.650	162.592	12.377	-	99	38.855	188.144
1.650-1.950	25.774	842	-	8	8.536	34.478
1.950-2.100	2.036	32	-		988	3.999
über 2.100	2.271	8	-	-	504	1.828
Gesamt	1.316.491	1.321.911	25.274	124.116	138.323	817.672

Quelle: eigene Zusammenstellung, Rentenversicherungsbericht der Bundesregierung gemäß Paragraph 154 SGB VI, Berlin 2009, *S.* 59ff

Ungeachtet der möglichen Effekte durch Kumulation mehrerer Rentenzahlungen sowie Vermögensbestände aus privater Vorsorge belegt der Alterssicherungsbericht 2008 einmal mehr die zentrale Bedeutung der Rentenzahlungen aus der Gesetzlichen

Rentenversicherung. Betrachtet man die Gesamtbruttoeinkommen der Rentnerhaushalte dann ist die GRV mit 65 Prozent die Haupteinnahmequelle. Die anderen Alterssicherungssysteme tragen zu 19 Prozent und alle anderen zusätzlichen Einkommensarten mit 16 Prozent zu den Gesamteinkünften bei. Allerdings sind die ostdeutschen Rentnerhaushalte sehr viel stärker von der GRV abhängig als diejenigen im Westen. So beträgt in den neuen Ländern der GRV-Anteil an den gesamten Einkünften 88 Prozent (Ehepaare) während er im Westen bei 76 Prozent liegt. Interessanterweise liegen die Empfängerzahlen von bedarfsabhängigen Sozialtransfers (v.a. SGB XII *Soziahilfe und Grundsicherung im Alter* (GSiG) und Wohngeld) in den ostdeutschen Bundesländern niedriger als im Westen. Dies liegt vor allem daran, dass in Ostdeutschland sehr geringe Alterssicherungsleistungen deutlich seltener vorkommen, weil gerade auch Frauen (noch) relativ lange Erwerbsbiografien und damit ausreichende Anwartschaften aufweisen.

Gleichwohl ist zu bedenken, dass Durchschnittsangaben nur sehr bedingt etwas über die tatsächliche Verteilung der Einkommen aussagen und gerade die Vermögen in Deutschland stark ungleich verteilt sind. Damit sind die Spielräume zur Aufstockung der Renten aus privaten Vermögensbeständen aber auf einen relativ kleinen Personenkreis beschränkt. So weist der 3. Nationale Armuts- und Reichtumsbericht denn auch für die Rentnerhaushalte im Jahr 2005 eine Armutsrisikoquote von immerhin 13 Prozent (Basis: SOEP) aus. Im Jahr 1998 waren es noch zehn Prozent. Zudem ist zu berücksichtigen, dass durch das Äquivalenzprinzip der GRV die ungleiche Verteilung der Erwerbseinkommen in einer Ungleichverteilung der ausgezahlten Rentenhöhen „unerbittlich festgeschrieben“ (Erich Standfest) wird. Der ungleich verteilte Vermögensbesitz verstärkt diesen Effekt, dennoch besitzen die Rentnerhaushalte heute im Regelfall einen materiellen Verfügungsrahmen, der der durchschnittlichen Kaufkraft der übrigen Bevölkerung in etwa entspricht und je nach Haushaltskonstellation (Paarhaushalte) auch übersteigt.

Fraglich ist, wie sich die Lebenslage der Rentner/-innen in Zukunft weiter entwickeln wird. Der aus dem wachsenden Ungleichgewicht zwischen Rentenempfängern und Beitragszahlern resultierenden Refinanzierungsproblematik begegnete die Politik seit dem Jahr 1992 mit mehreren *Rentenreformgesetzen*. So werden die Altersgrenzen für den Rentenbezug sukzessive angehoben (*Rente mit 67*), der dennoch mögliche vorzeitige Renteneintritt dagegen mit Abschlägen in den Rentenzahlbeträgen sanktioniert. Zwei Effekte sind bei einer Politik zur Anhebung der Lebensarbeitszeit zu erwarten: Zum einen wird sich bei einem Teil der Betroffenen die Erwerbsphase de facto verlängern und die durchschnittliche Rentenbezugsdauer durch den späteren Renteneintritt verkürzen. Zum zweiten werden die Personen, die nicht bis zum Erreichen der Regelaltersgrenze arbeiten können oder wollen, Abschläge bei der Rentenhöhe verzeichnen. Dadurch sinkt die durchschnittliche Rentenleistung als Gegenwert zu den eingezahlten Beiträgen.

Zusammensetzung der Brutto- und Nettohaushaltseinkommen der Rentnerhaushalte (Stand: AsiD 2007)

Durchschnittliches monatliches Haushaltsbruttoeinkommen von Personen ≥ 65 Jahre			
	Gesamt	Ost	West
	Gesetzliche Rentenversicherung (in EUR)		
Ehepaare	2.067	1.917	2.103
Alleinstehende	1.273	1.234	1.282
	Sonstige Einahmen (in EUR)		
Ehepaare	1.037	524	1.142
Alleinstehende	432	168	478
Summe der Bruttoeinnahmen aus GRV und sonstige Einnahmen (in EUR)			
	Gesamt	Ost	West
Ehepaare	3.104	2.441	3.245
Alleinstehende	1.705	1.402	1.760
Durchschnittliches monatliches Haushaltsnettoeinkommen von Personen ≥ 65 Jahre (abzgl. Steuern und Sozialabgaben in EUR)			
	Gesamt	Ost	West
Ehepaare	2.271	1.937	2.350
Alleinstehende	1.267	1.160	1.292
Anteil der Haushalte mit zusätzlichem Einkommen (in Prozent)			
	Gesamt	Ost	West
Ehepaare	57	50	58
Alleinstehende	44	35	46

Anteil der Haushalte mit zusätzlichem Einnahmen nach Quellen
(in Prozent sowie EUR-Beträge absolut in Klammern)

	Ost		West	
Haushalte mit ...	Ehepaare	Alleinstehend	Ehepaare	Alleinstehend
Zinseinkünften	36 (173)	25 (81)	35 (316)	25 (194)
Vermietung und Verpachtung	5 (295)	3 (266)	17 (1.388)	9 (796)
Private Lebens-Rentenversicherung	1 (145)	1 (179)	4 (886)	3 (535)
Erwerbseinkommen[1)]	10 (1.409)	2 (528)	13 (1.717)	4 (1.146)
Sozialtransfers[2)]	2 (292)	5 (101)	5 (341)	6 (228)

[1)] In dieser Haushaltskonstellation sind häufig Partner unter 65 Jahren noch erwerbstätig. Zudem findet sich hier laut Alterssicherungsbericht ein relativ hoher Anteil Selbstständiger, was zu hohen monatlichen Einnahmen führt.

[2)] z.B. Grundsicherung nach 4. Kapitel SGB XII, Sozialhilfe nach SGB XII, Wohngeld etc.

Quelle: Alterssicherungsbericht 2008, Berlin 2008, *S.* 16f. und 93ff., eigene Zusammenstellung, z.T. eigene Berechnungen

4.5.4 Ursachen der Finanzierungsprobleme in der Rentenversicherung

Es besteht unter den Rentenexperten insofern weitgehende Einigkeit, dass sowohl die Entwicklung am Arbeitsmarkt als auch die demografische Entwicklung Auswirkungen auf das System der Rentenfinanzierung haben. Wesentlich weniger Einigkeit besteht jedoch in der Gewichtung dieser Faktoren.

Im Grundsatz argumentieren die ‚*Demografiker*', dass immer mehr Menschen älter werden und dass deren Anteil an der Wohnbevölkerung – relativ betrachtet – größer wird. Durch diese Änderungen im Bevölkerungsaufbau verschlechtert sich zukünftig das Verhältnis von Beitragszahlern und Rentenbeziehern. Wenn aber immer weniger Beitragszahler einen immer größer werdenden Anteil von Rentner finanzieren müssen, ist eine strukturelle Überforderung der Rentenkassen zu erwarten.

Für die ‚*Arbeitsmarkttheoretiker*' ist die aktuelle Situation weniger ein Problem der Demografie, als vielmehr ein Problem der Wirtschaft. Denn bei hoher Arbeitslosigkeit bzw. Unterbeschäftigung finden die Arbeitswilligen und -fähigen nicht tatsächlich auch eine sozialversicherungspflichtige Beschäftigung. Wenn zu Recht darauf verwiesen wird, dass sich das Zahlenverhältnis der 20- bis unter 65-jährigen zu den 65-jährigen und Älteren von 3,8:1 im Jahr 2000 auf 2,1:1 im Jahr 2030 verändern wird, wird dieses vor allem dann zum Problem, wenn die dann Arbeitsfähigen keine Arbeit haben und wenn der dann erwirtschaftete volkswirtschaftliche Gewinn niedriger ausfällt als heute. Doch davon ist nicht auszugehen, sodass bei insgesamt abnehmender Wohnbevölkerung und einem ansteigenden Sozialprodukt pro Person mehr zur Verteilung zur Verfügung stehen müsste als heute. Eine Erhöhung der Frauenerwerbsquote und die Integration von Migranten in den Arbeitsmarkt würden den Verteilungsspielraum ebenfalls erhöhen.

Die Finanzierung der Rentenversicherung ist vor diesem Hintergrund seit Jahren eine politische Streitfrage zwischen den Verfechtern des beitragsfinanzierten *Umlageverfahrens* einerseits und denen, die eine stärkere private Vorsorge in *kapitalgedeckten Systemen* fordern. Der Streit dreht sich vor allem um die Frage nach einer möglichst sicheren Finanzierungsbasis. Denn das Rentensystem reagiert sehr sensibel auf bereits kleine Änderungen in der Einnahme-/Ausgabesituation: So bedeuten ein Prozent Rentenerhöhung über 2 Mrd. EUR Mehrausgaben. Erhöhen sich die Löhne und Gehälter um ein Prozent spült dies mit 1,55 Mrd. EUR einen Großteil des nötigen Finanzausgleichs in die Rentenkasse. Sinken die Löhne aber, fehlt derselbe Betrag. Der Totalverlust von 100.000 Arbeitsplätzen hat einen Beitragsausfall von 470 Millionen EUR zu Folge. Steigt die Zahl der Arbeitslosen in gleichem Umfang schlägt dies mit 100 Millionen EUR Einnahmeausfall zu Buche. Eine Beitragssatzerhöhung um einen Prozentpunkt lässt die Einnahmen aus den Beiträgen und Bundeszuschüssen zwar um 10,5 Mrd. EUR wachsen, allerdings erhöhen sich damit unmittelbar die *Lohnnebenkosten*. Das Umlageverfahren wird direkt von diesen Zusammenhängen beeinflusst, denn es ist von der allgemeinen Beschäftigungs- und Lohnentwicklung sowie von der Relation der Beitragszahler und Rentner/-innen und damit von der konjunkturellen Entwicklung abhängig.

Das Kapitaldeckungsverfahren hingegen legt für jeden einzelnen Beitragszahler ein eigenes Vorsorgekonto an, über das dann die individuelle Sparleistung während des Erwerbslebens (plus Zinsen) in eine spätere Rentenzahlung übersetzt wird. Vergleichbar mit einem Sparbuch wird so ein individuelles Rentenkonto angelegt. Der Spielraum für mögliche Rentensteigerungen ergibt sich dabei aus den jeweiligen Vertragsbedingungen. Er wird in die Beitragszahlungen einkalkuliert und damit von der allgemeinen Wohlstandsentwicklung abgekoppelt. Wenn zudem die paritätische Beitragszahlung zugunsten einer rein privaten Finanzierung der Rentenbeiträge aufgegeben wird, schlagen sich Beitragserhöhungen nicht mehr unmittelbar in den Lohnkosten nieder, sondern schmälern das jeweilige Haushaltseinkommen des/der Versicherten. Das Kapitaldeckungsverfahren weicht die unmittelbare Abhängigkeit des Rentensystems vom Arbeitsmarkt auf, weil die Ausgaben nicht den laufenden Einnahmen sondern aus den individuellen Sparkonten gedeckt werden. Eine völlige Entkopplung von der Lohn- und Gehaltsentwicklung ist damit gleichwohl nicht verbunden. Denn es müssen am Arbeitsmarkt Beschäftigungs- und Einkommensbedingungen anzutreffen sein, die es erlauben, die Kosten der privaten Beiträge zu decken. Oder anders formuliert, die Kosten des Kapitaldeckungsverfahrens werden nicht in die Lohnnebenkosten, sondern direkt in die Löhne einkalkuliert. Aus Sicht eines/einer einzelnen Versicherten bleiben die Risiken des Arbeitsmarktes erhalten. Denn Phasen der Arbeitslosigkeit bzw. der Lohnsenkung gehen über geringere private Beiträge ebenfalls in das spätere Rentenniveau ein. Zugleich setzt das Kapitaldeckungsverfahren die eingezahlten Beiträge den Risiken des globalisierten Finanzmarktes – bis hin zur Möglichkeit des Totalverlustes – aus.

Letztlich bestehen die Finanzierungsprobleme der Rentenversicherung nicht in erster Linie *wegen* der Alterung der Bevölkerung, sondern sie sind *auch* durch die demografische Entwicklung beeinflusst. Das Dilemma der Sozialpolitik, immer dann am Nötigsten zu sein, wenn die Refinanzierungsbedingungen am restriktivsten sind, schlägt in der Rentenversicherung als Problem eines nicht ausreichend hohen Einkommens- und Beschäftigungsniveaus voll durch. Insgesamt aber bedarf es weiterer Korrekturen an den Finanzierungs*wegen*, will man nicht über steigende Rentenversicherungsbeiträge die Arbeit immer teurer machen. So ist vor allem an indirekte Steuern zu denken, wie dies derzeit bereits bei der sog. *Ökosteuer*, einer zweckgebundenen Abgabe auf den Verbrauch von Energie als Beitrag zur Rentenkasse, der Fall ist.

Alterssicherung zwischen Generationenvertrag und Generationenkonflikt

Die Diskussion um das Älterwerden in unserer Gesellschaft wird häufig eindimensional auf eine tatsächliche oder vorgebliche soziale und ökonomische Belastung der jungen Generation durch die sog. *Altenlast* reduziert. Tatsächlich haben die Entkopplung von Wirtschaftswachstum und vollwertiger Beschäftigung, die Kürzungen beim Bundeszuschuss zur Rentenkasse und die Veränderungen im Verhältnis der sozialversicherungspflichtig Beschäftigten zu den Rentenbezieherinnen und -beziehern seit Ende der 1970er Jahre immer wieder zu erheblichen Finanzproblemen in der Rentenkasse geführt. Darauf reagierten die jeweiligen Bundesregierungen mit verschiedenen, z.T. sehr problematischen Maßnahmen, um die Ausgaben zu senken und/oder die Einnahmen anzuheben. Insgesamt wurde die Zielvorgabe der Reform von 1957, nämlich eine Sicherung der Teilhabe der Rentner an der allgemeinen Wohlstandsentwicklung zu garantieren, ausgehöhlt. Der durch die Sparmaßnahmen gewonnene

Spielraum der Rentenversicherung ist vom Bund immer wieder zunichte gemacht worden, indem der Rentenversicherung in vielfältiger Weise die Folgen der Massenarbeitslosigkeit und dann – nach 1990 – der deutschen Einheit sowie der Immigration Deutschstämmiger aus Osteuropa aufgebürdet wurden.

Die im Jahr 1989 beschlossene *Rentenreform* hat damals absehbare Finanzprobleme zwischen Beitragszahlern, Rentenempfängern und dem Bund neu aufgeteilt. Einerseits ist festgeschrieben worden, dass die Beitragssätze der aktiv Beschäftigten mittelfristig ansteigen, während andererseits die Renten seit dem Jahr 1992 nur noch entsprechend der Entwicklung der *Netto*löhne angepasst werden. Und schließlich soll der Bundeszuschuss kontinuierlich entsprechend der Ausgabenentwicklung der GRV angehoben werden. Wichtige familienpolitische Entscheidungen sind in diese Rentenreform mit eingegangen, so die Ausweitung der Anrechnung von Kindererziehungszeiten von einem auf drei Jahre (für Kinder ab 1992) und die Einbeziehung von weiteren Erziehungszeiten und Zeiten der Pflege von Schwerpflegebedürftigen bei den sog. Berücksichtigungszeiten.

Die zunehmende Kurzatmigkeit der Rentenpolitik zeigt sich in der Entwicklung seit Ende der 1990er Jahre. Mit dem *Rentenkorrekturgesetz* aus dem Jahr 1999 wurde der letzte Rentenreformversuch der christlich-liberalen Regierungskoalition von 1998 modifiziert. Der so genannte *demografische Faktor*, der die längere Rentenbezugsdauer als Folge der steigenden Lebenserwartung bei der Rentenanpassung leistungsmindernd berücksichtigen sollte, wurde wieder zurückgenommen. Dafür wurde eine Politik der Anhebung der Altergrenzen fortgeführt und auf weitere Rentenarten ausgedehnt sowie die Renten bei verminderter Erwerbsfähigkeit geändert. Aber auch Verbesserungen haben stattgefunden, denn die Bewertung der Kindererziehungszeiten wurde erhöht.

Die große *Rentenreform 2001* ist insofern eine Zäsur in der Gesetzlichen Rentenversicherung als die Umlagefinanzierung nunmehr um eine kapitalgedeckte Finanzierungskomponente erweitert wird. Mit dem *Altersvermögensgesetz* (AVmG) wurden staatliche Zuschüsse für die private Rente direkt an Kürzungen der gesetzlichen Rentenleistungen gebunden. Damit wurde die kapitalgedeckte Altersvorsorge zum systematischen Bestandteil des gesetzlichen Alterssicherungssystems. Auch wurde mit dem *Altersvermögens-Ergänzungsgesetz* (AVmEG) die *Rentenanpassungsformel* geändert. Die Rentenerhöhungen sind damit nicht mehr an die Nettolohnentwicklung, sondern an die Entwicklung des Beitragssatzes in der gesetzlichen Rentenversicherung sowie den Altersvorsorgeanteil zur privaten Altersvorsorge gekoppelt (*modifizierte Bruttoanpassung*) – mit der Folge, dass die Renten sinken, wenn die Beiträge zur GRV steigen und umgekehrt.

Mit der *Rentenreform 2004* wurden weitere Änderungen in Kraft gesetzt, die kurzfristig den Beitragssatz stabil halten, zugleich eine dauerhafte Sicherung der Rentenfinanzierung gewährleisten sollen. Die Regelungen sind insofern von neuer Qualität, als sie zum Teil direkt auf die Einkommenssituation aktueller Rentnerinnen und Rentner einwirken und Verschlechterungen im Leistungsniveau nicht in die Zukunft verlagern.

Mit dem zum 1. April 2004 in Kraft getretenen *Zweiten und Dritten Änderungsgesetz* des Sozialgesetzbuches VI gilt auch für die Bestandsrentner/-innen:

- die volle Übernahme des Beitrages in die Pflegeversicherung. Die bisher gültige hälftige Beteiligung am Beitragssatz von aktuell 1,9 Prozent (Kinderlose: 2,2, Prozent) fällt ersatzlos weg, was bei einer monatlichen Rente von 1.000 EUR eine Mehrbelastung von 9,50 EUR pro Monat ausmacht. Zugleich sind auch die Betriebsrenten seit dem 1. April 2004 in voller Höhe bei der Gesetzlichen Krankenversicherung und der Pflegeversicherung der Rentner beitragspflichtig.
- eine zeitnahe Änderung ihres Krankenkassenbeitrages. Diese wird künftig nicht mehr jährlich mit der Rentenanpassung zum 1. Juli, sondern spätestens nach drei Monaten vollzogen. Dies gilt auch bei einer Senkung der Kassenbeiträge.
- eine Nullrunde bei der Rentenanpassung in den Jahren 2004 bis 2006.

Die Neuregelungen durch das *Rentenversicherungs-Nachhaltigkeitsgesetz* bringen neben diesen kurzfristigen Reparaturen, weitere strukturelle Änderungen im Rentenrecht mit sich:

- Im Jahr 1999 durch die rot-grüne Koalition zunächst zurückgenommen, geht der demografische Faktor nun auf Beschluss der gleichen Regierungskoalition seit 2005 als sog. *Nachhaltigkeitsfaktor* in die Berechnung der Renten ein. Er nimmt Bezug auf das Verhältnis von Beitragszahlern und Rentnern und koppelt damit die Entwicklung am Arbeitsmarkt direkt an die Rentenhöhe.
- Die *Anrechungszeiten* für die Real-, Gymnasial- und Studienzeiten fallen bei einem Renteneintritt ab dem 1. Januar 2009 weg.
- Die stufenweise *Erhöhung der Altersgrenze* in der GRV von 65 auf 67 Jahren sollte im Jahr 2008 vor dem Hintergrund der dann aktuellen Finanzlage geprüft werden.
- Das *Bundesverfassungsgericht* hatte am 6. März 2002 entschieden, dass die unterschiedliche Besteuerung von Beamtenpensionen und Renten aus der GRV nicht mit dem Gleichheitsgrundsatz des Grundgesetzes vereinbar ist. Seit dem 1. Januar 2005 läuft deshalb der Einstieg in die sog. *nachgelagerte Besteuerung* bei den Renten der GRV. Die aktiv Erwerbstätigen erhalten dadurch schrittweise ein höheres Nettoeinkommen, während sich für die meisten Rentnerhaushalte, deren Gesamteinkünfte unterhalb des steuerlichen Existenzminimums liegen, nichts ändern wird. Belastet werden dagegen die Rentnerhaushalte mit höheren Renten und/oder Erträgen aus anderen Einkünften wie Zinsen, Mieten etc.
- Mit dem *RV-Altersgrenzenanpassungsgesetz* vom 20. April 2007 ist nunmehr die Rente mit 67 auf den Weg gebracht worden. Zudem wurde mit Wirkung zum 1. Juli 2006 das *Gesetz über die Weitergeltung der aktuellen Rentenwerten* beschlossen. Damit wurde seinerzeit eine Rentenkürzung verhindert. Seit dem 19. Juni 2009 wurde diese Schutzklausel noch einmal erweitert. Nunmehr kann es weder wegen der Lohnentwicklung noch aufgrund der Anpassungsfaktoren beim aktuellen Rentenwert zu einer Kürzung von Renten kommen. Allerdings

werden ausgebliebene Kürzungsrunden dann mit zukünftigen Rentensteigerungen verrechnet.

Das Grundmuster der Reformbemühungen besteht darin, die drei Säulen der Altersvorsorge – gesetzliche, betriebliche und private Erträge – so zu justieren, dass der im Erwerbsleben erreichte Lebensstandard auch im Alter gehalten werden kann. Dies geschieht durch ein Abschmelzen der Gesetzlichen Rentenversicherung einerseits, sowie den gleichzeitigen Ausbau der privaten Vorsorge andererseits. Die Finanzierung der Altersvorsorge wird damit im Sinne der Demografiker vor allem als Problem der Bevölkerungsentwicklung betrachtet. Die Entwicklung des Volkseinkommens und die Frage seiner Verteilung wird auf den Arbeitsmarkt und damit nur auf die Einkünfte der abhängig Beschäftigten reduziert, die Sicherung der Einkommenslage im Alter schließlich in die private Verantwortung des Einzelnen verlagert. Wenn allerdings zutrifft, dass die Erwerbsarbeitsgesellschaft durch Europäisierung und Globalisierung vor strukturellen Herausforderungen steht, die ihre bisherige gesellschaftliche und ökonomische Steuerungsfunktionen grundlegend in Frage stellen werden, dann ist Skepsis angesagt, ob die aktuelle Rentenpolitik mit der Stärkung der dritten Säule wirklich dauerhaft die Altersvorsorge sichern kann. Denn in der krisenhaften Wirtschaftsphase zu Beginn des 21. Jahrhunderts erlebt man, dass nicht nur viele Bürgerinnen und Bürger durch die Entwicklung auf den Aktien- und Fonds-Märkten um ihr Erspartes gebracht wurden, sondern dass sich auch private Kapitalversicherungen nicht (mehr) in der Lage sehen, in Aussicht gestellte Überschussbeteiligungen auszuschütten. Gleich also, ob staatlich, betrieblich oder privat organisiert, setzt Alterssicherung einen florierenden Wirtschaftskreislauf und langfristig gesehen weniger an Erwerbsarbeit gebundene Umverteilungsprozesse voraus.

5 Sozialpolitik im Sozialraum Europa

Wenn sich die Handlungsräume der Ökonomie (Europäisierung, Triadisierung, Globalisierung) und der Politik in den letzten Jahrzehnten signifikant weiter über die Grenzen des Nationalstaates hinaus entwickelt haben, stellt dies auch die Sozialpolitik in Deutschland in neue, vor allem EU-europäische Kontexte. Sozialpolitischen Handlungsräumen kommt auch über das verfasste Europa hinaus Bedeutung zu, so mit bi- und multilateralen sozialpolitischen Abkommen (etwa dem *Europäischen Fürsorgeabkommen* von 1953), mit dem Kampf gegen einen weltumspannend organisierten Frauen-, Kinder- und Flüchtlingshandel, mit sozialpolitischen Elementen in der nationalen und internationalen Entwicklungspolitik, mit auf globaler Ebene vereinbarten sozialpolitischen Zielen, wie im Rahmen des *Weltsozialgipfels* der Vereinten Nationen der Halbierung der Armut in der Welt bis 2015, oder etwa mit sozialpolitischen Themen im Rahmen von *Welthandelsabkommen*. Diese Fragen reichen aber in ihrer Bedeutung für die Sozialpolitik in Deutschland bei weitem nicht an die mit der Europäischen Union verbundenen Chancen und Risiken heran.

5.1 Sozialpolitik auf internationaler Ebene

Durch Konventionen der *Internationalen Arbeitsorganisation (IAO / International Labour Organization – ILO)*, einer der Sonderorganisationen der Vereinten Nationen, in der Arbeitgeber-, Arbeitnehmer- und Regierungsvertreter zusammenwirken, wurde bereits die *Kinder- und Zwangsarbeit* verboten, sich auf den Grundsatz gleicher Löhne für Männer und Frauen bei gleicher Tätigkeit verständigt sowie das Recht auf Gründung von Gewerkschaften und auf Abschluss von Kollektivverträgen vereinbart. Doch noch immer sind längt nicht alle Staaten den entsprechenden Konventionen beigetreten, andere brechen sie. Der Internationalen Arbeitsorganisation fehlen bislang Instrumente, um die Einhaltung ihrer Beschlüsse durchzusetzen. Zwar spielen auch in den Programmen der *Weltbank* und des *Weltwährungsfonds* sowie in den Studien der *Organisation für wirtschaftliche Kooperation und Entwicklung* armuts- und sozialpolitische Fragen eine Rolle, diese greifen aber in die Sozialpolitik der entwickelten Industriestaaten – und damit Deutschlands – nicht ein.

Demgegenüber überwand die *Organisation (ehem. Konferenz) für Sicherheit und Zusammenarbeit in Europa (OSZE)* 1975 mit der *Schlussakte von Helsinki* in Menschenrechtsfragen – nicht zuletzt für Deutschland bedeutsam – die Blockkonfrontation und stellte, implizit bezogen auf die Trennung von Europa in Ost und West, einen Katalog an Rechten zusammen, der sich im sozialen Bereich etwa auf die

Themen Familienzusammenführung und familiäre Kontakte sowie binationale Ehen bezog. Nach dem Umbruch in Mittel- und Osteuropa sieht die OSZE ihre Aufgabe vor allem in der Bewältigung sicherheitspolitischer Krisensituationen sowie dem Schutz von Minderheitenrechten. Von ihrer traditionellen Funktion als Hüterin der Menschenrechte scheint sie dagegen mehr und mehr abzurücken.

Bislang nicht auszuschließen ist, dass Vereinbarungen zum Freihandel im Rahmen der *Welthandelsorganisation (WTO)* im Dienstleistungsbereich Einfluss auf die Sozialpolitik in Deutschland gewinnen. Dies würde sich ergeben, wenn das seit 1995 geltende, aber inhaltlich noch nicht gefüllte *General Agreement on Trade in Services (GATS)* auch auf Dienste der öffentlichen *Daseinsvorsorge* (Bildungs-, Kultur-, Gesundheitseinrichtungen etc.) Anwendung finden würde. Über konkrete Schritte zur Liberalisierung des Welthandels mit Dienstleistungen im Rahmen des GATS wird seit nunmehr über einem Jahrzehnt (seit 2000) verhandelt, bislang ohne Ergebnis. Bis Ende 2004 wollten sich die beteiligten Staaten auf mögliche Liberalisierungen in Bereichen wie Finanz- und Transportdienstleistungen, Strom- und Wasserversorgung, Rundfunk, Bildung, Gesundheit und Kultur einigen, auch hier stocken die Verhandlungen jedoch. Käme das GATS auch etwa im Bereich der sozialen Dienste des Gesundheitswesens zur Anwendung, würden auch diese einer internationalen Konkurrenz sowie einem Gleichbehandlungsgebot in- und ausländischer Anbieter unterworfen werden. Der öffentliche Charakter in der Finanzierung, qualitativen Steuerung und Garantie des Leistungszugangs müsste zumindest teilweise zugunsten von Gewinnerzielung und Marktsteuerung aufgegeben werden.

Bereits bisher begrenzten sozialpolitischen Einfluss ausgeübt hat der 1949 von zunächst zehn westeuropäischen Staaten gegründete *Europarat,* dem heute 47 europäische Staaten angehören, darunter Staaten des Balkans, der Gemeinschaft Unabhängiger Staaten (GUS) und die Türkei. Er hat sich die Förderung der kulturellen, sozialen, wirtschaftlichen und wissenschaftlichen Zusammenarbeit sowie die Verwirklichung der Menschenrechte in Europa zur Aufgabe gemacht. Sein bedeutendstes Dokument ist die *Konvention zum Schutze der Menschenrechte und Grundfreiheiten* von 1950, die das zentrale menschenrechtliche Dokument in Europa darstellt. Die Rechtsprechung des Europäischen Gerichtshofes (EuGH)[1] der EU betrachtet ihren Inhalt als Teil des Unionrechts und der Vertrag über die Europäische Union bezieht sich in Artikel 6 explizit auf sie. 1965 verabschiedete der Europarat eine *Sozialcharta*, deren Inhalt er 1996 überarbeitete, die jedoch durch die Bürger der Mitgliedstaaten des Europarates nach wie vor nicht einklagbar ist. In ihr verpflichten sich die Unterzeichnerstaaten vielmehr dazu, „eine Politik zu verfolgen, die darauf abzielt, geeignete Voraussetzungen zu schaffen, damit die tatsächliche Ausübung der folgenden Rechte und Grundsätze gewährleistet ist“[2]. Anschließend findet sich ein breiter Katalog sozialer Grundrechte, der vom besonderen Schutz von Müttern, Kindern und Jugendlichen, dem Recht auf soziale Sicherheit und soziale Dienste, über gerechte

---

1 Dieser ist nicht zu verwechseln mit dem *Europäischen Gerichtshof für Menschenrechte* des Europarates in Straßburg.

2 Teil I Satz 1 der Sozialcharta

Arbeitsentgelte und dem Recht auf Kollektivverhandlungen bis zum Recht jedes behinderten Menschen auf eine Ausbildung sowie auf berufliche und soziale Eingliederung reicht.

Europäische Sozialcharta, Artikel 14

Um die wirksame Ausübung des Rechtes auf Inanspruchnahme sozialer Dienste zu gewährleisten, verpflichten sich die Vertragsparteien,

(1) Dienste zu fördern oder zu schaffen, die unter Anwendung der Methoden der Sozialarbeit zum Wohlbefinden und zur Entfaltung des Einzelnen und der Gruppen innerhalb der Gemeinschaft beitragen sowie zu ihrer Anpassung an die soziale Umgebung;

(2) Bei der Bildung und Durchführung dieser Dienste Einzelpersonen und freie oder andere Organisationen zu Beteiligung anzuregen.

Schließlich unterstützt der Europarat über Förderprogramme Projekte im Gesundheitswesen, für Flüchtlinge, für die Wiedereingliederung von Arbeitslosen und den Bau von Sozialwohnungen. Über seine Organe Ministerkomitee und Parlamentarische Versammlung sowie über öffentliche Kampagnen fördert der Europarat zudem den Informationsaustausch und Diskussionen über nationale Grenzen hinweg. Unbeschadet dieser wichtigen Aktivitäten des Europarates kommt der Europäischen Union in sozialpolitischen Fragen ein weit größeres Gewicht zu.

5.2 Triebkräfte und Widerstände einer Sozialpolitik der Europäischen Union

Die Sozialpolitik in Deutschland sieht sich mit Interessen, Werten und Zielen konservativ, liberal bzw. sozialdemokratisch orientierter Nachbar-Sozialstaaten sowie europäischen Akteuren und Entscheidungsstrukturen konfrontiert. Die wichtigsten institutionellen Akteure sind dabei erstens die *Europäische Kommission* (kurz: Kommission), deren fachpolitische Generaldirektionen für die Anwendung der Bestimmungen der europäischen Verträge[3] sowie der auf Unionsebene getroffenen Beschlüsse sorgen. Von Ausnahmen abgesehen besitzt allein die Kommission das Initiativrecht für Rechtsakte der EU. Diese legt sie zwei weiteren zentralen Institutionen, dem *Rat der nationalen Fachminister* (kurz: Rat) sowie dem *Europäischen Parlament*, zum Beschluss vor. Von wenigen Ausnahmen (so in der Steuerpolitik, bei Sozialversicherungen sowie in der Außen- und Sicherheitspolitik) abgesehen, in denen Beschlüsse im Rat einstimmig zu fällen sind, werden die Vorschläge dann vom Rat mit qualifizierter Mehrheit angenommen oder abgelehnt. Das Europäische

3 Heute: Vertrag über die Europäische Union (EUV) und Vertrag über die Arbeitsweise der Europäischen Union (AEUV). Die sozialpolitischen Vertragsgrundlagen liefert der AEUV. Die verschiedenen reformierten Fassungen der Verträge sind jeweils nach den Orten benannt, in denen diese Änderungen beschlossen wurden, zuletzt: Vertag von Lissabon (2007 unterzeichnet, seit Dezember 2009 in Kraft).

Parlament hat dabei nach verschiedenen Vertragsreformen zunehmend Kompetenzen erhalten (Beschluss des Haushaltes, Bestätigung der vorgeschlagenen Mitglieder der Kommission, Mitentscheidungsrechte bei Rechtsakten), hat aber bis heute keine den nationalen Parlamenten durchgängig vergleichbar starke Stellung erreicht (siehe Initiativrecht zur Gesetzgebung).

Ordentliches Gesetzgebungsverfahren der EU

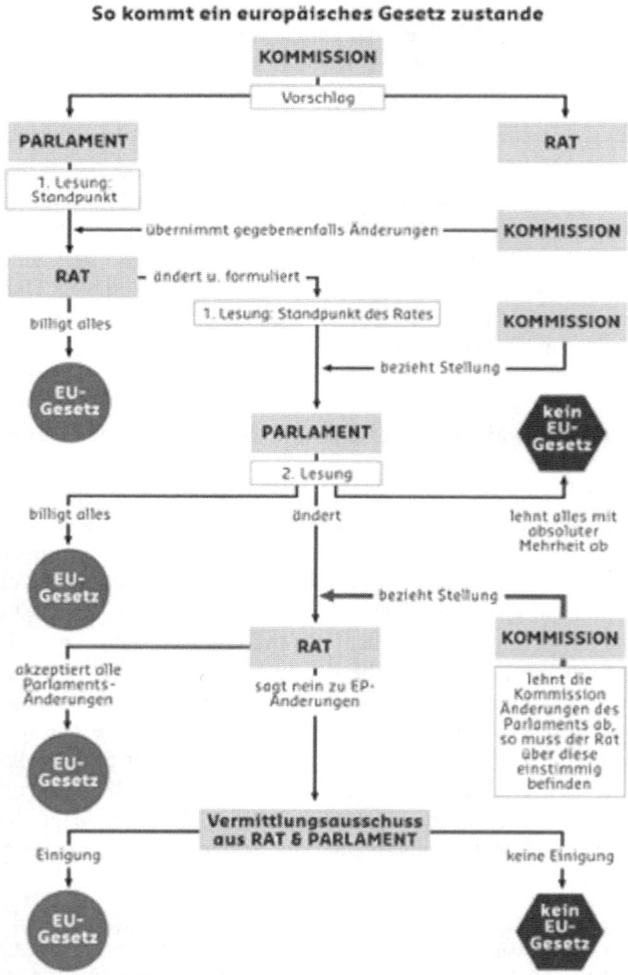

Quelle: Peter Diehl (München), nach www.europarl.de [3. Juni 2010]

Je nach Gegenstand der Gesetzgebung werden von der Kommission, vom Rat oder vom Parlament der Wirtschafts- und Sozialausschuss (Vertretung der Arbeitgeber und Arbeitnehmer sowie zivilgesellschaftlicher Akteure) sowie der Ausschuss der Regionen (Vertretung der Kommunen und Regionen) im Gesetzgebungsprozess angehört. Beide Ausschüsse können sich aber auch von sich aus mit Stellungnahmen am Meinungsbildungsprozess beteiligen. Der Europäische Rat der Staats- und Regierungschefs (kurz: *Europäischer Rat*) tritt in der Regel viermal jährlich zusammen und berät bzw. beschließt über grundsätzliche Fragen der weiteren Politik auf europäischer Ebene. Der *Europäische Gerichtshof* in Luxemburg entscheidet in Streitfällen zwischen den Organen der Europäischen Union und ist auch durch die natürlichen und juristischen Personen (etwa den nationalen Parlamenten) in der EU zu europarechtlichen Fragen anrufbar. Er kann mit seinen Urteilen in Einzelfragen als vierter zentraler Akteur auf europäischer Ebene gelten.

Freihandelszone oder Politische Union – Grundkonflikt um die soziale Zielbestimmung des Integrationsprozesses

Die Bundesrepublik bekennt sich seit ihrer Gründung zu einem geeinten Europa, wobei offen bleibt, wie weit diese Einigung etwa auf sozialem Gebiet gehen soll.

Präambel des Grundgesetzes

Im Bewußtsein seiner Verantwortung vor Gott und den Menschen, von dem Willen beseelt, als gleichberechtigtes Glied in einem vereinten Europa dem Frieden der Welt zu dienen, hat sich das Deutsche Volk kraft seiner verfassunggebenden Gewalt dieses Grundgesetz gegeben.

Der Dissens in der Gründungsphase der Gemeinschaft in den 1950er Jahren über eine auf Freihandel beschränkte bzw. eine auf den Aufbau einer politischen Union zielende Integration führte schließlich zur Spaltung des europäischen Integrationsprozesses in die institutionellen Systeme der Europäischen Freihandelszone (*European Free Trade Area* – EFTA) und der *Europäischen Wirtschaftsgemeinschaft* (EWG). Während die Europäische Wirtschaftsgemeinschaft[4] das Fernziel einer politischen Union zunächst und vor allem über Schritte wirtschaftlicher Integration zu erreichen suchte, dieses jedoch bereits mit supranationalen materiellen Mitteln, Regeln und Institutionen verband, lehnten die dann 1959 in der Europäischen Freihandelszone zusammengeschlossenen skandinavischen Staaten, das Vereinigte Königreich, Österreich,

4 Seit der Fusion der Institutionen von Europäischer Gemeinschaft für Kohle und Stahl, Europäischer Atomgemeinschaft und Europäischer Wirtschaftsgemeinschaft (1967) lautet die Bezeichnung zunehmend nur noch Europäische Gemeinschaft(en); seit dem Vertrag von Lissabon ist durchgängig von Europäischer Union die Rede, die nach den älteren Verträgen die EG (1. Säule) um die Bereiche Außen- und Sicherheitspolitik (2. Säule) sowie Innen- und Rechtspolitik (3. Säule) ergänzte.

Portugal und die Schweiz gerade diesen Souveränitätstransfer ab und vermieden in der EFTA konsequent jede Supranationalität; allein der freie Handel sollte die Staaten verbinden. Die Ablehnung weitergehenden Gemeinschaftsrechts und von Finanztransfers auf Gemeinschaftsebene (siehe insbesondere die Agrar- und Strukturpolitik der Europäischen Gemeinschaft) speiste sich in unterschiedlichem Maße neben dem Interesse, grundsätzlich strikte Neutralität und Souveränität zu bewahren, auch aus sozialpolitischen Erwägungen. So glaubte die britische Labour-Regierung, „daß eine so enge Zusammenarbeit mit Ländern, die mehrheitlich konservativ-liberal regiert wurden, den Verzicht auf die Durchsetzung der Labour-Programmatik hinsichtlich Planung und Lenkung und wohlfahrtsstaatlicher Politik bedeutete. (…) Vor allem in den sozialdemokratisch regierten skandinavischen Ländern wurde eine Beeinflussung der nationalen Wirtschafts- und Sozialpolitik durch supranationale Organe grundsätzlich abgelehnt.“[5]

Während im britischen Fall zwar die Motive variierten, blieb es insgesamt bei einer regierungsamtlichen Ablehnung, auch wenn die Regierungen wechselten. Dies wurde immer mit Blick auf die nationale Souveränität begründet, zunächst auch mit der Sorge um die vergleichsweise fortschrittliche und extensive nationale Sozialpolitik seitens der Sozialdemokraten, sodann mit dem Willen zur Durchsetzung und Aufrechterhaltung neoliberaler sozialpolitischer Standortstaatlichkeit seitens der Konservativen und schließlich mit einem Mix dieser drei Motive, die sich im Spektrum von New Labour fanden. Seit dem Frühjahr 2010 stellt nun eine – durch das britische Mehrheitswahlrecht ungewohnte – Koalition aus Konservativen und Liberaldemokraten die Regierung. Bereits mit dem gemeinsamen Übertritt des Vereinigten Königreiches und Dänemarks zur Europäischen Wirtschaftsgemeinschaft und dann verstärkt seit der Süderweiterung der EG, dem Binnenmarktprojekt und Planungen zur *Wirtschafts- und Währungsunion* verlor die EFTA an ökonomischem und politischem Gewicht und an aussichtsreichen Perspektiven. So traten auch Schweden, Österreich und Finnland schließlich der Europäischen Union bei. Die Freihandelszone löste sich faktisch auf; über den sogenannten *Europäischen Wirtschaftsraum* bleiben aber auch ihre letzten verbliebenen Mitglieder (die Schweiz, Liechtenstein, Island und Norwegen) am innereuropäischen Freihandel beteiligt. Der Verweis auf die EFTA ist hier deshalb von Interesse, da mit ihr die in einigen Staaten traditionell besonders starken Interessen an einer möglichst uneingeschränkten Beibehaltung nationaler Souveränität (nicht nur) in der Sozialpolitik verbunden sind.

5.2.1 Europäisierung von Kontextbedingungen der Sozialpolitik: Wirtschafts- und Währungspolitik

Doch auch innerhalb der Europäischen Wirtschaftsgemeinschaft der sechs Gründerstaaten (Frankreich, Deutschland, Italien, Belgien, Luxemburg und die Niederlande)

5 Gerold Ambrosius: Wirtschaftsraum Europa, Frankfurt am Main 1996, S. 92

widerstritten unterschiedliche Einschätzungen der sozialpolitischen Implikationen eines gemeinsamen Marktes. Die Aussicht auf den von einem gemeinsamen Markt ausgehenden politischen Druck, auch auf anderen Politikfeldern zu einer Abstimmung oder Vergemeinschaftung zu kommen und so auf dem Weg zur politischen Union voranzuschreiten, warf bei den Verhandlungen um die *Römischen Verträge* zur Gründung der Europäischen Wirtschaftsgemeinschaft von 1957 auch die Frage nach der Notwendigkeit, der Möglichkeit und den Gegenstandsbereichen (Arbeitsschutz, Sozialleistungsrecht etc.) sozialpolitischer *Konvergenz/Harmonisierung* auf.

Sozialpolitik im Gründungsvertrag der EWG

Eines der schwierigsten Probleme entstand durch die von französischer Seite erhobene und von den übrigen Vertragspartnern abgelehnte Forderung auf Harmonisierung der sozialen Lasten. Man einigte sich auf folgende Grundsätze: gleiches Arbeitsentgelt für Männer und Frauen, die Verpflichtung, die jetzt bestehende annähernde Gleichheit der bezahlten Feiertagsarbeit aufrecht zu erhalten und die unterschiedliche Bezahlung der Überstunden wegen verschieden langer Arbeitszeit bis zum Ende der 12-jährigen Übergangszeit zu vereinheitlichen. Die Harmonisierung der Kostenfaktoren aber wurde nicht zum Grundprinzip des Gemeinsamen Marktes erhoben. Jedoch besteht Übereinstimmung darüber, dass die Sozialpolitik in der Gemeinschaft den gleichen Rang neben der Wirtschaftspolitik haben muß.

Walter E. Rohn: Europa organisiert sich, Berlin 1962, S. 94

Diese Gleichrangigkeit ist, vergleicht man die Eingriffstiefe von europäischem Wirtschafts-, Währungs-, Haushalts- und Sozialrecht, jedoch nie hergestellt worden. Beide Seiten, die französische Regierung und ihre sozialpolitischen Gegenspieler, haben Recht behalten. Der heutige gemeinsame Markt funktioniert fast ohne sozial-, steuer- und lohnpolitische Harmonisierung, allerdings erzeugt er in diesem Fall einen Druck zur Verlagerung sozialer Kosten (weg von mobilen Einkommen und Vermögen, hin zu immobilen), zu Steuersenkungen und zu Lohnabsprachen etwa in den Niederlanden und Belgien mit dem Ziel, unter den Tarifabschlüssen der großen Nachbarn Frankreich und Deutschland zu bleiben. Deutschlands restriktive Lohnpolitik in den vergangenen Jahren wiederum wird als Problem für die Wettbewerbsfähigkeit der an den internationalen Finanzmärkten seit Beginn des Jahres 2010 unter Druck geratenen südeuropäischen EU-Mitgliedstaaten genannt.

Die zentralen rechtlichen Übereinkommen zur Herstellung eines gemeinsamen Marktes bilden die *vier Freiheiten* des EWG-Vertrages von Rom: die *Freizügigkeit des Kapitals, der Waren und der Dienstleistungen* sowie der natürlichen (*Arbeitnehmerfreizügigkeit*) und juristischen Personen (*Niederlassungsrecht*) über die mitgliedstaatlichen Grenzen hinweg. Diese Freiheiten wurden indes erst im weiteren Integrationsprozess schrittweise verwirklicht. So herrschten bis zur Vollendung des *gemeinsamen Binnenmarktes* (vorgesehen in der *Einheitlichen Europäischen Akte* von 1986 zur Verwirklichung bis 1992) noch zahlreiche Handelshemmnisse, etwa unterschiedliche Produktstandards. Mit Vereinbarung der *Wirtschafts- und Währungsunion* (vorgesehen im *Maastrichter Vertrag* von 1992 zur Verwirklichung bis 1999) sind die Ökonomien der Mitgliedstaaten heute in der Tat weitgehend für einander geöffnet und ihre Währungen zum Teil durch den gemeinsamen *Euro* ersetzt. Von den Altmitgliedern der EU15 beteiligen sich nur das Vereinigte Königreich und Schweden nicht an der Währungsunion, von den zumeist mittel-/osteuropäischen Neumitgliedern sind inzwischen die ersten dem Euroraum beigetreten (seit 2007 Slowenien, seit 2008 Malta und Zypern, seit 2009 die Slowakei). Bei allen Vorteilen, die der Euro im internationalen Zahlungsverkehr – auch für einfache Bürger – und gegenüber exzessiver Währungsspekulation bietet, ist ein sozialpolitisch problematischer Effekt der gemeinsamen Währung (und damit ein Grund ihrer Ablehnung in Schweden) der Wegfall der Möglichkeit, Veränderungen der nationalen Wettbewerbsposition über eine Anpassung der Wechselkurse herbeizuführen oder zu kompensieren. So betont etwa der luxemburgische Premier, *Jean-Claude Juncker*: „Früher wurde die nationale Währung abgewertet, um konkurrenzfähiger zu sein. Das geht nun nicht mehr. Mit der Einführung des Euro könnte sich somit der Druck in einem Land verstärken, stattdessen die arbeitsrechtlichen Schutzbestimmungen zu beschneiden.“[6]

Seit dem im Jahr 1997 geschlossenen *Stabilitäts- und Wachstumspakt* verpflichten sich die Mitgliedstaaten auf Drängen der damaligen Bundesregierung zu einer strengen Haushaltsdisziplin, um die Geldwertstabilität des Euro zu gewährleisten. Der Pakt versucht, dies über nationale Stabilitätsprogramme (bzw. Konvergenzprogramme der Nichtmitglieder der Währungsunion) zu gewährleisten, in denen die Nationalregierungen über ihre Erwartungen zur mittelfristigen Entwicklung der Wirtschaftskraft, der öffentlichen Haushalte und der Inflation berichten. Diese werden mit den Erwartungen der Kommission abgeglichen. Am Ende einer abweichenden Entwicklung können die sogenannten Defizitverfahren stehen. Mit dem drohenden Staatsbankrott des Euro-Mitglieds Griechenland (2010) wurden die Grenzen dieser geltenden Mechanismen ebenso deutlich, wie die gravierenden Folgen, die auch im Euroraum die Krisenanfälligkeit deregulierter internationaler Finanzmärkte haben kann, zumal in ihrer Fortsetzung in Form eine Krise der Realwirtschaft und schließlich einer Krise öffentlicher Haushalte.

Nachdem die Schaffung des Binnenmarktes sowie der Wirtschafts- und Währungsunion 1999 weitgehend erreicht war, richtete sich der Blick von Kommission und Nationalregierungen im ersten Jahrzehnt dieses Jahrhunderts zunehmend nach außen, über die Grenzen der Europäischen Union hinaus. Auf dem Europäischen Rat von Lissabon im Jahr 2000 bekundeten die Regierungen im *Lissaboner strategischen Ziel für das Jahr 2010* ihren Willen, die Union „zum wettbewerbsfähigsten und dynamischsten wissensbasierten Wirtschaftsraum in der Welt zu machen – einem Wirtschaftsraum, der fähig ist, ein dauerhaftes Wirtschaftswachstum mit mehr und besseren Arbeitsplätzen und einem größeren sozialen Zusammenhalt zu erzielen.“ Auch wenn sich größerer sozialer Zusammenhalt im empirischen Ländervergleich über

6 Jean-Claude Juncker: Soziale Mindeststandards sind ja keine obszöne Idee, in: Europas neues Geld. Beilage der Frankfurter Rundschau vom 9. November 2001, S. 5

lange Zeitreihen hinweg nachweisbar erst über eine quantitativ und qualitativ ausgebaute Sozialpolitik entwickelt und obwohl wirtschaftlicher Austausch sich nach wie vor in erheblichem Maße innerhalb der einzelnen Volkswirtschaften, sodann innerhalb der Europäischen Union und schließlich nennenswert lediglich noch zwischen den G7-Staaten bzw. den Staaten der Triade vollzieht, wurde mit Lissabon für 2010 das Ziel ausgegeben, in globaler Standortkonkurrenz erfolgreich bestehen zu können. Hierzu stand die Sozialpolitik wiederum nicht in einem gleichwertigen Verhältnis, sondern in einem funktionalen: Sozialpolitik habe vor allem die globale ökonomische Wettbewerbsfähigkeit zu unterstützen, nicht deren negative Folgen für Konkurrenzverlierer bisweilen auch auf Kosten maximaler Wettbewerbsfähigkeit zu kompensieren.

Im Jahr 2010 mussten die EU und ihre Mitgliedstaaten insgesamt eine ernüchternde Bilanz der Lissabon-Strategie ziehen, deren Ziele nicht erreicht wurden. Die von der Kommission für eine neue *Europa 2020* Strategie für „intelligentes, nachhaltiges und integratives Wachstum" vorgeschlagenen und vom Europäischen Rat im März 2010 angenommen Kernziele sind daher deutlich zurückhaltender ausgefallen, als noch in der Lissabon-Strategie:

1. Eine Beschäftigungsquote von 75 Prozent unter den 20- bis 64-jährigen Frauen und Männern;
2. öffentliche und private Investition von drei Prozent des Bruttoinlandsproduktes in Forschung und Entwicklung;
3. Verringerung der Treibhausgasemissionen gegenüber 1990 um 20 Prozent; Steigerung des Anteils erneuerbarer Energien am Gesamtenergieverbrauch auf 20 Prozent; Erhöhung der Energieeffizienz um 20 Prozent;
4. Senkung der Schulabbrecherquote und Erhöhung des Anteils der Bevölkerung mit abgeschlossenen Hochschulstudium;
5. Verminderung der Armut.

Auf eine Operationalisierung des vierten und fünften Zieles konnte sich dabei zunächst noch nicht verständigt werden; das übergeordnete Ziel, wettbewerbsfähigster Wirtschaftsraum der Welt zu werden, taucht nicht mehr auf.

5.2.2 Europäisierung von Steuer-, Lohn- und Sozialpolitik?

Die EU-Sozialpolitik beschränkt sich bis heute im Wesentlichen auf die sozialrechtliche Ausgestaltung der Arbeitnehmerfreizügigkeit, Regelungen zum Arbeits- und Gesundheitsschutz für abhängig Beschäftigte sowie eine sehr aktive Politik zur Gleichstellung der Geschlechter. In nahezu ausschließlicher Gestaltungskompetenz der Mitgliedstaaten verbleiben hingegen die Kernbereiche der Sozialpolitik: die allgemeinen Systeme der Sozialversicherung, die Versorgungs- und Fürsorgesysteme. Gleiches gilt für die Lohnpolitik sowie bis auf Ausnahmen (so Mindeststeuersätze für die Mehrwertsteuer) auch für die Steuerpolitik.

Hintergrund von EU-Sozialpolitik: unterschiedliche nationale Sozialordungen

Warum die Mitgliedstaaten in den sozialpolitischen Kernbereichen bislang nicht zu mehr Gemeinsamkeit fanden, erschließt sich insbesondere mit Blick auf die großen Unterschiede in der Konzeption der einzelstaatlichen Sozialsysteme. *Gøsta Esping-Andersen* gruppierte diese 1990 in einer viel beachteten Studie zu drei Modellorientierungen, wobei die Sozialstaaten meist jedoch nicht durchgängig durch die Strukturmerkmale nur eines Regimes geprägt sind.

Sozialstaatstypen nach Gøsta Esping-Andersen

Typus des Wohlfahrtsstaates Klassische Vertreter	liberal Großbritannien	konservativ Deutschland	sozialdemokr. Schweden
Dekommodifizierung: Schutz gegen Marktkräfte und Einkommensausfälle – Einkommensersatzquote – Anteil individueller Finanzierungsbeiträge	schwach	mittel	stark
Residualismus – Anteil von Fürsorgeleistungen an gesamten Sozialausgaben	stark	stark	schwach
Privatisierung – Anteil privater Ausgaben für Alter bzw. Gesundheit an den Gesamtausgaben	hoch	niedrig	niedrig
Korporatismus/Etatismus – Anzahl von nach Berufsgruppen differenzierten Sicherungssystemen – Anteil der Ausgaben für Beamtenversorgung	schwach	stark	schwach
Umverteilungskapazität – Progressionsgrad des Steuersystems – Gleichheit der Leistungen	schwach	schwach	stark
Vollbeschäftigungsgarantie – Ausgaben für aktive Arbeitsmarktpolitik – Arbeitslosenquoten, gewichtet mit Erwerbsbeteiligung – Staat als Arbeitgeber	schwach	mittel	stark

Quelle: Rolf G. Heinze, Josef Schmid und Christoph Strünck: Vom Wohlfahrtsstaat zum Wettbewerbsstaat, Opladen 1999, *S.* 103

Esping-Andersen kommt so zu den drei *Wohlfahrtsregimen*: *sozialdemokratisch* (auch als ‚solidarisch' zu übersetzen; Beispiel: Schweden und Norwegen sowie mit Abstrichen Dänemark), *korporativ* (oft auch als ‚konservativ' bezeichnet; Beispiel: Niederlande, Belgien, Luxemburg, Deutschland, Österreich und in schwächerem Maße Frankreich und Finnland) sowie *liberal* (Beispiel: USA, zum Teil auch Australien, Japan und Kanada). Auf die südwest-europäischen sowie die mittel- und osteuropäischen Staaten geht er dagegen 1990 noch nicht näher ein. Auch in diesen schlagen sich die obigen ‚Idealtypen' jedoch mehr oder minder nieder und können die einzelnen Regelungen den drei Wertorientierungen zugeordnet werden.

Sozialpolitik im ‚liberalen Sockelstaat'

Leitbild des *Liberalismus* ist das vernunftbegabte freie Individuum. Das (Besitz-) *Bürgertum* soll sich von Bevormundung durch *Adel*, *Kirche* und *Zünfte* befreien, alle das Individuum und seine Entfaltungsmöglichkeiten tangierenden Schranken und Rahmen sollen fallen oder sich vernunftgemäß und über Leistung legitimieren, nachvollziehbar und einklagbar sein. Liberalem Denken ist eine grundsätzliche Skepsis gegenüber kollektiven Setzungen eigen, geht es ihm doch um ein Maximum individueller *Freiheit*. Doch der Freiheitsbegriff und der dem Liberalismus ebenso eigene Gleichheitsbegriff (*Gleichheit* aller Bürger vor dem Recht) sind vielschichtig ambivalent. Allen Bürgern – Millionären wie Bettlern – das Schlafen unter Brücken zu verbieten (*Anatole France*, 1844-1924) ist offenkundig zynisch. Bürger beginnen nicht mit gleichen Startbedingungen ihr Leben. Die liberale Sozialstaatskonzeption begegnet diesem Spannungsverhältnis von gewünschter größtmöglicher Freiheit vor Eingriffen Dritter (nicht zuletzt in privates Eigentum) und der offenkundigen Negierung von Freiheit durch völlige Verarmung mit der Formulierung von Mindestbedingungen, die jedem Bürger als Bürgerrecht zu gewährleisten sind. Auch sind es historisch gerade liberal orientierte Staaten, die Arbeitnehmern Mindestlöhne garantieren.

Die sozialen Rechte verwirklichen sich idealer Weise entweder in (fast) gänzlicher Abwesenheit von staatlichen Versicherungssystemen allein über bedarfsgeprüfte *Mindestsicherungs*leistungen der *Fürsorge* (Beispiel: Australien) oder in einer universalistischen *Sozialversicherung* mit einheitlich niedrigen Beiträgen und Leistungen (*Beveridge*-System),[7] die ggf. durch einen Rechtsanspruch auf bedarfsgeprüfte Mindestsicherungsleistungen über die fürsorgerechtlichen *Sozialhilfe*systeme ergänzt werden, was – durchaus absichtsvoll – häufig von Nöten ist: „Seit ihrer Einführung Ende der 1940er Jahre ist z.B. die *Grundrente* immer unterhalb des Sozialhilfeniveaus geblieben. Auf diese Weise versucht der Staat, die Einzelnen dazu zu bringen, private Maßnahmen gegen das Armutsrisiko, das mit Alter, Arbeitslosigkeit oder Invalidität verbunden ist, zu ergreifen. Die relativ niedrigen sozialen Leistungen im britischen Wohlfahrtsstaat sollen durch weitere, auf dem privaten Markt erworbene Leistungen ergänzt werden."[8] Es handelt sich hier also um ein Sicherungsmodell, in dem der Sozialpolitik keine gestaltende, sondern eine strikt nachrangige Funktion zukommt.

---

7 Benannt nach Lord *William Beveridge* (1879-1963), der in den 1940er Jahren einen Plan für die britische Sozialpolitik nach Kriegsende entwarf.

8 Thomas Scharf: Sozialpolitik in Großbritannien. Vom Armengesetz zum „Dritten Weg", in: Katrin Kraus und Thomas Geisen (Hg.): Sozialstaat in Europa, Wiesbaden 2001, S. 53.

Die Länder (vornehmlich der englischsprachigen Welt), die sich vor allem an dieser liberalen Definition der Pflichten und Grenzen des Sozialstaates orientieren, weisen durch die Verbindung dieses einerseits universalistischen, andererseits minimalistischen Sicherungsmodells mit einem nur schwach regulierten Arbeitsmarkt (Vertragsautonomie, Schwäche der Gewerkschaften, hohe Lohnspreizung) ein hohes Maß an sozialer Polarisierung und eine hohe Bedeutung bedarfsgeprüfter Mindestsicherungsleistungen für weite Teile der Bevölkerung auf.

Sozialpolitik im ‚konservativen Statusstaat'

Die Legitimität und der Schutz tradierter hierarchischer sozialer Gemeinschaften und Ordnungen (*Familie*, *Stände*, *Volk*) stehen im Zentrum der konservativen sozialstaatlichen Orientierung. In der Frage der sozialleistungsrechtlichen Verteilung des gesellschaftlichen Reichtums setzt diese Sozialstaatskonzeption erklärtermaßen nicht auf *intersoziale Umverteilung*, sondern betont die *Unterhaltspflicht* Familienangehöriger und die *Vorsorgepflicht* der abhängig Beschäftigten in Sozialkassen (*Sozialversicherung*) in äquivalenter Ausgestaltung der Beitrags-Leistungs-Beziehung. Anders als beim liberalen Ideal des Sozialstaates, geht es hier nicht um eine ‚bloße' Existenzsicherungsgarantie des Staates, sondern im Mittelpunkt steht die Fortschreibung des Status und Lebensstandards außerhalb der Arbeitswelt. So die äquivalenten Transfereinkommen und Eigenmittel zu einem Leben unterhalb des Existenzminimums führen würden, setzen *Mindestsicherungsleistungen* (Sozialhilfe, Grundsicherung) ein.

Im konservativen Wohlfahrtsstaat ist also eine Fortschreibung der Statushierarchie im Erwerbsleben in die parastaatliche soziale Sicherung angelegt, die überdies in nach Berufsgruppen getrennten Sicherungssystemen (kategoriale Systeme für Beamte, Angestellte, Arbeiter, Bauern; z.T. auch für Selbständige) verwirklicht wird. Das als Bezugspunkt dienende Beziehungs- und Beschäftigungsmodell dieses Regimes stellt die *‚Normalfamilie'* mit einem männlichem, dauerhaft abhängig beschäftigten Vollerwerbsernährer mindestens mittleren Einkommens dar. Haushalte dieses Typs sind durch den solchermaßen ausgebauten Sozialstaat gegen die Hauptrisiken Alter, Krankheit, Unfall, Invalidität und Arbeitsplatzverlust in hohem Maße geschützt. Am Rande dieses Regimes stehen hingegen Personen mit gebrochenen oder einkommensschwachen Erwerbs- und Beziehungsbiographien. Ihre Leistungsansprüche bei Eintritt eines der versicherten Armutsrisiken reichen häufig aufgrund fehlender Beitragszahlungen nicht aus, um existenzsichernd zu sein. Im europäischen Vergleich nehmen traditionell an diesem Modell orientierte Staaten (etwa Frankreich, Deutschland und die Benelux-Länder) bezogen auf die Aufwendungen für den Sozialschutz, die Armutsquote und soziale Ungleichheit meist eine Mittelposition ein.

Sozialpolitik im ‚sozialdemokratischen Vollbeschäftigungsstaat'

In Ergänzung bzw. Abgrenzung zu den zentralen Vokabeln des *Liberalismus* (Freiheit) und *Konservatismus* (Gemeinschaft in hierarchischer Ordnung) stellt der *demokratische Sozialismus* den Anspruch auf Gleichheit als Wert in den Mittelpunkt seiner Orientierung. Der faktischen Ungleichheit der Bürger (insbesondere aufgrund ihrer Leistungsfähigkeit, ihres Besitzes, ihrer Benachteiligungen und Vorteile aufgrund ihrer sozialen Herkunft und ihrer in der Lebensbiographie wechselnden Lebenslagen) wird der Anspruch der Gleichheit entgegen gesetzt. Er konkretisiert sich in soziale Ungleichheit nivellierenden materiellen und immateriellen Teilhaberechten über den Sozialstaat und das Beschäftigungssystem. Dabei ist allerdings die Bestimmung des vertretbaren Maßes auf der einen und des zu fordernden Maßes intersozialer Umverteilung auf der anderen Seite kontrovers. Von sozialdemokratischen Wertorientierungen geprägte Sozialstaaten kennzeichnen Bemühungen um eine aktive und Einkommensungleichheit nivellierende *Vollbeschäftigungspolitik* zur Integration ihrer Wohnbevölkerung. Dabei setzt dieser Typus in hohem Maße auch auf öffentliche Beschäftigung, nicht zuletzt im *sozialen Dienstleistungs*bereich. Ein hohes Maß an öffentlicher Sicherstellung von Erziehung, Betreuung und Pflege soll zum einen Frauen den Zugang zum Arbeitsmarkt erleichtern, damit gleichzeitig aber auch die Nachfrage nach Arbeitskräften erhöhen.

Dieses Modell kennzeichnet somit eine vergleichsweise hohe *Beschäftigungsquote* und – aufgrund der in ihren Leistungen gesockelten und die gesamte Wohnbevölkerung umfassenden *Sozialversicherung* – niedrige *Sozialhilfe*empfänger- und Armutsquoten, auch für ‚atypische' Lebensbiographien, bei dazu jedoch notwendigerweise hohen *Sozialleistungs- und Steuerquoten.* Allerdings verringerte mit Schweden gerade der ‚Vorzeigestaat' dieses Modells unter dem Eindruck auch bei ihm massiv steigender Arbeitslosigkeit und angesichts der Implikationen seines Beitritts zur EU (1995) seit den 1990er Jahren seine Sozialleistungsquote ganz erheblich. Nach wie vor weisen die skandinavischen Staaten jedoch die niedrigsten *Armut*sraten und die geringste soziale *Ungleichheit* auf.

Sozialpolitik in den südeuropäischen und mittelosteuropäischen Staaten

Die Sozialpolitik der südeuropäischen Mitgliedstaaten Spanien, Griechenland und Portugal charakterisiert eine in Teilen lückenhafte Mischung von Systemelementen der drei Wohlfahrtsregime Esping-Andersen's, nachdem sie sich seit den 1970er Jahren von autokratischen Herrschaftssystemen zu Demokratien entwickelten. Der *Familie* kommt hier einerseits eine besonders hohe Bedeutung für die Sicherung der Existenz zu, die andererseits weniger sozialpolitisch geschützt und unterstützt wird. In diesen Sozialstaaten kumulieren meist vergleichsweise geringe bis mittlere *Wirtschaftskraft*, verbreitete *prekäre Beschäftigung* und *Schattenwirtschaft*, hohe *Arbeits-*

losigkeit und fehlende oder lückenhafte *Sozialversicherungs*- und *Sozialhilfe*systeme, was zu einer hohen *Armutsquote* und einem hohen Armutsrisiko für breite Bevölkerungsschichten führt. Dabei finden sich allerdings durchaus auch gegenläufige Anzeichen einer Angleichung dieser Sozialschutzsysteme an den Durchschnitt der EU.

Bruttoinlandsprodukt pro Kopf in Kaufkraftstandards (EU 27 = 100)

	2008	1998
EU 27	100	100
Luxemburg	276	217
Irland	135	121
Niederlande	134	129
Österreich	124	132
Schweden	122	123
Dänemark	120	132
Finnland	117	114
Deutschland	116	122
Vereinigtes Königreich	116	118
Belgien	115	123
Frankreich	108	115
Spanien	103	95
Italien	102	120
Zypern	96	87
Griechenland	94 (vorläufiger Wert)	83
Slowenien	91 (Reihe unterbrochen)	79
Tschechien	80	70
Malta	76	81
Portugal	76	77
Slowakei	72	52
Estland	67	43
Ungarn	64	55
Litauen	62	40
Lettland	57	36
Polen	56	48
Bulgarien	41	27
Rumänien	nicht verfügbar	nicht verfügbar

Quelle: Eurostat

Viele Elemente dieser Beschreibung treffen auch auf die mittel-osteuropäischen Staaten zu. Ihr Systemwechsel in den späten 1980er und frühen 1990er Jahren liegt jedoch zeitlich noch nicht so weit zurück, ihre Wirtschaftskraft ist zum Teil noch deutlich schwächer und ihr ehemals stark auf *Beschäftigungsgarantie*, *betriebliche Sozialpolitik* und *Preissubventionierung* ausgerichtetes Sozialsystem verlangt eine noch größere Anpassungsleistung an das marktwirtschaftliche System in der Europäischen Union, so dass der transformationsbedingte Sozialstaatsumbau in diesen Staaten bis heute andauert. Insgesamt haben sich diese Sozialstaaten inzwischen bereits stark an das durchschnittliche Niveau von relativer *Armut*, *Ungleichheit* und *Arbeits-*

losigkeit in der Europäischen Union angepasst; freilich auf einem zum Teil viel niedrigeren wirtschaftlichen Leistungsniveau und mit großen regionalen Ungleichheiten.

Konvergenz im Wettbewerb

Die sozialpolitischen Wohlfahrtsregimeorientierungen schlagen sich in den Staaten der hier gebildeten fünf Ländergruppen in signifikant unterschiedlich hohen *Sozialschutzausgaben* nieder, die 2006 zwischen gut 12 Prozent des nationalen Bruttosozialproduktes in Estland und Lettland sowie rund 31 Prozent Frankreich und Schweden betrugen. Dabei reichen in den mittel-/osteuropäischen Transformationsländern sowie in den familial und in den liberal orientierten Sozialstaaten die Quoten maximal bis etwas unterhalb des EU-europäischen Mittels von 26,9 Prozent heran, um das herum sich vor allem die korporativ orientierten Staaten finden, während insbesondere die Werte in solidarisch orientierten Sozialstaaten sowie in Belgien, Frankreich und den Niederlanden (dicht gefolgt von Österreich und Deutschland) über diesem Mittel liegen.

Ausgaben für den Sozialschutz in den EU-Mitgliedstaaten in Prozent des je nationalen Bruttosozialproduktes 2006

	10 - < 15 %	15 - < 20 %	20 - < 25 %	25 - < 30 %	30 - < 35 %
solidarisch				Dänemark	Schweden
korporativ			Luxemburg	Deutschland Finnland Italien Niederlande Österreich	Belgien Frankreich
liberal		Irland		V. Königreich	
familial		Malta Zypern	Griechenland Spanien	Portugal	
mittel-/ osteurop.	Estland Lettland Litauen Rumänien	Bulgarien Polen Slowakei Tschechien	Slowenien Ungarn		

Quelle eigene Zusammenstellung, nach Eurostat (2009): Statistics in focus, No. 40/2009, S. 4

Die prozentualen Werte in vielen Beitrittsländern der beiden Osterweiterungen sind mit denen Irlands und zum Teil denen der familialen Gruppe innerhalb der *Alt-EU* im Prinzip durchaus vergleichbar, bedeuten allerdings aufgrund der z.T. deutlich geringeren Wirtschaftskraft in den betroffenen Ländern tatsächlich ein noch wesentlich niedrigeres reales Leistungsniveau.

Nachdem zu Beginn der 1990er Jahre die Sozialschutzausgaben in den Mitgliedstaaten der damaligen EU 15 nicht zuletzt im Gefolge europaweit schlechter Konjunkturentwicklung und steigender Arbeitslosigkeit unionsweit von 25,5 Prozent (1990) auf 28,8 Prozent des Bruttoinlandsproduktes (BIP) (1993) angehoben wurden, kehrte sich die Entwicklung mit dem Jahr 1993 um. In der ersten Hälfte des letzten Jahrzehnts betrugen die Aufwendungen dann ca. 27 Prozent, nach den jüngsten verfügbaren Daten im Jahr 2006 27,5 Prozent für den Kreis der alten EU-15-Länder bzw. gewichtet gemittelte (siehe die oben sichtbar gewordenen gravierenden Diskrepanzen im Ländervergleich) 26,9 Prozent für die EU 27. Damit ist zwanzig Jahre nach dem Umbruch in Mittel- und Osteuropa und zumindest für die ersten Jahre der Mitgliedschaft mittel-/osteuropäischer Länder in der EU auf dieser hoch aggregierten Ebene des Vergleichs und der gewichteten Durchschnittsberechnung der Sozialschutzaufwendungen in der EU weder zu erkennen, dass in Folge des Umbruch- und Beitrittsprozesses ausgebaute westeuropäische Sozialstaaten ihre Aufwendungen gravierend zurückgefahren haben, noch, dass in den Beitrittsländern eine schnelle Angleichung an den EU-Durchschnitt stattgefunden hat. Vielmehr differieren die Quoten nach wie vor und seit der Osterweiterung erheblich gesteigert.

Deutlicher wird eine Konvergenz im Wettbewerb, betrachtet man die sich verschiebenden *Finanzierungsanteile* an den Sozialschutzausgaben. Hier wurden insbesondere die Unternehmen von Sozialkosten entlastet: Nachdem der Arbeitgeberanteil laut dem Statistischen Amt der EU (Eurostat) bereits im Zeitraum 1980 bis 1992 in der damaligen EG/EU von 45,4 auf 40,5 Prozent sank, setzte sich dieser Trend auch in den weiteren Jahren mehrheitlich fort; im Jahr 2006 finanzierten die Arbeitgeber noch 38,3 Prozent (EU 15) bzw. 38,2 Prozent (EU 27) der Gesamtaufwendungen. Insgesamt verschieben sich die Finanzierungsanteile auch von Beiträgen der geschützten Personen weg hin zu einer stärkeren Steuerfinanzierung.

Bezogen auf relative *Armutsraten* lassen sich lange Zeitreihen angesichts auf EU-Ebene immer wieder veränderter Erhebungsmethodik und ihrer begrenzten Aussagekraft angesichts der gravierenden Wohlfahrtsgefälle zwischen den Mitgliedstaaten insbesondere bei Einbezug der Transformationsländer Mittel- und Osteuropas nur schwer bilden bzw. auswerten. Nach den verfügbaren Daten muss die Politik zur Verminderung der Einkommensarmut und der *Arbeitslosenquoten* insgesamt als allenfalls wenig erfolgreich gelten. Bei vielen ‚Reformen' der 1990er und 2000er Jahre ging es länderübergreifend ganz wesentlich und konvergent um Kürzungen – unter anderem mit der Folge, dass die Sozialhilfesysteme in den Mitgliedstaaten eine Renaissance ihrer Bedeutung erleben.

Relative Einkommensarmut (2008) und Arbeitslosigkeit (4. Quartal 2009, saisonbereinigt) in den Mitgliedstaaten der EU

	Armutsquoten	Arbeitslosenquoten
EU 27	17 (vorläufiger Wert)	9,4
Luxemburg	13	5,5
Irland	16	13,0
Niederlande	11	3,9
Österreich	12	4,9
Schweden	12	8,8
Dänemark	12	7,1
Finnland	14	8,8
Deutschland	15	7,5
Vereinigtes Königreich	19 (vorläufiger Wert)	7,8
Belgien	15	8,0
Frankreich	13	10,0
Spanien	20	19,0
Italien	19	8,2
Zypern	16	6,1
Griechenland	20	10,2
Slowenien	12	6,4
Tschechien	9	7,4
Malta	15	7,0
Portugal	18	10,2
Slowakei	11	14,0
Estland	19	15,5
Ungarn	12	10,6
Litauen	20	15,8
Lettland	26	20,2
Polen	17	8,7
Bulgarien	21	8,0
Rumänien	23	7,6

Quelle: Eurostat

Dabei stehen tendenziell steigenden Ausgabenanforderungen gleich bleibende oder sinkende *verfügbare* Ressourcen gegenüber. Im Rahmen einer gemeinsamen Geldpolitik, koordinierter Wirtschafts- und Haushaltspolitik und *negativer Integration*[9] der Steuer-, Lohn- und Sozialpolitik kommt es offensichtlich – neben allen grundsätzlich weiterbestehenden Unterschieden im sozialpolitischen Ansatz und dem Ausmaß der mit ihrer Wahl verbundenen verschiedenen Problemlagen – auch zu gleichgerichteten (sozial-)politischen Anpassungsleistungen in den nationalen Sozialstaaten. Es mehren sich die Anzeichen, dass der (Sozial-)Staat nun seinerseits versucht, die Begleiterscheinungen gesellschaftlicher Modernisierung an die Familien (Stichwort: mehr Eigenver-

9 verstanden als gegenseitige Anerkennung unterschiedlicher nationaler Regelungen (Beispiel: Mehrwertsteuersätze auf Luxusartikel), während positive Integration hier gemeinschaftsweite Regelungen bedeuten (Beispiel: EU-weiter Mindestsatz für die Mehrwertsteuer)

antwortung) und das Erwerbsarbeitssystem (Stichwort: Erhöhung der Beschäftigungsquote) zurück zu verweisen. Die Erhöhung der EU-weiten *Beschäftigungsquote* auf zunächst 70 Prozent bis zum Jahr 2010 (Lissabon-Strategie) und nun auf 75 Prozent bis zum Jahr 2020 (EU-2020-Strategie) zielt angesichts der demographischen Entwicklung und der Sozialkostenkonkurrenz unter den Bedingungen der *Europäisierung* und *Globalisierung* auf einen ‚beschäftigungszentrierten Umbau' der Sozialstaaten, der die Notwendigkeit von Transfereinkommen verringern soll. Angesichts von Massenarbeitslosigkeit ist nicht die Formulierung und Verpflichtung auf evaluierbare beschäftigungsbezogene Ziele, die die Teilhabe am Erwerbsarbeitssystem entschiedener steigern sollen, der problematische Punkt, sondern die Art und Weise wie dies erreicht werden soll. In aller Regel hängen niedrige relative Armutsquoten und hohe Gesamtausgaben für den Sozialschutz zusammen. Und von einer Behinderung hoher Beschäftigungsquoten durch ein hohes Maß an sozialem Schutz kann angesichts der skandinavischen Beispiele keine Rede sein. Im internationalen Vergleich lässt sich keine Korrelation zwischen der Leistungshöhe der Arbeitslosenversicherung (Einkommensersatzquote) und der Arbeitslosenquote, beziehungsweise dem Anteil langzeitarbeitsloser Hilfebezieher feststellen.[10]

Dennoch wird Beschäftigungsförderung zunehmend gleichgesetzt mit einem Abbau von Steuern und Abgaben, mit einem ‚schlanken Staat' und mit Sozialleistungen, die die Aufnahme einer Beschäftigung nicht behindern dürften. „All in all, a remarkable political concensus seems to prevail that various measures are needed to change the old, passive, income-support oriented, dependency-creating policy into an active, enabling, capability-building and work-incentive stressing policy."[11] So wichtig es ist, Leistungen vorzusehen, die in die Fähigkeiten der Leistungsbezieher investieren und sie in den Arbeitsmarkt zu integrieren suchen – Transfereinkommen als passive und Abhängigkeit produzierende Leistungen zu etikettieren, geht fehl: Transfereinkommen sind wie soziale Sach- und Dienstleistungen aktive Solidarleistungen zur Bekämpfung von Armut und sozialen Nöten und befähigen die Empfänger vielfach erst zu aktiver Teilnahme am gesellschaftlichen und wirtschaftlichen Leben. Und Arbeitslosengeld- sowie Sozialhilfebezieher fehlen in aller Regel nicht dem Arbeitsmarkt, weil sie an Sozialleistungen hängen, sondern beziehen diese, weil sie von Lohnarbeit abhängen. Das Resümee eines europäisch kaum flankierten Um- und in Teilen auch Abbaus der nationalen Sozialstaatlichkeit wirft nochmals die Frage nach Chancen und Grenzen sowie Ansätzen einer Sozialpolitik auf europäischer Ebene auf; nach deren Interessenträgern und ihr entgegenstehenden Zielen, Interessen und Strukturen.

---

10 David Piachaud: Soziale Sicherheit und Abhängigkeit, in: Internationale Revue für Soziale Sicherheit, Heft 1/1997, S. 47-63; Walter Hanesch u.a.: Armut und Ungleichheit in Deutschland, Reinbek bei Hamburg 2000, S. 505f.

11 Matti Heikkilä: Context, Project: The Role of Social Assistance as Means of Social Inclusion and Activation. A comparative study on minimum income in seven European countries. Report 1, Saarijärvi (Finland) 2001, S. 9; siehe hierzu auch: Europäische Kommission – Generaldirektion Beschäftigung, soziale Angelegenheiten und Chancengleichheit: Zweijähriger Bericht über Sozialdienstleistungen von allgemeinem Interesse, Luxemburg 2009, S. 24ff.

5.3 Phasen, Themenfelder und Handlungsoptionen der Sozialpolitik auf europäischer Ebene

5.3.1 Phasen gemeinschaftlicher Sozialpolitik

Die sozialpolitischen Ansätze, Initiativen und Programme auf europäischer Ebene lassen sich in sechs sozialpolitische Phasen zusammenfassen:

(1) die Gründungsphase der 1950er Jahre und ihre Kontroversen,
(2) das erste Jahrzehnt der EWG mit seinem Fokus auf die Herstellung der Freizügigkeit der Arbeitnehmer,
(3) die Ansätze zu einer Sozialunion Anfang der 1970er Jahre, die
(4) angesichts eines allmählichen Wechsels von keynesianischer zu mehr oder weniger marktradikaler Politik, steigender Arbeitslosigkeit und eines insgesamt stockenden Einigungsprozesses in den späten Siebzigern in die ‚Eurosklerose‘ münden,
(5) die Ära der Kommission unter *Jacques Delors* von 1985 bis 1995, mit ihren Bemühungen um die Verwirklichung des Binnenmarktes bei gleichzeitigem Aufbau sozialer Mindeststandards, deren Politik in ihren letzten Amtsjahren schließlich in eine die Sozialpolitik stärker problematisierende beschäftigungszentrierte Modernisierungspolitik umschlägt und damit schließlich
(6) in die aktuelle Phase der offenen Politik-Koordination unter den Bedingungen der Wirtschafts- und Währungsunion mündet.

Sozialpolitische Marksteine der Vertiefung der europäischen Integration

Zeit	Gegenstand	sozialpolitische Relevanz
1964	Verordnung zur Freizügigkeit	– Ausnahme von EG-Bürgern von nationalen Einwanderungsbestimmungen
1971	Verordnung zur Rechtsstellung von Wanderarbeitnehmer/innen in den Sozialschutzsystemen	– Exportierbarkeit/Zusammenrechenbarkeit von Leistungsansprüchen sowie Diskriminierungsverbot im Sozialrecht des Immigrationslandes
1972	Erstes Sozialpolitisches Aktionsprogramm	– Anbahnung von ersten Programmen zu den Themen – Behinderung – Arbeitnehmer aus Drittstaaten – benachteiligte Bevölkerungsgruppen – Armut
1975	Richtlinie über gleiches Entgelt	– Gleichbehandlungsgrundsatz der Geschlechter bei Löhnen und Gehältern
1976	Richtlinie zur Gleichbehandlung beim Zugang zu Beschäftigung	– Gleichbehandlungsgrundsatz der Geschlechter beim Zugang zur Berufsausbildung, zu Beschäftigungsverhältnissen und zum beruflichen Aufstieg
1978	Richtlinie zur Gleichstellung der Geschlechter in den Systemen der sozialen Sicherheit	– Gleichbehandlungsgrundsatz der Geschlechter in den sozialen Sicherungssystemen

1986	Einheitliche Europäische Akte	– Vereinbarung des Binnenmarktes – Einführung eines Bekenntnisses zum Sozialen Dialog – Einführung der Möglichkeit, per qualifizierter Mehrheit Mindeststandards zum Arbeitsschutz zu beschließen
1989	Gemeinschaftscharta der sozialen Grundrechte	– als feierliche Erklärung Grundlage und Argumentationshilfe für nachfolgende sozialpolitische Empfehlungen und Richtlinien
1992	Maastrichter Verträge	– Vereinbarung der Wirtschafts- und Währungsunion – Gründung der Europäischen Union
1992	Protokoll zum Maastrichter EG-Vertrag	– starke Erweiterung der Befugnisse der Sozialpartner (Sozialer Dialog) – Einführung der Möglichkeit, per qualifizierter Mehrheit Mindeststandards zur Gesundheit und Sicherheit der Arbeitnehmer, zu Arbeitsbedingungen, zur Unterrichtung und Anhörung der Arbeitnehmer, zur Gleichbehandlung der Geschlechter sowie zur beruflichen Eingliederung von Randgruppen zu beschließen – Einführung der Möglichkeit, per einstimmigem Beschluss Mindeststandards zur sozialen Sicherheit und zum Sozialschutz, zum Kündigungsschutz, zur Mitbestimmung, zu Beschäftigungsbedingungen von Arbeitnehmern aus Drittstaaten und zur Finanzierung von Arbeitsmarktmaßnahmen zu beschließen
1992	Richtlinie zum Schutz von schwangeren und stillenden Frauen	– Mindeststandards zum Mutterschutzurlaub und zum Kündigungsrecht
1992	Empfehlung zu Mindestleistungen	– Empfehlung zur unionsweiten Einführung von Mindestsicherungssystemen und zu Mindeststandards für deren Ausgestaltung
1992	Empfehlung zur Annäherung der Sozialschutzpolitiken	– Empfehlung von Mindeststandards zur Ausgestaltung von Sozialschutzsystemen
1993	Europäischer Rat von Kopenhagen	– Kriterienkatalog für den Beitritt weiterer Staaten zur Europäischen Union
1994	Richtlinie zum Jugendarbeitsschutz	– u.a. Verbot von Kinderarbeit
1994	Weißbuch Europäische Sozialpolitik	– Strategische Wende vom Ausbau der Sozialregulierung hin zu beschäftigungszentrierter Sozialpolitik
1996	Richtlinie zum Elternurlaub	– Mindeststandards für das Recht auf Elternurlaub
1997	Amsterdamer Vertrag	– Aufnahme des Sozialprotokolls von Maastricht in den EG-Vertrag – Schaffung einer expliziten Vertragsgrundlage für Maßnahmen gegen Armut und soziale Ausgrenzung – Einführung eines Titels zur koordinierten Beschäftigungsstrategie
1997	Stabilitäts- und Wachstumspakt	– Verpflichtung auf eine restriktive Haushaltspolitik der Mitgliedstaaten
1999	Einführung des Euro in 13 der 15 Mitgliedstaaten	– sanktionsbewährte Verpflichtung auf eine restriktive Politik für die öffentlichen Haushalte, endgültiger Wegfall der Möglichkeit von Wechselkursanpassungen

2000	Vertrag von Nizza	– Einführung der Möglichkeit, per einstimmigem Beschluss von Einstimmigkeits- zu Mehrheitsentscheidungen überzugehen, in den Bereichen: Kündigungsschutz, Mitbestimmung, Beschäftigungsbedingungen von Arbeitnehmern aus Drittstaaten – Einführung der Möglichkeit von Beschlüssen, in allen sozialpolitischen Bereichen des Artikel 137 EG-Vertrag die Zusammenarbeit der Mitgliedstaaten durch Informationsaustausch sowie die Förderung innovativer Ansätze und die Bewertung von Erfahrungen zu fördern (offene Koordinierung)
2000	Gipfel von Nizza	– Vereinbarung der Offenen Koordinierung in der Politik gegen Armut und soziale Ausgrenzung
2000	Charta der Grundrechte (Nizza)	– als feierliche Erklärung proklamiertes Anerkennungs- und Achtungsgebot der EU für bestehende sozialpolitische Regelungen
2004	Verfassungsvertrag	– Aufnahme der Charta der Grundrechte in den Vertrag–
2005	Nationale Referenden zum Verfassungsvertrag	– Ablehnung des Verfassungsvertrages in Frankreich und den Niederlanden.
2007	Vertrag von Lissabon	– Übernahme der meisten Bestimmungen des Verfassungsvertrages (u.a. Aufwertung des Europäischen Parlaments) – Anfügung der Charta der Grundrechte als gleichberechtigte Primärrechtsquelle der EU
2009	Zweites irisches Referendum zum Vertrag von Lissabon	– Inkrafttreten des Vertrages von Lissabon nach Annahme durch die irische Bevölkerung

Die Gründungsphase der Europäischen Wirtschaftsgemeinschaft

1951/52 wurde mit der *Europäischen Gemeinschaft für Kohle und Stahl (EGKS)* der erste Vorläufer der Europäischen Union geschaffen. Die beiden entscheidenden Motive des Einigungsprozesses werden in ihrem Namen bereits deutlich. Durch die wirtschaftliche Verflechtung und politische Kooperation sollte der Verfeindung der europäischen Nachkriegsnationen vorgebeugt werden (*Friedensmotiv*), zunächst durch die Vergemeinschaftung der kriegswichtigen Montanindustrie. Hintergrund des Plädoyers für einen gemeinsamen Markt war nicht zuletzt der ökonomische Vergleich mit dem starken, geeinten Wirtschaftsraum der USA (*ökonomisches Motiv*). Bereits im Rahmen der EGKS wurden soziale Maßnahmen und die sozialen Ziele der Schaffung eines gemeinsamen Marktes betont.

Tätigkeit der Europäischen Gemeinschaft für Kohle und Stahl auf sozialem Gebiet

Die Schaffung eines Gemeinsamen Marktes und seine Entwicklung im Rahmen des technischen Fortschritts sind kein Selbstzweck. Letztlich sind dies nur die unerläßlichen Voraussetzungen für die Verbesserung der wirtschaftlichen Lebensverhältnisse des Menschen und zwar nicht nur in seiner Eigenschaft als Verbraucher – durch reichlichere, billigere und bessere Versorgung –, sondern auch in seiner Eigenschaft als Arbeiter – durch wirksamen sozialen Schutz und bessere Lebens- und Arbeitsbedingungen. In diesem Geiste einer engen Verknüpfung zwischen den wirtschaftlichen und den sozialen Zielen der Gemeinschaft übt die Hohe Behörde ihre gesamte Tätigkeit aus.

Quelle: Informationsdienst der Hohen Behörde der Europäischen Gemeinschaft für Kohle und Stahl: Europa im Aufbau, Luxemburg 1957, S. 54

So es durch technischen Fortschritt oder infolge der Errichtung des gemeinsamen Marktes zu Betriebsstilllegungen oder Entlassungen komme, habe die Hohe Behörde (vergleichbar der späteren Kommission) „für die ‚Anpassung' der dadurch freiwerdenden Arbeiter zu sorgen". Dies könne durch Entschädigung der betroffenen Arbeitskräfte, durch Zuwendungen an die Unternehmen zur Sicherung der Entlohnung, durch Beihilfen für die Kosten zur Erlangung eines neuen Arbeitsplatzes (etwa Umzugskosten), durch die Finanzierung von Umschulungsmaßnahmen sowie durch die Finanzierung von Programmen zur Schaffung neuer Arbeitsplätze geschehen. Selbst im Arbeiterwohnungsbau, in der Förderung der Berufsausbildung, in der Forschungsförderung im Bereich des betrieblichen Gesundheitsschutzes mittels Untersuchungen zu sozialen Fragen, die „Vergleiche zwischen der sozialen Entwicklung in den sechs Ländern der Gemeinschaft zum ersten Male möglich gemacht und damit die Grundlagen für die Aufstellung von Richtlinien für eine Sozialpolitik der Hohen Behörde geliefert" haben, war die europäische Ebene bereits aktiv.[12]

Der auf die Ökonomien der Mitgliedstaaten fokussierte Einigungsprozess wurde also von Beginn an mit sozialen Hilfen und Ausgleichsmaßnahmen sowie Untersuchungen kombiniert, anfangs sogar weitergehend als in der späteren Europäischen Wirtschaftsgemeinschaft. Dies geschah freilich sektoral auf die Montanindustrie beschränkt und Transfereinkommenssysteme in diesem Sektor lediglich durch die Entschädigungszahlungen für entlassene Arbeitnehmer streifend. Motiv war bereits hier die Befürchtung negativer Folgen des gemeinsamen Marktes etwa für die Arbeitsplatzsicherheit und die Lohnentwicklung und damit für die Akzeptanz des Einigungsprozesses selbst. So war die Hohe Behörde gar befugt worden, in die Lohnpolitik einzugreifen, wenn die Löhne der Berg- und Stahlarbeiter unter das durchschnittliche Lohnniveau des betreffenden Mitgliedstaates geraten sollten oder „wenn ein Land durch Lohnsenkungspolitik Vorteile im Wettbewerb zu erlangen trachtet (‚Dumping')."[13]

12 Informationsdienst der Hohen Behörde der Europäischen Gemeinschaft für Kohle und Stahl: Europa im Aufbau, Luxemburg 1957, S. 54ff.

13 Ludwig Heyde: Abriss der Sozialpolitik, 11. Aufl., Heidelberg 1959, S. 176

Die substanziellen und im weiteren Sinne sozialpolitischen Bestimmungen des EWG-Vertrages beschränkten sich auf die Freizügigkeit der Arbeitnehmer, den Lohngleichheitsgrundsatz sowie die Einrichtung eines Europäischen Sozialfonds. Dagegen sollte in Fragen des Arbeits- und Koalitionsrechtes, der Beschäftigung, der sozialen Sicherheit, des Gesundheitsschutzes bei der Arbeit etc. lediglich eine Zusammenarbeit zwischen den Mitgliedstaaten durch die Kommission gefördert werden.[14] Ansonsten vertrauten die Vertragsparteien vielmehr auf die „eine Abstimmung der Sozialordnungen begünstigenden Wirkungen des gemeinsamen Marktes" (ehemals Artikel 117 EWG-Vertrag, heute Artikel 151 AEUV).

Die Verwirklichung der Freizügigkeit der Arbeitnehmer

Nachdem mit der Ausnahme der EG-Bürger von den nationalen Einwanderungsbestimmungen 1964/68 die Freizügigkeit der Arbeitskräfte rechtlich hergestellt worden war, regelten und förderten Gemeinschaft und Mitgliedstaaten diese mit der 1971 vom Rat verabschiedeten Verordnung Nr. 1408/71 „über die Anwendung der Systeme der sozialen Sicherheit auf Arbeitnehmer und Selbständige sowie deren Familienangehörige, die innerhalb der Gemeinschaft zu- und abwandern" sowie mit deren Durchführungsverordnung,[15] in die später auch Studierende einbezogen wurden. Artikel 4 Absatz 4 der Verordnung bestimmt einschränkend: „Diese Verordnung ist weder auf die Sozialhilfe noch auf Leistungssysteme für Opfer des Krieges und seiner Folgen anzuwenden." Die Verordnung scheidet damit zwischen *Systemen sozialer Sicherheit* einerseits und *Sozialhilfe* andererseits. Beide zusammen fallen mit ihren Geld-, Sach- und Dienstleistungen in der EU-Terminologie unter den Begriff *Sozialschutz.*

Vom Gedanken einer Europäischen Sozialunion zur Phase stagnierender Integration

Mit dem *Sozialpolitischen Aktionsprogramm der Gemeinschaft für die Jahre 1974-76* wurden die ersten sozialpolitischen Aktivitäten auf Gemeinschaftsebene jenseits der klassischen, durch die Römischen Verträge gedeckten Bereiche Freizügigkeit und Gleichstellung angebahnt. Das Aktionsprogramm zielte zu dem Zeitpunkt, als sich erstmals nach dem II. Weltkrieg wieder deutlich steigende Arbeitslosigkeit in den europäischen Ländern zu entwickeln begann, auf Vollbeschäftigung, die Verbesserung der Lebens- und Arbeitsbedingungen sowie eine stärkere Beteiligung der Arbeitgeber- und Arbeitnehmervertreter (*Sozialpartner*). Die Gemeinschaft wurde im

---

14 Peter Heyde: Internationale Sozialpolitik, Heidelberg 1960, S. 124f.
15 Verordnung (EWG) Nr. 574/72

Rahmen dieses Aktionsprogramms aufgefordert, besondere Aktionsprogramme (nicht sozialrechtliche Garantien) für Wanderarbeitnehmer und ihre Familien auch aus Drittstaaten, für Behinderte, benachteiligte Bevölkerungsgruppen (Jugendliche und ältere Arbeitnehmer) sowie zur Bekämpfung von Armut zu erarbeiten.

Den Hintergrund des Aktionsprogramms bildete zum einen erneut ein wirtschaftspolitisches Vorhaben: die (schließlich vergebliche) Bemühung Ende der 1960er/Anfang der 1970er Jahre um die Schaffung einer Wirtschafts- und Währungsunion bis zum Jahr 1981. Der hierzu an den luxemburgischen Premierminister *Pierre Werner* in Auftrag gegebene und nach ihm benannte Bericht ging davon aus, dass die Schaffung einer Wirtschafts- und Währungsunion an die Harmonisierung der Wirtschaftspolitiken sowie eine enge Abstimmung der Sozialpolitik, kurz: die Schaffung einer politischen Union gebunden sei, ohne die sie auf Dauer nicht bestehen könne. Zum anderen kamen mit dem Wechsel zur großen und schließlich zur sozial-liberalen Koalition aus Deutschland neue Impulse für eine stärkere Gewichtung der sozialen Dimension des Integrationsprozesses, während bis dahin Deutschland in ausgeprägt liberaler Orientierung die in sozialpolitischer Hinsicht ablehnendste Haltung unter den Regierungen der Mitgliedstaaten eingenommen hatte.[16]

In diese sozialpolitische Phase der Gemeinschaft fallen auch Richtlinien zur Geschlechtergleichheit im Arbeitsleben und im Sozialrecht. Doch erst mit der Präsidentschaft von *Jacques Delors'* kehrte die Sozialpolitik in das Gemeinschaftshandeln zurück, nachdem die zweite Hälfte der 1970er und erste Hälfte der 1980er Jahre insgesamt eher als sowohl konjunkturelle, als auch programmatische Krisenzeit der Gemeinschaft angesehen werden kann, als eine durch europapolitische Lethargie geprägte Phase der „Eurosklerose" (*Wolfgang Kowalsky*).

Binnenmarkt und soziale Mindeststandards – Die Ära Jacques Delors

Zum ersten Mal in der Geschichte des Integrationsprozesses wurde jenseits besagter klassischer Felder und des Aktionsprogramms systematisch begonnen, „sozialpolitische Pflöcke" (*George Ross*) einzuschlagen, wenn auch vornehmlich auf den Arbeitnehmerstatus und den *Sozialen Dialog* von Arbeitgeber- und Arbeitnehmervertretern und weniger, bzw. weniger erfolgreich, auf den *sozialen Staatsbürgerstatus* (*Thomas Marshall*, 1893-1981) und die sozialen Sicherungssysteme bezogen. In einer Rede vor dem Kongress des Europäischen Gewerkschaftsbundes schlug Delors 1988 vor, das Binnenmarktprojekt um eine „‚Plattform garantierter sozialer Rechte' als gemeinsames Minimum für die nationalen Systeme und als Mandat für zukünftige europäische Gesetzgebung" zu ergänzen.[17] Die Delors-Kommission setzte auf die Stärkung und Institutionalisierung der Vertretung sowie die Einbindung weiterer

16 Gerold Ambrosius: Wirtschaftsraum Europa, Frankfurt am Main 1996, S. 90 und 139

17 Wolfgang Streeck: Vom Binnenmarkt zum Bundesstaat?, in: Stefan Leibfried und Paul Pierson (Hg.): Standort Europa. Europäische Sozialpolitik, Frankfurt am Main 1998, S. 384

Akteure, wie der Sozialpartner im und jenseits des seit Gründung der EWG bestehenden Wirtschafts- und Sozialausschusses (EWSA), der Kommunen und Regionen über den 1994 geschaffenen Ausschuss der Regionen (AdR) sowie sozialpolitischer Nicht-Regierungsorganisationen, etwa über den Aufbau und die finanzielle Förderung eines Europäischen Armutsnetzwerkes (*European Anti Poverty Network – EAPN*). Die Strategie der Kommission beschreibt den Versuch, den Integrationsprozess wiederum zuvorderst über die ökonomische Integration (Binnenmarkt, WWU) zu beleben, diese allerdings stärker mit sozialpolitischen Initiativen zu verbinden und damit auszubalancieren. „Ohne mächtige politische Verbündete und gegen den Strom des neoliberalen Zeitgeistes schwimmend, hoffte die Delors-Kommission auf den Prozess der Marktintegration selbst bzw. darauf, dass hier Spannungen und Konflikte erzeugt würden, die den nationalen Regierungen deutlich machen könnten, dass der erfolgreiche Abschluss des Integrationsprozesses einen Umbau der Institutionen und Politiken der Gemeinschaft von einem Märkte herstellenden zu einem marktkorrigierenden Regime erforderte.“[18]

Mit der *Einheitlichen Europäischen Akte (EEA)* von 1986 wurden die Gründungsverträge der Europäischen Wirtschaftsgemeinschaft erstmals im größeren Umfang reformiert. Ihren Kern stellte das Projekt des europäischen Binnenmarktes dar, wodurch sich wieder verstärkt Fragen nach der sozialen Dimension des Integrationsprozesses stellten. Direkt im Vertrag verankerte Fortschritte im sozialpolitischen Bereich brachte die Einheitliche Europäische Akte allerdings zunächst ‚nur‘ mit der Aufnahme einer stärkeren Verpflichtung zur territorialen „wirtschaftlichen und sozialen Kohäsion“, mit der Einführung der Möglichkeit per Mehrheitsentscheidung Mindeststandards in den Bereichen Arbeitssicherheit und Gesundheitsschutz am Arbeitsplatz zu vereinbaren sowie mit ersten Schritten zur Institutionalisierung des *Sozialen Dialogs*. In Folge der EEA wurden jedoch zum einen die Strukturfondsmittel deutlich ausgeweitet, um den jüngst der Gemeinschaft beigetretenen südwesteuropäischen Staaten die Zustimmung zum Binnenmarkt zu erleichtern, von dem vor allem die wirtschaftlich stärksten Länder profitieren würden (sog. *Delors I Paket*). Zum anderen wurde eine *Gemeinschaftscharta der sozialen Grundrechte* in Angriff genommen, die die soziale Dimension des Integrationsprozesses bekräftigen und schützen sollte.

So formulierte der im Auftrag der Kommission zur Frage des Verhältnisses von Binnenmarkt und Sozialpolitik erstellte Bericht *Patrick Venturinis* 1988: „Die Idee eines Mindestsockels, verstanden als eine Charta von Grundrechten mit garantierten sozialen Minimalvorschriften, ist eine der denkbaren kurzfristigen Lösungen für das Problem des starken Gefälles in den sozialen Normen. Der Vorteil bestünde darin, dass nicht Gemeinschaftsnormen, die heute noch unrealistisch wären, sondern ein Rahmen und eine gemeinsame Minimalreferenz für die nationalen Systeme empfohlen werden.“[19] 1989 legte die Kommission einen Vorentwurf für die Gemeinschaftscharta der

18 Ebd.

19 Patrick Venturini: Ein europäischer Sozialraum für 1992, hg. von der Kommission der Europäischen Gemeinschaften, Brüssel und Luxemburg 1988, S. 74

sozialen Grundrechte vor. In diesem war unter anderem der Satz enthalten: „Alle Arbeitnehmer, denen der Arbeitsmarkt verschlossen bleibt, ohne dass sie weiterhin Anspruch auf Leistungen bei Arbeitslosigkeit haben, sowie diejenigen, die nicht über ausreichende Mittel für ihren Lebensunterhalt verfügen, müssen die Möglichkeit erhalten, ein Mindesteinkommen und eine angemessene Sozialhilfe zu beziehen."[20] Dieses Bekenntnis zu einem gemeinschaftsweiten Recht auf Mindestsicherung/Sozialhilfe, das als Versuch angesehen werden kann, vom binnenmarktzentrierten *Arbeitnehmer*recht zu einem sozialen Staats*bürger*recht zu kommen, ging jedoch einigen Regierungen im Hinblick auf den Personenkreis sowie die sozialpolitischen Zielsetzungen zu weit. Ohne die einzelnen Etappen der Verhandlung der Charta nachzeichnen zu müssen, reicht es hier aus, den Endpunkt des ambitionierten Projektes Sozialcharta zu skizzieren: Übrig geblieben ist eine feierliche politische Erklärung von elf der zwölf Mitgliedstaaten. Die Regierung des Vereinigten Königreiches war auch nach weiteren Abstrichen am Inhalt der Charta im Zuge der Beratungen im Rat der Arbeits- und Sozialminister entschieden gegen das Dokument. Als Gemeinschaftscharta der sozialen Grundrechte der *Arbeitnehmer* bezog sie sich nicht mehr auf alle Gemeinschafts*bürger*. Statt von einem Recht auf „ein Mindesteinkommen und eine angemessene Sozialhilfe" ist nunmehr nur von „ausreichenden Leistungen" und „Zuwendungen" die Rede, die der „persönlichen Lage angemessen sind". Zur Umsetzung der Sozialcharta wurde ein Aktionsprogramm der Gemeinschaft verabschiedet.

Die Bereitschaft und Bemühungen einzelner Nationalregierungen und Kommissionsdienststellen sowie das Interesse der Gewerkschaften und sozialen Nichtregierungsorganisationen, weitere wirtschaftliche Integrationsschritte mit sozialpolitischen Mindeststandards zu verbinden, stiegen nochmals angesichts der Vereinbarung der Wirtschafts- und Währungsunion im *Maastrichter Vertrag* von 1992. Wie bereits bei der Einheitlichen Europäischen Akte wurden als Kompensation die Strukturfondsmittel im Zuge des *Delors-II-Paketes* ausgeweitet und nunmehr auch über einen sogenannten *Kohäsionsfonds* für die vier wirtschaftlich schwächsten Mitgliedstaaten verwandt. Die sozialpolitischen Artikel des Maastrichter Vertrages sollten ein deutliches Mehr an Sozialpolitik auf europäischer Ebene ermöglichen. Nachdem bereits das *Sozialpolitische Aktionsprogramm* von 1972 und die *Sozialcharta* von 1989 die in sie gesetzten progressiven sozialpolitischen Erwartungen nicht erfüllten, gelang es der Regierung des Vereinigten Königreiches hier jedoch wiederum, das Setzen sozialpolitischer Akzente weitgehend zu verhindern. Indem die restlichen elf Mitgliedstaaten die vorgesehenen (durch Kompromissangebote in Richtung der britischen Position abgeschwächten) neuen sozialpolitischen Vertragsbestimmungen, insbesondere zum *Sozialen Dialog*, zu Mehrheitsentscheidungen und der Möglichkeit, einstimmig sozialleistungsrechtliche Mindeststandards zu vereinbaren, im Rahmen eines dem Vertrag beigefügten Protokolls verabschiedeten, gelang es, mit dem Mittel einer *variablen Geometrie* (Vereinbarungen, die nur für ein Teilgebiet der Union gelten) diesen sozialpolitischen Integrati-

20 zit. nach Bernd Schulte: Das Recht auf ein Mindesteinkommen in der Europäischen Gemeinschaft, in: Sozialer Fortschritt, Heft 1/1991, S. 8

onsschritt dennoch nicht gänzlich scheitern zu lassen. Dass die Möglichkeit, Mindeststandards im Sozialschutz zu vereinbaren, bislang jedoch nicht genutzt wurde, liegt sicher nicht zuletzt an der strategischen Umorientierung bzw. Vereinseitigung, die (nicht nur) weite Teile EU-europäischer Sozialpolitik bald nach dem Maastrichter Vertragsschluss kennzeichnete.

1993 und 1994 veröffentlichte die Kommission Weißbücher zu Wachstum, Wettbewerbsfähigkeit und Beschäftigung sowie zur Sozialpolitik.[21] Beide geben in ihrer Interpretation sozialpolitischer Herausforderungen und zielführender Wege hin zu stärkerer sozialer Inklusion sowie weniger Arbeitslosigkeit der Förderung der Wiedereingliederung in Erwerbstätigkeit Priorität. In der Tat erreichten sowohl die Sozialschutzausgaben (1993) als auch die Arbeitslosenquoten (1994) zur Zeit der beiden Weißbücher EU-weit betrachtet ihren bisherigen Höhepunkt. Der Wechsel der Kommission 1995 von *Jacques Delors* zu *Jacques Santer*, die weniger gewerkschaftsorientiert und schwächer als die Delors-Kommission agierte, bestätigte die Wende der politischen Strategie, weg von einem Ausbau der Sozialregulierung, hin zu einer Umgestaltung der Arbeitsmärkte und der sie rahmenden Institutionen, um in einem globalen Standortwettbewerb zu bestehen.

Die Offene Methode der Koordination in der Wirtschafts- und Währungsunion

Direkt bezogen auf die sozialpolitischen Kompetenzen der europäischen Ebene im Zusammenwirken mit den Mitgliedstaaten brachte der *Amsterdamer Vertrag* zwei entscheidende Neuerungen, denen (von den Konkretisierungen in Artikel 156 AEUV abgesehen; dazu unten mehr) bis einschließlich des inzwischen geltenden Lissaboner Vertrages auch keine weiteren substantiellen Veränderungen folgten. Einmal wurde das *Sozialprotokoll* des Maastrichter Vertrages in den EG-Vertrag integriert und damit für alle Mitgliedstaaten verbindlich. Entscheidend erleichtert haben dürfte dies der Regierungswechsel im Vereinigten Königreich. Die Folge, dass es nunmehr nach dem Vertrag – wenn auch unter der hohen Hürde der Einstimmigkeit – möglich ist, Mindeststandards auf europäischer Ebene auch für die Systeme der sozialen Sicherheit und des weiteren Sozialschutzes zu vereinbaren, muss als großer Fortschritt für die Sozialpolitik im europäischen Mehrebenensystem gewertet werden. Die zweite bedeutende Neuerung betrifft die Politik gegen Armut und soziale Ausgrenzung, indem jenseits des Einbezugs des Sozialprotokolls ein neuer Absatz 2 in den Artikel 137 EG-Vertrag (heute Artikel 153 AEUV) eingefügt wurde. Demnach kann der Ministerrat zur Bekämpfung sozialer Ausgrenzung per Mehrheitsbeschluss Maßnahmen annehmen, „die dazu bestimmt sind, die Zusammenarbeit zwischen den Mit-

21 Kommission der Europäischen Gemeinschaften: Wachstum, Wettbewerbsfähigkeit, Beschäftigung. Herausforderungen der Gegenwart und Wege ins 21. Jahrhundert, Weißbuch, Brüssel 1993. Europäische Kommission, Generaldirektion Beschäftigung, Arbeitsbeziehungen und soziale Angelegenheiten: Europäische Sozialpolitik. Ein zukunftsweisender Weg für die Union, Weißbuch, Luxemburg 1994

gliedstaaten durch Initiativen zu fördern, die die Verbesserung des Wissensstandes, die Entwicklung des Austausches von Informationen und bewährten Verfahren, die Förderung innovativer Ansätze und die Bewertung von Erfahrungen zum Ziel haben." Damit wurde eine ausdrückliche vertragliche Rechtsgrundlage für die europäische Armutspolitik geschaffen, deren Fehlen 1994 noch das vierte Armutsprogramm der Gemeinschaft vor dem Europäischen Gerichtshof zu Fall brachte. In dem besagten Artikel wird die mögliche Politik der Gemeinschaft zu Armutsfragen in einer Weise beschrieben, die die spätere *Offene Methode der Koordination* legitimiert.

Wie die Vertragsreformen von Maastricht und Amsterdam sollte auch der erneute Anlauf in Form des *Nizza-Vertrages* vom Dezember 2000 den entscheidenden Durchbruch für institutionelle Reformen bringen, die es ermöglichen, die zwölf Beitrittskandidaten schrittweise in die Union aufzunehmen, ohne die Handlungsfähigkeit der europäischen Institutionen und Entscheidungsprozesse zu überfordern. Mit dem Vertrag von Nizza (der nach dem Scheitern des Verfassungsvertrages von 2004 bis zum Inkrafttreten des Vertrages von Lissabon im Dezember 2009 die Rechtsgrundlage der EU bildete) wurde die Abarbeitung der noch offenen Fragen aus der Agenda von Maastricht und Amsterdam erneut nicht erreicht. Auf sozialpolitischem Gebiet brachte die Vertragsreform praktisch keine Veränderungen. In dem hier zentralen Artikel 137 wurde die Möglichkeit aufgenommen, in einigen Fragen (Kündigung, Kollektivvertretung und Mitbestimmung, Beschäftigungsbedingungen der Angehörigen von Nicht-EU-Staaten) per einstimmigem Beschluss des Ministerrates vom Einstimmigkeits- zum Mehrheitsprinzip für die Verabschiedung von Richtlinien über Mindestvorschriften überzugehen. Von dieser Möglichkeit wurde aber einzig der Bereich der sozialen Sicherheit und des sozialen Schutzes der Arbeitnehmer ausgenommen. Auch in den nun geltenden Vertrag von Lissabon (im gescheiterten Verfassungsvertrag waren ebenfalls keine substantiellen Änderungen vorgesehen) ist der Artikel 137 als Artikel 153 im Wesentlichen unverändert übernommen worden.

Artikel 153 AEUV (Vertrag von Lissabon)

(1) Zur Verwirklichung der Ziele des Artikels 151 unterstützt und ergänzt die Gemeinschaft die Tätigkeiten der Mitgliedstaaten auf folgenden Gebieten:

a) Verbesserung insbesondere der Arbeitsumwelt zum Schutz der Gesundheit und Sicherheit der Arbeitnehmer,
b) Arbeitsbedingungen,
c) soziale Sicherheit und sozialer Schutz der Arbeitnehmer,
d) Schutz der Arbeitnehmer bei Beendigung des Arbeitsvertrages,
e) Unterrichtung und Anhörung der Arbeitnehmer,
f) Vertretung und kollektive Wahrnehmung der Arbeitnehmer- und Arbeitgeberinteressen, einschließlich der Mitbestimmung, vorbehaltlich des Absatzes 5,
g) Beschäftigungsbedingungen der Staatsangehörigen dritter Länder, die sich rechtmäßig im Gebiet der Union aufhalten,
h) berufliche Eingliederung der aus dem Arbeitsmarkt ausgegrenzten Personen, unbeschadet des Artikels 166,

i) Chancengleichheit von Männern und Frauen auf dem Arbeitsmarkt und Gleichbehandlung am Arbeitsplatz,
j) Bekämpfung der sozialen Ausgrenzung,
k) Modernisierung der Systeme des sozialen Schutzes, unbeschadet des Buchstaben c).

(2) Zu diesem Zweck können das Europäische Parlament und der Rat
a) unter Ausschluss jeglicher Harmonisierung der Rechts- und Verwaltungsvorschriften der Mitgliedstaaten Maßnahmen annehmen, die dazu bestimmt sind, die Zusammenarbeit zwischen den Mitgliedstaaten durch Initiativen zu fördern, die die Verbesserung des Wissensstandes, die Entwicklung des Austauschs von Informationen und bewährten Verfahren, die Förderung innovativer Ansätze und die Bewertung von Erfahrungen zum Ziel haben;
b) in den in Absatz 1 Buchstaben a bis i genannten Bereichen unter Berücksichtigung der in den einzelnen Mitgliedstaaten bestehenden Bedingungen und technischen Regelungen durch Richtlinien Mindestvorschriften erlassen, die schrittweise anzuwenden sind. Diese Richtlinien sollen keine verwaltungsmäßigen, finanziellen oder rechtlichen Auflagen vorschreiben, die der Gründung und Entwicklung von kleinen und mittleren Unternehmen entgegenstehen.

Das Europäische Parlament und der Rat beschließen gemäß dem ordentlichen Gesetzgebungsverfahren nach Anhörung des Wirtschafts- und Sozialausschusses sowie des Ausschusses der Regionen.

In den in Absatz 1 Buchstaben c, d, f und g genannten Bereichen beschließt der Rat einstimmig gemäß einem besonderen Gesetzgebungsverfahren nach Anhörung des Europäischen Parlaments und der genannten Ausschüsse.

Der Rat kann einstimmig auf Vorschlag der Kommission nach Anhörung des Europäischen Parlaments beschließen, dass das ordentliche Gesetzgebungsverfahren auf Absatz 1 Buchstaben d, f und g angewandt wird.

(3) Ein Mitgliedstaat kann den Sozialpartnern auf deren gemeinsamen Antrag die Durchführung von aufgrund des Absatzes 2 angenommenen Richtlinien oder gegebenenfalls die Durchführung eines nach Artikel 155 erlassenen Beschlusses des Rates übertragen.

In diesem Fall vergewissert sich der Mitgliedstaat, dass die Sozialpartner spätestens zu dem Zeitpunkt, zu dem eine Richtlinie umgesetzt oder ein Beschluss durchgeführt sein muss, im Wege einer Vereinbarung die erforderlichen Vorkehrungen getroffen haben; dabei hat der Mitgliedstaat alle erforderlichen zu treffen, um jederzeit gewährleisten zu können, dass die durch diese Richtlinie oder diesen Beschluss vorgeschriebenen Ergebnisse erzielt werden.

(4) Die aufgrund dieses Artikels erlassenen Bestimmungen
– berühren nicht die anerkannte Befugnis der Mitgliedstaaten, die Grundprinzipien ihres Systems der sozialen Sicherheit festzulegen, und dürfen das finanzielle Gleichgewicht dieser Systeme nicht erheblich beeinträchtigen;
– hindern die Mitgliedstaaten nicht daran, strengere Schutzmaßnahmen beizubehalten oder zu treffen, die mit den Verträgen vereinbar sind.

(5) Dieser Artikel gilt nicht für das Arbeitsentgelt, das Koalitionsrecht, das Streikrecht sowie das Aussperrungsrecht.

Eine Konsequenz des weitgehenden Scheiterns der Nizzaer Vertragsreform war die Einigung der nationalen Staats- und Regierungschefs auf das Einsetzen eines *Verfassungskonvents*, der nach dem Vorbild des Konvents zur Ausarbeitung einer Grundrechtscharta Vorschläge für die Reform der Institutionen, Kompetenzen und Entscheidungsprozesse erarbeiten sollte. Der Konvent zur *Grundrechtscharta* tagte 1999/2000 und nahm in der schließlich in Nizza als rechtsunverbindliche feierliche Erklärung (nicht Vertragsbestandteil) angenommenen Charta im Artikel 34 auch soziale Grundrechte auf. In ihm anerkennt und achtet die Union das Recht auf „Leistungen der sozialen Sicherheit", auf „eine soziale Unterstützung und eine Unterstützung für die Wohnung" gemäß den einzelstaatlichen und gemeinschaftsrechtlichen Bestimmungen, damit jedoch nicht das Recht auf eine Arbeitslosenunterstützung, eine Wohnung oder auf Sozialhilfe, so hierfür nationale und gemeinschaftliche Rechtsgarantien fehlen.

Artikel 34 Grundrechtscharta
Soziale Sicherheit und soziale Unterstützung (i. d. F. d. Vertrages von Lissabon)

(1) Die Union anerkennt und achtet das Recht auf Zugang zu den Leistungen der sozialen Sicherheit und zu den sozialen Diensten, die in Fällen wie Mutterschaft, Krankheit, Arbeitsunfall, Pflegebedürftigkeit oder im Alter sowie bei Verlust des Arbeitsplatzes Schutz gewährleisten, nach Maßgabe des Unionsrechts und der einzelstaatlichen Rechtsvorschriften und Gepflogenheiten.

(2) Jeder Mensch, der in der Union seinen rechtmäßigen Wohnsitz hat und seinen Aufenthalt rechtmäßig wechselt, hat Anspruch auf die Leistungen der sozialen Sicherheit und die sozialen Vergünstigungen nach dem Unionsrecht und den einzelstaatlichen Rechtsvorschriften und Gepflogenheiten.

(3) Um die soziale Ausgrenzung und die Armut zu bekämpfen, anerkennt und achtet die Union das Recht auf eine soziale Unterstützung und eine Unterstützung für die Wohnung, die allen, die nicht über ausreichende Mittel verfügen, ein menschenwürdiges Dasein sicherstellen sollen, nach Maßgabe des Unionsrechts und der einzelstaatlichen Rechtsvorschriften und Gepflogenheiten.

Welche Wirkung dieser Artikel entfalten kann, nachdem die Charta der Grundrechte nun als rechtlich gleichrangig dem Lissaboner Vertrag beigefügt ist, wird sich erst durch die Rechtsprechung des Europäischen Gerichtshofes zeigen. Die Formulierung „anerkennt und achtet" sowie der jeweils letzte Halbsatz (Refrain) der drei Absätze des Artikel 34: „nach Maßgabe des Unionsrechts und der einzelstaatlichen Rechtsvorschriften und Gepflogenheiten" weisen jedoch in eine wenig ambitionierte Richtung. „Die ‚Union anerkennt und achtet', d.h. sie ist nicht zu aktivem Schutz verpflichtet, sondern unterliegt einer Unterlassungspflicht, das anerkannte Recht nicht zu verletzen."[22] Die Bestimmung des Grundrechtsgehaltes wird mit dem Refrain dem einfachen Gesetzgeber überantwortet. Bislang fehlen jedoch neben einem maßgeblichen Unionsrecht etwa in (Teilen von) Italien, Griechenland und Ungarn einzelstaatliche Rechtsvorschriften

22 Stefan Barriga: Die Entstehung der Charta der Grundrechte der Europäischen Union, Baden-Baden 2003, S. 127

und Gepflogenheiten, die imstande wären, jedem Bürger die im dritten Absatz genannte soziale Unterstützungsleistung (Sozialhilfe) zuzusichern.

Die sozialpolitische Agenda von Nizza

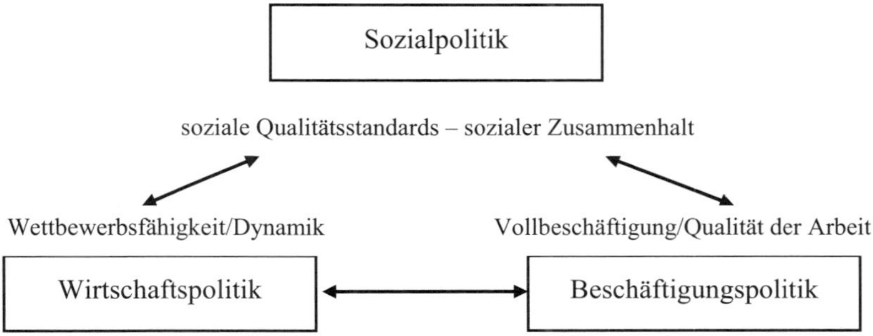

Der zu entwickelnde Policy-Mix soll einen „circulus virtuosus“ des wirtschaftlichen und sozialen Fortschritts schaffen, die Wechselwirkung zwischen den Politikbereichen widerspiegeln und die wechselseitige Beeinflussung optimieren.

Quelle: Europäische Kommission: Die Beschäftigungs- und Sozialpolitik der EU 1999-2001: Arbeit, Zusammenhalt, Produktivität, Luxemburg 2001, S. 13

Schließlich beschloss der Europäische Rat von Nizza eine neue *Sozialpolitische Agenda*. Um das strategische Ziel des Europäischen Rates von Lissabon für das Jahr 2010 zu erreichen, müssten Wirtschafts-, Beschäftigungs- und Sozialpolitik aufeinander abgestimmt werden und sich einander ergänzen. Dieses *magische Dreieck* wurde in Nizza zum Kern der sozialpolitischen Agenda, des Arbeitsprogramms zur Sozialpolitik der Union für die Jahre 2001-2005, erklärt. Ihr „Leitprinzip“ sollte darin bestehen, „dass die Rolle der Sozialpolitik als produktiver Faktor verstärkt wird“. Bei diesem Arbeitsprogramm gehe es nicht darum, zu sozialpolitischen Harmonisierungen zu kommen, neue Rechtsvorschriften zu erlassen oder mehr finanzielle Mittel auf europäischer Ebene zu bewegen, angestrebt würden vielmehr gemeinsame europäische Ziele sowie eine verbesserte Koordinierung der Sozialpolitiken im Zusammenhang mit dem Binnenmarkt und der Gemeinschaftswährung. Ziel sei eine Steigerung der „Qualität“ von Sozialpolitik, die voraussetze, „dass ein hohes Maß an Sozialschutz gegeben ist, dass allen Menschen in Europa angemessene soziale Dienstleistungen zur Verfügung stehen, dass jedermann echte berufliche Möglichkeiten hat und dass Grundrechte und soziale Rechte garantiert sind.“ Verwirklichen sollten sich das Lissaboner strategische Ziel sowie die Nizzaer Ziele der sozialpolitischen Agenda

„mittels der Verbesserung der bestehenden Prozesse (...), wobei eine neue offene Methode der Koordinierung auf allen Ebenen, gekoppelt an eine stärkere Leitungs- und Koordinierungsfunktion des Europäischen Rates, eingeführt wird“,[23] die vor allem in den Bereichen einen „europäischen Zusatznutzen“ bringen soll, „in denen wenig Spielraum für legislative Lösungen besteht.“[24] Insofern blieb der Kommission und den Mitgliedstaaten, die sich nicht auf ein Mehr an europäischem Zusammenwirken geeinigt hatten, auch wenig anderes übrig, als auf eine Zusammenarbeit jenseits von Rechtsinstrumenten in Form einer *Offenen Methode der Koordination* zu setzen. Als gleichschenklig konnte und kann das *magische Dreieck* aber nicht nur deshalb nicht gelten. Das Verständnis von Sozialpolitik und ihrer Rolle ist den wirtschafts- und beschäftigungspolitischen Fragen als produktiver – statt zumindest *auch* ausgleichender – Faktor untergeordnet.

Als Strategie der Gestaltung politischer Prozesse im europäischen Mehrebenensystem geht die Offene Methode der Koordination zurück auf den christdemokratischen luxemburgischen Premierminister *Jean-Claude Juncker*, der angesichts des Streites um eine Beschäftigungspolitik auf europäischer Ebene zwischen Frankreich (pro) und Deutschland (contra) eine *koordinierte Beschäftigungsstrategie* vorschlug, die sich über gemeinsame Leitlinien und Ziele, nationale Aktionspläne und einen europäischen Bericht sowie unterstützende europäische Fördergelder für beschäftigungspolitische Maßnahmen verwirklicht. Die mittlerweile zahlreichen offenen Koordinierungsprozesse (in der Beschäftigungs-, Armuts-, Renten-, Gesundheitspolitik etc.) unterscheiden sich erheblich im Stand ihrer Implementierung und in ihrem Stellenwert im Kontext der weiteren jeweiligen Maßnahmen auf europäischer Ebene, die sich aus den Bestimmungen der europäischen Verträge und ihrer Nutzung ergeben. Gemeinsam sollen ihnen folgende Bestandteile sein:

- Leitlinien inklusive eines konkreten Zeitplanes zu ihrer Verwirklichung mittels kurz-, mittel- und langfristiger Ziele;
- gegebenenfalls quantitative und qualitative Indikatoren und Benchmarks (Richtgrößen);
- Umsetzung der Leitlinien in nationale und regionale Politik mittels konkreter Ziele und Maßnahmen;
- regelmäßige Überwachung, Bewertung und gegenseitige Prüfung.

Vertraglich abgesichert werden diese Elemente – wie bereits im Verfassungsvertrag vorgesehen – seit dem Vertrag von Lissabon über eine Ergänzung des Artikels 156 AEUV „insbesondere auf dem Gebiet

- der Beschäftigung,
- des Arbeitsrechts und der Arbeitsbedingungen,

---

23 Europäische Kommission, Generaldirektion Beschäftigung und Soziales: Sozialpolitische Agenda. Mitteilung, Luxemburg 2000, S. 7, 14 und 3

24 Kommission der Europäischen Gemeinschaften: Stärkung der sozialen Dimension der Lissaboner Strategie. Straffung der offenen Koordinierung im Bereich Sozialschutz. Mitteilung, Brüssel 2003, S. 11

- der beruflichen Ausbildung und Fortbildung,
- der sozialen Sicherheit,
- der Verhütung von Berufsunfällen und Berufskrankheiten,
- des Gesundheitsschutzes bei der Arbeit,
- des Koalitionsrechts und der Kollektivverhandlungen zwischen Arbeitgebern und Arbeitnehmern"

(also nicht explizit auch auf dem Gebiet der Bekämpfung der sozialen Ausgrenzung). Der Artikel führt aus, dass die Kommission hier insbesondere tätig wird „im Wege von Initiativen, die darauf abzielen, Leitlinien und Indikatoren festzulegen, den Austausch bewährter Verfahren durchzuführen und die erforderlichen Elemente für eine regelmäßige Überwachung und Bewertung auszuarbeiten." Hierzu werde das Europäische Parlament vollumfänglich unterrichtet.

Dabei sieht die offene Koordinierungsmethode im Beschäftigungsbereich auch förmliche Empfehlungen an einzelne Mitgliedstaaten zu einzelnen beschäftigungspolitischen Fragen und Maßnahmen vor. Ergänzt wird die Methode in diesem Politikfeld über Vereinbarungen der Sozialpartner und Rechtsakte der Kommission (zum Beispiel zur Arbeitszeit, zu Teilzeitbeschäftigung und befristeten Beschäftigungsverhältnissen), während diese im Bereich des Sozialschutzes – außer die Kohäsion der Systeme der sozialen Sicherheit betreffend – nicht genutzt werden.

Betrachtet man die Diskrepanz und Rangfolge zwischen der Verbindlichkeit ökonomischer Integration, haushaltspolitischer Rahmensetzung (Konvergenzkriterien) sowie der Konkretion und Stoßrichtung der beschäftigungspolitischen und erst recht der armutspolitischen offenen Koordinierung, bleibt ein gehöriges Ungleichgewicht von ökonomischen, politischen und sozialen Zielen sowie ihrer Verfolgung festzustellen. In der Beschäftigungspolitik wurde im Zuge der Lissabon-Strategie etwa neben der Erhöhung der Beschäftigungsquote bis 2010 eine Erhöhung des durchschnittlichen Renteneintrittsalters um fünf Jahre vereinbart. In der Armutspolitik scheiterte hingegen der Vorschlag der Kommission, das Ziel der signifikanten Reduzierung der Armut und sozialen Ausgrenzung in der Union bis 2010 dadurch zu konkretisieren, bis dahin eine Halbierung der Armutsquote (ausgehend vom Wert des Jahres 1997) als Zielvorgabe zu vereinbaren. Bei den Verhandlungen zur EU 2020-Strategie stellen erneut beim vierten (Bildung) und fünften Ziel (Armutsreduktion) einige wenige Mitgliedstaaten (darunter die deutsche Regierung) quantitative Operationalisierungen in Frage.

Insgesamt sollen mit Hilfe der *Offenen Methode der Koordination* nationale Politikfelder innerstaatlich und innerhalb der EU, zwischen den EU-Staaten und zwischen Kommission und den jeweiligen Regierungen evaluiert und bezogen auf Stärken und Schwächen hinterfragt werden. Die Methode sucht das Medium der öffentlichen Diskussion, um gleichsam EU-intern best-practice Beispiele und die an ihnen gewonnenen Erfahrungen als Anreize an nationale Politik weiter zu vermitteln und umgekehrt auch Schwächen öffentlich zur Debatte zu stellen. Unter anderem von deutscher Seite wurden derartige Prozesse anfangs skeptisch wahr- und angenommen.[25] Diese Zurückhaltung nicht zuletzt der lokalen und regionalen politischen Ebenen gegenüber der Methode wird zum Einen dadurch befördert, dass deren Mehrwert gerade für Fragen lokaler und regionaler Sozialpolitik mitunter nicht leicht zu erkennen – bisweilen womöglich auch gar nicht vorhanden – ist. Zum Anderen bleiben in diesem Prozess letztlich doch die Nationalregierungen und die Kommission die starken Akteure, während der Einfluss der Gebietskörperschaften auf die Formulierung der Ziele, der Berichte und der zu empfehlenden Auswahl an bewährten Verfahren und innovativen Ansätzen gering ist.

Es verbinden sich durchaus gegenläufige Erwartungen und Ziele mit der offenen Koordinierungsmethode, was zum Beispiel erklärt, dass im Bereich der Politik gegen Armut und soziale Ausgrenzung sowohl die im Europäischen Armutsnetzwerk organisierte Armutslobby im Sinne einer auf sozialen Rechten basierenden Strategie, als auch die Kommission im Sinne einer einerseits aktivierenden, Sozialkosten verringernden, andererseits die Sozialschutzsysteme armutsfest gestaltenden Vorgehensweise, die Methode forcierten und forcieren. Die Kommission lässt bei den Vorschlägen zur Konkretisierung den unterschiedlich herausgeforderten und interessierten Mitgliedstaaten beachtlichen Spielraum: sie sollen in Bereiche investieren können, die sie als besonders relevant für den nationalen Kontext ermittelt haben. Damit wird zunächst völlig auf eine politisierende Fokussierung und Förderung bestimmter Maßnahmen in bestimmten Politikbereichen verzichtet.

Zugleich mahnt die Kommission auch, „sich der finanziellen Beschränkungen bewusst zu sein", die sich aus den „nationalen budgetären Verpflichtungen einerseits und den Grundzügen der Wirtschaftspolitik und dem Stabilitäts- und Wachstumspakt andererseits" ergeben.[26] Andererseits leistet die Offene Methode sicher einen wichtigen Beitrag, um zu verhindern, dass auf Unionsebene kompetenzmäßig und/oder realpolitisch schwach verankerte Politikfelder von der Tagesordnung verschwinden. Diese Methode bietet überdies den nationalen Nichtregierungsorganisationen, den kommunalen und regionalen politischen Ebenen, der Wissenschaft und der weiteren Fachöffentlichkeit wichtige Argumentationshilfen und Informationen, die Ziele, Indikatoren, Berichte und Studien in ihren nationalen Kontexten in gleicher Weise zu nutzen. In Deutschland gibt es Anzeichen, die Koordinierungsmethode auch auf regionaler Ebene anzudenken. Prinzipiell bleibt dabei das Dilemma bestehen, dass Vertragspartner der EU die jeweilige nationale Regierung ist, die Verantwortlichkeiten für einzelne Politikfelder hingegen je nach Staatsaufbau zum Teil an ganz anderer Stelle liegen, in Deutschland besonders akzentuiert nicht nur durch den Föderalismus, sondern auch durch das verfassungsrechtlich garantierte Recht auf kommunale Selbstverwaltung.

---

25 siehe etwa Bundesrat: Beschluss des Bundesrates zum deutschen Positionspapier für den Europäischen Rat in Stockholm am 23./24. März 2001: Für ein innovatives Europa – Wachstumspotenzial und sozialen Zusammenhalt stärken. Drucksache 86/01 (Beschluss) vom 9. März 2001, Berlin 2001

26 Europäische Kommission, Generaldirektion Beschäftigung und Soziales: Gemeinsamer Bericht über die soziale Eingliederung, Brüssel und Luxemburg 2002, S. 14f.

Dass sich auch bei einigen Nationalregierungen Bedenken gegen den sozialpolitischen Ansatz der offenen Koordinierung auf Unionsebene regen, liegt unter anderem daran, dass neben dem Bereich Armut/Ausgrenzung erste Zyklen an nationalen Berichten auch zur sozialen Sicherung im Alter und für die Systeme der Gesundheitsversorgung und Pflege durchlaufen wurden. Daneben gilt es ferner, die *koordinierte Beschäftigungsstrategie* sowie die Abstimmung über die *Grundzüge der Wirtschaftspolitik* zu betreiben und zu koordinieren. Somit bestand und besteht in der Tat die Gefahr, dass die Effizienz dieses Mechanismus dadurch weiter geschwächt wird, dass eine Vielzahl von Zielen, Berichten/Berichtsteilen oder Aktionsplänen usw. doppelte bzw. widersprüchliche sozialpolitische Botschaften aussenden, ohne eine konsistente praktische Politik seitens der Mitgliedstaaten gewährleisten zu können. Die Koordinierungsmethode bleibt dabei insgesamt in dem Dilemma gefangen, einerseits die sozialpolitische gestalterische Macht im Nationalstaat belassen zu wollen, damit andererseits den Nutzen ihrer Veranstaltung nicht sichern zu können. Vor allem durch die Kombination von gemeinsamem Wirtschaftsraum und einer an strenge (wenn auch bisweilen unterlaufene) Stabilitätskriterien gekoppelten Währungsunion bei gleichzeitig weiterhin national zu betreibender Lohn-, Steuer- und Sozialpolitik droht so weiter Ländern mit hohen Sozialstandards eine Dumpingkonkurrenz, während für Staaten mit niedrigen Standards die Möglichkeit bzw. Durchsetzbarkeit ihrer Erhöhung mindestens begrenzt bleibt.

5.3.2 Themenfelder gemeinschaftlicher Sozialpolitik

Gleichstellung der Geschlechter

Der geschlechterbezogene Lohngleichheitsgrundsatz ist die einzige sozialpolitische Frage, in der bereits im Gründungsvertrag der Europäischen Wirtschaftsgemeinschaft eine Standardisierung binnen vier Jahren vereinbart wurde.[27] Dabei ist eine faktische Angleichung allerdings auch heute noch nicht erreicht. Die Gleichstellung der Geschlechter gehört mittlerweile zu den grundlegenden Werten und Zielen europäischer Politik, die auch vergleichsweise stark öffentlich wahrgenommen wird und sich im Zuge des *Gender Mainstreaming* durch alle Politikbereiche auf europäischer Ebene zieht (etwa im Bereich Forschung, Armut/Ausgrenzung, Beschäftigung). Dabei geht sie inzwischen weit über den anfänglichen Fokus auf Fragen der Arbeitnehmerfreizügigkeit und des Wettbewerbs von Lohn- und Sozialkosten im Binnenmarkt hinaus und wird eher als eine Frage der Grundrechte thematisiert. Nach den verschiedenen Vertragsreformen verpflichten sich die EU und ihre Mitgliedstaaten inzwischen in vier Artikeln des Vertrages über die Arbeitsweise der EU, die Gleichstellung von

27 konkretisiert durch die Richtlinie 75/117/EWG der Rates vom 10. Februar 1975 zur Angleichung der Rechtsvorschriften der Mitgliedstaaten über die Anwendung des Grundsatzes des gleichen Entgelts für Männer und Frauen

Männern und Frauen zu fördern und Ungleichheiten zu beseitigen (Artikel 8 AEUV), erforderlichenfalls Vorkehrungen gegen Diskriminierung aus Gründen des Geschlechts zu beschließen (Artikel 19), ihre Chancengleichheit auf dem Arbeitsmarkt und ihre Gleichbehandlung am Arbeitsplatz ggf. durch Mindestvorschriften zu gewährleisten (Artikel 153) sowie gleiches Entgelt durchzusetzen und Maßnahmen *positiver Diskriminierung*[28] zuzulassen (Artikel 157).

Im Jahr 1976 verabschiedete der Rat die Richtlinie 76/207/EWG zur Gleichbehandlung beim Zugang zur Beschäftigung, zur Berufsausbildung, zum beruflichen Aufstieg sowie in Bezug auf die Arbeitsbedingungen.[29] Im Jahr 1978 folgte eine Richtlinie (79/7/EWG) „zur schrittweisen Verwirklichung des Grundsatzes der Gleichbehandlung von Männern und Frauen im Bereich der sozialen Sicherheit", nach der der Gleichbehandlungsgrundsatz sowohl in den Schutzsystemen für die Risiken Krankheit, Invalidität, Alter, Arbeitsunfall, Berufskrankheit und Arbeitslosigkeit als auch bei Sozialhilferegelungen Anwendung finden muss. Im Dezember 1995 einigten sich die europäischen Sozialpartner zum ersten Mal auf Gemeinschaftsebene auf eine (1996 in die Richtlinie 96/34/EG überführte) Rahmenvereinbarung zum Elternurlaub, die Männern und Frauen unter anderem ein individuelles Recht auf eine Elternzeit von mindestens drei Monaten garantiert. Im Dezember 2004 folgte eine Richtlinie (2004/113/EG) „zur Verwirklichung des Grundsatzes der Gleichbehandlung von Männern und Frauen beim Zugang zu und bei der Versorgung mit Gütern und Dienstleistungen". Sie schränkt unter anderem die Anwendung geschlechtsspezifischer versicherungsmathematischer Faktoren in der Versicherungsbranche weitgehend ein. Für die deutsche Sozialpolitik war diese Frage unter anderem bei der Altersvorsorge im Rahmen der *Riester-Rente* von Bedeutung.

Freizügigkeit der Arbeitnehmer

Die Herstellung der Arbeitnehmerfreizügigkeit und die Regelung ihrer sozialpolitischen Implikationen bilden bislang den Kern EU-europäischer Sozialpolitik. Die in den vier Freiheiten des Römischen EWG-Vertrages verankerte und bis Ende der 1960er Jahre faktisch verwirklichte Freizügigkeit der Arbeitnehmer wurde dadurch sozialpolitisch abgesichert, dass erstens die Sozialversicherungsbiographien unterschiedlicher Länder für die Berechtigten verknüpft werden (damit beispielsweise aus Spanien stammende *Wanderarbeitnehmer/innen* in Deutschland ihre Rentenversicherungsansprüche aus spanischen Beschäftigungszeiten nicht verlieren) sowie zweitens ein *Diskriminierungsverbot* etabliert wurde, das das Immigrationsland verpflichtet,

28 Beispiel: bevorzugte Einstellung von Frauen bei gleicher Eignung.

29 In Deutschland wurde sie beispielsweise im Jahr 1981 relevant, als einer Bewerberin mit dem Argument eine Anstellung versagt wurde, das betreffende Unternehmen stelle für entsprechende Positionen ausschließlich Männer ein. Siehe hierzu, Volker Eichener: Das Entscheidungssystem der Europäischen Union, Opladen 2000, S. 42f.

alle seinen Staatsbürgern garantierten sozialstaatlichen Leistungen auch seinen immigrierten Arbeitnehmer/innen zuzugestehen.

Im Einzelnen werden in der hierzu im Juni 1971 erlassenen Verordnung (EWG) Nr. 1408/71 genannt: Leistungen bei Krankheit, Mutterschaft, Invalidität, Alter, Hinterbliebene, Arbeitsunfällen, Berufskrankheiten, Arbeitslosigkeit sowie Familienleistungen und Sterbegelder. Ob die betreffenden Leistungssysteme an Beiträge gebunden sind oder beitragsunabhängig gewährt werden, ist unerheblich. Neben diesen Regelungen, die sich auf die Artikel 45 ff. AEUV stützen, sieht die Verordnung (EWG) Nr. 1408/71 außerdem vor, dass für einen begrenzten Zeitraum entsandte Arbeitnehmer weiterhin dem sozialen Sicherungssystem des entsendenden Landes unterliegen, um die Mobilität der Arbeitskräfte nicht dadurch zu behindern, dass selbst bei kurzfristiger Beschäftigung im Ausland das System gewechselt werden muss.[30]

Inzwischen regelt auch die Richtlinie 2004/38/EG „über das Recht der Unionsbürger und ihrer Familien, sich im Hoheitsgebiet der Mitgliedstaaten frei zu bewegen und aufzuhalten" das *Freizügigkeitsrecht* und damit verbundene sozialhilferechtliche Fragen. Demnach darf Sozialhilfebezug von Unionsbürgern (nicht nur Arbeitnehmern) in einem anderen Mitgliedstaat nicht automatisch zur Ausweisung führen, die Mitgliedstaaten können den Leistungsbezug aber an bestimmte Bedingungen knüpfen. Dabei wird zwischen den ersten drei Monaten und späterer Bedürftigkeit unterschieden.

Arbeits- und Gesundheitsschutz für Arbeitnehmer

Einen weiteren mittlerweile klassischen Bereich EU-europäischer Sozialpolitik stellt der Arbeits- und Gesundheitsschutz für Arbeitnehmer/innen dar, für den seit der Einheitlichen Europäischen Akte nach Artikel 153 AEUV per Mehrheitsbeschluss Mindestvorschriften erlassen werden können, nachdem bereits in den 1970er Jahren Regulierungen vereinbart wurden, die mit der Funktionsfähigkeit des Binnenmarktes begründet wurden. Von dieser Möglichkeit wurde inzwischen mit zahlreichen Richtlinien intensiv Gebrauch gemacht. Sie gehen in den drei Bereichen *technischer Arbeitsschutz*, *Gefahrenstoffe* und *sozialer Arbeitsschutz* zum Teil weit über Mindestvorschriften für elementare Risiken und Rechte auf kleinstem gemeinsamem Nenner hinaus.

So sind etwa nach der Arbeitsstätten-Richtlinie 89/654/EWG gemeinschaftsweit ausreichend große Sichtfenster in Pendeltüren vorgeschrieben, um Arbeitsunfälle zu verhüten. Im Bereich des sozialen Arbeitsschutzes wurde unter anderem 1992 die Richtlinie 92/85/EWG zur Sicherheit und zum Gesundheitsschutz von schwangeren

30 Aufgrund dieser Bestimmung hat etwa die Kommission im Februar 2004 beschlossen, eine Entscheidung des niederländischen obersten Gerichtshofes vor dem europäischen Gerichtshof zu beklagen, in der dieser den Ausschluss eines befristet nach Deutschland entsandten Arbeitnehmers aus dem niederländischen Volksversicherungssystem für rechtens erklärte.

und stillenden Frauen sowie Wöchnerinnen erlassen, die unter anderem einen bezahlten Mutterschutzurlaub von 14 Wochen sowie höhere Hürden im Kündigungsschutz garantiert. Auf Grundlage der Richtlinie 93/104/EG über Mindestbestimmungen zu Ruhepausen, zur täglichen und wöchentlichen (Höchst-)Arbeitszeit, zur Nacht- und Schichtarbeit sowie zum Jahresurlaub hat die Kommission im Jahr 2003 vor dem Europäischen Gerichtshof ein Urteil gegen die deutsche Praxis der Wertung von Bereitschaftsdiensten von Ärzten in Krankenhäusern als Ruhezeiten erwirkt. Weitere Regelungen im Bereich des sozialen Arbeitsschutzes wurden etwa in der Richtlinie 94/33/EG zum Jugendarbeitsschutz getroffen, die auch ein Verbot von Kinderarbeit enthält. Wie in anderen Rechtsgebieten auch, werden die Richtlinien jeweils durch nationale Gesetze konkretisiert und umgesetzt, während Verordnungen direkt bindendes Recht begründen.

Politik gegen Armut und soziale Ausgrenzung

Die ersten armutspolitischen Aktivitäten auf Gemeinschaftsebene wurden mit dem *Sozialpolitischen Aktionsprogramm 1974-76* angebahnt. Durch das im Aktionsprogramm vorgesehene *Erste Programm von Modellvorhaben und Modellstudien zur Bekämpfung der Armut* (kurz: Armut I) für den Zeitraum 1975-80 wurde erstmals auf europäischer Ebene die Erhebung, Diskussion und Verbreitung von Informationen und Bewertungen über die Armutslagen und die Armutspolitik in den Mitgliedstaten sowie ein Kennenlernen und Vernetzen armutspolitischer Akteure systematisch gefördert. Der Abschlussbericht zum Programm kommt zu dem Schluss:

Schlussfolgerung des ersten Armutsprogramms der Europäischen Gemeinschaft

Würden die Mitgliedstaaten beim Kampf gegen die Armut zusammenstehen, würde der Fortschritt weniger durch die Angst um die Erhaltung der Wettbewerbsfähigkeit gehemmt werden. Die Staaten, die am wenigsten Ressourcen haben, können durch einen Transfer der Ressourcen innerhalb der Gemeinschaft unterstützt werden. Natürlich wird nicht eine Vereinheitlichung der Sozialpolitiken angestrebt, sondern eine Entwicklung, deren große Linien nicht auseinander- sondern zusammenlaufen.

Quelle: Kommission der Europäischen Gemeinschaften: Schlußbericht von der Kommission an den Rat über das Erste Programm von Modellvorhaben und Modellstudien zur Bekämpfung der Armut, Brüssel 1981, S. 160

Die Forderung aus Armut I, eine Kombination von Mindeststandards und unterstützenden Finanztransfers der EU anzustreben, statt eine Beibehaltung des Status quo ebenso wie eines umfassenden Kompetenztransfers und einer umfassenden Vereinheitlichung, stellt noch heute eine anspruchs- wie maßvolle Reformperspektive dar. Dem ersten Armutsprogramm folgten zwei weitere für die Jahre 1986-89 und 1990-

94, bevor schließlich das für 1994 bis 1999 vorgesehene vierte Programm per Klage vor dem Europäischen Gerichtshof mit Hinweis auf fehlende vertragliche Grundlagen von Deutschland sowie dem Vereinigten Königreich verhindert wurde.

Mit der Revision der europäischen Verträge in Amsterdam (1997) ist die Bekämpfung von sozialer Ausgrenzung zu einem offiziellen europäischen Politikziel erhoben worden. Auf dem Europäischen Rat von Lissabon (2000) wurden diese neuen Vertragsgrundlagen dann genutzt, indem zur Erreichung des strategischen Zieles der Union bis 2010 eine globale Strategie gefordert wurde, in deren Rahmen auch die soziale Ausgrenzung mittels einer offenen Koordinierung zu bekämpfen sei.

Die Offene Methode der Koordination in der Politik gegen Armut und soziale Ausgrenzung[31]

Im Bereich der Politik gegen Armut und soziale Ausgrenzung wird die offene Methode bislang durch fünf Elemente konkretisiert:

- Es werden gemeinsam anzustrebende Ziele vereinbart, die in die jeweilige nationale Politik einfließen sollen (etwa: Förderung des Zugangs zu Dienstleistungen, auch für einkommensarme Menschen).
- Es werden gemeinsame Indikatoren zur Messung von Fortschritten bei der Bekämpfung von Armut und sozialer Ausgrenzung und zur Identifizierung von bewährten Verfahren und innovativen Ansätzen festgelegt (so etwa verschiedene Armutsgrenzen, nach Dauer, Geschlecht, Alter, Erwerbsstatus und Haushaltstyp differenziert).
- Es werden (seit 2006 im Rahmen Nationaler Strategieberichte für die Bereiche Armut/Ausgrenzung, Rente, Gesundheit/Pflege) regelmäßig Nationale Aktionspläne (NAP incl) erstellt, die neben einer Bestandsanalyse programmatisch aufzeigen sollen, wie erreicht werden soll, dass die oben angegebenen Ziele konkret erreicht werden können. Am Prozess der Formulierung sollen alle ‚relevanten' Akteure im Sozialstaat beteiligt werden.
- Auf der Grundlage der „Nationalen Strategieberichte Sozialschutz und soziale Eingliederung" erarbeitet (zusammen mit den Nationalregierungen) federführend die EU-Kommission einen „Gemeinsamer Bericht über Sozialschutz und soziale Eingliederung", der zweierlei leisten soll: Bewertung der Ergebnisse der je nationalen Inklusionspolitik und Bewertung der Gesamtsituation in der EU und der EU-europäischen Bemühungen.
- Schließlich wurden europäische Aktionsprogramme beschlossen (Laufzeit 2002-2006 mit einem Finanzvolumen von 75 Millionen EUR bzw. 2007-2013 fusioniert mit drei weiteren Programmen zum Programm PROGRESS, Volumen 700 Mio. EUR), das die Zusammenarbeit unter den Mitgliedstaaten in drei Bereichen fördern soll: 1. Analyse der sozialen Ausgrenzung; 2. gegenseitigem Lernen und Bewusstseinsbildung; 3. Förderung EU-europäischer Netzwerke.

Seit 2005 stellt der armutspolitische, offene Koordinierungsprozess den am weitesten entwickelten Teil des nun gemeinsamen Prozesses „Sozialschutz und soziale Ein-

31 *Sozialberichterstattung*: http://ec.europa.eu/social/main.jsp?catId=757&langId=de
Peer reviews: http://www.peer-review-social-inclusion.eu/peer-review-und-bewertung-im-bereich-soziale-eingliederung?set_language=de

gliederung“ in den Bereichen a) Armut/soziale Ausgrenzung, b) Renten und c) Gesundheit/Pflege dar. In Anknüpfung an die Programme Armut I bis III und die Offene Koordinierungsmethode fühlt die Kommission mit der im Arbeitsprogramm ihrer Generaldirektion Beschäftigung, Soziales und Chancengleichheit (Sozialpolitische Agenda 2005-2010) enthaltenen Initiativen zum Thema „Mindestsicherung und aktive Eingliederung“ auch erneut vor, inwieweit in zentralen Bereichen der Armutspolitik (Zugang zum Arbeitsmarkt und Sozialhilfe) eine weitergehende gemeinschaftsweite Politik möglich und hilfreich wäre. Dies wird unter anderem im Rahmen von Anhörungen diskutiert und in einer Studie zur „Abschätzung der Folgen von EU-Mindeststandards für Maßnahmen zur Förderung der Eingliederung der vom Arbeitsmarkt ausgeschlossenen Personen“ untersucht. In welcher Form die offenen Koordinierungsmechanismen im Zuge der EU 2020 Strategie fortgeführt werden, wird auch davon abhängen, ob sich die Mitgliedstaaten bei den Kernzielen der Strategie auf die Formulierung ambitionierter und quantifizierter Ziele in der Bekämpfung von Armut und sozialer Ausgrenzung werden einigen können.

Systeme der sozialen Sicherheit und des Sozialschutzes

Aufgrund der Gefahr eines sozialpolitischen Dumpings und aufgrund der haushaltspolitischen Bedeutung der Sozialschutzsysteme verwundert es nicht, dass es im Bereich des Sozialschutzes weitere (ältere) Ansätze einer Sozialpolitik auf europäischer Ebene neben der offenen Koordinierung, der sozialrechtlichen Absicherung der Freizügigkeit und der Geschlechtergleichstellung im Sozialrecht gibt. So sah das zur EG-Sozialcharta von 1989 vereinbarte Aktionsprogramm für die Implementation der in ihr proklamierten Rechte auf soziale Unterstützungsleistungen zwei Empfehlungen vor.

Im Juni 1992 verabschiedete der Rat die *Empfehlung 92/441/EWG* „über gemeinsame Kriterien für ausreichende Zuwendungen und Leistungen im Rahmen der Systeme der sozialen Sicherung“, in der sich die Sozialminister der Mitgliedstaaten detailreich und durchaus ambitioniert Ausgestaltungsmerkmale für das nationale Mindestsicherungsrecht im Bereich der Systeme der sozialen Sicherheit und des Sozialschutzes nahelegen. Die im Juli 1992 ebenfalls vom Rat der Sozialminister beschlossene zweite Empfehlung (92/442/EWG) nimmt wiederholt Bezug auf die erste und bestätigt, dass etwa allen für den Arbeitsmarkt verfügbaren Arbeitslosen ein „Mindesteinkommen garantiert“ werden soll. In gleicher Weise wird dieses Recht im Falle von Arbeitsunfähigkeit und Alter mit Bezug auf die erste Empfehlung formuliert. In der Empfehlung 92/441 stellen die nationalen Sozialminister fest, dass sich Ausgrenzungsprozesse und Verarmung in den 1980er Jahren vor allem aufgrund der Entwicklungen auf dem Arbeitsmarkt und in den Familienstrukturen ausgeweitet und diversifiziert hätten und fordern daher:

Der Rat der EG-Sozialminister zum Recht auf ein Mindesteinkommen

Aufgrund unzureichender, unregelmäßig bezogener und nicht gesicherter Einkünfte ist es den Opfern dieser Entwicklung weder möglich, sich angemessen am wirtschaftlichen und sozialen Leben der Gesellschaft, in der sie leben, zu beteiligen, noch sich erfolgreich in einen Prozeß der wirtschaftlichen und sozialen Eingliederung einzureihen. Daher muß für die Bedürftigsten (...) zur Erleichterung ihrer Eingliederung ein Anspruch auf ausreichende, feste und vorhersehbare Einkünfte geschaffen werden.

Quelle: Rat der Europäischen Gemeinschaften: Empfehlung des Rates vom 24. Juni 1992 über gemeinsame Kriterien für ausreichende Zuwendungen und Leistungen im Rahmen der Systeme der sozialen Sicherung (92/441/EWG), Brüssel 1992

Von Mindesteinkommenssystemen als Abhängigkeit fördernden und Beschäftigung entgegenstehenden passiven Leistungen ist hier also noch nicht die Rede. Vielmehr seien sie erst als ausreichend bemessene und verlässliche Leistungen die unabdingbare Voraussetzung für eine soziale und wirtschaftliche Eingliederung.

Im Einzelnen sieht die Empfehlung 92/441 vor, anzuerkennen, „daß jeder Mensch einen grundlegenden Anspruch auf ausreichende Zuwendungen und Leistungen hat, um ein menschenwürdiges Leben führen zu können," also die Mindesteinkommenssysteme zu universalisieren (mit Ausnahme vollerwerbstätiger und studierender Personen sowie Personen ohne legalen Aufenthaltsstatus), besondere Bedarfe zu berücksichtigen, den Anspruch zeitlich nicht zu befristen und diesen so zu fassen, dass er andere sozialrechtliche Ansprüche ergänzt. Die Entwicklung des Lebensstandards und Preisniveaus sollen beachtet werden, ferner die Haushaltsgröße. Geeignete Indikatoren zur regelmäßigen Anpassung der Leistungshöhe seien vorzusehen. Pfändbarkeit und Steuerbarkeit des Einkommens sollen begrenzt sein. Ferner sieht sie vor, Dienstleistungen wie Betreuung, Information und Rechtsbeistand einzubeziehen, die Eingliederung in das Erwerbsleben zu unterstützen, eine Aufklärungspflicht über Leistungsansprüche und Einspruchsverfahren vorzusehen sowie schließlich die Verpflichtung, die „Wiedereingliederung der bedürftigen Personen in die allgemeinen Versorgungssysteme" zu betreiben.

Die Empfehlung wird bis heute in verschiedenen sozialpolitischen Dokumenten der Kommission erwähnt; sie „ist nach wie vor ein Referenzwerk für Gemeinschaftsstrategien zu Armut und sozialer Ausgrenzung, das nichts von seiner Bedeutung verloren hat, wenn auch mehr getan werden muss, um sie vollständig umzusetzen."[32] Seit der Sozialpolitischen Agenda 2005-2010 und ihrer Initiative zur „Mindestsicherung und aktiven Eingliederung" deutet sich auch die Möglichkeit an, sie wieder systematisch hervorzuheben und strategisch zu nutzen, nachdem sie zwischenzeitlich selbst in manchen Dokumenten, in denen der Beitrag der Sozialschutzsysteme zur Bekämpfung von Armut und sozialer Ausgrenzung explizit thematisiert wurde, weitgehend ausgeblendet

32 Kommission der Europäischen Gemeinschaften: Empfehlung 2008/867/EG zur aktiven Eingliederung der aus dem Arbeitsmarkt ausgegrenzten Personen, Brüssel 2008, S. 1

blieb, so in der Mitteilung zur Modernisierung des Sozialschutzes[33] und im Gemeinsamen Bericht über die soziale Eingliederung 2002.[34]

Gleiches gilt für die *Empfehlung 92/442/EWG* „über die Annäherung der Ziele und der Politiken im Bereich des sozialen Schutzes“, die die erstgenannte um weitere Bereiche: Krankheit, Mutterschaft, Arbeitslosigkeit, Arbeitsunfähigkeit und Alter ergänzt. Sie beabsichtigt eine Annäherung der Ziele der Sozialpolitiken angesichts vergleichbarer Entwicklungen in den Mitgliedstaaten (Demografie, Änderung der Familienstrukturen, „anhaltend hohe Arbeitslosigkeit und Entwicklung von Armut und Verarmung“) und der Herausforderung, unter den Bedingungen des Binnenmarktes den Bestand des Sozialschutzes zu wahren und weiter zu entwickeln, und um die die Mobilität behindernden Niveauunterschiede abzubauen.

Im Jahr 1996 legte das *Komitee der Weisen,* das sich im Auftrag der Kommission ebenfalls mit Nachfolgemaßnahmen für die EG-Sozialcharta befassen sollte, seinen Bericht vor. Während es unter der Überschrift „Rechte, die als Ziel angestrebt werden“ den Erlass von Mindestvorschriften für die Verwirklichung sozialer Grundrechte erst für eine zweite, spätere Phase europäischer Rahmenrechtsetzung vorschlägt, führt es zum die Existenz und Menschenwürde schützenden Grundrecht auf ein Mindesteinkommen aus:

Auszug aus dem Bericht des ‚Komitee der Weisen‘

Angesichts des Ausmaßes der Arbeitslosigkeit in der Gemeinschaft und eingedenk der Notwendigkeit, die Spezifik des europäischen Sozialmodells klar herauszustellen und gegen Armut und Ausgrenzung anzukämpfen, sah sich das Komitee veranlaßt, in einem einzigen Fall eine Mindestvorschrift vorzuschlagen. Nach Auffassung des Komitees sollte schon jetzt im Vertrag, also auf Unionsebene, der Grundsatz formuliert werden, daß jeder Mitgliedstaat ein Mindesteinkommen für Personen einführen muß, die trotz aller Bemühungen keine Erwerbstätigkeit finden können und über keine sonstigen Einkommensquellen verfügen. Die Höhe dieser Leistung würde natürlich vom Entwicklungsstand des betreffenden Staates abhängen, (...).

Quelle: Komitee der Weisen: Für ein Europa der politischen und sozialen Grundrechte. Bericht des Komitee der Weisen unter Vorsitz von Maria de Lourdes Pintasilgo. Hg. von der Europäischen Kommission, Generaldirektion Beschäftigung, Arbeitsbeziehungen und soziale Angelegenheiten, Brüssel und Luxemburg 1996, S. 55

Hier wird also dafür plädiert, die Mindestsicherung ins Zentrum europäischer Sozialschutzpolitik zu stellen. Der Einfluss des Berichtes auf die Politik der europäischen Ebene blieb jedoch gering. In der Europäischen Union ist die Verwirklichung sozialer Bürgerrechte zumindest derzeit deutlich in den Hintergrund getreten und ein Grundrecht auf Mindestsicherung ist bis heute nicht erreicht.

33 Kommission der Europäischen Gemeinschaften: Eine konzertierte Strategie zur Modernisierung des Sozialschutzes. Mitteilung, Brüssel 1999

34 Europäische Kommission, Generaldirektion Beschäftigung und Soziales: Gemeinsamer Bericht über die soziale Eingliederung, Brüssel und Luxemburg 2002

Inzwischen stehen nicht mehr so sehr die Angleichung der Lebens- und Arbeitsbedingungen über ihre Verbesserung (Artikel 151 AEUV) im Zentrum EU-europäischer Sozialpolitik, sondern die Kompatibilität der Sozialschutzsysteme mit der *Wirtschafts-*, *Haushalts-* und *Beschäftigungspolitik* der EU. Vier Monate nach ihrem Amtsantritt im Jahr 1999 legte die Kommission unter Kommissionspräsident *Romano Prodi* die Mitteilung *Eine konzertierte Strategie zur Modernisierung des Sozialschutzes* vor, in der sie „vier Hauptziele" für den Umbau der europäischen Sozialstaaten angesichts von Binnenmarkt, koordinierter Beschäftigungsstrategie und Osterweiterung formulierte und den Rat zur Bestätigung dieser Ziele aufforderte. Die vier Ziele für die Sozialschutzpolitik sind:

- „dafür zu sorgen, daß Arbeit sich lohnt und daß das Einkommen gesichert ist;
- dafür zu sorgen, daß die Renten sicher sind [und] die Rentensysteme langfristig finanzierbar;
- die soziale Eingliederung zu fördern und
- eine hohen Qualitätsansprüchen genügende und langfristig finanzierbare Gesundheitsversorgung zu sichern."[35]

Sie sind ein typisches Beispiel für die in der europäischen Politik weit verbreitete Praxis „eklektizistischer Gesamtwerke" aufgrund der „additiven Entscheidungslogik" europäischer Beschlussfassung.[36] Einkommen, Gesundheitsversorgung und Alterssicherung sollen gewährleistet werden, aber nach Meinung der Kommission ebenso den gemeinsamen Herausforderungen einer sich ändernden Arbeitswelt, neuen Familienstrukturen sowie dem „dramatischen demographischen Wandel" gerecht werden. Die Ziele beschreiben einen Spagat: „Der klar zum Ausdruck gebrachte Wunsch der Bürger, das erreichte hohe Sozialschutzniveau beizubehalten" (nicht aber etwa in Teilen auch zu erhöhen) soll in Einklang gebracht werden „mit der Notwendigkeit (...), öffentliche Leistungen effizienter bereitzustellen und einer strengen Haushaltsdisziplin zu unterwerfen."[37] In Anerkennung (bei Renten gar als dramatisch beschworener) steigender sozialpolitischer Bedarfe und unter der Priorität, den Aufwand für den Sozialschutz angesichts von Binnenmarkt, Währungsunion und Weltmarktkonkurrenz dennoch mindestens nicht ansteigen zu lassen, spricht sich die Kommission hier für eine Strategie aus, die sich an vier Zielen orientiert:

- Der Aufwand für den Sozialschutz hat sich den Prämissen einer strengen Haushaltsdisziplin zu unterwerfen.
- Gleichwohl sollen Einkommen und Renten sicher, die Gesundheitsleistungen von hoher Qualität sein.
- Dazu soll erstens die Sicherungsinstanz des Arbeitsmarktes wieder eine stärkere Rolle spielen.

35 Kommission der Europäischen Gemeinschaften: Eine konzertierte Strategie zur Modernisierung des Sozialschutzes. Mitteilung, Brüssel 1999, S. 3

36 Volker Eichener: Das Entscheidungssystem der Europäischen Union, Opladen 2000, S. 216

37 Kommission der Europäischen Gemeinschaften: Eine konzertierte Strategie zur Modernisierung des Sozialschutzes. Mitteilung, Brüssel 1999, S. 1

- Zweitens soll ‚soziale Eingliederung' über ‚aktivierende' Maßnahmen und über Transfereinkommen, die einer Reintegration über den Arbeitsmarkt aber nicht im Wege stehen dürfen, zu einem der vier zentralen Ziele der Sozialpolitik werden.

Bislang sind für den hier geforderten Um- und teilweisen Abbau des Sozialschutzes keine zu wahrenden Mindeststandards vereinbart worden, obwohl die Möglichkeit nach Artikel 153 AEUV per einstimmigen Beschluss des Rates grundsätzlich gegeben wäre. Vorstöße hierzu sind bislang nicht über den Status der genannten Empfehlungen, Berichte und Studien hinausgekommen.

Dass eine *offene Koordinierungsmethode* im Bereich des Sozialschutzes mittlerweile in Ansätzen für die beiden Sicherungsbereiche *Rente* und *Gesundheit/Altenpflege* entwickelt wurde, erschließt sich mit Blick auf die oben genannten vier Hauptziele für die Sozialschutzpolitik sowie angesichts der Bedeutung der beiden Sicherungsbereiche für die Gesamtsozialausgaben. Dagegen werden die Leistungen bei Arbeitslosigkeit im Rahmen der koordinierten Beschäftigungsstrategie sowie im Koordinierungsbereich Armut/soziale Ausgrenzung behandelt. Insgesamt sind damit nunmehr außer dem Armutsrisiko Unfall alle deutschen Sozialversicherungszweige Gegenstand einer Behandlung in offenen Koordinierungsprozessen auf EU-Ebene. Im Bereich der Alterssicherung haben die Mitgliedstaaten im Jahr 2002 erstmals *Nationale Strategieberichte* vorgelegt, die im Jahr 2003 in einen *Gemeinsamen Bericht der Kommission und des Rates über angemessene und nachhaltige Renten*[38] mündeten. Im Bereich Gesundheit/Altenpflege wurde auf Gemeinschaftsebene 2003 ein erster gemeinsamer Bericht von Rat und Kommission verabschiedet.[39]

Im März 2003 ersuchte der Europäische Rat die Kommission, ihm „über die Ratsamkeit der Vereinfachung und Straffung der verschiedenen Arbeitsstränge im Sozialschutzbereich im Sinne eines kohärenten Rahmens innerhalb der offenen Koordinierungsmethode" zu berichten. Dabei sollte geklärt werden, wie bis zum Jahr 2006 eine Zusammenfassung der offenen Koordinierungsprozesse im Sozialschutz erreicht „und wie zugleich die Subsidiarität und die nationalen Zuständigkeiten in Bezug auf Organisation und Finanzierung des Sozialschutzes uneingeschränkt gewahrt werden können."[40] Die vom Ministerrat angenommene teilweise Zusammenführung der offenen Koordinierungsprozesse in den Bereichen Armut/soziale Ausgrenzung, Rente und Gesundheit/Altenpflege – das sogenannte *Streamlining* – mündete 2005 in einen ersten umfassenden *Sozialschutzbericht* und sollte das Gewicht der sozialen Dimension im Lissaboner Dreieck (Wirtschaftspolitik, Beschäftigungspolitik, Sozialpolitik) stärken, zumindest jedoch wahren. Die Berichte zur Wirtschafts-, Beschäftigungs- und Sozialschutzpolitik erscheinen seit 2006 synchronisiert in einem dreijährigen Turnus mit jährlichen Zwischenberichten zur Frühjahrstagung des Europäischen Rates.

---

38 http://europa.eu.int/comm/employment_social/soc_agenda_de.html

39 Europäische Kommission: Unterstützung nationaler Strategien für die Zukunft der Gesundheitsversorgung und der Altenpflege, Gemeinsamer Bericht der Kommission und des Rates, Brüssel 2003

40 Europäischer Rat: Schlussfolgerungen des Vorsitzes, Europäischer Rat von Brüssel am 20./21. März 2003, Brüssel 2003, S. 23

Für eine ergebnisorientierte Stärkung der offenen Koordinierungsprozesse im Sozialschutz ist eine Zusammenlegung allerdings zumindest nicht hinreichend, solange der Integrationsstand (Wirtschafts- und Währungsunion vs. Europäisches Sozialmodell) und die politisch zur Verfügung stehenden Instrumente (Freizügigkeitsrechte und Beihilfekontrolle in der Wirtschaftspolitik, Empfehlungen in der Beschäftigungspolitik, allgemeine Ziele in der Sozialschutzpolitik) derart ungleich verteilt sind. Allein die Fusion offener Koordinierungsprozesse ändert nichts am ungleichschenkligen Charakter des ‚magischen Dreiecks' von Lissabon, den die Revision 2005 noch verstärkt hat. Des Weiteren fällt die Selektivität des Streamlining auf. Der Sozialschutz umfasst neben den Bereichen Alter, Gesundheit, Pflege und Armut/soziale Ausgrenzung zumindest auch den der Sicherung bei Arbeitslosigkeit, daneben Schutz bei Unfall, Mutterschaft, Behinderung, Invalidität sowie für Familien und Hinterbliebene, der in den Mitgliedstaaten in unterschiedlicher Weise Bestandteil der erstgenannten oder Gegenstand gesonderter Sozialschutzregelungen ist. Alle diese weiteren Bereiche waren noch Gegenstand der Empfehlung 92/442/EWG. Der im Rahmen der europäischen Armutsprogramme geprägte *multidimensionale Armutsbegriff* umfasst neben den Dimensionen Einkommen, Arbeit und Gesundheit auch Wohnen und Bildung. Die nationalen Sozialschutzberichte und ihre Zusammenführungen im Gemeinsamen Bericht der EU berücksichtigen verschiedene Sozialschutzsysteme und Armutsdimensionen teils kursorisch, teils in Form thematisch fokussierter Berichte; dauerhafter und tiefgreifender scheint dies bei diesem Design des offenen Koordinierungsprozesses auch kaum möglich. Positiv betrachtet bietet die Schaffung eines offenen Koordinierungsprozesses für den ‚gesamten' Bereich Sozialschutz allerdings zumindest auch spezifische Chancen, etwa die Politikbereiche Armut/soziale Ausgrenzung einerseits und Sozialschutz andererseits über die Systeme der Mindestsicherung wieder stärker aufeinander zu beziehen.

Soziale Dienste

Die Kompetenzordnung und das Wettbewerbsrecht zu sozialstaatlichen Sach- und Geldleistungen gelten für soziale Dienstleistungen zunächst gleichermaßen: So sie einem Pflichtbeitragssystem, dem Solidarprinzip und umfassender staatlicher Aufsicht unterliegen, sind sie ausschließliche Angelegenheiten der Mitgliedstaaten. Die für die Frage der Geltung des EU-Wettbewerbsrechts (Marktzugang, Beihilfekontrolle, Vorschriften für Vergabeverfahren etc.) zentrale Abgrenzung wirtschaftlicher und nicht-wirtschaftlicher Tätigkeiten ist jedoch nach wie vor schwierig. Die Unsicherheit nimmt angesichts zunehmend betriebswirtschaftlich organisierter und refinanzierter sozialer Dienste der Wohlfahrtsverbände und Leistungen der öffentlichen Daseinsvorsorge weiter zu (Auftragsvergabe über Ausschreibungen, Refinanzierung über feste Budgets statt Kostenerstattung etc.). So wurde etwa im Jahr 2003 die deutsche Praxis der Förderung des öffentlichen Personennahverkehrs vor dem Europäischen Gerichtshof verhandelt – mit dem Ergebnis, dass sie bei Beachtung einiger

Kriterien rechtens sei.[41] Bereits seit längerem gilt das europäische Freizügigkeitsrecht auch für Sozialleistungssysteme und soziale Dienstleistungserbringer in mehrfacher Hinsicht: durch Sozialleistungsexport, durch die Freizügigkeit der Dienstleistungen für Anbieter und Adressaten etc.

Die Kommission hat 2003 ein *Grün-* und 2004 ein *Weißbuch*[42] *zu Dienstleistungen von allgemeinem Interesse* vorgelegt, wobei der Begriff dieser Dienstleistungen neben Energie, Post, Verkehr und Telekommunikation u.a. auch die Bereiche Gesundheit, Bildung und Sozialleistungen umfasste, die sowohl marktbezogen, als auch nicht marktbezogen sein können. Der Kommission ging es bei dieser Initiative nach Aussage des Grünbuchs um die Schaffung größerer Rechtssicherheit sowie um die Sicherstellung eines Ausgleichs zwischen dem Ziel, weiterhin hochwertige Dienstleistungen zu erbringen, und der strikten Anwendung der Wettbewerbs- und Binnenmarktvorschriften. Einerseits stellten *Dienstleistungen von allgemeinem Interesse* einen unverzichtbaren Bestandteil des europäischen Gesellschaftsmodells und einen Pfeiler der europäischen Staatsbürgerschaft dar, andererseits seien sie Dreh- und Angelpunkt der politischen Debatten über die zentrale Frage, welche Rolle in einer Marktwirtschaft staatlichen Stellen zukomme. Von frei-gemeinnützigen Akteuren ist an dieser Stelle nicht die Rede. Eine der Fragen, die im Grünbuch aufgeworfen wurden, betraf die Finanzierung der Dienstleistungen von öffentlichem bzw. allgemeinem Interesse. Viele dieser Dienstleistungen ließen sich mit Marktmechanismen allein nicht rentabel erbringen; so könnten hierüber universeller Zugang und flächendeckende Grundversorgung nicht gesichert werden. Die Kommission sei allerdings der Ansicht, dass geprüft werden solle, ob spezifische Finanzierungsinstrumente für Dienstleistungen von öffentlichem Interesse zu bevorzugen wären und „ob die Gemeinschaft Maßnahmen zur Förderung spezifischer Finanzierungsmechanismen ergreifen sollte.“[43] Die Fragen des Grünbuches zeigen an, dass sich auch das Thema sozialer Dienstleistungen zunehmend europäisiert.

Dabei hat der Versuch, über die sog. *Dienstleistungsrichtlinie* (Richtlinie 2006/123/EG) eine möglichst weitgehende Marktliberalisierung auch im Dienstleistungsbereich durchzusetzen, nicht nur seitens sozialer Nichtregierungsorganisationen derart viel öffentlichen Widerstand hervorgerufen, dass Rat und Kommission auf Druck des Europäischen Parlaments noch kurz vor Ende des Gesetzgebungsprozesses weitgehende Abstriche von der Geltung des vorgesehenen *Herkunftslandprinzip*[44] ma-

---

41 Urteil des Europäischen Gerichtshofes vom 24. Juli 2003 in der Rechtssache C-280/00, Altmark Trans GmbH und Regierungspräsidium Magdeburg/Nahverkehrsgesellschaft Altmark GmbH

42 Grünbücher stellen ein typisches Mittel der Kommission dar, Diskussionen durch den Entwurf eines thematischen Berichtes zu initiieren oder zu forcieren und in den erbetenen reaktiven Beiträgen auf dem Weg zu einem „Weißbuch“ die Interessen und Problemsichten verschiedener Akteure in Erfahrung zu bringen (vgl. das Grün- und Weißbuch zur Europäischen Sozialpolitik von 1993 bzw. 1994).

43 Kommission der Europäischen Gemeinschaften: Grünbuch zu Dienstleistungen von allgemeinem Interesse, Brüssel und Luxemburg 2003, S. 63

44 Das *Herkunftslandprinzip* besagt hier, dass beim Angebot einer Dienstleistung jeweils das (Vertrags-, Sozial-, Haftungs- etc.)Recht des Herkunftslandes des Dienstleistungsanbieters – nicht des Dienstleistungsnehmers – maßgeblich ist.

chen mussten. So sind nun besonders sensible Dienstleistungsbereiche (darunter solche im Zusammenhang mit Sozialwohnungen, der Kinderbetreuung, der Unterstützung Hilfsbedürftiger, gemeinnützigen Einrichtungen sowie Gesundheitsdienstleistungen) explizit vom Anwendungsbereich der Richtlinie ausgeschlossen.

Um frühzeitig und hinreichend Einfluss auf die Politikgestaltung der europäischen Ebene nehmen zu können und ihre Mitglieder etwa über Förderprogramme der EU professionell unterstützen zu können, sind inzwischen die großen Träger sozialer Dienstleistungen (etwa die kommunale Spitzenverbände, die Kirchen, die Wohlfahrtsverbände und privatwirtschaftliche Anbieter) in Brüssel mit eigenen Büros vertreten.[45] Hinreichend Gewicht erhalten sie dabei gegenüber den europäischen Institutionen häufig erst als Netzwerke, über die sie vereint als Akteure aus einem bestimmten Mitgliedstaat (so über das Brüsseler Büro der Bundesarbeitsgemeinschaft der Freien Wohlfahrtspflege), einer bestimmten Trägergruppe (etwa Eurodiaconia, Caritas Europa, SOLIDAR), eines sozialpolitischen Anliegens (etwa im Rahmen des European Anti Poverty Networks) oder als soziale Nichtregierungsorganisationen insgesamt (Social platform) auftreten.[46]

5.3.3 Handlungsoptionen EU-europäischer Sozialpolitik

Für die EU-Sozialpolitik stehen vier systematische *Handlungsfelder* zur Verfügung: *Information*, *Recht*, *Geld* und *Zielvereinbarungen*. Unter diese lassen sich einzelne sozialpolitische Instrumente zusammenfassen, die ihre Wirkung in gleicher oder ähnlicher Weise zu erreichen suchen, zum Beispiel über rechtliche Maßnahmen oder materielle Hilfen. Mit *Instrument* sind hier die konkreten alternativen Maßnahmen gemeint, die ein Handlungsfeld bietet: bei dem des Rechts zum Beispiel Verordnungen oder Richtlinien, bei materiellen Hilfen etwa die Kofinanzierung sozialpolitischer Maßnahmen oder Direkthilfen an Bedürftige. Alle vier Handlungsfelder weisen je eigene Voraussetzungen, Chancen und Grenzen ihrer Effektivität für eine die nationale Sozialpolitik rahmende oder unterstützende europäische Sozialpolitik auf. Sie sind in unterschiedlichem Maße mit dominierenden sozial- und europapolitischen Interessen in den Mitgliedstaaten kompatibel, auch weil sie unterschiedlich stark in deren sozialpolitische Kompetenzen und Handlungsfreiheiten eingreifen.

---

45 Siehe etwa www.dstgb.de/homepage/wir_ueber_uns/hauptgeschaeftsstelle_berlin/europabuero_des_dstgb_in_bruessel/index.html, http://www.diakonie.de/eu-vertretung-des-dw-ekd-in-bruessel-4631.htm, http://www.bpa.de/13.html?&id=002.

46 Siehe www.bagfw.de/europa/bagfw-in-bruessel/, www.eurodiaconia.org, www.eapn.org, www.socialplatform.org.

Information

Die Armutsprogramme betonten vor allem den Aspekt der Gewinnung und Verbreitung von Informationen zur Definition und Empirie der Armut, zu bewährten Verfahren und innovativen Maßnahmen. Sie dienten dadurch insbesondere den in diesem Politikfeld vergleichsweise schwach entwickelten südeuropäischen Mitgliedstaaten als Hilfe für die Analyse und Formulierung von sozialpolitischen Perspektiven. Auf der europäischen Ebene förderten sie die Identifikation und strategische Diskussion der Bedeutung von und Herausforderungen an lokale, regionale, nationale und nicht zuletzt EU-europäische Armutspolitik. Information hat damit immer auch bereits politische Funktionen; sie bereitet die Grundlagen für die drei weiteren Handlungsfelder. Bereits seit Beginn des Integrationsprozesses stellt die EU jährlich in synoptischer Form die Systeme der sozialen Sicherheit der Mitgliedstaaten gegenüber, um Bürger, Behörden, Sozialleistungsträger etc. über die verschiedenen Sozialsysteme der Mitgliedstaaten und Änderungen in diesen zu informieren (seit 1990 *MISSOC)*.[47] Die seit 2000 jährlich veröffentlichten *Berichte über die soziale Lage* bereiten Daten über Trennendes, Verbindendes und Trends in der sozialen Lage und Sozialpolitik mittels auf Empirie fußender ‚politischer Information' auf.[48] Das Handlungsfeld der Information hat seine größten Potentiale sicher im Lernen am Beispiel der europäischen Nachbarsozialstaaten. Bei der Einführung der Pflegeversicherung in Deutschland wurden die Erfahrungen in diesem Bereich in den Niederlanden ebenso herangezogen wie bei der Einführung der Zeitarbeitsfirmen im Rahmen der Hartz-Reformen. In der deutschen sozialpolitischen Diskussion wird je nach politischer Orientierung und sozialpolitischem Themenfeld auch der schwedische, dänische oder britische Sozialstaat als Argumentationshilfe bemüht, auch wenn die mit diesen Systemen verbundenen Voraussetzungen und Folgen nicht immer mitgeliefert werden. Umso hilfreicher ist es, sich in diesem europäischen Raum empirisch und normativ bewegen zu können. Daneben liefern Informationen zur Entwicklung der sozialen Lage und der Sozialpolitiken wichtige Hinweise darauf, inwiefern der europäische Integrationsprozess tatsächlich zu einer (und wenn, wie gelagerten) Konvergenz der sozialen Lagen und Sozialpolitiken der Mitgliedstaaten im Binnenmarkt beiträgt.

Recht

Zum Einsatz kommen substanzielle rechtliche Vereinbarungen bislang in der Gleichstellungspolitik, der sozialrechtlichen Absicherung der Arbeitnehmerfreizügigkeit sowie dem Arbeits- und Gesundheitsschutz der Arbeitnehmer. Als potentielle An-

---

47 Mutual Information System on Social Protection in the EU Member States and the European Economic Area, www.

48 www.http://ec.europa.eu/social/main.jsp?catId=675&langId=de.

knüpfungspunkte und erste Ansätze einer Rahmenrechtsetzung auch für die Ausgestaltung der nationalen Systeme sozialer Geld-, Sach- und Dienstleistungen können die EG-Sozialcharta, die beiden Empfehlungen von 1992, der Bericht des Komitees der Weisen sowie die Grundrechtscharta genannt werden. *Empfehlungen* können dabei als Vorstufen der Rechtsetzung begriffen werden; sie sind zum Teil bereits wie Rechtsakte formuliert. Somit bleibt die Konvergenz/Harmonisierung des Sozialrechts bis heute wünschbares Ziel, während die Kohäsion der mitgliedstaatlichen Systeme für Arbeitsmigranten sowie deren nicht diskriminierende Ausgestaltung für die Geschlechter und Arbeitsmigranten bindendes Recht darstellt. In verstärktem Maße geraten die weitgehend unkoordinierten Teile der Sozialpolitik seit der Vereinbarung des Gemeinsamen Binnenmarktes und schließlich der Wirtschafts- und Währungsunion unter zwischenstaatlichen Konkurrenzdruck (Gefahr des *sozialen Dumpings*). Dies führt zu Diskussionen um die Möglichkeiten und Grenzen einer Konvergenz/Harmonisierung der nationalen Systeme, der Übertragung sozialpolitischer Kompetenzen auf die EU-Ebene, vor allem jedoch um unionsweite (u.U. nach jeweiliger Wirtschaftskraft abgestufte) soziale Mindeststandards. Gegen Bestrebungen in diese Richtung wirken jedoch wirtschaftsliberale Orientierungen, seit dem Beitritt 1973 vor allem die britischen Regierungen, die Heterogenität europäischer Sozialstaatlichkeit, Eigeninteressen der lokalen, regionalen und nationalen politischen Ebenen am sozialpolitischen Kompetenzerhalt und demokratische Defizite der EU-Ebene. Dennoch bedürfen die Sicherung oder der Ausbau vieler sozialpolitischer Errungenschaften künftig immer stärker einer europäischen (Rahmen-)Gesetzgebung, um nicht zusammen mit der Lohn- und Steuerpolitik als letzte verbliebene Anpassungsinstrumente unter Wettbewerbsstaaten ungeschützt instrumentalisiert zu werden.

Geld

Dieses Handlungsfeld finanzieller/materieller Unterstützung von Sozialpolitik ist bislang insgesamt nur von geringer faktischer Bedeutung. In der Bekämpfung von Diskriminierung und Ungleichheiten im Bereich der Beschäftigung (EQUAL-Programm), der Bekämpfung von Gewalt (DAPHNE-Programm) oder etwa ehemals im Kampf gegen Armut durch die Programme Armut I-III leisten europäische Förderprogramme durchaus einen Beitrag zur europäischen Vernetzung und konkreten Projektfinanzierung. Über die Förderung von ‚Leuchtturmprojekten' und europäischen Netzwerken in Wissenschaft, Politik und sozialer Praxis können sie aufgrund der begrenzten Ressourcen jedoch meist kaum hinausgehen. Mit einem Haushaltsvolumen von ca. ein Prozent des gemeinschaftlichen Sozialproduktes, verglichen mit ca. 35-60 Prozent der mitgliedstaatlichen Haushalte (einschließlich der Kommunen, Regionen und Sozialkassen), kann die EU materiell insgesamt nur in sehr bescheidenem Maße kofinanzierend und selektiv über ihre *Struktur- und Kohäsionsfonds* und Programme sozialpolitisch und interregional umverteilend aktiv werden. Überlegungen, über die EU-Ebene nationales, regionales bzw. lokales soziales Leistungsrecht durch europäische Kofinanzierung auf- und auszubauen bzw. dessen Rückbau zu mindern, sind hingegen über Vorschläge – meist aus der Wissenschaft – bislang nicht hinausgekommen.

Zielvereinbarungen

Richard Hauser empfahl bereits 1987, die Mitgliedstaaten auf der Grundlage von zu vereinbarenden Qualitätskriterien und zeitlichen Zielvorgaben zur Harmonisierung ihrer Mindestsicherungen im Fürsorgezweig ‚nach oben' zu bewegen und zeichnete damit eine ambitionierte Variante der zehn Jahre später vereinbarten Offenen Methode der Koordination vor, die neben öffentlicher Aufmerksamkeit und Information in entscheidendem Maße auf die Vereinbarung von Zielen als Mittel politischer Steuerung setzt. Da den nationalen Sozialstaaten unter Berufung auf das Subsidiaritätsprinzip der organisatorische Vorrang bei sozialpolitischen Regelungen zugewiesen bleibt und da es die Einstimmigkeitsregel für Beschlüsse des Rates in zentralen Bereichen der Sozialpolitik erheblich erleichtert, Bemühungen um europäische (Minimal-)Konsense immer wieder zu vereiteln, wird eine Überwindung dieser Blockaden durch die Kommission und die Nationalregierungen seit der Vertragsreform von Amsterdam folgerichtig zunehmend über die offene Koordinierungsmethode gesucht, also jenseits von ‚harter' politischer Steuerung über Recht und Geld. Vielmehr soll über die best practice-Beispiele, die Leitlinien und Ziele, die Berichte und Aktionspläne sowie die Indikatoren versucht werden, über Elemente einer ‚weichen Steuerung' gemeinsame Politik in hohem Maße autonomieschonend und dezentral operationalisiert zu betreiben. Stärke und Schwäche dieses Ansatzes zugleich ist dabei sein Setzen auf Freiwilligkeit, Konsens und Beteiligung aller relevanten Akteure.

5.4 Europäisches Sozialmodell oder Sozialstaat Europa?

In Anlehnung an *Wolfgang Kowalsky* kann man die Alternativen für die sozialpolitische Gestalt des zukünftigen Europa in vier perspektivische Skizzen zusammenfassen, die in unterschiedlichem Maße auf die vornehmlich ökonomische Entgrenzung des Sozialraums Europa reagieren:[49]

- Eine reine *Freihandels- oder Zollunion* sind die EU und ihre Vorläufer (EGKS, EWG) nie gewesen. Allerdings klingt eine solche auf sozialpolitische Elemente gänzlich verzichtende Variante vor allem in den ehemaligen EFTA-Staaten nach.

49 Wolfgang Kowalsky 1999: Europäische Sozialpolitik, Opladen 1999, S. 343ff.

- Die Union als *politisch-ökonomische Union* trifft den Ist-Zustand vielleicht am ehesten. In ihr kommt der Sozialpolitik nachrangige Bedeutung zu, indem sie vorrangig der Erreichung ökonomischer und (nicht sozial-)politischer Ziele dient.
- Durch eine materiell unterstützende und rechtliche Mindeststandards setzende Sozialpolitik auf europäischer Ebene könnte das bislang unbestimmte *europäische Sozialmodell* konkretisiert, geschützt und gefördert werden. Sozialpolitik bliebe gleichwohl zuvorderst Sache der Nationalstaaten, allerdings in einem gestuften europäischen Mehrebenensystem.
- Das extreme Gegenmodell zur Zollunion wäre schließlich in einem *europäischen Sozialstaat* zu sehen, der die sozialpolitischen Kompetenzen der Mitgliedstaaten in weitem Maß auf europäischer Ebene zusammenführen würde.

Die Diskussion wird sich in absehbarer Zukunft zentral um das Verhältnis von Entgrenzung und Neubegrenzung drehen und dabei konflikthaft vor allem um die beiden mittleren Varianten streiten. Aus sozialpolitischer Sicht sollten dabei vor allem die *Grenzen einer kalten Integration* in den Blick genommen werden, die den sozialen Integrationsprozess dem ökonomischen nach- und unterordnet, indem sie auf kompensatorische Mittel wie etwa Sozialschutz verzichtet. Dies würde die Legitimation und Stabilität der nationalen Sozialordnungen als auch die des europäischen Integrationsprozesses selbst schließlich in Frage stellen. Dabei kann jedes Mehr an einer europäischen Sozialpolitik mit einem Verlust an Gestaltungsfreiheit im nationalen Rahmen einhergehen, diese jedoch andererseits in Teilen auch erst wieder ermöglichen. Europa bleibt damit sozialpolitisch weiterhin Chance und Gefahr zugleich. Im Zuge der Osterweiterung zeigte sich noch einmal deutlicher, wie wenig die mit den europäischen Verträgen geschaffene EU-Bürgerschaft bislang eine mit garantierten sozialen Bürgerrechten versehene ist.

Damit der europäische Einigungsprozess seine Werte und Ziele: „Friede, Einheit, Gleichheit, Solidarität, Wohlstand, Fortschritt und Sicherheit“[50] schließlich nicht durch eine Transformation der nationalen Sozialstaaten in prekäre dezentrale Sozialordnungen in Frage stellt, könnten in einem ersten Schritt Mindeststandards für weiterhin nationale Leistungssysteme die Mindestsicherung vom Appendix zum Nukleus einer EU-europäischen Sozialschutzpolitik werden lassen. Für (nicht nur) armuts- und kohäsionspolitisch erfolgreiche nationale wie europäische lohn-, steuer-, sozial- und bildungspolitische Reformen wäre dies nur ein *Anfang* und *ein* Element. Um sich auf diese zu verständigen, sind mittlerweile durch die und mit den Institutionen (Kommission, Parlament, Räte, Ausschüsse, amtliche und unabhängige Einrichtungen etc.) sowie den offenen Koordinierungsprozessen auch auf europäischer Ebene Foren zur Diskussion und Verständigung unter allen *stakeholdern* der europäischen Sozialordnung(en) bereits geschaffen. Sie weiterhin und verstärkt zum Austausch von Informationen und der Verständigung über Ziele zu nutzen scheint notwendig

50 Walter Hallstein, unter Mitarbeit von Hans Herbert Götz und Karl-Heinz Narjes: Der unvollendete Bundesstaat, Düsseldorf und Wien 1969, S. 43

aber nicht hinreichend, soll der Gefahr einer (weiteren) Erosion der sozialen Voraussetzungen des Prozesses hin zur „immer engeren Union der Völker Europas“ wirksam begegnet werden. Dies dürften erst eine Kombination harter und weicher Steuerung über die Verbindung rechtlicher, materieller, informationeller und zielvereinbarender Instrumente auf europäischer Ebene sowie eine weiterhin gestufte Sozialpolitik in einem europäischen Mehrebenensystem gewährleisten.

6 Sozialpolitik im Sozialstaat: Zum theoretischen Zusammenhang zwischen Staatlichkeit und sozialpolitischer Intervention

6.1 Grenzen des Sozialstaats – ein Topos in der sozialen Auseinandersetzung

Es gehört zu den stets von Neuem wieder belebten Motiven sozialpolitischer Diskussionen, dass der Sozialstaat an seine Grenzen gestoßen sei bzw. stoßen werde. Indem sich *Eugen Gerstenmaier* (1906-1986) zu einem Zeitpunkt, als die Druckerschwärze des soeben im Bundesgesetzblatt veröffentlichten Rentengesetzes von 1957 kaum getrocknet war, auf dem CDU Parteitag vernehmen ließ, man stehe nun „auf der äußersten Grenze, die den Sozialstaat vom Wohlfahrtsstaat, vom haltlosen Gefälligkeitsstaat, ja vom Versorgungsstaat hochsozialistischer Prägung" unterscheide,[1] stellte er sich in eine lange Tradition. Dieser historische Beleg – zu Beginn der sozialstaatlich ausgerichteten Politik in der Bundesrepublik Deutschland nach dem II. Weltkrieg formuliert – knüpfte an Aussagen von Kritikern der gerade vom Reichstag Ende der 1880er Jahre verabschiedeten Rentengesetzgebung ebenso nahtlos an[2] wie die aktuelle Kritik des Parteivorsitzenden der FDP, *Guido Westerwelle*, an der Höhe der Mindestsicherungssätze in Deutschland. Nach Auffassung eines Kommentars in der Tageszeitung „Die Welt" hat er demnach „eine längst fällige Debatte" über die Grenzen des Sozialstaates angestoßen.[3]

Diese sozialstaatskritische Sichtweise war zunächst und lange Zeit vor allem in besitzbürgerlichen und häufig auch kirchlichen Kreisen verbreitet, bei immer auch anzutreffenden Ausnahmen. Mit der Integration von Teilen der alten sozialen Bewegungen aus dem Bereich der Arbeiter bzw. abhängig Beschäftigten oder auch der neuen, zunächst systemkritischen sozialen Bewegungen in parlamentarische und Regierungsverantwortung, beginnend in der Weimarer Republik und verstärkt nach dem II. Weltkrieg, wurde und wird diese Argumentation auch von sozialen und politischen Kreisen übernommen, die vordem selbst Opfer derartiger Unterstellungen waren. Die Aussage des damaligen sozialdemokratischen Bundeskanzlers *Gerhard Schröder* in einem Interview aus dem Jahr 2002 etwa, es gebe kein „Recht auf Faul-

---

1 Max Richter (Hg.): Die Sozialreform. Dokumente und Stellungnahmen. Loseblattausgabe in Lieferungen. Stand 1967, Bad Godesberg 1955ff., G I 7 S. 27

2 Vgl. Ludwig Bamberger, zit n. Michael Stolleis: Historische Grundlagen der Sozialpolitik in Deutschland bis 1945, in: Bundesministerium für Arbeit und Soziales und Bundesarchiv (Hrsg.): Grundlagen der Sozialpolitik (Geschichte der Sozialpolitik in Deutschland, Band 1, Baden Baden 2001, S. 237 und 240

3 Herbert Kremp in: Die Welt vom 16. Februar 2010

heit" bzw. man müsse den Sozialstaat beschneiden, um ihn in seiner Substanz erhalten zu können, ist hier einzuordnen.[4] Der vormalige Bundesfinanzminister *Peer Steinbrück*, ebenfalls SPD, antwortete im SPIEGEL auf die Frage „Gibt es eine Pflicht zur Arbeit": „Ja, ich gehöre zu denjenigen, die sagen: Wenn jemand ein-, zwei- oder möglicherweise dreimal einen angebotenen Job verweigert, dann muss das Folgen haben." Er fasste zusammen: „Wenn wir alles so lassen, wie es ist, fährt der Sozialstaat in zehn Jahren gegen die Wand."[5]

Gleich ob aus besitzbürgerlicher Sicht oder aus eher reformorientierten Kreisen: Ökonomie erscheint als eine Blackbox, die aus sich heraus Wachstum generiert. Doch schon bei der Frage darüber, ob dieses Wachstum aus sich heraus entsteht oder staatlicher Intervention bedarf, gibt es interessebedingte Widersprüche. Sozialpolitik wird in diesem Verständnis vor allem als eine Belastung wirtschaftlichen Wachstums angesehen. Die Aufgabe staatlicher Politik müsse es vor allem sein, Unternehmen von Lohn-(neben-)kosten und direkten Steuern zu befreien, um so die Angebotsseite auf den Märkten zu stärken. Der empirische Beweis für die Wirksamkeit dieser Politik hingegen wird nicht erbracht. Auf der anderen Seite soll staatliche Sozialpolitik unternehmerische Entscheidungen und auch Fehlentscheidungen sowie Ergebnisse von Marktungleichgewichten – zumindest in einem gewissen Umfang – auffangen (z. B. durch die Zahlung von Kurzarbeitergeld) und teilweise mit mitunter schwindelerregenden Ausgleichzahlungen – siehe die internationale Finanzkrise sowie die krisenhaften Zuspitzungen um den Euro seit 2008 – entgegensteuern.

Zur Beschreibung dieser Wirtschaftspolitik hat sich in Teilen der Sozialwissenschaften der Begriff ‚*neoliberal*' bzw. ‚*Neoliberalismus*' durchgesetzt. Er schließt inhaltlich an die Begrifflichkeit der Nationalökonomie in den 1870er Jahren und am Ende der Weimarer Republik an, in der die vorherrschende Volkswirtschaftslehre sich explizit als eine ‚*neoklassische*' verstanden hatte.[6] Am Ende des II. Weltkrieges suchte eine liberale Wirtschaftstheorie nach einem dritten Weg zwischen ‚zügellosem' Kapitalismus und ‚autoritärem' Sozialismus. Der sog. *Ordoliberalismus* entwickelte ein marktwirtschaftliches Konzept, das zugleich antikollektivistisch und antimonopolitisch sein sollte. Dieses Konzept wurde dann mit Elementen der christlichen Soziallehre verbunden und zum Integrationskonzept der *Sozialen Marktwirtschaft* im Nachkriegsdeutschland.[7] Die heute in vielfältiger Weise gebrauchten neoliberalen Begrifflichkeiten sind von dieser Tradition klar abzugrenzen. Sie bezeichnen zugespitzte angebotsorientierte wirtschaftspolitische Ansätze, dabei werden die Divergenzen einzelner Konzepte, Politikansätze und Politikelemente ebenso außer Betracht gelassen wie die Mischung derartiger Elemente mit nach wie vor in hohem Maße nachfrageorientiert wirksamen politischen Entscheidungen. In einem Land wie

---

4 Deutscher Bundestag: Stenografischer Bericht, 32. Sitzung, Berlin 14. März 2003. Plenarprotokoll 15/32, S. 2479ff.

5 Der SPIEGEL Heft 19/ 2006, zit. n. SPIEGEL Online vom 6. Mai 2006

6 Vgl. Werner Hofmann: Sozialökonomische Studientexte, Berlin 1964, S. 116 ff.

7 Vgl. Marianne Weltecke: Theorie und Praxis der Sozialen Marktwirtschaft. Eine Einführung in die politische Ökonomie der BRD, Frankfurt / New York 1976

Deutschland mit einer Sozialleistungsquote von annähernd 30 Prozent des Bruttoinlandsproduktes kann Politik nie ausschließlich angebotsorientiert sein. Umgekehrt trennt auch der eher neutrale Begriff ‚wirtschaftsliberal' nicht genug zwischen einzelnen Politikansätzen und Wirkungen von Politik. Letztlich geht es um die zentrale Frage, in welchem Verhältnis Politik und Wirtschaft zueinander stehen und wem letztlich der Primat zukommt.

Man könnte mit diesen Feststellungen zu einer interessenanalytischen Ideologiekritik übergehen, wenn nicht auch aus dem sozialstaatlichen Konstrukt selbst heraus Hinweise auf eine notwendige Begrenzung von Sozialstaatlichkeit kämen. *Christoph Sachße* und *Florian Tennstedt* beispielsweise haben darauf hingewiesen, der Sozialstaat der Weimarer Republik sei auch deshalb zu Grunde gegangen, weil er das Problem der „Grenzen des Wohlfahrtsstaates" verdrängt habe. Der Staat habe den Eindruck erweckt, durch Politisierung sozialer Problemlagen könne er diese meistern, zog aber folglich bei Zielerreichungsdefiziten die Kritik auf sich und lenkte von deren wirklichen Ursachen ab. Zugleich wollte sich der Sozialstaat von Weimar auch den Problemen der sozialen Mitte zuwenden, geriet damit aber insofern in die *Legitimationsfalle*, als er deren soziale Anforderungen strukturell nicht zufriedenstellend befriedigen konnte und so Ressentiments gegenüber dem Wohlfahrtsstaat eher steigerte, denn abbaute.[8]

Doch diese Grenzziehung bezieht sich heute nicht nur auf die Binnenstruktur des Sozialstaates. Derzeit beobachten wir immer mehr auch eine räumliche Entgrenzung von Sozialstaatlichkeit. Dabei steht das Konzept einer grenzenlosen Ökonomie und Globalisierung wirtschaftlicher Austauschprozesse ebenso vor seiner Vollendung wie zur Disposition. Die Entgrenzung der Ökonomie hat Wohlstandsmehrung, aber auch Wachstumsbedingungen geschaffen, die zunehmend externe soziale, finanzielle und ökologische Kosten verursachen, die mittelfristig selbst Wirtschaftsinteressen in Frage stellen. Die Gründung der Europäischen Wirtschaftsgemeinschaft (EWG) war der Versuch, in einem den Nationalstaat zwar transzendierenden, aber gleichwohl – zunächst auf sechs, dann zunehmend auf mehr Staaten – begrenzten Gebiet Wirtschaftsprozesse zu forcieren. Entgrenzung ging in neuer Grenzsetzung auf, innerhalb derer – etwa für Wanderarbeiter – durchaus mehr oder weniger sinnvolle sozialpolitische Regelungen getroffen wurden. Dieser notwendige Schritt, die – nunmehr auf die Triade aus Westeuropa, Nordamerika und Agglomerationen im pazifischen Raum – entgrenzte Ökonomie durch soziale und ökologische Regulierungen zu einer neuen sozialen Balance zu führen, unterbleibt vollständig. Bedingung des Wettbewerbs innerhalb der Triade ist es vielmehr, gerade auch um den Abbau sozialer Regelungen innerhalb der einzelnen Subgebiete der Triade selbst zu konkurrieren. Der weltweit aufkeimende Nationalismus ist häufig die – ideologische – Reaktion auf die Aufgabe derartiger identitätsstiftender bzw. -erhaltender Subsysteme. Er schiebt der lokalen und regionalen, aber auch zunehmend nationalen Politik eine Verantwortlichkeit für

8 Christoph Sachße und Florian Tennstedt: Der Wohlfahrtsstaat im Nationalsozialismus. Geschichte der Armenfürsorge in Deutschland, Band 3, Stuttgart, Berlin und Köln 1992

soziale und ökonomische Ausgrenzungsprozesse zu, die sich jedoch in transnationalen Zusammenhängen begründen. Gleichwohl handelt es sich bei diesen überstaatlichen Entwicklungen nicht um unbeeinflussbare, Naturgewalten ähnliche Phänomene; vielmehr sind es doch die Nationalstaaten vornehmlich der westlichen Hemisphäre selbst gewesen, die durch politische Entscheidungen weltweiten Freihandel und Globalisierung erst ermöglichten.

Es stellten und stellen sich folglich aus systematischen Gründen in zweierlei Richtung Fragen nach den *Grenzen des Sozialstaates*, einmal im Wechselverhältnis zur nationalen volkswirtschaftlichen Wertschöpfung, zum anderen in sozialräumlicher Hinsicht im Wechselverhältnis zu den internationalen Wirtschaftsverflechtungen. Die Beantwortung dieser Fragen ist stets interessegeleitet, deren Ausklammerung aber auch.

6.2 Interessenantagonismus und soziale Integration im demokratischen Sozialstaat

Die ökonomischen Krisenerfahrungen in den Jahren 1966/67 führten in der politischen Theorie im Kontext mit anderen politischen und sozialen Entwicklungen zu einer umfangreichen Diskussion der Legitimationsgrundlagen des politischen Systems der Bundesrepublik Deutschlands.[9] Mit den sozialen Folgen der Strukturkrise seit Mitte der 1970er Jahre, insbesondere der Massenarbeitslosigkeit, den Einschränkungen im Sozialbereich, den immer stärker in den Vordergrund tretenden Problemen der Friedenssicherung und des Erhalts der natürlichen Lebensgrundlagen, spitzte sich die Frage zu, ob denn überhaupt noch bzw. wie der derzeitige Staat in der Lage bzw. befugt sei, den sozial erwirtschafteten Reichtum entsprechend den Wertvorstellungen von *Leistungsgerechtigkeit*, *solidarischem Ausgleich* und *vorleistungsfreien, subsidiären Hilfen* über Sozialpolitik zu verteilen. Dabei haben sich in zeitlicher Abfolge zwei entgegengesetzte Grundpositionen herausgebildet, jeweils auf älteren theoretischen Grundpositionen aufbauend.

a. Zur Reformulierung antagonistischer Klasseninteressen

Das neoliberale Dogma: Soziale Ungleichheit als Movens wirtschaftlichen Wachstums

Schon im Verlauf der sog. *Großen Depression* in den entwickelten Industriestaaten in den 1870er und 1880er Jahren suchte die sich herausbildende universitäre Wirtschaftswissenschaft nach Strategien, wie diese Gründerkrise, der Übergang vom Frühkapitalismus zum Monopolkapitalismus, überwunden werden könne. Sie formu-

9 Jürgen Habermas: Legitimationsprobleme im Spätkapitalismus, Frankfurt am Main 1973

lierte – im Rekurs auf die klassische Wirtschaftstheorie – eine *neoklassische*, die auf Stärkung der Angebotsstrukturen im Marktgeschehen zielte. Mit Ausbruch der *Weltwirtschaftskrise* Ende der 1920er Jahre erlebte diese Schule einen enormen Aufschwung. Im Deutschland des Dritten Reiches, vor allem aber im Exil entfalteten einzelne Wirtschaftstheoretiker Konzepte, wie denn die vom Kriege zerstörte Volkswirtschaft wieder in Gang gesetzt werden könne. *Friedrich August von Hayek* (1899-1992) steht dabei für jene Gruppe, die sich eher für ihre Angebotsreinheit interessierte, als dass sie ernsthaft Schlussfolgerungen aus der demokratiezerstörenden neoklassischen Politik am Ende der Weimarer Republik gezogen hätte.

Wiewohl Deutschland als Bestandteil der Europäischen Gemeinschaft ein führender Repräsentant einer zunehmend europäisierten und in Teilbereichen globalisierten Wirtschaft geworden ist, sind die zentralen Imperative *neoliberaler Wirtschaftspolitik* zunächst außerhalb Deutschlands akademisch und praktisch entwickelt worden. Für sie steht *Milton Friedman* (1912-2006), ein Ökonomieprofessor aus Chicago, und die nach dem Ort seines Wirkens benannte Schule (*Chicago boys*). Deutschland erlebte ebenfalls eine *Hayek*-Renaissance. Zentrales Element dieses seit Mitte der 1970er Jahre zunehmend und parallel zu den sichtbar werdenden Folgen von Europäisierung und Globalisierung popularisierten Konzeptes ist, dass nur noch der Markt über ökonomischen Gewinn und über Lebenschancen zu entscheiden hat und international und national alle Barrieren eines freien Handels aller Waren beseitigt werden sollen. Dieses findet auf betriebswirtschaftlicher Ebene seinen Niederschlag in einer *Shareholder-value*-Logik, der zufolge nur der Gewinn der Kapitalbesitzer Kriterium für den Erfolg eines Unternehmens ist (*Eigenkapitalrendite*), während Fragen einer gesellschaftlichen Verantwortung etwa für Ausbildungsplätze, für Standortpflege, für eine corporate identity zurückstehen müssen. Auf volkswirtschaftlicher Ebene entspricht dem ein Ökonomie-Verständnis, das die Addition einzelbetrieblicher Logiken darstellt. Da nun allerdings mit der Beseitigung, zumindest dem Abbau von Handelshemmnissen im internationalen Maßstab nationale wirtschaftliche Steuerungsinstrumente selbst der großen Wirtschaftsnationen – von den Ländern der Dritten Welt ganz zu schweigen – weitgehend verpuffen, wird der Staat auf die Sicherung der inneren und äußeren Ordnung reduziert, zugleich soll er nur noch ‚negatorisch' in den Wirtschaftsprozess eingreifen, indem er all das beseitigt, was das Marktgeschehen beeinträchtigen könnte. Es werden Parameter herangezogen, um wettbewerbsverzerrende Auswirkungen staatlicher Politik aufzuzeigen. Es sei – so Hayek – ein Irrglaube, ähnlich dem an „Hexen und Gespenster", sich in einer spontan bildenden Ordnung, also dem Markt, etwas Bestimmtes unter „sozialer Gerechtigkeit" vorstellen zu können. Auf eine derartige Idee könne nur eine „Zwangsorganisation" kommen, wie sie offensichtlich der Sozialstaat darstelle.[10] Hayek sieht durchaus ein „Mindesteinkommen" vor, doch müsse dieses für Bedürftige, die ihren

10 Friedrich August von Hayek: Die Illusion der sozialen Gerechtigkeit. (Recht, Gesetzgebung und Freiheit, Band 2). Landsberg am Lech 1981, S. 98; vgl. Peter Niesen: Die politische Theorie des Libertarianismus: Robert Nozick und Friedrich A. von Hayek, in: André Brodocz und Gary S. Schaal (Hg.): Politische Theorien der Gegenwart I, Opladen 2002, S. 77ff.

Lebensunterhalt nicht auf dem Markt verdienen könnten, vollständig außerhalb des Marktes angesiedelt sein: Gemeint sind damit karitative Hilfeleistungen wie Suppenküchen und Kleiderkammern, getragen von zivilgesellschaftlichen Akteuren, etwa der Kirchen, ehrenamtlich organisierten Wohlfahrtseinrichtungen etc. Die Hilfen dürften keinesfalls für Personen zu Verfügung stehen, die am Markt eine Leistung anbieten, selbst wenn diese dort nicht nachgefragt werde. Er begründet diese Mindestsicherung für offensichtlich nicht mehr Arbeitsfähige als im Interesse jener liegend, „die Schutz gegen Verzweiflungsakte der Bedürftigen verlangen", also der marktstarken Bürgerinnen und Bürger.[11]

Zur Logik des von *Robert Nozick* (1938-2002) ausformulierten Konzepts von einem *minimal state* gehört das sozialpolitische Credo, Movens von wirtschaftlichem Erfolg sei die Verstärkung sozialer Ungleichheit. Dieses Credo ist weder verizifierbar noch falsifizierbar. Damit schließt dieser Ansatz jegliche wissenschaftliche Korrektur aus und wird offensichtlich ideologisch. Dass es gerade Marktmechanismen waren, die geschichtlich auf staatliche Interventionen drängten, und dass Ungleichgewichte konstitutiv zum Markt gehören, schadet der ‚Schlankheit' dieses Staatsverständnisses offensichtlich ebenso wenig wie die Tatsache, dass es letztlich Menschen sind, die die negativen Seiten dieses Prozesses ertragen müssen. Dass Markt hier synonym für *Klasseninteresse* steht, sucht diese Argumentation nicht einmal zu verbergen: „Besteuerung von Arbeitseinkommen" sei „mit Zwangsarbeit gleichzusetzen", denn: „Alles, was aus gerechten Verhältnissen auf gerechte Weise entsteht, ist selbst gerecht."[12]

Dieser ökonomische Ansatz, ob seiner Rigidität kritisch bewertet als *Neoliberalismus* bezeichnet, entkleidet den Ökonomiebegriff all dessen, was ihn seit den Klassikern *Adam Smith*, *David Ricardo* etc. zu einem *politischen* gemacht hat. Er sucht, den auf betriebwirtschaftliche Logik reduzierten Ökonomiebegriff dem der Politik überzuordnen und will diesen zur eigentlichen Legislative, Exekutive und wenn es sein muss auch Judikative machen. Indem solchermaßen Ökonomie Politik wird, löst sich auch Sozialpolitik als Gestaltungsfaktor auf. Dieses Konstrukt sucht das aufzuheben, was bürgerliche Herrschaft bislang konstituiert hat, nämlich den *Primat der Politik* gegenüber einer eigenständigen Ökonomie.

Autonome Interessenwahrnehmung gegen „Sozialstaatsillusion"

Die insbesondere von Sozialdemokratie und Gewerkschaften vertretenen Vorstellungen einer evolutionären Verbesserung der Lage der abhängig Beschäftigten und einer allmählichen Demokratisierung der kapitalistischen Wirtschaftsordnung wurden im Zusammenhang mit der ersten größeren Nachkriegsrezession und der Studentenbewegung sowie verstärkt seit Mitte der 1970er Jahre zunehmend von kritischen, größtenteils auf *Karl Marx* und *Friedrich Engels* zurückgreifenden Theorieansätzen in Frage gestellt. Der Vorstellung vom Staat als einem sozusagen souveränen Umvertei-

11 Friedrich August von Hayek: Die Verfassung der Freiheit, 3. Aufl., Tübingen 1991
12 Robert Nozick: Anarchie Staat Utopia, München o.J (1976), *S.* 159 und 144

ler des Sozialproduktes setzten etwa *Wolfgang Müller* und *Christel Neusüß* die Thesen von einer nur „nachträgliche(n) und notdürftige(n) Kontrolle des Staates über die naturwüchsige Gestalt des gesellschaftlichen Produktionsprozesses" entgegen, die noch dazu „notwendig zur Erhaltung der Produktion von Mehrwert" sei. Die Vorstellung von einem soziale Gerechtigkeit herstellenden Sozialstaat sei infolgedessen „Illusion". Denn wenn umverteilt werde, so geschehe dies lediglich innerhalb der Klassen, in jedem Falle aber so, dass die Wachstumsbedingungen des Kapitals nicht in Frage gestellt würden.[13] Des Weiteren wird dem „Reformismus" in der traditionellen Arbeiterbewegung vorgehalten, er habe das Element der Selbstorganisation denaturiert. „Solidarität" und „Selbsthilfe" – einst Kampfbegriffe gegen den Kapitalismus – seien inzwischen ihres systemkritischen Charakters beraubt und in den „Himmel der Institutionen" von Staat und Sozialversicherung abgeschoben worden.[14] Die Objektstellung großer Teile der Bevölkerung gegenüber den Interessen des Kapitals werde dadurch noch verschärft.

Diese Thesen werden im weiteren Verlauf der Diskussion ausdifferenziert. Dabei wird immer wieder auf die hohe Abhängigkeit sozialstaatlicher Einrichtungen vom Kapitalverwertungsprozess hingewiesen. Allerdings würden sich hierin zugleich jene Widersprüche zeigen, die zum Movens eines über Lernprozesse eingeübten „radikalen Reformismus" werden könnten, „als konsequente Durchsetzung von Selbstorganisation und autonomer Interessenwahrnehmung bei der praktischen Veränderung der Arbeits- und Lebensverhältnisse".[15]

Angesichts offensichtlicher Defizite staatlicher Politik im Umgang mit nationalen und internationalen Verteilungsprozessen und Strukturen suchen die diesen emanzipatorisch-konfliktorientierten Theorien zuzuordnenden Autoren ihre politischen Wertvorstellungen denn auch weniger *an*, sondern vor allem *gegen* bestehende staatliche und diese in Beschlag nehmende Kräfte aus Besitzbürgertum und international agierenden Wirtschaftsunternehmen zu richten. Auch vordem sich dem Reformlager zuordnende Parteien wie etwa die Sozialdemokratie geraten zunehmend in die Kritik, angesichts wachsender Polarisierung zwischen Armut und Reichtum eher Letzteren zu befördern, statt Ersterer entgegenzutreten. Nach Meinung einiger Theoretiker ist in der Gesellschaft an die Stelle des alten Konflikts von Lohnarbeit und Kapital das Gegenüber zwischen jenen getreten, die an der kapitalistischen, europa- und teils weltweit agierenden Gesellschaft Anteil haben und jenen, die davon ausgegrenzt werden. Dieses soziale Potential der Marginalisierten bilde den Kern neuer sozialer Bewegungen und nehme politisch-ethische Imperative der bürgerlichen und der proletarischen Emanzipationsbewegung wieder auf, die von ihren ehemaligen Trä-

13 Wolfgang Müller und Christel Neusüß: Die Sozialstaatsillusion und der Widerspruch von Lohnarbeit und Kapital, in: Sozialistische Politik, II. Jahrgang, Heft 6/7, Juni 1970, S. 4ff., 1970: 57 und 42

14 Christel Neusüß: Der „freie Bürger" gegen den Sozialstaat? Sozialstaatskritik von rechts und von Seiten der Arbeiterbewegung, in: Probleme des Klassenkampfes, Heft Nr. 39 1980, S. 100

15 Joachim Hirsch: Der Sicherheitsstaat. Das ‚Modell Deutschland' und die neuen sozialen Bewegungen, Frankfurt am Main 1980, S. 165

gern ganz oder weitgehend entwertet worden seien.[16] Dieses Konstrukt – neue soziale Bewegungen und die Herausbildung von gesellschaftlicher Gegenmacht – zielt auf den *Primat einer sozialen Politik* gegenüber der privatwirtschaftlich organisierten Wirtschaft.

b. Integrationsgebot im Klassenstaat

Damit aber stellt sich in der zweiten Hälfte des 20. Jahrhunderts jene Grundkonstellation wieder her, die bereits einhundert Jahre zuvor existiert hat. Denn *Eigenverantwortung* und *Solidarität* – neben *Subsidiarität* zentrale Grundprinzipien der Sozialpolitik und heute im Kontext zueinander stehend – ordnen sich geschichtlich betrachtet entgegengesetzten sozialen Interessenlagen zu: Der des emanzipatorischen Bürgertums und der des sich organisierenden Proletariats. Die Gewissheit von *Karl Marx* und *Friedrich Engels*: „Ihr Untergang (der der Bourgeoisie) und der Sieg des Proletariats sind gleich unvermeidlich!" am Ende des ersten Teils des 1848 formulierten Kommunistischen Manifestes[17] ließ eine Lösung dieses Antagonismus nur in Gestalt seiner Aufhebung zu. Faktisch aber zeichneten sich parallel zu dieser Vorstellung unterschiedliche Formen sozialintegrativen Handelns ab, in der kirchlichen und bürgerlichen Armenfürsorge, beim Aufbau freiwilliger Hilfskassen und schließlich in der Bismarckschen Sozialversicherung, die letztlich zu einem breiten operativen Feld der reformorientierten Arbeiterbewegung in Deutschland wurde. Diese sozialintegrativen Strategien führten bei Teilen der Arbeiterbewegung und des Bürgertums zu dem stets prekären Versuch, die Postulate der bürgerlichen Demokratie – Gewährung von Grund- und Menschenrechten, politischer Teilhabe und die Garantie von Rechtsstaatlichkeit – mit denen der sozialen Demokratie – soziale Mindestsicherung, gerechte Teilhabe am sozialen Wohlstand und Demokratisierung des Wirtschaftssektors – zu verbinden.

Sozialer Interessenausgleich zwischen reformorientierter Arbeiterbewegung und besitzbürgerlichen Interessen: Max Weber, Hermann Heller und Ralf Dahrendorf
Parallel zur theoretischen Auseinandersetzung in der deutschen Arbeiterbewegung um eine ethisch begründete (Sozial-)Reformpolitik im Kapitalismus, damit zugleich über Notwendigkeit und Gefahren einer stärkeren Integration in die Wirklichkeit einer kapitalistisch geprägten Gesellschaft, suchen auch Theoretiker nach politisch-ethischen Grundlagen für eine Integration widerstreitender Interessen in Staat und Gesellschaft. Mit Namen wie *Max Weber* (1864-1920), *Hermann Heller* (1891-

---

16 vgl. Pierre Bourdieu: Gegenfeuer. Wortmeldungen im Dienste des Widerstands gegen die neoliberale Invasion, Konstanz 1998; André Gorz: Kritik der ökonomischen Vernunft, in: Frankfurter Rundschau 07.07.1989, S. 14; sowie die Anti-Globalisierungskampagne Attac

17 Karl Marx und Friedrich Engels: Werke. Band 4, Berlin 1974, S. 474

1933), *Ralf Dahrendorf* (1929-2009) u.a.m. verbinden sich geschichtlich Positionen, die diesen Prozess der sozialen Integration theoretisch fassen wollen.

Max Weber greift das bei *John Locke* (1632-1704) entwickelte liberale Theorem auf, dass nämlich die in einem Staat Beherrschten den mit der Herrschaft Beauftragten und den zu beachtenden Gesetzen zustimmen müssen: „Ein gewisses Minimum an innerer Zustimmung mindestens der sozial gewichtigen Schichten der Beherrschten ist ja Vorbedingung einer jeden, auch der bestorganisierten, Herrschaft.“[18] In der Phase des klassischen Liberalismus sei dies auch kein Problem gewesen, bezog sich doch hier die Forderung auf die sozial homogene Klasse der Besitzbürger. Im „modernen Staat“ aber gebe es diese soziale Homogenität nicht, sie sei erst auf dem Wege der sozialen Integration herstellbar. *Max Weber* beschreibt damit den Zustand zugespitzter Klassenauseinandersetzungen am Ende des I. Weltkrieges. Er geht von der „Gebundenheit jeder Regierung an die Existenzbedingungen einer auf absehbare Zeit hinaus kapitalistischen Gesellschaft und Wirtschaft“ aus.[19] Immer wieder fragt Weber, inwieweit die organisierte Arbeiterbewegung die in ihr wirksamen revolutionären Elemente zurückdrängen könne. Zugleich plädiert er für einen Kompromiss zwischen Kapitalismus und Arbeiterbewegung. Zwar werde man noch lange Zeit mit den privaten Unternehmern leben und auf ihre ökonomische Leistungsfähigkeit zurückgreifen müssen, wohl aber müsse und könne man ihren politischen Wirkungsgrad einschränken: „Man muss sie nur an der rechten Stelle verwenden, ihnen zwar die unvermeidlichen Prämien – des Profits – hinhalten, sie aber sich nicht über den Kopf wachsen lassen. *Nur* so ist – heute! – Fortschritt zur Sozialisierung möglich.“[20]

Hermann Heller knüpft am Ende der Weimarer Republik an diesen Gedanken an. Angesichts der Gefahr eines zur Macht gelangenden Faschismus fordert er: „Soll die heutige, vornehmlich vom Bürgertum geschaffene Kultur und Zivilisation erhalten, geschweige denn erneuert werden, so muss unter allen Umständen der erreichte Grad der Berechenbarkeit der gesellschaftlichen Beziehungen nicht nur bewahrt, sondern sogar noch erhöht werden.“[21] Obwohl gerade Teile des Bürgertums den von Anfang an in der Weimarer Republik nur widerwillig hingenommenen Kompromiss mit der Arbeiterbewegung nun in der Weltwirtschaftskrise aufzukündigen bereit seien, sieht Heller die objektive Aufgabe des Proletariats darin, immer wieder die soziale und politische Kraft zur Integration aufzubringen, da das Bürgertum aus sich heraus dazu nicht in der Lage und auch nicht willens sei.[22] Mit der proletarisierten „Massendemokratie des heutigen Großstaates“ und dem gesteigerten Klassengegensatz wird, so Heller, gerade jener Teil der bürgerlichen Gesellschaft, der nach Marx deren Negation darstellt, zum wichtigsten Kristallisationskern und zu einem der „staatsbildenden

18 Max Weber: Parlament und Regierung., in: Max Weber: Gesammelte politische Schriften, Tübingen 1958, S. 327

19 Ebenda S. 353f.

20 Max Weber: Deutschlands zukünftige Staatsform, in: Max Weber: Gesammelte politische Schriften, Tübingen 1958, S. 448

21 Hermann Heller: Rechtsstaat oder Diktatur, Tübingen 1930, S. 24

22 vgl. Wolfgang Schluchter: Entscheidungen für den sozialen Rechtsstaat. Hermann Heller und die staatstheoretische Diskussion in der Weimarer Republik, Köln und Berlin 1968, S. 172

Faktoren", dem die Aufgabe der Integration der „ewig antagonistischen Einheit" zukomme, um so den Faschismus abzuwenden.[23] Diese Ausformulierung der Notwendigkeit eines sozialen Kompromisses zum Zwecke der Verteidigung letztlich auch der bürgerlichen Gesellschaft setzt auf Teilhabe an den privatwirtschaftlich entstandenen Ressourcen.

Ralf Dahrendorf schließlich verbindet die Grundlegung der bürgerlichen Gesellschaft mit einem derartigen sozialen Kompromiss: „Deshalb verlangt die Durchsetzung der Bürgerrechte ein gewisses Maß dessen, was gerne Nivellierung genannt wird, nämlich einen verlässlichen ‚Fußboden' und eine schützende ‚Decke' für das Gehäuse sozialer Schichtung. Eine Politik zu diesem Ende ließe sich als liberale Sozialpolitik ohne große Mühe konzipieren. Sie bliebe eine liberale Politik, denn ihr eigentliches Ziel läge darin, den Raum zwischen Decke und Fußboden möglichst breit zu halten, damit die Vielfalt menschlicher Talente und Leistungen im Medium der distributiven Ungleichheit seinen Ausdruck finden kann."[24] Damit wird das Gebot der Integration erneuert, zugleich auf die gesamte Gesellschaft ausgeweitet und nicht, wie bei *Hermann Heller*, vorrangig als ein Instrument im Abwehrkampf des Proletariats gegen den aufkommenden Faschismus verstanden. Zugleich wird ein Spektrum für die soziale Teilhabe bzw. Verteilung aufgezeigt, denn der Abstand zwischen Decke und Fußboden wird nun zum interessebedingten Ort der Auseinandersetzung. Gleichviel: Bürgerrechte sind an eine existenzsichernde Mindestversorgung gebunden, die vor Ausgrenzung schützen soll, zugleich gibt es Grenzen nach oben, wie schon die frühliberale Theorie formulierte. Gesellschaft benötigt soziale Differenzierung, aber auch soziale Kohäsion. Verteilungspolitik in beide Richtungen ist folglich legitim, und zwar ohne Exklusivitätsanspruch.

Was Sozialstaatlichkeit quantitativ und qualitativ bedeuten *soll*, ist – so kann aus den hier angeführten Theorien von Weber, Heller und Dahrendorf geschlossen werden – normative Setzung. Diese ordnen sich einerseits in die Theorietradition von *Immanuel Kant* (1724-1804) ein. Diesen *Wert*-Setzungen ist ein je spezifisches Menschenbild eigen, das letztlich eine Antwort darauf zu geben sucht, wie in der Gesellschaft menschliche *Vernunft* zum Tragen gebracht und *Freiheit* verwirklicht werden kann. Im *Neukantianismus – gerichtet* gegen den geschichtsphilosophischen Ansatz von *Georg Wilhelm Friedrich Hegel* (1770-1831), vor allem aber von *Karl Marx* (1818-1883) – werden aus diesen beiden zentralen Kategorien der bürgerlichen Emanzipationsbewegung – *Vernunft* und *Freiheit* – nun unterschiedliche *Sollens*-Vorstellungen formuliert, an dem sich dann das Sein der Gesellschaft messen lassen müsse. Es gibt also kein geschichtliches Ziel, wohl aber eine Vielzahl von sozialethischen Vorgaben, die zur Richtschnur auch von Politik werden sollten. Zugleich greifen diese Konstrukte Überlegungen der sozialistischen Emanzipationsbewegung auf, wonach die Verwirklichung von Vernunft und Freiheit letztlich eines materiellen, sozialen Substrats bedarf. Dabei unterliegen diese neukantianischen Konstrukte dem

23 Hermann Heller: Europa und der Fascismus, Berlin und Leipzig 1929, S. 7, 8 und 11
24 Ralf Dahrendorf: Gesellschaft und Demokratie, München 1965, S. 96

Risiko, ihrerseits kritisch hinterfragt zu werden, nämlich einmal, weil es schlicht eine beachtliche Vielfältigkeit von Sollens-Bestimmungen gibt und nicht eindeutig bestimmbar ist, welcher der Vorrang gebührt, und zum anderen, weil deren wie auch immer schlüssige Begründung keinesfalls schon dazu führt, dass sich die gesellschaftliche Wirklichkeit daran orientiert. Umgekehrt werden diese Begründungen nicht dadurch obsolet, dass sie nicht *hic et nunc* Wirklichkeit werden – können. Denn auch für sie gilt die Aussage von *Werner Hofmann*: (1922-1969) „Und ohne die großen Ideen gibt es kein wirkliches Fortschreiten auch in der praktischen Welt.“[25]

Grundlegungen sachrationaler Reformpolitik

Eine Möglichkeit, auf diese Diskrepanz zu reagieren, stellt der *Kritische Rationalismus* dar: Die politisch-ethische Forderung nach menschenwürdigen, gerechteren, bezogen auf den vorhandenen Reichtum partizipativeren Lebensverhältnissen kann diese nicht schaffen. Auf dieses Dilemma wollten in der Arbeiterbewegung Reformstrategien reagieren, indem sie die Veränderungspotentiale der gegebenen Gesellschafts- und Staatsordnung für mehr soziale Gerechtigkeit und sozial gewährleistete Freiheit zu nutzen suchten. Setzte diese Begründung (sozial-)reformerischer Politik letztlich noch am grundlegenden Konflikt zwischen Lohnarbeit und Kapital an, den sie – in der Tradition des Neukantianismus stehend – evolutionär zu überwinden hoffte, sieht eine an den *Kritischen Rationalismus* anknüpfende Reformkonzeption generell von einer Zielbestimmung ab und beschränkt sich auf Aussagen über das reformpolitische Procedere. Die vor allem von *Karl R. Popper* (1902-1994) entwickelte wissenschaftstheoretische Konzeption geht davon aus, dass es letztlich keine absolut gültige, wissenschaftliche Begründung und damit keine absolute Wahrheit und Gewissheit gebe, sondern dass Wissenschaft lediglich die stete kritische Prüfung und eventuell Verbesserung notwendig partiell bleibender Problemlösungen leisten kann. *Hans Albert* (geb. 1921) folgert daraus, dass es auch keinen „archimedischen Punkt“ gebe, von dem her sich eine für alle Mitglieder der Gesellschaft in gleicher Weise akzeptable Politik begründen ließe. „Vor allem darf man nicht erwarten, dass sich ein solcher Konsensus gerade über sogenannte letzte Werte oder Ziele herstellen lässt, wie vielfach, sogar von Sozialtheoretikern, behauptet wird.“[26] Ein solcher Konsens sei allerdings auch gar nicht notwendig, weil zum einen letzte Ziele nicht zur Diskussion stünden und weil sich zum anderen „oft ein partieller, relativer und provisorischer Konsens gerade über Tatbestände oder Wünschbarkeiten erzielen“ lasse. Die bestehenden Repräsentations- und Abstimmungsmechanismen dienten dazu, einen derartigen „Konsens auf mittlerer Ebene“ herzustellen. Dies bedeutet, „dass es *keine ideale Sozialordnung* geben kann (...), die allen Bedürfnissen in optimaler Weise gerecht wird.“ Und daraus folgt: „Wer der rationalen Methode in der Politik

25 Werner Hofmann: Ideengeschichte der sozialen Bewegung des 19. und 20. Jahrhunderts, Berlin 1970

26 Hans Albert: Aufklärung und Steuerung. Gesellschaft, Wissenschaft und Politik in der Perspektive des Kritischen Rationalismus, in: Georg Lührs u.a. (Hg.): Kritischer Rationalismus und Sozialdemokratie, 2. Aufl., Berlin und Bonn-Bad Godesberg 1975, S. 121

Geltung verschaffen möchte, (...) wird sich dafür einsetzen, dass unser unvollkommenes, mit Mängeln behaftetes Wissen in bestmöglicher Weise ausgenutzt wird für die Verbesserung der sozialen Zustände, und zwar durch Reformen, die schrittweise Veränderungen herbeiführen."[27] Nicht ein maximalistisches Ziel solle verwirklicht werden, sondern das, was unter den gegebenen Alternativen das Beste ist – dies ist die Zielbestimmung des Kritischen Rationalismus, der damit an die Tradition des angelsächsischen *Utilitarismus* eines *John Stuart Mills* (1806-1873) und eines *John Rawls* (1921-2002) anknüpft[28] und der auf diesem Weg die bestehende Gesellschaft mit ihren sozialen Konflikten und strukturellen Ungleichheiten generell der Infragestellung entzieht.

Indem der *Kritische Rationalismus* nur noch von einer *„Analyse realisierbarer Alternativen"*, von der Lösung schwieriger sozialtechnologischer Probleme spricht, reduziert er die Wahrnehmung auch sozialer Problemlagen auf das, was veränderbar ist.[29] Eine darüber hinausgehende Zielbestimmung und Bewertung findet nicht statt. Aus der praktischen Reformpolitik heraus soll über eine Binnenrationalisierung von Wirtschaft und Gesellschaft ein Interessensausgleich herbeigeführt werden. Bei Zurkenntnisnahme und Aufrechterhaltung unvereinbarer Grundpositionen können aber zumindest Teillösungen über den Staat auf den Gebieten angestrebt werden, bei denen eine Einigung möglich ist. Insoweit und *nur* insoweit Konsens herrscht, soll der *Primat der Politik* greifen.

Ziviles Engagement: Forderungen nach einem ‚neuen Gesellschaftsvertrag'

Mit Beginn der wirtschaftlichen Strukturkrise und dem Voranschreiten europäisierter bzw. globalisierter Kapitalkonzentration und -zentralisation seit Mitte der 1970er Jahre wurde zu Beginn der 1980er Jahre im 20. Jahrhundert eine philosophische wie politikwissenschaftliche Diskussion darüber entfacht, ob angesichts auseinander driftender moderner Industriegesellschaften nicht über einen der klassischen liberalen Theorie nachempfundenen, aber nunmehr auf die Bedingungen der *postmodernen Gesellschaft* zielenden *neuen Gesellschaftsvertrag* nachgedacht werden müsse, um angesichts von Individualisierung und Atomisierung neue Verbindlichkeiten und Ziele für gesellschaftlichen Zusammenhalt zu formulieren. Ausgangspunkt dieser Überlegungen war dabei die Beobachtung, dass die vor dem Hintergrund des sozialen Status quo diskutierten Vorstellungen von einer neuen „guten Gesellschaft" zwischen dem engen, normierenden Korsett „religiösen Fundamentalismus" einerseits und in der Überbetonung von Autonomie und individuellen Freiheitsrechten andererseits oszillierten. Beide Pole als nicht dauerhaft friedlich gesellschaftsbildend betrachtend, will die *kommunitaristische Idee* in dieser Kontroverse eine Art Vermitt-

---

27 Ebenda.: S. 123

28 vgl. Otfried Höffe: Ethik und Politik. Grundmodelle und -probleme der praktischen Philosophie, Frankfurt am Main 1979, S. 160ff.

29 Hans Albert: Aufklärung und Steuerung. Gesellschaft, Wissenschaft und Politik in der Perspektive des Kritischen Rationalismus, in: Georg Lührs u.a. (Hg.): Kritischer Rationalismus und Sozialdemokratie, 2. Aufl., Berlin und Bonn-Bad Godesberg 1975, S. 125 und 115

lerposition einnehmen und beschreibt in ihrem „kommunitaristische[n] Paradigma (...) die gute Gesellschaft als eine Gesellschaft (...), die sich sowohl um soziale Tugenden als auch um individuelle Rechte sorgt.“[30]

Der Kommunitarismus versteht sich als Initiator eines stetigen sozialen Aushandlungsprozesses, mit dem Ziel, soziale Ordnung und individuelle Autonomie in eine für die Mehrzahl der Gesellschaftsmitglieder akzeptable Balance zu bringen. Die Frage, wie sich in einer Gesellschaft diese soziale Kohäsion einstellen kann, impliziert dann auch Fragen nach einer gerechteren Verteilung der positiven und negativen Folgen entgrenzten Wirtschaftens sowie der Gleichwertigkeit von Markt und Sozialstaat als Quelle von Einkommen. In diesen an die *diskursive Ethik*[31] anschließenden Konzepten geht es bei der Bewertung von sozialpolitischer Steuerung und von materiellen wie immateriellen Verteilungsprozessen denn auch *nicht mehr um normative Vorgaben*, wie Reichtum und privates Wirtschaften zu beurteilen seien, sondern vor allem um *Wegbeschreibungen zu einem gesellschaftlichen Konsens* über gemeinsame Wertvorstellungen von Selbst- und Fremdbestimmung etwa auch beim Besitz von Vermögen bzw. dem Verfolg eigener wirtschaftlicher Interessen. Von einem kommunitaristischen Standpunkt aus betrachtet macht es deshalb wenig Sinn, in der Art einer geschlossenen Theoriebildung allgemein ein Mehr oder Weniger an individuellen Rechten und sozialen Verantwortlichkeiten einzufordern. Denn der Grad staatlichen Handelns gegenüber den Mitbürgerinnen und Mitbürgern ist bestimmt durch die vorfindlichen gesellschaftlichen und historischen Rahmenbedingungen und lässt sich damit gerade nicht allgemeingültig aus wirtschaftstheoretischen bzw. politischen Theorien und Ideologien ableiten.[32]

Aus dieser Konstellation ergibt sich, dass den Kommunitaristen zwar die Vorstellung von der Gesellschaft als einem dynamischem Gebilde gemein ist, gleichzeitig jedoch die verschiedenen Positionen, die sich hier im Einzelnen aufzeigen lassen, ihrerseits in sich von unterschiedlichen normativen Vorgaben geprägt sein können.[33] Die in der neomarxistischen und in der neoliberalen Kritik am Sozialstaat gleichermaßen zum Ausdruck kommende Vorstellung, dass es letztlich keinen tragfähigen Konsens in einer klassengeprägten Gesellschaft geben kann, ‚untertunnelt‘ der Kommunitarismus. Er negiert deren jeweiligen Alleingültigkeitsanspruch und will aus der Gesellschaft heraus nach subjektiven und/oder objektiven gemeinsamen Interessen ihrer Glieder suchen. Er unterstellt das gemeinsame Interesse der Gesellschaftsmitglieder an einem Konsensverfahren, ohne dieses allerdings zu materialisieren. Umgekehrt – hier konsequent an die frühbürgerlichen Vorstellungen von einem Gesell-

30 Amitai Etzioni: Die Verantwortungsgesellschaft. Individualismus und Moral in der heutigen Demokratie, Frankfurt am Main und New York 1997, S. 25f.

31 Karl-Otto Apel u.a. (Hg.): Praktische Philosophie/Ethik I. Aktuelle Materialien. Band 1, Frankfurt am Main 1980

32 Ebenda, S. 67

33 vgl. Friedhelm Hengsbach und Matthias Möhring-Hesse: Aus der Schieflage heraus. Demokratische Verteilung von Reichtum und Arbeit, Bonn 1999; Mark Arenhövel: Kommunitarismus. Eine Kritik am politischen Liberalismus, in: Franz Neumann (Hg.): Handbuch Politische Theorien und Ideologien. Band 1, Opladen 1998, S. 235ff.

schaftsvertrag anschließend – bleibt dann, wenn ein Konsens über die materielle Bestimmung eines Primates der Politik nicht besteht, letztlich nichts anderes übrig, als die den neuen Gesellschaftsvertrag schließenden Bürger danach zu befragen, wie und mit welchem Ziel sowohl partikulares als auch allgemeines Handeln der politischen Gesellschaft bestimmt werden sollen bzw. können.

Der Kerngedanke, es bedürfe in einer klassengespaltenen Gesellschaft der sozialen Integration, charakterisiert zahlreiche, von ihrem Anspruch und ihrer Wirkung her teils weiter, teils kürzer greifende theoretische Konstrukte, die sich im Spannungsfeld zwischen dem Verfolg partikularer, auch privatwirtschaftlicher Interessen und der Rahmensetzung durch Politik bewegen. Es gibt hier kein objektivistisches Richtig und Falsch, wenngleich mit den zentralen Werten der bürgerlichen Gesellschaft *Freiheit* und *Vernunft* bei all ihren sozialen Implikationen Grundprinzipien vorgegeben worden sind, die interessebedingte Verkürzungen dieses Spannungsfeldes zwischen *Akkumulation* und *sozialer Integration* ideologiekritisch hinterfragbar machen. Zugleich zeichnet sich eine *erste Grenze von Sozialstaatlichkeit* dort ab, wo dieses Spannungsfeld bestritten, zu Gunsten eines Poles aufgehoben bzw. dessen Ausgestaltung nur noch zum abgeleiteten Derivat des anderen wird.

6.3 Entgrenzung des Sozialraums

Der Raum sozialer Verteilungspolitik war bis in die 1990er Jahre hinein der wie auch immer modifizierte, nationale Sozialstaat. Die im vorstehenden Kapitel dargestellten theoretischen Bestimmungen im Verhältnis von Politik und Ökonomie beziehen sich auf diese nationalstaatlichen Handlungsebenen. Mit Herstellung zunächst der Wirtschaftseinheit und dann der Währungseinheit, mit den Vertragswerken von Maastricht, Amsterdam, Nizza und anderen Beschlüssen mehr bis hin zum Lissabon-Vertrag der Europäischen Union, in Kraft getreten am 1. Dezember 2009, wird dieser Sozialstaat zunehmend sozialräumlich entgrenzt. Über die Europäische Union hinaus wirken weitere soziale und ökonomische Veränderungen innerhalb Europas und weltweit auf die soziale Lage und die anstehenden Verteilungsprozesse sowie Ergebnisse. Damit stehen Sozialstaatlichkeit und Sozialpolitik mit ihrer Aufgabe, dem ihnen obliegenden Integrationsgebot unter Bedingungen *wirtschaftlicher und politischer Entgrenzung* Rechnung zu tragen, vor neuen Herausforderungen. Traditionelle nationale Politikansätze und der darin zum Ausdruck kommende soziale Interessensbezug werden dadurch nicht in toto obsolet, sie bedürfen aber einer Erweiterung in Richtung einer Abstimmung unterschiedlicher nationaler Interessen und einem sich national herausgebildeten Verständnis, was als sozial gerecht akzeptiert wird bzw. was solidarisch in diesem erweiterten Sozialraum abgesichert werden kann. Doch auch derartige Entgrenzung ist geschichtlich nicht völlig neu, sie hat in unterschiedlichen Formen auch schon früher statt gefunden. Gleichwohl stehen Sozialstaatlichkeit und Sozialpolitik in einem bedeutsamen Umbruch.

Der geschlossene Handelsstaat

Dabei brachte in der politisch-philosophischen Gemengelage im Übergang zum 19. Jahrhundert *Johann Gottlieb Fichte* (1762-1814) mit seiner im Jahr 1800 publizierten Schrift vom „Geschlossenen Handelsstaat" ein interessantes Argument in die politisch-theoretische Diskussion ein, das quer zu den stärker vor allem auf die Herausbildung rechtsstaatlicher und wirtschaftsliberaler Strukturen zielenden Theorien *Kants*, *von Humboldts* u.a. steht. Auch Fichte forderte die Sicherung von Freiheit und Vernunft durch einen zu etablierenden Rechtsstaat. Anders aber als seine Zeitgenossen verstand Fichte Gleichheit nicht nur im klassischen Sinne der Allgemeingültigkeit von Gesetzen, vor denen also alle Menschen gleich seien, sondern darüber hinaus als eine durch staatliche Fürsorge herzustellende materielle Beteiligung der Bürger am allgemeinen Wohlstand. Das von ihm entworfene Staatswesen sollte, von wenigen Ausnahmen abgesehen, in Autarkie nach außen leben und durch „Berechnungen und Aufsichten" nach innen „das Gleichgewicht im öffentlichen Verkehr, und im Verhältnis aller zu allen unverrückt" erhalten.[34] Der Staat wurde hier als Garant der eigenständigen nationalen wirtschaftlichen Entwicklung und der angemessenen Versorgung seiner Bürger verstanden: „Das Volk befindet sich, zufolge der vor der Schließung gemachten Verbesserungen, in einem beträchtlichen Wohlstande, und von diesem Wohlstande genießen alle ihren geziehmenden Teil. Was irgendein Bürger bedarf, und haben soll, hat sicher irgendeiner seiner Mitbürger, welcher auf sein Bedürfnis berechnet ist, und der erstere kann es erhalten, sobald er will."[35]

Fichte entwarf innerhalb eines sozialräumlich begrenzten Handlungsrahmens theoretisch ein Amalgam aus unterschiedlichen Elementen: dem liberalen Freiheitsbegriff, einem sozialistischen Planungsbegriff einschließlich solidarischer (Um-)Verteilungsprozesse und schließlich einem in der christlichen Tradition stehenden Bedarfsprinzip, das aus sich heraus staatliche Hilfe begründete, ohne dafür selbst eine Vorleistung zwingend vorzuschreiben, wobei diese Hilfe „geziehmend" sein sollte. Fichte verknüpfte Erfahrungen des merkantilistischen Staates mit ethischen Wertvorstellungen bürgerlicher Freiheit und sozialistischer Utopie, damit das feudale soziale Sicherungssystem in die Moderne übertragend, ohne dass diesem eine empirische Erfahrung entsprochen hätte.

Auch wenn der „geschlossene Handelsstaat" nie Wirklichkeit geworden ist – die großen Protagonisten der Industrialisierung gingen sehr bald zur Kolonialisierungspolitik über – wirkten die Ideen Fichtes insbesondere in der politischen Programmatik etwa von *Ferdinand Lassalle* (1825-1864) und in der deutschen Sozialdemokratie fort. Die Notwendigkeit eines staatlich gestalteten Risikoausgleichs zwischen sozialem Bedarf und finanzieller Leistungsfähigkeit innerhalb eines Sozialraums ist bis heute konstitutiver Bestandteil von Sozialstaatlichkeit. Es blieb und bleibt aber offen, was geschieht, wenn die von ihm erhofften „Verbesserungen", der „beträchtliche Wohlstand" nicht oder so nicht einträten.

34 Johann Gottlieb Fichte: Der geschlossene Handelsstaat (1800), zit. nach der Ausgabe, hg. von Fritz Medicus, Leipzig 1919, S. 121

35 Ebenda S. 118

Der europäische Sozialraum: Die Europäische Union
Sozialstaatlichkeit ist an sozialräumlich begrenzte volkswirtschaftliche und soziale Prozesse gekoppelt, sie kann nur bei einem kalkulablen Verhältnis zwischen Leistungsanforderungen und materiellen Ressourcen existieren, ausgebaut und dann auch ggf. zurückgefahren werden. Diese Grenzen sind historisch mit den Nationalstaaten identisch gewesen, müssen dieses aber nicht bleiben. Ein – wiederum in sich räumlich begrenzter – europäischer Sozialstaat ist denkbar. Dabei hat allerdings die Süderweiterung der Europäischen Union gezeigt, dass die wirtschaftliche und soziale Verknüpfung höchst unterschiedlicher Volkswirtschaften und sozialer Sicherungssysteme mit großen Problemen und Konflikten behaftet ist. Umso stärker ist vor dem Irrtum zu warnen, man könne gleichsam nebenbei die Europäische Union beliebig erweitern. Die daran gebundenen sozialen und politischen Konflikte sind antizipierbar. Umgekehrt ist eine gesamteuropäische soziale Dimension unverzichtbar. In jedem Falle kann ein Sozialstaat, wie auch immer geographisch ausgeweitet, sozialräumlich und politisch betrachtet nicht ohne Grenzen sein. Hier also liegt die *zweite Grenze von Sozialstaatlichkeit*.

Die derzeitige Politik einer zunehmenden *Entgrenzung der Europäischen Union* dagegen unterliegt – trotz aller gegenteiligen Behauptungen – vor allem *zwei Antinomien*. Zum einen geht es um einen immanenten *Widerspruch* zwischen *quantitativem* und *qualitativem* Ausbau der Union. Wenn nämlich die derzeitigen EU-Staaten qualitativ etwa auch über demokratische Binnenstrukturen, Grundrechtsnormen und gemeinsame Politikfelder miteinander verbunden werden sollen, begrenzt dieses die Möglichkeit, alle Länder Osteuropas auf Grund deren Entwicklungsstandes umstandslos in diesen Prozess – zumindest jetzt und in absehbarer Zeit – einzubeziehen. Das heißt, die quantitative Ausweitung nach Osten tritt in Widerspruch zu einer qualitativen mit dem Ergebnis, dass vermutlich die gewünschte politische Stabilisierung in den Transformationsländern Osteuropas nur partiell erreicht wird. Im europäischen Vertragswerk gefundene Kompromisse zur zukünftigen Meinungsbildung und vereinfachten Entscheidungsfindung werden sicher einige Blockaden bisheriger politischer Prozesse überwinden können, gleichwohl sind die europäischen Strukturen weder staatsrechtlich noch unter dem Aspekt der Bürgerbeteiligung als hinreichend demokratisch einzustufen.

Die zweite Antinomie bezieht sich darauf, dass, selbst wenn neue supranationale Entscheidungsebenen geschaffen werden könnten, die *Standortkonkurrenz* zwischen den Regionen, den unterschiedlichen Anbietern und letztlich den einzelnen Arbeitsplätzen, unter sonst gleichbleibenden Bedingungen genauso wenig aufhebbar ist wie derzeit.[36] Hier bedürfte es sehr weitgehender Einschnitte in nationale Regelungskompetenzen, um zumindest in einem begrenzten europäischen Sozialraum wieder vergleichbare Wettbewerbsbedingungen zu schaffen. Doch gerade dieses haben die dominierenden politischen Kräfte in vielen Staaten der Union bislang nachhaltig –

36 Jürgen Habermas: Die postnationale Konstellation und die Zukunft der Demokratie, in: Blätter für deutsche und internationale Politik, Heft 7/1998, S. 817ff.

aus Standortgründen – verhindert. Infolgedessen greifen *direkte* und *indirekte* Folgen regionaler bzw. nationaler Entwicklungen im wirtschaftlichen und im sozialen Bereich auf andere Regionen und Staaten über: Migration, Lohndrift, Druck auf die Steuersysteme, Absenkungen sozialer Leistungen und von arbeitsrechtlichen Standards sowie solchen des Gesundheitsschutzes am Arbeitsplatz.

Diese beiden Antinomien können nicht einfach überwunden werden, zumal divergierende soziale und politische Interessen dem entgegenstehen. Politik allerdings – auf lokaler, regionaler, nationaler und europäischer Ebene – darf nicht behaupten, sie sei quasi in diese Antinomien ‚hineingerutscht'. Das zentrale Dilemma bleibt: Die *doppelte Transformation in Europa* wurde fest an eine marktliberale Wirtschaftsreform gekoppelt, so als hätte es dazu keine Alternative gegeben. In der Folge ist die Gleichzeitigkeit einer wirtschaftlichen und einer politischen Transformation keineswegs bloß in Mittel- und Osteuropa eingetreten, sondern auch im Westeuropa der Europäischen Union selbst. Denn dort haben sich Zielsetzung und Durchsetzungsformen des Nationalstaats unmerklich, aber wirksam verändert und damit das von *Fritz W. Scharpf* (geb. 1935) treffend charakterisierte Dilemma verschärft: „Die Kapazitäten der Union, eigene Politiken zu verwirklichen, sind nicht annähernd in derselben Weise gestärkt worden, wie sie auf der Ebene der Mitgliedstaaten abgenommen haben."[37] Entwickelte Sozialstaaten mutieren zu „Wettbewerbsstaaten" (*Wolfgang Streek*), sich in der Bearbeitung sozialer Problemlagen ‚verschlankend', bei der Stärkung gewichtiger Wirtschaftsanbieter dagegen kräftig an Bedeutung gewinnend. Dabei hat es durchaus gewichtige Stimmen gegeben, die davor gewarnt haben, im Wechselspiel zwischen funktionsloser werdenden Nationalstaaten und einer nicht mit genügend Kompetenzen ausgestatteten supranationalen Handlungsebene, politische Aufgaben nicht mehr angemessen abzuarbeiten. Nach Meinung des ehemaligen Präsidenten des Direktoriums der Schweizerischen Nationalbank, *Markus Lusser* (1931-1998), wird die Währungsunion in der Europäischen Union „(...) mit hoher Wahrscheinlichkeit nur funktionieren, wenn sie durch ein zentralisiertes Steuersystem sowie durch ein System eines unionsweiten Finanztransfers ergänzt wird. Dies bedingt (...) eine politische Union. (...) Jede Währungsunion, die nicht in einer gewachsenen – in einer erprobten – politischen Union verankert ist, droht früher oder später auseinander zu brechen."[38] *Lussers* Analyse hat sich spätestens mit dem Rettungspaket für Griechenland im Jahr 2010 und den französischen Forderungen für eine europäische kontrollierten Wirtschafts- und Finanzpolitik der EU-Staaten durch die Hintertür bewahrheitet.

Doch kann ein wie auch immer begrenzter Sozialstaat keine Insellösung bzw. *Festung* sein: Er muss um faire (Handels-)Beziehungen zu anderen Wirtschafts- und Sozialräumen bemüht sein, er steht in einer Weltökonomie, die einer rationalen, auf Ausgleich ausgerichteten Gestaltung bedarf. Dieses betrifft auch internationale Rege-

37 Fritz W. Scharpf: Optionen des Föderalismus in Deutschland und Europa, Frankfurt am Main 1994, S. 220

38 Markus Lusser: Nationale Geldpolitik zwischen Regionalisierungs- und Globalisierungstendenzen, in: Reinhold Biskup (Hg.): Globalisierung und Wettbewerb, Bern, Stuttgart und Wien 1996, S. 192f.

lungen für das Problem der Migration, Fragen des Waffenexports und Sicherung der Teilhabe weiter Teile dieser Erde am steigenden Weltwohlstand. In einem wie auch immer erweiterten Sozialstaat gibt es – legitime – Interessenunterschiede, die unterschiedliche Konzepte für diese Erfordernisse nach sich ziehen. Dabei sind diese Interessen und deren soziale sowie politische Vertretung keineswegs gleich stark, sie sind vielmehr nach stärkeren und schwächeren geschieden. Vermochten sich insbesondere transnationale Wirtschaftsunternehmen schon früher mehr oder weniger den – nicht nur sozialen – Imperativen nationaler Regierungen bzw. nationaler und supranationaler Sozialstaaten fast zur Gänze entziehen, haben sich inzwischen Kapitalformen (Hedgefonds, Spekulationenganze auf Währungen etc.) herausgebildet, die nationale Volkswirtschaften und kleine bzw. auch größere Marktsegmente ganz oder doch in bestimmender Weise unter ihre Kontrolle ziehen. Strategien zur Übernahme von Unternehmen bzw. Unternehmensgruppen und spekulative Angriffe auf Währungen mit dem Ziel der Herbeiführung von nationaler Zahlungsunfähigkeit zeigen einerseits deutlich, dass sich jenseits nationaler Grenzen inzwischen wieder der bei *Thomas Hobbes* noch als Naturzustand beschriebene Ausgangspunkt staatstheoretischen Denkens herausgebildet hat, nämlich der, an dem der „Mensch dem Menschen Wolf ist" (*homo homini lupus*). Nicht erst hier geht eine aktualisierte Bestimmung von Sozialstaatlichkeit über das Konstrukt des „geschlossenen Handelsstaates" hinaus, doch bleibt die bei Fichte formulierte Aufgabe, einen Rahmen zu setzen, um die für Sozialstaatlichkeit zu organisierende Solidarität erfolgreich mobilisieren und organisieren zu können. Hilfen im Euro-Block zur Rettung beispielsweise in Not geratener Länder innerhalb der Europäischen Union stellen bislang eher eine Krisenintervention dar, ohne dass den ganz offensichtlich grenzen- und maßlosen Begehrlichkeiten ständig sich neu aufstellender spekulativer Kapitalformationen auch nur ansatzweise Grenzen gesetzt werden. Umgekehrt bedarf es einer grundlegenden Korrektur staatlicher Verschuldungsstrategien, die die allzu sorglose Kreditvergabe von Großbanken erst ermöglichen. Neuere Sozialstaatskonzepte und Vorstellungen sozialer Weltgestaltung suchen hier nach Antworten.

Der Dritte Weg: Anthony Giddens

Im Spannungsfeld zwischen dem Zusammenbruch des sozialistischen Blocks in Osteuropa, Strukturproblemen der traditionellen Sozialdemokratie und den „(…) neue[n] Risiken und Unsicherheiten (…)", die der Neoliberalismus erzeuge, gibt *Anthony Giddens* (geb. 1938) mit seinem Konzept von einem „Dritten Weg" Antworten auf *fünf elementare Dilemmata* der Gegenwart, nämlich die *Globalisierung*, die *Individualisierung*, die *Verschiebung der Bedeutung des Schemas Links und Rechts*, *Veränderungen politischer Handlungsebenen* sowie den *ökologischen Notwendigkeiten*. Dabei hält Giddens an der zentralen Bedeutung von sozialer Gerechtigkeit und der Gewährung von sozialem Ausgleich fest: „Eine in hohem Maße ungleiche Gesellschaft schadet sich selbst, wenn sie die Talente und Fähigkeiten ihrer Bürger nicht bestmöglich nutzt. Überdies können Ungleichheiten den gesellschaftlichen Zusammenhalt gefährden und sozial unerwünschte Konsequenzen haben (etwa eine hohe Verbrechensrate)." Das übergreifende Ziel der Politik müsse es sein, „(...) den Bürgern dabei zu helfen, sich ihren Weg durch die großen Revolutionen unserer Zeit zu bahnen: die *Globalisierung*, die *Veränderung des persönlichen Lebens* und *unsere Beziehung zur Natur*." Da heute „(...) niemand mehr eine Alternative zum Kapitalismus zu bieten (...)" habe, plädiert Giddens für das Modell einer neuen gemischten Wirtschaft, die „(...) einen Synergieeffekt von öffentlichem und privatem Sektor erzielen (...)" solle, „(...) indem sie die Dynamik des Marktes für das öffentliche Interesse nutzt. Dazu gehören, auf transnationaler wie auf nationaler und lokaler Ebene, ein Gleichgewicht zwischen Regulierung und Deregulierung und ein Gleichgewicht zwischen dem ökonomischen und dem nicht-ökonomischen Bereich der Gesellschaft."[39]

Das Verhältnis zwischen Risiko und Sicherheit müsse verändert werden im Sinne einer „verantwortungsbewussten Übernahme von Risiken". Die Umverteilung selbst dürfe nicht von der Tagesordnung genommen werden, doch müsse dabei eine „Umverteilung der Chancen" in den Vordergrund gerückt werden. Rechte könnten nicht ohne Verpflichtungen eingeräumt werden, die Gewährung von Arbeitslosenunterstützung müsse beispielsweise an die Verpflichtung zu aktiver Arbeitssuche gebunden werden. Der von Anthony Giddens angestrebte Sozialstaat begreift sich ausdrücklich als Beitrag zur Inklusion aller Bürgerinnen und Bürger, dabei der – freiwilligen – Exklusion der Reichen ebenso entgegentretend wie der – unfreiwilligen – der Armen. Für Letztere fordert er mehr als die traditionelle Hilfe, nämlich „gemeinschaftsorientierte Initiativen" in Gestalt von Netzwerken gegenseitiger Unterstützung, Selbsthilfe und Schaffung von sozialem Kapital, kurz: die Unterstützung lokaler Aktivitäten. Auch über die Bekämpfung von Armut hinaus gelte es, den Sozialstaat in dem Sinne umzubauen, dass an die Stelle direkter Zahlungen stärker Investitionen in „menschliches Kapital" treten sollen. Statt reaktive Wohlstandssicherung zu betreiben, gelte es „positive Wohlfahrt" zu befördern, die von Begriffen wie Selbstbestimmung, aktive Gesundheitsvorsorge, lebensbegleitende Bildung, Wohlergehen und (Eigen-)Initiative geprägt sei. Der Aufbruch in dieses „globale Zeitalter" sei nur möglich, wenn sich die Nationen und die Demokratie kosmopolitisch ausrichteten, sich die Kultur pluralisiere und sich neue Formen des Governance zwischen den Staaten, in den Staaten und unter Einbeziehung der zunehmenden Zahl nichtstaatlicher Organisationen mit zum Teil ebenfalls internationalen Verflechtungen ergäben. Dieses betreffe den Raum der Europäischen Union, gehe aber darüber auch hinaus.[40]

---

39 Anthony Giddens: Der dritte Weg. Die Erneuerung der sozialen Demokratie, Frankfurt am Main 1999, S. 55, 80, 57 und 117

40 Ebenda, S. 118, 81, 129, 137 und 149

Ökonomie für den Menschen: Amartya Sen

Die „Entwicklung als Freiheit" müsse nach *Amartya Sen* (geb. 1933) Sinn menschlichen Zusammenlebens sein: „Entwicklung fordert, die Hauptursachen von Unfreiheit zu beseitigen: Armut wie auch Despotismus, fehlende wirtschaftliche Chancen wie auch systematischen Notstand, die Vernachlässigung öffentlicher Einrichtungen wie auch die Intoleranz oder die erstickende Kontrolle seitens autoritärer Staaten." Was Menschen positiv erreichen könnten, hänge „(…) von den ökonomischen Möglichkeiten, den politischen Freiheiten, den sozialen Kräften und jenen Bedingungen ab, ohne die das alles nicht möglich wäre: gute Gesundheit, Schulbildung, Förderung und Pflege von Initiativen." Freier wirtschaftlicher Austausch kurbelt das Wirtschaftswachstum kräftig an, politische Eingriffe könnten „(…) die Ausweitung substantieller Freiheiten (…)" beschneiden, „(…) die vom System des Marktes vor allem durch Erhöhung des allgemeinen wirtschaftlichen Wohlstands geschaffen (…)" worden wären. Allerdings habe schon *Adam Smith* darauf hingewiesen, dass es durchaus Bereiche der Wirtschaft gäbe, die der staatlichen Kontrolle bedürften, bei Smith etwa die Finanzmärkte.[41]

Doch trotz dieser positiven Perspektive hin auf die Entwicklung von Freiheit gebe es Armut und zwar in globalem Ausmaß. Amartya Sen, geboren in West-Bengalen (heute: Bangladesch) begreift Armut nicht vorrangig als ein Defizit an Markteinkommen, wenngleich dieser Umstand große Auswirkungen auf die Lebensführung habe. Armut bezeichne vielmehr einen „Mangel an Verwirklichungschancen".[42] Das Beispiel Arbeitslosigkeit zeige, dass die Folgen weit über die unmittelbare Einkommenseinbuße hinausgehe und psychische Beeinträchtigungen, den Verlust an Arbeitsmotivation und Selbstvertrauen sowie zunehmende Somatisierungen und negative Rückwirkungen auf die Familienleben nach sich zögen: Soziale Ausgrenzung, ethnische Spannungen und eine ungleiche Behandlung der Geschlechter seien die Folge.

Sen stellt die Effizienz des Marktes heraus, sieht aber auch kritische Elemente, die sich aus der Binnenstruktur der Märkte ergäben und die er deshalb entweder als „wettbewerbsorientiert" oder als „wettbewerbsfeindlich" charakterisiert. Der Markt fände überdies dort seine Begrenzung, wo es um öffentliche Güter gehe. „Ein starker Einsatz der Märkte verbunden mit der Entwicklung sozialer Chancen sollte als Teil eines noch weiter gefassten Ansatzes begriffen werden, der auch Freiheiten anderer Art betont, d.h. demokratische Rechte, Sicherheitsgarantien, Möglichkeiten der Zusammenarbeit usw."[43] Damit sieht Amartya Sen eine neue Synthese zwischen weltweiten marktwirtschaftlichen Strukturen und nationalen wie internationalen Anstrengungen, mehr Freiheit dadurch zu ermöglichen, dass Verwirklichungschancen verall-

41 Amartya Sen: Ökonomie für den Menschen. Wege der Gerechtigkeit und Solidarität in der Marktwirtschaft, 3. Auflage, München 2005, S. 13, 15 und 39

42 Ebenda, S. 110.

43 Ebenda, S. 157

gemeinert würden. Er führt die Sozialstaatsdiskussion auf die globale Weltebene, doch bleibt offen, wie die von ihm selbst beschriebene Voraussetzung, nämlich wettbewerbsfreudige Märkte, angesichts der weltweiten marktbeherrschenden Strukturen sowohl innerhalb der großen Wirtschaftszentren als auch durch die Triade der wirtschaftlich dominierenden Gebiete umgesetzt werden kann und soll.

6.4 Strukturelemente sozialstaatlicher Politik

Aus diesen beiden – theoretischen und sozialräumlichen – Argumentationssträngen folgt: Es gibt Grenzen des Sozialstaates, sie ergeben sich aus seiner Aufgabenstellung, soziale Integration auf der Grundlage einer sich immer stärker europäisch und darüber hinaus innerhalb der Triade organisierenden Kapitalakkumulation herzustellen bzw. zu erhalten. Etwas anderes von dem Sozialstaat zu fordern bzw. ihn auf etwas anderes zu reduzieren würde voraussetzen, ihn geschichtlich und/oder theoretisch neu zu definieren. Zwischen diesen beiden Zielsetzungen: Integration und Akkumulation gibt es allerdings kein festlegbares bzw. einklagbares Zuviel bzw. Zuwenig, wohl aber gibt es politisch gesehen immer die Möglichkeit, den bereits erreichten Grad an Integration insgesamt bzw. von Teilgruppen stets von Neuem in Frage zu stellen.

Diese partielle oder allgemeine, temporäre oder längerfristige Infragestellung von Verteilungsstrukturen bzw. -ergebnissen auf der Grundlage demokratischer Entscheidungsfindung hebt sich dezidiert ab von Integrationskonzepten unter expliziter Aufgabe demokratischer Partizipation bzw. des in der bürgerlichen Gesellschaft „erreichte(n) Grad(s) der Berechenbarkeit der gesellschaftlichen Beziehungen“ (*Hermann Heller* 1891-1933), wie dieses etwa im Faschismus der Fall war. Auch der Faschismus bzw. schon Teile des Konservativismus am Ende der Weimarer Republik wollten Integration, aber nur des „Homogenen“ (*Carl Schmitt* 1888-1985), unter „Ausmerze“ des „Inhomogenen“ bis hin zu dessen physischer Vernichtung.

Hier liegt eine *dritte Grenze des Sozialstaates*: Die aktuellen Auseinandersetzungen innerhalb der Staaten der Europäischen Union um Rechte von Minderheiten sowie die Zunahme nationalistischer oder gar sozialchauvinistischer Kräfte in einzelnen Ländern bis hin zu deren Regierungsbeteiligung sind weit mehr als nur ein Menetekel, das derzeit – noch – durch eine insgesamt florierende Kapitalverwertung in Grenzen gehalten wird.

Das Verhalten der reformorientierten Arbeiterbewegung am Ende der Weimarer Republik weist auf ein weiteres strukturelles Problem hin: Wie geht der Sozialstaat mit sich verändernden Akkumulationsbedingungen bis hin zu weltwirtschaftlichen Verwerfungen um? Dabei reicht es nicht, lediglich den Fall schrumpfender Wachstumsraten der Wirtschaft zu diskutieren, sondern es bedarf auch der Zurkenntnisnahme offensichtlich differierender Profitraten zwischen der Wirtschaft in den Mitgliedsstaaten der Europäischen Union. Setzte schon die Gültigkeit liberaler Grundrechte den Primat der (nationalen, demokratischen) Politik gegenüber der Ökonomie voraus, so gilt dieses umso mehr für soziale Grundrechte. Richtig aber ist auch, dass dieser Primat der Politik nicht abgelöst betrachtet werden kann von dem ihm zu Grunde liegenden gesellschaftlichen Interesse an einem mehr oder weniger ungehinderten Verfolg bürgerlicher Wirtschaftsinteressen. Dies ist seit *Thomas Hobbes* die Aufgabe des bürgerlichen Staates. Auch der Sozialstaat ist Staat, er ist bürgerlichem Kommerz sowohl nach- als auch vorgeordnet. Damit ist ein weiteres konstitutives Element von Sozialstaatlichkeit benannt.

Eduard Heimanns (1889-1967) Qualifizierung von Sozialpolitik und Sozialstaatlichkeit als „konservativ-revolutionäres Doppelwesen" ist nach wie vor aktuell. Der Sozialstaat ist einerseits von der *„Lebenslüge der bürgerlichen Demokratie"*[44] geprägt, mit der formalen Demokratie zugleich den gesamten Anspruch von Demokratie eingelöst und abgegolten zu haben. Andererseits hat *Carlo Schmid* (1896-1979) als Vorsitzender des Grundsatzausschusses im Parlamentarischen Rat im Mai 1949 die Namensgebung „Bundesrepublik Deutschland" u. a. damit begründet, dass in diesem Namen „(...) das demokratische und soziale Pathos der republikanischen Tradition (...)" zum Ausdruck komme und man sich damit den „(...) sozialen Konsequenzen [stelle], die sich aus den Postulaten der Demokratie (...)" ergäben.[45] Der Sozialstaat ist folglich keinesfalls bloß „Sozialstaatsillusion", insofern und solange durch ihn sozialreformerisch ein materieller Beitrag zur *Sicherstellung der Lebensbedingungen breitester Bevölkerungskreise* geleistet wird. Kontroversen um Sozialpolitik aktualisieren diese *Janusköpfigkeit von Sozialstaatlichkeit* – Begrenzung der Gestaltungsmöglichkeiten und Sicherstellung von Lebensbedingungen – stets von Neuem, sie sind Bestandteil von Sozialpolitik.

Eine ausschließlich normativ argumentierende (theoretische) Konstruktion von Sozialstaatlichkeit im Sinne einer evolutionären bzw. revolutionären Umgestaltung der bürgerlichen Gesellschaft in eine wie auch immer im Einzelnen definierte sozialistische ist politisch legitim, sie verbleibt aber letztlich – auch wenn mehr oder weniger stark in der historischen Tradition der Arbeiterbewegung stehend – ebenfalls dem oben beschriebenen neukantianischen Dilemma verhaftet, ein ethisches Sollen gegenüber dem faktischen Sein zwar formulieren, aber deshalb noch keine sozialen Potentiale zu deren Umsetzung ausweisen zu können. Ihr kann zwar in der sozialen Auseinandersetzung eine Mobilisierungsfunktion zukommen, doch sie muss sich im ideologischen, politischen und sozialen Kräfteparallelogramm stets von neuem ihre eigene soziale Legitimation verschaffen.

Die aktuelle Mehrebenen-Struktur etwa zwischen der Europäischen Union, den nationalen Staaten und deren Binnengliederung zerfasert das Verhältnis von Sozialstaatlichkeit und Wirtschaftsgeschehen in einem hohen Maße. Die nationalen Sozialstaaten geraten – hier der Situation am Ende der Weimarer Republik nicht unähnlich – in das Dilemma, einerseits soziale Folgeprobleme des wirtschaftlichen Strukturwandels, von Europäisierung und Globalisierung sozialpolitisch auffangen zu müs-

---

44 Klaus Fritzsche: Sozialismus: Geschichte und Perspektiven gesellschaftlicher Egalität, in: Franz Neumann (Hrsg.): Handbuch Politische Theorien und Ideologien, Band 2, 2. Aufl., Opladen 2000, S. 56

45 Parlamentarischer Rat, Stenographische Berichte über die Plenarsitzungen, Plenarsitzung 6. Mai 1949, Bonn 1948/49, Reproduktion nach der Originalausgabe von 1949, Bonn 1969, S. 172)

sen, gleichzeitig fehlen ihnen aber die dafür notwendigen Ressourcen, nun nicht als Folge einer *‚negativen' Internationalisierung* in Gestalt des durch die Weltwirtschaftskrise Ende der 1920er Jahre induzierten Kapitalabflusses, sondern als Folge einer *‚positiven' Internationalisierung* mit einer weitgehend flexibilisierten und nationalstaatlich fast nicht mehr steuerbaren Finanzwirtschaft, die immer mehr nationalstaatlich aufzubringende Ausgleichzahlungen und andere finanzielle Risikoübernahmen notwendig macht. Die nationale Politik gerät – unabhängig von ihrer parteipolitischen Ausprägung – in mehr oder weniger große Legitimationszwänge, ohne dass sie dem etwas wirksam entgegenhalten könnte.

In der Tagespolitik gewinnen zunehmend sozialstaatliche Konzepte an Bedeutung, die stärker marktwirtschaftliche Elemente betonen – auch im weltweiten Maßstab – und dabei den für die frühbürgerliche Theoriebildung konstitutiven Anspruch an einen *Primat der Politik* zumindest erheblich einschränken. Dabei zeichnen sich neue Synthesen zwischen Markt und Staat ab, in denen die Bearbeitung sozialer Risiken stärker ökonomisiert wird, ein Rückzug staatlicher Steuerung erfolgt und stattdessen rein karitative Organisationen eine wachsende Bedeutung bekommen. Dieses bedeutet mit Sicherheit nicht die Renaissance der mittelalterlichen kirchlichen und kommunalen Armenfürsorge, aber es stellt sich perspektivisch die Frage nach einer *Spaltung des Sozialstaates*. Dieser gewährt dann einerseits Freiheit und Chancengleichheit als Privileg sozial Bessergestellter auf einem exkludierenden ‚Wohlfahrtsmarkt'. Andererseits gleicht er als ‚Wohltätigkeitsstaat' für die sozial benachteiligten gesellschaftlichen Gruppen Unfreiheit und den Mangel an Verwirklichungschancen immer weniger aus, geschweige denn, dass er deren Entstehen präventiv verhindert.[46] Auf diese Weise werden sie zunehmend von den gesamtgesellschaftlichen Austauschbeziehungen abgekoppelt und auf private Mildtätigkeit verwiesen.

Der emphatisch von der frühbürgerlichen Emanzipationsbewegungen gegen feudale Standeszuweisungen formulierte Anspruch auf *Eigenverantwortung* wird in Gestalt von Privatisierungs- und Deregulierungsforderungen in seiner Bedeutung umgedeutet als Instrument zur Festschreibung des Status sozialer Ausgrenzung bei einem offensichtlich zunehmenden Teil der nationalen wie der Weltgesellschaft. *Solidarität* wird stärker auf Teilsegmente der Gesellschaft(en) konzentriert.[47] Verbleibt das Prinzip der vorleistungsfreien Gerechtigkeit (*Subsidiarität)*. Selbst dieses steht unter dem Verdacht, letztlich die Eigeninitiative sozial Ausgegrenzter zu unterminieren. Der verstärkte Anspruch der Ökonomie auf politische Gestaltung der Gesellschaft leistet einer Refeudalisierung gesellschaftlicher Beziehungen Vorschub, in der Statusfestschreibungen wenn schon nicht gott- so doch kapitalgewollt sind.

Doch es gibt dazu immer wieder auch Einsprüche und Gegenbewegungen, die sich mitunter – ganz im Sinne von *Eduard Heimann* – auch auf die Binnenlogik der politischen Ökonomie des Kapitals und dem Erfordernis an sozialintegrative Strategien berufen (können). Gerade wenn man die Durchsetzung des *Primates der Politik*

46 Christoph Butterwegge, Krise und Zukunft des Sozialstaates, 3. A. Wiesbaden 2006, S. 336

47 Vgl. aktuell Michael Hüther und Thomas Staubhaar: Die gefühlte Ungerechtigkeit. Warum wir Ungleichheit aushalten müssen, wenn wir Freiheit wollen. Berlin 2009

als eine der wichtigsten Errungenschaften des bürgerlichen Emanzipationsprozesses ansieht, muss dieser gegen kurzsichtige wirtschaftsliberale Kapitalstrategien programmatisch und praktisch aufrecht erhalten werden, getragen von einer breit in der Gesellschaft vertretenen demokratischen sozialen Bewegung. *Herrmann Heller* hat theoretisch, die Geschichte nicht nur in Deutschland praktisch gezeigt, was passiert, wenn dieses Bündnis brüchig wird.

6.5 Friedenspolitik – „nach innen und nach außen": Sozialpolitik im Sozialstaat

Sozialpolitik ist der materielle und prozesshafte Ausdruck der erreichten, der angestrebten, der abzuändernden Sozialstaatlichkeit. In ihr kommen die Konflikte im Spannungsfeld von privatwirtschaftlicher Kapitalvermehrung (Akkumulation) und sozialer Integration (Umverteilung) ebenso zum Tragen wie die Einbeziehung bzw. Ausgrenzung externer Einflüsse im jeweiligen Sozialraum. Dem ordnen sich Begrifflichkeiten wie „*Umbau des Sozialstaates*" ebenso zu wie „*Abbau des Sozialstaates*", inhaltlich mitunter dasselbe meinend, aber anders bewertend. In ihnen kommen zugleich unterschiedliche Einschätzungen dessen zum Ausdruck, was materiell und immateriell in der Gesellschaft verteilt werden kann bzw. wer dafür mehr oder weniger beitragen soll und wer davon mehr oder weniger profitieren darf. „Welfare und workfare" oder „Workfare statt welfare" stehen für unterschiedliche sozialpolitische Grundausrichtungen, die von dem zugrunde liegenden Sozialstaatsverständnis bestimmt werden. Die aktuelle Politik sucht mit ihrem Konzept des „Förderns und Forderns" (*aktivierender Sozialstaat*) nach einer Positionsbestimmung in diesem Spannungsfeld.

Doch was geschieht, wenn Sozialpolitik *Standortinteressen* weltweiter Kapitalstrategien in Frage stellt oder auch nur zu stellen droht? Dann sind vielfältige Verhaltensformen denkbar, die derzeit in nicht gefilterter Breite alltäglich national, europaweit und darüber hinaus zu beobachten sind bis hin zu Infragestellungen demokratischer Strukturen. Ergebnisse von Sozialpolitik als Teil von Staatlichkeit werden mehr denn je in Frage gestellt, Konzepte einer Reduktion staatlicher Interventionen im Bereich des Sozialen gewinnen an Gewicht, während staatliche Interventionen bis hin zur Indienstnahme des staatlichen Gewaltmonopols zur gewaltsamen Niederhaltung nationalen und internationalen sozialen Protestes etwa bei internationalen Wirtschaftskonferenzen und der militärische Einsatz bei kriegerischen Auseinandersetzungen letztlich ökonomischer Ressourcen halber kaum noch auf Grenzen stoßen. Der Irak-Krieg im Jahr 2003 war hier nur ein besonders herausragendes Beispiel dafür, wie zugleich demokratisch legitimierte Volksvertretungen und die Öffentlichkeit systematisch in ihren kontrollierenden Funktionen ausgeschaltet werden.

„Demokratie", so der erste Vorsitzende der SPD im Nachkriegsdeutschland, *Kurt Schumacher* (1895-1952), „ist eine Sache des guten Gedächtnisses." Geschichtlich betrachtet haben sich immer wieder von neuem soziale Problemlagen herausgebildet, auf die es Antworten zu finden galt. Diese sozialen Problemlagen waren Ergebnis komplexer Veränderungen: Der Übergang vom Feudalismus zur Neuzeit, der von der vorindustriellen zur industriellen Wirtschaft, die Umstellung der Kriegs- zur Friedenswirtschaft in der Weimarer Republik, vom hybriden faschistischen Weltherrschaftsanspruch zur neuen europäischen Nachkriegsordnung, von der Industrie- zur Dienstleistungsgesellschaft, von der Nachkriegsordnung zu einer neuen Form staatlicher Einheit, vom kommunalen hin zu Umrissen eines europäischen Sozialstaates. Löst die „tatsächliche Sozialpolitik die jeweils gravierendsten, dringendsten Probleme" und orientiert sie sich „am Grundsatz der Erzielung maximalen Nutzens, anders ausgedrückt am Grundsatz des Ausgleichs des gesellschaftlichen Grenznutzens sozialpolitischen Handelns"[48], wie es *Heinz Lampert* formuliert? Kann man dieses in eine evolutionäre Geschichtsbetrachtung verlängern, wonach „die Geschichte als ein schrittweiser Abbau von Defiziten" zu begreifen ist und sich die Fragestellung nicht darauf richtet, „warum etwas zu gegebener Zeit geschah, sondern warum es spät und unvollkommen geschah"?[49]

In geschichtlicher Perspektive von den Bettelordnungen der Reformationszeit bis zur dynamischen Rente und der derzeitigen Hochleistungsmedizin kann ein erheblicher Fortschritt, das Lösen von sozialen Problemen und ein Beitrag zur sozialen Integration nicht bestritten werden. Doch dieses ist nur die eine Seite bei der geschichtlichen Betrachtung von Sozialpolitik, wenngleich eine sehr wichtige. Sozialpolitik hat Ursachen, sie sucht Antworten, sie kann die Ursachen beheben, ausgleichen, aber sie kann sie auch verschärfen. Sozialpolitik ist interessebedingt. Sie hat soziale und politische Träger. Diese stehen mitunter konflikthaft zueinander, es geht um materielle und immaterielle Ressourcen. In ihr kommen geschichtliche Konstellationen des Ausgleichs wie auch solche krisenhafter Zuspitzung zum Tragen. Sozialpolitik steht im Wechselverhältnis mit allgemeiner Teilhabe: Der kaiserliche Obrigkeitsstaat suchte diese sozial zu gewähren bei gleichzeitiger Einschränkung politischer Teilhabe. Die Republik von Weimar konnte politische Teilhabe sichern, war aber für eine soziale Teilhabe breiter Bevölkerungskreise wirtschaftlich zu schwach. Ihr fehlte von Anfang an die soziale Fundierung ihrer demokratischen Strukturen. Die zweite deutsche Republik versuchte beides zu leisten, demokratische Strukturen und soziale Teilhabe auszubauen. Die Demokratiegründung in Westdeutschland nach dem verlorenen II. Weltkrieg war auch deutsches Ziel, vor allem aber wurde sie von den Besatzungsmächten durchgesetzt. Nach ihrer *sozialen* Gründung – hierfür stehen die sozialen Reformen der 1950er und 1960er Jahre – konnte *Willy Brandt* (1913-1992) in seiner ersten Regierungserklärung als Bundeskanzler am 28. Oktober 1969 mit einem gewissen Recht sagen, dass nun 1969 mit dem ersten auf Bundesebene vollzogenem Regierungswechsel die von deutschen *selbst* bestimmte Entscheidung für die Demokratie getroffen war. Nicht umsonst fielen in dieser Zeitspanne auch die

48 Heinz Lampert: Sozialpolitik, Berlin, Heidelberg und New York 1980, S. 174
49 Detlev Zöllner: Ein Jahrhundert Sozialversicherung in Deutschland, Berlin 1981, S. 172

bislang gültigen alliierten Vorbehaltsrechte weg – der Form, nicht der Sache nach. Sozialpolitik ist folglich ein Instrument von Sozialstaatlichkeit zugleich dessen Ergebnis.

Thomas Marshall (1893-1981) hat die Abfolge wirtschaftlicher, politischer und sozialer Rechte am Beispiel Großbritanniens dem 18., dem 19. und dem 20. Jahrhundert zugeordnet.[50] Für Deutschland zumindest gibt es eine derartige zeitliche Abfolge nicht: Es ist vor allem das 20. Jahrhundert, in dem diese Rechte zum Durchbruch gekommen sind, wobei sicher im 19. Jahrhundert parallel und teils in Abfolge Grundlegungen dafür gelegt worden waren. Insgesamt jedoch ist seine geradezu geschichtsphilosophische Perspektive zumindest für Deutschland, aber auch für andere kontinentaleuropäische Staaten unzutreffend. Großbritannien hat im eigenen Land keine Erfahrung mit dem Faschismus gehabt, auch entwickelten sich die einzelnen Rechte dort eher kontinuierlich. In Deutschland gab und gibt es eine breite Erfahrung, dass entsprechende Rechte nur teilweise entwickelt, teilweise gefährdet, teilweise in Frage gestellt und teilweise aufgehoben worden sind. Im faschistischen Deutschland wurden faktisch alle Rechte eingeschränkt, aufgehoben oder nur Teilen der Bevölkerung zugestanden, in der Deutschen Demokratischen Republik wurden zumindest in der Praxis selektiv bestimmte Rechte zugestanden oder nicht. Es wurde deutlich: *Sozialpolitik ist auch ohne Demokratie möglich, Demokratie aber nicht ohne Sozialpolitik.* Dieses wurde nicht erst am Ende der Weimarer Republik überdeutlich: Es fehlten nicht nur die Republikaner, sondern es fehlte auch die materielle Basis für eine soziale Politik.

Sozialpolitik bündelt Interessen im Sozialstaat, doch diese Interessen stehen in einem wechselseitigen Verhältnis zu anderen Interessen. Diese Interessen haben etwas Unbedingtes dann, wenn es um existentielle Fragen geht, aber auch etwas Bedingtes, wenn es um den Abgleich mit denen anderer geht. Interessen stehen unter dem Gebot der Vermittlung, sie bedürfen allerdings auch der Chance, sich selbst vermitteln zu können. Unterbleibt letzteres, dann können sie auf Individuen bezogen selbst zerstörerisch wirken, sie können sich aber auch nach außen wenden und soziale Problemlagen in gesellschaftliche Konflikte verlängern. Geschichtlich wurden immer wieder *Grenzen des Sozialstaates* angemahnt: sei es, dass Sozialpolitik verhindern müsse, dass die Lebensgrundlagen breiter Bevölkerungskreise und die Bedingungen für ein friedliches Zusammenleben im Inneren in Frage gestellt werden – so letztlich die Begründung schon bei *Bismarck* –, sei es, dass durch Sozialpolitik die Bedingungen privatkapitalistischer Wirtschaft gefährdet werden, auch dieses als Argument schon bei Einführung der Sozialversicherung in den 1880er Jahren und als Topos über *Eugen Gerstenmaier* bis in aktuelle sozialpolitische Diskussionen. Aber eine absolute Grenze gibt es weder nach oben noch nach unten: Im Zweifelsfalle entscheidet der politische und/oder soziale Konflikt. *Sozialpolitik ist kein soziales oder politisches Harmoniekonzept.* Sie ist, da ist *Hermann Heller* zuzustimmen,

---

50 Thomas H. Marshall: Bürgerrechte und soziale Klassen. Zur Soziologie des Wohlfahrtsstaates, Frankfurt am Main und New York 1992 (im Original erstmals 1947 erschienen)

notwendig, zugleich ein hartes Geschäft der sozialen Integration, bei der nicht selten auch die eigenen Interessensgrundlagen und deren Basis möglicherweise aus dem Blick zu geraten drohen.

Aber, und auch das macht Hellers Formulierung deutlich: Geschichtlich betrachtet hat es zur Sozialpolitik nie eine Alternative gegeben. Unterblieb sie, waren die Grundlagen der Demokratie in Frage gestellt oder bereits beseitigt. Deren Infragestellung bzw. Beseitigung aber war mit Krieg und daran gebunden Not und Tod verbunden. Sozialpolitik war und ist folglich immer Teil von Friedenssicherung, „im Inneren und nach außen", wie *Willy Brandt* klassisch formuliert hat![51]

51 Deutscher Bundestag, Stenographische Berichte, V. Wahlperiode, Plenarsitzung vom 28.10.1969, zit. n. Irmgard Wilharm (Hrsg.): Deutsche Geschichte 1962-1983, Dokumente in zwei Bänden, Band 2, Frankfurt am Main 1985, S. 32

Literatur

Vorbemerkung: Aufgrund der dynamischen Entwicklungen der Internetangebote verzichten die Autoren – von wenigen Ausnahmen abgesehen – auf die Angabe von Internetadressen, die dem allgemeinen und vereinfachten Zugriff über gebräuchliche Suchmaschinen zugänglich sind. Gleichwohl werden bei einschlägigen und regelmäßig erscheinenden (Sozial-)Berichten Hinweise auf den Bezug über das Internet gegeben. Insgesamt aber verweisen wir auf das umfangreiche Informationsportal „Sozialpolitik in Deutschland ... aktuell" sowie die dort laufend aktualisierte Datenbank „Datensammlung Sozialpolitik" der Universität Essen Duisburg (Prof. Dr. Gerhard Bäcker): www.sozialpolitik-aktuell.de

1 Allgemeine Sozialpolitik

Albrecht, Günter und Groenemeyer, Axel (Hg.): Handbuch soziale Probleme, 2. Aufl., Wiesbaden 2007

Allmendinger, Jutta und Ludwig-Mayerhofer, Wolfgang (Hg.): Soziologie des Sozialstaats. Gesellschaftliche Grundlage, historische Zusammenhänge und aktuelle Entwicklungstendenzen, Weinheim 2000

Bäcker, Gerhard, Bispinck, Reinhard, Hofemann, Klaus und Naegele, Gerd: Sozialpolitik und soziale Lage in Deutschland. 2 Bände, 5. Aufl., Wiesbaden 2010

Becker, Irene, Ott, Notburga und Rolf, Gabriele (Hg.): Soziale Sicherung in einer dynamischen Gesellschaft, Festschrift für Richard Hauser, Frankfurt am Main 2001

Bellermann, Martin: Sozialpolitik. Eine Einführung für soziale Berufe, 5. Aufl., Freiburg im Breisgau 2008

Döring, Diether: Sozialstaat in der Globalisierung, Frankfurt am Main 1999

Ellwein, Thomas und Holtmann, Eberhard (Hg.): 50 Jahre Bundesrepublik Deutschland. Rahmenbedingungen – Entwicklungen – Perspektiven, Wiesbaden 1999

Evers, Adalbert und Heinze, Rolf G.: Sozialpolitik. Ökonomisierung und Entgrenzung, Wiesbaden 2008

Frevel, Bernhard und Dietz, Berthold: Sozialpolitik kompakt, 2. Aufl., Wiesbaden 2008

Hauser, Richard (Hg.): Reform des Sozialstaats I. Arbeitsmarkt, soziale Sicherung und soziale Dienstleistungen, Berlin 1997

Hauser, Richard (Hg.): Reform des Sozialstaats II: Theoretische, institutionelle und empirische Aspekte, Berlin 1998

Hauser, Richard (Hg.): Die Zukunft des Sozialstaats, Berlin 2000

Heinze, Rolf G., Schmid, Josef und Strünck, Christoph: Vom Wohlfahrtsstaat zum Wettbewerbsstaat. Arbeits- und Sozialpolitik in den 90er Jahren, Opladen 1999

Heun, Werner, Honecker, Martin u.a. (Hg.): Evangelisches Staatslexikon, Neuausgabe, Stuttgart 2006

Hradil, Stefan, Die Sozialstruktur Deutschlands im internationalen Vergleich, 3. Aufl., Wiesbaden 2010

Huinink, Johannes und Schröder, Thorsten: Sozialstruktur Deutschlands, Konstanz 2008

Kaufmann, Franz-Xaver: Sozialpolitik und Sozialstaat: Soziologische Analysen, 3. Aufl., Wiesbaden 2009

Kaufmann, Franz-Xaver: Sozialstaat als Kultur, Wiesbaden 2010

Kreckel, Reinhard (Hg.): Soziale Ungleichheiten, Göttingen 1983

Kreckel, Reinhard: Politische Soziologie der sozialen Ungleichheit, 3. Aufl., Frankfurt a.M. 2004

Lampert, Heinz und Althammer, Jörg: Lehrbuch der Sozialpolitik, 8. Aufl., Heidelberg 2007

Lampert, Heinz und Bossert, Albrecht: Die Wirtschafts- und Sozialordnung der Bundesrepublik Deutschland, 16. Aufl. München 2007

Leggewie, Claus und Sachße, Christoph (Hg.): Soziale Demokratie, Zivilgesellschaft und Bürgertugenden, Festschrift für Adalbert Evers, Frankfurt, New York 2008
Lessenich, Stephan (Hg.): Wohlfahrtsstaatliche Grundbegriffe. Historische und aktuelle Diskurse, Frankfurt am Main 2003
Lessenich, Stephan: Die Neuerfindung des Sozialen. Der Sozialstaat im flexiblen Kapitalismus, 2. Aufl. Bielefeld 2009
Marshall, Thomas H.: Bürgerrechte und soziale Klassen. Zur Soziologie des Wohlfahrtsstaates, Frankfurt am Main 1992
Naegele, Gerhard (Hg.): Soziale Lebenslaufpolitik, Wiesbaden 2010
Neumann, Lothar F. und Schaper, Klaus: Die Sozialordnung der Bundesrepublik Deutschland, Frankfurt a.M. 2008
Nullmeier, Frank: Politische Theorie des Sozialstaats, Frankfurt am Main 2000
Obinger, Herbert und Rieger, Elmar (Hg.): Wohlfahrtstaatlichkeit in entwickelten Demokratien, Frankfurt, New York 2009
Opielka, Michael: Sozialpolitik. Grundlagen und vergleichende Perspektiven, 2. Aufl. Reinbek 2008
Opielka, Michael (Hg.): Bildungsreform als Sozialreform. Zum Zusammenhang von Bildungs- und Sozialpolitik, Wiesbaden 2005
Ribhegge, Hermann: Sozialpolitik, München 2004
Rudzio, Wolfgang: Das politische System der Bundesrepublik Deutschland, 7. Aufl., Wiesbaden 2006
Schmähl, Winfried: Soziale Sicherung: Ökonomische Analysen, Wiesbaden 2009
Schmidt, Manfred G..: Sozialpolitik in Deutschland. Historische Entwicklung und internationaler Vergleich, 3. Aufl., Wiesbaden 2005
Schmidt, Manfred G, Ostheim, Tobias, Siegel, Nico A., Zohlnhöfer, Reimut (Hg.)::: Der Wohlfahrtsstaat. Eine Einführung in den historischen und internationalen Vergleich, Wiesbaden 2007
Schubert, Klaus und Bandelow, Nils C. (Hg.): Lehrbuch der Politikfeldanalyse 2.0, 2. Auflage, München 2009
Siegel, Nico A.: Baustelle Sozialpolitik. Konsolidierung und Rückbau im internationalen Vergleich, Frankfurt am Main 2002
Stichweh, Rudolf und Windolf, Paul (Hg.): Inklusion und Exklusion: Analysen zur Sozialstruktur und sozialen Ungleichheit, Wiesbaden 2009

2 Darstellungen zur Geschichte einschließlich Wirtschafts- und Sozialgeschichte

Ambrosius, Gerold: Wirtschaftsraum Europa – Vom Ende der Nationalökonomien, Frankfurt am Main 1996
Böhme, Helmut: Prolegomena zu einer Sozial- und Wirtschaftsgeschichte Deutschlands im 19. und 20. Jahrhundert, 3. Aufl., Frankfurt am Main 1969
Diehl, Karl und Mombert, Paul (Hg.): Ausgewählte Lesestücke zum Studium der politischen Ökonomie. Sozialpolitik mit Beiträgen von Friedrich Engels, Max Wirth, Gustav Schmoller, Ludwig Brentano u.a., mit einer Einführung „Sozialpolitik in Geschichte, Theorie und Praxis“ von Rudolf Hickel, Frankfurt am Main, Berlin, Wien 1984
Fischer, Wolfram, Krengel, Jochen und Wietog, Jutta: Materialien zur Statistik des Deutschen Bundes: 1815-1870. Sozialgeschichtliches Arbeitsbuch I, München 1975
Gebhard: Handbuch der deutschen Geschichte, 9. Aufl., hg. von Herbert Grundmann, 17 Bände, München 1975
Hohorst, Gerd, Kocka, Jürgen und Ritter, Gerhard A.: Materialien zur Statistik des Kaiserreiches 1870-1917. Sozialgeschichtliches Arbeitsbuch Band II, München 1978

Petzina, Dietmar: Die deutsche Wirtschaft in der Zwischenkriegszeit, Wiesbaden 1977
Petzina, Dietmar, Abelshauser, Werner und Faust, Anselm: Materialien zur Statistik des Deutschen Reiches 1914-1945. Sozialgeschichtliches Arbeitsbuch Band III, München 1978
Ploetz, Der große: Die Enzyklopädie der Weltgeschichte. 35. Aufl., Freiburg i.B. 2008 (div. andere Ausgaben etwa: Der farbige Ploetz etc., jeweils aktuellste Ausgabe)
Reidegeld, Eckart: Staatliche Sozialpolitik in Deutschland, 2 Bände, Band 1: Von den Ursprüngen bis zum Untergang des Kaiserreichs, Band 2: Sozialpolitik in Demokratie und Diktatur 1919-1945, Wiesbaden 2007
Rytlewski, Ralf und Opp de Hipt, Manfred: Die Bundesrepublik Deutschland in Zahlen: 1945/49-1980. Sozialgeschichtliches Arbeitsbuch Band IV, München 1987
Rytlewski, Ralf und Opp de Hipt, Manfred: Die Deutsche Demokratische Republik in Zahlen: 1945/49-1980. Sozialgeschichtliches Arbeitsbuch Band V, München 1987
Stolper, Gustav, Häuser, Karl und Borchhardt, Knut: Deutsche Wirtschaft seit 1870, Tübingen 1966

2.1 Gesamtdarstellungen zur Sozialpolitik in Deutschland

Brusatti, Manfred: Geschichte der Sozialpolitik mit Dokumenten, Wien u.a. 1962
Frerich, Johannes: Handbuch der Geschichte der Sozialpolitik in Deutschland, 3 Bände, München u.a. 1993
Gladen, Albin: Geschichte der Sozialpolitik in Deutschland. Eine Analyse ihrer Bedingungen, Formen, Zielsetzungen und Auswirkungen, Wiesbaden 1974
Hentschel, Volker: Geschichte der deutschen Sozialpolitik 1880-1990, Frankfurt am Main 1983
Hockerts, Hans Günter (Hg.): Drei Wege deutscher Sozialstaatlichkeit. NS-Diktatur, Bundesrepublik und DDR im Vergleich, München 1998
Lampert; Heinz: Sozialpolitik, Berlin, Heidelberg, New York 1980
Ritter, Gerhard A.: Der Sozialstaat – Entstehung und Entwicklung im internationalen Vergleich, München 1991
Ritter, Gerhard A.: Arbeiter, Arbeiterbewegung und soziale Ideen in Deutschland, Beiträge zur Geschichte, München 1996
Ritter, Gerhard A.: Soziale Frage und Sozialpolitik in Deutschland seit Beginn des 19. Jahrhunderts, Opladen 1998
Sachße, Christoph und Tennstedt, Florian (Hg.): Soziale Sicherheit und soziale Disziplinierung, Frankfurt am Main 1986
Schmidt, Manfred G.: Sozialpolitik in Deutschland. Historische Entwicklung und internationaler Vergleich, 3. Aufl., Wiesbaden 2005
Zöllner, Detlev: Ein Jahrhundert Sozialversicherung in Deutschland, Berlin 1981

2.2 Einzeldarstellungen

2.2.1 Von den Anfängen bis zum Beginn der Bismarckschen Sozialgesetzgebung

Geremek, Bronislaw: Geschichte der Armut. Elend und Barmherzigkeit in Europa, München, Zürich 1988
Sachße, Christoph und Tennstedt, Florian: Geschichte der Armenfürsorge in Deutschland. Vom Spätmittelalter bis zum 1. Weltkrieg, Stuttgart, Berlin, Köln, Mainz 1980
Tennstedt, Florian: Sozialgeschichte der Sozialpolitik in Deutschland, Göttingen 1981

2.2.2 Von Bismarck bis zum Ende des Dritten Reiches

Aly, Götz: Hitlers Volksstaat. Raub, Rassenkrieg und nationaler Sozialismus, Frankfurt am Main 42005

Geschichte der deutschen Sozialpolitik 1867 bis 1914 (GDS): Quellensammlung begründet von Peter Rassow, im Auftrag der Historischen Kommission der Akademie der Wissenschaften und der Literatur, Mainz, hg. von Karl Erich Born (†), Hansjoachim Henning und Florian Tennstedt. IV Abteilungen, Darmstadt 1966 ff.

Mason, Timothy W.: Sozialpolitik im Dritten Reich, Arbeiterklasse und Volksgemeinschaft, 2. Aufl., Opladen 1978

Preller, Ludwig: Sozialpolitik in der Weimarer Republik, Original 1949, Reprint Kronberg/Ts und Düsseldorf 1978

Recker, Marie-Luise: Nationalsozialistische Sozialpolitik im Zweiten Weltkrieg, München 1985

Rouette, Susanne: Sozialpolitik als Geschlechterpolitik. Die Regulierung der Frauenarbeit nach dem 1. Weltkrieg, Frankfurt am. Main und New York 1993

Sachße, Christoph und Tennstedt, Florian: Geschichte der Armenfürsorge in Deutschland. Band 2. Fürsorge und Wohlfahrtspflege 1871 bis 1929, Stuttgart u.a. 1988

Sachße, Christoph und Tennstedt, Florian: Der Wohlfahrtsstaat im Nationalsozialismus, Geschichte der Armenfürsorge in Deutschland. Band 3, Berlin, Köln und Mainz 1992

2.2.3 Entwicklung nach dem II. Weltkrieg

Bundesministerium für Arbeit und Sozialordnung/Bundesarchiv: Geschichte der Sozialpolitik in Deutschland seit 1945, 11 Bände, Baden-Baden 2001 ff.

Egle, Christoph, Ostheim, Tobias und Zohlnhöfer, Reimut (Hg.): Das rot-grüne Projekt. Eine Bilanz der Regierung Schröder 1998-2002, Wiesbaden 2003

Eicker-Wolf, Kai, u.a. (Hg.): Deutschland auf den Weg gebracht. Rotgrüne Wirtschafts- und Sozialpolitik zwischen Anspruch und Wirklichkeit, Marburg 2002

Eicker-Wolf, Kai, Körzell, Stefan, Niechoj, Torsten, Truger, Achim (Hg.): In gemeinsamer Verantwortung. Die Wirtschafts- und Sozialpolitik der Großen Koalition 2005-2009, Marburg 2009

Ellwein, Thomas und Holtmann, Eberhard (Hg.): 50 Jahre Bundesrepublik Deutschland. Rahmenbedingungen – Entwicklungen – Perspektiven, Wiesbaden 1999

Gohr, Antonia und Seeleib-Kaiser, Martin (Hg.): Sozial- und Wirtschaftspolitik unter Rot-Grün, Wiesbaden 2003

Hartwich, Hans-Hermann: Sozialstaatspostulat und gesellschaftlicher status quo, Köln, Opladen 1970

Hockerts, Hans Günter: Sozialpolitische Entscheidungen im Nachkriegsdeutschland, Stuttgart 1980

Hübner, Peter und Hübner, Christa: Sozialismus als soziale Frage. Sozialpolitik in der DDR und Polen 1968 – 1976, Köln 2008

Ridder, Helmut: Die soziale Ordnung des Grundgesetzes. Leitsätze zu den Grundrechten einer demokratischen Verfassung, Opladen 1975

Ritter, Gerhard A: Der Preis der deutschen Einheit. Die Wiedervereinigung und die Krise des Sozialstaats, München 2007

Schmidt, Manfred G.: Sozialpolitik der DDR, Wiesbaden 2004

Winkler, Gunnar: Geschichte der Sozialpolitik der DDR, Berlin 1989

3 Sozialpolitik in Deutschland: Prinzipien, Rahmenbedingungen, Wirkungen und Trends

3.1 Verteilung

Becker, Irene und Hauser, Richard: Anatomie der Einkommensverteilung. Ergebnisse der Einkommens- und Verbrauchsstichproben 1969-1998, Berlin 2003

Becker, Irene und Hauser, Richard: Dunkelziffer der Armut. Ausmaß und Ursachen der Nicht-Inanspruchnahme zustehender Sozialhilfeleistungen, Berlin 2005

Becker, Irene und Hauser, Richard: Verteilungseffekte der Hartz-IV-Reform. Ergebnisse von Simulationsanalysen, Berlin 2006

Becker, Irene und Hauser, Richard: Soziale Gerechtigkeit – ein magisches Viereck. Zieldimensionen, Politikanalysen und empirische Befunde, Berlin 2009

Bundesministerium für Arbeit und Soziales (Hg.): Lebenslagen in Deutschland. Dritter Armuts- und Reichtumsbericht, Berlin 2008 (1. Bericht: 2001, 2. Bericht 2005, 4. Bericht voraussichtlich 2012)

Butterwegge, Carolin: Armut von Kindern mit Migrationshintergrund. Ausmaß, Erscheinungsformen und Ursachen, Wiesbaden 2010

Butterwegge, Christoph, Klundt, Michael und Belke-Zeng, Mathias: Kinderarmut in Ost- und Westdeutschland, 2- Aufl. Wiesbaden 2008

Butterwegge, Christoph: Armut in einem reichen Land. Wie das Problem verharmlost und verdrängt wird. Frankfurt a.M. und New York 2009

Castel, Robert und Dörre Claus (Hg.): Prekarität, Abstieg, Ausgrenzung. Die soziale Frage am Beginn des 21. Jahrhunderts. Frankfurt a.M. und New York 2009

Chassé, Karl August: Unterschichten in Deutschland. Materialien zu einer kritischen Debatte, Wiesbaden 2010

Christen, Christian, Michel, Tobias und Rätz, Werner: Sozialstaat. Wie die Sicherungssysteme funktionieren und wer von den Reformen profitiert, Hamburg 2003

Der Paritätische Gesamtverband: Der erste Armutsatlas für Regionen in Deutschland 2005 – 2007: http://www.armutsatlas.de/

Dimmel, Nikolaus, Heitzmann, Karin und Schenk, Martin: Handbuch Armut in Österreich, Innsbruck, Wien, München 2008

Döring, Diether, Hanesch, Walter und Huster, Ernst-Ulrich (Hg.): Armut im Wohlstand, Frankfurt am Main 1990

Druyen, Thomas, Lauterbach, Wolfgang und Grundmann (Hg.): Reichtum und Vermögen. Zur gesellschaftlichen Bedeutung der Reichtums- und Vermögensforschung, Wiesbaden 2009

Friedrichs, Jürgen und Triemer, Sascha: Gespaltene Städte? Soziale und ethnische Segregation in deutschen Großstädten, 2. Aufl., Wiesbaden 2009

Glatzer, Wolfgang: Rich and Poor. Disparities, Perceptions, Concomitants, Dordrecht, Boston und London 2002

Glatzer, Wolfgang, u.a.: Reichtum im Urteil der Bevölkerung. Akzeptanzprobleme und Spannungspotential. Opladen 2009

Häussermann, Hartmut, Kronauer, Martin und Siebel (Hg.), Walter: An den Rändern der Städte. Armut und Ausgrenzung, 3. Aufl. Frankfurt am Main 2009

Hanesch, Walter u.a.: Armut und Ungleichheit in Deutschland, Reinbek 2000

Hauser, Richard: Kinderarmut in Deutschland: eine Herausforderung an die Sozialpolitik, Köln 2004

Heitzmann, Karin und Schmidt, Angelika: Wege aus der Frauenarmut. Frankfurt am Main 2004

Hock, Beate u.a.: Gute Kindheit – schlechte Kindheit? Armut und Zukunftschancen von Kindern und Jugendlichen in Deutschland, Frankfurt am Main 2000

Holz, Gerda und Skoluda, Susanne: Armut im frühen Grundschulalter. Abschlussbericht der vertiefenden Untersuchung zu Lebenssituation, Ressourcen und Bewältigungshandeln von Kindern, Frankfurt am Main 2003
Holz, Gerda, Richter, Antje, Wüstendörfer, Werner und Giering, Dieter: Zukunftschancen für Kinder und Wirkung von Armut bis zum Ende der Grundschulzeit. Endbericht der 3. AWO-ISS-Studie, hg. AWO Bundesverband e.V., Berlin 2006
Huffschmid, Jörg und Eissel, Dieter: Öffentliche Finanzen: gerecht gestalten!, Hamburg 2004
Huster, Ernst-Ulrich (Hg.): Reichtum in Deutschland. Die Gewinner in der sozialen Polarisierung. 2. Aufl., Frankfurt am Main und New York 1997
Huster, Ernst-Ulrich, Boeckh, Jürgen und Mogge-Grotjahn, Hildegard: Handbuch Armut und Soziale Ausgrenzung, Wiesbaden 2008
Jetter, Frank: Nachhaltige Sozialpolitik gegen Armut in Lebenslagen, Münster und Hamburg 2004
Kaltenborn, Bruno: Abgaben und Sozialtransfers in Deutschland, Mering 2003
Klocke, Andreas und Lampert, Thomas: Armut bei Kindern und Jugendlichen, hg. vom Robert Koch-Institut. Gesundheitsberichterstattung des Bundes Heft 4, 2. Aufl., Berlin 2005
Klundt, Michael: Von der sozialen zur Generationengerechtigkeit? Polarisierte Lebenslagen und ihre Deutung in Wissenschaft, Politik und Medien, Wiesbaden 2008
Krause, Peter, Bäcker, Gerhard und Hanesch, Walter: Combating Poverty in Europe – The German Welfare Regime in Practice, Aldershot 2003
Leibfried, Stefan, Leisering, Lutz u.a.: Zeit der Armut. Lebensläufe im Sozialstaat, Frankfurt am Main 1995
Opielka, Michael, Müller, Mathias, Bendixen, Tim und Kreft, Jesco: Grundeinkommen und Wertorientierungen. Eine empirische Analyse, 2. Aufl., Wiesbaden 2010
Richter, Mathias u.a. (Hg.): Gesundheit, Ungleichheit und jugendliche Lebenswelten. Ergebnisse der zweiten internationalen Vergleichsstudie im Auftrag der Weltgesundheitsorganisation WHO, München 2008
Richter, Mathias und Hurrelmann, Klaus (Hg.): Gesundheitliche Ungleichheit. Grundlagen, Probleme, Perspektiven, Wiesbaden 2009
Stein, Holger: Anatomie der Vermögensverteilung, Berlin 2004
Strengmann-Kuhn, Wolfgang: Armut trotz Erwerbstätigkeit. Analysen und sozialpolitische Konsequenzen, Frankfurt am Main 2003
Verbraucherzentrale Bundesverband e.V. (Hg.): Schuldenreport 2009. Fakten, Analysen, Perspektiven, Berlin und Freiburg 2009
Zander, Margherita: Armes Kind – starkes Kind? Die Chance der Resilienz, 2. Aufl., 2009
Zinn, Karl Georg: Wie Reichtum Armut schafft. Verschwendung, Arbeitslosigkeit und Mangel, Köln 2006

3.2 Gender

Bothfeld, Silke u.a.: WSI-FrauenDatenReport 2005. Handbuch zur wirtschaftlichen und sozialen Situation von Frauen. Berlin 2005
Brabandt, Heike, Roß, Bettina und Zwingel, Susanne (Hg.): Mehrheit am Rand? Geschlechterverhältnisse, globale Ungleichheit und transnationale Handlungsansätze, Wiesbaden 2008
Bundesministerium für Familie, Senioren, Frauen und Jugend: Bericht zur gesundheitlichen Situation von Frauen in Deutschland. Eine Bestandsaufnahme unter Berücksichtigung der unterschiedlichen Entwicklung in West- und Ostdeutschland, Berlin 2001
Bundesministerium für Familie, Senioren, Frauen und Jugend (Hg.): Gender Datenreport, Berlin 2005 ff.

Bundesministerium für Familie, Senioren, Frauen und Jugend (Hg.): Atlas zur Gleichstellung von Männern und Frauen in Deutschland, Berlin 2009
Degener, Ursula und Rosenzweig, Beate (Hg.): Die Neuverhandlung sozialer Gerechtigkeit. Feministische Analysen und Perspektiven, Wiesbaden 2006
Fischer, Ute Luise: Anerkennung, Integration und Geschlecht. Zur Sinnstiftung des modernen Subjekts, Bielefeld 2009
Gerhard, Ute, Knjin, Trudie und Weckerwert, Anja (Hg.): Erwerbstätige Mütter. Ein europäischer Vergleich, München 2003
Haffner, Yvonne und Krais, Beate (Hg.): Arbeit als Lebensform? Beruflicher Erfolg, private Lebensführung und Chancengleichheit in akademischen Berufsfeldern, Frankfurt am Main, New York 2008
Jacob, Jutta, Köbsell, Swantje und Wollrad, Eske (Hg.): Gendering Disability. Interssektionale Aspekte von Behinderung und Geschlecht, Bielefeld 2010
Jurczyk, Karin, Schier, Michaela, Szymenderski, Peggy, Lange, Andreas und Voß, Günter G.: Entgrenzte Arbeit – entgrenzte Familie. Grenzmanagement im Alltag als neue Herausforderung, Berlin 2009
Leitner, Sigrid, Ostner, Ilona und Schratzenstaller, Margit (Hg.): Wohlfahrtsstaat und Geschlechterverhältnis im Umbruch: Was kommt nach dem Ernährermodell?, Opladen 2003
Maier, Friederike und Fiedler, Angela: Gender Matters: Feministische Analysen zur Wirtschafts- und Sozialpolitik, Berlin 2002
Maier, Friederike und Fiedler, Angela (Hg.): Verfestigte Schieflagen. Ökonomische Analysen zum Geschlechterverhältnis, Berlin 2008
Martin, Bärbel (Hg): Frauen in der Gesundheitsversorgung. 2.Aufl., Lage 2001
Mogge-Grotjahn, Hildegard: Gender, Sex und Gender Studies. Eine Einführung, Freiburg im Breisgau 2004
Schäfer, Eva, Fritzsche, Bettina und Nagode, Claudia (Hg.): Geschlechterverhältnisse im sozialen Wandel. Interdisziplinäre Analysen zu Geschlecht und Modernisierung, Wiesbaden 2002
Statistisches Bundesamt (Hg.): Frauen und Männer in verschiedenen Lebensphasen. Wiesbaden 2010
Trappe, Heike: Emanzipation oder Zwang? Frauen in der DDR zwischen Beruf, Familie und Sozialpolitik, Berlin 1995

3.3 Soziale Dienste, Soziale Arbeit

Bellermann, Martin: Sozialökonomie. Soziale Güter und Organisationen zwischen Ökonomie und Politik, Freiburg im Breisgau 2004
Bogumil, Jörg und Holtkamp, Lars: Kommunalpolitik und Kommunalverwaltung. Eine policyorientierte Einführung, Wiesbaden 2006
Boeßenecker, Karl H.: Spitzeverbände der Freien Wohlfahrtspflege. Eine Einführung in Organisationsstrukturen und Handlungsfelder der deutschen Wohlfahrtsverbände, Weinheim 2005
Bock, Karin (Hg.): Soziale Arbeit und Sozialpolitik im neuen Jahrtausend, Wiesbaden 2004
Bosch, Gerhard u.a. (Hg.): Die Zukunft von Dienstleistungen. Ihre Auswirkungen auf Arbeit, Umwelt und Lebensqualität, Frankfurt am Main und New York 2002
Buestrich, Michael, Burmester, Monika, Dahme, Heinz J., Wohlfahrt, Norbert: Die Ökonomisierung Sozialer Dienste und Sozialer Arbeit. Entwicklung – Theoretische Grundlagen – Wirkungen, Baltmannsweiler 2008
Bundesarbeitsgemeinschaft der freien Wohlfahrtspflege e.V. (Hg.): Einrichtungen und Dienste der Freien Wohlfahrtspflege. Gesamtstatistik 2008, http://www.bagfw.de/uploads/media/GS_BAGFW_091221_web_01.pdf

Bundesarbeitsgemeinschaft der freien Wohlfahrtspflege e.V. (Hg.):Sozialwirtschaft – mehr als Wirtschaft? Steuerung – Finanzierung – Vernetzung. Bericht über den 6. Kongress der Sozialwirtschaft vom 14. und 15.5.2009 in Magdeburg, Baden-Baden 2009
Enggruber, Ruth und Mergner, Ulrich (Hg.): Lohndumping und neue Beschäftigungsbedingungen in der Sozialen Arbeit, Berlin 2007
Chassé, Karl A. und Wensierski, Hans J. von (Hg.): Praxisfelder der Sozialen Arbeit. Eine Einführung, 2. Aufl., Weinheim 2002
Dahme, Heinz J., Otto, Hans-Uwe und Trube, Achim (Hg.): Soziale Arbeit für den aktivierenden Sozialstaat, Opladen 2003
Dahme, Heinz J., Schütter, Silke und Wohlfahrt, Norbert: Lehrbuch Kommunale Sozialverwaltung und Soziale Dienste. Grundlagen, aktuelle Praxis und Entwicklungsperspektiven, Weinheim 2008
Deutscher Verein (Hg.): Fachlexikon der sozialen Arbeit, 6. Aufl., Baden-Baden 2007
Evers, Adalbert, Rauch, Ulrich und Stitz, Uta: Von öffentlichen Einrichtungen zu sozialen Unternehmen – Hybride Organisationsformen im Bereich sozialer Dienstleistungen, Berlin 2002
Finis Siegler, Beate: Ökonomik Sozialer Arbeit, 2. Aufl., Freiburg 2009
Grohs, Stephan: Modernisierung kommunaler Sozialpolitik. Anpassungsstrategien im Wohlfahrtskorporatismus, Wiesbaden 2010
Hanesch, Walter, Koch, Karl und Segbers, Franz: Öffentliche Armut im Wohlstand. Soziale Dienste unter Sparzwang, Hamburg 2004
Hanesch, Walter (Hg.): Die Zukunft der 'Sozialen Stadt'. Strategien gegen soziale Spaltung und Armut in den Kommunen, Wiesbaden 2010
Krummacher, Michael u.a.: Soziale Stadt – Sozialraumentwicklung – Qualitätsmanagement. Herausforderungen für Politik, Raumplanung und soziale Arbeit, Opladen 2003
Lallinger, Manfred und Rieger, Günter (Hg.): Repolitisierung Sozialer Arbeit. Engagiert und professionell, Stuttgart 2007
Leisering, Lutz: Die Kreativität des lokalen Sozialstaats. Die Modernisierung der kommunalen Sozialhilfeverwaltungen in Deutschland (1990-2000), Wiesbaden 2003
Lewkowicz, Marina und Lob-Hüdepohl, Andreas (Hg.): Spiritualität in der sozialen Arbeit, Freiburg im Breisgau 2003
Lühmann, Hans: Die Zusammenführung von Arbeitslosen- und Sozialhilfe im Sozialgesetzbuch II (SGB II): sozial- und organisationsrechtliche Aspekte des Hartz-IV-Gesetzes für die kommunale Sozialpolitik, Stuttgart 2005
Maelicke, Bernd (Hg.): Lexikon der Sozialwirtschaft, Baden-Baden 2008
Merten, Roland (Hg.): Hat Soziale Arbeit ein politisches Mandat? Positionen zu einem strittigen Thema, Opladen 2001
Naßmacher, Hiltrud und Naßmacher, Karl-Heinz: Kommunalpolitik in Deutschland, 2. Aufl., Wiesbaden 2007
Otto, Hans-Uwe und Olk, Thomas (Hg.): Soziale Arbeit als Dienstleistung. Grundlegungen, Entwürfe und Modelle, Neuwied 2003
Sebaldt, Martin und Straßner, Alexander: Verbände in der Bundesrepublik Deutschland. Eine Einführung, Wiesbaden 2004

4 Sozialpolitik in Deutschland: Problemlagen und Sicherungssysteme

Bundesministerium für Gesundheit und Soziale Sicherung (Hg.): Nationaler Strategiebericht Sozialschutz und soziale Eingliederung, Berlin 2008
Bundesministerium für Arbeit und Soziales (Hg.): Lebenslagen in Deutschland. Dritter Armuts- und Reichtumsbericht, Berlin 2008 (1. Bericht: 2001, 2. Bericht 2005, 4. Bericht voraussichtlich 2012. Download: http://www.bmas.de)

Bundesministerium für Arbeit und Soziales (Hg.): Bilanz im Bereich Arbeit und Soziales in der 16. Legislaturperiode, Berlin 2009
Bundesministerium für Arbeit und Soziales (Hg.): Übersicht über das Sozialrecht 2010/2011, 7. Aufl., Nürnberg 2010 (jährliche Aktualisierungsbände)
Bundesministerium für Familie, Senioren, Frauen und Jugend (Hg.): Monitor Familienforschung. Beiträge aus Forschung, Statistik und Familienpolitik (laufend aktuelle familienpolitische Berichte als Newsletter mit Download der Berichte über http://www.bmfsfj.de)
Bundesministerium für Gesundheit und Soziale Sicherung (Hg.): Nachhaltigkeit in der Finanzierung der Sozialen Sicherungssysteme. Bericht der Rürup-Kommission, Berlin 2003
Bundesministerium für Gesundheit und Soziale Sicherung (Hg.): Sozialbericht 2009, Berlin 2009 (jährliche Aktualisierung)
Bundesministerium für Wirtschaft und Arbeit (Hg.): Moderne Dienstleistungen am Arbeitsmarkt. Bericht der Kommission für Moderne Dienstleistungen am Arbeitsmarkt (Hartz-Kommission), Berlin 2002
Bundesvorstand der CDU (Hg.): Bericht der Kommission „Soziale Sicherheit" zur Reform der Sozialen Sicherungssysteme (Herzog-Kommission), Berlin 2003
Demographischer Wandel: Bericht der Enquête-Kommission „Demographischer Wandel" – Herausforderungen unser älter werdenden Gesellschaft an den einzelnen und die Politik, hg. von: Deutscher Bundestag, Bonn 2002
Deutscher Paritätischer Wohlfahrtsverband Gesamtverband e.V. (Hg.): Unter unseren Verhältnissen… Der erste Armutsatlas für Regionen in Deutschland, Berlin 2009
Diezinger, Angelika und Mayr-Kleffel, Verena: Soziale Ungleichheit. Eine Einführung für soziale Berufe, 2. Aufl., Freiburg 2009
Dittmann, Jörg: Unsicherheiten in Zeiten gesellschaftlicher Transformation. Zur Entwicklung und Dynamik von Sorgen in der Bevölkerung in Deutschland, SOEPpapers 243, Berlin 2009
Dobner, Petra: Neue Soziale Frage und Sozialpolitik, Wiesbaden 2007
Enquête-Kommission „Zukunft des Bürgerschaftlichen Engagements" – Bürgerschaftliches Engagement und Zivilgesellschaft, hg. von: Deutscher Bundestag, Opladen 2002
Geissler, Rainer: Die Sozialstruktur Deutschlands. Zur gesellschaftlichen Entwicklung mit einer Bilanz zur Vereinigung, 5. Aufl., Wiesbaden 2008
Keup, Heiner, Rudeck, Reinhard, Schroer, Hubertus, Seckinger, Mike und Straus, Florian (Hg.): Armut und Exklusion. Gemeindepsychologische Analysen und Gegenstrategien, Tübingen 2010
Krug, Gerhard und Popp, Sandra: Soziale Herkunft und Bildungsziele von Jugendlichen im Armutsbereich, IAB-Discussion Paper 42/2008, Nürnberg 2008
Nüchter, Oliver, Bieräugel, Roland, Schipperges, Florian, Glatzer, Wolfgang, Schmidt, Alfons: Einstellungen zum Sozialstaat, Band I – III, Opladen 2007 ff.
Schmähl, Wilfried (Hg.): Soziale Sicherung zwischen Markt und Staat, Berlin 2000
Schmähl, Wilfried und Ulrich, Volker (Hg.): Soziale Sicherungssysteme und demographische Herausforderungen, Tübingen 2001
Schneider, Udo: Staatsausgaben und Sozialtransfers. Theoretische und empirische Analyse der Entwicklung der Staatstätigkeit, Baden-Baden 2009
Statistisches Bundesamt (Hg.): Datenreport 2008. Ein Datenreport für die Bundesrepublik Deutschland, Bonn 2008 (regelmäßige Aktualisierungen unter http://www.destatis.de)
Statistisches Bundesamt (Hg.): Bevölkerung Deutschlands bis 2060. 12. koordinierte Bevölkerungsvorausberechnung, Wiesbaden 2009
Statistisches Bundesamt (Hg.): Statistisches Jahrbuch 2009. Für die Bundesrepublik Deutschland, Wiesbaden 2009

4.1 Arbeit

Abraham, Martin und Hinz, Thomas (Hg.): Arbeitsmarktsoziologie. Probleme, Theorien, empirische Befunde, Wiesbaden 2005

Allmendinger, Jutta, Eichhorst, Werner und Walwei, Ulrich (Hg.): IAB Handbuch Arbeitsmarkt. Analysen, Daten, Fakten, Frankfurt am Main und New York 2005

Autorengruppe Bildungsberichterstattung (Hg.): Bildung in Deutschland 2010. Ein indikatorengestützter Bericht mit einer Analyse zur Zukunft des Bildungswesens im Kontext der demografischen Entwicklung, im Auftrag der Ständigen Konferenz der Kultusminister der Länder in der Bundesrepublik Deutschland und des Bundesministeriums für Bildung und Forschung, Bielefeld 2010

Brenke, Karl: Reformagenda 2010 – Strukturreformen für Wachstum und Beschäftigung, Wochenbericht des DIW Berlin 11/2008, Berlin 2008

Brenke, Karl: Erwerbstätige mit Nebentätigkeiten in Deutschland und Europa, Wochenbericht des DIW Berlin 35/2009, Berlin 2009

Buestrich, Michael: Ein dritter Arbeitsmarkt – wozu?, Münster 2008

Bundesagentur für Arbeit (Hg.): Der Übergang von der Arbeitslosen- und Sozialhilfe zur Grundsicherung für Arbeitssuchende, Sonderbericht, Nürnberg 2005

Bundesagentur für Arbeit (Hg.): Arbeitsmarkt 2008, in: Amtliche Nachrichten der Bundesagentur für Arbeit (ANBA), Nürnberg 2009 (laufend aktuelle Arbeitsmarktdaten im Statistikportal unter www.arbeitsagentur.de)

Bundesagentur für Arbeit (Hg.): SGB II Grundsicherung für Arbeitssuchende. Jahresbericht 2009, Nürnberg 2010 (regelmäßige Aktualisierungen)

Bundesministerium für Arbeit und Soziales (Hg.): Behindertenbericht 2009, Bonn 2009

Bundesministerium für Bildung und Forschung (Hg.): Berufsbildungsbericht 2010, Berlin 2010 (jährliche Aktualisierung)

Deutscher Bundestag (Hg.): Bericht der Bundesregierung zur Wirksamkeit moderner Dienstleistungen am Arbeitsmarkt, Drucksache 16/505, Berlin 2006

Deutscher Bundestag (Hg.): Sozialer Arbeitsmarkt. Antwort der Bundesregierung auf eine kleine Anfrage (…), Drucksache 16/12797, Berlin 2009

Deutscher Gewerkschaftsbund (Hg.): Immer weniger Vollzeitjobs – Bruttolohn- und Gehaltssumme real deutlich gesunken, Arbeitsmarkt Aktuell Ausgabe 10/2008

Deutscher Gewerkschaftsbund (Hg.): Praxis und Entwicklungen bei 1-Euro-Jobs, Arbeitsmarkt Aktuell Ausgabe 04/2009

Deutscher Paritätischer Wohlfahrtsverband Gesamtverband e.V. (Hg.): Damit sich Arbeit lohnt. Expertise zum Abstand zwischen Erwerbseinkommen und Leistungen nach dem SGB II, Berlin 2010

Dietz, Martin, Müller, Gerrit und Trappmann, Mark: Warum Aufstocker trotz Arbeit bedürftig bleiben, IAB-Kurzbericht 2/2009, Nürnberg 2009

Eichhorst, Werner, Marx, Paul und Thode, Eric: Arbeitsmarkt und Beschäftigung in Deutschland 2000-2009 Benchmarking Deutschland: Beschäftigungserfolge bei zunehmender Differenzierung, Gütersloh 2009

Fischer, Gabriele, Dahms, Vera, Bechmann, Sebastian, Frei, Marek und Leber, Ute: Gleich und doch nicht gleich: Frauenbeschäftigung in deutschen Betrieben. Auswertungen des IAB-Betriebspanels 2008, IAB-Forschungsbericht 4/2009, Nürnberg 2009

Friedrich, Horst und Wiedemeyer, Michael: Arbeitslosigkeit – ein Dauerproblem? Dimensionen, Ursachen, Strategien, 4. Aufl., Wiesbaden 2001

Gottschall, Karin und Pfau-Effinger, Birgit (Hg.): Zukunft der Arbeit und Geschlecht. Diskurse, Entwicklungspfade und Reformoptionen im internationalen Vergleich, Opladen 2002

Hielscher, Volker und Ochs, Peter: Arbeitslose als Kunden? Beratungsgespräche in der Arbeitsvermittlung zwischen Druck und Dialog, Berlin 2009

Hirseland, Andreas und Lobato, Philipp Ramos: Armutsdynamik und Arbeitsmarkt. Entstehung, Verfestigung und Überwindung von Hilfebedürftigkeit bei Erwerbsfähigen, IAB-Forschungsbericht 3/2010, Nürnberg 2010

Hollederer, Alfons und Brand, Helmut (Hg.): Arbeitslosigkeit, Gesundheit und Krankheit, Bern 2006

Hunger, Uwe und Santel, Bernhard (Hg.): Migration im Wettbewerbsstaat, Opladen 2003

Institut für Arbeit und Qualifikation (Konsortialführer): Wirkungen des SGB II auf Personen mit Migrationshintergrund, Duisburg 2009

Institut für Arbeit und Qualifikation, FIA-Forschungsteam internationaler Arbeitsmarkt und GendA-Forschungs- und Kooperationsstelle Arbeit, Demokratie, Geschlecht am Institut für Politikwissenschaft der Philipps-Universität Marburg: Bewertung der SGB II-Umsetzung aus gleichstellungspolitischer Sicht. Abschlussbericht, Duisburg, Berlin und Marburg 2009

Kantel, H.-Dieter: Grundsicherungsarbeit. Armuts- und Arbeitsmarktpolitik nach Hartz IV, Wiesbaden 2008

Keller, Berndt und Seifert, Hartmut (Hg.): Atypische Beschäftigung – Flexibilisierung und soziale Risiken, Berlin 2007

Klute, Jürgen und Kotlenga, Sandra (Hg.): Sozial- und Arbeitsmarktpolitik nach Hartz. Fünf Jahre Hartzreformen: Bestandsaufnahme – Analysen – Perspektiven, Göttingen 2008

Koch, Susanne, Kupka, Peter und Steinke, Joß: Aktivierung, Erwerbstätigkeit und Teilhabe. Vier Jahre Grundsicherung für Arbeitssuchende, Nürnberg 2009

Litzmann, Thorsten: Warum Alleinerziehende es besonders schwer haben, IAB-Kurzbericht 12/2009, Nürnberg 2009

Möller, Joachim und Walwei, Ulrich (Hg.): Handbuch Arbeitsmarkt 2009, Bielefeld

OECD (Hg.): International Migration Outlook: SOPEMI 2009. Special Focus: Managing Labour Migration beyond the Crisis, Paris 2009

Ombudsrat – Grundsicherung für Arbeitssuchende (Hg.): Schlussbericht, Berlin 2006

Rauscher, Anton (Hg.): Arbeitsgesellschaft im Umbruch. Ursachen, Tendenzen, Konsequenzen, Berlin 2002

Rothländer, Karin und Richter, Peter: Gesund und mittendrin trotz Erwerbslosigkeit?! Ansätze zur Förderung der psycho-sozialen Gesundheit, Fachforum Analysen und Kommentare der Friedrich-Ebert-Stiftung Ausgabe 6/2009, Berlin 2009

Schels, Brigitte: Job entry and the ways out of benefit receipt of young adults in Germany, IAB-Discussion Paper 16/2009, Nürnberg 2009

Schröder, Esther: Ein-Euro-Jobs zwischen Anspruch und Realität aus Sicht der Maßnahmeteilnehmer und -teilnehmerinnen, Expertise im Auftrag der Friedrich-Ebert-Stiftung, Berlin 2009

Solga, Heike und Dombrowski, Rosine: Soziale Ungleichheiten in schulischer und außerschulischer Bildung, Arbeitspapier 171 im Auftrag der Hans-Böckler-Stiftung, Düsseldorf 2009

Statistisches Bundesamt (Hg.): Atypische Beschäftigung auf dem deutschen Arbeitsmarkt, Wiesbaden 2008

Statistisches Bundesamt (Hg.): Niedrigeinkommen und Erwerbstätigkeit, Wiesbaden 2009

Tisch, Anita: Arbeitsvermittler im Urteil der ALG-II-Empfänger, IAB-Kurzbericht 7/2010, Nürnberg 2010

4.2 Einkommen

Becker, Irene und Hauser, Richard: Anatomie der Einkommensverteilung. Ergebnisse der Einkommens- und Verbrauchsstichproben 1969-1998, Berlin 2003

Becker, Irene: Bedarfsgerechtigkeit und sozio-kulturelles Existenzminimum. Der gegenwärtige Eckregelsatz vor dem Hintergrund aktueller Daten, Frankfurt am Main 2006

Becker, Irene und Hauser, Richard: Auswirkungen der Hartz-IV-Reform auf die personelle Einkommensverteilung, Studie im Auftrag der Hans-Böckler-Stiftung, Düsseldorf 2006

Bruckmeier, Kerstin und Schwengler, Barbara: The impact of federal social policies on spatial income inequalities in Germany, IAB-Discussion Paper 1/2009, Nürnberg 2009

Bude, Heinz: Die Ausgeschlossenen. Das Ende vom Traum der gerechten Gesellschaft, München 2008

Deutscher Paritätischer Wohlfahrtsverband (Hg.): „Zum Leben zu wenig ...“. Für eine offene Diskussion über das Existenzminimum beim Arbeitslosengeld II und in der Sozialhilfe, Berlin 2006

Druyen, Thomas, Lauterbach, Wolfgang und Grundmann, Matthias (Hg.): Reichtum und Vermögen. Zur gesellschaftlichen Bedeutung der Reichtums- und Vermögensforschung, Wiesbaden 2009

Frick, Joachim R.: Gestiegene Vermögensungleichheit in Deutschland, Wochenbericht des DIW 4/2009, Berlin 2009

Goebel, Jan, Gornig, Martin und Häußermann, Hartmut: Polarisierung der Einkommen: Die Mittelschicht verliert, in: Deutsches Institut für Wirtschaftsforschung (DIW) Berlin, Wochenbericht Nr. 24/2010, S. 2 ff. (kontinuierliche Berichterstattung in den Wochenberichten auf der Grundlage des Sozioökonomischen Panels, s. auch http://www.diw.de)

Grabka, Markus M.: Weiterhin hohes Armutsrisiko in Deutschland: Kinder und junge Erwachsene sin besonders betroffen, Wochenbericht des DIW 7/2010, Berlin 2010

Leisering, Lutz, Buhr, Petra und Traiser-Diop, Ute: Soziale Grundsicherung in der Weltgesellschaft, Monetäre Mindestsicherungssysteme in den Ländern des Südens und des Nordens, Bielefeld 2006

Maier, Konrad (Hg.): Armut als Thema der Sozialen Arbeit, Freiburg 2009

Sachverständigenrat zur Begutachtung der gesamtwirtschaftlichen Situation: Jahresgutachten 2009/10: "Die Zukunft nicht aufs Spiel setzen", Veröffentlicht am 13.11.2009 (jährliche Fortschreibung)

Schäfer, Claus: Aus der Krise in die Krise? WSI-Verteilungsbericht 2009, in: WSI-Mitteilungen, 62. Jg., Heft 12/2009 (jährliche Fortschreibung jeweils im November- oder Dezemberheft der WSI-Mitteilungen)

Schnitzlein, Daniel D.: Verbunden über Generationen. Struktur und Ausmaß der intergenerationalen Einkommensmobilität in Deutschland, IAB-Disucussion Paper 1/2008, Nürnberg 2008

Selke, Stefan: Tafeln in Deutschland. Aspekte einer sozialen Bewegung zwischen Nahrungsmittelumverteilung und Armutsintervention, Wiesbaden 2009

Statistisches Bundesamt: Wirtschaft und Statistik, monatliche kontinuierliche Berichterstattung über die Einkommens- und Verbrauchsstichprobe, den Mikrozensus und andere Sozialdaten (auch: http://www.destatis.de)

4.3 Jugend, Familie, Haushalt und Lebensgemeinschaft

Althammer, Jörg (Hg.): Familienpolitik und soziale Sicherung, Berlin und Heidelberg 2005

Balz, Hans-Jürgen u.a. (Hg.): Zukunft der Familienhilfe. Veränderungen und integrative Lösungsansätze, Neukirchen-Vluyn 2009

Bundesministerium für Familie, Senioren, Frauen und Jugend (Hg.): Sechster Familienbericht: Familien ausländischer Herkunft in Deutschland. Leistungen – Belastungen – Herausforderungen, Berlin 2000

Bundesministerium für Familie, Senioren, Frauen und Jugend (Hg.): Die Familie im Spiegel der amtlichen Statistik. Lebensformen, Familienstrukturen, wirtschaftliche Situation der Familien und familiendemographische Entwicklung in Deutschland, 2. Aufl., Berlin 2003

Bundesministerium für Familie, Senioren, Frauen und Jugend (Hg.): Siebter Familienbericht: Familie zwischen Flexibilität und Verlässlichkeit – Perspektiven für eine lebenslaufbezogene Familienpolitik, Berlin 2006

Bundesministerium für Familie, Senioren, Frauen und Jugend (Hg.): Zwölfter Kinder- und Jugendbericht: Bildung, Betreuung und Erziehung vor und neben der Schule, Berlin 2006

Bundesministerium für Familie, Senioren, Frauen und Jugend (Hg.): Alleinerziehende in Deutschland – Potenziale, Lebenssituationen und Unterstützungsbedarfe, in: Monitor Familienforschung. Beiträge aus Forschung, Statistik und Familienpolitik Ausgabe 15, Berlin 2008 (laufend aktuelle familienpolitische Berichte als Newsletter mit Download der Berichte über http://www.bmfsfj.de)

Bundesministerium für Familie, Senioren, Frauen und Jugend (Hg.): 13. Kinder- und Jugendbericht: Mehr Chancen für gesundes Aufwachsen – Gesundheitsbezogene Prävention und Gesundheitsförderung in der Kinder- und Jugendhilfe, Berlin 2009

Bundesministerium für Familie, Senioren, Frauen und Jugend (Hg.): Familienreport 2010. Leistungen, Wirkungen, Trends, Berlin 2010 (jährliche Aktualisierung)

Burguière, André, Klapisch-Zuber, Christiane, Segalen, Martine und Zonabend, Francoise (Hg.): Geschichte der Familie. 4 Bände. Essen 2005

Deutscher Paritätischer Wohlfahrtsverband (Hg.): Der Kinderzuschlag: Modellrechnungen und Verwaltungskostenschätzungen, Berlin 2006

Deutscher Verein für öffentliche und private Fürsorge (Hg.): Familienpolitik auf dem Prüfstand, in: Archiv für Wissenschaft und Praxis der sozialen Arbeit Heft 2/2009, Berlin 2009

Dienel, Christiane: Familienpolitik. Eine praxisorientierte Gesamtdarstellung der Handlungsfelder und Probleme, Weinheim 2002

Döring, Diether (Hg.): Wohin steuert die Jugendhilfe? Archiv für Wissenschaft und Praxis der sozialen Arbeit, Freiburg im Breisgau 2005

Ecarius, Jutta (Hg.): Handbuch Familie, Wiesbaden 2007

Gerlach, Irene: Familienpolitik, 2. Aufl., Wiesbaden 2010

IJAB – Fachstelle für Internationale Jugendarbeit in der Bundesrepublik Deutschland e.V. (Hg.): Kinder- und Jugendpolitik. Kinder- und Jugendhilfe in der Bundesrepublik Deutschland, erweiterte und aktualisierte Neuauflage, Bonn 2008

Krüselberg, Hans G. und Reichmann, Heinz (Hg.): Zukunftsperspektive Familie und Wirtschaft. Vom Wert von Familie für Wirtschaft, Staat und Gesellschaft, Grafschaft 2002

Kuller, Christiane: Familienpolitik im föderativen Sozialstaat. Die Formierung eines Politikfeldes in der Bundesrepublik 1949-1975, München 2004

Langer-El Sayed, Ingrid: Familienpolitik. Tendenzen, Chancen, Notwendigkeiten, Frankfurt am Main 1980

Münder, Johannes und Ernst, Rüdiger: Familienrecht. Eine sozialwissenschaftlich orientierte Darstellung, München, 6. Aufl., München 2008

Munz, Eva und Cloos, Bertram: Sozialberichterstattung Nordrhein-Westfalen. Prekäre Lebenslagen von Kindern und Jugendlichen in Nordrhein-Westfalen, im Auftrag des Ministeriums für Arbeit, Gesundheit und Soziales des Landes NRW, Düsseldorf 2009

Nave-Herz, Rosemarie (Hg.): Kontinuität und Wandel der Familie in Deutschland. Eine zeitgeschichtliche Analyse, Stuttgart 2002

Peuckert, Rüdiger: Familienformen im sozialen Wandel, 7. Aufl., Wiesbaden 2008

Rätz-Heinisch, Regina, Schröer, Wolfgang und Wolff, Mechthild: Lehrbuch Kinder- und Jugendhilfe, Weinheim und München

Schmidt, Nora (Hg.): Handbuch Kommunale Familienpolitik, Berlin 2006

Schröer, Wolfgang, Struck, Norbert und Wolff, Mechthild (Hg.): Handbuch Kinder- und Jugendhilfe, Weinheim 2002

Statistisches Bundesamt (Hg.): Wirtschaft und Statistik. Sonderdruck Mikrozensus, Wiesbaden 2005

Träger, Jutta: Familie im Umbruch. Quantitative und qualitative Befunde zur Wahl von Familienmodellen. Wiesbaden 2009

World Vision Deutschland (Hg.): Kinder in Deutschland 2010, Frankfurt am Main 2010

4.4 Gesundheit und Pflege

Bauer, Ulrich und Büscher, Andreas (Hg.): Soziale Ungleichheit und Pflege. Beiträge sozialwissenschaftlich orientierter Pflegeforschung, Wiesbaden 2008

Böckmann, Roman (Hg.): Gesundheitsversorgung zwischen Solidarität und Wettbewerb, Wiesbaden 2009

Bundesministerium für Familie, Senioren, Frauen und Jugend: Bericht zur gesundheitlichen Situation von Frauen in Deutschland. Eine Bestandsaufnahme unter Berücksichtigung der unterschiedlichen Entwicklung in West- und Ostdeutschland, Berlin 2001 (Für aktuelle Daten vgl. auch Bundeszentrale für gesundheitliche Aufklärung: http://www.frauengesundheitsportal.de)

Commission on Social Determinants of Health (Hg.): Closing the gap in a generation. Health equity through action on the social determinants of health, Genf 2008

Deppe, Hans U. und Burkhardt, Wolfram (Hg.): Solidarische Gesundheitspolitik. Alternativen zu Privatisierung und Zwei-Klassen-Medizin, Hamburg 2002

Deutscher Verein für öffentliche und private Fürsorge (Hg.): Armut und soziale Ausgrenzung, in: Archiv für Wissenschaft und Praxis der sozialen Arbeit Heft 4/2009, Berlin 2009

Dietz, Berthold: Die Pflegeversicherung. Ansprüche, Wirklichkeit und Zukunft einer Sozialreform, Wiesbaden 2002

Eichler, Katja Johanna: Migration, transnationale Lebenswelten und Gesundheit. Eine qualitative Studie über das Gesundheitshandeln von Migratinnen, Wiesbaden 2008

Eurostat (Hg.): Health statistics – Atlas on mortality in the European Union, Brüssel 2009

Hensen, Gregor und Hensen, Peter (Hg.): Gesundheitswesen und Sozialstaat, Wiesbaden 2008

Hurrelmann, Klaus, Laaser, Ulrich und Razum, Oliver (Hg.): Handbuch der Gesundheitswissenschaften. Studienausgabe, 4. Aufl., Weinheim 2006

Hurrelmann, Klaus: Gesundheitssoziologie. Eine Einführung in sozialwissenschaftliche Theorien von Krankheitsprävention und Gesundheitsförderung, 6. Aufl., Weinheim 2006

Lampert, Thomas u.a.: Armut, soziale Ungleichheit und Gesundheit. Expertise des Robert Koch-Instituts zum 2. Armuts- und Reichtumsbericht der Bundesregierung, Beiträge zur Gesundheitsberichterstattung des Bundes, Berlin 2005

Lauterbach, K. W., Lüngen, M., Stollenwerk, B., Gerber, A. und Klever-Deichert, G.: Zum Zusammenhang zwischen Einkommen und Lebenserwartung, Köln 2006

Lauterbach, Karl, Stock, Stephanie und Brunner, Helmut (Hg.): Gesundheitsökonomie, Lehrbuch für Mediziner und andere Gesundheitsberufe 2. Aufl., Mannheim 2009

Leiber, Simone und Zwiener, Rudolf: Zwischen Bürgerversicherung und Kopfpauschale: Vorschläge für eine tragfähige Kompromisslösung, WSI Diskussionspapier Nr. 146, Düsseldorf 2006

Niehoff, Jens-Uwe und Braun, Bernard: Sozialmedizin und Public Health, 2. Aufl., Baden-Baden 2010

Rennen-Allhoff, Beate und Schaeffer, Doris (Hg.): Handbuch Pflegewissenschaft, Weinheim 2003

Robert-Koch-Institut und Statistisches Bundesamt (Hg.): Gesundheitsberichterstattung des Bundes: Gesundheit in Deutschland, Berlin 2006 (laufende Aktualisierung durch die Themenhefte zur Gesundheitsberichterstattung, http://www.rki.de)

Robert-Koch-Institut (Hg.): 20 Jahre nach dem Fall der Mauer: Wie hat sich die Gesundheit in Deutschland entwickelt?, in: Beiträge zur Gesundheitsberichterstattung des Bundes, Berlin 2009

Rosenbrock, Rolf und Gerlinger, Thomas: Gesundheitspolitik. Eine systematische Einführung, 2. Aufl., Bern 2006

Sachverständigenrat zur Begutachtung der Entwicklung im Gesundheitswesen: Gutachten 2005. Koordination und Qualität im Gesundheitswesen. Deutscher Bundestag, Drucksache 15/5670, Berlin 2005

Sachverständigenrat zur Begutachtung der Entwicklung im Gesundheitswesen: Gutachten 2007. Kooperation und Verantwortung. Voraussetzungen einer zielorientierten Gesundheitsversorgung, Baden-Baden 2007

Sachverständigenrat zur Begutachtung der Entwicklung im Gesundheitswesen: Sondergutachten 2009. Koordination und Integration – Gesundheitsversorgung in einer Gesellschaft des längeren Lebens, Drucksache 16/13770, Berlin 2009 (sh. auch: http://www.svr-gesundheit.de)

Statistische Ämter des Bundes und der Länder (Hg.): Demografischer Wandel: Auswirkungen auf Krankenhausbehandlungen und Pflegebedürftige im Bund und in den Ländern, Wiesbaden 2008

Statistisches Bundesamt, Deutsches Zentrum für Altersfragen und Robert-Koch-Institut (Hg.): Gesundheit und Krankheit im Alter, in: Beiträge zur Gesundheitsberichterstattung des Bundes, Berlin 2008 (http://www.gbe-bund.de)

Statistisches Bundesamt (Hg.): Gesundheit auf einen Blick. Ausgabe 2009, Wiesbaden 2010

Wendt, Claus: Krankenversicherung oder Gesundheitsversorgung? Gesundheitssysteme im Vergleich, 2. Aufl., Wiesbaden 2009

Wesenauer, Andrea und Sebinger, Sarah (Hg.): Soziale Ungleichheit und Gesundheit. Gesundheitliche Versorgung und Gesundheitsförderung – eine Frage der sozialen Gerechtigkeit?, Frankfurt a.M. 2009

Woelk, Wolfgang, Vögele, Jörg und Fehlemann, Silke (Hg.): Geschichte der Gesundheitspolitik in Deutschland. Von der Weimarer Republik bis in die Frühgeschichte der „doppelten Staatsgründung“, Berlin 2002

4.5 Alter

Bourcarde, Kay: Die Rentenkrise: Sündenbock Demografie. Kompromissbildung und Wachstumsabkopplung als Ursachen von Finanzierungsengpässen, Wiesbaden 2011

Braun, Reiner und Metzger, Heiko: Trends in der Entwicklung von Vermögen und Vermögenseinnahmen zukünftiger Rentnergenerationen, Berlin 2007

Bundesministerium für Arbeit und Soziales: Rentenversicherungsbericht 2009, Deutscher Bundestag, Drucksache 17/52, Berlin 2009 (jährliche Aktualisierung)

Bundesministerium für Arbeit und Soziales (Hg.): Altersicherungsbericht 2008, Berlin 2008 (jeweils eine Aktualsierung pro Wahlperiode des Bundestages)

Bundesministerium für Familie, Senioren, Frauen und Jugend (Hg.): Fünfter Bericht zur Lage der älteren Generation, Potenziale des Alters in Wirtschaft und Gesellschaft. Der Beitrag älterer Menschen zum Zusammenhalt der Generationen, Berlin 2005

Bundesministerium für Familie, Senioren, Frauen und Jugend (Hg.): Interdisziplinäre Längsschnittstudie des Erwachsenenalters (ILSE), Berlin 2008

Dyk van Silke und Lessenich, Stephan (Hg.): Die jungen Alten. Analysen eine neuen Sozialfigur, Frankfurt a.M. und New York 2009

Frick, Joachim R.: Alterssicherungsvermögen dämpft Ungleichheit – aber große Vermögenskonzentration bleibt bestehen, Wochenbericht des DIW 3/2010, Berlin 2010

Heien, Thorsten, Kortmann, Klaus und Schatz, Christof: Altersvorsorge in Deutschland (AVID) 2005. Alterseinkommen und Biografie, Forschungsprojekt im Auftrag der Deutschen Rentenversicherung Bund und des Bundesministeriums für Arbeit und Soziales, Berlin 2007 (alle Daten unter: http://www.altersvorsorge-in-deutschland.de)

Kohli, Martin und Künemund, Harald: Die zweite Lebenshälfte. Gesellschaftliche Lage und Partizipation im Spiegel des Alters-Survey, Wiesbaden 2003

OECD (Hg.): Pensions at a glance 2009. Retirement-Income Systems in OECD Countries, Paris 2009

Opielka, Michael (Hg.): Grundrente in Deutschland. Sozialpolitische Analysen, Wiesbaden 2004

Richter, Antje, Bunzendahl, Iris und Altgeld, Thomas (Hg.): Dünne Rente – Dicke Probleme. Alter, Armut und Gesundheit – Neue Herausforderungen für Armutsprävention und Gesundheitsförderung, Frankfurt a.M. 2008

Rüßler, Harald: Altern in der Stadt. Neugestaltung kommunaler Altenhilfe im demographischen Wandel, Wiesbaden 2007

Schulz-Nieswandt, Frank: Sozialpolitik und Alter, Stuttgart 2006
Statistisches Bundesamt, Deutsches Zentrum für Altersfragen und Robert-Koch-Institut (Hg.): Gesundheit und Krankheit im Alter, in: Beiträge zur Gesundheitsberichterstattung des Bundes, Berlin 2008 (http://www.gbe-bund.de)
Tesch-Römer, Clemens, Engstler, Heribert und Wurm, Susanne: Altwerden in Deutschland. Sozialer Wandel und individuelle Entwicklung in der zweiten Lebenshälfte, Wiesbaden 2006
TNS Infratest Sozialforschung (Hg.): Alterssicherung in Deutschland 2007 (ASID '07) – Zusammenfassung wichtiger Untersuchungsergebnisse, im Auftrag des Bundesministeriums für Arbeit und Soziales, Berlin 2008 (regelmäßige Aktualisierungen unter http://www.alterssicherung-in-deutschland.de)

5. Europäische Sozialpolitik

5.1 Gesamtdarstellungen

Benz, Benjamin, Boeckh, Jürgen und Huster, Ernst-Ulrich: Sozialraum Europa, Opladen 2000
Bieling, Hans-Jürgen und Lerch, Marika (Hg.): Theorien der europäischen Integration, 2. Aufl., Wiesbaden 2006
Esping-Andersen, Gøsta: The Three Worlds of Welfare Capitalism, Cambridge 1990
Esping-Andersen, Gøsta: Social Foundations of Postindustrial Economics, New York 1999
Gabriel, Oscar W., Kropp, Sabine (Hg.): Die EU-Staaten im Vergleich. Strukturen, Prozesse, Politikinhalte, 3. Aufl., 2008
Heien, Thorsten: Wohlfahrtsansprüche der Bürger und sozialpolitische Realität in Europa, Berlin 2002
Heinze, Rolf G., Schmid, Josef und Strünck, Christoph: Vom Wohlfahrtsstaat zum Wettbewerbsstaat, Opladen 1999
Homfeldt, Hans Günther, Schröer, Wolfgang und Schweppe, Cornelia (Hg.): Soziale Arbeit und Transnationalität. Herausforderungen eines spannungsreichen Bezugs, Weinheim und München 2008
Kniephoff-Knebel, Anette: Internationalisierung in der Sozialen Arbeit. Eine verlorene Dimension der weiblich geprägten Berufs- und Ideengeschichte, Schwalbach/Ts. 2008
Kowalsky, Wolfgang: Europäische Sozialpolitik, Opladen 1999
Leibfried, Stefan und Pierson, Paul (Hg.): Standort Europa. Europäische Sozialpolitik, Frankfurt am Main 1998
Ribhegge, Hermann: Europäische Wirtschafts- und Sozialpolitik, Berlin 2007
Schmidt, Manfred G., Ostheim, Tobias, Siegel, Nico A., Zohlnhöfer, Reimut (Hg.): Der Wohlfahrtsstaat. Eine Einführung in den historischen und internationalen Vergleich, Wiesbaden 2007
Schmidt, Sigmar und Schünemann, Wolf W.: Europäische Union. Eine Einführung, Baden-Baden 2009
Weidenfeld, Werner und Wessels, Wolfgang (Hg.): Europa von A bis Z. Taschenbuch der Europäischen Integration, 11. Aufl., Baden-Baden 2009
Wessels, Wolfgang: Das politische System der Europäischen Union, Wiesbaden 2008

5.2 Rechtliche Grundlagen

Bundesverfassungsgericht: BVerfG, 2 BvE 2/08 vom 30.6.2009, http://www.bverfg.de/entscheidungen/es20090630_2bve000208.html (Urteil zum Vertrag von Lissabon)

Decker, Frank und Höreth, Marcus (Hg.): Die Verfassung Europas. Perspektiven des Integrationsprojekts, Wiesbaden 2009
Europäischer Konvent, das Sekretariat: Vertrag über eine Verfassung für Europa. Entwurf, Brüssel 2003
Immerfall, Stefan: Europa – politisches Einigungswerk und gesellschaftliche Entwicklung. Eine Einführung, Wiesbaden 2006
Komitee der Weisen: Für ein Europa der politischen und sozialen Grundrechte, hg. von der Europäischen Kommission, Generaldirektion Beschäftigung, Arbeitsbeziehungen und soziale Angelegenheiten, Brüssel und Luxemburg 1996
Müntefering, Franz und Becker, Ulrich (Hg.): 50 Jahre EU – 50 Jahre Rechtsprechung des Europäischen Gerichtshofs zum Arbeits- und Sozialrecht, Baden-Baden 2008
Rat der Europäischen Gemeinschaften: Empfehlung (92/441/EWG) des Rates vom 24. Juni 1992 über gemeinsame Kriterien für ausreichende Zuwendungen und Leistungen im Rahmen der Systeme der sozialen Sicherung, Brüssel 1992
Rat der Europäischen Gemeinschaften: Empfehlung (92/442/EWG) des Rates vom 27. Juli 1992 über die Annäherung der Ziele und der Politiken im Bereich des sozialen Schutzes, Brüssel 1992
Vertrag von Lissabon, in der Fassung des Vertrages über die Arbeitsweise der Europäischen Union vom 13. Dezember 2007, hrsg. von Bundeszentrale für politische Bildung, Bonn 2008

5.3 Sozialpolitik auf europäischer Ebene

Eichener, Volker: Das Entscheidungssystem der Europäischen Union. Institutionelle Analyse und demokratietheoretische Bewertung, Opladen 2000
Europäische Kommission, Generaldirektion Beschäftigung, Arbeitsbeziehungen und soziale Angelegenheiten: Weißbuch – Europäische Sozialpolitik. Ein zukunftsweisender Weg für die Union, Luxemburg 1994
Europäische Kommission, Generaldirektion Beschäftigung, soziale Angelegenheiten und Chancengleichheit: Sozialpolitische Agenda 2005 – 2010, Mitteilung, Luxemburg
Europäische Kommission, Generaldirektion Beschäftigung, soziale Angelegenheiten und Chancengleichheit: http://ec.europa.eu/social/home.jsp?langId=de
Jachtenfuchs, Markus und Kohler-Koch, Beate (Hg.): Europäische Integration, Opladen 1996
Kohler-Koch, Beate (Hg.): Regieren in entgrenzten Räumen. PVS Sonderheft 29/1998, Opladen und Wiesbaden 1998
König, Thomas, Rieger, Elmar und Schmitt, Hermann (Hg.): Das europäische Mehrebenensystem, Frankfurt a.M. und New York 1996
Loth, Wilfried und Wessels, Wolfgang (Hg.): Theorien europäischer Integration, Opladen 2001
Peer Reviews zu Sozialschutz und soziale Eingliederung sowie Bewertung im Bereich soziale Eingliederung http://www.peer-review-social-inclusion.eu/peer-review-und-bewertung-im-bereich-soziale-eingliederung?set_language=de
Venturini, Patrick: Ein Europäischer Sozialraum für 1992. Dokument hg. von der Kommission der Europäischen Gemeinschaften, Brüssel und Luxemburg 1988

5.4 Deutschland und Europa

Boeckh, Jürgen: Kurzexpertise zum Streamlining-Prozess der Europäischen Union im Rahmen des Sozialschutzes im Auftrag des Ministeriums für Arbeit, Gesundheit und Soziales des Landes Nordrhein-Westfalen, in: ISS-Aktuell 12/2005, Frankfurt am Main

Bundesarbeitsgemeinschaft der Freien Wohlfahrtspflege: Zivilgesellschaftlicher Mehrwert gemeinwohlorientierter sozialer Dienste, Brüssel 2004

Bundesministerium für Arbeit und Soziales: Operationales Programm des Bundes für den Europäischen Sozialfonds Förderperiode 2007-2013, Bonn 2008

Bundesministerium für Arbeit und Soziales: Nationaler Strategiebericht Sozialschutz und soziale Eingliederung 2008-2010, Berlin 2008

Nationale Armutskonferenz (Hg.): Armut und Ausgrenzung überwinden – in Gerechtigkeit investieren. Erfahrungen, Hintergründe, Perspektiven, Berlin 2010

5.5 Vergleichende Darstellungen und sozialpolitische Themenfelder

Benz, Benjamin: Nationale Mindestsicherungssysteme und europäische Integration. Von der Wahrnehmung der Armut und sozialen Ausgrenzung zur Offenen Methode der Koordination, Wiesbaden 2004

Bundesministerium für Arbeit und Soziales: Sozial-Kompass Europa. Soziale Sicherheit in Europa im Vergleich, Bonn 2006

Busch, Klaus: Die Methode der offenen Koordinierung in der Beschäftigungspolitik und der Sozialpolitik der Europäischen Union, Arbeitspapier 108 der Hans Böckler Stiftung, Düsseldorf 2006

Europäische Kommission: Die soziale Lage in der Europäischen Union, Luxemburg, verschiedene Jahrgänge

Europäische Kommission – Generaldirektion Beschäftigung, soziale Angelegenheiten und Chancengleichheit: Zweijähriger Bericht über Sozialdienstleistungen von allgemeinem Interesse, Luxemburg 2009

Europäische Kommission – Generaldirektion Beschäftigung, soziale Angelegenheiten und Chancengleichheit: Gemeinsamer Bericht 2009 über Sozialschutz und Soziale Eingliederung. Zusammenfassung, Brüssel 2009

Fouarge, Didier: Costs of non-social Policy: Towards an economic framework of quality social policies – and the costs of not having them, Report for the Employment and Social Affairs DG, Final Report, London 2003

Frazer, Hugh, Marlier, Eric, Nicaise, Ides: A social inclusion roadmap for Europe 2010, Antwerp, Apeldoorn 2010

Güntert, Bernhard, Kaufmann, Franz-Xaver und Krolzik, Udo (Hg.): Freie Wohlfahrtspflege und europäische Integration, Gütersloh 2002

Heinrich-Böll-Stiftung (Hg.): Banlieue Europa. Jugendunruhen – Stadt – Migration, Berlin 2007

Huster, Ernst-Ulrich: Armut in Europa, Opladen 1996

Klenner, Christina und Leiber, Simone (Hg.): Wohlfahrtsstaaten und Geschlechterungleichheit in Mittel- und Osteuropa. Kontinuität und postsozialistische Transformation in den EU-Mitgliedstaaten, Wiesbaden 2009

Kommission der Europäischen Gemeinschaften: Grünbuch zu Dienstleistungen von allgemeinem Interesse, Brüssel und Luxemburg 2003

Kraus, Katrin und Geisen, Thomas (Hg.): Sozialstaat in Europa. Geschichte, Entwicklung, Perspektiven, Wiesbaden 2001

Kröger, Sandra: Soft Governance in Hard Politics. European Coordination of Anti-Poverty Policies in France and Germany, Wiesbaden 2008

MISSOC – Europäische Kommission, Generaldirektion Beschäftigung und Soziales: MISSOC, Gegenseitiges Informationssystem zur sozialen Sicherheit – Soziale Sicherheit in den Mitgliedstaaten der EU und im Europäischen Wirtschaftsraum, Brüssel und Luxemburg 2001 (regelmäßige online-Aktualisierung)

Schmid, Josef: Wohlfahrtsstaaten im Vergleich. Soziale Sicherung in Europa: Organisation, Finanzierung, Leistungen und Probleme, 3. Aufl., Wiesbaden 2010
Schmidt, Manfred G.: Sozialpolitik. Historische Entwicklung und internationaler Vergleich, 3, Aufl., Wiesbaden 2005
Schulten, Thorsten u.a. (Hg.): Mindestlöhne in Europa, Hamburg 2006

6 Theorie des Sozialstaates

Allmendinger, Jutta und Ludwig-Mayerhofer, Wolfgang (Hg.): Soziologie des Sozialstaats. Gesellschaftliche Grundlage, historische Zusammenhänge und aktuelle Entwicklungstendenzen, Weinheim 2000
Becker, Maya und Krätschmer-Han, Rabea (Hg.): Fundamente sozialen Zusammenhalts. Mechanismen und Strukturen gesellschaftlicher Prozesse, Frankfurt am Main, New York 2010
Benz, Benjamin, Boeckh, Jürgen und Huster, Ernst-Ulrich.: Sozialraum Europa. Ökonomische und politische Transformation in Ost und West, Opladen 2000
Butterwegge, Christoph: Krise und Zukunft des Sozialstaates, 3. Aufl. Wiesbaden 2006
Butterwegge, Christoph, Lösch, Bettina und Ptak, Ralf (Hg.): Neoliberalismus und Alternativen, Wiesbaden 2008
Castel, Robert: Die Stärkung des Sozialen. Leben im neuen Wohlfahrtsstaat, aus dem Französischen übersetzt von Michael Tillmann, Hamburg 2005
Döring, Diether: Sozialstaat in der Globalisierung, Frankfurt am Main 1999
Empter, Stefan und Vehrkamp, Robert B. (Hg.): Soziale Gerechtigkeit – eine Bestandsaufnahme, Gütersloh 2007
Enquête-Kommission „Zukunft des Bürgerschaftlichen Engagements" – Bürgerschaftliches Engagement und Zivilgesellschaft, hg. vom Deutschen Bundestag, Opladen 2002
Engelen-Kefer, Ursula, Rau, Johannes und Schneider, Ulrich: Sozialpolitik mit Zukunft. Eine Streitschrift gegen die weitere Entsolidarisierung der Gesellschaft, hg. vom Deutschen Paritätischen Wohlfahrtsverband, Hamburg 2005
Gabriel, Karl (Hg.): Was hält die Gesellschaft zusammen? Jahrbuch für christliche Sozialwissenschaften, Band 50, Münster 2009
Ganssmann, Heiner: Politische Ökonomie des Sozialstaats, Münster 2000
Giddens, Anthony: Der dritte Weg. Die Erneuerung der sozialen Demokratie, Frankfurt am Main 1999
Grasse, Alexander, Ludwig, Carmen und Dietz, Berthold (Hg): Soziale Gerechtigkeit. Reformpolitik am Scheideweg, Festschrift für Dieter Eifel zum 65. Geburtstag, Wiesbaden 2006
Habermas, Jürgen: Die postnationale Konstellation und die Zukunft der Demokratie, in: ders.: Die postnationale Konstellation, Frankfurt am Main 1998, S. 91-169
Hauser, Richard (Hg.): Die Zukunft des Sozialstaats, Berlin 2000
Heinze, Rolf G. und Schmid, Josef und Strünck, Christoph: Vom Wohlfahrtsstaat zum Wettbewerbsstaat. Arbeits- und Sozialpolitik in den 90er Jahren, Opladen 1999
Heinze, Rolf G.: Rückkehr des Staates? Politische Handlungsmöglichkeiten in unsicheren Zeiten, Wiesbaden 2009
Honnecker, Martin u.a. (Hg.): Evangelisches Soziallexikon, Neuausgabe, Stuttgart, Berlin und Köln 2001
Horn, Christoph und Scarano, Nico (Hg.): Philosophie der Gerechtigkeit. Texte von der Antike bis zur Gegenwart, Berlin 2009
Hüther, Michael und Straubhaar, Thomas: Die gefühlte Ungerechtigkeit. Warum wir Ungleichheit aushalten müssen, wenn wir Freiheit wollen, Berlin 2009

Huster, Ernst-Ulrich und Volz, Fritz-Rüdiger (Hg.): Theorien des Reichtums, Münster, Hamburg und London 2002
Kaufmann, Franz-Xaver (Hg.): Staatliche Sozialpolitik und Familie, München und Wien 1982
Kaufmann, Franz-Xaver: Varianten des Wohlfahrtsstaats. Der deutsche Sozialstaat im internationalen Vergleich, Frankfurt am Main 2003
Kaufmann, Franz-Xaver: Sozialstaat als Kultur, Wiesbaden 2010
Lessenich, Stephan (Hg.): Wohlfahrtsstaatliche Grundbegriffe. Historische und aktuelle Diskurse, Frankfurt am Main 2003
Maaser, Wolfgang: Lehrbuch Ethik, Weinheim 2010
Marshall, Thomas H.: Bürgerrechte und soziale Klassen. Zur Soziologie des Wohlfahrtsstaates, Frankfurt am Main 1992
Mayer, Karl U. (Hg.): Die beste aller Welten? Marktliberalismus versus Wohlfahrtsstaat – Eine Kontroverse, Frankfurt am Main und New York 2001
Möhle, Marion: Vom Wert der Wohlfahrt. Normative Grundlagen des deutschen Sozialstaats, Wiesbaden 2001
Nida-Rümelin, Julian und Thierse, Wolfgang (Hg.): Philosophie und Politik II. Soziale Gerechtigkeit und ökonomische Effizienz, Essen 1998, S. 15-26
Nozick, Robert: Anarchie, Staat, Utopia, München 2006
Nussbaum, Martha C.: Gerechtigkeit oder Das gute Leben. Gender Studies, Farnkfurt a.M. 1999
Päpstlicher Rat für Gerechtigkeit und Frieden (Hg.): Kompendium der Soziallehre der Kirche, Freiburg im Breisgau 2006
Rieger, Elmar und Leibfried, Stefan: Grundlagen der Globalisierung. Perspektiven des Wohlfahrtsstaates, Frankfurt am Main 2001
Seeleib-Kaiser, Martin: Globalisierung und Sozialpolitik. Ein Vergleich der Diskurse und Wohlfahrtssysteme in Deutschland, Japan und den USA, Frankfurt am Main und New York 2003
Sen, Amartya: Ökonomie für den Menschen. Wege zu Gerechtigkeit und Solidarität in der Marktwirtschaft, 3. Aufl., München 2005
Siegel, Nico A.: Baustelle Sozialpolitik. Konsolidierung und Rückbau im internationalen Vergleich, Frankfurt am Main 2002
Treichler, Andreas: Wohlfahrtsstaat, Einwanderung und ethnische Minderheiten, Wiesbaden 2002
Willems, Ulrich und Winter, Thomas von (Hg.): Politische Repräsentation schwacher Interessen, Opladen 2000
Winter, Thomas von: Sozialpolitische Interessen. Konstituierung, politische Repräsentation und Beteiligung an Entscheidungsprozessen, Baden-Baden 1997

Personenregister

Sachregister

Die Autoren

Benjamin Benz, Dr. rer. soc., Professor für Politikwissenschaft an der Evangelischen Hochschule Freiburg, dort Leiter des Bachelor-Studiengangs Soziale Arbeit, Dozent am Diakoniewissenschaftlichen Institut der Ruprecht-Karls-Universität Heidelberg. Studium der Sozialarbeit an der Evangelischen Fachhochschule Rheinland-Westfalen-Lippe (EFH RWL) in Bochum. 2004 Promotion an der Justus-Liebig-Universität Gießen, 1999-2000 in der Jugendhilfe tätig, 2000-2004 Rektoratsreferent an der EFH RWL, 2004-2007 Referent eines familienpolitischen Fachverbandes in Bonn und Berlin. 2001-2010 Beratungstätigkeit für die Europäische Kommission im Zusammenhang mit den Nationalen Aktionsplänen gegen soziale Ausgrenzung). Wissenschaftliche Publikationen u.a. zu politischer Sozialer Arbeit, zur Mindestsicherungs-, Familien-, Beschäftigungs-, Verteilungs-, europäischen und allgemeinen Sozialpolitik.

Jürgen Boeckh, Dr. rer. soc., Professor für Politikwissenschaft an der Ostfalia – Hochschule für angewandte Wissenschaften in Wolfenbüttel. Studium der Sozialarbeit an der Evangelischen Fachhochschule Rheinland-Westfalen-Lippe (EFH RWL) in Bochum, 2002 Promotion an der Justus-Liebig-Universiät Gießen, von 1998-2004 Referent des Rektorates der EFH RWL, von 2004-2007 wissenschaftlicher Mitarbeiter am Institut für Sozialarbeit und Sozialpädagogik e.V. in Frankfurt a.M.. Seit 2001 Beratungstätigkeit für die Europäische Kommission im Zusammenhang mit den Nationalen Aktionsplänen gegen soziale Ausgrenzung. Wissenschaftliche Publikationen u.a. zur Mindestsicherungs-, Migrations-, Familien-, Beschäftigungs-, Verteilungs-, europäischen und allgemeinen Sozialpolitik sowie zur Entwicklung sozialer Dienste.

Ernst-Ulrich Huster, Dr. phil., Professor für Politikwissenschaft, lehrt an der Evangelischen Fachhochschule Rheinland-Westfalen-Lippe in Bochum (EFH RWL) und an der Justus-Liebig-Universität Gießen, Studium der Politikwissenschaft und Germanistik, 1976 Promotion, 1984 Habilitation an der Justus-Liebig-Universität Gießen, seit 1989 Professor an der EFH RWL, von 1995-2003 Rektor der EFH RWL. Beratungstätigkeit der Europäischen Kommission im Rahmen des 3. Armutsprogramms und der Nationalen Aktionspläne gegen soziale Ausgrenzung, Wissenschaftliche Publikationen zur politischen Soziologie, Sozialpolitik, Verteilungspolitik und Sozialethik.

